LICITAÇÕES E CONTRATOS NAS EMPRESAS ESTATAIS

Regime licitatório e contratual da Lei 13.303/2016

Dawison Barcelos

Ronny Charles Lopes de Torres

LICITAÇÕES E CONTRATOS NAS EMPRESAS ESTATAIS

Regime licitatório e contratual da Lei 13.303/2016

4ª edição revista atualizada ampliada

2024

EDITORA JusPODIVM

www.editorajuspodivm.com.br

EDITORA *Jus*PODIVM
www.editorajuspodivm.com.br

Rua Canuto Saraiva, 131 – Mooca – CEP: 03113-010 – São Paulo – São Paulo
Tel: (11) 3582.5757
• Contato: https://www.editorajuspodivm.com.br/central-de-relacionamento

Copyright: Edições *Jus*PODIVM

Diagramação: Equipe *Jus*PODIVM

Capa: Ana Caquetti

T693l Torres, Ronny Charles Lopes de
Licitações e Contratos nas Empresas Estatais / Ronny Charles Lopes de Torres e Dawison Barcelos – 4.ed., rev., atual. e ampl. - São Paulo: Editora JusPodivm, 2024.

640 p.

Inclui Bibliografia
ISBN: 978-85-442-5325-0.

1. Direito Administrativo. 2. Empresas. 3. Contratos Administrativos. 4. Licitações. I. Torres, Ronny Charles Lopes de. II. Barcelos, Dawison. III. Título.

CDD 341.3

BIBLIOTECÁRIO RESPONSÁVEL

Ana Carolina Ribeiro Mois – CRB7 – RJ 007348/0

4.ª ed., *2.ª tir.:* nov./2024; *3.ª tir.:* dez./2024; *4.ª tir.:* out./2025.

Para meus pais, por tudo.

Dawison Barcelos

Para Deus, acima de tudo e de todos. Para minha família, pelo amor e apoio.

Para todos os agentes públicos que atuam nas estatais, dedicam-se plenamente e buscam na nova legislação uma oportunidade para alcançar maior eficiência em sua atuação.

Ronny Charles Lopes de Torres

APRESENTAÇÃO

Por muitos anos, as estatais brasileiras conviveram com a difícil tarefa de regular suas contratações pelo regime licitatório da Lei nº 8.666/93, inspirado ainda no Decreto-Lei nº 2.300/1986, o qual já nasceu desconectado da comunicação em rede permitida pela internet, marcado pelo ranço burocrático e pelo desenho procedimental rígido de modalidades estáticas, mais voltadas ao controle formal do que à busca de contratações eficientes.

Tal modelo gerou desafios intransponíveis para os agentes públicos de nossas estatais, cada vez mais cobrados em relação à eficiência de sua atuação e aos seus resultados econômicos. Como atuar eficientemente e alcançar bons resultados, quando a estatal está presa a rotinas desatualizadas e incompatíveis com sua atuação empresarial?

A aprovação da Lei nº 13.303/2016 foi inspirada em dois anseios da sociedade: evitar que os desvios da política afetem a gestão das estatais, capturando-as para finalidades escusas, e criar instrumentos para que elas sejam eficientes na realização de suas atividades.

Para o primeiro desses anseios, o legislador estabeleceu diversas regras de governança, concebidas para filtrar a influência perversa da (má) política na gestão da estatal. Para o segundo desses anseios, a Lei nº 13.303/2016 estabeleceu um novo regime licitatório e contratual que abdica do rito procedimental rígido, através de modalidades estáticas, e de grande parte das prerrogativas extraordinárias que marcaram o contrato administrativo do regime da Lei nº 8.666/1993.

É sobre esse novo regime licitatório e contratual que nos debruçamos neste livro. Tal regime prevê novas hipóteses de exceção à obrigatoriedade de licitar e "novas ferramentas" (como orçamento sigiloso, remuneração variável, contratações simultâneas, critério de maior retorno econômico e regime de contratação semi-integrada, entre outras), que poderão ser utilizadas para formatar o procedimento seletivo e o contrato a ser firmado, atendendo com maior adequação à pretensão contratual.

Com essas novidades, surgem também desafios. Entre eles, o de interpretar adequadamente os dispositivos e mesmo as lacunas da nova Lei. Foi esse desafio que provocou a confecção desta obra. Nela, pretendemos analisar o novo regime licitatório com a preocupação de explicar seus termos e superar suas lacunas, sem, contudo, incorrer no erro de firmar raciocínios que, presos ao passado, ilegitimamente prejudiquem os trilhos necessários à construção de um ambiente de maior eficiência nas contratações de nossas estatais.

Os Autores

PREFÁCIO

O idealismo e a esperança do povo brasileiro ao definir, em 1988, os rumos da nação democrática, tendo por fundamentos os valores sociais do trabalho e da livre iniciativa, estampados no preambular art. 1º, também balizaram a atuação estatal na atividade econômica.

Tema complexo que, muitas vezes por falta de regulamentação específica, esteve ocupando a inteligência dos integrantes do Supremo Tribunal Federal. Matéria de fundo constitucional a demandar o esforço do equilíbrio entre a livre concorrência e os procedimentos para contratar, licitando ou não previamente.

A Lei nº 13.303, de 30 de junho de 2016, dispôs sobre o estatuto jurídico da empresa pública, da sociedade de economia mista e de suas subsidiárias, no âmbito da União, dos Estados, do Distrito Federal e dos Municípios.

O Parlamento hauriu da jurisprudência dos órgãos do judiciário, de alguns órgãos de controle e da doutrina, a tentativa de permitir a concorrência das empresas estatais até com a iniciativa privada, impondo, sob vários pontos, um sistema de controle.

A coordenação desse estatuto com outros fundamentos do país, democrático e capitalista, porém, continua à espera de uma ampla reforma administrativa que extinga estatais criadas que não deram o resultado esperado ou, pior, que se colocam em concorrência ilegítima e abusiva com a iniciativa privada.

O povo não é empresário e, portanto, não percebe a gravidade da expansão estatal perversa, incompetente e vivendo da graça de subvenções estatais ou custos de serviços tão elevados quanto ineficientes. Há exceções e, como exceções, justificam a regra. Muitas estatais, outrora modelos, foram sucateadas por direção política comprometida com princípios não republicanos.

E esse cenário de irregularidades foi potencializado em dimensão nunca antes vista, pelas notícias com efeitos ainda não passíveis de avaliação no cenário internacional em relação à imagem do país. Métodos pouco ortodoxos e distantes das garantias constitucionais foram utilizados, com o milenar argumento - embora não correto - de que os fins justificam os meios.

É justificável, nesse cenário, que o estatuto das empresas estatais viesse à promulgação visando responder à necessidade de maior controle.

Teve o mérito de inovar, exigindo competência e experiência dos gestores empresariais e criando novos órgãos de controle, impondo estudos e reciclagem. Buscou definir um balizamento mais amplo para os procedimentos das licitações e contratações.

Compreende-se, também, que teorias com berço internacional para regular o tema, como *business judgement rule*,[1] e os princípios da "deferência" e "da aderência a diretrizes e normas" não tenham sido prestigiados. A introdução desses princípios asseguraria ao gestor, encarregado da atividade empresarial do estado, balizamento para decidir sem temor de reprimendas futuras. Talvez até dispensasse a aplicação de controle de meios, em prol do controle de resultados. A relação da estatal com os órgãos de controle se fez tímida, no art. 90, e não conterá a hipertrofia do "engenheiro de obra pronta"[2].

---

1. O elemento nuclear da teoria do *business judgement rule* é a proteção da discricionariedade decisória dos gestores bem intencionados eximindo-os do dever de indenizar por eventuais prejuízos gerados à companhia da qual façam parte, desde que tenham adotado a solução mais vantajosa ou menos gravosa.
2. BRASIL. Supremo Tribunal Federal. MS nº 25181/DF. Relator: ministro Marco Aurélio. Diário da Justiça [do] Supremo Tribunal Federal, Brasília, DF, 16 jun. 2006. Excerto do Voto do Ministro Gilmar Mendes. "Por outro lado, também se entende, vamos dizer assim, a razão subjacente àquela decisão, que é a possibilidade de o Tribunal de Contas se arvorar em [...] um autêntico tutor dessas entidades, estabelecendo até a orientação que deve balizar as suas decisões internas mais comuns. [...] Nesse contexto, de fato, é possível refletir sobre eventuais excessos que se venham a cometer no âmbito desta fiscalização [...]. Nesse contexto, era uma tentativa de encontrar fórmula que limitasse esse poder de intervenção do Tribunal de Contas nas atividades tipicamente negociais dessas entidades. [...] Sabemos [...] da sensibilidade desse tema, em que se tomam decisões de risco [...] que têm que ser avaliadas, segundo paradigmas existentes,

Os temas licitação e contratos foram regulados pela norma, acolhendo a premissa da necessidade do controle burocrático, e não de resultados. Apresenta pontos de contradição, como neste exemplo colhido ao correr da pena, de determinar a aplicação da lei do pregão, mas definir prazos diferentes do previsto nessa lei. A impossibilidade de as estatais aplicarem regras do Direito Público decorrentes da supremacia está a exigir nova conformação que muitos ainda não compreenderam. Recentemente, uma estatal expediu regulamento ignorando esse novo e essencial balizamento.

Nesse campo, a regência não se exaure na aplicação do próprio estatuto. Há que se coordená-lo com outras normas em vigor, porque a pretensão da organização legislativa no Brasil, definida pela Lei Complementar nº 95, ainda está distante de ser realidade. Esses novos temas, portanto, ingressam no ordenamento jurídico com a complexidade que impõe cautela.

Como um desafio novo, embora já existam outras obras que analisaram o estatuto, esta que agora se lança guarda substancial diferença, apontando para o sucesso inevitável diante da qualificação dos seus autores e a sistematização que construíram.

Seus autores não buscam o reconhecimento gratuito para preencher a prateleira ou a projeção pessoal. Já são juristas experimentados; retiraram, do convívio da família e dos amigos, tempo para escrever e por esse meio ensinar, na mais nobre acepção do termo – e tempo é matéria essencial da vida. Com generosidade, entregam a fatia mais doce ao público leitor.

Além de terem se preocupado em ensinar boas técnicas para a correta operação do Direito, ensinam com a vivência prática de quem está acostumado a enfrentar grandes desafios e com a humildade de contribuir para que outros não precisem enfrentar as mesmas dificuldades. Que cada dificuldade superada sirva para ensinar os outros a igualmente superarem e assim melhorarem a gestão pública e o país.

RONNY CHARLES já tem muitas obras como "Leis de licitações públicas comentadas (9ª edição, Ed. Juspodivm); Licitações públicas: Lei nº 8.666/93 (8ª edição, Coleção Leis para Concursos Públicos, Ed. Juspodivm); Direito Administrativo (Coautoria, 8ª edição, Ed. Juspodivm); "Licitações Públicas:

mas para recuperar créditos, assumindo até determinado tipo de prejuízo. Por outro lado [...] esses órgãos de fiscalização são engenheiros, em geral, de obras prontas. Devemos dizê-lo com sinceridade: são críticos de obras feitas e, muitas vezes, sem o necessário preparo para fazê-lo".

homenagem ao jurista Jorge Ulysses Jacoby Fernandes" (Coordenador e Coautor), Editora Negócios Públicos (2016). RDC: Regime Diferenciado de Contratações (Coautoria, Ed. Juspodivm); Terceiro Setor: entre a liberdade e o controle (Ed. Juspodivm); Improbidade Administrativa (Coautoria, 3ª edição, Ed. Juspodivm). Todos os livros de muita densidade e, absolutamente todos, preocupados em levar ao leitor a melhor jurisprudência, para confirmar o que ensina. Deu decisiva contribuição na Advocacia-Geral da União com a equipe que expediu orientações normativas. Professor prestigiadíssimo para fora das fronteiras de sua terra natal. Hoje é, sem dúvida, o jurista de Direito Administrativo mais ilustre a projetar a Paraíba no cenário nacional. Ético e dedicado ao estudo e à família, transparece em cada detalhe a vocação para ser uma boa referência como jurista e cidadão.

DAWISON BARCELOS pertence a uma nova geração de juristas, envolvido em ferramentas de tecnologia, e se destacou por um relevante serviço aos que trabalham com licitação. Coloca o conhecimento nos canais que as novas gerações mais buscam e, por isso mesmo, é muito útil. Foi criador do portal "O Licitante" onde publica periodicamente trabalhos relacionados a licitações e contratos administrativos. Como profissional do Direito, buscou a melhor qualificação, com pós-graduação, magistério, e é membro da Associação Portuguesa da Contratação Pública. Foi pregoeiro e é servidor do Tribunal de Contas da União. Vivencia na prática os temas do livro e dignifica a atividade pública com seu saber de operador do Direito, revelando sempre um discurso de cientista. Autor e coautor de artigos e livros como "Estatuto Jurídico das Estatais" (Ed. Fórum) e "Coleção Teses Jurídicas dos Tribunais Superiores – Direito Administrativo" (Ed. Revista dos Tribunais), novamente se dispõe a acreditar naqueles que querem aprender e fazer conforme o bom direito.

Jorge Ulisses Jacoby Fernandes
Professor e Advogado

SUMÁRIO

LISTA DE SIGLAS E ABREVIATURAS

AGU	Advocacia-Geral da União
CF	Constituição Federal da República
LC	Lei Complementar
ME/EPP	Microempresa e Empresa de Pequeno Porte
PDM	Padronização de Descrição de Materiais
PMI	Procedimento de Manifestação de Interesse
RDC	Regime Diferenciado de Contratações Públicas
SPE	Sociedade de Propósito Específico
SRP	Sistema de Registro de Preços
STF	Supremo Tribunal Federal
STJ	Superior Tribunal de Justiça
TCE/PE	Tribunal de Contas do Estado de Pernambuco
TCU	Tribunal de Contas da União
TST	Tribunal Superior do Trabalho

1

AS ESTATAIS E AS LICITAÇÕES

1.1. INTRODUÇÃO

O Estado brasileiro, em sua expansão e para o cumprimento das prestações que se incumbiu, cria também pessoas jurídicas; com personalidade jurídica de direito privado e vocação para o exercício de atividades econômicas em sentido estrito. Por vezes, em regime de concorrência com o mercado privado, noutras hipóteses, para a prestação de serviços públicos.

Em caso de serviços públicos tipicamente do Estado, o correto tecnicamente seria a criação de um órgão da administração direta, uma autarquia ou uma fundação. Para os demais serviços públicos (notadamente os de natureza econômica) e para a exploração de atividade econômica, o Estado deveria utilizar as estatais como pessoas jurídicas vocacionadas ao exercício dessas atividades[1].

Segundo a Constituição Federal, quando o objeto da estatal for exploração de atividade econômica, sua criação só poderá ocorrer se indispensável à segurança nacional ou a relevante interesse público, nos termos da lei.

A Lei nº 13.303/2016 confirma esta premissa, definindo que a constituição de empresa pública ou de sociedade de economia mista dependerá de prévia

1. BALTAR NETO, Fernando; TORRES, Ronny Charles L. de. Direito Administrativo. 8ª ed. Salvador: Editora Juspodivm, 2018. P.111/112.

autorização legal que indique, de forma clara, relevante interesse coletivo ou imperativo de segurança nacional, conforme *caput* do art. 173 da Constituição Federal.

O referido diploma mantém a necessidade de autorização legislativa para a criação de subsidiárias de empresa pública e de sociedade de economia mista, assim como a participação de qualquer delas em empresa privada. Esta autorização para participação não se aplica a operações de tesouraria, adjudicação de ações em garantia e àquelas autorizadas pelo Conselho de Administração em linha com o plano de negócios da empresa pública, da sociedade de economia mista e de suas respectivas subsidiárias.

Identificam-se, no Brasil, duas principais espécies de estatais: as empresas públicas e as sociedades de economia mista.

Empresa pública é aquela dotada de personalidade jurídica de direito privado, com criação autorizada por lei e com patrimônio próprio, cujo capital social é integralmente público, detido pela União, pelos Estados, pelo Distrito Federal ou pelos Municípios. Esta definição, constante na Lei nº 13.303/2016, repete características consagradas para tal espécie de estatal, ainda na égide do Decreto-Lei 200/67[2].

É admitida a participação, no capital da empresa pública, de outras pessoas jurídicas de direito público interno, bem como de entidades da administração indireta da União, dos Estados, do Distrito Federal e dos Municípios. Esta participação, contudo, apenas é válida caso a maioria do capital votante permaneça em propriedade da União, do Estado, do Distrito Federal ou do Município.

Já sociedade de economia mista é aquela dotada de personalidade jurídica de direito privado, com criação autorizada por lei, adotando a forma empresarial de sociedade anônima. Suas ações com direito a voto não precisam ser exclusivamente públicas, mas devem majoritariamente pertencer à União, aos Estados, ao Distrito Federal, aos Municípios ou a entidade da

2. Art. 5º Para os fins desta lei, considera-se: (...)
II – Emprêsa Pública – a entidade dotada de personalidade jurídica de direito privado, com patrimônio próprio e capital exclusivo da União, criado por lei para a exploração de atividade econômica que o Govêrno seja levado a exercer por fôrça de contingência ou de conveniência administrativa podendo revestir-se de qualquer das formas admitidas em direito. (Redação dada pelo Decreto-Lei nº 900, de 1969)

administração indireta. Assim como em relação à empresa pública, a Lei nº 13.303/2016 repetiu características consagradas para tal espécie de estatal, indicadas já na égide do Decreto-Lei 200/67[3].

É possível, ainda, identificar empresas estatais que não atendem a alguns dos requisitos legais. Cite-se, como exemplo, as que foram adquiridas pelo Poder Público, sem autorização legal, no passado, e hoje realizam atividade sobre a gestão da Administração. Há, ainda, aquelas que possuem capital público minoritário, não se encaixando na definição de sociedade de economia mista.

1.2. BREVES NOTAS SOBRE O REGIME JURÍDICO DAS EMPRESAS ESTATAIS

As estatais são criadas por lei específica autorizadora, possuindo personalidade jurídica de direito privado e patrimônio público (empresas públicas) ou público e privado (sociedade de economia mista). Com personalidade jurídica própria, representam o fenômeno da descentralização administrativa, necessário para permitir que o modelo empresarial privado, com suas peculiaridades, seja utilizado para o melhor desempenho da respectiva finalidade, seja a prestação de serviço público ou a exploração de atividade econômica.

A Carta Magna, em seu art. 173, §1º, II, insere as empresas estatais que exploram atividade econômica no regime jurídico de direito privado aplicável às empresas privadas, inclusive em relação às causas trabalhistas e tributárias.

Nada obstante a disposição constitucional, pode-se afirmar que as empresas públicas e sociedades de economia mista atuam sob um regime jurídico híbrido ou misto, porque o direito privado é parcialmente derrogado pelo direito público. Essa afirmação tem por pressuposto o fato de que a própria Constituição, ao estabelecer os princípios da Administração Pública, indica que eles devem ser observados pelas entidades da administração indireta, da qual fazem parte as empresas públicas e as sociedades de economia mista[4].

---

3. Art. 5º Para os fins desta lei, considera-se: (...)
III - Sociedade de Economia Mista - a entidade dotada de personalidade jurídica de direito privado, criada por lei para a exploração de atividade econômica, sob a forma de sociedade anônima, cujas ações com direito a voto pertençam em sua maioria à União ou a entidade da Administração Indireta. (Redação dada pelo Decreto-Lei nº 900, de 1969)
4. BALTAR NETO, Fernando; TORRES, Ronny Charles L. de. Direito Administrativo. 8ª ed. Salvador: Editora Juspodivm, 2018. P.112/117.

Em relação ao pessoal contratado pelas estatais, em regra, eles serão empregados públicos, regidos pela CLT, e suas admissões estarão submetidas à aprovação prévia em concurso público, ressalvado o acesso aos cargos e às funções de confiança, além das contratações de natureza civil-administrativa (prestadores de serviços).

O artigo 173 da Constituição Federal, notadamente em seu §1º, define que as estatais que exploram atividade econômica devem ter regime jurídico similar ao das empresas privadas, inclusive em relação ao seu regime trabalhista:

> Art. 173. Ressalvados os casos previstos nesta Constituição, a exploração direta de atividade econômica pelo Estado só será permitida quando necessária aos imperativos da segurança nacional ou a relevante interesse coletivo, conforme definidos em lei.
>
> § 1º A lei estabelecerá o estatuto jurídico da empresa pública, da sociedade de economia mista e de suas subsidiárias que explorem atividade econômica de produção ou comercialização de bens ou de prestação de serviços, dispondo sobre:
>
> I - sua função social e formas de fiscalização pelo Estado e pela sociedade;
>
> II - a sujeição ao regime jurídico próprio das empresas privadas, inclusive quanto aos direitos e obrigações civis, comerciais, trabalhistas e tributários;
>
> III - licitação e contratação de obras, serviços, compras e alienações, observados os princípios da Administração Pública;
>
> IV - a constituição e o funcionamento dos conselhos de administração e fiscal, com a participação de acionistas minoritários;
>
> V - os mandatos, a avaliação de desempenho e a responsabilidade dos administradores.
>
> § 2º As empresas públicas e as sociedades de economia mista não poderão gozar de privilégios fiscais não extensivos às do setor privado.
>
> § 3º A lei regulamentará as relações da empresa pública com o Estado e a sociedade.
>
> § 4º A lei reprimirá o abuso do poder econômico que vise à dominação dos mercados, à eliminação da concorrência e ao aumento arbitrário dos lucros.
>
> § 5º A lei, sem prejuízo da responsabilidade individual dos dirigentes da pessoa jurídica, estabelecerá a responsabilidade desta, sujeitando-a às punições compatíveis com sua natureza, nos atos praticados contra a ordem econômica e financeira e contra a economia popular.

Assim, segundo o dispositivo constitucional, admite-se que a lei estabeleça estatuto jurídico para as estatais que explorem atividade econômica, dispondo, entre outras coisas, sobre a sujeição ao regime jurídico próprio das empresas privadas, inclusive quanto aos direitos e obrigações civis, comerciais, trabalhistas e tributários.

Na verdade, o constituinte, ao tempo que proibiu privilégios fiscais às empresas estatais; reconheceu, notadamente em relação àquelas que exploram atividade econômica, a necessidade de flexibilização de parte das amarras inerentes ao regime jurídico administrativo, para que elas possam se ajustar ao ambiente competitivo próprio das empresas privadas, obviamente, sem se distanciar dos princípios da legalidade, moralidade, impessoalidade, publicidade e eficiência.

Evitando esse distanciamento, em relação à obrigatoriedade de realização de concurso público para seleção do pessoal das estatais, o STF já decidiu que a lei, ao estabelecer o estatuto jurídico das estatais, não poderia excluir a obrigatoriedade de concurso público:

> [...] ainda que editado o já referido estatuto jurídico para as empresas públicas e sociedades de economia mista que explorem atividade econômica, tal estatuto não poderá excluir a obrigatoriedade do concurso público, vez que se trata de corolário dos princípios constitucionais da publicidade e da impessoalidade, não havendo que se falar em colisão com o conteúdo do art. 170, § 1º da Constituição Federal de 1988[5].

Essa obrigatoriedade da realização de concurso, obviamente, não prejudica a contratação temporária ou mesmo a terceirização legítima de serviços. Nessas hipóteses, a relação entre a estatal e o respectivo colaborador terá natureza jurídica diversa.

Em relação aos seus contratos, enfoque especial deste livro, as estatais vinham enfrentando o constante dilema liberdade *versus* controle.

De um lado, impõe-se às estatais, sobretudo àquelas que atuam em regime de competição, a convivência com um ambiente feroz, no qual elas precisam ser cada vez mais céleres, eficientes, rentáveis e atualizadas. De outro, pelo grande montante de recursos financeiros por elas movimentado, exige-se forte controle sobre suas despesas e mesmo sobre decisões estratégicas, sejam administrativas ou negociais.

5. STF. RE 558.833-AgR, Rel. Min. Ellen Gracie.

A solução para esse dilema não é fácil. A liberdade ampla pode gerar prejuízos financeiros, por desvios praticados, notadamente em uma realidade na qual grandes estatais podem ser loteadas por partidos políticos para a indicação de diretores sem virtude, capacidade técnica ou mesmo idoneidade para conduzi-las. Por outro lado, o recrudescimento do controle pode gerar prejuízos também altíssimos, pela perda de eficiência, sobretudo para as estatais que atuam em regime competitivo. Cabe frisar, esses prejuízos são muitas vezes utilizados, levianamente, para fundamentar discursos em prol da privatização de algumas estatais.

Não se pretende, neste trabalho, avançar de forma aprofundada sobre o debate acerca da privatização de empresas públicas e sociedades de economia mista. O Brasil possui muitas estatais, talvez mais do que deveria. Contudo, se é bem verdade que algumas deixam de realizar seu mister como devido, é fundamental destacar que a maioria, mesmo sem os incentivos adequados, atua em nível semelhante ou superior ao das empresas privadas do setor, exceto quando são atrapalhadas pelos desvirtuamentos da política e da aplicação descompassada do próprio regime jurídico administrativo.

1.3. BREVE HISTÓRICO SOBRE A APLICAÇÃO DO REGIME LICITATÓRIO ÀS ESTATAIS

Como já visto, as estatais são pessoas jurídicas de direito privado com vocação para o exercício de atividades econômicas em sentido estrito, atuando em regime de concorrência com o mercado privado para exploração da atividade econômica ou prestando serviços públicos.

Obviamente, para o exercício de suas atividades, as estatais precisam realizar contratações. Essas contratações são necessárias para a aquisição de insumos, para a terceirização de alguns serviços, para ampliação, manutenção ou reforma de sua estrutura ou mesmo para a realização de negócios ou parcerias necessárias ao eficiente desenvolvimento de suas atividades empresariais.

O Decreto-Lei 200/67, em seu artigo 125[6], ao tratar sobre procedimentos licitatórios, definia que suas regras para licitações de compras, obras e serviços

6. Art. 125. As licitações para compras, obras e serviços passam a reger-se, na Administração Direta e nas autarquias, pelas normas consubstanciadas neste Título e disposições complementares aprovadas em decreto. (Revogado pelo Decreto-Lei nº 2.300, de 1986)

valiam para a Administração Direta e as autarquias. Não havia uma referência expressa às estatais, para as quais eram resguardadas condições de funcionamento idênticas às do setor privado. Mesmo para órgãos, era admitida "autoridade executiva necessária ao eficiente desempenho de sua responsabilidade legal ou regulamentar", conforme resguardava o referido Decreto-Lei.[7]

Mesmo o Decreto-Lei 2.300/86, que revogou as regras de licitação do Decreto-Lei 200/67, definia que suas disposições eram aplicáveis apenas no âmbito da Administração Federal centralizada e autárquica[8]. Naquele normativo também se reconhecia a necessidade de um regramento específico para as estatais, admitindo-se que elas editassem regulamentos próprios, com procedimentos seletivos simplificados e observância dos princípios básicos da licitação, ficando sujeitas às disposições do referido Decreto-lei apenas enquanto tais regulamentos não fossem publicados[9].

O Professor Jacoby Fernandes, com maestria, realça que o Decreto-Lei 2.300/1986, para disciplinar as licitações e contratações das Estatais, "adotou como normativo o estabelecimento de normas gerais, de modo bastante restrito, e, em seguida, permitiu-lhes a adoção de procedimentos simplificados, condicionando essa maior liberdade de ação à edição de regulamentos próprios"[10]. Como bem lembra o ilustre autor, a regularidade deste regulamento dependia apenas que ele acolhesse os princípios básicos da licitação[11].

Mariana Avelar destaca esta dicotomia, reconhecedora da natureza diversa das estatais e justificadora de um processo seletivo simplificado.[12] Esta

7. Art. 27. Assegurada a supervisão ministerial, o Poder Executivo outorgará aos órgãos da Administração Federal a autoridade executiva necessária ao eficiente desempenho de sua responsabilidade legal ou regulamentar.
Parágrafo único. Assegurar-se-á às emprêsas públicas e às sociedades de economia mista condições de funcionamento idênticas às do setor privado cabendo a essas entidades, sob a supervisão ministerial, ajustar-se ao plano geral do Governo.

8. Art. 1º Este decreto-lei institui o estatuto jurídico das licitações e contratos administrativos pertinentes a obras, serviços, compras e alienações, no âmbito da Administração Federal centralizada e autárquica.

9. Art. 86. As sociedades de economia mista, empresas públicas, fundações sob supervisão ministerial e demais entidades controladas direta ou indiretamente pela União, até que editem regulamentos próprios, devidamente publicados, com procedimentos seletivos simplificados e observância dos princípios básicos da licitação, ficarão sujeitas às disposições deste decreto-lei.

10. FERNANDES, Jorge Ulysses Jacoby. Contratação direta sem licitação. 9ª ed. Brasília: Brasília Jurídica, 2014. p. 46.

11. *Idem Ibidem.*

12. AVELAR, Mariana Magalhães. Licitações das empresas estatais: delineamento do regime jurídico aplicável aos procedimentos de contratação do Estado empresário. Fórum de Contratação

dicotomia era também reconhecida por autores clássicos, como o saudoso Professor Hely Lopes Meirelles, que ressaltava a compreensão de que a Constituição Federal, ao permitir a exploração de atividades econômicas pelas estatais, nivelou-as aos particulares, permitindo que tivessem semelhante liberdade de ação e flexibilidade operacional das organizações congêneres da iniciativa privada[13].

Contudo, a correta compreensão de que as estatais precisavam de maior flexibilidade em suas contratações não perdurou muito. Com o advento da Lei nº 8.666/1993, aprovada em um momento político tumultuado do país, a aplicação do regime licitatório geral foi ampliada para abarcar, também, as estatais:

> Art. 1º Esta Lei estabelece normas gerais sobre licitações e contratos administrativos pertinentes a obras, serviços, inclusive de publicidade, compras, alienações e locações no âmbito dos Poderes da União, dos Estados, do Distrito Federal e dos Municípios.
>
> Parágrafo único. Subordinam-se ao regime desta Lei, além dos órgãos da administração direta, os fundos especiais, as autarquias, as fundações públicas, as empresas públicas, as sociedades de economia mista e demais entidades controladas direta ou indiretamente pela União, Estados, Distrito Federal e Municípios.

A opção do legislador trouxe para as estatais a necessária submissão às regras licitatórias gerais, desprezando a vocação econômica e a realidade de mercado.

Frise-se que não houve na Lei nº 8.666/1993, diferentemente do que ocorrera no Decreto-Lei 2.300/86, o estabelecimento de regra expressa que permitisse às sociedades de economia mista e empresas públicas a edição de regulamentos próprios, devidamente publicados, com procedimentos seletivos simplificados[14].

---

e Gestão Pública – FCGP, Belo Horizonte, ano 15, n. 177, p. 49-64, set. 2016. Disponível em: <http://www.bidforum.com.br/PDI0006.aspx?pdiCntd=244333>. Acesso em: 25 jan. 2017.

13. MEIRELLES, Hely Lopes. Licitação e sociedade de economia mista. Revista de Direito Público. Ano VII, n. 30, São Paulo: Revista dos Tribunais, 1974, p. 52, apud ALMEIDA, Aline Paola C. B. Camara de. O regime licitatório das empresas estatais. In: SOUTO, Marcos Juruena Villela. Direito Administrativo Empresarial. Rio de Janeiro: Lumen Juris, 2006, p. 181-183.

14. Art. 86. As sociedades de economia mista, empresas públicas, fundações sob supervisão ministerial e demais entidades controladas direta ou indiretamente pela União, até que editem

A alusão feita pelo artigo 119 da Lei 8.666/93[15] à possibilidade de regulamentação, não pareceu permitir a mesma autonomia do diploma anterior. Assim, eventual regulamentação pela estatal exigiria o respeito integral às disposições pertinentes Lei nº 8.666/1993.

Bem explica Jacoby Fernandes:

> O art. 119 da Lei nº 8.666/1993. Aproveitando o símile preceito do Estatuto anterior, quanto aos sujeitos, extinguiu a margem de simplificação dos procedimentos de licitação e dos contratos, impondo coercitivamente a adaptação das normas à Lei nº 8.666/1993.
>
> (...)
>
> Pelo atual diploma legal, não foi erigida a possibilidade de simplificação ou qualquer redução de eficácia da norma, mas apenas e tão-somente a incidência direta da Lei nº 8.666/1993 sobre tais regulamentos das entidades[16].

O fim da possibilidade de simplificação, por regulamento específico, colidiu frontalmente com algumas necessidades específicas das estatais e a necessidade de apresentar bom desempenho econômico em suas contratações.

Indubitavelmente, a submissão integral às regras exageradamente burocráticas e cada vez mais desatualizadas, geravam um gargalo incompatível com a eficiência econômica exigida das estatais, notadamente daquelas que atuam em regime de competição.

1.4. DA APLICAÇÃO DO REGIME LICITATÓRIO DA LEI Nº 8.666/1993 ÀS ESTATAIS

Diante, inclusive, do caráter formalista e burocrático da Lei nº 8.666/1993, não tardou a que se questionasse a compatibilidade entre o exercício eficiente

---

regulamentos próprios, devidamente publicados, com procedimentos seletivos simplificados e observância dos princípios básicos da licitação, ficarão sujeitas às disposições deste decreto-lei.

15. Art. 119. As sociedades de economia mista, empresas e fundações públicas e demais entidades controladas direta ou indiretamente pela União e pelas entidades referidas no artigo anterior editarão regulamentos próprios devidamente publicados, ficando sujeitas às disposições desta Lei. Parágrafo único. Os regulamentos a que se refere este artigo, no âmbito da Administração Pública, após aprovados pela autoridade de nível superior a que estiverem vinculados os respectivos órgãos, sociedades e entidades, deverão ser publicados na imprensa oficial.

16. FERNANDES, Jorge Ulysses Jacoby. Contratação direta sem licitação. 9ª ed. Brasília: Brasília Jurídica, 2014. p. 48.

das atividades econômicas das estatais e a submissão ao regime licitatório tradicional. Esses questionamentos e a correta preocupação com os prejuízos decorrentes da incompatibilidade do procedimento licitatório deveras burocrático da Lei nº 8.666/1993 e algumas atividades empresariais exercidas pelas estatais, fundamentaram a disposição da Emenda Constitucional nº 19, de 1998, que alterou o artigo 173 da Constituição Federal, com foco especial, importante registrar, nas estatais exploradoras de atividade econômica.

A nova redação dada ao dispositivo constitucional admitiu que lei específica pudesse estabelecer estatuto jurídico para as empresas públicas, sociedades de economia mista e suas subsidiárias, que explorassem atividades econômicas de produção ou comercialização de bens ou de prestação de serviços. Esse estatuto jurídico poderia dispor sobre diversos temas, entre eles licitação e contratação.

Contudo, a alteração do referido dispositivo não foi imediatamente seguida pela aprovação do referido Estatuto, a ser criado por Lei específica, fazendo com que persistisse o quadro de incompatibilidade do exercício eficiente de algumas atividades econômicas das estatais, com a submissão ao regime licitatório tradicional.

1.4.1. Estatais e a relativização da aplicação do regime licitatório da Lei nº 8.666/1993

O atraso na aprovação do referido estatuto, por Lei, gerou um grande vácuo no qual permanecia a incompatibilidade da submissão irrestrita das estatais, notadamente as exploradoras de atividade econômica, ao integral regime da Lei nº 8.666/1993. Este quadro influenciou a instauração de grande "divergência doutrinária e jurisprudencial em torno da definição de quais normas se aplicariam a tais empresas"[17].

Nesse período, diante da inação do legislador em aprovar tal estatuto jurídico especial, os constantes problemas vivenciados pelas estatais, notadamente aquelas que exploram atividade econômica, geraram dilemas polêmicos sobre os limites de aplicação da Lei nº 8.666/1993 em relação a essas

17. AVELAR, Mariana Magalhães. Licitações das empresas estatais: delineamento do regime jurídico aplicável aos procedimentos de contratação do Estado empresário. Fórum de Contratação e Gestão Pública – FCGP, Belo Horizonte, ano 15, n. 177, p. 49-64, set. 2016. Disponível em: <http://www.bidforum.com.br/PDI0006.aspx?pdiCntd=244333>. Acesso em: 25 jan. 2017.

pessoas jurídicas. Calorosos debates envolviam a possibilidade de que sociedades de economia mista e empresas públicas, exploradoras de atividades econômicas, não se sujeitassem ao dever de licitar, em algumas situações específicas, uma vez que elas estariam sujeitas ao regime jurídico das empresas privadas, conforme disposto pela própria Constituição Federal.

1.4.2. Da relativização da aplicação do regime licitatório da Lei nº 8.666/1993, em razão das atividades finalísticas

O Tribunal de Contas da União, embora entendendo que as estatais se submetem ao regime da Lei nº 8.666/1993, sensível à incompatibilidade entre determinadas atividades empresariais e a lógica burocrática da Lei Geral de Licitações, passou a admitir o afastamento da aplicação do regime tradicional, quando a estatal, exploradora de atividade econômica, atuasse em sua atividade fim e a submissão à Lei nº 8.666/1993 se constituísse em "óbice intransponível à sua atividade negocial"[18]. Nesse sentido, por exemplo, manifestou-se o TCU, em Acórdão relatado pelo Ministro Marcos Bemquerer:

> EMENTA: Consulta formulada por Ministro de Estado da Ciência e Tecnologia. Licitude da dispensa de licitação, pelas sociedades de economia mista exploradoras de atividade econômica, na contratação de bens e serviços ligados à sua atividade-fim. Conhecimento. Resposta ao consulente.
>
> ACORDAM os Ministros do Tribunal de Contas da União, reunidos em sessão do Plenário, ante as razões expostas pelo Relator, em:
>
> 9.1. conhecer da presente Consulta, formulada pelo Exmo. Ministro de Estado da Ciência e Tecnologia, Sr. Eduardo Campos, por atender aos requisitos de admissibilidade de que tratam os arts. 1º, XVII, da Lei n. 8.443/92 e 264 do Regimento Interno/TCU, para responder ao consulente que, enquanto não for editado o estatuto a que se refere o art. 173, § 1°, da Constituição Federal, as empresas públicas, as sociedades de economia mista e suas subsidiárias que explorem atividade econômica de produção ou comercialização de bens ou de prestação de serviços devem observar os ditames da Lei n° 8.666/1993 e de seus regulamentos próprios, podendo prescindir da licitação para a contratação de bens e serviços que constituam sua atividade-fim, nas hipóteses em que o referido Diploma Legal constitua óbice intransponível

18. TCU. Acórdão nº 1.390/2004 - Plenário. Rel. Min. Marcos Bemquerer.

> à sua atividade negocial, sem olvidarem, contudo, da observância dos princípios aplicáveis à Administração Pública, bem como daqueles insertos no referido Estatuto Licitatório;[19]

O autor José dos Santos Carvalho Filho[20] tratava o tema sobre o prisma da impossibilidade jurídica:

> No que concerne a empresas públicas e sociedades de economia mista que explorem atividades econômicas-empresariais, urge conciliar o art. 37, XXI, e o art. 1° parágrafo único, do Estatuto, com o art. 173, § 1°, CF. É que referidos entes, embora integrantes da Administração Indireta, desempenham operações peculiares, de nítido caráter econômico, que estão vinculadas aos próprios objetivos da entidade; são atividades-fim dessas pessoas. Nesse caso é forçoso reconhecer a inaplicabilidade do Estatuto por absoluta impossibilidade jurídica.

Seguindo o raciocínio delineado pelo TCU, massificou-se o entendimento de que as empresas públicas e as sociedades de economia mista, exploradoras de atividade econômica, não necessitariam de obediência estrita ao procedimento licitatório, quando realizassem contratações relativas às atividades-fim e a submissão do regime licitatório tradicional fosse prejudicial a sua atividade negocial.

Importa salientar, atividade-fim é aquela para a qual foi criada a SEM ou EP; atividades-meios seriam as demais, que, embora não se relacionem com os objetivos centrais da pessoa jurídica, realizam-se naturalmente, pela necessidade de existência, como contratos de manutenção, aquisição de insumos ordinários, entre outros.

1.4.3. Da relativização da aplicação do regime licitatório da Lei nº 8.666/1993, face à incompatibilidade com específicas atuações da estatal

Nada obstante, conforme defendemos outrora, embora, por um lado, tal assertiva representasse um avanço produzido pela jurisprudência e facilitasse a compreensão do assunto, por outro, podia gerar dúvidas e inconsistências,

19. TCU. Acórdão n° 1.390/2004 – Plenário. Rel. Min. Marcos Bemquerer.
20. CARVALHO FILHO, José dos Santos. Manual de direito administrativo, 14ª ed. Rio de Janeiro: Lúmen Júris, 2005. p. 198.

tendo em vista que a classificação como atividade-fim ou atividade-meio se demonstra cada vez mais superada pela dinamicidade e flexibilidade das relações contratuais formadas para a produção de bens e serviços. Mesmo em atividades-meios, a submissão integral ao regime licitatório pode ser prejudicial ao negócio da estatal.

O próprio STF admitiu a adoção de regime diferenciado a estatais exploradoras da atividade econômica, sem restrição ao tipo de atividade (fim ou meio), sob o fundamento de que a atividade econômica exercida por essas empresas estatais, em regime de livre competição com as empresas privadas, justificaria a submissão a um regime diferenciado de licitação[21].

Imaginemos, por exemplo, uma ideia surgida no corpo funcional de um banco estatal, para desenvolver um aplicativo extraordinário ou um *software* inovador, que agilize e aperfeiçoe a interação do usuário com a instituição, através de seus celulares e computadores. Sem dúvida, o desenvolvimento desse aplicativo ou *software* poderia ser classificado como uma "atividade-meio". Ocorre que, submeter a contratação e o desenvolvimento dessa ferramenta aos estritos procedimentos da Lei nº 8.666/1993 podia implicar certo prejuízo à estatal em sua disputa concorrencial. Por exemplo, a publicidade do projeto básico ou do termo de referência, com precisa definição da ferramenta a ser desenvolvida, somada ao vagaroso processo de seleção, poderiam permitir que os concorrentes copiassem a ideia e a desenvolvessem antes mesmo da estatal!

Esse exemplo parece demonstrar que não é a simples diferenciação entre atividade-fim e atividade-meio que deve respaldar a exigibilidade de aplicação de todas as regras licitatórias, mas, sim, a constatação ou não da impossibilidade de consecução dos objetivos institucionais da pessoa jurídica através do certame licitatório.

Não pode ser considerada apta a atender ao interesse público a exigência de utilização do rígido regime licitatório, para que a empresa estatal participe da livre competição de mercado, quando esse regime se demonstra relevantemente prejudicial ou impeditivo. Da mesma forma que a Constituição veda beneficiamentos e privilégios fiscais em face de tais pessoas da Administração Indireta (art. 173, §§ 1º e 2º), não se poderia entender como

---

21. STF. MS 25.888/DF.

constitucional a imposição de regras que comprometessem a atuação da entidade administrativa no mercado.

Esse raciocínio já era defendido por relevante parcela da doutrina. Nesse sentido, identificam-se as lições de Marçal Justen Filho:

> A diferença entre atividade-fim e atividade-meio está na vinculação do contrato com o objeto cujo desenvolvimento constitui razão de ser da entidade. A atividade fim é aquela para a qual se vocaciona a sociedade de economia mista ou empresa pública. Considera-se todo o restante como atividade meio. Nem sempre é simples a diferenciação, eis que inúmeras contratações se referem indiretamente à atividade fim. Assim, a aquisição de insumo necessário à produção de um derivado ou manufaturado enquadra-se na atividade-fim. Mas a construção de uma fábrica não estaria albergada na mesma categoria, comportando submissão ao procedimento licitatório." ... "Talvez seja possível algum aprofundamento nesse campo. A questão não se relaciona propriamente à configuração de algo como atividade fim ou atividade meio, mas com a submissão da atividade desempenhada pela entidade integrante da Administração Indireta à lógica do mercado e a certos princípios da competição econômica. Em suma, quando o Estado se dispuser a atuar no mercado, deverá submeter-se a exigências próprias e características." .... "A Ausência de licitação derivará, então, da impossibilidade de obter sucesso na atividade empresarial se for aplicada a licitação, eis que isso eliminará margens de autonomia indispensáveis e inerentes à atuação no mercado. Admitir-se-á a ausência de licitação quando essa for a única alternativa sustentável perante a técnica e a ciência para o desempenho satisfatório da atividade empresarial considerada, em face de circunstâncias concretas e determinadas[22].

No mesmo prumo, podem ser identificados os ensinamentos de José Eduardo Martins Cardozo[23]. O referido autor ainda observava que, nesses casos, em relação às estatais exploradoras de atividade econômica, não haveria hipótese de inexigibilidade de licitar, mas uma não incidência do dever de licitar, em razão da pessoa e do objeto contratado.

---

22. JUSTEN FILHO, Marçal. Comentários à Lei de licitações e contratos administrativos. 11ª ed. São Paulo: Dialética, 2005. P. 18-20.
23. CARDOZO, José Eduardo Martins. Empresas estatais que exploram atividade econômica e seu dever de licitar. In; FIGUEIREDO, Marcelo e PONTES FILHO, Marcelo (Organizadores). Estudos de direito público em homenagem a Celso Antonio Bandeira de Mello. Malheiros, 2006. p.333-371.

> "Não poderemos deixar de observar que esta não-incidência do dever de licitar para empresas públicas e sociedades de economia mista exploradoras de atividade econômica, e suas subsidiárias, aproxima-se muito da hipótese de inexigibilidade de licitação. De fato, sempre entendemos que um dos casos de inviabilidade de competição que configura situação de inexigibilidade se dá quando a finalidade pública de contratação não puder ser alcançada por força da competição a ser empreendida em um procedimento licitatório.... Vislumbramos, porém, uma clara diferença. Entendemos que a inexigibilidade de licitação é uma hipótese excepcional onde em tese se faz presente a dimensão subjetiva e objetiva do dever de licitar ..., mas a realização de procedimento licitatório é impossível porque a competição em torno do objeto pretendido pela Administração não é juridicamente factível. No caso da atenuação do dever de licitar das empresas estatais exploradoras da atividade econômica é diferente. Aqui se trata de uma verdadeira não -incidência do dever de licitar em razão da pessoa e do objeto contratado. Não é uma exceção, mas uma limitação de incidência, constitucionalmente estabelecida, do dever de licitar."[24]

Concordamos com este raciocínio desde outrora[25]. Nessas situações, em que a aplicação do regime licitatório for prejudicial à atuação da estatal, em regime de competição, não se estaria diante de uma hipótese de inexigibilidade. Embora o rol do artigo 25 da Lei nº 8.666/1993 não seja exaustivo, o que poderia levar à conclusão precipitada de que essas seriam hipóteses de inexigibilidade, decorrentes da "inviabilidade de competição", é fundamental perceber que a contratação direta submete o gestor a alguns procedimentos burocráticos previstos pela Lei nº 8.666/1993, notadamente na fase interna, que também podem se mostrar incompatíveis com a atuação da estatal exploradora de atividade econômica.

Na verdade, é possível que, em tais situações, reste configurada uma "inaplicabilidade parcial" das normas licitatórias, não se tratando de inexigibilidade, mas sim de uma "não incidência" de regras da Lei nº 8.666/1993. Nesse raciocínio, as exploradoras de atividade econômica realizariam tais negócios sob a correspondente regulamentação específica, embora fosse ne-

24. CARDOZO, José Eduardo Martins. Empresas estatais que exploram atividade econômica e seu dever de licitar. *In*; FIGUEIREDO, Marcelo e PONTES FILHO, Marcelo (Organizadores). Estudos de direito público em homenagem a Celso Antonio Bandeira de Mello. Malheiros, 2006. p.333-371.
25. É a linha de pensamento que adotávamos em nossa obra: TORRES, Ronny Charles Lopes de. Leis de licitações públicas comentadas. 7ª edição. Salvador: Juspodivm, 2015. p. 45.

cessário que tais atos resguardassem controle formal próprio, suficiente a permitir verificação de legalidade e correção.

Comunga desse raciocínio, a conclusão apresentada por José Eduardo Martins Cardozo:

> "Não poderemos deixar de observar que esta não-incidência do dever de licitar para empresas públicas e sociedades de economia mista exploradoras de atividade econômica, e suas subsidiárias, aproxima-se muito da hipótese de inexigibilidade de licitação. De fato, sempre entendemos que um dos casos de inviabilidade de competição que configura situação de inexigibilidade se dá quando a finalidade pública de contratação não puder ser alcançada por força da competição a ser empreendida em um procedimento licitatório.... Vislumbramos, porém, uma clara diferença. Entendemos que a inexigibilidade de licitação é uma hipótese excepcional onde em tese se faz presente a dimensão subjetiva e objetiva do dever de licitar (...), mas a realização de procedimento licitatório é impossível porque a competição em torno do objeto pretendido pela Administração não é juridicamente factível. No caso da atenuação do dever de licitar das empresas estatais exploradoras da atividade econômica é diferente. Aqui se trata de uma verdadeira não -incidência do dever de licitar em razão da pessoa e do objeto contratado. Não é uma exceção, mas uma limitação de incidência, constitucionalmente estabelecida, do dever de licitar." [26]

Uma consequência prática deste entendimento é que a hipótese de "não aplicação" ou "não incidência" das regras licitatórias permitiria o afastamento de alguns procedimentos da fase interna ou das formalidades previstas para a contratação por inexigibilidade, estipuladas no artigo 26 da Lei Geral de Licitações.

1.4.4. Reflexos no regime jurídico da Lei das estatais

Como veremos adiante, esse entendimento doutrinário (somado ao entendimento jurisprudencial do STF e TCU) parece ter influenciado fortemente a Lei nº 13.303/2016, fazendo com que, expressamente, além das hipóteses tradicionais de contratação direta, por dispensa ou inexigibilidade, o novo

26. CARDOZO, José Eduardo Martins. Empresas estatais que exploram atividade econômica e seu dever de licitar. *In*; FIGUEIREDO, Marcelo e PONTES FILHO, Marcelo (Organizadores). Estudos de direito público em homenagem a Celso Antonio Bandeira de Mello. Malheiros, 2006. p.333-371.

diploma normativo criasse a figura da "não observância" das regras licitatórias, como nova espécie de exceção à obrigatoriedade de licitar.

Diante do que foi exposto, importante perceber que a Lei federal nº 13.303/2016 tem o intuito de não apenas regular as licitações para as estatais, mas permitir que essas pessoas jurídicas de direito privado, que integram a Administração Pública, submetam-se a regras apropriadas ao exercício de suas atividades empresariais.

Como percebido pela melhor doutrina, a Lei das estatais se distancia do regime jurídico licitatório da Lei nº 8.666/93, aproximando-se mais da lógica e dos princípios do Regime Diferenciado de Contratação (RDC), com formato menos burocrático, proporcionando mais opções, que devem ser justificadas, para a obtenção de uma melhor contratação, uma "liberdade" ansiada, notadamente, pelas estatais que atuam em regime de disputa de mercado[27].

Esta percepção é fundamental para evitar a aplicação equivocada de regras outras, por uma alegada analogia ou subsidiariedade, incompatíveis com a flexibilidade, eficiência e modernidade da atuação empresarial.

Necessário refletir: a experiência prática demonstrou que o regime licitatório da Lei nº 8.666/1993 não se apresentou plenamente compatível com a eficiência necessária à atuação das estatais, notadamente quando inseridas em um ambiente de disputa com o mercado privado.

Obviamente, essa necessidade de uma operação eficiente não admite permissividades que atentem contra princípios que devem nortear a ação da estatal, nem desrespeitem cânones republicanos, como da isonomia e da preservação do patrimônio público[28].

Ciente da especificidade das estatais, o Congresso Nacional, ao aprovar a Nova Lei Geral de Licitações e Contratos (Lei nº 14.133/2021), deixou inconteste que é o regime especial da Lei nº 13.303/2016 o aplicável às empresas públicas e sociedades de economia mista. Nesta feita, já no §1º do seu

27. ALTOUNIAN, Cláudio Sarian; CAVALCANTE, Rafael Jardim; COELHO, Sylvio Kelsen. Empresas Estatais: Governança, Compliance, Integridade e Contratações os Impactos da Lei n° 13.303/2016. Belo Horizonte: Fórum, 2019. P. 66.

28. MARQUES NETO, Floriano de Azevedo. As contratações estratégicas das estatais que competem no mercado In: OSÓRIO, Fabio Medina; SOUTO, Marcos Juruena Villela (Coord.). Direito administrativo: estudos em homenagem a Diogo de Figueiredo Moreira Neto. Rio de Janeiro: Lumen Juris, 2006, p. 585.

primeiro artigo, a NLLCA firma que as estatais não são por ela abrangidas (ressalvado em relação às disposições do artigo 178, que trata sobre crimes licitatórios).

1.5. O REGIME LICITATÓRIO DA LEI Nº 13.303/2016

A Lei nº 13.303/2016 foi publicada no dia 01 de julho de 2016, como uma resposta tardia à necessidade de um estatuto jurídico para empresas públicas e sociedades de economia mista, uma demanda existente desde a Emenda Constitucional nº 19, de 1998. Essa emenda modificou o artigo 173 da Constituição Federal, estabelecendo a necessidade de uma legislação específica para regular tais entidades que operam na produção ou comercialização de bens, ou na prestação de serviços.

Essencialmente, a Lei das Estatais introduziu um formato de licitação mais flexível e um regime contratual mais equilibrado em comparação à Lei nº 8.666/93. A Lei nº 13.303/2016 apresenta várias semelhanças com a Lei nº 12.462/2011, que instituiu o Regime Diferenciado de Contratações. Permite um procedimento de licitação mais adaptável, sem as modalidades rígidas anteriormente impostas pela Lei nº 8.666/93 e legislações passadas, possibilitando que as empresas estatais moldem o processo de licitação, compreendendo-o como um mecanismo a ser desenhado de acordo com o objeto pretendido e nuances do mercado ou da contratação.

Há um ferramental de opções que podem ou não, em virtude de decisão discricionariamente técnica, ser adotadas pela estatal, na modelagem de sua licitação, como exigir certificação de qualidade, adotar orçamento sigiloso, prever a contratação simultânea, escolher entre variados modos de disputa (aberto, fechado ou combinado), critérios de habilitação mais flexíveis ou mesmo instrumentos auxiliares, como a pré-qualificação permanente ou o procedimento de manifestação de interesse privado, entre outros.

Em relação ao regime contratual, a legislação trouxe inovações, como a possibilidade de remuneração variável, contratações simultâneas e regimes de contratação diversos. Além disso, promoveu uma mudança estrutural significativa ao mitigar as prerrogativas extraordinárias anteriormente vigentes, produzindo uma relação contratual mais horizontalizada entre as estatais e seus fornecedores.

A mudança possui efeitos positivos, porém também gera desafios às estatais. Se, por um lado, há redução de custos transacionais que podem favorecer uma melhor precificação das propostas, por outro lado, a ausência de prerrogativas extraordinárias exige planejamento com maior qualidade e definição de regras contratuais verdadeiramente compatíveis com a execução do objeto, que definam com precisão as obrigações, aloquem devidamente os riscos e estabeleçam incentivos adequados a induzir um bom comportamento do fornecedor.

Nada obstante, embora em menor grau ao proposto pela Lei nº 8.666/1993, há incidência parcial do regime jurídico de direito público nos contratos das estatais, persistindo implícita ou explicitamente fundamentos para a manutenção de algumas prerrogativas extraordinárias, como a aplicação de sanções administrativas, embora, mesmo em relação a estas, houve uma mitigação do poder sancionatório, pela previsão, tão somente, das sanções advertência, multa e suspensão de licitar e contratar[29].

De qualquer forma, embora a incidência do regime jurídico de direito público nos contratos das estatais seja menor em comparação com o proposto pela Lei nº 8.666/1993, ainda há elementos desse regime presentes, incluindo a manutenção de algumas prerrogativas extraordinárias, como a aplicação de sanções administrativas. Contudo, até nesse aspecto houve uma mitigação do poder sancionatório, limitando-se às sanções de advertência, multa e suspensão de participação em licitações e contratos.

É este interessante regime licitatório e contratual promovido pela Lei nº 13.303/2016 que será esmiuçado nas páginas seguintes deste livro.

29. Art. 83. Pela inexecução total ou parcial do contrato a empresa pública ou a sociedade de economia mista poderá, garantida a prévia defesa, aplicar ao contratado as seguintes sanções:
I - advertência;
II - multa, na forma prevista no instrumento convocatório ou no contrato;
III - suspensão temporária de participação em licitação e impedimento de contratar com a entidade sancionadora, por prazo não superior a 2 (dois) anos.
§ 1º Se a multa aplicada for superior ao valor da garantia prestada, além da perda desta, responderá o contratado pela sua diferença, que será descontada dos pagamentos eventualmente devidos pela empresa pública ou pela sociedade de economia mista ou cobrada judicialmente.
§ 2º As sanções previstas nos incisos I e III do *caput* poderão ser aplicadas juntamente com a do inciso II, devendo a defesa prévia do interessado, no respectivo processo, ser apresentada no prazo de 10 (dez) dias úteis.

2

ASPECTOS DE APLICAÇÃO DAS REGRAS DE LICITAÇÃO DA NOVA LEI DAS ESTATAIS

Antes de adentrarmos na análise específica das regras licitatórias inseridas no bojo da Lei nº 13.303/2016, parece-nos importante atentar para alguns aspectos relacionados a sua aplicação, notadamente os aspectos temporal, material e subjetivo.

2.1. ASPECTO TEMPORAL – VIGÊNCIA DAS NOVAS REGRAS DE LICITAÇÃO PARA AS ESTATAIS

Desde sua aprovação, uma das grandes polêmicas da nova Lei envolvia a definição do momento de aplicação das suas regras licitatórias! Esta polêmica ocorreu por conta da disposição de vigência prescrita pelo artigo 91, em conjunto com seu §3º.

Segundo o *caput* do artigo 91, a "empresa pública e a sociedade de economia mista constituídas anteriormente à vigência desta Lei deverão, no prazo de 24 (vinte e quatro) meses, promover as adaptações necessárias à adequação ao disposto nesta Lei". Já o §3º, deste mesmo artigo, firma que "permanecem regidos pela legislação anterior procedimentos licitatórios e contratos iniciados ou celebrados até o final do prazo previsto no *caput*".

Há ainda que se registrar que persiste, no artigo 97 da mesma Lei, norma segundo a qual suas regras entrariam em vigor na data de sua publicação.

Vale a transcrição dos dispositivos:

> Art. 91. A empresa pública e a sociedade de economia mista constituídas anteriormente à vigência desta Lei deverão, no prazo de 24 (vinte e quatro) meses, promover as adaptações necessárias à adequação ao disposto nesta Lei.
>
> (...)
>
> § 3º Permanecem regidos pela legislação anterior procedimentos licitatórios e contratos iniciados ou celebrados até o final do prazo previsto no *caput*.
>
> (...)
>
> Art. 97. Esta Lei entra em vigor na data de sua publicação.

Como já dissemos outrora[1], impressiona que a simples determinação do momento de vigência das novas regras licitatórias tenha se tornado duvidosa devido à má redação da Lei.

2.1.1. As três correntes de interpretação

Diante da ausência de clareza na Lei, convém ao intérprete extrair o sentido da norma, recorrendo à hermenêutica. Nesta missão, podemos identificar, pelo menos, três diferentes correntes interpretativas, com posições próprias sobre o início da vigência das regras licitatórias disciplinadas pela Lei das estatais.

A primeira corrente, fazendo uso de uma interpretação lógica, defendeu que as novas regras licitatórias deveriam ser aplicadas imediatamente, para todas as estatais, mantendo-se a legislação anterior apenas para os procedimentos lançados e contratos celebrados até 30/06/2016. Como defensor desta corrente, podemos citar o Professor Renato Geraldo Mendes que, em interessante artigo, defendeu que:

> A grande dúvida que nasce com a Lei nº 13.303/16 é a seguinte: o novo regime jurídico já está em vigor ou sua vigência somente terá início daqui a 24 meses? Parece incrível que uma lei já nasça com uma dúvida dessa natureza, principalmente quando houve grande

1. TORRES, Ronny Charles Lopes de. Vigência das regras de licitação da nova Lei das estatais. **Revista Jus Navigandi**, Teresina, ano 22, n. 4933, 2 jan. 2017. Disponível em: <https://jus.com.br/artigos/54805>. Acesso em: 3 jan. 2017.

> empenho do Governo para sua rápida aprovação. Todo esse empenho não condiz com a possibilidade de o novo regime somente produzir efeitos daqui a 2 anos. (...)
>
> Ademais, é incoerente submeter um projeto de lei ao regime de urgência se ele não atender a, pelo menos, uma de duas condições: a) entrar em vigor na data de sua publicação ou b) entrar em vigor em curto prazo, isto é, em um prazo mínimo capaz apenas de possibilitar que seus destinatários conheçam o conteúdo das novas disposições.[2]

E conclui o autor:

> O art. 91 e o art. 97 cumprem funções distintas, ou seja, regulam esses diferentes mundos. Basicamente, a finalidade do § 3º do art. 91 é dizer que a legislação anterior continuará a ter vigência em relação a licitações já iniciadas e contratos já celebrados por, no máximo, mais 24 meses. No entanto, novas licitações e novos contratos devem ser regulados pela nova Lei, ou seja, pela Lei nº 13.303/16, não se aplicando mais leis anteriores. (...)
>
> Enfim, não resta mais nenhuma dúvida, para mim, de que a Lei nº 13.303/16 está em vigor e deve ser aplicada pelas empresas públicas e sociedades de economia mista e suas subsidiárias, pois ela não foi editada com prazo de vacância, mas sim com regra de direito intertemporal a ser observada apenas para licitações iniciadas e contratos celebrados até 30.06.16. As licitações cujo edital foi publicado a partir, inclusive, de 1º.07.16 e os contratos firmados a partir, inclusive, da mesma data devem observar a Lei nº 13.303/16, especialmente os arts. 28 a 84, os quais regulam o processo de contratação pública.[3]

Noutro diapasão, uma segunda corrente, aparentemente realizando uma interpretação literal do referido §3º do artigo 91, defendia que, ao menos para as estatais já existentes, as licitações iniciadas ou contratos celebrados, dentro do período de 24 meses a contar da publicação da Lei nº 13.303/2016, seguiriam a legislação tradicional. Assim, as novas regras licitatórias só poderiam ser utilizadas após este prazo de 24 meses[4].

---

2. MENDES, Renato Geraldo. Está em vigor a nova lei das empresas estatais (Lei 13.303/16). 2016. Disponível no sítio eletrônico: http://www.renatomendes.com.br/tag/vigencia-estatais--leis-das-estatais/#.WCplCSTJK5Q.
3. MENDES, Renato Geraldo. Está em vigor a nova lei das empresas estatais (Lei 13.303/16). 2016. Disponível no sítio eletrônico: http://www.renatomendes.com.br/tag/vigencia-estatais--leis-das-estatais/#.WCplCSTJK5Q.
4. NIEBUHR, Joel de Menezes. Aspectos Destacados do Novo Regime de Licitações e Contratações das Estatais. Revista Colunistas. Direito do Estado. Disponível em: http://www.direitodoestado.

Defendemos, desde a primeira edição desta obra, terceira corrente interpretativa. Adotando uma interpretação sistemática, advogamos que o prazo estatuído pelo §3º do artigo 91 deve ser compreendido juntamente com o *caput* e, também, com o artigo 97 da mesma Lei.

Nessa linha de entendimento, embora as novas regras licitatórias tenham entrado em vigor na data da publicação da Lei, esta admitiu um prazo de até 24 (vinte e quatro) meses para que as estatais se adaptassem ao novo regime licitatório e contratual. Enquanto essas adaptações não tivessem sido promovidas, dentro deste prazo máximo estipulado, permaneceria sendo aplicada a legislação anterior.

Convém observar, contudo, que o "final do prazo previsto no *caput*", indicado pelo §3º do artigo 91, não estava relacionado ao lapso temporal de 24 meses, mas ao "prazo de adaptação", o qual poderia ocorrer em período menor (2, 6, 8, 10 ou 12 meses, por exemplo). Nessa feita, caso a estatal promovesse as adaptações necessárias à adequação ao disposto na Lei, antes de findo o prazo máximo estabelecido pelo legislador, poderia utilizar o novo regime licitatório.

Essa parece ser a posição defendida também por Joel Niebuhr e Pedro Niebuhr, em elogiável obra publicada sobre o regime licitatório e contratual da Lei nº 13.303/2016:

> "A Lei nº 13.303/16, na prática, somente tem vigência imediata, é realmente obrigatória, para novas estatais, criadas a partir da publicação da lei, em 1º.7.2016. Para as antigas, na prática, não é vigente, não é obrigatória. A vigência, pela sistemática estranha do supracitado art. 91 da Lei nº 13.303/16, ficou condicionada à própria vontade da estatal, pelo menos até que se completem os 24 meses.
>
> Esse prazo de 24 meses deve ser visto como prazo máximo. Isso significa que as estatais podem se adaptar desde logo, como lhes for conveniente, e, uma vez adaptadas, submeterem-se de imediato à Lei nº 13.303/2016. Como percebido por Luciano Ferraz, "de acordo com a realidade de cada empresa, poder-se-ia cogitar do encurtamento do período de transição prescrito pelo legislador para fins de aplicação imediata das regras da vigente Lei nº 13.303/16"[5].

---

com.br/colunistas/joel-de-menezes-niebuhr/aspectos-destacados-do-novo-regime-de-licitacoes-e-contratacoes-das-estatais.

5. NIEBUHR, Joel de Menezes; NIEBUHR, Pedro de Menezes. Licitações e Contratos das Estatais. Belo Horizonte: Fórum, 2018. P. 35.

Temos convicção que esta terceira corrente representa a melhor intepretação acerca dos dispositivos legais que estabelecem o momento de vigência das regras de licitação e contrato, da nova Lei das estatais, motivo pelo qual já vínhamos defendendo-a desde a sua publicação[6].

No mesmo sentido se posicionou a doutrina de Edgar Guimarães e José Anacleto Abduch que, defendendo o processo sistemático de interpretação para resolução do dilema acerca da vigência das regras licitatórias, concordaram que a norma contida no §3° não poderia ser interpretada de forma dissociada daquela prevista no *caput* do artigo 93 e da regra contida no artigo 97:[7]

> O processo sistemático consiste exatamente em "comparar o dispositivo sujeito a exegese, com outros do mesmo repositório ou de leis diversas, mas referentes ao mesmo objeto. Por umas normas se conhece o espírito das outras". Neste sentido, a norma contida no § 3° não pode ser interpretada de forma dissociada daquela prevista no *caput* do artigo (contexto significativo) e da contida no artigo 97 para um juízo sistemático circunscrito às diversas regras e dispositivos contidos na própria lei. Tem-se, então, que o *caput* do artigo 91 prevê um contexto de cunho geral, qual seja: as estatais têm um prazo de 24 meses para a adoção das medidas administrativas necessárias ao cumprimento das novas regras, que já estão em vigor.
>
> Assim, as adaptações e ajustes fundados na Lei n° 13.303/16 que puderem ser imediatamente implementados poderão sê-los. Repita-se: o prazo de 24 meses de que trata o artigo 91, *caput*, não é o de vigência, uma vez que a lei está em vigor desde a publicação, consoante norma do artigo 97.
>
> No plano do contexto significativo de que trata Karl Larenz, não parece correto extrair da norma uma interpretação que vede ou impeça a imediata aplicação da lei no que tange aos novos processos licitatórios e às novas contratações das estatais.

Assim, os autores concluem que a regra prevista no artigo 91, § 3°, "é de transição e destina-se a regular os processos licitatórios e os contratos iniciados ou celebrados no âmbito do regime jurídico anterior"[8].

---

6. TORRES, Ronny Charles L. A vigência das regras de licitação da nova Lei das Estatais. Canal Veritas. 2016. Disponível no sítio eletrônico: http://canalveritas.com.br/2016/12/08/licitacao-nova-lei-das-estatais/.
7. GUIMARÃES, Edgar; SANTOS, José Anacleto Abduch. Lei das estatais: comentários ao regime jurídico licitatório e contratual da Lei n° 13.303/2016. Belo Horizonte: Fórum, 2017. P. 27-31.
8. GUIMARÃES, Edgar; SANTOS, José Anacleto Abduch. *Lei das estatais*: comentários ao regime jurídico licitatório e contratual da Lei n° 13.303/2016. Belo Horizonte: Fórum, 2017. P. 27-31.

Repisamos, o prazo de 24 (vinte e quatro) meses foi estabelecido como limite máximo de espera para a aplicação do novo regime licitatório das estatais, podendo ser aplicado em período inferior, caso a respectiva estatal promovesse as adaptações necessárias à adequação ao disposto na Lei, como a capacitação de seus agentes públicos, a decisão pelo órgão competente e a aprovação de seu regulamento interno de licitações, em relação às regras não autoaplicáveis[9].

Entendemos que, para as regras autoaplicáveis, como as relacionadas às contratações diretas, por exemplo, nem haveria que se exigir a aprovação do regulamento interno para que as adaptações necessárias fossem cumpridas.

JURISPRUDÊNCIA RELACIONADA[10]

- "Finalmente, declarou a *<omissis>* que todo o seu ato convocatório já está norteado pela Lei federal 13.303/16, e que já passou a se submeter a esse recente Diploma Legal que dispõe sobre o estatuto jurídico da empresa pública, da sociedade de economia mista e de suas subsidiárias da União, Estados, Distrito Federal e Municípios, Lei essa que a partir do seu art. 31 regula as licitações e os contratos celebrados por essas empresas públicas e sociedades de economia mista. É lícita essa opção da Companhia, posto que a *<omissis>* é sociedade por ações de capital fechado instituída pela Lei Estadual 11.688/04. Ademais, não obstante o prazo para adaptações previsto pelo art. 91 da Lei 13.303/16, não há nada a obstar que entidades passem a aderir imediata e plenamente a essa nova Lei, vigente desde a sua publicação." (TCE-SP. Proc. 00014949.989.17-2 - Representação e 00015159.989.17-7 - Representação. Rel. Silvia Monteiro. Julg. 06/12/17)

2.1.2. O entendimento da Advocacia-Geral da União – AGU

Esta terceira corrente interpretativa parece ter sido abraçada pela Consultoria Jurídica do Ministério do Planejamento, órgão da Advocacia-Geral da União[11], que defendeu ser autoaplicável o regime de licitação e contratação previsto na Lei n° 13.303/2016, podendo este ser aplicado antes do fim do prazo de 24 meses.

9. TORRES, Ronny Charles L. A vigência das regras de licitação da nova Lei das Estatais. Canal Veritas. 2016. Disponível no sítio eletrônico: http://canalveritas.com.br/2016/12/08/licitacao-nova-lei-das-estatais/.
10. Apesar de alguns trechos de decisões e enunciados apresentados nessa seção aludirem a dispositivos de outras leis, compreendemos que a semelhança dos regimes permite a reflexão e, eventualmente, o aproveitamento do raciocínio utilizado pelos tribunais.
11. Parecer n. 1211/2016/CSB/GABIN/CONJUR-MP/CGU/AGU.

Vale a leitura da ementa da referida manifestação:

> EMENTA: Consulta. Aplicabilidade das regras de licitação e contratos previstas na Lei nº 13.303/2016. O regime de licitação e contratação é autoaplicável. Embora a Lei 13.303/2016 determine a publicação de regulamento interno de licitações e contratos, não há óbice a que o regime de licitação e contrato previsto pela própria Lei já seja adotado. É permitida a utilização da legislação anterior aos procedimentos licitatórios e contratos celebrados até 24 meses após a Lei ou até a edição do regimento interno de licitações e contratos, caso o mesmo tenha sido publicado antes de referido prazo.

Adotando entendimento semelhante à terceira corrente, anteriormente citada, a Advogada da União, Dr.ª Carolina Scherer Bicca, firmou as seguintes conclusões[12]:

> 1) o regime de licitação e contratação previsto na Lei nº 13.303/2016 é autoaplicável;
>
> 2) embora a Lei 13.303/2016 determine que seja publicado regulamento interno de licitações e contratos, nada impede que o regime de licitação e contratos estabelecido pela própria Lei já seja adotado; e
>
> 3) é permitida, por 24 meses, a utilização da legislação anterior para os procedimentos licitatórios e contratos celebrados até aquela data ou até a edição do regimento interno de licitações e contratos, caso o mesmo tenha sido publicado antes de referido prazo.

Comungando este raciocínio, inclusive, importantes estatais, como a Infraero, já vinham adotando o regime licitatório da nova Lei, antes mesmo da publicação de seus regulamentos internos, até pela correta compreensão de que ele (o novo regime licitatório) permite ganhos de eficiência nas licitações e contratações públicas.

Essa interpretação, sobre a vigência da nova Lei, em harmonia com a terceira corrente, parece ser a mais adequada, realmente, a definir sua aplicação.

2.1.3. O novo regulamento federal

Posteriormente, o Decreto Federal nº 8.945, publicado em 28/12/2016, consolidou entendimento semelhante ao defendido desde outrora pela terceira corrente interpretativa, acima citada.

12. Parecer n. 1211/2016/CSB/GABIN/CONJUR-MP/CGU/AGU.

Segundo a redação estabelecida no regulamento federal, o regime de licitação e contratação da Lei nº 13.303/2016 é autoaplicável, ressalvadas regras pontuais, como aquelas pertinentes a:

- procedimentos auxiliares das licitações;
- procedimento de manifestação de interesse privado;
- etapa de lances exclusivamente eletrônica;
- preparação das licitações com matriz de riscos;
- observância da política de transações com partes relacionadas, a ser elaborada, de que trata o inciso V do *caput* do art. 32 da Lei nº 13.303, de 2016; e
- disponibilização na internet do conteúdo informacional requerido nos art. 32, §3º, art. 39, art. 40 e art. 48 da Lei nº 13.303, de 2016.

Segundo o mesmo Decreto federal nº 8.945/2016, a estatal deveria editar seu regulamento interno de licitações e contratos até o dia 30 de junho de 2018, dispondo sobre os pontos tidos como não autoaplicáveis, com a aprovação do Conselho de Administração da empresa, se houver, ou pela Assembleia Geral.

Por fim, no §2º de seu artigo 71, o referido Decreto federal afirma que era permitida a utilização da legislação anterior (Lei nº 8.666/1993 e Lei nº 10.520/2002, por exemplo), para os procedimentos licitatórios e contratos iniciados ou celebrados até a edição do referido regulamento interno ou até o dia 30 de junho de 2018, o que ocorresse primeiro.

Vale a leitura de trecho do referido regulamento federal:

> Art. 71. O regime de licitação e contratação da Lei nº 13.303, de 2016, é autoaplicável, exceto quanto a:
>
> I – procedimentos auxiliares das licitações, de que tratam os art. 63 a art. 67 da Lei nº 13.303, de 2016;
>
> II – procedimento de manifestação de interesse privado para o recebimento de propostas e projetos de empreendimentos, de que trata o § 4º do art. 31 da Lei nº 13.303, de 2016;
>
> III – etapa de lances exclusivamente eletrônica, de que trata o § 4º da art. 32 da Lei nº 13.303, de 2016;
>
> IV – preparação das licitações com matriz de riscos, de que trata o inciso X do *caput* do art. 42 da Lei nº 13.303, de 2016;

> V – observância da política de transações com partes relacionadas, a ser elaborada, de que trata o inciso V do *caput* do art. 32 da Lei nº 13.303, de 2016; e
>
> VI – disponibilização na internet do conteúdo informacional requerido nos art. 32, § 3º, art. 39, art. 40 e art. 48 da Lei nº 13.303, de 2016.
>
> § 1º A empresa estatal deverá editar regulamento interno de licitações e contratos até o dia 30 de junho de 2018, que deverá dispor sobre o estabelecido nos incisos do *caput*, os níveis de alçada decisória e a tomada de decisão, preferencialmente de forma colegiada, e ser aprovado pelo Conselho de Administração da empresa, se houver, ou pela assembleia geral.
>
> § 2º É permitida a utilização da legislação anterior para os procedimentos licitatórios e contratos iniciados ou celebrados até a edição do regulamento interno referido no § 1º ou até o dia 30 de junho de 2018, o que ocorrer primeiro.

Como se percebe, a regra disposta pelo Decreto federal nº 8.945/2016 adota também linha semelhante à terceira corrente interpretativa, acima tratada, permitindo que a aplicação das novas regras licitatórias da Lei nº 13.303/2016 se desse antes do prazo de 24 meses, desde que a estatal promovesse as adaptações necessárias, antes de findo o prazo máximo estabelecido pelo legislador, que poderia se dar com a edição de seu regulamento interno, já compatível com a Lei nº 13.303/2016.

2.1.4. Da conclusão pela possibilidade de aplicação do novo regime antes do prazo de 24 meses

Da análise das correntes interpretativas identificadas na doutrina, bem como do posicionamento adotado por órgão da Advocacia-Geral da União e pelo Decreto federal nº 8.945/2016, firma-se o raciocínio de que o prazo de 24 meses, identificado no artigo 91 da Lei nº 13.303/2016, devia ser compreendido como limite máximo para a pertinente adaptação e aplicação das novas regras de licitação da novel legislação. Caso a estatal promovesse as adaptações necessárias, como a aprovação de seu regulamento interno, em prazo mais curto, já poderia se valer do novo regime licitatório.

Assim, o novo regime de licitações da Lei nº 13.303/2016 poderia ser aplicado pela estatal, dentro do período de até 24 meses, após serem promovidas as adaptações necessárias, como a capacitação de suas equipes, decisão pelo órgão ou autoridade competente e, em alguns casos, a aprovação de seu regulamento interno de licitações.

Este entendimento, aparentemente, vem sendo o adotado pelo TCU. Ao menos é o que demonstra o interessante Acórdão nº 2.033/2017, do Plenário daquela Corte, uma vez que, no referido julgado, relatado pelo ilustre Ministro Benjamin Zymler, o Tribunal admitiu a aplicação do regime jurídico de licitações da Lei nº 13.303/2016, para a Telebrás, antes do fim do prazo de 24 meses. Mais explícita parece ter sido a adoção deste entendimento pelo Acórdão nº 2.279/2019, do Plenário do TCU, ao vaticinar que a melhor interpretação é a de que a transição entre regimes vale para licitações que tiveram seu edital "publicado" na data que ocorrer primeiro entre a edição do regulamento interno ou o dia 30 de junho de 2018[13].

Seguindo este sentido, a Consultoria Jurídica do Tribunal de Contas do Estado do Rio Grande do Norte, em resposta à consulta formulada pela Companhia de Águas e Esgoto daquele Estado (CAERN), firmou o entendimento de que o regime licitatório da Lei das estatais é autoaplicável, podendo ser realizados os procedimentos licitatórios com base no novo regime tão logo "publicado o respectivo regulamento interno, o que deve ocorrer em até vinte e quatro meses da data em que ela passou a ter vigência"[14].

Na mesma linha de raciocínio, o Tribunal de Contas do Estado de Pernambuco, em resposta à Consulta da Companhia Pernambucana de Gás (COPERGÁS), definiu que "a Lei Federal 13.303, de 30 de junho de 2016, deve ser aplicada, no Estado de Pernambuco, a partir da data que as estatais promoveram a adequação dos respectivos estatutos ao disposto na norma federal"[15].

Convém ressaltar que o prazo de 24 meses é um limite máximo, de forma que, após ele, as novas regras valerão, mesmo que a Estatal não tenha se preparado ou promovido as adaptações necessárias, o que pode gerar infortúnios e responsabilização do gestor desidioso, por eventuais prejuízos nos certames e contratações.

Após este prazo de 24 meses, os licitantes têm o direito subjetivo de exigir a aplicação do novo regime licitatório, de forma que, ultrapassado tal período, editais que mantenham as regras da Lei nº 8.666/1993, incompatíveis com a Lei nº 13.303/2016, poderão ser impugnados no âmbito administrativo ou mesmo judicial.

13. TCU. Acórdão nº 2.279/2019, Plenário.
14. TCE/RN. Parecer nº 094/2017 – CJ/TC.
15. TCE/PE. Acórdão T.C. nº 0015/17. PROCESSO Nº 1608451-2.

2.1.5. Da impossibilidade de um regime híbrido da Lei nº 13.303/2016 e legislação substituída

Questão interessante envolve o debate acerca da possibilidade de, no prazo de até 24 meses, ter sido adotado um regime híbrido formado pela Lei nº 13.303/2016 e o regime geral de licitação. Assim, por exemplo, uma estatal poderia continuar adotando as regras de licitação da Lei nº 8.666/1993, mas optar discricionariamente apenas pela adoção de uma hipótese de dispensa prevista na Lei nº 13.303/2016, a um contrato específico. Outra ilustração seria a possibilidade de realizar uma concorrência, nos moldes da Lei nº 8.666/1993 ou da Lei nº 14.133/2021, mas com as regras de habilitação da Lei das estatais, ou mesmo realizar uma licitação com base na Lei nº 13.303/2016, mas adotar o regime contratual da Lei nº 8.666/1993 ou da Lei nº 14.133/2021.

Entendemos incabível tal raciocínio. Uma vez adaptada a estatal ou expirado o prazo de 24 meses, haveria a incidência integral do novo regime licitatório, não sendo admissível a criação discricionária e casuística de um regime híbrido.

O TCE/PE, inclusive, registrou interessante posição neste sentido, definindo que não é possível uma aplicação híbrida do novo regime licitatório, em miscelânea com o da legislação anterior.

Vale a transcrição da ementa do referido julgado:

> I- A Lei Federal 13.303, de 30 de junho de 2016, deve ser aplicada, no Estado de Pernambuco, a partir da data que as estatais promoveram a adequação dos respectivos estatutos ao disposto na norma federal, não cabendo uma aplicação mista, mesmo que parcial, da citada Lei Federal e da legislação anterior.
>
> II- Até edição do novo regulamento de cada estatal, nos moldes do artigo 40 da citada Lei Federal, as licitações e contratos continuam regulamentados pelo regime legal anterior, inclusive quanto aos limites de dispensa de licitação.
>
> III- As estatais estaduais devem procurar se adequar à nova lei com máxima celeridade possível, inclusive sobre o novo regime de governança.
>
> IV- Todos os novos instrumentos previstos na Lei Federal citada, necessariamente, devem entrar em vigor na mesma data na respectiva empresa estatal, evitando aplicação mista de regimes jurídicos, que geraria insegurança jurídica e dificuldades ao controle interno e externo.[16]

16. TCE/PE. Acórdão T.C. nº 0015/17. Processo nº 1608451-2.

Concordamos com a conclusão da Corte de Contas estadual, pela impossibilidade de uma aplicação híbrida.

Necessário ressalvar que a impossibilidade da aplicação de um regime híbrido não afasta a possibilidade excepcional de aplicação subsidiária da Lei nº 8.666/1993 ou da Lei do RDC, como consequência de integração analógica para a supressão de algumas lacunas da Lei nº 13.303/2016. Como veremos adiante, esta aplicação subsidiária, contudo, é restrita apenas a algumas hipóteses.

Mesmo não sendo possível definir uma aplicação subsidiária da legislação geral de licitações a todas as "lacunas" da Lei das Estatais, pela evidente incompatibilidade, é possível identificar pontos de convergência, em que esta integração não se apresenta incompatível.

Outrossim, como também será visto adiante, a inexistência de um regime híbrido não prejudica que, ao menos durante algum tempo, coexistam contratos que adotem o novo regime (Lei nº 13.303/2016) com contratos antigos que adotem ainda o regime anterior (Lei nº 8.666/1993).

É fundamental perceber que esta possibilidade não reflete um regime híbrido, mas sim a aplicação do próprio regime da Lei nº 13.303/2016, uma vez que ele definiu expressamente a continuidade da aplicação da legislação anterior para os procedimentos licitatórios e contratos iniciados ou celebrados até o início da aplicação do novo regime.

2.1.6. Das licitações iniciadas ou contratos firmados antes da aplicação da Lei nº 13.303/2016

Ponto que pode gerar controvérsias refere-se às licitações já realizadas ou contratos firmados, utilizando o regime jurídico anterior (Lei nº 8.666/1993 ou Lei 10.520/2002, entre outras), e eventual início de aplicação do novo regime licitatório e contratual da Lei nº 13.303/2016.

A Lei trouxe regra expressa, para solucionar esse dilema:

> Art. 91. A empresa pública e a sociedade de economia mista constituídas anteriormente à vigência desta Lei deverão, no prazo de 24 (vinte e quatro) meses, promover as adaptações necessárias à adequação ao disposto nesta Lei.
>
> (...)

> § 3º Permanecem regidos pela legislação anterior procedimentos licitatórios e contratos iniciados ou celebrados até o final do prazo previsto no *caput*.

A regra de que os procedimentos licitatórios e os contratos iniciados ou celebrados até o final do prazo de adaptação (ou o exaurimento do prazo de 24 meses após a publicação) permanecem regidos pela legislação anterior, protege a aplicação do regime licitatório anterior, mesmo após o início da aplicação do regime da Lei nº 13.303/2016.

Assim, é possível que, mesmo após o prazo de 24 meses ou após a aprovação do regulamento, persistam contratos, resultantes de licitações realizadas anteriormente, sob a égide do regime tradicional de licitações, que deverão manter esse regime jurídico durante toda a vigência contratual.

Importante perceber que a manutenção do regime tradicional afeta, inclusive, eventuais alterações, prorrogações, ou aplicações de penalidades. Esse regime será mantido, inclusive, em relação à vigência contratual e diante de eventual renovação contratual.

Cabe repisar: esta possibilidade reflete a aplicação do próprio regime da Lei nº 13.303/2016, pois ele definiu expressamente a continuidade da aplicação da legislação anterior para os procedimentos licitatórios e contratos iniciados ou celebrados até o início de sua aplicação. Por conta disso, não há necessidade de rescisão dos contratos anteriormente firmados, com base no regime anterior, pois o novo regime expressamente admite sua continuidade.

2.1.7. Definição do que seriam "licitações iniciadas" para fins de aplicação do regime licitatório anterior

O § 3º do artigo 91 define que permanecem regidos pela legislação anterior os "procedimentos licitatórios iniciados" e "contratos celebrados" até o final do prazo de adaptação para aplicação do regime licitatório da Lei nº 13.303/2016.

Mas o que seriam procedimentos licitatórios "iniciados"? Em outras palavras, qual ponto define o início do procedimento licitatório? A confecção do documento de planejamento (projeto básico ou termo de referência), a autorização para iniciar a licitação ou a publicação do edital?

Inicialmente, sugeríamos que esta definição constasse no regulamento interno de licitações da estatal, para resguardar segurança jurídica na interpretação do dispositivo; contudo, mais recentemente, pode-se identificar certa sedimentação de entendimentos no sentido de que é a publicação do edital o fato jurídico que marca este início da licitação.

Este, pelo menos, é o entendimento que parece ter sido adotado pelo Plenário do Tribunal de Contas da União, no Acórdão nº 2.279/2019, conforme trechos abaixo:

> 17. A essência da discussão está no fato de o legislador não ter explicitado se esse início do procedimento licitatório se refere à sua efetiva publicação ou ao começo do planejamento da licitação, em sua fase interna/preparatória. No presente caso, os estudos para as obras se iniciaram em 2014(...).
>
> 18. Entendo não haver dúvida em relação ao momento a ser considerado como de início do procedimento, isso porque não se pode ampliar a interpretação de concessão dada pelo legislador para uma transição de normativos. Com isso, a melhor interpretação é a de que a transição vale para licitações que tiveram seu edital "publicado" entre a edição do regulamento interno referido no § 1º ou até o dia 30 de junho de 2018, o que ocorrer primeiro.
>
> 19. E os motivos para essa interpretação são simples. Em primeiro lugar, não seria razoável supor que o legislador fornecesse tempo indeterminado para a utilização da lei antiga, pois, caso prevalecesse a tese encampada pela equipe técnica do Metrô, qualquer objeto que tivesse seus estudos iniciados anteriormente à data de publicação da Lei 13.303, 1º/7/2016, poderia ser licitado por uma empresa estatal com base na Lei 8.666/93, mesmo que decorrido um prazo elevado. Seria ampliar em demasia uma flexibilidade pensada pelo legislador para harmonizar a transição dos comandos de uma lei nova.
>
> 20. Em segundo, o prazo de dois anos definido para a mencionada transição foi suficiente para que todos os procedimentos de adaptação tivessem sido incorporados pelas estatais, seja em relação à definição de seus regulamentos internos, seja no tocante aos ajustes dos estudos desenvolvidos na fase interna. Não seria razoável a alegação de que houve surpresa para a equipe técnica por comandos exigidos em uma nova lei ou de que haveria custos de ajustes para um suposto "inédito" normativo, decorridos 24 meses de sua publicação.
>
> 21. Em terceiro, é da data de publicação do edital que as empresas concorrentes têm ciência do objeto a ser licitado e, automaticamente, começam a investir recursos na preparação de suas propostas. A preservação dos comandos contidos em lei anterior visou manter o equilíbrio econômico nos contratos firmados pela Administração com particulares no interregno transitório. Passado esse período, natural

que as empresas submetidas à nova lei já tivessem adaptado todos os seus procedimentos.

No referido processo, embora tenha firmado tal entendimento, o Tribunal entendeu que seria desproporcional determinar a anulação do certame em função de todos os custos incorridos. Por outro lado, compreendeu oportuno dar ciência à estatal da necessidade de aplicação da Lei nº 13.303/2016 nos procedimentos licitatórios publicados após o prazo limite para aplicação da Lei nº 13.303/2016 (1º/7/2018), mesmo que a fase interna tenha sido iniciada anteriormente[17].

2.1.8. Da impossibilidade de alteração para adaptação do contrato ao novo regime

Não parece correto o pensamento daqueles que defendem a necessidade de aditamento dos contratos firmados anteriormente, com base no regime anterior, para adaptação ao regime da Lei nº 13.303/2016.

A alteração do regime poderia trazer prejuízos à isonomia e aos princípios da vinculação ao instrumento convocatório.

As prerrogativas extraordinárias, como alteração unilateral, por exemplo, impactam na composição dos custos de uma proposta, pelos riscos inerentes. Da mesma forma as regras de vigência.

Alterar o regime contratual para o definido pela outra Lei, através de termo aditivo, certamente afetaria indiretamente a equação econômica do contrato, que é intangível, por expressa manifestação constitucional.

Assim, eventual alteração, para mudança do regime jurídico do contrato, atentaria ilegitimamente contra o que fora pactuado na licitação, em favor ou em desfavor do licitante.

2.1.9. Da manutenção do regime licitatório e os serviços contínuos

Entendemos, em síntese, que, por conta da regra disposta no §3º do artigo 91, os contratos firmados sob a égide da Lei nº 8.666/1993 ficarão intangíveis ao novo regime licitatório. Melhor dizendo, o novo regime licitatório da Lei

17. TCU. Acórdão nº 2.279/2019, Plenário.

nº 13.303/2016 estabelece que, para eles, aplicam-se as regras do regime licitatório anterior.

Mesmo na hipótese de serviços contínuos, o regime jurídico será aquele definido no regime anterior, com renovações (prorrogações) sucessivas, conforme estabelecido pelo inciso II do artigo 57 da Lei nº 8.666/1993.

Importante registrar que, mesmo após o início da aplicação do novo regime da Lei nº 13.303/2016, pela estatal, eventual prorrogação/renovação de um contrato de serviço contínuo, adotando-se o regime previsto no inciso II do artigo 57 da Lei nº 8.666/1993, não representará adoção de um regime híbrido.

Nesses casos, na verdade, a aplicação do anterior regime licitatório representa cumprimento do próprio regime jurídico da Lei das estatais, tendo em vista a regra por ela definida de que "permanecem regidos pela legislação anterior procedimentos licitatórios e contratos iniciados ou celebrados" antes do início da aplicação do novo regime. Esta possibilidade reflete a aplicação do próprio regime da Lei nº 13.303/2016, pois ele definiu expressamente a continuidade da aplicação da legislação anterior para os procedimentos licitatórios e contratos iniciados ou celebrados até o início de sua aplicação.

Assim, a regra de intangibilidade, prevista pelo §3º do artigo 91, poderá fazer com que, durante algum período, a estatal atue com regimes contratuais diferentes, para diferentes contratações.

Caso entenda a estatal que é melhor adotar em todos os seus contratos o regime da Lei nº 13.303/2016, basta que abdique de renovar os contratos ainda protegidos pela regra de intangibilidade, realizando nova licitação, já sob a égide do regime licitatório da nova Lei das estatais.

2.2. ASPECTO NORMATIVO – CONVIVÊNCIA COM OS DEMAIS REGIMES DE LICITAÇÃO

Em relação a seu aspecto normativo, convém sopesar os dilemas acerca da convivência da Lei das estatais com os demais regimes licitatórios previstos em nosso ordenamento jurídico.

2.2.1. Da competência legislativa

É necessário analisar a competência legislativa para tratar sobre o regramento delineado na Lei das Estatais, sobretudo em relação às suas licitações, para definirmos os contornos de sua aplicação.

Como é cediço, a aprovação da Lei nº 13.303/2016 teve como escopo dispor sobre o estatuto jurídico da empresa pública, da sociedade de economia mista e de suas subsidiárias, no âmbito da União, dos Estados, do Distrito Federal e dos Municípios. Este objetivo é expresso, inclusive, no primeiro artigo do referido diploma:

> Art. 1º Esta Lei dispõe sobre o estatuto jurídico da empresa pública, da sociedade de economia mista e de suas subsidiárias, abrangendo toda e qualquer empresa pública e sociedade de economia mista da União, dos Estados, do Distrito Federal e dos Municípios que explore atividade econômica de produção ou comercialização de bens ou de prestação de serviços, ainda que a atividade econômica esteja sujeita ao regime de monopólio da União ou seja de prestação de serviços públicos.

Este estatuto advém de um comando indicado pelo artigo 173 da Constituição Federal, notadamente em seu §1º, o qual estabelece que a lei disporá sobre o estatuto jurídico das estatais, tratando, entre outras coisas, sobre licitação e contratação de obras, serviços, compras e alienações, observados os princípios da Administração Pública.

> Art. 173. Ressalvados os casos previstos nesta Constituição, a exploração direta de atividade econômica pelo Estado só será permitida quando necessária aos imperativos da segurança nacional ou a relevante interesse coletivo, conforme definidos em lei.
>
> § 1º A lei estabelecerá o estatuto jurídico da empresa pública, da sociedade de economia mista e de suas subsidiárias que explorem atividade econômica de produção ou comercialização de bens ou de prestação de serviços, dispondo sobre: (Redação dada pela Emenda Constitucional no 19, de 1998)
>
> I – sua função social e formas de fiscalização pelo Estado e pela sociedade; (Incluído pela Emenda Constitucional no 19, de 1998)
>
> II – a sujeição ao regime jurídico próprio das empresas privadas, inclusive quanto aos direitos e obrigações civis, comerciais, trabalhistas e tributários; (Incluído pela Emenda Constitucional no 19, de 1998)
>
> III – licitação e contratação de obras, serviços, compras e alienações, observados os princípios da Administração Pública; (Incluído pela Emenda Constitucional no 19, de 1998)
>
> IV – a constituição e o funcionamento dos conselhos de administração e fiscal, com a participação de acionistas minoritários; (Incluído pela Emenda Constitucional no 19, de 1998)
>
> V – os mandatos, a avaliação de desempenho e a responsabilidade dos administradores. (Incluído pela Emenda Constitucional no 19, de 1998)

> § 2º As empresas públicas e as sociedades de economia mista não poderão gozar de privilégios fiscais não extensivos às do setor privado.
>
> § 3º A lei regulamentará as relações da empresa pública com o Estado e a sociedade.
>
> § 4º lei reprimirá o abuso do poder econômico que vise à dominação dos mercados, à eliminação da concorrência e ao aumento arbitrário dos lucros.
>
> § 5º A lei, sem prejuízo da responsabilidade individual dos dirigentes da pessoa jurídica, estabelecerá a responsabilidade desta, sujeitando-a às punições compatíveis com sua natureza, nos atos praticados contra a ordem econômica e financeira e contra a economia popular.

Evidente o comando para que o legislador infraconstitucional regule o referido estatuto, com diversas regras próprias para as estatais e, entre elas, regime jurídico específico para suas licitações e contratações.

Por outro lado, a Constituição define certo limite à competência legislativa, em relação ao tema licitações e contratos. Nesse prumo, o inciso XXVII, do artigo 22 da Constituição Federal, estatui que:

> Art. 22. Compete privativamente à União legislar sobre:
>
> (...)
>
> XXVII – normas gerais de licitação e contratação, em todas as modalidades, para as administrações públicas diretas, autárquicas e fundacionais da União, Estados, Distrito Federal e Municípios, obedecido o disposto no art. 37, XXI, e para as empresas públicas e sociedades de economia mista, nos termos do art. 173, § 1°, III;

Assim, de acordo com o referido dispositivo, a competência privativa da União, para legislar sobre licitações, restringe-se às regras gerais. Em relação às regras específicas, Estados, Municípios e DF possuem autonomia para legislar, podendo criar regras diversas da prevista pelo ente federal.

Jacoby Fernandes expõe muito bem o tema, lembrando que a "competência privativa da União, nos termos elencados no art. 22, inadmite, em regra, competência legislativa concorrente de outras esferas de governo" [18]. O renomado jurista lembra, contudo, que resiste a competência legislativa dos

18. FERNANDES, Jorge Ulysses Jacoby. Contratação direta sem licitação. 9ª ed. Brasília: Brasília Jurídica, 2014. P. 29.

demais entes para normatizar as questões específicas, registrando que vários Estados da federação já editaram leis de licitações, sendo admitidas regras diferenciadas, por eles aprovadas, que tratem, por exemplo, sobre procedimento, matéria em princípio de natureza específica. E conclui:

> Os limites jurídicos desta competência hão de ser avaliados caso a caso. Um exemplo elucidará melhor a questão: a permissão para legislar sobre procedimento pode perfeitamente legitimar a que se invertam as fases de julgamento da habilitação e da proposta; não pode, porém, retirar do processo essas duas fases, porque deformaria o instituto da licitação a ausência de qualquer dessas; a lei estadual pode impor uma modalidade como obrigatória e não autorizar o uso de outra, mas não pode criar nova modalidade ou criar nova hipótese de dispensa.[19]

Há, portanto, uma competência privativa da União, no que tange às regras gerais, e uma competência comum, no que se refere às regras específicas. Conclui-se que todos os entes podem editar leis sobre licitação, devendo obedecer àquelas normas gerais traçadas pela União, mas podendo inovar em relação às regras específicas, uma vez que a Constituição Federal, em seu inciso XXVII do artigo 22, restringe a competência legislativa privativa da União às "normas gerais".

A competência legislativa constitucionalmente fixada para tratar sobre o estatuto jurídico das estatais, pelo artigo 173, deve ser interpretada de forma sistemática, com a disposição do inciso XXVII do artigo 22, da mesma Constituição. Assim, em relação à aplicação da Lei nº 13.303/2016, podemos extrair algumas premissas, entre elas:

- quando considerada geral, a regra da Lei nº 13.303/2016 vincula as estatais federais, estaduais, municipais e as estatais do DF;
- quando considerada geral, a regra da Lei nº 13.303/2016 não deve restringir sua normatização às relações jurídicas contratuais das estatais federais, pois isso fraudaria a competência constitucionalmente estabelecida;
- quando considerada específica, a regra da Lei nº 13.303/2016 apenas vincula as estatais federais, permitindo regramento diferente por Estados, Distrito Federal e Municípios, para suas respectivas estatais.

---

19. FERNANDES, Jorge Ulysses Jacoby. Contratação direta sem licitação. 9ª ed. Brasília: Brasília Jurídica, 2014. P. 30.

2.2.2. Lei federal nº 13.303/2016 como regra geral e especial

Como insistimos em ressaltar, em obras anteriores[20], é preciso diferenciar o aspecto "generalidade", em relação às demais normas de nosso ordenamento jurídico, do aspecto "generalidade", em relação à matéria tratada.

Há certo parâmetro de generalidade/especialidade, em razão do conjunto de normas existentes em nosso ordenamento jurídico. Este, não deve ser considerado como norma singular ou como um acervo de normas singulares, mas como uma unidade constituída pelo conjunto sistemático de todas as normas.[21] Há uma quase infinita profusão de regras existentes, balizadoras dos mais diversos fatos sociais, do que resulta a identificação de disciplinamentos legais divergentes para a mesma relação jurídica, apontando aparente contradição normativa no sistema jurídico (antinomia jurídica).

Nosso ordenamento necessita ser coerente e garantir segurança jurídica na aplicação de suas normas, notadamente em relação às regras, caracterizadas como normas rígidas, inflexíveis. Em razão de tal necessidade, cristalizou-se o princípio de que deve ser rejeitada a validade simultânea de normas incompatíveis entre si, já que a compatibilidade de uma norma com o ordenamento é condição necessária para sua validade. Conforme ensinou Bobbio[22], "tal princípio é garantido por uma norma, implícita em todo o ordenamento, segundo a qual duas normas incompatíveis (ou antinômicas) não podem ser ambas válidas, mas somente uma delas pode (mas não necessariamente deve) fazer parte do referido ordenamento". Nesse raciocínio, a antinomia entre regras de nosso ordenamento seria apenas aparente, já que, para aplicação ao caso concreto, apenas uma seria válida.

Buscando sistematizar a resolução dessas aparentes antinomias, dando tratamento não casuístico a esses dilemas, foram estabelecidos critérios a serem aplicados, quais sejam: o critério cronológico (norma posterior prevalece sobre a norma precedente), o critério hierárquico (norma de grau superior prevalece sobre norma de grau inferior) e o critério da especialidade (norma especial prevalece sobre norma geral).

---

20. Nesse sentido, também abordamos essa diferenciação em nossas obras Leis de licitações públicas comentadas e no livro Regime Diferenciado de contratações, ambos constantes nas referências deste livro.
21. BOBBIO, Norberto. O positivismo jurídico: lições de filosofia do direito. São Paulo: Ícone, 2006. p. 197.
22. BOBBIO, Norberto. O positivismo jurídico: lições de filosofia do direito. São Paulo: Ícone, 2006. p. 203.

Por vezes, podem ser identificados conflitos ou disputas também entre os critérios, como ocorre na aparente antinomia entre uma norma especial-precedente e uma norma geral-posterior. Nesses casos, a doutrina tem apontado o critério hierárquico e o critério da especialidade como fortes, em detrimento do critério cronológico, apontado como mais fraco.[23] As discussões sobre as técnicas de utilização desses critérios envolvem a dogmática analítica, que consiste na tarefa de identificação da norma a ser aplicada.[24]

Assim, é basilar percebermos que, ao tratar sobre o caráter geral da Lei nº 13.303/2016, deve-se atentar para a distinção entre a generalidade material e o caráter geral, relacionado à convivência entre as normas e eventual antinomia.

Quando se discute a resolução de um dilema de antinomia, envolvendo a decisão sobre qual a regra a ser aplicada, evidencia-se o critério da generalidade/especialidade. Assim, quando para uma mesma situação jurídica (por exemplo: contratação direta de licitante remanescente ou em relação aos requisitos e habilitação), a Lei nº 13.303/2016 estabelece regra diversa da estabelecida pela Lei nº 8.666/1993 (já revogada desde 30/12/2023) ou pela Lei nº 14.133/2021, tem-se que a pertinente regra da Lei das estatais é especial, em relação à similar regra da Lei nº 8.666/1993 ou da Lei nº 14.133/2021.

Em outro diapasão, no que tange à generalidade material, busca-se avaliar se aquela regra traz disposição geral ou específica, sobre determinada matéria. Essa avaliação é importante, em virtude do que fora estabelecido pelo inciso XXVII do artigo 22 da Constituição Federal, ao definir a competência privativa legislativa sobre licitações. Impõe-se perceber que existem dispositivos sobre licitações e contratos administrativos que são materialmente gerais, conquanto outros dispositivos se caracterizem como regras materialmente específicas.

Parece-nos evidente que a Lei nº 13.303/2016 estabelece diversas regras materialmente gerais (embora também detenha regras materialmente específicas), da mesma forma que se apresenta como uma Lei especial, em relação à Lei nº 8.666/1993 ou à Lei nº 14.133/2021.

Assim, a Lei das estatais é norma geral (em grande parte) para fins de identificação da competência legislativa privativa, bem como é norma es-

---

23. BOBBIO, Norberto, Teoria do ordenamento jurídico. 10ª edição. Brasília: UNB, 1999, p. 105/110.
24. FERRAZ JÚNIOR, Tércio Sampaio. Introdução ao estudo do direito: Técnica, decisão, dominação. 5ª edição. São Paulo: Atlas, 2007. p. 256.

pecial em relação à Lei nº 8.666/1993 ou à Lei nº 14.133/2021, para fins de resolução das aparentes antinomias entre as regras.

Em suma: a Lei das estatais (em sua maior parte) é norma geral, materialmente falando, e norma especial, na sua relação com a Lei Geral de Licitações.

2.2.3. Da (não) aplicação subsidiária das Leis federais nº 8.666/93 ou nº 14.133/2021, nas licitações e contratos regidos pela Lei nº 13.303/2016

Um dos desafios mais sensíveis para a aplicação prática da Lei nº 13.303/2016 envolve a seguinte indagação: cabe integração analógica ou aplicação subsidiária da Lei nº 8.666/1993 (ou da Lei nº 14.133/2021), para as licitações das estatais submetidas ao regime da Lei nº 13.303/2016? A resposta não é simples.

A condição de Lei Geral não implica em sua aplicação subsidiária, *per si*, para as aparentes lacunas identificadas na Lei nº 13.303/2016. Importante ao intérprete analisar comparativamente os diferentes diplomas normativos, para enfrentar essa questão.

No caso da Lei nº 8.666/93, já revogada desde 30/12/2023, as referências feitas pela Lei nº 13.303/2016 àquele diploma devem, em princípio, submeter-se à regra descrita pelo artigo 189 da Lei nº 14.133/2021, segundo o qual as referências expressas à Lei nº 8.666/93, Lei nº 10.520/2002 ou ao RDC devem gerar a aplicação dela (a Lei nº 14.133/2021)[25].

Aragão observa que, salvo a encampação à legislação do pregão e a referência aos tipos penais e critérios de desempate da Lei 8.666/1993, feita pelos arts. 41 e 45, III, a Lei nº 13.303/2016 não elegeu a Lei 8.666/1993 ou qualquer outra lei administrativa como sua fonte subsidiária, seja de interpretação, seja de integração[26]. Este raciocínio é válido também para a Lei nº

---

25. Art. 189. Aplica-se esta Lei às hipóteses previstas na legislação que façam referência expressa à Lei nº 8.666, de 21 de junho de 1993, à Lei nº 10.520, de 17 de julho de 2002, e aos arts. 1º a 47-A da Lei nº 12.462, de 4 de agosto de 2011.
26. ARAGÃO, Alexandre. Empresas estatais: o regime jurídico das empresas públicas e sociedades de economia mista. 2ª Edição. Rio de Janeiro: Forense, 2018. P. 231/232.

14.133/2021, Nova Lei Geral de Licitações e Contratos, que expressamente afastou sua aplicação para as estatais, no §1º de seu artigo 1º[27].

A integração envolve um processo de preenchimento de lacunas, por elementos que a própria legislação oferece ou por princípios jurídicos[28]. Para tanto, o aplicador do Direito deve, entre outras coisas, realizar uma análise retrospectiva e prospectiva. A análise retrospectiva, para buscar compreender as razões da lacuna (se o legislador, não quis, não pôde ou não tinha como prever a regra) e a análise prospectiva, para avaliar as consequências e efeitos da integração[29]. Tal integração deve respeitar certos limites, sob pena de conferir ao intérprete a "possibilidade de se valer de fatores extrapositivos como se fossem positivos ou, ao menos, positiváveis", permitindo uma regra permissiva, em que o intérprete passa a definir o direito através de regras de integração que ele parece reconhecer, mas na verdade estabelece[30].

Vale traçar um paralelo entre a Lei nº 13.303/2016 (Lei das estatais) e a Lei 12.462/2011 (Lei do Regime Diferenciado de Contratações - RDC). Seus procedimentos licitatórios são bem semelhantes, contudo, no RDC, a Lei nº 12.462/2011 definiu expressamente pelo afastamento das normas contidas na Lei nº 8.666/1993, em relação ao procedimento licitatório daquele diploma, exceto nos casos expressamente admitidos por ela.[31-32]

27. Art. 1º Esta Lei estabelece normas gerais de licitação e contratação para as Administrações Públicas diretas, autárquicas e fundacionais da União, dos Estados, do Distrito Federal e dos Municípios, e abrange:
I - os órgãos dos Poderes Legislativo e Judiciário da União, dos Estados e do Distrito Federal e os órgãos do Poder Legislativo dos Municípios, quando no desempenho de função administrativa;
II - os fundos especiais e as demais entidades controladas direta ou indiretamente pela Administração Pública.
§ 1º Não são abrangidas por esta Lei as empresas públicas, as sociedades de economia mista e as suas subsidiárias, regidas pela Lei nº 13.303, de 30 de junho de 2016, ressalvado o disposto no art. 178 desta Lei.
28. NÁDER, Paulo. Introdução ao estudo do direito. 25º edição. Rio de Janeiro: Editora Forense, 2005. P. 185.
29. LOUREIRO FILHO, Lair da Silva. Introdução do Direito. Belo Horizonte: Del Rey, 2009. P. 307.
30. FERRAZ JÚNIOR, Tércio Sampaio. Introdução ao estudo do direito: Técnica, decisão, dominação. 5ª edição. São Paulo: Atlas, 2007. P. 322.
31. Art. 2º (...)
§ 2º A opção pelo RDC deverá constar de forma expressa do instrumento convocatório e resultará no afastamento das normas contidas na Lei nº 8.666, de 21 de junho de 1993, exceto nos casos expressamente previstos nesta Lei.
32. Sobre o tema, vide: TORRES, Ronny Charles Lopes de. MARRY, Michelle. Regime Diferenciado de Contratações - RDC. Salvador: Juspodivm, 2014.

Embora tenha faltado a mesma clareza à Lei nº 13.303/2016, acerca da não aplicação subsidiária da Lei nº 8.666/1993 às suas regras, é preciso reconhecer que o modelo adotado na nova Lei é, muitas vezes, incompatível com o modelo prescrito pela Lei nº 8.666/1993. A Lei nº 13.303/2016 rejeita o caráter exageradamente formal e detalhista da Lei nº 8.666/1993, bem como algumas disposições que, na prática, destoam da finalidade de busca pela proposta mais vantajosa. Da mesma forma, tal autonomia normativa deve ser respeitada em relação à Lei nº 14.133/2021, embora em relação a esta a Lei das estatais possua maiores similaridades.

A Lei nº 8.666, de 1993, em sua concepção, sofreu reflexos do processo legislativo contaminado por um momento histórico nacional de profunda comoção, pelo afastamento de um Presidente da República eleito, em virtude de denúncias de corrupção. Dentro de tal conjuntura, foi natural certo açodamento na análise e aprovação da proposta legislativa formulada para regular a atuação contratual do Estado, repetindo-se muito da legislação anterior, o Decreto-Lei 2.300, de 1986, corpo normativo desconectado dos avanços tecnológicos que estavam mudando o mundo, notadamente através da internet, além de ser marcado por um ranço ainda demasiadamente burocrático, com acentuada preocupação com o controle de meio, em detrimento do resultado.

A Lei nº 13.303/2016 nasceu também em um cenário político tumultuado, o que gerou certo açodamento na conclusão do processo legislativo, mas busca conexão com as novas tecnologias e dar respostas ao apelo social por um Estado mais eficiente, inclusive nas intervenções propiciadas por suas estatais. Economicidade e eficiência são princípios que influenciaram sobremaneira o novo texto legal.

Não cabe ao aplicador do Direito desrespeitar essa incompatibilidade, forçando uma integração, por analogia, ou aplicação subsidiária de diploma normativo com base normogenética incompatível com a nova legislação. Esse é entendimento também identificado na doutrina de Edgar Guimarães e Anacleto Abduch:

> Questão relevante diz respeito à aplicação subsidiária da Lei nº 8.666/93 em caso de lacuna ou omissão da Lei nº 13.303/16, que assim não determina expressamente. Diante da omissão da Lei das Estatais, é de se sustentar que não há aplicação subsidiária à Lei nº 8.666/93[33]

33. GUIMARÃES, Edgar; SANTOS, José Anacleto Abduch. Lei das estatais: comentários ao regime jurídico licitatório e contratual da Lei nº 13.303/2016. Belo Horizonte: Fórum, 2017. P. 123.

No mesmo sentido, Christianne de Carvalho Stroppa e Artur Giolito Melissopoulos defendem não haver como admitir aplicação analógica da Lei nº 8.666/1993, em hipótese de aparente omissão da Lei nº 13.303/2016, de forma que eventual incidência da Lei Geral de Licitações se daria apenas nas hipóteses expressamente previstas pela lei das estatais, como ocorre nos artigos 3º, §2º e 89 a 99[34].

Isso não significa que, em momento algum, a Lei nº 8.666/1993 ou a Lei nº 14.133/2021 possam ser fonte de integração, para suprir eventuais lacunas da Lei nº 13.303/2016.

Embora não seja possível definir uma aplicação subsidiária da Lei Geral, como regra, é possível identificar pontos de convergência, em que a aplicação subsidiária ou analógica não se apresenta incompatível. O próprio TCU tem aparentemente admitido essa integração, permitindo que disposições constantes na legislação geral possam inspirar medidas praticadas pelas estatais.

Neste sentido, no Acórdão 2176/2022 Plenário, relatado pelo Ministro Jorge Oliveira, o Tribunal entendeu ser possível a utilização, pelas estatais, do instrumento auxiliar credenciamento, previsto no art. 79, inciso II, da Lei 14.133/2021, para contratação de serviço de gerenciamento e fornecimento de vales alimentação e refeição, em substituição a licitação com critério de julgamento pelo menor preço.

Assim, em situações específicas, seria possível ao intérprete recorrer à Lei nº 8.666/1993 (enquanto ainda vigente) ou à Lei nº 14.133/2021, como resultado de integração analógica, para suprir alguma omissão.

Também em situações nas quais há identidade entre as regras dos dois diplomas, como ocorre em relação à maioria dos dispositivos de dispensa, os entendimentos jurisprudenciais e doutrinários, já consagrados em algum dispositivo da Lei nº 8.666/1993 (ou da Lei nº 14.133/2021), poderão ser usados também em relação ao dispositivo equivalente da Lei nº 13.303/2016.

Este entendimento é compartilhado por Marçal Justen Filho:

> Não é cabível estabelecer um postulado geral de que a Lei 8.666 aplica-se subsidiariamente em face da disciplina da Lei 13.303/2016.

---

34. STROPPA, Christianne de Carvalho; MELISSOPOULOS, Artur Giolito. A aplicação da Lei nº 13.979/2020 pelas empresas estatais. In DAL POZZO, Augusto; CAMMAROSANO, Márcio (Coord.). As implicações da COVID-19 no Direito Administrativo. São Paulo: Revista dos Tribunais, 2020.

> Existem diferenças muito relevantes entre as finalidades de ambos os diplomas e em vista da característica das contratações promovidas nas diversas órbitas.
>
> (...)
>
> Isso não implica negar a possibilidade de que, como exceção e em situações específicas, a Lei 8.666 seja aplicada para suprir uma omissão, nos casos em que existir identidade de pressupostos, de finalidade e de conteúdo das situações disciplinadas.(...)
>
> Em outros casos, há identidade entre as regras das Leis 8.666 e 13.303/2016, o que pode autorizar a aplicação da Lei das Estatais segundo o entendimento já consagrado relativamente à Lei de Licitações. Assim se passa nos casos de dispensa de licitação referidos no art. 29 da Lei 13.303/2016[35].

Contudo, vale destacar: na maioria das aparentes lacunas, a aplicação subsidiária será incompatível e deve ser rejeitada, tendo em vista as relevantes diferenças, não apenas no texto legal, mas também dos valores e objetivos que os fundamentaram.

2.2.3.1. Da (não) aplicação subsidiária das modalidades previstas na Lei federal nº 8.666/1993 e na Lei nº 14.133/2021

Diferentemente do regime tradicional da Lei nº 8.666/1993, que prioriza a forma e estabelece rígidas opções de modalidades, de acordo com os critérios estabelecidos na norma; a Lei das estatais, assim como se deu no RDC, oferece uma modalidade única e flexível, que permite a modelagem do procedimento licitatório de acordo com a solução adequada para uma seleção compatível com o objeto licitado e o futuro contrato a ser celebrado.

No caso da Lei nº 14.133/2021, ela também se diferencia da Lei das estatais, pois optou por adotar um modelo híbrido, como apontamos em obra sob esta legislação:

> Algumas legislações, como a Lei nº 8.666/93, optam por modalidades estáticas, com formato procedimental previamente definido, rígido e aplicável para pretensões contratuais ou objetos licitatórios indicados

35. JUSTEN FILHO, Marçal. A contratação sem licitação nas empresas privadas. In Estatuto jurídico das empresas estatais: Lei 13.303/2016/Marçal Justen Filho, organizador. –São Paulo: Editora Revista dos Tribunais, 2016. P. 288.

> pelo legislador. Assim, cada modalidade tem aplicação e ritos previamente definidos.
>
> Outras leis, como a Lei nº 12.462/2011 (RDC), optam por adotar uma flexibilidade procedimental (modalidade flexível), permitindo que o edital modele o formato procedimental da maneira mais eficiente para aquela licitação. Tal nuance permite que um enorme conjunto de ferramentas e características procedimentais possam ser utilizadas, de acordo com a necessidade e a escolha do ente/órgão licitante.
>
> A Lei nº 14.133/2021 optou por um modelo híbrido, indicando cinco modalidades, com aplicação previamente definida, mas permitindo certa flexibilidade procedimental[36].

A Lei nº 13.303 adota uma modelagem similar à do RDC, sem definição de modalidades estanques ou estáticas. Mas como um modal licitatório flexível. Tal flexibilidade é admitida para que o gestor da estatal possa, diante das várias "ferramentas" disponibilizadas, modelar o procedimento licitatório com o formato que possa resultar na melhor contratação possível.

Nessa feita, incabível a aplicação subsidiária das modalidades licitatórias previstas na legislação tradicional, simplesmente porque a nova Lei rejeitou esse modelo estático e inflexível. Nada impede, todavia, a utilização do referido ferramental para construir fórmula como a prevista ao pregão, por exemplo, caso essa se apresente como a mais adequada à seleção do objeto.

2.2.3.2. Da (não) aplicação subsidiária da Lei federal nº 8.666/1993 ou da Lei nº 14.133/2021 em relação à atuação obrigatória do setor jurídico para aprovação das minutas ou controle prévio de legalidade

A Lei nº 13.303/2016 não se reporta ao procedimento de prévia e obrigatória aprovação de minutas de editais, pela assessoria jurídica, *step* de controle previsto expressamente pela Lei nº 8.666/1993.

Essa omissão não parece ter sido despropositada ou fruto de mero esquecimento, mas uma opção legislativa expressa por retirar, como regra geral, esse passo de controle burocrático, pelo órgão de assessoria jurídica, como ato obrigatório.

36. TORRES, Ronny Charles Lopes de. Leis de licitações públicas comentadas. 13ª edição. São Paulo: Juspodivm, 2018. P. 216.

Esta opção legislativa é justificável. A aplicação da regra prevista pelo parágrafo único do artigo 38, da Lei nº 8.666/1993, restringe o órgão de assessoramento jurídico ao papel de controle, já exercido especificamente pelos órgãos de controle interno e externo, e naturalmente por todos os agentes públicos que atuam no fluxo do processo licitatório.

Embora válida tal atribuição, ela gera um fluxo de retardo procedimental, muitas vezes despiciendo (sobretudo em contratações de menor vulto ou baixa complexidade) e afasta o órgão jurídico, em sua atividade consultiva, de atividades mais nobres, como a honrosa vocação para analisar a juridicidade das opções para a tomada de decisão administrativa, auxiliando na construção de soluções legítimas para suprir as aparentes lacunas e contradições de nosso ordenamento jurídico-administrativo.

A própria Lei nº 12.462/2011, ao tratar sobre o RDC, deixou de prescrever a obrigatoriedade de aprovação de todas as minutas de licitação e de todos contratos, estabelecendo apenas a necessidade de aprovação prévia das minutas padronizadas de editais e de contratos[37].

Obviamente, seja no RDC ou, aqui, na Lei das estatais, a ausência de obrigatoriedade da aprovação jurídica de todas as minutas não impede que o órgão de assessoria jurídica seja provocado a se manifestar sobre dúvida jurídica relacionada ao edital, ao contrato ou a qualquer outro dilema vivenciado na licitação. O que tem se afastado é o estabelecimento de um controle, atividade vocacionada a outros órgãos da Administração, prévio e obrigatório, para seguimento da tramitação de cada processo licitatório ou para cada contratação.

Esta compreensão é compartilhada, inclusive, por órgãos de controle, como o Tribunal de Contas do Estado de Minas Gerais, segundo o qual, "[e]m consonância com o disposto na Lei n. 13.303/16, a utilização de edital

37. Art. 4º Nas licitações e contratos de que trata esta Lei serão observadas as seguintes diretrizes:
I – padronização do objeto da contratação relativamente às especificações técnicas e de desempenho e, quando for o caso, às condições de manutenção, assistência técnica e de garantia oferecidas;
II – padronização de instrumentos convocatórios e minutas de contratos, previamente aprovados pelo órgão jurídico competente;
(...).

previamente padronizado e examinado pela assessoria jurídica do órgão dispensa o exame caso a caso.[38]"

Outrossim, tal opção legislativa, obviamente, por ser matéria estritamente procedimental, sem prejuízo a terceiros, não impede que, em seu regulamento interno, a estatal estabeleça a necessária aprovação das minutas ou controle prévio de legalidade, pela assessoria jurídica, como *step* de controle burocrático, em todos os processos de licitação e contratações, ou apenas nos mais complexos ou relevantes.

Para tanto, vale à pena avaliar a solução dada pela Lei nº 14.133/2021, como modelo a inspirar a regulamentação da estatal. Naquele diploma, há uma clara indução do órgão de assessoramento jurídico para que ele execute mais suas funções típicas, admitindo-se, inclusive, que a autoridade máxima do órgão jurídico possa relativizar a obrigatoriedade de envio do processo para análise do órgão consultivo[39].

JURISPRUDÊNCIA RELACIONADA[40]

- RECURSO ORDINÁRIO. ADMISSIBILIDADE. RECURSO CONHECIDO. MÉRITO. EXAME PRÉVIO DAS MINUTAS DOS EDITAIS DE LICITAÇÃO PELA ASSESSORIA JURÍDICA. RECOMENDAÇÃO CANCELADA. RECURSO PROVIDO. Em consonância com o disposto na Lei n. 13.303/16, a utilização de edital previamente padronizado e examinado pela assessoria jurídica do órgão dispensa o exame caso a caso. (TCE-MG. RECURSO ORDINÁRIO n. 1040509. Rel. Cons. Mauri Torres. Sessão do dia 27/06/2018. Disponibilizada em 06/08/2018.)

2.2.3.3. Da (não) aplicação subsidiária da Lei federal nº 8.666/93, em relação à audiência pública obrigatória

Enquanto vigente, a Lei nº 8.666/1993 estabelecia, em seu artigo 39, a obrigatoriedade de realização de audiência pública, sempre que o valor da licitação (ou para um conjunto de licitações simultâneas ou sucessivas) for

38. TCE-MG - RO: 1040509, Relator: CONS. MAURI TORRES, Data de Julgamento: 27/06/2018, Data de Publicação: 06/08/2018.
39. Para aprofundamento, vide: TORRES, Ronny Charles Lopes de. Leis de licitações públicas comentadas. 13ª edição. São Paulo: Juspodivm, 2022. P. 301/336.
40. Vide nota de rodapé nº 38.

superior a 100 (cem) vezes o limite mínimo para o uso obrigatório da modalidade concorrência (art. 23, inciso I, alínea "c")[41].

Entendemos que essa regra não é obrigatoriamente aplicável às licitações sob a égide da Lei nº 13.303/2016. Esse também é o entendimento de Edgar Guimarães e José Anacleto Abduch Santos:

> Questão relevante diz respeito à aplicação subsidiária da Lei nº 8.666/1993 em caso de lacuna ou omissão da Lei nº 13.303/16, que assim não determina expressamente. Diante da omissão da Lei das Estatais, é de se sustentar que não há aplicação subsidiária à Lei nº 8.666/93.
>
> As empresas públicas e as sociedades de economia mista, neste talante, não estão obrigadas à realização da audiência pública de que trata o artigo 39 ou à aprovação das minutas de instrumento convocatório pela assessoria jurídica da entidade de que trata o artigo 38, parágrafo único, da Lei nº 8.666/1993, por exemplo.[42]

Não parece compatível a obrigatoriedade de aplicação subsidiária da exigência de realização de audiência pública, nos moldes definidos pela Lei nº 8.666/1993, embora acreditemos que os órgãos de controle tendam a entender pela conveniência desta aplicação subsidiária.

Vale salientar que a Lei nº 13.303/2016 possui o procedimento de manifestação de interesse privado (PMI), o qual, assim como a audiência pública, aproxima-se da intenção de gerar maior discussão sobre a pretensão contratual. Ora, ao definir esse procedimento, a legislação não estabeleceu regra de obrigatoriedade, em razão do valor, adotando lógica diferente da desconfiada Lei nº 8.666/1993.

---

41. Art. 39. Sempre que o valor estimado para uma licitação ou para um conjunto de licitações simultâneas ou sucessivas for superior a 100 (cem) vezes o limite previsto no art. 23, inciso I, alínea "c" desta Lei, o processo licitatório será iniciado, obrigatoriamente, com uma audiência pública concedida pela autoridade responsável com antecedência mínima de 15 (quinze) dias úteis da data prevista para a publicação do edital, e divulgada, com a antecedência mínima de 10 (dez) dias úteis de sua realização, pelos mesmos meios previstos para a publicidade da licitação, à qual terão acesso e direito a todas as informações pertinentes e a se manifestar todos os interessados.
Parágrafo único. Para os fins deste artigo, consideram-se licitações simultâneas aquelas com objetos similares e com realização prevista para intervalos não superiores a trinta dias e licitações sucessivas aquelas em que, também com objetos similares, o edital subseqüente tenha uma data anterior a cento e vinte dias após o término do contrato resultante da licitação antecedente. (Redação dada pela Lei nº 8.883, de 1994)
42. GUIMARÃES, Edgar; SANTOS, José Anacleto Abduch. Lei das estatais: comentários ao regime jurídico licitatório e contratual da Lei nº 13.303/2016. Belo Horizonte: Fórum, 2017. p. 123.

Nada obstante, assim como se dá em relação à aprovação da assessoria jurídica, por ser matéria estritamente procedimental, sem prejuízo a terceiros, admite-se que o regulamento interno da estatal, quando compatível, estabeleça a necessidade de realização de audiência pública, mesmo que adotando patamar diferente do definido pela Lei nº 8.666/1993.

2.2.3.4. Da (não) aplicação subsidiária da Lei federal nº 8.666/93 ou da Lei nº 14.133/2021, em relação à regularidade fiscal e trabalhista

Também em relação à exigência da regularidade fiscal e da regularidade trabalhista, como requisitos de habilitação, não há previsão na Lei nº 13.303/2016.

Vale transcrever o artigo 58 da Lei das estatais, que trata sobre a habilitação nos certames licitatórios:

> Art. 58. A habilitação será apreciada exclusivamente a partir dos seguintes parâmetros:
>
> I – exigência da apresentação de documentos aptos a comprovar a possibilidade da aquisição de direitos e da contração de obrigações por parte do licitante;
>
> II – qualificação técnica, restrita a parcelas do objeto técnica ou economicamente relevantes, de acordo com parâmetros estabelecidos de forma expressa no instrumento convocatório;
>
> III – capacidade econômica e financeira;
>
> IV – recolhimento de quantia a título de adiantamento, tratando-se de licitações em que se utilize como critério de julgamento a maior oferta de preço.
>
> § 1º Quando o critério de julgamento utilizado for a maior oferta de preço, os requisitos de qualificação técnica e de capacidade econômica e financeira poderão ser dispensados.
>
> § 2º Na hipótese do § 1º, reverterá a favor da empresa pública ou da sociedade de economia mista o valor de quantia eventualmente exigida no instrumento convocatório a título de adiantamento, caso o licitante não efetue o restante do pagamento devido no prazo para tanto estipulado.

Diferentemente da Lei nº 8.666/1993 e da Lei nº 14.133/2021, a Lei das estatais não inclui, entre os requisitos de habilitação, a regularidade fiscal e a regularidade trabalhista.

Seria possível, então, aplicação subsidiária da Lei Geral de Licitações, para exigência desses requisitos, nas licitações da Lei nº 13.303/2016?

Temos convicção que não. Em primeiro, importante perceber que o próprio *caput* do artigo 58, ao tratar sobre a habilitação, define que ela "será apreciada exclusivamente" a partir dos parâmetros por ela indicados. Entre esses parâmetros, ou requisitos, não são encontrados a regularidade fiscal e a regularidade trabalhista.

A cláusula de exclusividade definida pelo legislador, *per si*, já seria suficiente para afastar a possibilidade de se exigir requisitos de habilitação divergentes do elenco por ela indicado.

Em soma a isso, parece evidente que há uma intenção do legislador de afastar a utilização das licitações das estatais para enfrentamentos de problemas sociais outros, em detrimento da eficiência econômica de suas contratações.

A preocupação com a arrecadação fiscal e com o adimplemento das verbas trabalhistas é nobre e necessária, mas não parece que o estabelecimento de um filtro à competitividade (através desses requisitos de habilitação), em detrimento da economicidade de suas contratações, seja uma solução absolutamente eficiente.

Pensando de outra forma, partindo do pressuposto de que o fornecedor inadimplente vença a licitação, com a melhor proposta, as receitas decorrentes da execução do futuro contrato podem ser buscadas pelos credores (trabalhistas ou fiscais) justamente para a quitação do débito.

Outrossim, sempre bom lembrar que as exigências habilitatórias devem objetivar a comprovação da qualificação/aptidão do licitante, na forma estritamente necessária ao cumprimento do contrato. Foi esse o parâmetro definido pelo próprio constituinte, no inciso XXI de seu artigo 37, onde, ao tratar as exigências de qualificação técnica e econômica, firmou que elas seriam apenas aquelas "indispensáveis à garantia do cumprimento das obrigações".

Os requisitos de habilitação são critérios relativos, que têm como objetivos a análise de idoneidade do licitante e de sua aptidão para o cumprimento do contrato. Quando ultrapassam este vetor, passam a desestimular a competitividade, gerando disfunção.

Na Lei das estatais, expressamente, o legislador definiu que a regularidade fiscal e a regularidade trabalhista não deveriam ser utilizadas para restringir a competitividade, através do filtro excludente da habilitação.

Em nossa opinião, em relação aos requisitos de habilitação, que são filtros excludentes à participação na licitação, não pode o regulamento interno da estatal estabelecer novos parâmetros nas licitações da estatal, além dos elencados no artigo 58.

A realização de contratos pela Administração Pública exige, em regra, a obediência ao certame licitatório (princípio da obrigatoriedade). Importante frisar que o princípio da obrigatoriedade (de licitar) se manifesta sobre três perspectivas, a burocrática, a democrática e a subjetiva. Se, por um lado, a perspectiva burocrática exige, ao gestor público, o compromisso de realizar licitações para contratar obras, serviços, compras e alienações, ressalvadas as hipóteses admitidas pela legislação (contratação direta), por outro lado, a perspectiva democrática resguarda o direito dos particulares de disputar a pretensão contratual licitada, respeitadas as ressalvas legais e condições do certame e a perspectiva subjetiva deve ser adotada para a definição do regime licitatório ou contratual a ser executado[43].

Assim, a definição dada pelo legislador de restringir o elenco dos requisitos de habilitação, exclusivamente, àqueles por ele indicados, não pode ser desrespeitada pela estatal, mesmo que em previsão de seu regulamento interno. Diante de uma licitação, já sob a égide da Lei nº 13.303/2016, o licitante tem o direito de impugnar o edital, exigindo que eventual regra de habilitação, a qual exija regularidade fiscal ou regularidade trabalhista, seja retirada do edital, por manifesta ilegalidade.

Isso não impede, contudo, que o contrato defina como regra de execução contratual (durante a execução do contrato) a apresentação de comprovantes ou certidões que demonstrem a regularidade fiscal e a regularidade trabalhista (ou o pagamento dos tributos e das verbas trabalhistas pertinentes), com o intuito de evitar eventual responsabilização solidária ou subsidiária, como fazem as demais empresas privadas. Dúvidas há, contudo, sobre a eficácia deste modo de atuação.

---

43. TORRES, Ronny Charles Lopes de. Leis de licitações públicas comentadas. 9ª edição. Salvador: Juspodivm, 2018. P. 62/63.

2.2.3.5. *Da (não) aplicação subsidiária da Lei federal nº 8.666/93 ou da Lei nº 14.133/2021, em relação às margens de preferência*

A Lei nº 8.666/1993 e a Lei nº 14.133/2021 admitem o estabelecimento de preferências (margem de preferência) nas licitações em favor de serviços nacionais e produtos manufaturados. A ideia de estabelecer margem de preferência para produtos e serviços nacionais está fincada na lógica protecionista e intervencionista que, em teórico prejuízo à economicidade da contratação, busca priorizar produtos ou serviços nacionais, com objetivo de desenvolvimento dessas áreas de atuação do mercado nacional. Como já defendemos outrora, se, por um lado, beneficiando produtos e serviços nacionais, pode haver estímulo ao crescimento de nossas empresas e geração de empregos no país, por outro lado, aumenta-se o custo das contratações e do próprio Estado, o que é um fator asfixiante para o crescimento da economia e, por conseguinte, das nossas empresas[44].

Sob a perspectiva econômica da estatal, é evidente que o estabelecimento das margens de preferência, em tese, pode permitir que uma proposta economicamente menos vantajosa, seja a vencedora do certame.

Pois bem, não há previsão de margens de preferências, na Lei nº 13.303/2016. Diante dessa omissão, caberia aplicação subsidiária da Lei nº 8.666/1993 ou da Lei nº 14.133/2021, para aplicação de tais margens?

Em nossa opinião, não é cabível a aplicação subsidiária das margens de preferência.

A Lei nº 13.303/2016 parece ter maior preocupação com a eficiência econômica das contratações das estatais, motivo pelo qual não disciplinou parâmetros de beneficiamento através das margens de preferência. Outrossim, não cabe aqui também a inclusão desses benefícios, pelo regulamento interno, sem respaldo legal, uma vez que a margem de preferência afeta a isonomia entre licitantes.

---

44. TORRES, Ronny Charles Lopes de. Leis de licitações públicas comentadas. 9ª edição. Salvador: Juspodivm, 2018. p.97.

2.2.4. Da aplicação das regras de licitação para microempresas e empresas de pequeno porte (LC nº 123/2006)

O §1º do artigo 28 da Lei 13.303/2016 define que as disposições da Lei Complementar nº 123/2006, relacionadas às licitações (artigos 42 a 49), são aplicáveis aos certames públicos realizados pelas estatais.

Vejamos o dispositivo:

> Art. 28. Os contratos com terceiros destinados à prestação de serviços às empresas públicas e às sociedades de economia mista, inclusive de engenharia e de publicidade, à aquisição e à locação de bens, à alienação de bens e ativos integrantes do respectivo patrimônio ou à execução de obras a serem integradas a esse patrimônio, bem como à implementação de ônus real sobre tais bens, serão precedidos de licitação nos termos desta Lei, ressalvadas as hipóteses previstas nos arts. 29 e 30.
>
> § 1º Aplicam-se às licitações das empresas públicas e das sociedades de economia mista as disposições constantes dos arts. 42 a 49 da Lei Complementar nº 123, de 14 de dezembro de 2006.

Nada obstante a clareza do dispositivo, há certa divergência sobre a aplicação do tratamento diferenciado para ME/EPP, nas licitações das estatais.

2.2.4.1. Síntese do tratamento diferenciado para ME/EPP nas licitações públicas

Os referidos dispositivos da Lei Complementar nº 123/2006 estabelecem regras de beneficiamento para as microempresas e empresas de pequeno porte. Podemos classificar as disposições da LC 123/2006, em relação ao tratamento diferenciado no ambiente das licitações públicas, em três espécies: benefícios nas licitações (arts. 42 a 45), benefício creditício (art. 46) e as Licitações diferenciadas (arts. 47 e 48).

Em relação aos benefícios nas licitações, a LC 123/2006 apresenta dois tipos de benefícios nas licitações ordinárias, favorecedores de ME e EPP: a regularidade fiscal postergada e o desempate ficto[45].

45. Para aprofundamento do tema, sugerimos a leitura da obra Leis de licitações públicas comentadas. 9ª edição. Salvador: Juspodivm, 2018, indicada entre as referências deste livro.

No que tange à regularidade fiscal postergada, o artigo 42 estabelece que a comprovação de regularidade fiscal das microempresas e empresas de pequeno porte somente será exigida para efeito de assinatura do contrato. Para tanto, a ME ou EPP deverá apresentar normalmente os documentos pertinentes, mesmo que existentes restrições, sendo-lhe assegurado um prazo de 05 (cinco) dias úteis, prorrogáveis por igual período, para a regularização da documentação, pagamento ou parcelamento do débito, e emissão de eventuais certidões negativas ou positivas com efeito de certidão negativa.

Em relação ao desempate ficto, o artigo 44 da LC 123/2006 caracteriza como empate (ficto) as situações nas quais as propostas apresentadas pelas microempresas e empresas de pequeno porte sejam iguais ou até 10% (dez por cento) superiores à proposta melhor classificada, quando esta for apresentada por sociedade não caracterizada como ME ou EPP. Na modalidade pregão, esse intervalo é reduzido para 5% (cinco por cento).

Já o artigo 45 estabelece que a microempresa ou empresa de pequeno porte mais bem classificada dentre as fictamente empatadas, poderá apresentar proposta de preço inferior àquela até então considerada vencedora do certame (*a Lei não permite nova proposta pela outrora vencedora*), o que a tornaria a licitante de melhor proposta.

De acordo com o dispositivo, não sendo possível a realização do procedimento com a ME ou EPP melhor classificada no intervalo de empate ficto, as remanescentes (ME ou EPP), que se enquadrem no intervalo de empate ficto, serão convocadas, na ordem classificatória, para o exercício do mesmo direito.

Caso nenhuma ME ou EPP encontre-se no intervalo de empate ficto ou apresente proposta de desempate, manter-se-á como vencedora da fase de propostas a empresa originalmente vencedora.

Em relação ao benefício creditício, segundo o artigo 46 da LC 123/2006, a ME ou EPP titular de direitos creditórios decorrentes de empenhos liquidados por órgãos e entidades da União, Estados, Distrito Federal e Município não pagos em até 30 (trinta) dias contados da data de liquidação poderão emitir cédula de crédito microempresarial. A ausência de regulamentação, no entanto, tem prejudicado sua aplicação.

Em relação às licitações diferenciadas, elas estão previstas nos artigos 47 e 48 da LC 123/2006. Segundo o artigo 47, nas contratações públicas da administração direta e indireta, autárquica e fundacional, federal, estadual e municipal, deverá ser concedido tratamento diferenciado e simplificado para as microempresas e empresas de pequeno porte objetivando a promoção do desenvolvimento econômico e social no âmbito municipal e regional, a ampliação da eficiência das políticas públicas e o incentivo à inovação tecnológica.

De acordo com o artigo 48, é possível a adoção das seguintes licitações diferenciadas:

a) "Licitações exclusivas", nas quais o certame deve ser destinado, exclusivamente, à participação de microempresas e empresas de pequeno porte, nos itens ou lotes da licitação cujo valor seja de até R$ 80.000,00 (oitenta mil reais).

b) "Licitações com subcontratação obrigatória". Nesta regra de licitação diferenciada, pode-se exigir dos licitantes, nas licitações de serviços e obras, a subcontratação de microempresa ou de empresa de pequeno porte. Nesses casos, os empenhos e pagamentos do órgão ou entidade da Administração Pública poderão ser destinados diretamente às microempresas e empresas de pequeno porte subcontratadas.

c) "Licitações com cota exclusiva de até 25%". De acordo com esta regra, nas licitações em que os itens superarem o patamar de R$ 80.000,00, deverá ser estabelecida cota de até 25% (vinte e cinco por cento) do objeto para a contratação de microempresas e empresas de pequeno porte, em certames para a aquisição de bens e serviços de natureza divisível.

d) **"Licitações com prioridade de contratação".** Com as alterações feitas pela LC 147/2014, a LC 123/2006 passou a admitir, em relação às licitações diferenciadas, que, justificadamente, possa ser estabelecida, para as microempresas e empresas de pequeno porte sediadas local ou regionalmente, uma prioridade de contratação até o limite de 10% (dez por cento) do melhor preço válido. O Decreto federal 8.538/2015, regulamentou a Lei, definindo a prioridade de contratação como um procedimento semelhante ao desempate ficto. Assim, a ME/EPP sediada local ou regionalmente, mais bem classificada (em uma licitação diferenciada) e dentro do percentual de até 10%, poderá apresentar proposta de preço inferior àquela considerada vencedora da licitação (outra ME/EPP, mas não sediada local ou regionalmente).

Pois bem, após essa apertada síntese sobre as regras de tratamento diferenciado, nas licitações, em favor de microempresas e empresas de pequeno porte, convém suscitar a seguinte indagação: nas licitações da Lei nº 13.303/2016 são aplicáveis os benefícios da LC 123/06?

JURISPRUDÊNCIA RELACIONADA[46]

- Para fim de enquadramento nos parâmetros de receita bruta definidos pelo art. 3º da LC 123/2006, com a consequente vantagem de desempatar licitações (art. 44 da LC 123/2006 c/c art. 34 da Lei 11.488/2007) , a receita bruta de uma cooperativa abrange toda a renda que contabiliza, como pessoa jurídica, em decorrência da prestação de serviços contratados por terceiros não associados. (TCU. Acórdão nº 300/2020 - Plenário)
- Não há óbice a que sejam adjudicados às microempresas e às empresas de pequeno porte valores superiores aos limites de receita bruta estabelecidos no art. 3º, incisos I e II, da LC 123/2006, respectivamente, desde que comprovado que tais empresas, à época da licitação, atendiam às exigências previstas nos arts. 3º, 3º-A e 3º-B da referida lei. (TCU. Acórdão nº 1.819/2018 - Plenário)
- A aplicação da cota de 25% destinada à contratação de microempresas e empresas de pequeno porte em certames para aquisição de bens de natureza divisível (art. 48, inciso III, da LC 123/2006) não está limitada à importância de oitenta mil reais, prevista no inciso I do mencionado artigo. (TCU. Acórdão nº 1.819/2018 - Plenário)

2.2.4.2. *Constitucionalidade do §1º do artigo 28 da Lei nº 13.303/2016*

Marçal Justen Filho, embora registre a expressa previsão legal que determina a aplicação das regras da Lei Complementar nº 123/2006 às licitações das estatais, defende que a regra do §1º do artigo 28 é inconstitucional.

Segundo ele, a imposição do tratamento diferenciado, por gerar contratações com valores superiores aos das grandes empresas fornecedoras, implicaria na transferência desta majoração para os preços praticados pelas estatais. Assim, comprometeria a eficiência e a economicidade da entidade empresarial[47].

46. Vide nota de rodapé nº 38.
47. JUSTEN FILHO, Marçal. A contratação sem licitação nas empresas estatais. *In* Estatuto jurídico das empresas estatais: Lei 13.303/2016/Marçal Justen Filho, organizador. –São Paulo: Editora Revista dos Tribunais, 2016. P. 294/296.

> O regime de tratamento favorecido previsto para as microempresas e empresas de pequeno porte nas licitações destina-se a assegurar a sua contratação por preços superiores aos que são praticados por grandes empresas. Portanto, os benefícios auferidos pelas microempresas e empresas de pequeno porte são transferidos para os preços praticados e arcados pela entidade integrante da Administração Pública.
>
> (...)
>
> Em face da Constituição, pode-se admitir que um juízo político imponha à Administração direta e autárquica a elevação dos seus custos, visando a proteger as microempresas e empresas de pequeno porte. Isso significará uma elevação das despesas públicas, o que deverá ser arcado pela população em geral. Basicamente, haverá a elevação da carga tributária para assegurar ao Poder Público os recursos necessários para os seus custos mais elevados.
>
> O problema é muito distinto relativamente às empresas estatais, exploradoras de atividades econômicas. Todas as contratações promovidas por elas compõem os custos que são transferidos para os preços que praticam no mercado. Se a empresa estatal for obrigada a pagar preços mais elevados para desenvolver a sua atividade econômica, haverá o comprometimento da sua capacidade competitiva.
>
> Ou seja, a determinação contemplada no § 1.o do art. 28 compromete a exigência de eficiência, eis que a empresa estatal é constrangida a pagar valores superiores aos que poderia obter no mercado pelos mesmos produtos e serviços. Isso se traduzirá em redução de sua capacidade competitiva. Assim se passará porque os seus competidores não se subordinarão a idêntico regime e poderão contratar bens e serviços pelo menor preço possível[48].

Nada obstante as ponderações feitas pelo ilustre autor, defendemos opinião diferente.

Entendemos que a norma descrita pelo §1° do artigo 28 da Lei 13.303/2016, ao definir que as regras de licitações da LC 123/2006 (artigos 42 a 49) são aplicáveis aos certames públicos realizados pelas estatais, é constitucional. Na avaliação dos interesses públicos envolvidos, tanto a eficiência e economicidade das contratações das estatais, como o fomento a determinado segmento do mercado (ME/EPP), parece-nos que o legislador, legitimamente, optou pela

48. JUSTEN FILHO, Marçal. A contratação sem licitação nas empresas estatais. *In* Estatuto jurídico das empresas estatais: Lei 13.303/2016/Marçal Justen Filho, organizador. –São Paulo: Editora Revista dos Tribunais, 2016. P. 294/296.

adoção do regime diferenciado previsto pelo Estatuto das microempresas e empresas de pequeno porte, mesmo em relação aos certames das estatais.

Em primeiro, é bom lembrar que as regras de licitação da Lei nº 13.303/2016 são aplicáveis, também, nos certames realizados pelas estatais prestadoras de serviços públicos, conforme já explicado anteriormente. Ademais, se é bem verdade, conforme destaca Marçal, que as estatais (notadamente as exploradoras de atividade econômica) submetem-se a uma maior exigência de economicidade, não apenas pelas regras legais, mas também pela necessidade inerente ao ambiente competitivo no qual atuam, discordamos da afirmação de que necessariamente o regime de tratamento favorecido previsto para as ME/EPP nas licitações "destina-se a assegurar a sua contratação por preços superiores aos que são praticados por grandes empresas"[49].

Na verdade, essa assertiva pode ser, sim, confirmada em relação às regras de licitações diferenciadas, previstas nos artigos 47 e 48 da LC 123/2006; contudo, não é verdadeira em relação às demais regras de tratamento diferenciado. Nesse prumo, por exemplo, convém lembrar que, acerca do desempate ficto, para que a ME/EPP seja sagrada vencedora da fase de propostas, deverá apresentar proposta de preço inferior àquela da grande empresa, até então considerada vencedora do certame. Assim, pelo próprio rito de realização do desempate ficto, não se assegura à microempresa qualquer direito a ser contratada por preços superiores aos praticados por grandes empresas; ao revés, ela terá que apresentar preço inferior. Tanto o é que, na hipótese em que nenhuma ME ou EPP, no intervalo de empate ficto, apresente proposta de "desempate", com valor inferior, manter-se-á como vencedora a empresa que apresentou a melhor proposta, originalmente.

Ademais, convém frisar que diversas outras regras, inclusive licitatórias, podem gerar ampliação do valor da contratação firmada por uma estatal. A submissão a prazos para realização do certame, a necessidade de atendimento a determinados critérios legais ou mesmo a incidência parcial do regime jurídico-administrativo podem afetar o valor econômico da proposta ofertada por licitantes.

A justa preocupação do Professor Marçal Justen Filho se justificaria, de forma mais acentuada, em relação às chamadas licitações diferenciadas

49. JUSTEN FILHO, Marçal. A contratação sem licitação nas empresas estatais. *In* Estatuto jurídico das empresas estatais: Lei 13.303/2016/Marçal Justen Filho, organizador. –São Paulo: Editora Revista dos Tribunais, 2016. P. 295.

(licitações exclusivas, licitações com subcontratação obrigatória, licitações com cotas exclusivas e licitações com prioridade de contratação). Nestas, é bem verdade, a adoção do tratamento diferenciado gera, teoricamente, contratações mais caras.

Contudo, é oportuno compreender que, diferentemente do que ocorre com o desempate ficto, em relação às licitações diferenciadas, o legislador expressamente admitiu que elas fossem afastadas. No próprio artigo 49, da LC 123/2006, o legislador estipulou regras que geram a inaplicabilidade dos dispositivos anteriores (arts. 47 e 48). Conforme o referido dispositivo, não se aplicam as licitações diferenciadas (arts. 47 e 48) quando:

- não houver um mínimo de 3 (três) fornecedores competitivos enquadrados como ME ou EPP, sediados local ou regionalmente e capazes de cumprir as exigências estabelecidas no instrumento convocatório;
- as licitações diferenciadas não forem vantajosas para a Administração Pública ou representar prejuízo ao conjunto ou complexo do objeto a ser contratado; e
- a licitação for dispensável ou inexigível.

Assim, tais licitações diferenciadas podem ser afastadas quando gerarem desvantagens econômicas para a atividade da entidade pública, pelo potencial aumento dos custos da contratação, o que por si só afastaria questionamento acerca da constitucionalidade deste dispositivo específico.

Nesse prumo, entendemos que é constitucional o §1º do artigo 28 da Lei nº 13.303/2016, ao definir que se aplicam às licitações das empresas públicas e das sociedades de economia mista, as disposições constantes dos artigos 42 a 49 da Lei Complementar nº 123, de 14 de dezembro de 2006.

Em relação ao empate ficto, entendemos que o percentual a ser aplicado nas licitações baseadas na Lei nº 13.303/2016 é o de 10% (dez por cento).

Vale ressaltar que o artigo 44 da Lei Complementar 123/2006 define o percentual de 10% é o aplicável a todas as modalidades, exceto à modalidade pregão, que utiliza o percentual específico de 5% (cinco por cento).

Como já dissemos, o regime licitatório da Lei nº 13.303/2016 estabeleceu sistemática de modalidade única e flexível, similar ao que ocorreu com o Regime Diferenciado de Contratações (RDC). Assim, não sendo o pregão, por aplicação da regra literal da LC 123/2006, esta modalidade flexível deve adotar o percentual de 10% definido pelo legislador.

Na hipótese, adotar-se-á uma aplicação, por analogia, semelhante à que foi estabelecida para o RDC, uma vez que, segundo o artigo 38 do Decreto Federal nº 7.581/2011[50], o empate ficto, determinado pela LC 123/2006, é identificado naquelas "situações em que a proposta apresentada pela microempresa ou empresa de pequeno porte seja igual ou até dez por cento superior à proposta mais bem classificada".

Pertinente a referida aplicação analógica, até pela proximidade das regras dos dois regimes licitatórios.

2.2.4.3. Do dilema sobre a aplicação das licitações diferenciadas (artigos 47 e 48)

Embora entendamos como constitucional a regra da §1º do artigo 28 da Lei nº 13.303/2016, ao definir que as normas de licitações da LC 123/2006 são aplicáveis aos certames públicos realizados pelas estatais, há um detalhe que torna ainda mais delicada a discussão, em relação às chamadas licitações diferenciadas, previstas nos artigos 47 e 48 da LC 123/2016.

Para avançar no dilema, é importante salientar que houve substancial alteração legislativa da LC 123/2006, pela LC 147/2014, em relação às denominadas "licitações diferenciadas". Nesse ponto, por exemplo, se o texto original do artigo 47 da LC 123/2006 previa o tratamento diferenciado nas contratações públicas da União, dos estados e dos municípios[51], com a alteração produzida pela LC 147/2014, este tratamento passou a ser aplicável,

50. Art. 38. Nos termos da Lei Complementar nº 123, de 14 de dezembro de 2006, considera-se empate aquelas situações em que a proposta apresentada pela microempresa ou empresa de pequeno porte seja igual ou até dez por cento superior à proposta mais bem classificada.
    § 1º Nas situações descritas no *caput*, a microempresa ou empresa de pequeno porte que apresentou proposta mais vantajosa poderá apresentar nova proposta de preço inferior à proposta mais bem classificada.
    § 2º Caso não seja apresentada a nova proposta de que trata o § 1º, as demais microempresas ou empresas de pequeno porte licitantes com propostas até dez por cento superiores à proposta mais bem classificada serão convidadas a exercer o mesmo direito, conforme a ordem de vantajosidade de suas propostas.
51. Art. 47. Nas contratações públicas da União, dos Estados e dos Municípios, poderá ser concedido tratamento diferenciado e simplificado para as microempresas e empresas de pequeno porte objetivando a promoção do desenvolvimento econômico e social no âmbito municipal e regional, a ampliação da eficiência das políticas públicas e o incentivo à inovação tecnológica, desde que previsto e regulamentado na legislação do respectivo ente (redação original, antes das alterações feitas pela LC 147/2014).

apenas, à "administração direta e indireta, autárquica e fundacional, federal, estadual e municipal.

Vale a transcrição do *caput* do artigo 47:

> Art. 47. Nas contratações públicas da administração direta e indireta, autárquica e fundacional, federal, estadual e municipal, deverá ser concedido tratamento diferenciado e simplificado para as microempresas e empresas de pequeno porte objetivando a promoção do desenvolvimento econômico e social no âmbito municipal e regional, a ampliação da eficiência das políticas públicas e o incentivo à inovação tecnológica.[52]

A mudança produzida pela LC 147/2014 não foi pequena! Se na redação original a aplicação das regras licitações diferenciadas (arts. 48 e 49) incidia de maneira generalizada, para as contratações públicas da União, dos Estados e dos Municípios (obviamente, também para o Distrito Federal, nada obstante a equivocada e grosseira omissão do legislador), com a nova redação dada ao artigo 47, as licitações diferenciadas são aplicáveis pela administração direta e, apenas, por parte da administração indireta dos entes federativos.

A subsunção dessas regras a apenas parte da administração indireta decorre da ressalva, feita pelo legislador através de aposto[53], que restringiu a aplicação das licitações diferenciadas à administração indireta "autárquica e fundacional".

Este foi o entendimento manifestado pela gerência Jurídica da estatal PBGÁS, no Parecer 023/2015, ao opinar que pretendeu o legislador restringir a amplitude da expressão administração indireta, limitando a aplicação do artigo 47 da Lei Complementar nº 123/2006 às entidades autárquicas e fundacionais. Segundo o Dr. Thiago Fonseca, autor do Parecer, se a verdadeira intenção do legislador fosse incluir as estatais no rol de entidades obrigadas a realizar licitações exclusivas para ME/EPP, teria feito expressamente ou, apenas, inserido no texto legal a expressão administração indireta, sem qualquer restrição às entidades que a compõem[54].

---

52. Redação dada pela Lei Complementar nº 147, de 2014.
53. O aposto é um termo, palavra ou expressão que explica, enumera, detalha, resume, esclarece, especifica, distribui ou compara um termo anterior da oração.
54. Parecer 023/2015, da lavra do Dr. Thiago Fonseca, na condição de Gerente Jurídico da PBGÁS.

Se o elemento gramatical já indica a exclusão das estatais da incidência de aplicação das chamadas licitações exclusivas, esta compreensão pode ser ainda mais fortalecida com a utilização do elemento histórico. Isso porque, durante a tramitação do Projeto de Lei 221/2012, pôde identificar-se que o texto inicial, proposto para nova redação do artigo 47 da LC 123/2006, incluía expressamente as estatais, sendo tal remissão retirada quando da definição do texto final, aprovado pelas duas Casas Legislativas.

Por outro lado, se este raciocínio parece totalmente justificável após a alteração legislativa ocorrida em 2014, não é possível ignorar que a nova Lei das estatais previu expressamente a aplicação das disposições constantes nos artigos 42 a 49 da LC 123/2006!

Tal disposição, posterior à alteração da referida Lei Complementar, não implicaria na imposição do regime das licitações diferenciadas (arts. 47 e 48) para as estatais?

Não é duvidosa a aplicação, para as estatais, das regras descritas nos artigos 42 a 46, contudo, em relação aos artigos 47 a 49, faz-se necessário identificar uma solução adequada.

Esta solução pode ser alcançada através da técnica de diálogo das fontes, proposta pela Professora Cláudia Lima Marques[55], pelo raciocínio de que há um diálogo de complementariedade feito pela Lei nº 13.303/2016, ao reinserir as estatais no leque de pessoas da administração indireta que podem realizar as licitações diferenciadas, conforme regras da LC 123/2006.

Outrossim, entendemos que esta solução também pode ser alcançada através da tradicional técnica de resolução de aparentes antinomias, concebida pelos autores clássicos e recepcionada pela Lei de Introdução às normas de Direito Brasileiro[56]. Nesse diapasão, convém pontuar que a aparente antinomia se dá apenas em relação à aplicação das estatais no regime previsto pelos artigos 47 e 48 da LC 123/2006, não em relação à integralidade dos dispositivos. Em outras palavras, a ideia é solucionar o aparente conflito, no que tange à específica possibilidade ou não de que as estatais adotem o regime de licitações diferenciadas.

---

55. MARQUES, Claudia Lima. Superação das antinomias pelo diálogo das fontes: O modelo brasileiro de coexistência entre o código de defesa do consumidor e o código civil de 2002. *In*: Revista da Escola Superior da Magistratura de Sergipe, nº 07, 2004, p. 42.
56. Decreto-lei nº 4.657, de 4 de setembro de 1942.

Em relação ao critério hierárquico, não há qualquer preponderância da regra de inclusão, em relação à outra (de exclusão), já que ambas são materialmente leis ordinárias. Da mesma forma, não parece o critério da especialidade dar resposta a esta aparente antinomia. A solução decorre do critério cronológico. Entendemos que, embora essas pessoas jurídicas da administração indireta tenham sido retiradas pela LC 147/2014 da expressa previsão do artigo 47, houve uma posterior opção legislativa da Lei nº 13.303/2016 por sua (re)inclusão entre as entidades passíveis de adoção deste regime jurídico especial. Assim, a regra de inclusão (posterior) supriria a lacuna deixada pela regra de exclusão (anterior).

De qualquer forma, bom reiterar que, embora aplicáveis às estatais as licitações diferenciadas previstas nos artigos 47 e 48 da LC 123/2006, o artigo 49 da mesma Lei estabelece hipóteses que justificam o afastamento dessas regras, o que deve ser indicado na fase interna do procedimento de contratação.

JURISPRUDÊNCIA RELACIONADA[57]

- "9.4. recomendar ao Ministério do Planejamento, com base no art. 250, inciso III, do Regimento Interno do TCU, que: 9.4.1. verifique a oportunidade e a conveniência de promover alterações no Comprasnet de forma a viabilizar a desconsideração, para fins de aferição do direito de preferência da Lei Complementar 123/2006, de itens que apenas constituam repasse de recursos, não compondo efetivamente a proposta de preços, avaliando o impacto de tal medida nos demais sistemas vinculantes e informando ao TCU em até 90 dias o resultado das medidas adotadas; 9.4.2. explicite em seus editais a regra de aferição do direito de preferência previsto na Lei Complementar 123/2006, quando for necessário o expurgo dos itens de repasse". (TCU. Acórdão nº 1251/2017 – Plenário)

2.2.5. Da aplicação das regras da Lei nº 10.973/2004 (contratos de encomenda tecnológica) para as estatais

Questão interessante envolve a indagação acerca da aplicação das regras da Lei nº 10.973/2004 para as estatais.

A Lei nº 10.973/2004 dispõe sobre incentivos à inovação e à pesquisa científica e tecnológica no ambiente produtivo, tratando, mais especificamente em seu artigo 20, sobre a possibilidade de estabelecimento do "contrato de encomenda tecnológica".

57. Vide nota de rodapé nº 38.

As encomendas tecnológicas envolvem formato diferenciado de contratação pública, que objetiva a solução de um problema específico através do desenvolvimento de algo inovador. A encomenda tecnológica "pressupõe a superação de um grau de incerteza que ameaça a entrega efetiva do objeto contratado, em função do conhecimento técnico-científico insuficiente à época em que se decide pela realização da ação (risco tecnológico)"[58].

O Parecer n. 00002/2019/CNPDI/CGU/AGU abordou essa questão, concluindo pela aplicabilidade do art. 20 da Lei nº 10.973/2004 às estatais, para a celebração do contrato de encomenda tecnológica. Assim, para esse tipo de contratação, as estatais poderiam seguir as normas contidas no art. 20 da Lei nº 10.973/2004, concomitantemente com as regras da Lei nº 13.303/2016, resolvendo eventual conflito (antinomia) em favor da Lei nº 10.973/2004, pelo critério da especialidade.

> EMENTA:
>
> I. Parecer jurídico. Exame da aplicabilidade do art. 20 da Lei nº 10.973/2004 às empresas estatais. Como as empresas públicas, sociedades de economia mista e suas subsidiárias se sujeitam ao estatuto jurídico de que trata a Lei nº 13.303/2016, questiona-se se as empresas estatais, em particular as federais, estão autorizadas a aplicar o art. 20 da Lei nº 10.973/2004 na hipótese de celebração do contrato de encomenda tecnológica.
>
> II. Em matéria de encomenda tecnológica, as empresas estatais seguem as normas contidas no art. 20 da Lei nº 10.973/2004 e na Lei nº 13.303/2016. Havendo divergência entre as duas Leis, a solução do conflito deve ser resolvida em favor da Lei nº 10.973/2004, em virtude do princípio da especialidade das normas jurídicas. Diversamente do que acontece com a administração pública direta, autárquica e fundacional, as normas contidas na Lei nº 8.666/1993 não se aplicam às contratações feitas pelas empresas estatais, qualquer que seja a sua modalidade, nem mesmo às encomendas tecnológicas.
>
> III. A nível regulamentar, os contratos de encomendas tecnológicas conduzidos pelas empresas estatais federais devem obediência ao Decreto nº 9.283/2018 (arts. 27 a 32). Eventuais normas complementares de que trata o art. 33 do citado Decreto, editadas pelos Ministérios da Ciência, Tecnologia, Inovações e Comunicações e do Planejamento, Desenvolvimento e Gestão (atual Ministério da Economia), não

58. Parecer n. 00002/2019/CNPDI/CGU/AGU.

> alcançam as empresas estatais federais, na medida em que estas possuem regulamento próprio de licitações e contratos.
>
> IV. É juridicamente possível que uma empresa estatal seja contratada para executar, isoladamente ou em consórcio, uma encomenda tecnológica em favor de órgão ou entidade da administração pública contratante, desde que esse negócio esteja relacionado com os objetivos sociais da estatal. Neste caso, em que a empresa estatal é a demandada (executora da encomenda tecnológica), incide o art. 28, § 3º, inciso I, da Lei nº 13.303/2016, o qual afasta, no que toca à empresa, o dever de licitar ou mesmo de instaurar processo de contratação direta quando da comercialização, prestação ou execução, de forma direta, de produtos, serviços ou obras especificamente relacionados com seus respectivos objetos sociais. Na outra ponta, o ente público demandante instaurará o processo de contratação direta por dispensa de licitação.

Concordamos com a referida manifestação jurídica. O referido Parecer também admite, e com razão, a possibilidade de contratação de uma estatal para executar uma encomenda tecnológica, em favor de órgão ou entidade da administração pública contratante, "desde que esse negócio esteja relacionado com os objetivos sociais da estatal", incidindo, na hipótese, o art. 28, § 3º, inciso I, da Lei nº 13.303/2016.

2.2.6. Da aplicação das regras da Lei nº 13.979/2020 (ações de combate ao COVID-19) para as estatais

Tendo em vista a necessidade de enfrentamento causada pela pandemia que assolou o Brasil e o mundo em 2020 (COVID-19), foi aprovada a Lei nº 13.979/2020, que, com suas posteriores alterações, estabeleceu um regime licitatório e contratual específico para as contratações necessárias às ações de combate ao COVID-19[59].

59. "O Congresso Nacional instituiu um regime emergencial de contratação pública para o enfrentamento à pandemia de COVID-19 porque os instrumentos que a Administração Pública até então dispunha não servem para prover soluções rápidas. Isso não é novidade para ninguém. Inclusive, não custa lembrar que, em razão dos compromissos assumidos para a realização das Olimpíadas de 2016 e da Copa do Mundo de 2014, instituiu-se também outro regime especial, o Regime Diferenciado de Contratações Públicas, disciplinado pela Lei nº 12.462/2011, muito mais bem estruturado e completo, mas de igual modo sob a premissa de oferecer instrumentos ágeis para a Administração Pública. O fato é que, há alguns anos, a Administração Pública mergulhou de cabeça num modelo excessivamente burocrático, desconfiado e controlado, que

Este regime específico é, sim, aplicável às estatais, quando, por suas competências, atuem em ações compatíveis com o regime excepcional de contratação admitido pela Lei nº 13.979/2020.

Não há, no texto da referida Lei, qualquer restrição subjetiva à aplicação de seu regime jurídico especial às estatais que contratem bens, serviços, inclusive de engenharia, e insumos destinados ao enfrentamento da emergência de saúde pública de importância internacional decorrente do COVID-19. A aplicação desse regime contratual tem restrição dada apenas em seu aspecto objetivo, qual seja, sua utilização nas medidas para enfrentamento da emergência de saúde pública de importância internacional decorrente do COVID-19[60]. Algumas estatais serão fundamentais nessas ações. Cite-se, por exemplo, a EBSERH, importante estatal da área federal de saúde. Como admitir que estatais, cuja vocação é a atuação nesta área tão sensível, não possam utilizar um regime contratual excepcional criado para tal enfrentamento?[61]

A Lei nº 13.979/2020 é especial em relação à Lei das estatais, sendo suas regras aplicáveis às contratações das empresas públicas e sociedades de economia mista que envolvam seu limite objetivo, qual seja, contratações necessárias ao enfrentamento da emergência de saúde pública de importância internacional decorrente do COVID-19[62].

Este também é o entendimento defendido por Renila Bragagnoli, segundo a qual "deve prevalecer as disposições da Lei nº 13.979/2020, por se tratar de medida especial e temporária que busca o pleno enfrentamento à pandemia do coronavírus"[63]. Ainda neste prumo as lições de Luciano Reis e Marcus

---

paralisa ou, na melhor das hipóteses, retarda a Administração Pública". *In*: NIEBUHR, Joel de Menezes. Regime emergencial de contratação pública para o enfrentamento à pandemia de COVID-19. Belo Horizonte: Fórum, 2020. p. 13.

60. FERNANDES, Jorge Ulisses Jacoby. FERNANDES, Murilo Jacoby. TEIXEIRA, Paulo Roberto. TORRES, Ronny Charles Lopes de. Direito provisório e a emergência do coronavírus. Belo Horizonte. Fórum, 2020. p. 59.
61. OLIVEIRA. Rafael Sérgio de; PÉRCIO. Gabriela; TORRES. Ronny Charles Lopes de. A Dispensa de Licitação para Contratações no Enfrentamento ao Coronavírus. 2020. Disponível em: http://www.licitacaoecontrato.com.br/artigo_detalhe.html. Acesso em 09/04/2020.
62. FERNANDES, Jorge Ulisses Jacoby. FERNANDES, Murilo Jacoby. TEIXEIRA, Paulo Roberto. TORRES, Ronny Charles Lopes de. Direito provisório e a emergência do coronavírus. Belo Horizonte. Fórum, 2020. p. 59.
63. BRAGAGNOLI, Renila. Ponderações sobre a utilização da Lei nº 13.979/2020 pelas empresas estatais. Disponível em: https://ronnycharles.com.br/ponderacoes-sobre-a-utilizacao -da-lei--no-13-979-2020-pelas-empresas-estatais/. Acesso em: 30/03/2020.

Alcântara, para quem o legislador foi sábio ao estipular uma hipótese de dispensa genérica, sem vinculação à Lei Geral de Licitações[64-65].

Por certo, as estatais, embora submetidas ao regime geral da Lei nº 13.303/2016, puderam adotar as regras da Lei nº 13.979/2020 nas ações de combate ao COVID-19 no período admitido pelo seu regime excepcional e transitório de contratação.[66]

2.3. ASPECTO SUBJETIVO – ESTATAIS SUBMETIDAS ÀS REGRAS DE LICITAÇÕES DA LEI Nº 13.303/2016

Um outro aspecto a ser dirimido é o subjetivo. As regras de licitações da Lei nº 13.303/2016 são aplicáveis para estatais prestadoras de serviços públicos e estatais exploradoras de atividades econômicas?

A Lei indica resposta expressa para essa pergunta. Vejamos:

> Art. 1º Esta Lei dispõe sobre o estatuto jurídico da empresa pública, da sociedade de economia mista e de suas subsidiárias, abrangendo toda e qualquer empresa pública e sociedade de economia mista da União, dos Estados, do Distrito Federal e dos Municípios que explore atividade econômica de produção ou comercialização de bens ou de prestação de serviços, ainda que a atividade econômica esteja sujeita ao regime de monopólio da União ou seja de prestação de serviços públicos.
>
> § 1º O Título I desta Lei, exceto o disposto nos arts. 2º, 3º, 4º, 5º, 6º, 7º, 8º, 11, 12 e 27, não se aplica à empresa pública e à sociedade de economia mista que tiver, em conjunto com suas respectivas subsidiárias, no exercício social anterior, receita operacional bruta inferior a R$ 90.000.000,00 (noventa milhões de reais).

---

64. REIS, Luciano Elias; ALCÂNTARA, Marcus Vinícius Reis de. Contratação Pública Extraordinária no Período do Coronavírus. 2020. Disponível em: https://ronnycharles.com.br/contratacao-publica-extraordinaria-no-periodo-do-coronavirus/. Acesso em: 09/04/2020.
65. No mesmo sentido: "é de reconhecer que as disposições da Lei nº 13.979/ 2020 também podem ser aplicadas por estatais, desde que suas ações guardem relação de pertinência com o enfrentamento à pandemia de COVID-19. A aplicação da Lei nº 13.979/2020 depende da vinculação material do objeto da contratação com a pandemia, e não da qualificação orgânica da entidade integrante da Administração Pública, inclusive se ela for uma estatal". *In:* NIEBUHR, Joel de Menezes. Regime emergencial de contratação pública para o enfrentamento à pandemia de COVID-19. Belo Horizonte: Fórum, 2020. p. 31.
66. Por meio da Portaria GM/MS nº 913, de 22 de abril de 2022, o Ministério da Saúde encerrou a situação de Emergência de Saúde Pública de Importância Nacional (ESPIN) decorrente da Covid-19.

> § 2º O disposto nos Capítulos I e II do Título II desta Lei aplica-se inclusive à empresa pública dependente, definida nos termos do inciso III do art. 2º da Lei Complementar nº 101, de 4 de maio de 2000 , que explore atividade econômica, ainda que a atividade econômica esteja sujeita ao regime de monopólio da União ou seja de prestação de serviços públicos.
>
> § 3º Os Poderes Executivos poderão editar atos que estabeleçam regras de governança destinadas às suas respectivas empresas públicas e sociedades de economia mista que se enquadrem na hipótese do § 1º, observadas as diretrizes gerais desta Lei.
>
> § 4º A não edição dos atos de que trata o § 3º no prazo de 180 (cento e oitenta) dias a partir da publicação desta Lei submete as respectivas empresas públicas e sociedades de economia mista às regras de governança previstas no Título I desta Lei.
>
> § 5º Submetem-se ao regime previsto nesta Lei a empresa pública e a sociedade de economia mista que participem de consórcio, conforme disposto no art. 279 da Lei nº 6.404, de 15 de dezembro de 1976, na condição de operadora.
>
> § 6º Submete-se ao regime previsto nesta Lei a sociedade, inclusive a de propósito específico, que seja controlada por empresa pública ou sociedade de economia mista abrangidas no *caput*.

As regras de licitação estão dispostas no capítulo I, do título II, da referida Lei. Por tal motivo, por expressa determinação do legislador, essas regras são aplicáveis a toda e qualquer empresa pública e sociedade de economia mista da União, dos Estados, do Distrito Federal e dos Municípios, que explore atividade econômica de produção ou comercialização de bens ou de prestação de serviços, ainda que a atividade econômica esteja sujeita ao regime de monopólio da União, seja de prestação de serviços públicos ou mesmo que a empresa pública seja dependente.

2.3.1. Da aplicação do novo regime para estatais prestadoras de serviços públicos

Importante perceber que o legislador deu grande amplitude à aplicação do novo regime licitatório, ultrapassando o universo das estatais exploradoras de atividade econômica, em sentido estrito, abarcadas pelo artigo 173 da Constituição Federal.

Para alguns, o novo regime licitatório seria aplicável apenas às estatais que exploram atividade econômica. De forma restritiva, César Guimarães entende que o texto legal deixou de alcançar todas as formas de prestação de serviço público, limitando sua incidência às estatais que exploram atividade econômica, admitindo, portanto, a aplicação do novo regime licitatório apenas às estatais que prestassem serviços públicos em ambiente competitivo ou de mercado[67].

> Ao se valer dessa expressão, o texto legal deixou de alcançar todas as formas de prestação de serviço público, mas limitou sua incidência às que impliquem uma exploração de atividade econômica. Isso corresponde à prestação de serviços públicos em ambiente competitivo ou de mercado. Busca-se regular a atuação do Estado no ambiente econômico concorrencial. As empresas estatais que prestem serviços públicos em ambiente não competitivo e, portanto, fora do mercado, estão alheias ao regime da Lei 13.303/2016.[68]

Embora compreendamos o raciocínio ventilado pelo ilustre jurista, não nos parece que essa restrição tenha sido desejada pelo legislador. Como se depreende da leitura do texto legal, a incidência do novo regime avança por todas as estatais que explorem atividade econômica, inclusive quando sujeitas ao regime de monopólio ou prestadoras de serviços públicos. Ora, ao definir pela aplicação do seu regime às estatais que estão sujeitas a regime de monopólio, o legislador claramente afastou a imposição de que a estatal tenha de explorar sua atividade econômica em regime de competição.

Também seguindo esta linha, outros autores entendem que não há inconstitucionalidade nesta inclusão, sendo possível a aplicação do novo regime licitatório às estatais prestadoras de serviços públicos. Nesse sentido, Edgar Guimarães e Anacleto Abduch:

> Não há inconstitucionalidade nesta inclusão no que diz respeito ao regime de licitações e de contratos das estatais – que é o objeto específico desta obra –, seja qual for a natureza delas. Por primeiro, perceba-se que a disposição constitucional não exige que o estatuto jurídico da empresa pública e da sociedade de economia mista que explore atividade econômica seja versado em lei específica e exclusiva.[69]

67. PEREIRA, Cesar A. Guimarães. Sanções administrativas na Lei das Empresas Estatais. In Estatuto jurídico das empresas estatais: Lei 13.303/2016/Marçal Justen Filho, organizador. –São Paulo: Editora Revista dos Tribunais, 2016. P. 527.
68. PEREIRA, Cesar A. Guimarães. Processo Licitatório das Empresas Estatais: Finalidades, Princípios e Disposições Gerais. In Estatuto jurídico das empresas estatais: Lei 13.303/2016/Marçal Justen Filho, organizador. –São Paulo: Editora Revista dos Tribunais, 2016. P. 329.
69. GUIMARÃES, Edgar; SANTOS, José Anacleto Abduch. Lei das estatais: comentários ao regime jurídico licitatório e contratual da Lei nº 13.303/2016. Belo Horizonte: Fórum, 2017. P. 20.

No mesmo prumo, Joel e Pedro Niebuhr interpretam que o Poder Legislativo não viu sentido em prescrever regras apenas para as estatais que exploram atividade econômica, excluindo as prestadoras de serviços públicos, notadamente diante da percepção de que as normas da Lei nº 13.303/2016 são melhores, oferecem mais flexibilidade e não contrariam o regime jurídico administrativo, o que afasta mais ainda a razão para exclusão das prestadoras de serviço públicos[70].

Ora, nada obstante o reconhecimento da maior influência do regime jurídico de direito público para as estatais prestadoras de serviços públicos, há mais semelhanças entre elas e as estatais exploradoras de atividade econômica, do que em relação aos órgãos públicos e autarquias. Diante desta percepção, parece ter optado o legislador por definir uma maior amplitude ao novo regime licitatório, estabelecendo-o não apenas para as exploradoras de atividade econômica, mas também para as prestadoras de serviço público. Não há nada de inconstitucional nesta opção.

Ademais, a dicotômica classificação das estatais entre aquelas que exercem atividade econômica e aquelas que prestam serviços públicos tem se mostrado inadequada. Realmente, diante de atuações cada vez mais complexas, não é incomum identificar estatais híbridas, que ora prestam serviços públicos em sentido estrito, ora exercem atividade econômica em sentido estrito, disputando mercado com empresas privadas. A dinamicidade e a múltipla atuação de algumas estatais são incompatíveis com esta simplista classificação dicotômica. Essa parece ser também a opinião de Joel e Pedro Niebuhr:

> A bem da verdade, a classificação entre estatais que exercem atividade econômica e que prestam serviços públicos tem perdido relevância e repercussão prática, não e mais apropriada, pelo menos não e mais apropriada de maneira estanque e abstrata para distinguir as estatais.
>
> Explicando melhor, é cada mais frequentes que as estatais desempenhem mais de uma atividade, muitas vezes a mesma entidade presta serviços públicos, realiza atividade econômica em sentido estrito e ainda desempenha atividades instrumentais para outros órgãos e entidades administrativas. São empresas públicas e sociedades de

70. NIEBUHR, Joel de Menezes; NIEBUHR, Pedro de Menezes. Licitações e Contratos das Estatais. Belo Horizonte: Fórum, 2018. P. 20.

> economia mista multifacetadas, que não se submetem apenas a um regime jurídico.[71]

Em suma, embora seja evidente que a Lei nº 13.303/2016 tenha o intuito de regulamentar as disposições do artigo 173 da Constituição federal, parece-nos que o legislador, ao perceber que as empresas públicas e as sociedades de economia mista, mesmo prestadoras de serviços públicos, aproximam-se mais das estatais exploradoras de atividade econômica, em regime competitivo, que dos tradicionais órgãos públicos, optou por inseri-las no âmbito da aplicação da nova legislação.

Também entendemos que a previsão legal de submissão do novo regime às estatais, independentemente da esfera federativa (federal, estadual, municipal e distrital) e de serem exploradoras de atividade econômica ou prestadoras de serviço público, é válida.

Não é qualquer novidade a criação de regime jurídico específico, para determinadas áreas. Assim ocorreu, por exemplo, com a Lei nº 12.232/2010, que tratou especificamente sobre as licitações de publicidade; com a Lei nº 12.462/2011, que originalmente disciplinou licitações relacionadas a contratações direta ou indiretamente ligadas aos grandes eventos esportivos (Copa e Olimpíadas) sediados pelo país. Da mesma forma, há dispositivos na legislação geral de licitações que estabelecem regras específicas para determinadas áreas ou entes. Como exemplo, é possível citar algumas hipóteses de dispensa de licitação[72], claramente criadas para regular determinadas atividades ou áreas de órgãos ou entidades específicas.

2.3.2. Da aplicação do novo regime para estatais dependentes

Estatal dependente é a empresa controlada que recebe do ente controlador recursos financeiros para pagamento de despesas com pessoal e de custeio em geral ou de capital, excluídos, no último caso, aqueles provenientes de aumento de participação acionária.

71. NIEBUHR, Joel de Menezes; NIEBUHR, Pedro de Menezes. Licitações e Contratos das Estatais. Belo Horizonte: Fórum, 2018. P. 21.
72. Nesse sentido, vide incisos XXV, XXIX, XXX, XXXII, XXXIV, do artigo 24 da Lei nº 8.666/93, entre outros.

Para o legislador, aplica-se o novo regime licitatório às estatais dependentes, sendo irrelevante se a empresa dependente recebe recursos do ente federado controlador para o custeio de seus contratos com terceiros.

Esta compreensão foi também defendida pelo Tribunal de Contas do estado de Minas Gerais, segundo o qual, "os dispositivos da Lei n. 13.303/2016 são aplicáveis, sem distinções, às empresas estatais dependentes e não dependentes e não geraram reflexos na competência do Tribunal de Contas", os quais mantém-se competentes para proceder à tomada de contas especial das empresas estatais e das sociedades de economia mista[73].

2.3.3. Da aplicação do novo regime para subsidiárias e para estatais participantes de consórcios

A Lei define sua aplicação para as subsidiárias das estatais, bem como submete, ao seu regime, a empresa pública e a sociedade de economia mista que participem de consórcio, conforme disposto no art. 279 da Lei nº 6.404, de 15 de dezembro de 1976, na condição de operadora.

Operadora é a empresa participante do consórcio a quem compete a sua administração, sendo a ela atribuída a gestão e a representação do consórcio. Assim, ainda que participante de consórcio, a empresa estatal administradora estará sujeita ao regime da Lei nº 13.303/16. Mais ainda, segundo Guimarães e Abduch, a Lei impõe que, quando a estatal for administradora do consórcio, seja "atraído e de aplicação compulsória o regime da LRE, que deverá ser adotado quando das contratações realizadas em nome e em favor do consórcio"[74].

2.3.4. Da aplicação do novo regime para as sociedades de propósito específico e para as controladas

Sociedade de propósito específico, embora pareça um consórcio, dele se distingue, já que permite a união de esforços para a realização de um determinado empreendimento, com formação de nova pessoa jurídica. André Luiz Santa Cruz Ramos ressalta que ela é uma sociedade empresária que terá seu

73. TCE-MG. CONSULTA n. 1041562. Rel. CONS. WANDERLEY ÁVILA. Sessão do dia 24/04/2019.
74. GUIMARÃES, Edgar; SANTOS, José Anacleto Abduch. Lei das estatais: comentários ao regime jurídico licitatório e contratual da Lei nº 13.303/2016. Belo Horizonte: Fórum, 2017. P. 23.

objeto social único, exclusivo, pois é constituída para desenvolver determinado projeto.[75]

O Código Civil de 2002 admite, expressamente, a Sociedade de Propósito específico, na regra do parágrafo único de seu artigo 981:

> Art. 981. Celebram contrato de sociedade as pessoas que reciprocamente se obrigam a contribuir, com bens ou serviços, para o exercício de atividade econômica e a partilha, entre si, dos resultados.
>
> Parágrafo único. A atividade pode restringir-se à realização de um ou mais negócios determinados.

Assim, a atividade de uma Sociedade de Propósito Específico (SPE) é bastante restrita, mecanismo útil para limitar riscos econômicos da atividade desenvolvida mediante a associação econômica.

Pois bem, no §6º do artigo 1º, o legislador fez questão de submeter, ao seu regime licitatório, a sociedade, inclusive a de propósito específico, controlada por empresa pública ou sociedade de economia mista.

Por outro lado, a Lei nº 13.303/2016, diferentemente do que previa a Lei nº 8.666/1993[76], não fez remissão expressa às empresas "controladas", que não guardem a condição de empresa pública ou sociedade de economia mista, pela ausência de capital integral ou majoritariamente público.

Diante de uma expansão tão grande da incidência de aplicação subjetiva da referida Lei, que admite sua aplicação, inclusive, para as sociedades de propósito específico, parece-nos compreensível que o novo regime licitatório se imponha também às empresas estatais controladas, mesmo que sua composição societária não permita a caracterização como sociedade de economia mista ou como empresa pública. Tal intelecção decorre de tratamento analógico ao dado às sociedades de propósito específico, controladas por empresa pública ou sociedade de economia mista.

---

75. RAMOS, André Luiz S. C. Curso de Direito Empresarial: o novo regime jurídico-empresarial brasileiro. 2ª. ed. Salvador: Juspodivm, 2008. P. 474.

76. Art. 1º Esta Lei estabelece normas gerais sobre licitações e contratos administrativos pertinentes a obras, serviços, inclusive de publicidade, compras, alienações e locações no âmbito dos Poderes da União, dos Estados, do Distrito Federal e dos Municípios.
Parágrafo único. Subordinam-se ao regime desta Lei, além dos órgãos da administração direta, os fundos especiais, as autarquias, as fundações públicas, as empresas públicas, as sociedades de economia mista e demais entidades controladas direta ou indiretamente pela União, Estados, Distrito Federal e Municípios.

JURISPRUDÊNCIA RELACIONADA[77]

- "9.5. recomendar à <*omissis*> e suas subsidiárias que detém participações em Sociedades de Propósito Específico que, com fundamento nos princípios da eficiência e da supremacia do interesse público, atuem no nível do relacionamento societário no sentido de incluir os dispositivos de controle e transparência estabelecidos pelo tópico "10 - Cláusula de Princípios e Controles de Negócio" do Manual de SPEs nos Acordos de Acionistas atualmente em vigor, ou estabelecer sistemática alternativa e juridicamente hábil para obtenção das mesmas informações, por meio de tratativas formais e documentadas entre as partes envolvidas;" (TCU. Acórdão nº 388/2018 - Plenário)

2.3.5. Da aplicação do regime jurídico da Lei nº 13.303/16 aos instrumentos conveniais em que a estatal for interveniente executora

Questão interessante envolve a aplicação do regime licitatório da Lei nº 13.303, de 2016, aos instrumentos conveniais (como convênios e termos de compromisso) firmados entre a União e estados, municípios, ou Distrito Federal, em que a estatal participe como "interveniente executora".

Outrora, a Consultoria Jurídica da União, junto ao então Ministério das Cidades (CONJUR/MCID), através do Parecer nº 180/2018/CONJUR-MCID/CGU/AGU, havia externado o entendimento de que o rito licitatório da Lei nº 13.303, de 2016, não seria aplicável aos termos de compromisso firmados entre a União com estados, municípios, ou Distrito Federal, em que empresa pública ou sociedade de economia mista participe como "interveniente executora". Segundo o ilustre órgão consultivo, a figura do interveniente executor não assume obrigações em nome próprio, devendo, desta forma, observar o regramento jurídico aplicável ao ente federativo signatário do termo de compromisso.

Por seu turno, à época, a Consultoria Jurídica da União, junto ao então Ministério do Planejamento, possuía entendimento distinto, fixado pelo Parecer nº 471/2018/HTM/CGJLC/CONJUR-MP/CGU/AGU, da lavra do Advogado da União, Dr. Hugo Teixeira Montezuma Sales, no sentido de que, em sede de contratos de repasse, a estatal que participasse como "interveniente executora" poderia realizar licitação com esteio no procedimento disciplinado pela Lei nº 13.303, de 2016.

---

77. Vide nota de rodapé nº 38.

A divergência de entendimento foi superada pelo PARECER n. 00015/2019/DECOR/CGU/AGU, aprovado pelo Consultor-Geral da União, Dr. Arthur Valério, e pelo Advogado-Geral da União, Dr. André Mendonça, que trouxe a seguinte Ementa:

> EMENTA: DIREITO ADMINISTRATIVO. TERMOS DE COMPROMISSO (PAC). CONTRATOS DE REPASSE. EMPRESA ESTATAL COMO "INTERVENIENTE EXECUTORA" OU "UNIDADE EXECUTORA". ESCOLHA DO RITO LICITATÓRIO ADEQUADO. EXISTÊNCIA DE DISPOSIÇÕES NORMATIVAS APARENTEMENTE DIVERSAS SOBRE O TEMA. POSSIBILIDADE DE APLICAÇÃO DO RITO LICITATÓRIO DA LEI Nº 13.303/2016.
>
> I – Há respaldo jurídico para que empresa pública ou sociedade de economia mista adote o rito licitatório de que cuida a Lei nº 13.303, de 2016, nas hipóteses em que atue como unidade executora nos termos de compromisso (Programa de Aceleração do Crescimento), e nos convênios ou contratos de repasse (transferências voluntárias), com a responsabilidade de licitar e executar o contrato em nome próprio, mesmo que o resultado da execução contratual seja um bem público a ser integrado ao patrimônio e outrem.
>
> II – A normatização posta à análise, mesmo quando se reporta à contratação integrada, restringe as transferências de recursos ao momento posterior à autorização para início de obra, o que ocorrerá após a aprovação dos projetos básico e executivo.
>
> III – Em tese, é possível alteração da regulamentação infralegal, admitindo a transferência de recursos após a aprovação do anteprojeto de engenharia, quando necessária a contratação de terceiros, pelo órgão convenente.

Realmente, como tivemos a oportunidade de defender, no referido Parecer, desde o dia 01 de julho de 2018, o regime licitatório das estatais aplicável é o da Lei nº 13.303/2016, admitindo-se a aplicação do regime licitatório da legislação anterior, apenas, para os procedimentos licitatórios e contratos iniciados ou celebrados até a referida data.

Se o legislador definiu o regime licitatório aplicável às estatais, não parece admissível adotar-se rito distinto, baseado na legislação anterior, em virtude de disposições constantes em instrumento convenial ou mesmo Portaria Ministerial.

Mesmo com a coexistência de outros regimes licitatórios, a submissão das estatais ao regime licitatório decorre da própria Constituição e da Lei nº 13.303/2016, que o regula.

A solução sobre qual o regime licitatório aplicável passa pela análise da perspectiva subjetiva da incidência do regime jurídico licitatório (obrigatoriedade de licitar)[78].

Segundo tal perspectiva, a submissão ao regime licitatório se dá em razão do órgão ou entidade licitante/contratante (perspectiva subjetiva-causal); assim, diante de diversos regimes jurídicos licitatórios aplicáveis às diferentes pessoas jurídicas envolvidas na relação convenial, importa identificar "quem" precisa ou irá licitar e contratar, e não "quem" receberá incremento patrimonial decorrente do resultado da licitação ou quem transferiu os recursos financeiros para sua realização[79].

Quando a estatal atua como interveniente-executora, realiza a licitação e executa o contrato em nome próprio, ainda que no interesse e sob a supervisão da unidade federativa convenente ou com recursos da unidade federativa concedente[80], deverá se utilizar dos instrumentos estabelecidos para ela pelo ordenamento, seguindo seu regime licitatório e contratual, previsto na Lei nº 13.303/2016[81].

---

78. TORRES, Ronny Charles Lopes de. Leis de licitações públicas comentadas. 10ª edição. Salvador: Juspodivm, 2019. p. 74.
79. TORRES, Ronny Charles Lopes de. Leis de licitações públicas comentadas. 10ª edição. Salvador: Juspodivm, 2019. p. 74.
80. Parecer nº 471/2018/HTM/CGJLC/CONJUR-MP/CGU/AGU.
81. PARECER n. 00015/2019/DECOR/CGU/AGU.

3

DA EXCEÇÃO À OBRIGATORIEDADE DE LICITAR

O Constituinte consagrou o princípio da obrigatoriedade de licitar, ao definir, no inciso XXI do artigo 37 da Constituição Federal, que, "ressalvados os casos especificados na legislação, as obras, serviços, compras e alienações serão contratados mediante processo de licitação pública".

Conforme indicado pelo dispositivo constitucional, a obrigatoriedade de licitar, embora seja a regra, pode ser ressalvada pelo legislador.

Pois bem, nos artigos 28, 29 e 30, a Lei nº 13.303/2016 trata, justamente, das regras relacionadas ao afastamento dessa obrigatoriedade. Nesse disciplinamento, ela trouxe um de seus pontos mais interessantes e desafiadores ao intérprete do direito, na aplicação concreta das regras do novo diploma legal: as hipóteses de "não observância das regras licitatórias".

3.1. DA COMPETÊNCIA PARA LEGISLAR

Conforme definido pelo Constituinte, apenas a lei pode criar exceções à obrigatoriedade de licitar.

O Tribunal de Contas da União tem entendido que as exceções à obrigatoriedade de licitar são regras gerais, motivo pelo qual apenas poderiam criar tais exceções, Lei Federal, tendo em vista a competência legislativa estatuída pelo **inciso XXVII do artigo 22** da Constituição Federal, que "outorga à União a competência privativa para legislar sobre normas gerais de licitação e contratação, em todas as modalidades, para a Administração Pública Direta, autárquica e fundacional da União, Estados, Distrito Federal e Municípios, obedecido o disposto no art. 37, XXI, e para as empresas públicas e sociedades de economia mista, nos termos do inciso III do § 1° de seu artigo 173".

Nesta feita, apenas lei, e lei federal, pode estabelecer essas ressalvas à obrigatoriedade de licitar.

3.2. DO ASPECTO BUROCRÁTICO E DO ASPECTO DEMOCRÁTICO DO PRINCÍPIO DA OBRIGATORIEDADE DE LICITAR

Como visto, a realização de contratos pela Administração Pública exige, em regra, a obediência ao certame licitatório (princípio da obrigatoriedade). Contudo, há exceções a esta obrigatoriedade que encontram fundamento no próprio texto constitucional. Cabe frisar que o inciso XXI do artigo 37, da Constituição Federal, ao estabelecer a obrigatoriedade do procedimento de licitação para os contratos feitos pela Administração, já inicia seu texto com a ressalva aos "casos especificados na legislação".

Nesse ponto, temos defendido que o princípio da obrigatoriedade (de licitar) se manifesta sobre duas perspectivas: a burocrática e a democrática[1-2].

Pela perspectiva burocrática (ou objetiva), o princípio da obrigatoriedade estabelece ao Poder público, o compromisso de realizar licitações para contratar obras, serviços, compras e alienações, ressalvadas as hipóteses admitidas pela legislação (contratação direta). Nessa perspectiva, um gestor público incumbido de firmar determinada contratação, para atendimento de uma pretensão administrativa, deve, em regra, realizar previamente um procedimento licitatório, para escolha do futuro contratado.

Pela perspectiva democrática (ou subjetiva), o princípio da obrigatoriedade impõe seja protegido o direito dos particulares de, consagrada a isonomia, ter resguardada a possibilidade de participação na seleção necessária

1. TORRES, Ronny Charles Lopes de. Leis de licitações públicas comentadas. 9ª edição. Salvador: Juspodivm, 2018. P. 63.
2. Sobre o tema, leia também: TORRES, Ronny Charles Lopes de. O princípio da obrigatoriedade de licitar em suas perspectivas burocrática e democrática. **Revista Jus Navigandi**, ISSN 1518-4862, Teresina, ano 22, n. 4976, 14 fev. 2017. Disponível em: <https://jus.com.br/artigos/39860>. Acesso em: 31 ago. 2017.

ao atendimento daquela pretensão contratual da Administração Pública, de acordo com as condições e exceções previstas pela legislação. Nessa perspectiva, um fornecedor de determinado serviço ou produto a ser contratado pela Administração, tem, em regra, o direito de disputar essa contratação.

O constituinte admite seja ressalvado o princípio da obrigatoriedade de licitar, nas hipóteses especificadas pela legislação. Necessário frisar que essa condição, para admitir a ressalva (previsão legal), não se restringe à obrigatoriedade em sua perspectiva burocrática. As ressalvas à obrigatoriedade, em sua perspectiva democrática, também exigem fundamento legal.

A Lei pode estipular hipóteses em que o gestor poderá prescindir da seleção formal (licitação), realizando a "contratação direta" (dispensa ou inexigibilidade), o que ressalvará a obrigatoriedade de licitar, em sua perspectiva burocrática. Outrossim, o legislador pode fixar possibilidades de exigência na habilitação, condições para participação ou mesmo estabelecer sanções com efeitos impeditivos, admitindo, então, restrições à obrigatoriedade de licitar, sob sua perspectiva democrática.

De qualquer forma, importante perceber que, por imperativo constitucional, as exceções ao princípio da obrigatoriedade, em sua perspectiva burocrática ou democrática, devem ser criadas por Lei, e não por ato infralegal. Assim, não cabe criação de hipótese de contratação direta (dispensa ou inexigibilidade) por decreto, nem criação, por ato infralegal, de novas condições que, em desrespeito à isonomia, restrinjam a oportunidade de participação em certames licitatórios, sem fundamento legal.

Em interessante julgado, o Tribunal de Contas da União, em acórdão relatado pelo Ministro Marcos Bemquerer Costa, firmou que "o fato de o preço a ser cobrado da Administração ser o mesmo por qualquer empresa prestadora do serviço demandado não justifica, por si só, a contratação direta por inexigibilidade de licitação, uma vez que o procedimento licitatório, além de se destinar à busca da melhor proposta para a Administração, também deve propiciar aos possíveis interessados em prestar o serviço a possibilidade de competir pelo contrato sob igualdade de condições"[3]. No mesmo sentido, o Plenário do TCU, no Acórdão nº 670/2013, relatado pelo Ministro Benjamin Zymler, suscitou que "não cabe ao poder regulamentar erigir norma que restrinja o objeto a ser licitado, em substituição ao juízo de conveniência e

3. TCU. Acórdão nº 2585/2014-Plenário. Rel. Min. Marcos Bemquerer.

oportunidade do administrador. Esse tipo de restrição também só poderia resultar de disposição legal."[4]

Essas decisões, de forma correta, percebem a perspectiva democrática do princípio da obrigatoriedade, que se manifesta pela proteção ao direito relativo dos particulares de participar do certame, disputando a contratação pública.

Assim, em nossa opinião, não é possível, por ato infralegal, criar-se hipóteses de exceção à obrigatoriedade de licitar, nem mesmo restrições à participação nas licitações públicas (por exemplo, novos requisitos de habilitação ou condições para participação), sem base legal. Obviamente, não se exigirá do legislador a descrição específica das regras de participação do certame, esta tarefa é delegada ao edital, o qual, contudo, deve ter seu regramento baseado nas premissas estabelecidas pela Lei. Sem fundamento legal, as restrições à participação no certame devem ser consideradas inválidas.

Por fim, convém ponderar que, tratando-se de exceção à regra geral (obrigatoriedade de licitar), parece-nos que, necessariamente, a competência legislativa para criar as ressalvas à obrigatoriedade (como se dá nas hipóteses de "exceção à obrigatoriedade de licitar"), é da União Federal, tendo em vista a competência estabelecida pelo inciso XXVII do artigo 22 da Constituição Federal, o qual outorga à União a competência privativa para legislar sobre normas gerais de licitação e contratação. O próprio TCU já externou entendimento nesse sentido, firmando que as hipóteses de dispensa e de inexigibilidade de licitação envolvem matéria a ser disciplinada por norma geral, de competência privativa da União[5].

Nesse prumo, convém registrar interessante precedente do Supremo Tribunal Federal, relatado pelo saudoso Ministro Teori Zavascki, no qual o Plenário da Corte entendeu que somente a lei federal poderá, em âmbito geral, estabelecer desequiparações entre os concorrentes e assim restringir o direito de participar de licitações em condições de igualdade[6].

4. TCU. Acórdão nº 670/2013 – Plenário. Rel. Min. Benjamin Zymler.
5. TCU. Acórdão nº 1785/2013 – Plenário. Rel. Min. Marcos Bemquerer.
6. STF. ADI 3.735 MS. Relator, Min. Teori Zavascki.

3.3. DAS HIPÓTESES DE EXCEÇÃO À OBRIGATORIEDADE DE LICITAR NA LEI Nº 13.303/2016

Tradicionalmente, as exceções à obrigatoriedade de licitar foram tratadas sob duas espécies: as dispensas e as inexigibilidades.

Na dispensa, a competição seria viável, contudo, o legislador, sob alguma justificativa, criava hipóteses exaustivas de afastamento da regra de obrigatoriedade de licitar. Já na inexigibilidade, haveria uma inviabilidade de competição que justificaria a não realização do certame, pela sua inaptidão ao melhor atendimento do interesse público.

Em ambas as situações, dispensa ou inexigibilidade, estaria o agente público autorizado a sublimar parte das regras licitatórias, notadamente aquelas relativas à fase externa do certame licitatório.

Importante salientar que, embora a dispensa e a inexigibilidade permitissem que o gestor prescindisse da fase externa da licitação, elas mantinham a exigência da realização de procedimentos relacionados à fase interna, como a definição adequada do planejamento, estimativa de custos, as razões da escolha do fornecedor e a justificativa do preço.

Assim, as dispensas e inexigibilidades permitem que o gestor prescinda do certame público (fase externa da licitação), mas não da observância das regras licitatórias, em relação à fase interna.

Ocorre que a Lei nº 13.303/2016, embora pareça ter adotado sistemática semelhante à da Lei nº 8.666/1993, realizou profunda alteração, pois acresceu uma nova espécie de exceção à obrigatoriedade de licitar, que, diferenciando-se das tradicionais dispensa e inexigibilidade, permite a "não observância" das regras licitatórias.

A nova hipótese de exceção à obrigatoriedade de licitar, entendemos, permite que algumas estatais possam afastar não apenas a fase externa da licitação, mas também sublimar exigências burocráticas em relação à fase interna, quando pertinente. Sempre bom lembrar que as tradicionais dispensas e inexigibilidades exigem o atendimento das regras da fase interna licitatória.

Este parece ser o entendimento, também, de Marçal Justen Filho, ao definir que a distinção teórica entre a nova hipótese de exceção à obrigatoriedade de licitar (não observância ou "inaplicabilidade" da licitação) está refletida na dimensão normativa, pois nas hipóteses de inaplicabilidade da licitação, não se faria "necessário o procedimento reservado para a dispensa e a inexigibilidade", significando a desnecessidade de um procedimento formal, destinado a documentar com minúcia as características do caso concreto[7].

3.4. DA NÃO OBSERVÂNCIA DAS REGRAS LICITATÓRIAS (ART. 28)

Pode-se identificar, no artigo 28 da Lei nº 13.303/2016, diversas hipóteses de não observância das regras licitatórias. Obviamente, elas não permitem o afastamento integral de preceitos de direito público.

A estatal, certamente, mesmo quando afaste a incidência das regras licitatórias relacionadas à fase interna ou à fase externa, estará impelida a estabelecer procedimentos de controle, mesmo que *a posteriori*, com vistas a resguardar o erário e demonstrar o respeito a princípios como a moralidade, a isonomia e a economicidade.

Adiante, trataremos das hipóteses de não observância das regras licitatórias, identificadas no texto da Lei nº 13.303/2016.

3.4.1. Dos convênios

Segundo o §2º do artigo 28, o convênio celebrado com pessoas físicas ou jurídicas de que trata o § 3º do art. 27 observará, no que couber, as normas de licitação e contratos desta Lei.

Trata-se de regra semelhante à descrita anteriormente no *caput* do artigo 116 da Lei nº 8.666/1993[8], que permite a incidência apenas parcial do regime licitatório aos convênios.

Tradicionalmente, a doutrina consolidou o entendimento de que convênios administrativos seriam ajustes firmados por pessoas administrativas entre si ou entre estas e entidades particulares, com vistas a ser alcançado

7. JUSTEN FILHO, Marçal. A contratação sem licitação nas empresas estatais. *In* Estatuto jurídico das empresas estatais: Lei 13.303/2016/Marçal Justen Filho, organizador. –São Paulo: Editora Revista dos Tribunais, 2016. P. 290.
8. Art. 116. Aplicam-se as disposições desta Lei, no que couber, aos convênios, acordos, ajustes e outros instrumentos congêneres celebrados por órgãos e entidades da Administração.

determinado objetivo de interesse público[9]. Nesse prumo, Moreira Neto explica que convênio é o ato administrativo complexo em que uma entidade pública acorda com outra ou com outras entidades, públicas ou privadas, o desempenho conjunto, por cooperação ou por colaboração, de uma atividade de competência da primeira.[10]

Importante perceber que a expressão convênio, usada pela Lei nº 13.303/2016, deve ser compreendida em seu sentido amplo, como instrumento de cooperação, que busca o atendimento de interesses públicos comuns, despidos de finalidade lucrativa. Basicamente, nesse conceito amplo, o diferencial entre os convênios e contratos seria o fato de que, nestes, os interesses são opostos e diversos, enquanto, naqueles, seriam paralelos e comuns. Contudo, essa generalização do uso do termo convênio para todos os instrumentos administrativos que guardem característica de cooperação é tecnicamente inapropriada, tendo em vista a grande diversidade de parcerias possíveis, com relevantes diferenças.

É muito comum, no âmbito administrativo, a realização de acordos de cooperação, instrumentos de natureza convenial em que não há transferência de recursos, mas apenas um pacto de cooperação entre entidades da Administração Pública, ou entre elas e entidades privadas, para realização de ações de interesse público, despidas de finalidade lucrativa.

Pois bem, em tais relações de parceria, não se faz necessária a exigência de todas as regras definidas no procedimento licitatório, sendo possível a aplicação apenas daquelas compatíveis com as características específicas da relação de cooperação.

Diante desse raciocínio, uma relação convenial (acordo de cooperação, por exemplo) entre estatais ou entre uma estatal e determinada organização pública pode, pelas suas peculiaridades, exigir o estabelecimento de uma vigência indeterminada, o que será permitido, pelo afastamento da regra de vedação do artigo 71 da Lei[11].

---

9. CARVALHO FILHO, José dos Santos. Manual de direito administrativo, 14ª ed. Rio de Janeiro: Lúmen Júris, 2005. p. 215/216.
10. MOREIRA NETO, Diogo de Figueiredo. Curso de direito administrativo. 14ª ed. Rio de Janeiro: Forense, 2006. p.185.
11. Art. 71. A duração dos contratos regidos por esta Lei não excederá a 5 (cinco) anos, contados a partir de sua celebração, exceto:

Por outro lado, mesmo tratando-se de relações conveniais (ou de cooperação), a indisponibilidade do interesse público, a isonomia e a impessoalidade, entre tantos outros princípios que conformam a atividade administrativa, exigem que certo resguardo seja obedecido, para a realização de tais parcerias de interesse público.

Em suma, os princípios ínsitos à Administração Pública exigem que, havendo pluralidade de entidades privadas interessadas na formação de relações conveniais com a estatal, objetivando finalidade de interesse público comum, via de regra, seja estabelecido um processo seletivo que resguarde tratamento isonômico para todos os pretendentes. Serviria à quebra desarrazoada da isonomia permitir que, com pluralidade de entidades interessadas, a escolha da parceira na relação convenial se desse, restritivamente, pela livre vontade do gestor.[12]

3.4.2. Do contrato de patrocínio

Ainda segundo o §2º do artigo 28, o contrato de patrocínio celebrado com pessoas físicas ou jurídicas de que trata o § 3º do art. 27 observará, no que couber, as normas de licitação e contratos desta Lei.

No contrato de patrocínio se estabelece uma relação jurídica entre patrocinador e patrocinado, em virtude da qual, segundo Freitas, o primeiro colabora na organização ou celebração de um evento e, em contrapartida, obtém facilidades para difundir mensagens favoráveis a um público mais ou menos definido, tendo como principal característica desta espécie de contrato, a cooperação.[13]

I – para projetos contemplados no plano de negócios e investimentos da empresa pública ou da sociedade de economia mista;

II – nos casos em que a pactuação por prazo superior a 5 (cinco) anos seja prática rotineira de mercado e a imposição desse prazo inviabilize ou onere excessivamente a realização do negócio.

Parágrafo único. É vedado o contrato por prazo indeterminado.

12. Este parece ser também o raciocínio defendido pelo Ministro Luiz Fux, em seu voto vista, no processo relacionado à ADI 1923/DF, que trata sobre Organizações Sociais (STF, Informativo 621), ao concluir que, "embora não submetido formalmente à licitação, a celebração do contrato de gestão com as Organizações Sociais deve ser conduzida de forma pública, impessoal e por critérios objetivos, como consequência da incidência direta dos princípios constitucionais que regem a Administração Pública.
13. FREITAS, Rafael Véras de. O regime jurídico dos Contratos de Patrocínio celebrados pelo Poder Público. Revista de Direito Público da Economia – RDPE, Belo Horizonte, ano 11, n. 43, jul./set.

Em nível federal, o Decreto nº 6.555/2008 indica o contrato de patrocínio como uma das áreas de ações da comunicação do Poder Executivo Federal.

O §3º do artigo 27, da Lei nº 13.303/2016, define que as estatais poderão celebrar contrato de patrocínio com pessoa física ou com pessoa jurídica para promoção de atividades culturais, sociais, esportivas, educacionais e de inovação tecnológica, "desde que comprovadamente vinculadas ao fortalecimento de sua marca". Mesmo nesses casos, deve-se observar, no que couber, suas normas de licitação e contrato.

Essa disposição legal, especificamente em relação aos contratos de patrocínio, parece se adequar ao entendimento do Supremo Tribunal Federal, o qual, sob a égide da Lei nº 8.666/1993, entendeu que o patrocínio não se caracterizava como contratação administrativa sujeita à licitação:

> Recursos Extraordinários. Constitucional e administrativo. Alegação de contrariedade aos arts. 5º, inc. II, 37, *caput*, e inc. XXI, e 93, inc. IX, da Constituição da República. Realização de evento esportivo por entidade privada com múltiplo patrocínio: descaracterização do patrocínio como contratação administrativa sujeita à licitação. A participação de município como um dos patrocinadores de evento esportivo de repercussão internacional não caracteriza a presença do ente público como contratante de ajuste administrativo sujeito à prévia licitação. Ausência de dever do patrocinador público de fazer licitação para condicionar o evento esportivo: objeto não estatal; inocorrência de pacto administrativo para prestar serviços ou adquirir bens. Acórdão recorrido contrário à Constituição. Recursos Extraordinários interpostos contra acórdão do Tribunal de Justiça do Estado de São Paulo providos. Recurso Extraordinário contra acórdão do Superior Tribunal de Justiça julgado prejudicado por perda de objeto.[14]

No mesmo sentido, mais recentemente, o STF reiterou, em acórdão relatado pelo Ministro Luiz Fux, entendimento pela descaracterização do patrocínio como contratação administrativa sujeita à licitação[15].

Este é também o entendimento de Rafael Véras de Freitas, ao defender que o contrato de patrocínio não se configura como um contrato administrativo típico, "com as exorbitâncias contratuais a ele inerente", aproximando-se

2013. Disponível em: <http://www.bidforum.com.br/PDI0006.aspx?pdiCntd=97670>. Acesso em: 25 jan. 2017.

14. STF. RE 574636/SP, Primeira Turma. Julgamento: 16/08/2011.
15. STF. RE 953113. Julgamento: 11/12/2017.

mais de um acordo de cooperação, orientado pelo princípio da consensualidade, fundamentado no "interesse público primário subjacente à divulgação de seus signos institucionais"[16].

Como explica a Drª Beatriz Bevilacqua D'Auria, não são aplicáveis integralmente as regras de licitações estabelecidas pela Lei nº 13.303/2016, para os contratos de patrocínio que visem o fortalecimento da marca da Estatal. Nesse tipo de contrato, a estatal "deve avaliar a oportunidade, conveniência e interesse em um determinado evento ou atividade ao qual pretende vincular sua marca, visando promovê-la". Ademais, determinados eventos relacionados às finalidades de atuação da estatal, "notadamente no mercado em que atua, consubstanciam oportunidades singulares de participação e promoção de sua marca, não havendo, portanto, qualquer ambiente que dê margem à concorrência entre eles"[17].

De qualquer forma, embora não se submeta estritamente às regras licitatórias, assim como em relação aos convênios, necessário que o contrato de patrocínio respeite balizas básicas, como a impessoalidade, a moralidade e a publicidade.

Nesse sentido, manifestou-se o Tribunal de Contas do Estado do Paraná em julgamento sobre a matéria:

> Apesar da controvérsia existente no período de vácuo legislativo existente até a edição da Lei nº 13.303/2016, o entendimento dominante era de que as sociedades de economia mista estavam dispensadas de realizar licitações nas contratações ligadas a suas atividades fim, ou seja, sempre que se mostrasse necessário à sua livre atuação no mercado concorrendo com empresas privadas. (...)
>
> Especificamente quanto à concessão de patrocínios, trata-se de avença por meio da qual uma entidade, buscando elevar sua notoriedade e/ou sua identificação com o público, disponibiliza recursos (v.g. a evento cultural, televisivo ou desportivo, equipe esportiva, atleta, artista), para divulgação de sua marca e produtos. (...)

16. FREITAS, Rafael Véras de. O regime jurídico dos Contratos de Patrocínio celebrados pelo Poder Público. Revista de Direito Público da Economia – RDPE, Belo Horizonte, ano 11, n. 43, jul./set. 2013. Disponível em: <http://www.bidforum.com.br/PDI0006.aspx?pdiCntd=97670>. Acesso em: 25 jan. 2017.
17. Parecer Jurídico Nº SEI 0040066/2018. Diretoria Jurídica da Companhia de Informática de Jundiaí.

> Exigir tais formalidades traria desvantagens às estatais que atuam no mercado competitivo e que, tendo em vista sua natureza privada, devem estar munidas dos instrumentos necessários a competição.
>
> No entanto, isso não significa que tais empresas estejam dispensadas de quaisquer formalidades.
>
> Tendo em vista que essas empresas gerem, também, patrimônio público, devem observar, na medida da razoabilidade, os princípios administrativos previstos no art. 37 da Constituição Federal.
>
> Com isso, apesar de não serem exigíveis todas as formalidades previstas na Lei de Licitações para a concessão de patrocínios, tais empresas devem manter sistema procedimental que demonstre que tais concessões observaram os princípios da legalidade, impessoalidade, moralidade, publicidade e da eficiência[18].

Importa registrar, ainda, a existência de dispositivos na Lei que limitam as despesas com publicidade e patrocínio da estatal[19]. Assim, os gastos estão limitados, em cada exercício, a 0,5% da receita operacional bruta do exercício anterior, podendo ser ampliado até 2% (dois por cento) da receita bruta do exercício anterior, por proposta da diretoria da estatal, com base em parâmetros de mercado do setor específico de atuação da empresa ou da sociedade e aprovada pelo respectivo Conselho de Administração.

Outrossim, o §2° veda à estatal realizar, em ano de eleição para cargos do ente federativo a que sejam vinculadas, despesas com publicidade e patrocínio que excedam a média dos gastos nos 3 (três) últimos anos que antecedem o pleito ou no último ano imediatamente anterior à eleição.

3.4.3. Da atividade econômica relacionada especificamente ao objeto social

Consagrando o entendimento desenvolvido pela doutrina e jurisprudência, acerca da não aplicabilidade do regime licitatório tradicional, em algumas atividades realizadas pelas estatais exploradoras de atividade econômica, quando esta atividade for incompatível com o ambiente de competição na qual ela está inserida, a Lei n° 13.303/2016 dispôs, no §3° de seu artigo 28, que as empresas públicas e as sociedades de economia mista são "dispensadas" da

18. TCE/PR. Acórdão n° 3242/2017 – Primeira Câmara. Rel. Fernando Guimarães.
19. Vide artigo 93.

observância de suas regras acerca de licitações (previstas no capítulo I, de seu título II), nas seguintes situações:

- comercialização, prestação ou execução, de forma direta, de produtos, serviços ou obras especificamente relacionados com seus respectivos objetos sociais;
- nos casos em que a escolha do parceiro esteja associada a suas características particulares, vinculada a "oportunidades de negócio" definidas e específicas, justificada a "inviabilidade" de procedimento competitivo.

Conforme bem observam Edgar Guimarães e José Anacleto Abduch Santos, essas regras foram estabelecidas pelo legislador sob a premissa de que, nessas situações, as estatais não precisariam observar os dispositivos relativos à licitação ou à contratação direta[20].

Sobre esta importante hipótese de "não observância das regras licitatórias", cabem interessantes ponderações.

3.4.3.1. Da diferença em relação à dispensa ou à inexigibilidade

O uso da expressão "dispensa" foi tecnicamente infeliz, pois pode induzir o leitor ao erro de confundir tais hipóteses de contratação direta com as tradicionais dispensas de licitação.

Não há que se confundir essa hipótese de "não observância das regras licitatórias" com a tradicional hipótese de contratação direta denominada dispensa (ou licitação dispensada).

Enquanto, na dispensa, o legislador indica situação na qual a competição era viável, porém estaria autorizado o agente público a deixar de realizar licitação, aqui o legislador apontou situações abertas, que serão efetivamente identificadas de acordo com a realidade da atividade econômica de cada estatal, em que as regras de licitação seriam afastadas.

Ademais, essa hipótese não se confunde com a inexigibilidade, pois na inobservância (ou inaplicabilidade) das regras licitatórias é possível o afastamento, inclusive, de regras formais imprescindíveis ao processo de contratação por inexigibilidade, como alguns procedimentos da fase interna ou das formalidades previstas para a contratação por inexigibilidade.

20. GUIMARÃES, Edgar; SANTOS, José Anacleto Abduch. Lei das estatais: comentários ao regime jurídico licitatório e contratual da Lei nº 13.303/2016. Belo Horizonte: Fórum, 2017. P. 43.

3.4.3.2. *Da desnecessidade de vinculação à atividade-fim*

O legislador se referiu à "comercialização, prestação ou execução, de forma direta, de produtos, serviços ou obras especificamente relacionados com seus respectivos objetos sociais".

Esta hipótese parece ter por base o entendimento de desvinculação das regras licitatórias em relação à atividade-fim, outrora admitido pelo Tribunal de Contas da União, em relação às estatais exploradoras de atividade econômica. Contudo, é importante firmar que a referência escolhida pelo legislador não foi, especificamente, a atividade-fim, mas as atividades relacionadas com seus respectivos objetos sociais. Nesse prumo, Altounian, Cavalcante e Coelho ponderam que o dispositivo da Lei nº 13.303/2016 adveio da tentativa de traduzir normativamente as "atividades finalísticas" identificadas pela Jurisprudência, as quais, "em uma axioma de valor a ser extraído do dispositivo, seriam aquelas atividades dispostas na finalidade social da organização (na raiz do seu negócio) cuja licitação inviabilizaria a própria atuação da empresa no mercado"[21].

Marçal Justen Filho destaca que a solução adotada pela Lei nº 13.303/2016 se diferencia do entendimento doutrinário que admitia o afastamento das regras licitatórias, em relação à atividade-fim das estatais exploradoras de atividade econômica.

> Antes da edição da Lei 13.303/2016, o TCU já havia reconhecido a ausência de aplicabilidade da licitação para contratações compreendidas nas chamadas atividades-fim da empresa estatal exploradora de atividade econômica.
>
> Essa orientação envolvia uma pluralidade de dificuldades, em vista da necessidade de se delimitar mais propriamente o conceito de atividade-fim. Ademais, o TCU havia exteriorizado, em certos julgados, o entendimento de que a licitação apenas seria afastada nos casos em que, tratando-se de atividade-fim, a instauração de um certame gerasse dificuldades insuperáveis.

21. ALTOUNIAN, Cláudio Sarian; CAVALCANTE, Rafael Jardim; COELHO, Sylvio Kelsen. Empresas Estatais: Governança, Compliance, Integridade e Contratações os Impactos da Lei n° 13.303/2016. Belo Horizonte: Fórum, 2019. P. 200.

> A Lei 13.303/2016 tornou superado o entendimento do TCU e consagrou uma solução distinta[22].

Aragão se posiciona de forma semelhante, destacando que a não realização de licitação nesses casos não é justificada simplesmente porque se trata de atividade-fim da estatal, mas, sim, porque a submissão ao processo licitação ordinário pode atrapalhar a atuação eficiente da estatal no mercado. Dessa forma, conclui o autor, "sempre que a licitação constituir estorvo à sua atuação, ela será mesmo inexigível, seja em uma atividade-fim ou atividade-meio"[23].

Realmente, nada obstante a importância do entendimento construído no âmbito do TCU, que vinculava o afastamento das regras licitatórias a uma atividade-fim da estatal, quando a submissão ao regime licitatório fosse incompatível com o exercício desta atividade econômica, a regra de "não observância" definida pelo legislador utilizou referência diferente, reportando-se a atividades "especificamente relacionadas com seus respectivos objetos sociais".

O critério adotado pelo legislador acaba se aproximando do critério anterior (atividade-fim), mas guarda maior objetividade, uma vez que a identificação das atividades vinculadas ao objeto social pode ser feita sem a questionável discussão do que efetivamente se caracteriza como atividade-fim, em uma realidade negocial na qual é muito comum a celebração de parcerias entre empresas, para o exercício de determinada atividade econômica.

Nesse sentido, Caroline Silva e Thiago Oliveira parecem concordar que a expressão "objeto social" se diferencia da atividade-fim; esta "representa um conceito jurídico aberto, passível de interpretação", o que gera certa insegurança jurídica. Por outro lado, delimitar o afastamento das regras licitatórias para atividades vinculadas ao objeto social "orienta de forma objetiva o aplicador da lei", o que torna mais fácil "recorrer às cláusulas estatutárias e identificar de forma literal o objeto social que autorizaria a não observância das regras licitatórias do que estabelecer os limites da atividade finalística"[24].

22. JUSTEN FILHO, Marçal. A contratação sem licitação nas empresas estatais. In Estatuto jurídico das empresas estatais: Lei 13.303/2016/Marçal Justen Filho, organizador. –São Paulo: Editora Revista dos Tribunais, 2016. P. 300.
23. ARAGÃO, Alexandre. Empresas estatais: o regime jurídico das empresas públicas e sociedades de economia mista. 2ª Edição. Rio de Janeiro: Forense, 2018. P. 227.
24. SILVA Caroline Rodrigues da. OLIVEIRA, Thiago Bueno de. Manual das estatais: questões jurídicas, práticas e essenciais de acordo com a lei 13.303/2016 [livro eletrônico]. Curitiba: Editora JML, 2019. p. 76 e 77.

Em nossa opinião, a dicotômica classificação "atividade-fim x atividade-meio" é ultrapassada, pois as organizações empresariais definem suas parcerias contratuais com base na eficiência econômica, expertise e produtividade, entre outros fatores, e não pela constatação de determinada atividade da produção do produto ou do serviço como finalística ou não.

Por outro lado, a opção do legislador de utilizar como referência o objeto social parece mais adequada, pois permite que a própria estatal defina suas atividades principais, as quais pretende executar como atividade econômica para geração de receitas, com repercussões na área tributária e também administrativa.

3.4.3.3. Dos limites à atividade especificamente relacionada com os respectivos objetos sociais

O maior desafio na interpretação do dispositivo indicado pelo inciso I, do §3º do artigo 28, refere-se a identificar os limites para a inobservância das regras licitatórias, em relação à "comercialização, prestação ou execução, de forma direta, de produtos, serviços ou obras especificamente relacionados com seus respectivos objetos sociais". Isso porque, muitas vezes, a amplitude do objeto social pode parecer indicar uma abertura excessiva a esta permissiva de exceção à obrigatoriedade de licitar.

Em primeiro lugar, importante fixar que, por expressa determinação legal, a atividade de comercialização, prestação ou execução (de produtos, serviços ou obras) deve ser "direta" e, também, estar "especificamente" relacionada ao respectivo objeto social.

Para parte relevante da doutrina, a não observância das regras licitatórias para as atividades relacionadas ao objeto social deriva da constatação de que estas se constituem em atividade econômica, que se desenvolve no mercado e, em princípio, sob regime de competição, o que tornaria incompatível a realização de procedimento licitatório formal com a exploração econômica eficiente.[25]

Marçal Justen Filho, contudo, parece entender que esta hipótese de contratação direta se restringe à exploração específica da atividade contemplada

25. JUSTEN FILHO, Marçal. A contratação sem licitação nas empresas estatais. In Estatuto jurídico das empresas estatais: Lei 13.303/2016/Marçal Justen Filho, organizador. –São Paulo: Editora Revista dos Tribunais, 2016.p. 301.

no objeto social, excluindo a hipótese em que a estatal obtém recursos ou produz soluções para a exploração da atividade.

> O dispositivo alude a comercialização, prestação ou execução, de forma direta, constituindo-se em exploração específica da atividade contemplada no objeto social. Essa redação exclui outras hipóteses contratuais, por meio das quais a empresa estatal obtém recursos ou produz as soluções indispensáveis para assegurar a exploração de sua atividade.[26]

Segundo o referido doutrinador, a permissiva de inobservância das regras licitatórias, ao menos as descritas no inciso I, do §3º do artigo 28, estaria restrita às situações em que a estatal "vende" sua atividade, não envolvendo a obtenção dos recursos e insumos necessários para isso.

Cláudio Ferreira e Anderson Moraes, por seu turno, destacam duas interpretações possíveis:

> A primeira hipótese de licitação dispensada não é clara em relação a seu objeto, constituindo o que talvez seja a maior infelicidade na redação da nova lei. Destacamos duas interpretações possíveis: a primeira considera que o objeto são os contratos que a empresa estatal celebra para vender seus produtos ou serviços; a segunda entende que o objeto são os contratos que a empresa estatal celebra com fornecedores para atendimento direto à sua finalidade social.[27]

Assim, defendem, como interpretações plausíveis, a possibilidade de inobservância das regras licitatórias nas contratações em que a estatal "vende" seus produtos ou serviços, bem como naquela em que ela contrata fornecedores para a execução da atividade econômica.

Nossa opinião é no sentido de que a permissiva dada pelo inciso I do §3º do artigo 28 pode abranger tanto situações em que a estatal "vende" seus produtos e serviços, como situações específicas de contratação de fornecedores, diretamente vinculadas ao exercício de sua atividade econômica principal.

---

26. JUSTEN FILHO, Marçal. A contratação sem licitação nas empresas estatais. In Estatuto jurídico das empresas estatais: Lei 13.303/2016/Marçal Justen Filho, organizador. –São Paulo: Editora Revista dos Tribunais, 2016.p. 301.
27. FERREIRA, Cláudio Fernandes; MORAES, Anderson Júnio Leal. Considerações acerca do novo regime de licitações e contratos das estatais instituído pela Lei n. 13.303/16. Fórum de Contratação e Gestão Pública - FCGP, Belo Horizonte, ano 15, n. 179, p. 9-23, nov. 2016. Acesso em: 25 jan. 2017.

Assim, a referida hipótese de inobservância das regras licitatórias pode se dar tanto na "venda" direta de produtos, serviços ou obras, pela estatal, como na "aquisição" de produtos, serviços ou obras vinculadas diretamente à venda anteriormente indicada, desde que especificamente relacionados com seus respectivos objetos sociais. Importante frisar que o termo comercialização indica atividade ampla, não podendo ser totalmente apartado da necessidade de aquisição dos insumos pertinentes para a execução direta das atividades relacionadas aos respectivos objetos sociais.

Quando uma estatal vende seu produto, obviamente, não pode submeter esta operação negocial aos morosos trâmites licitatórios. Não faz sentido exigir que um banco estatal, por exemplo, licite a venda de seus serviços ou as aquisições relativas à sua atuação no mercado financeiro. Da mesma forma, seria um despautério exigir que uma estatal que atue na área de gás, realize licitação para venda a seus clientes consumidores.

No mesmo diapasão, deve-se também admitir a "não observância" das regras licitatórias em certas contratações de fornecedores, pela estatal. Imagine-se, por exemplo, a situação em que uma estatal produtora de bens de capital de grande porte, por encomenda, em regime de competição com empresas privadas, na área de caldeiraria pesada, recebe urgente pedido ou sondagem de proposta para a construção de cascos ou estruturas para plataformas marítimas. Para a entrega de uma proposta, a empresa precisará realizar, imediatamente, cotação dos insumos necessários para a referida produção, compondo precisamente a estimativa dos custos e assim ofertar sua proposta. Ora, no regime licitatório tradicional, mesmo adotando as melhores ferramentas possíveis (como registro de preços ou credenciamento de fornecedores), seria muito difícil obter o melhor preço de mercado para a contratação desses insumos, pois isto pressupõe uma cotação estritamente adequada à demanda gerada. Isso, por si só, poderia justificar a adoção da ressalva de "inobservância" das regras licitatórias, pois interpretação diferente imporia flagrante prejuízo à atividade econômica exercida, pela redução da economicidade desta contratação e, consequentemente, de sua competitividade. Some-se a isso que, muitas vezes, a agilidade necessária para a contratação com esses fornecedores é incompatível com a tramitação burocrática do procedimento licitatório.

Seguindo essa corrente por nós defendida, o Tribunal de Contas de Mato Grosso, em resposta à Consulta, definiu corretamente que o afastamento das regras de licitação (não observância das regras licitatórias), previsto na Lei nº 13.303/16 (§3º do art. 28), abrange não apenas a atividade de comercialização de bens e serviços das estatais, "mas também a aquisição de insumos necessários à elaboração desses produtos e à prestação de serviços por essas entidades", tendo em vista que a submissão dessas contratações às regras de licitação "traria rigidez e ineficiência às atividades negociais"[28].

Aparentemente em sentido semelhante, o TCU entendeu que seria juridicamente possível às empresas *estatais* a utilização do instituto da não observância (inaplicabilidade) da licitação, com adoção de rito próprio de competição, com fundamento no inciso I do § 3º do art. 28 da Lei 13.303/2016, para a contratação de consultores técnicos especializados[29].

De qualquer forma, tanto em uma como em outra hipótese, é imprescindível que seja identificada incompatibilidade do procedimento licitatório formal com essas atividades, diretamente relacionadas ao objeto social. Esta compreensão se aproxima do pressuposto principal, defendido pela doutrina, ainda na égide da Lei nº 8.666/1993, de que não pode ser considerada apta a atender ao interesse público a exigência de utilização do rígido regime licitatório, para que a empresa estatal participe da competição de mercado, quando esse regime se demonstra relevantemente prejudicial ou impeditivo.

Além de ser direta e especificamente relacionada ao objeto social da estatal, a "inobservância das regras licitatórias", em relação à contratação pretendida, impõe que seja identificada a incompatibilidade com a submissão ao regime licitatório tradicional.

Inequivocamente, as situações autorizadoras da não observância das regras licitatórias, notadamente na hipótese do inciso I (atividade econômica relacionada especificamente ao objeto social), serão mais facilmente identificadas nas estatais que exploram atividade econômica em regime de competição com empresas privadas. Isso não significa que essa hipótese de "inobservância das regras licitatórias" não possa ser identificada também em relação a estatais que não atuam nesse regime competitivo.

Em suma, a adoção dessa ressalva deve ter como pressuposto a incompatibilidade ou a inaptidão do regime licitatório tradicional com o exercício da atividade econômica. Caso a submissão ao regime licitatório não cause qualquer prejuízo ao exercício da atividade econômica, deve-se priorizar a adoção deste regime, especificamente definido pela legislação.

28. TCE/MT, Processo nº 32.926-6/2018.
29. TCU. Acórdão 1744/2021, Plenário. Desestatização, Relator Ministro Walton Alencar Rodrigues.

3.4.4. Das parcerias vinculadas à oportunidade de negócio

O inciso II do §3º do artigo 28 admite também a "não observância" das regras licitatórias quando "a escolha do parceiro esteja associada a suas características particulares, vinculada a oportunidades de negócio definidas e específicas, justificada a inviabilidade de procedimento competitivo".

Convém destacar a inadequação técnica da referência à "inviabilidade" de procedimento competitivo, já que esta seria fundamento para uma hipótese de inexigibilidade, o que não afastaria a observância das regras pertinentes, descritas no próprio capítulo. Esta parece ser também a opinião de Joel e Pedro Niebuhr, para quem os contratos firmados com base em oportunidades de negócio não o serão com fundamento em dispensa ou inexigibilidade de licitação[30].

Bom reiterar, as hipóteses de "não observância" se diferenciam das demais regras de contratação direta porque elas admitem que sejam afastadas não apenas regras da fase externa da licitação, mas podem justificar, inclusive, a inobservância de algumas regras da fase interna.

A utilização tecnicamente inadequada do vocábulo "inviabilidade" não deve ser usada para conectar esta hipótese de "não observância" a uma hipótese de inexigibilidade, mas como qualificante necessária à escolha do parceiro. Assim, mesmo que se configure como uma "oportunidade de negócio", a realização de determinada parceria, a indicação do eventual parceiro, sem procedimento competitivo, exige que seja justificada certa inviabilidade.

Bom frisar, assim como ocorre na inexigibilidade, a inviabilidade de procedimento competitivo não ocorre apenas nas situações em que é impossível haver disputa, mas também naquelas em que a disputa é inútil ou prejudicial para a escolha adequada da parceria. Aqui também, verificar-se-á a inviabilidade de competição em várias situações, como na ausência de pluralidade de interessados aptos, quando o procedimento licitatório não for adequado a atender à necessidade da Administração, quando os critérios de seleção forem inapropriados à escolha do objeto contratual pretendido.

Muito embora possam existir dois ou mais parceiros possíveis, nuances do mercado específico ou do parceiro indicado podem tornar prejudicial a realização de um certame, para esta escolha.

30. NIEBUHR, Joel de Menezes; NIEBUHR, Pedro de Menezes. Licitações e Contratos das Estatais. Belo Horizonte: Fórum, 2018. P. 29.

Exatamente por isso, a Lei define que a escolha do parceiro deve estar "associada a suas características particulares". Assim, por exemplo, se a estatal precisa associar-se a uma outra empresa, para formar consórcio empresarial e melhor desenvolver sua atividade econômica, em algum projeto específico, a definição da parceira ideal dependerá de características específicas, como a expertise identificada, projetos anteriores, a situação da empresa no mercado, seu reconhecimento ou o domínio de técnicas específicas e necessárias na realização de um consórcio.

Seguindo essa linha de raciocínio, Motta e Ferraz firmam que:

> "a hipótese do inciso II do §3º do art. 28 valoriza os casos em que a escolha do parceiro societário, contratual ou associativo (formação) – ou o descasamento com ele (extinção) – se funda mais precisamente em aspectos de natureza subjetiva (o quem) do que em aspectos da natureza objetiva (o que), apresentando-se a parceria com notável relevância para o cumprimento da finalidade pública subjacente, a ponto de dar ensejo à inviabilidade de competição. Isso porque, também aqui, a prevalência de aspectos subjetivos na escolha do parceiro impede a instauração de procedimentos competitivos lastreados pelo princípio do julgamento objetivo."[31]

Por seu turno, Marçal Justen Filho bem observa que o sucesso das parcerias com terceiros, depende de uma escolha adequada, o que envolve "não apenas a titularidade de recursos econômicos, mas também a presença de outros requisitos, inclusive a expertise e o domínio das técnicas pertinentes ao objeto a ser executado em conjunto". Por isso, segundo o autor, "em muitos casos, o sucesso da associação pressupõe níveis comuns de experiência, práticas empresariais similares, situações de mercado específicas"[32].

Realmente, fatores diversos podem influenciar a escolha do parceiro para a realização deste empreendimento. De qualquer forma, deve-se conceber a "não observância" como uma hipótese de exceção à obrigatoriedade de licitar.

Além da inviabilidade já referida, nos termos da Lei, para que se justifique a "não observância das regras licitatórias", a escolha do parceiro, mais que

---

31. FERRAZ, Luciano; MOTTA, Fabrício. Empresas estatais e suas subsidiárias – requisitos constitucionais para a transferência do controle acionário. Interesse Público – IP, Belo Horizonte, ano 20, n. 112, p. 15-35, nov./ dez. 2018.
32. JUSTEN FILHO, Marçal. A contratação sem licitação nas empresas estatais. In Estatuto jurídico das empresas estatais: Lei 13.303/2016/Marçal Justen Filho, organizador. –São Paulo: Editora Revista dos Tribunais, 2016.p. 302.

estar associada a suas características particulares, precisa estar vinculada a uma "oportunidade de negócio".

A própria Lei considerou como "oportunidade de negócio" a formação e a extinção de parcerias e outras formas associativas, societárias ou contratuais, a aquisição e a alienação de participação em sociedades e outras formas associativas, societárias ou contratuais e as operações realizadas no âmbito do mercado de capitais, respeitada a regulação pelo respectivo órgão competente.

Esta descrição, entendemos, é exemplificativa, não exaurindo a possibilidade de que outras relações negociais se enquadrem na referida hipótese.

A qualificação como oportunidade de negócio exclusivamente a partir da indicação de que faz parte da implementação do objeto social é deveras ampla e não representa critério fatal, uma vez que, a rigor, qualquer negócio jurídico estabelecido pela estatal haverá de, direta ou indiretamente, guardar conformidade com a missão da empresa pública ou da sociedade de economia mista em questão.

De qualquer forma, as exemplificações dadas pelo legislador já permitem um grande leque de ações, notadamente ao se referir, genericamente, à formação e extinção de parcerias. Assim, a "expressão parceria deve ser interpretada de modo amplo, para abarcar as soluções organizacionais de atuação conjugada, de cunho cooperativo, ainda que versando sobre objeto delimitado e com duração temporária"[33].

Nesse diapasão, imagine-se uma estatal que presta determinado serviço ao público em geral (fornecimento de gás, por exemplo), para o qual é necessário investimento em infraestrutura para sua prestação a cada localidade. Suponhamos, então, que uma grande empresa esteja se estabelecendo em localidade não atendida pela estatal e lhe propõe arcar com os custos da implantação da infraestrutura, exigindo em troca a garantia de que o contrato de fornecimento a ser firmado tenha vigência mínima de 10 anos (tempo suficiente para que o ganho econômico da utilização desta fonte de energia possa amortizar os custos do investimento em infraestrutura). Nesta hipótese, parece evidente uma oportunidade de negócio interessante, que justifica a não aplicação das regras licitatórias para a parceria firmada.

33. JUSTEN FILHO, Marçal. A contratação sem licitação nas empresas estatais. In Estatuto jurídico das empresas estatais: Lei 13.303/2016/Marçal Justen Filho, organizador. –São Paulo: Editora Revista dos Tribunais, 2016.p. 303.

Compreendemos que, de maneira geral, as oportunidades de negócio se prestarão a viabilizar parcerias com agentes privados para a consecução de objetos ou de objetivos que, isoladamente, a empresa estatal não teria capacidade de obter ou desenvolver, ou, se empreendesse por conta própria, haveria consequências que violariam, de maneira desarrazoada, o princípio da busca pela vantagem competitiva.

Obviamente, reiteramos, esta permissiva para pactuação da parceria, sem observância integral das regras licitatórias, não afasta a incidência do regime jurídico de Direito Público, no que tange à exigência de controles para evitar abusos praticados por gestores desidiosos ou corruptos. Jamais seria admissível a utilização dessa permissiva para a criação de uma parceria que atentasse contra os interesses da estatal, beneficiando apenas a parceira.

Por essa razão, é necessário que as empresas estatais, preferencialmente em seus Regulamentos Internos, definam normas de governança à implementação do instituto, que estabeleçam parâmetros à justificação técnico-administrativa das operações; bem como tragam balizas ao controle a ser exercido, considerando que parcela das oportunidades de negócio poderão envolver algum risco empresarial, como ocorre nas relações entre particulares.

JURISPRUDÊNCIA RELACIONADA[34]

- São requisitos para a contratação direta de empresa parceira com fundamento no art. 28, § 3º, inciso II, da Lei 13.303/2016 (Lei das Estatais): a) avença obrigatoriamente relacionada com o desempenho de atribuições inerentes aos respectivos objetos sociais das empresas envolvidas; b) configuração de oportunidade de negócio, o qual pode ser estabelecido por meio dos mais variados modelos associativos, societários ou contratuais, nos moldes do art. 28, § 4º, da Lei das Estatais; c) demonstração da vantagem comercial para a estatal; d) comprovação, pelo administrador público, de que o parceiro escolhido apresenta condições que demonstram sua superioridade em relação às demais empresas que atuam naquele mercado; e e) demonstração da inviabilidade de procedimento competitivo, servindo a esse propósito, por exemplo, a pertinência e a compatibilidade de projetos de longo prazo, a comunhão de filosofias empresariais, a complementariedade das necessidades e a ausência de interesses conflitantes. (Acórdão 2488/2018-Plenário | Relator: BENJAMIN ZYMLER)

34. Apesar de alguns trechos de decisões e enunciados apresentados nessa seção aludirem a dispositivos da Lei nº 8.666/1993, compreendemos que a semelhança dos regimes permite a reflexão e, eventualmente, o aproveitamento do raciocínio utilizado pelos tribunais.

3.4.5. Não observância e procedimento para a contratação

Diante de uma pretensão contratual que se adeque a uma das situações de "não observância das regras licitatórias", qual a implicação prática de adoção desta hipótese de exceção à obrigatoriedade de licitar?

A implicação prática é que, para a escolha do fornecedor/parceiro apto ao atendimento da pretensão contratual, a estatal poderá adotar procedimentos ou formatos diferentes dos estabelecidos pela Lei. Isto envolve tanto a tradicionalmente denominada fase externa, como também os ritos da fase interna da licitação, gerando uma peculiar diferença na utilização desta nova hipótese de exceção à obrigatoriedade de licitar.

Com raciocínio semelhante, Caroline Silva e Thiago Oliveira defendem que o afastamento das regras licitatórias difere das hipóteses tradicionais de contratação direta no que se refere ao procedimento:

> Enquanto nas dispensas e inexigibilidades as Estatais devem instaurar e respeitar um processo administrativo, com definição e descrição de objeto, justificativas de valor e da escolha do contratado, além da avaliação quanto ao correto enquadramento da situação à hipótese legal e demais comprovações à espécie, na hipótese ora aventada as entidades estão dispensadas da observância das regras licitatórias, o que inclui o afastamento da etapa preliminar de contratação, prescindindo da documentação minuciosa das características do contrato, mas não retira, como afirmado acima, a necessidade de justificativas pertinentes, em especial na hipótese de formação de parcerias[35].

Esta é uma característica peculiar da "não observância das regras licitatórias". Com ela, o legislador permitiu uma liberdade relativa para que a estatal defina modelos procedimentais para cumprir o desiderato de seleção do melhor fornecedor para o atendimento da pretensão administrativa.

No mesmo prumo aponta Joel de Menezes Niebuhr, que defende existir nas hipóteses de "não observância das regras licitatórias" uma sutil diferença, em comparação as tradicionais hipóteses de contratação direta (dispensa e inexigibilidade), uma vez que enquanto estas ocorrem sob a perspectiva do

35. SILVA Caroline Rodrigues da. OLIVEIRA, Thiago Bueno de. Manual das estatais: questões jurídicas, práticas e essenciais de acordo com a lei 13.303/2016 [livro eletrônico]. Curitiba: Editora JML, 2019. p. 84 e 85.

direito público, as hipóteses de "não observância" se submeteriam preponderantemente ao regime de direito privado[36].

3.4.5.1. Não observância e princípios que regem a Administração Pública

Mesmo nas hipóteses em que se admita a "não observância" das regras licitatórias, o regime jurídico-administrativo incide parcialmente, impondo que sejam adotadas medidas para resguardar a lisura da contratação, meios de controle para evitar desvios e desperdícios, respeitando-se regras que atentem para os princípios da isonomia, da publicidade e da economicidade.

Embora possam "não observar as regras licitatórias", as estatais devem estabelecer procedimentos que garantam a lisura dessas contratações, com respeito a princípios que conformam a atividade administrativa. Neste prumo, por exemplo, a Telebrás tem realizado processo de chamamento público, para algumas negociações relacionadas ao seu objeto social. Este modelo, que não consta dentre as regras da Lei nº 13.303/2016, não é o único que pode ser criado, justamente, para efetivar contratações relacionadas a essas hipóteses de não observância das regras licitatórias. O ideal, contudo, é que tais procedimentos sejam definidos no regulamento interno ou em normativo específico.

O TCU, ao analisar denúncia apresentada em detrimento da Telecomunicações Brasileiras S.A. (Telebrás), entendeu que o procedimento de chamamento público sob comento não configuraria um procedimento licitatório, propriamente dito. Conforme bem explicado pelo ilustre Relator do Processo, ao prover a infraestrutura de telecomunicação, a Telebrás atua diretamente no seu domínio econômico próprio, "exercendo atividades finalísticas que lhe cabem por força de seu estatuto", de forma que o procedimento de chamamento público não se configuraria como um procedimento licitatório, mas como "um mecanismo elaborado pela empresa com o fito de, em atenção aos princípios que regem a atuação da Administração Pública, conferir lisura e transparência ao processo, não se vinculando à Lei Geral de Licitações nem a qualquer outro diploma semelhante"[37].

36. NIEBUHR, Joel de Menezes; NIEBUHR, Pedro de Menezes. *Licitações e contratos das Estatais.* Belo Horizonte: Fórum, 2018.
37. TCU. Acórdão nº 2.033/2017, Plenário. Rel. Ministro Benjamin Zymler.

Vale o registro de suas palavras:

> Não obstante os argumentos apresentados acima, julgo que a empresa estatal sempre deverá respeitar os princípios constitucionais e legais que regem a Administração Pública, tais como, a legalidade, a impessoalidade, a publicidade, a isonomia e o interesse público. Por via de consequência, embora realizando atividade finalística própria de seu objeto social, a Telebrás não detém uma discricionariedade irrestrita para escolher quem quiser, mesmo sendo dispensável a licitação. Ao contrário deve ser realizado um processo competitivo isonômico, impessoal e transparente, com observância dos princípios constitucionais[38].

Concordamos com tal entendimento. Mesmo defendendo a possibilidade de não observância das regras licitatórias, para tais atividades, é preciso firmar a necessidade de submissão a algum procedimento, mesmo que simplificado, que respeite princípios basilares do processo licitatório, como isonomia, impessoalidade, transparência e vantajosidade.

3.4.5.2. Não observância das regras licitatórias e inovação procedimental

Firmado que uma nuance da aplicação da "não observância" é esta relativa liberdade para definir modelos procedimentais mais adequados para a escolha do fornecedor/parceiro, para o atendimento da pretensão administrativa, é importante enaltecer a importância de que esta relevante inovação legislativa não seja prejudicada por excessivo conservadorismo burocrático.

Em algumas pretensões, esses modelos procedimentais poderão assemelhar-se aos ritos outrora consolidados para as tradicionais hipóteses de contratações direta (como a cotação entre potenciais fornecedores ou demonstração de inviabilidade de competição); em outras pretensões, será possível estabelecer novos formatos de competição seletiva, mais céleres, dinâmicos ou condizentes com o mercado de atuação ou a necessidade da estatal.

Esses procedimentos seletivos podem e devem ser concebidos de forma inovadora, evitando-se uma submissão inadequada à lógica procedimental burocrática e formalista, para avançar na utilização de sistemas que permitam maior agilidade na escolha e maior segurança na auditagem dos atos de seleção.

38. TCU. Acórdão nº 2.033/2017, Plenário. Rel. Ministro Benjamin Zymler.

Este avanço permitirá a construção de modelos de chamamento público, adequados ao mercado, seleções inspiradas em modelo de diálogo competitivo ou mesmo a criação de *e-marketplace*, para dar eficiência e transparência a transações rotineiras.

A adoção de um marketplace, por exemplo, pode permitir maior transparência e competitividade, mesmo em relação a pretensões contratuais para as quais o legislador permitiu não se realizar uma licitação propriamente dita. Esta reflexão é feita também em países, como Portugal, onde o percentual de contratações diretas ("ajuste directo") é muito ampliado[39].

Diante da realidade vivenciada pelas estatais, sobre as quais recai uma cobrança cada vez mais acentuada para que se alcance eficiência econômica, sua libertação do regime licitatório para contratações relacionadas ao objeto social ou a formação de parcerias estratégicas permite a construção de soluções mais adequadas, com redução relevante de seus custos de transação, que possam resgatar seu caráter competitivo.

Nesse aspecto, fortalecer esta possibilidade e definir condições, potencialidades e limites na utilização desta não observância é fundamental para evitar que a inovação legislativa seja indevidamente interpretada, conspurcando a permissão outorgada pelo legislador.

Qualquer empresa privada minimamente organizada estabelece procedimentos para suas contratações relevantes. Com uma estatal, mesmo no

39. *So, if it's true that the total volume of the Portuguese public procurement ecosystem in 2013 accounted for about 2.5% of the total volume of the Portuguese Gross Domestic Product (GPD), it is also true that in the same year, according to the same source, nearly 1,05 p.p. of those 2.5% of the GPD met the legal conditions for integrating an Electronic Reverse Auction in its development (which refers to the cumulative amount of* "Concursos Públicos" *and* "Concursos Limitados por Prévia Qualificação" *where are could actually be used).*
However, the largest mentioned share of this amount – around 1.23 p.p. (of the 2.5%) of the GDP coming from the awards through the "Ajuste Directo" procedure – could not use this negotiation mechanism under the legal impossibility that the national regulations ("Código dos Contratos Públicos" in its article 118) imposes if there is a negotiation phase to be included. Instead, a traditional negotiation should take place. Further research should be done to reflect on the possible extension of this technological negotiation mechanism to procedures where competition is restricted, given the aforementioned benefits and externalities, particularly in the case of "Ajuste Directo" in Portugal. (CABRAL, O.; FERREIRA, L.; DIAS, G. P. Adoption of reverse auctions in public e-procurement: The case of Portugal. 2016 11th Iberian Conference on Information Systems and Technologies (CISTI). Anais... In: 2016 11TH IBERIAN CONFERENCE ON INFORMATION SYSTEMS AND TECHNOLOGIES (CISTI). Gran Canaria, Spain: IEEE, jun. 2016. Disponível em: <http://ieeexplore.ieee.org/document/7521405/>. Acesso em: 25 fev. 2020).

exercício de suas atividades econômicas principais, em regime de competição, não poderia ser diferente. O que o novo regime licitatório da Lei das estatais permite é uma maior liberdade para definição destes procedimentos.

JURISPRUDÊNCIA RELACIONADA[40]

- "39. Poderia ser feita também discussão sobre se os Correios estariam obrigados a licitar a manutenção de frota, pois, segundo as disposições da Lei 13.303/2016, tem-se que:

> Art. 28. Os contratos com terceiros destinados à prestação de serviços às empresas públicas e às sociedades de economia mista, inclusive de engenharia e de publicidade, à aquisição e à locação de bens, à alienação de bens e ativos integrantes do respectivo patrimônio ou à execução de obras a serem integradas a esse patrimônio, bem como à implementação de ônus real sobre tais bens, serão precedidos de licitação nos termos desta Lei, ressalvadas as hipóteses previstas nos arts. 29 e 30 (...)
>
> § 3º São as empresas públicas e as sociedades de economia mista dispensadas da observância dos dispositivos deste Capítulo nas seguintes situações:
>
> I - comercialização, prestação ou execução, de forma direta, pelas empresas mencionadas no caput, de produtos, serviços ou obras especificamente relacionados com seus respectivos objetos sociais; (...)

39.1. Entende-se que o fato de a lei exigir a prestação do serviço de forma direta é suficiente para afastar a possibilidade de dispensa de licitação, uma vez que, como a própria jurisdicionada disse recorrentemente em sua resposta à oitiva sob análise, não há vínculo contratual entre ela e as prestadoras dos serviços.

39.2. Ainda acerca do inciso I do § 3º supratranscrito, entende-se que a melhor interpretação aplicável seja a de restringir seu trecho in fine, visto que a palavra 'relacionados' possui um alto grau de indefinição. Uma vez que a licitação é a praxe nos contratos com terceiros (conforme estipulado no caput do art. 28 da Lei 13.303/2016), conclui-se que apenas os produtos, serviços ou obras relacionados de forma direta com os objetos sociais das empresas públicas e sociedades de economia mista devem ser dispensados do dever de licitar, além, é claro, das hipóteses previstas no art. 29 dessa lei". (TCU. Acórdão nº 120/2018 - Plenário).

---

40. Apesar de alguns trechos de decisões e enunciados apresentados nessa seção aludirem a dispositivos da Lei nº 8.666/1993, compreendemos que a semelhança dos regimes permite a reflexão e, eventualmente, o aproveitamento do raciocínio utilizado pelos tribunais.

4

DA LICITAÇÃO DISPENSÁVEL

A Lei nº 13.303/2016 adota regime de licitações dispensáveis semelhante ao da legislação geral. Por essa razão, os entendimentos doutrinários e jurisprudenciais mostram-se aplicáveis, no que couber, às situações enfrentadas no âmbito da Lei das Estatais, salvo nas hipóteses em que a nova redação apresenta elemento diferenciador ou quando interpretação diversa se mostrar mais condizente com as atividades exercidas pelas empresas estatais.

Noutro prumo, as hipóteses de dispensa de licitação previstas na Lei nº 8.666/1993 que não foram expressamente reproduzidas na Lei nº 13.303/2016 devem ser compreendidas como não recepcionadas e, consequentemente, as empresas públicas e as sociedades de economia mista não podem utilizá-las de maneira supletiva[1].

Situação distinta ocorre com as dispensas de licitação previstas em diplomas específicos, a exemplo das leis nº 10.973/2004, 11.652/2008 e 11.947/2009.

Aplicável a Lei de Introdução às normas do Direito Brasileiro - Decreto-lei nº 4.657/1942 - cujo §2º de seu artigo 2º dispõe que "a lei nova, que estabeleça disposições gerais ou especiais a par das já existentes, não revoga nem modifica a lei anterior". Portanto, as referidas dispensas de licitação se mantêm, pois contidas em leis especiais, não atingidas pela superveniência de lei geral posterior.

---

1. JUSTEN FILHO, Marçal. A contratação sem licitação nas empresas estatais. In Estatuto jurídico das empresas estatais: Lei 13.303/2016/Marçal Justen Filho, organizador. São Paulo: Editora Revista dos Tribunais, 2016.p. 306.

Ressalvamos apenas as hipóteses de dispensa de licitação definidas em leis específicas que fazem referência exclusivamente a permissivos da Lei nº 8.666/1993 ou Lei nº 14.133/2021. Essas não podem ser aplicadas nas contratações promovidas pelas estatais. O legislador, quando desejou prever a aplicação de outras normas no âmbito das licitações e contratos regidos pela Lei nº 13.303/2016, ele o fez de maneira expressa, a exemplo dos artigos 41, 55, 94 da norma.

4.1. DISPENSAS DE PEQUENO VALOR (ART. 29, I E II)

Dentre as hipóteses que a legislação permite a contratação sem a prévia realização de certame licitatório, destacam-se os casos pautados no reconhecimento de que os custos de uma licitação seriam incompatíveis com o baixo valor do bem ou do serviço desejado.

Para as empresas públicas e as sociedades de economia mista, a Lei nº 13.303/2016 prevê, em seu art. 29, que:

> É dispensável a realização de licitação por empresas públicas e sociedades de economia mista:
>
> I – para obras e serviços de engenharia de valor até R$ 100.000,00 (cem mil reais), desde que não se refiram a parcelas de uma mesma obra ou serviço ou ainda a obras e serviços de mesma natureza e no mesmo local que possam ser realizadas conjunta e concomitantemente;
>
> II – para outros serviços e compras de valor até R$ 50.000,00 (cinquenta mil reais) e para alienações, nos casos previstos nesta Lei, desde que não se refiram a parcelas de um mesmo serviço, compra ou alienação de maior vulto que possa ser realizado de uma só vez;

A Lei estabeleceu patamares distintos às duas hipóteses de dispensa de pequeno valor, em razão da natureza do objeto a ser contratado: 1) obras ou serviços de engenharia; e 2) demais serviços e bens.

4.1.1. Contratação direta de obras e serviços de engenharia de pequeno valor

Diante da necessidade de contratar obras ou serviços de engenharia, as estatais estarão dispensadas de selecionar o contratado por meio de prévia licitação quando seu valor não superar R$ 100.000,00 (cem mil reais).

No entanto, impõe a Lei que as parcelas de uma mesma obra ou serviço devem respeitar um único limite. Imaginando-se situação em que determinada empresa pública necessita reformar seu almoxarifado, não se admite a realização de dispensas fracionadas com valor inferior a cem mil reais para, por exemplo, a colocação do piso, os serviços hidráulicos e a pintura das paredes. Nesse caso, a contratação direta somente estaria autorizada se a soma dos valores das diferentes parcelas do objeto não superarem o limite legal, sob pena de configuração de fracionamento indevido e a prática de crime licitatório[2].

Em outro exemplo, se a empresa estatal almeja a reforma de diversas salas de sua sede, o valor-limite que permite a contratação direta - cem mil reais - haverá de ser único, caso essas diferentes reformas possam ser realizadas conjunta e concomitantemente.

Por razões lógicas, acreditamos que a condição relacionada à possibilidade de execução de obras e serviços de mesma natureza de maneira conjunta não se aplica às situações imprevisíveis, ainda que, em tese, pudessem se realizar concomitantemente[3].

4.1.2. Contratação direta de pequeno valor para outros serviços e compras

Para a contratação dos demais serviços e compras, e para alienações, o procedimento licitatório estará dispensado nas hipóteses em que seu valor não superar R$ 50.000,00 (cinquenta mil reais).

Em disposição semelhante à prevista para obras e serviços de engenharia, o art. 29, II, da Lei, exige que as parcelas de um mesmo serviço, compra ou alienação de maior vulto que possam ser realizados de uma só vez, respeitem o mesmo limite que define a hipótese de dispensa.

---

2. Vale notar que, nos termos do art. 41 da Lei das Estatais, "aplicam-se às licitações e contratos regidos por esta Lei as normas de direito penal contidas nos arts. 89 a 99 da Lei nº 8.666, de 21 de junho de 1993".
3. Nesse sentido, Edgar Guimarães e Anacleto Abduch alertam que "as eventuais necessidades supervenientes ao planejamento e impossíveis de serem por ele abarcadas podem ser consideradas de modo isolado. Assim, se a fração individual permitir a dispensa em razão do valor, a rigor, tal procedimento é cabível. (...) Não se deve confundir necessidades supervenientes com defeito de planejamento" GUIMARÃES, Edgar; SANTOS, José Anacleto Abduch. Lei das estatais: comentários ao regime jurídico licitatório e contratual da Lei nº 13.303/2016. Belo Horizonte: Fórum, 2017. p. 48-49.

Como exemplo, se determinada sociedade de economia mista prevê a utilização mensal do equivalente a R$ 8.000,00 (oito mil reais) em resmas de papel, sua aquisição deverá ser procedida mediante certame licitatório, tendo em vista que uma possível aquisição única ultrapassaria o limite dos R$ 50.000,00 (cinquenta mil reais) para o exercício.

A propósito, de acordo com a jurisprudência do TCU, a totalidade do objeto deve ser verificada conforme as necessidades de todo o exercício financeiro. Segundo o Tribunal, é vedada a contratação por dispensa quando o somatório dos gastos realizados ao longo do exercício com determinada despesa supera o limite legal imposto[4].

4.1.3. Fracionamento ilícito

Dentre os diversos cuidados que o gestor ordinariamente deve tomar ao realizar procedimentos de dispensa de licitação em razão do valor, destaca-se a necessidade de certificação de que a contratação não importará em fracionamento de despesa.

Tradicionalmente, o fracionamento caracteriza-se pela divisão de despesa em contratações autônomas com o objetivo de utilizar modalidade de licitação inferior à recomendada à totalidade do objeto ou para indevidamente justificar a contratação direta. No entanto, considerando que a Lei das Estatais oferece modalidade única e flexível que permite a modelagem do certame de acordo com o objeto a ser contratado, a configuração do fracionamento ilícito de despesa, no regime da Lei nº 13.303/2016, se restringe à conduta voltada à fuga do dever de licitar.

Vale notar que a jurisprudência do TCU é farta em indicar que o gestor deve evitar o fracionamento de despesas, "com aquisições frequentes dos mesmos produtos ou realização sistemática de serviços de mesma natureza em processos distintos, cujos valores globais excedam o limite previsto para dispensa de licitação[5]".

4. TCU. Acórdão nº 3.550/2008 – 1ª Câmara. Rel.. Min. Marcos Bemquerer.
5. TCU. Acórdão nº 706/2007 – 1ª Câmara. Rel. Min. Marcos Vinicios Vilaça.

JURISPRUDÊNCIA RELACIONADA[6]

- O uso de dispensas de licitação, em preterição à realização de certame que leve em conta o valor total estimado do objeto, caracteriza fracionamento de despesa e, consequentemente, fuga ao necessário procedimento licitatório. (TCU. Acórdão nº 4.509/2020 - 1ª Câmara)
- As compras devem ser planejadas por exercício, mediante processo licitatório, evitando-se compras diretas com dispensa de licitação, a partir de fracionamento da despesa. (TCU. Acórdão nº 2636/2008 - Plenário)
- Realize o planejamento prévio dos gastos anuais, de modo a evitar o fracionamento de despesas de mesma natureza, observando que o valor limite para as modalidades licitatórias é cumulativo ao longo do exercício financeiro, a fim de não extrapolar os limites estabelecidos nos artigos 23, § 2°, e 24, inciso II, da Lei nº 8.666/1993. (TCU. Acórdão nº 1084/2007 - Plenário)
- Atingido o limite legalmente fixado para a dispensa de licitação, as demais contratações para serviços de mesma natureza deverão observar a obrigatoriedade da realização de certame licitatório, evitando o fracionamento de despesa. (TCU. Acórdão nº 409/2003 - 1ª Câmara)

4.1.4. Fracionamento x Parcelamento

A diferença entre parcelamento e fracionamento em licitações públicas representa dúvida bastante comum. Trata-se de questão amplamente trabalhada no regime geral de licitações e também válida às disposições da Lei nº 13.303/2016.

O parcelamento refere-se ao objeto a ser licitado e corresponde a sua divisão em parcelas, com vistas à ampliação da competitividade, sem perda da economia de escala. A teor do art. 32, III, da Lei, trata-se de diretriz a ser observada nas licitações e nos contratos das empresas estatais.

O fracionamento, por sua vez, constitui irregularidade e caracteriza-se pela divisão da despesa com o objetivo de indevidamente justificar a contratação direta.

Portanto, não se deve confundir os conceitos de parcelamento e fracionamento. A diferenciação entre os institutos é claramente estabelecida na doutrina e costumeiramente incluída em julgados dos tribunais de contas, como ocorrido no Acórdão nº 1.540/2014 do Plenário do TCU:

6. Vide nota de rodapé nº 38.

> Não há conflito entre os parágrafos 1º e 5º do art. 23 da Lei nº 8.666/93, que devem ser interpretados em conjunto: o parágrafo 1º trata o parcelamento como regra a ser observada, sendo prestigiado quando são feitas várias licitações, ou então uma única adjudicando-se por grupos ou lotes; já o parágrafo 5º trata especificamente da modalidade licitatória a ser adotada em cada uma das parcelas em que o objeto vier a ser dividido em mais de uma licitação[7].

A própria Lei nº 13.303/2016, ao apresentar a diretriz relacionada ao parcelamento, ressalva os limites estabelecidos no art. 29, I e II, o que não deixa dúvidas quanto à necessidade de interpretar os dois conceitos – parcelamento e fracionamento – de maneira conjunta.

Dessa forma, é dever do gestor buscar o parcelamento do objeto e rechaçar o fracionamento ilícito de despesas, respeitando a correta utilização das hipóteses de dispensa por valor.

4.1.5. Alterações contratuais e a superação dos limites de dispensa

Compreendemos que os limites previstos para a contratação direta em razão do baixo vulto da despesa não obstam a possibilidade de alteração dos contratos, em conformidade com o artigo 81 da Lei.

Os parâmetros contidos no art. 29, I e II, se prestam a indicar os limites a serem adotados na contratação inicial. Uma possível alteração posterior representaria a consumação de fato jurídico eventual destinado à atualização ou à adequação do objeto contratado. Não se confundem, portanto, a avaliação ocorrida antes da formulação do ajuste, a partir da qual se verifica a incidência do dever de licitar; com o cumprimento dos requisitos – inclusive, a presença de fato superveniente – para a celebração de termos aditivos.

Nessa linha, Flávio Amaral Garcia bem sintetiza a questão:

> O fato de a contratação direta decorrer do pequeno valor não inibe que sejam celebrados termos aditivos que, eventualmente, acresçam o valor original. O momento que antecede a celebração do contrato não se confunde com o momento da sua execução. Se ocorre um fato superveniente e que se revela justificável, não há por que diferenciar

7. TCU. Acórdão nº 1540/2014 – Plenário. Rel. Min. Walton Alencar.

> um contrato em razão de ter sido licitado ou não. Presumir a fraude e criar vedações que não decorrem da lei é interpretar a norma a partir da desconfiança e da má-fé, o que não tem se mostrado a melhor opção. As fraudes devem ser coibidas e reprimidas no caso concreto, mas não como uma vedação genérica que penaliza o bom gestor[8]."

Portanto, de maneira motivada, desde que a alteração não tenha sido previsível ou planejada ao tempo da contratação, acreditamos ser possível, por exemplo, que um contrato de determinado serviço de engenharia, decorrente de dispensa de licitação no valor de R$ 90.000,00 (noventa mil reais), tenha de ser legitimamente alterado e seu valor final supere o limite previsto no inc. I do art. 29 da Lei.

4.1.6. Alteração dos valores de dispensa

Era praticamente consensual a percepção de que os valores para dispensa de licitação no regime da Lei nº 8.666/1993 encontravam-se defasados e não atendiam integralmente à razão de existir da dispensa de valor, tendo em vista que os custos com a realização de certames de pequena monta chegavam a superar o valor do objeto a ser contratado.

Interessante estudo realizado pela Controladoria-Geral da União[9] apontou que 85% (oitenta e cinco por cento) dos órgãos federais eram considerados deficitários nas compras por meio de pregão eletrônico. Em outras palavras, o custo administrativo de realização do certame superava a economia propiciada pela disputa em relação ao preço de referência do edital[10]. Diante desse cenário, a CGU propôs a atualização dos valores de referência das modalidades da Lei nº 8.666/1993 a fim de corrigir os efeitos da inflação e incrementar a eficiência das compras públicas por meio do aumento dos limites de dispensa de licitação por valor. A proposta indicava a correção dos valores em 230% pelo IPCA acumulado dos últimos 20 anos; e a ampliação do percentual de 10% para 20% do valor do convite. Caso a sugestão tivesse sido acatada, os

8. GARCIA, Flávio Amaral. Licitações e contratos administrativos: casos e polêmicas. 5ª edição – São Paulo: Malheiros. 2018. p. 305.
9. Nota técnica 1081/2017/CGPLAG/DG/SFC/CGU.
10. De igual modo, Relatório Técnico de mapeamento e análise de custos operacionais dos processos de contratação do governo federal, contratado pelo Ministério do Planejamento há mais de dez anos (nº 2006/47-2825) revelou que, em 2006, o custo total de um procedimento de dispensa de licitação fundamentado no art. 24, II, era de R$ 2.025,00. Por outro lado, para a realização de um pregão eletrônico, gastava-se, em média, R$ 20.698,00.

valores alcançariam cerca de R$ 52.000,00 e R$ 99.000,00 e o percentual de órgãos déficit em pregões reduziria a 37% (trinta e sete por cento).

A mudança veio apenas com a edição do Decreto nº 9.412/2018 que, com fundamento no art. 120 da Lei nº 8.666/1993, atualizou os limites das modalidades de licitação em 120% (cento e vinte por cento). Consequentemente, os parâmetros das dispensas de valor – art. 24, I e II –, foram elevados e alcançaram R$ 17.600,00 e R$ 33.000,00.

Antes disso, no entanto, a despeito de o §1º do art. 24 da Lei nº 8.666/1993 definir patamares especiais de dispensa de valor para as empresas públicas e as sociedades de economia mista em R$ 16.000,00 e R$ 30.000,00, ao criar a Lei das Estatais, o legislador compreendeu necessário incrementar os limites.

Apesar de a decisão ter sido criticada por parcela da doutrina[11-12], compreendemos que a referida ampliação veio ao encontro do espírito do regime destinado às estatais que operam em concorrência com o mercado privado ou se destinam à prestação de serviços públicos.

Acreditamos, também, que os limites superiores não devem mitigar o planejamento de soluções em escala, como compras centralizadas, utilização de registro de preços ou credenciamentos.

É necessário superar a crença de que a realização de procedimento licitatório necessariamente representa a opção mais eficiente, e a quase suposição de que as contratações diretas se realizam com fundamento em desvios. O atingimento das necessidades das estatais pode ocorrer legitimamente, de maneira motivada e eficiente, seja por meio de licitação, seja por meio de sua dispensa[13].

---

11. Sidney Bittencourt indica que o referido incremento "revela que a maximização tem ares de exagero". BITTENCOURT. Sidney. A nova lei das estatais: novo regime de licitações e contratos nas empresas estatais – Leme (SP): JH Mizuno, 2017. p. 74.
12. Joel de Menezes Niebuhr, de maneira mais incisiva, manifestou-se no sentido de não seria "adequado ampliar assim os casos de dispensa de licitação, sobremodo diante dos avanços do pregão eletrônico, por meio do qual as licitações ganharam agilidade e tornaram-se menos onerosas para a Administração Pública. Com o novo dimensionamento das dispensas de licitação, a Lei nº 13.303/2016 caminha na direção de maximizar a discricionariedade das estatais para escolherem seus contratados, alargando os flancos para desvios". NIEBUHR, Joel de Menezes, Aspectos destacados do novo regime de licitações e contratações das estatais. Revista Colunistas de Direito do Estado. Ano 2016. Núm. 209. Disponível em: http://www.direitodoestado.com.br/colunistas/joel-de-menezes-niebuhr/aspectos-destacados-do-novo-regime-de-licitacoes-e-contratacoes-das-estatais.
13. Renato Geraldo Mendes e Egon Bockmann Moreira, em destacada obra que objetiva a reflexão sobre o dever de licitar, indicam que "*a finalidade do processo de contratação pública é atender*

4.1.7. Atualização dos limites de dispensa de valor

Outra novidade trazida pela Lei das Estatais é a possibilidade de as próprias empresas públicas e as sociedades de economia mista atualizarem seus limites de dispensa de valor.

O §3º do art. 29 define que "os valores estabelecidos nos incisos I e II do *caput* podem ser alterados, para refletir a variação de custos, por deliberação do Conselho de Administração da empresa pública ou da sociedade de economia mista, admitindo-se valores diferenciados para cada sociedade".

Sem ingressar no debate acerca da inconstitucionalidade da previsão, por ofensa ao art. 22, XXVII da Constituição da República[14] - que acreditamos não existir – surge o questionamento sobre dos parâmetros a serem utilizados na alteração dos limites.

A norma expressamente indica o objetivo visado pelo permissivo: a atualização em razão da variação de custos. Portanto, a decisão não se mostra livre ao alvedrio dos Conselhos de Administração das estatais, ao contrário, a situação de fato que autoriza a realização do ato administrativo necessariamente deve se vincular à variação de custos, a ser documentada e comprovada mediante estudos técnicos.

Parece-nos evidente que a intenção do legislador não foi transferir parcela da competência atribuída à União para legislar sobre normas gerais de licitação, mas preservar, de maneira efetiva, os valores definidos à época da edição da Lei nº 13.303/2016.

De mais a mais, é recomendável que os regulamentos internos de licitações e contratos das estatais, de edição obrigatória, descrevam os parâmetros e o procedimento a ser adotado no exercício da faculdade legal, como periodicidade, eventuais índices aplicáveis, documentação, entre outros.

---

plenamente à necessidade, pela melhor relação benefício-custo, e não, fundamentalmente, assegurar igualdade entre agentes econômicos". MENDES. Renato Geraldo. MOREIRA, Egon Bockmann. Inexigibilidade de licitação. Repensando a contratação pública e o dever de licitar. Curitiba: Zênite, 2016. p. 28.

14. Constituição Federal. Art. 22, XXVII – normas gerais de licitação e contratação, em todas as modalidades, para as administrações públicas diretas, autárquicas e fundacionais da União, Estados, Distrito Federal e Municípios, obedecido o disposto no art. 37, XXI, e para as empresas públicas e sociedades de economia mista, nos termos do art. 173, § 1°, III. (Redação dada pela Emenda Constitucional nº 19, de 1998)

JURISPRUDÊNCIA RELACIONADA[15]

Dispensa por valor. Planejamento.

- "9.1. determinar ao <*omissis*> que, no prazo de cento e oitenta dias, contados a partir da ciência: 9.1.1. instituam aperfeiçoamentos em seus mecanismos de planejamento de aquisições, de forma a evitar que a soma das despesas ao longo do exercício ultrapasse o limite previsto para dispensa, bem como para evitar a ocorrência de contratações emergenciais em virtude da intempestividade na deflagração e na conclusão dos certames licitatórios; 9.1.2. instituam controles em seus procedimentos operativos e em seu sistema informatizado com vistas a possibilitar o registro fidedigno dos dados relativos às contratações originadas de licitação, dispensa e inexigibilidade;" (TCU. no Acórdão nº 2504/2017 – 1ª Câmara)

  A Administração deve abster-se de fracionar despesas, com aquisições frequentes dos mesmos produtos ou realização sistemática de serviços de mesma natureza em processos distintos, cujos valores globais excedam o limite previsto para dispensa de licitação. (TCU. Acórdão 706/2007 -1ª Câmara)

Dispensa. Obras de natureza distinta.

- Voto do Relator: "Embora os procedimentos em questão refiram-se a obras e serviços de engenharia, não se vislumbra que essas obras pertençam a um mesmo objeto de modo a ensejar uma única licitação. Trata-se por exemplo de serviços de roçagem e limpeza em barragem, serviços de pintura em salas de aula, serviços de manutenção de rede elétrica de diversos setores da instituição, troca de piso da quadra de esportes, dentre outros. São sim pequenas obras com natureza diversa a serem prestadas em diferentes locais. O fracionamento estaria evidente caso, por exemplo, fosse efetuada uma contratação para cada prédio objeto dos serviços de energia elétrica, o que não ocorreu". TCU. Acórdão 120/2007, 2ª Câmara, Rel. Min. Benjamin Zymler.

4.2. DISPENSA DE LICITAÇÃO POR AUSÊNCIA DE INTERESSADOS APTOS (ART. 29, III)

Sob determinadas condições, a Lei possibilita a contratação direta nas situações em que, realizado o certame licitatório, for constatada a ausência de interessados na execução do objeto.

Os pressupostos legitimadores dessa hipótese de dispensa são:

1) tentativa anterior e válida de licitação;
2) ausência de interessados;
3) demonstração da existência de prejuízo com a repetição do certame;
4) manutenção das condições preestabelecidas.

15. Vide nota de rodapé nº 38.

4.2.1. Anterior tentativa válida de licitação

O permissivo guarda relação com objetos cuja disputa mostra-se viável, mas, apesar do intento em cumprir o dever geral de licitar, a empresa pública ou a sociedade de economia mista não conseguem localizar interessados.

Além disso, compreendemos ser necessário que o certame anterior tenha sido válido. Não será possível a contratação direta após procedimento licitatório finalizado por ato de anulação. Na hipótese em que a licitação for anulada em razão do reconhecimento da existência de vícios de legalidade, ainda que nenhum participante tenha apresentado proposta, o caminho a ser trilhado pelas empresas estatais há de ser o da instauração de novo certame, após o ajuste dos motivos que determinaram a anulação.

Nem mesmo a urgência da necessidade da contratação seria, por si só, motivo suficiente autorizar o manejo do inc. III do art. 29 após a anulação do certame anterior, tendo em vista que, ao contrário da dispensa de licitação por emergência (inc. XV, art. 29), a hipótese não se funda na premência na obtenção do objeto, mas na economia gerada ao evitar a repetição inútil de procedimentos. Sobre o tema, orienta Marçal Justen Filho:

> O problema não é realizar a licitação, mas repetir uma licitação que já foi processada regularmente, sem que despertasse interesse dos particulares. Há uma presunção de inutilidade de repetir licitação: se ninguém acorreu à anterior, porque viria a participar da nova? Haveria desperdício não apenas de tempo, mas também de recursos públicos. Mas, se a licitação anterior era viciada, não é possível extrair tal presunção[16].

É importante destacar que as empresas estatais, ao se depararem com um procedimento licitatório deserto, devem investigar os motivos pelos quais não houve êxito em atrair interessados. A medida visa a verificar, por exemplo, falhas na elaboração do edital ou nas especificações do objeto que poderiam indevidamente restringir a competitividade na disputa. Também nessa hipótese, diante da necessidade de ajuste do instrumento convocatório, deve ser procedida nova licitação, estando desautorizada a contratação direta.

Esse raciocínio pode ser identificado em acórdão do TCU que decidiu apenas ser possível cogitar da dispensa de licitação por ausência de interessados,

16. JUSTEN FILHO, Marçal. Comentários à lei de licitações e contratos administrativos. 17ª edição. São Paulo: Editora Revista dos Tribunais, 2016, p. 491.

se o desinteresse não tiver sido motivado por condições restritivas ilegitimamente inseridas no edital:

> É que seria um contrassenso aceitar que a dispensa da observância do procedimento estatuído na Constituição Federal como regra nas contratações (art. 37, XXI) fosse provocada pela própria Administração, nessa hipótese em que ela mesma inviabiliza a participação dos possíveis interessados, fixando exigências desarrazoadas e inibidoras da competitividade da licitação. Aceitar uma tal dispensa de licitação seria como premiar aquele que se pauta de maneira antijurídica, o que é de todo incompatível com a moralidade administrativa[17].

Acreditamos, inclusive, que a busca pela identificação dos motivos que levaram o certame à deserção pode se dar por meio de contato direto com as sociedades empresárias do ramo. É preciso superar a crença de que a comunicação entre licitantes e compradores é indevida, e que esse diálogo não pode ocorrer de maneira republicana. Recomenda-se, no entanto, que as ações sejam devidamente registradas nos autos do processo administrativo.

4.2.2. Ausência de interessados

A ausência de interessados mencionada no art. 29, III, pode restar configurada em duas situações: a) quando nenhum licitante se dispõe a participar do certame, o que tradicionalmente se denomina "licitação deserta"; e b) quando, apesar da presença de licitantes, nenhum deles pôde ser declarado vencedor (licitação fracassada), seja porque não comprovaram a habilitação necessária, seja porque não apresentaram propostas válidas.

A despeito de parcela da doutrina[18-19] interpretar de maneira restritiva e literal o dispositivo e apontar a impossibilidade de dispensa de licitação após um certame fracassado, entendemos não ser esse o melhor sentido a ser extraído da norma.

A razão de existir desta hipótese de dispensa é evitar que a empresa pública ou a sociedade de economia mista tenha prejuízos com a repetição do

17. TCU. Decisão nº 533/2001 – Plenário. Rel. Min. Adylson Motta.
18. DI PIETRO, Maria Sylvia Zanella. Direito Administrativo. 12. ed. São Paulo: Atlas, 2000. p. 306: "A licitação deserta não se confunde com a licitação fracassada, em que aparecem interessados, mas nenhum é selecionado, em decorrência da inabilitação ou da desclassificação. Neste caso, a dispensa de licitação não é possível".
19. GUIMARÃES, Edgar; SANTOS, José Anacleto Abduch. Lei das estatais: comentários ao regime jurídico licitatório e contratual da Lei nº 13.303/2016. Belo Horizonte: Fórum, 2017. P. 52-53.

certame. Nesse aspecto, uma licitação deserta equivale a uma licitação fracassada: ambas não alcançam sucesso em selecionar o futuro contratado por fatores alheios à vontade da estatal[20].

Mesmo diante da existência de apenas uma única proposta apresentada no certame, caso esta se mostre válida e em conformidade com o instrumento convocatório, ainda que a estatal decida pela revogação do procedimento, a hipótese de dispensa do inc. III do art. 29 não se mostraria viável.

JURISPRUDÊNCIA RELACIONADA[21]

Licitação fracassada. Interpretação extensiva.

- "Estabelece o art. 24, inciso V, da Lei nº 8.666, de 1993, a possibilidade de dispensa de licitação pública se satisfeitas simultaneamente as seguintes condições: (a) falta em certame anterior de proposta reputada válida (interpretação extensiva dada por este Tribunal à expressa hipótese de não-comparecimento de interessados); (b) impossibilidade justificada de repetição do certame sem que haja prejuízo para a Administração, mantidas, neste caso, todas as condições pré-estabelecidas. (TCU. Acórdão 4.748/2009-1ª Câmara)

4.2.3. Demonstração da existência de prejuízo com a repetição do certame

Comparada à possibilidade de se contratar diretamente, de algum modo, a renovação do certame sempre traria prejuízo às empresas estatais, máxime pelos elevados custos envolvidos em sua realização. No entanto, não é essa a análise demandada pela Lei.

Deve-se ter em mente que o simples fato de a licitação ter sido fracassada ou deserta não autoriza, de imediato, a contratação direta. A regra, pois, é

---

20. Ao analisar dispositivo semelhante contido na lei nº 8.666/1993, entendeu o Tribunal de Contas da União "ser certo que a doutrina e a jurisprudência do TCU amparam a tese de que a ausência de interessados também ocorre quando os licitantes são todos inabilitados ou as propostas são todas desclassificadas" (Acórdão 6786/2012 - 1ª Câmara- rel. Min. Walton Alencar Rodrigues) e que "'*na eventualidade de risco de prejuízo à Administração com a renovação do procedimento licitatório, não apenas a hipótese de licitação deserta mas igualmente aquela em que o certame fracassa por força do comparecimento apenas de licitantes que não se revestem das qualificações necessárias à habilitação ou à apresentação de propostas*'. (Decisão TCU nº 533/2001 - Plenário)
21. Vide nota de rodapé nº 38.

que esta licitação seja renovada, com todas as suas formalidades, a fim de atender aos objetivos e aos princípios dispostos no art. 31 do Estatuto.

Diante da deserção de um certame, o art. 29, inciso III, da Lei nº 13.303/2016 somente poderá ser utilizado como fundamento para a contratação direta caso o certame não possa, justificadamente, ser repetido sem potencial prejuízo à estatal. A existência de tempo hábil para novo certame, por exemplo, pode militar contra a utilização do permissivo legal.

Segundo entendimento consagrado do TCU, a hipótese de dispensa "somente é aplicável no caso em que esteja devidamente demonstrado o prejuízo que a repetição do certame poderá acarretar à empresa, devendo fazer parte do processo a exposição de motivos[22]".

4.2.4. Manutenção das condições preestabelecidas

Mostra-se evidente o raciocínio de que se a empresa estatal pudesse alterar as condições estabelecidas em licitação anterior, restaria facilitada a ocorrência de fraudes e direcionamentos espúrios nas contratações.

A correta utilização do dispositivo demanda sejam observados todos os requisitos constantes do edital da licitação deserta ou fracassada, "não apenas em relação às especificações do objeto licitação, mas também em relação às exigências da habilitação[23]".

Em um exemplo, caso os efeitos da variação cambial tenham sido o motivo para a desclassificação de todos os licitantes, deve ser procedida nova pesquisa de preços para ajustar o critério de aceitabilidade utilizado e publicado novo instrumento convocatório. É importante ressaltar que, diante de urgência e do cumprimento dos requisitos do inc. XV do art. 29, nada impediria a contratação emergencial do objeto anteriormente licitado.

De igual modo, se recomenda a renovação do certame na hipótese em que, após a licitação deserta ou fracassada, a estatal identifica a necessidade de incrementar o quantitativo a ser contratado. Dispensar a licitação nesse caso poderia ofender a isonomia na medida em que eventual licitante que não se mostrou interessado anteriormente, poderia se interessar por uma contratação de maior porte.

22. TCU. Acórdão nº 342/2011 – 1ª Câmara. Rel. Min. Marcos Bemquerer.
23. TCU. Acórdão nº 56/2000 – 2ª Câmara. Rel. Min. Benjamin Zymler.

4.2.5. Art. 29, III, e os benefícios da Lei Complementar nº 123/2006

Caso uma licitação destinada exclusivamente à participação de microempresas e empresas de pequeno porte[24] reste deserta ou fracassada, compreendemos que deve ser priorizada a solução voltada à divulgação de novo certame em que a disputa seria oportunizada a quaisquer interessados.

Subsidiariamente, na hipótese de a empresa estatal demonstrar a existência de prejuízo com a repetição do certame, reputa-se possível dispensar a licitação para a contratação direta de microempresa ou empresa de pequeno porte, em respeito ao art. 29, III, que ordena a manutenção condições estabelecidas no procedimento licitatório anterior.

4.2.6. Utilização com diferentes critérios de julgamento

Cabe observar que a hipótese do art. 29, III, não se encontra adstrita às situações em que o critério de julgamento da licitação anterior tiver sido o menor preço. Demonstrado o prejuízo na repetição do procedimento e mantidas as condições preestabelecidas, é possível a contratação direta, por exemplo, após um certame deserto cujo critério previsto tenha sido a melhor técnica (art. 54, IV).

Entretanto, seria necessário avaliar se o futuro contratado detém todos os requisitos mínimos exigidos no instrumento convocatório anterior, inclusive os relacionados à pontuação técnica.

4.2.7. Dispensa de licitação e adjudicação global

Imaginemos uma licitação deserta em que foi prevista a aglutinação em um grupo (ou lote) de diferentes itens: sofás e armários. Considerando que a manutenção das condições preestabelecidas é pressuposto à utilização da dispensa, esta não poderia ser realizada para, no caso, contratar diretamente apenas armários.

Em tese, a própria aglutinação poderia ter sido a causa da deserção do certame e sua alteração, além de escapar à possibilidade da dispensa, potencialmente alteraria o rol de interessados na disputa do objeto.

---

24. Impõe-se aqui a combinação do §1º do art. 28 da Lei das Estatais com o art. 48, I, da Lei Complementar nº 123/2006 que dispõe: "deverá realizar processo licitatório destinado exclusivamente à participação de microempresas e empresas de pequeno porte nos itens de contratação cujo valor seja de até R$ 80.000,00 (oitenta mil reais)".

4.2.8. Dispensa de licitação e deserção/fracasso parcial

Situação distinta ocorre quando, por exemplo, em uma licitação com vários itens, um deles mostra-se deserto ou fracassado. Considerando que a reunião de itens independentes em um mesmo procedimento ocorre por medida de economia processual e que, materialmente, representa a concentração de vários certames, não haveria óbice à contratação direta de item deserto, ainda que outros tenham obtido êxito na escolha de licitante vencedor[25].

JURISPRUDÊNCIA RELACIONADA[26]

- Eventual dificuldade em realizar procedimentos licitatórios, bem como a existência de certames fracassados ou desertos, não constituem hipóteses aptas a autorizar a realização de despesas mediante suprimento de fundos. (TCU. Acórdão nº 2.436/2017-Plenário)
- A tese de ausência de interessados, para fins de contratação direta, também ocorre quando os licitantes são todos inabilitados ou as propostas são todas desclassificadas. Todavia, essa tese não se aplica quando a inabilitação dos participantes resultar de equívoco da Administração, em função da não apresentação de documento exigido no edital do certame que poderia ser facilmente obtido na Internet. (TCU. Acórdão 6.786/2012 - 1ª Câmara)
- A desclassificação de todos licitantes em decorrência da falta de apresentação de documentos de fácil obtenção e de conhecimento do órgão, aliado à ausência de demonstração da impossibilidade de repetição do certame, torna irregular a contratação por dispensa de licitação fundamentada no art. 24, V, da Lei 8.666/1993. (TCU. Acórdão 3233/2012 - 1ª Câmara)
- A licitação deserta deve ser repetida ou justificada a inviabilidade de sua repetição. (Acórdão TCU no 6.440/2011 - 1ª Câmara)
- A contratação direta por licitação deserta deve demonstrar que a repetição do certame poderá resultar em prejuízo à Administração, em exposição de motivos constante no processo de contratação. (Acórdão TCU no 7.049/2010 - 2ª Câmara)
- Ausentes os requisitos que caracterizam a licitação deserta e não demonstrado que a repetição do certame traria prejuízos à Administração, é considerada ilegal a contratação direta. (Acórdão TCU no 2.648/2007 - Plenário)

---

25. Como pondera Sidney Bittencourt: "A licitação por itens deve ser encarada, de regra, como se várias licitações autônomas estivessem sido instauradas, ou seja, como uma concentração de várias licitações em um mesmo processo. (...) Nesse curso, em virtude de serem contratações autônomas, há a possibilidade de alguns itens não obterem propostas, o que justificaria a contratação direta com base na ausência de interessados. In. BITTENCOURT, Sidney. Contratando sem licitação: contratação direta por dispensa ou inexigibilidade. São Paulo: Almedina, 2016, p. 189.
26. Vide nota de rodapé nº 38.

- "Só é possível cogitar-se da dispensa de licitação sob a guarida do aludido preceito legal (art. 24, inciso V) se o desinteresse por parte dos eventuais licitantes não tiver sido determinado por condições injustificadamente restritivas inseridas pela Administração nas regras regentes do certame. É que seria um contrassenso aceitar que a dispensa da observância do procedimento estatuído na Constituição Federal como regra nas contratações (art. 37, XXI) fosse provocada pela própria Administração, nessa hipótese em que ela mesma inviabiliza a participação dos possíveis interessados, fixando exigências desarrazoadas e inibidoras da competitividade da licitação. Aceitar uma tal dispensa de licitação seria como premiar aquele que se pauta de maneira antijurídica, o que é de todo incompatível com a moralidade administrativa". (TCU. Decisão no 533/2001- Plenário)

4.3. DISPENSA DE LICITAÇÃO APÓS CERTAME FRACASSADO POR PREÇOS ELEVADOS (ART. 29, IV)

A Lei prevê a possibilidade de as empresas públicas e as sociedades de economia mista dispensarem a licitação quando as propostas apresentadas em certame anterior tiverem preços manifestamente superiores aos praticados no mercado e quando os preços forem incompatíveis com os fixados pelos órgãos oficiais[27].

Como também ocorre no inciso anterior, a hipótese cuida de licitações fracassadas. No entanto, o inc. IV do art. 29[28] é específico ao disciplinar a conduta a ser tomada pelas estatais diante de uma licitação em que, apesar da presença de licitantes, suas propostas de preço não se mostram aceitáveis.

Trata-se de mecanismo que visa a prevenção de eventuais conluios entre os licitantes e o atendimento ao objetivo disposto no art. 31 relacionado à evitação de operações em que se caracterize sobrepreço[29].

27. Joel de Menezes Niebuhr, ao analisar dispositivo semelhante da lei nº 8.666/93, destaca que "essa hipótese de dispensa apresenta-se como instrumento extremamente valioso para o controle dos preços arcados pela Administração em decorrência de seus contratos. (...) Sob esse ponto de vista, o inciso em tela assume singular relevância, porque, como afirmado acima, representa instrumento valioso para o controle dos preços, conquanto subutilizado pela Administração Pública". In. NIEBUHR, Joel de Menezes. Dispensa e inexigibilidade de licitação pública. 4. ed. rev. e ampl. Belo Horizonte: Fórum, 2015, p. 280.

28. Art. 29. É dispensável a realização de licitação por empresas públicas e sociedades de economia mista: (...) IV – quando as propostas apresentadas consignarem preços manifestamente superiores aos praticados no mercado nacional ou incompatíveis com os fixados pelos órgãos oficiais competentes;

29. De acordo com o art. 31, §1º, I da Lei das estatais, considera-se que há sobrepreço "quando os preços orçados para a licitação ou os preços contratados são expressivamente superiores aos

4.3.1. Apresentação de "preços manifestamente superiores ao de mercado"

Os preços de mercado representam o parâmetro a ser utilizado pelas empresas estatais na composição do valor estimado de suas licitações. Essa constatação ocorre de maneira implícita a partir dos objetivos e conceitos elencados no art. 31 e, explicitamente, da leitura do art. 42, §1º, II que trata de normas específicas para obras e serviços de engenharia.

Além disso, a Lei considera que o valor estimado do certame ordinariamente representa o *preço máximo* admitido à contratação, devendo a empresa estatal desclassificar os lances e as propostas que se encontrarem acima do orçamento estimado, e revogar o procedimento, caso os licitantes, após a negociação, mantenham seus preços acima do estimado.

Desse modo, se o orçamento estimado tem como parâmetro o preço de mercado e, como regra, não se admite contratar por valores superiores ao estimado, questiona-se: imaginando um certame em que todas as propostas apresentadas foram desclassificadas por superarem o preço estimado, estaria autorizada a contratação direta com fundamento no art. 29, III?

A correta resposta a essa pergunta indica que a dispensa de licitação, em tese, poderia ser manejada, mas não de forma automática. Compreendemos serem estes os pressupostos legitimadores de seu uso:

1) desclassificação de todas as propostas apresentadas em razão do preço excessivo e tentativa, sem sucesso, de negociação de preços;

2) comprovação da compatibilidade do orçamento estimado com o preço de mercado;

3) manutenção das condições preestabelecidas; e

4) existência de particular interessado na contratação direta.

Para cogitar o uso do permissivo legal, é necessário que a estatal adote as providências relacionadas à negociação com todos os participantes, com o objetivo de alcançar proposta, no mínimo, igual ao orçamento estimado para a contratação.

preços referenciais de mercado, podendo referir-se ao valor unitário de um item, se a licitação ou a contratação for por preços unitários de serviço, ou ao valor global do objeto, se a licitação ou a contratação for por preço global ou por empreitada".

É fundamental também que, após a revogação do procedimento licitatório, a empresa pública ou sociedade de economia mista ratifique, de maneira circunstanciada, que o orçamento estimado utilizado no certame efetivamente reflete os preços praticados no mercado.

A estimativa e os preços de mercado devem estar alinhados para que a dispensa de licitação se afigure viável. Caso contrário, estaria aberta a possibilidade de direcionamento artificial à contratação direta por agentes mal-intencionados.

Se, após essa análise, a estatal concluir que o preço estimado, à época da apresentação dos lances ou das propostas, encontrava-se defasado em relação aos praticados no mercado - desvalorização cambial, por exemplo - os ajustes devem ser realizados e uma nova licitação publicada.

Entender de maneira contrária poderia excluir a possibilidade de um licitante que, de maneira diligente, deixou de participar do certame em razão do baixo valor estimado, mas que, com a elevação do limite, teria interesse e condições de ser contratado pela empresa pública ou sociedade de economia mista.

Dessa maneira, apesar de não constar expressamente no texto legal, acreditamos que as condições exigidas no instrumento convocatório da licitação, inclusive as relacionadas a critérios de aceitabilidade, devem ser mantidas na busca do interessado apto a ser contratado diretamente[30]. Para além de potencialmente atingir a competitividade, a alteração das exigências poderia facilitar acertos nefastos em que, após a desclassificação de todas as propostas no certame, determinada empresa mancomunada fosse selecionada para a dispensa.

Por decorrência lógica, é necessário que a estatal assegure a existência de particular interessado na contratação para que a hipótese de dispensa seja efetivada.

4.3.2. A questão da superioridade manifesta dos preços

Ao indicar que estaria autorizada a dispensa de licitação "quando as propostas apresentadas consignarem preços manifestamente superiores aos praticados no mercado nacional", a Lei sinaliza que não basta que os preços

30. Nesse sentido, "a Administração deve exigir da empresa contratada a comprovação das condições de habilitação e da proposta estipuladas no edital da licitação procedente, salvo motivo devidamente comprovado." (Acórdão nº 1.315/2004-Plenário).

tenham se estabelecido acima do preço de mercado. A superioridade há de ser manifesta.

É oportuno observar que o texto da Lei nº 13.303/2016 utiliza três expressões distintas quando trata da análise entre os preços apresentados no certame, os estimados e os praticados no mercado. Dispõe o Estatuto:

- ser dispensável a licitação quando os preços forem *manifestamente superiores* aos praticados no mercado[31].
- a caracterização de sobrepreço quando "os preços contratados são *expressivamente superiores* aos preços referenciais de mercado[32]".
- que, como regra, deve ser promovida a desclassificação dos lances ou propostas que se encontrarem *acima do orçamento estimado* para a contratação.

Neste ponto, é preciso ficar claro que as disposições acima listadas têm incidência em diferentes momentos na licitação. Durante o certame, devem ser desclassificadas as propostas *acima do orçamento estimado* para a contratação. Posteriormente, a empresa estatal examinará se os preços obtidos são *manifestamente superiores aos praticados no mercado nacional* com o objetivo de verificar a viabilidade da dispensa de licitação. Por fim, ultimada a contratação, restaria configurado sobrepreço caso os valores avençados tenham sido *expressivamente superiores* aos preços referenciais de mercado.

Especificamente quanto à contratação direta, uma dúvida pode surgir ao gestor: afinal, qual é o critério que define um preço *manifestamente* superior ao praticado no mercado?

Acreditamos que o legislador, de maneira intencional[33], optou por não estabelecer parâmetro, margem ou percentual objetivo a partir do qual se configuraria a superioridade manifesta dos preços. Ao contrário de representar atecnia, trata-se de medida salutar que possibilita à empresa estatal avaliar

31. Art. 29, IV.
32. Art. 31, §1º, I.
33. No mesmo sentido, Marçal Justen Filho indica que "a lei não quis estabelecer uma regra-padrão, aplicável a todos os casos. É que cada mercado e cada produto tem as suas características. Em alguns setores, altamente competitivos, uma diferença de 5% é manifestamente superior. Em outros casos, a diferença de 5% pode ser reputada como irrelevante". JUSTEN FILHO, Marçal. Comentários à lei de licitações e contratos administrativos. 17ª edição. São Paulo: Editora Revista dos Tribunais, 2016, p. 495.

o caso concreto e as especificidades do mercado em que o objeto licitado integra, a fim de formar a convicção de que as propostas e os lances finais obtidos manifestamente destoam dos valores praticados no mercado.

4.3.3. Dispensa por apresentação de preços "incompatíveis com os fixados pelos órgãos oficiais competentes"

O art. 29, IV, também prevê ser dispensável a licitação pelas estatais quando as propostas consignarem preços incompatíveis com os fixados pelos órgãos oficiais competentes.

Infelizmente, a hipótese repete a redação presente no antigo Decreto-lei nº 2.300/86[34] e no inc. VII do art. 24 da Lei nº 8.666/1993, que refletem o cenário político-econômico das épocas em que essas normas foram editadas.

Sem ingressar no mérito acerca da constitucionalidade desse tipo de conduta, compreendemos que a fixação de preços pelo Estado, por tabelamento ou por congelamento, representa medida econômica radical que, há anos, não tem espaço na atual sociedade brasileira.

Nas palavras de Sidney Bittencourt,

> [e]ssa parte do dispositivo visava, à época de sua elaboração, impedir a contratação com pessoas físicas ou jurídicas que, numa licitação, apresentassem preços com valores superiores aos que tivessem sido tabelados ou congelados pelo governo[35].

Ocorre que, mesmo que se considere possível tal medida intervencionista, no regime da Lei nº 13.303/2016, a previsão se mostraria inócua e seu objetivo não seria atingido. Ora, considerando que o art. 56, IV, aponta para a regra de que os lances ou propostas que se encontrem acima do orçamento estimado para a contratação devem ser desclassificados da disputa; em um cenário com preços fixados - mediante tabelamento ou congelamento - não poderia a empresa estatal divulgar procedimento licitatório cuja estimativa

34. A redação do art. 22, IX do Decreto-lei nº 2.300/1986, alterado pelo Decreto-lei nº 2.348/1987, dispunha que era dispensável a licitação "quando as propostas apresentadas consignarem preços manifestamente superiores aos praticados no mercado ou forem incompatíveis com os fixados pelos órgãos estatais incumbidos do controle oficial de preços".

35. BITTENCOURT, Sidney. Contratando sem licitação: contratação direta por dispensa ou inexigibilidade. São Paulo: Almedina, 2016, p. 200.

estivesse em patamares superiores ao determinado pelos órgãos competentes, sob pena de nulidade do ato e do certame como um todo.

Ademais, ao contrário do que pensam algumas vozes da doutrina, compreendemos que a incompatibilidade com os preços "fixados pelos órgãos oficiais competentes" não guarda relação com o sistema de registro de preços, previsto como procedimento auxiliar das licitações no inc. III do art. 63.

Todavia, isso não significa que as propostas apresentadas possam ser incompatíveis com preços registrados pela estatal. As atas de registro de preços representam importante fonte de consulta para a verificação dos valores praticados no mercado nacional e podem, sim, fundamentar a contratação direta com arrimo na primeira hipótese do art. 29, IV, mas não devem ser equiparadas à fixação de preços por órgãos oficiais competentes.

JURISPRUDÊNCIA RELACIONADA[36]

- Pelo dever de agir com observância aos princípios da razoabilidade, da moralidade e da economicidade, cabia ao gestor verificar se o preço pago à contratada não era exorbitante, mormente nas condições em que foi efetivada a licitação. A discricionariedade do poder do Prefeito Municipal lhe permitia, por exemplo, anular a licitação eivada de vícios ou cujo preço estivesse fora da realidade de mercado ou decidir pela não contratação da empresa vencedora do certame, justamente pelo fato de que ofertara preço irrazoável. 9. Diga-se de passagem, nos termos do artigo 24, inciso VII, da Lei nº 8.666/1993, a licitação é dispensável quando "as propostas apresentadas consignarem preços manifestamente superiores aos praticados no mercado nacional", caso em que o processo de dispensa deverá conter, ex vi do artigo 26, parágrafo único, da mesma Lei, a justificativa do preço contratado. (TCU. Acórdão nº 862/2006, 1ª Câmara)
- "que exija da empresa contratada por meio de dispensa de licitação, com fulcro no art. 24, inciso VII, da Lei nº 8.666/1993, a comprovação das condições de habilitação e da proposta estipuladas no edital da licitação precedente à qual a contratação direta se vincula, salvo motivo devidamente comprovado". (TCU. Acórdão nº 1.315/2004-Plenário)

36. Vide nota de rodapé nº 38.

4.4. COMPRA OU LOCAÇÃO DE IMÓVEL (ART. 29, V)

As empresas públicas e as sociedades de economia mista poderão adquirir ou alugar imóveis de maneira direta, sem a realização de procedimento licitatório, se atendidos os seguintes requisitos[37]:

a) comprovação de que a compra ou a locação atenderá às finalidades precípuas da estatal;

b) escolha do imóvel condicionada pelas necessidades de instalação e localização; e

c) compatibilidade do valor contratado com os praticados pelo mercado, mediante avaliação prévia.

4.4.1. Dispensa ou inexigibilidade?

Parcela relevante da doutrina tem indicado que a redação do art. 29, V, na realidade, descreve hipótese de inexigibilidade de licitação, e não de licitação dispensável. Isso ocorre, pois, identificam que a necessidade de a escolha do imóvel ser justificada e condicionada pelos fatores instalações e localização apontaria para a ausência de competitividade e, como consequência, a contratação direta somente poderia ser operacionalizada diante da existência de um único imóvel capaz de atender ao interesse do órgão ou da entidade. A Lei nº 14.133/2021, inclusive, optou por colocar esse tipo de pretensão contratual como hipótese de inexigibilidade licitatória.

A despeito de o referido entendimento estar presente em algumas decisões do Tribunal de Contas da União[38], compreendemos que ele não reflete a melhor interpretação a ser adotada a partir do texto legal.

Na prática, é possível que mais de um imóvel se encontre apto a ser adquirido ou alugado, mesmo após a análise dos critérios dispostos no art. 29, V. Nesses casos, surge a dúvida se a licitação se tornaria obrigatória ou se o administrador teria liberdade de escolha, respeitados os princípios norteadores do direito administrativo.

---

37. Art. 29. É dispensável a realização de licitação por empresas públicas e sociedades de economia mista: (...) V – para a compra ou locação de imóvel destinado ao atendimento de suas finalidades precípuas, quando as necessidades de instalação e localização condicionarem a escolha do imóvel, desde que o preço seja compatível com o valor de mercado, segundo avaliação prévia;
38. TCU. Acórdãos nº 1.816/2013 e 5.948/2014, ambos da 2ª Câmara.

Conforme assinalado, parte da doutrina indica que a contratação direta para aquisição ou locação de imóvel somente estaria autorizada "nas situações em que houver somente um imóvel cujas características atendam aos interesses da Administração[39]", o que configuraria inexigibilidade provocada pela exclusividade do bem[40].

No entanto, é preciso observar que quando a lei prevê hipóteses de contratação direta é porque admite que nem sempre a realização do certame levará à melhor contratação ou que, pelo menos, a sujeição do negócio ao procedimento formal e burocrático previsto pelo Estatuto não serve ao eficaz atendimento do interesse vinculado àquela hipótese específica[41].

A dispensa, ao contrário da inexigibilidade, não possui como pressuposto a ausência de ambiente competitivo[42]. Dessa maneira, acreditamos ser plenamente possível que o gestor, mesmo diante da existência de mais de um imóvel apto ao atendimento da pretensão contratual, opte pela dispensa de licitação e considere outros fatores para o atendimento da necessidade, como qualidade das instalações, localização ou valor do aluguel.

Vale observar que o art. 28 da Lei das estatais, ao reafirmar a regra geral de que as locações de bens deverão ser precedidas de licitação, ressalva as hipóteses previstas em seu art. 29.

Por outro lado, é preciso destacar que a contratação direta não se mostraria legítima caso a escolha do imóvel se fundasse em elementos desnecessários,

---

39. NIEBUHR, Joel de Menezes. Dispensa e Inexigibilidade de licitação. 4 ed. Belo Horizonte. Fórum, 2015, p. 295.
40. Edgar Guimarães e Abduch Santos, em análise da lei nº 13.303/16, defendem que a "norma estabelecida pelo artigo 29, inciso V versa, na verdade, uma hipótese de inexigibilidade de licitação. Isso se deve ao fato de que o pressuposto que legitima o estabelecimento da contratação direta é a inviabilidade de competição, aferida a partir da necessidade de que as condições de instalação e localização do imóvel, por serem as únicas aptas para satisfazer a necessidade pública, determinam a sua escolha". *In* GUIMARÃES, Edgar; SANTOS, José Anacleto Abduch. Lei das estatais: comentários ao regime jurídico licitatório e contratual da Lei nº 13.303/2016. Belo Horizonte: Fórum, 2017. P. 55.
41. Adilson Abreu Dallari destaca que "nem sempre, é verdade, a licitação leva a uma contratação mais vantajosa. Não pode ocorrer, em virtude da realização do procedimento licitatório, é o sacrifício de outros valores e princípios consagrados pela ordem jurídica, especialmente o princípio da eficiência". DALLARI, Adilson Abreu. Aspectos jurídicos da licitação. 6ª ed. São Paulo: Saraiva, 2003. p.34.
42. Nesse sentido o Acórdão-TCU nº 5.244/2017 – 1ª Câmara, 2.420/2017-Plenário, Parecer nº 01/2013 da Câmara Permanente de Licitações e Contratos-CPLC/PGF/AGU e Enunciado AGU/CGU/DECOR/CPLC nº 08/2018.

inadequados ou que não trouxessem benefícios relevantes à empresa estatal ou à prestação de serviço público, se for o caso.

Compreende-se, também, que o requisito da comprovação de que a compra ou a locação atenderá às finalidades precípuas da empresa estatal não permite a dispensa de licitação para o atendimento de necessidade de terceiro como, por exemplo, a disponibilização de imóvel funcional.

JURISPRUDÊNCIA RELACIONADA[43]

- "Depois de analisar as respostas encaminhadas, a Secex/SC verificou, em síntese, que o <*omissis*> fez sua proposta de compra com base no laudo de avaliação com valor mais alto para o imóvel, de R$ 64,5 milhões; além disso, que há fortes evidências de que esta avaliação está acima dos preços praticados no mercado. Assim, concluiu que, 'caso se concretize a aquisição do referido imóvel utilizando-se como parâmetro de preço o valor do laudo menos favorável à Administração Pública, em seu limite superior, e sem a ocorrência de qualquer negociação para melhorar as condições de compra, além de se materializar ato potencialmente não vantajoso para a Administração, pode se constituir ato antieconômico e contrário ao interesse público'". (TCU. Acórdão nº 520/2018-Plenário)
- A existência de um único imóvel apto a, por suas características de instalação e localização, atender às finalidades precípuas da Administração não é requisito para a contratação por dispensa de licitação fundada no art. 24, inciso X, da Lei 8.666/1993. (TCU. Acórdão nº 5.244/2017-Primeira Câmara)
- Mesmo que vários imóveis satisfaçam as condições desejadas pela Administração, encontra-se na esfera do poder discricionário do gestor contratar a locação por meio de dispensa de licitação (art. 24, inciso X, da Lei 8.666/1993). Os motivos adotados para a seleção não se limitam necessariamente ao valor do aluguel, sendo possível - e até desejável - a consideração de outros critérios, devendo-se observar as exigências legais de adequada motivação para a opção escolhida e de demonstração da compatibilidade do valor da contratação com parâmetros de mercado (art. 26 da Lei 8.666/1993). (TCU. Acórdão nº 2.420/2015-Plenário)
- Nos contratos de locação da Administração Pública, aplicam-se as disposições da Lei do Inquilinato, não havendo ilicitude no pagamento de multa por parte da Administração quando, na condição de locatária, romper o contato antes do prazo pactuado. (TCU. Acórdão nº 2337/2012-Segunda Câmara)
- A licitação, por mais imprescindível que seja, determinante que é da igualdade entre os participantes, não pode se sobrepor ao interesse público. E, como exposto, os pressupostos para a efetivação do aludido interesse restaram presentes [no caso em exame]. Quando a Administração precisa de um imóvel em localização especial, para uma

43. Vide nota de rodapé nº 38.

destinação peculiar, mitigada deverá ser a competição entre os particulares. Exemplo claro de ponderação de interesses. Tamanha a possibilidade de se dispensar o certame que há autores que defendem, inclusive, que o presente caso é de inviabilidade de competição. (TCE/MG. Processo Administrativo no 688.057)

4.4.2. Chamamento público

Apresenta-se como boa prática administrativa a realização de "chamamentos públicos" em que se anuncia o interesse em alugar ou em adquirir um imóvel, divulgando-se ao mercado as características e a localização aptas a atender a necessidade da empresa estatal.

Além de arregimentar subsídios à escolha do imóvel, a prospecção de mercado por meio de chamamento público auxilia o gestor a decidir, de maneira mais segura, pela realização de certame ou pela dispensa de licitação[44].

Esse entendimento encontra guarida em recentes julgados do Tribunal de Contas da União que apontam a possibilidade de utilização, como mecanismo de prospecção de mercado, de chamamentos públicos previamente às locações de imóveis, a fim de identificar aqueles que atendem às necessidades do ente contratante[45].

Caso a empresa estatal decida realizar o chamamento público, posteriormente, deverá empreender pesquisa a fim de verificar a compatibilidade do preço obtido com os de mercado, considerando as características de cada um deles.

JURISPRUDÊNCIA RELACIONADA[46]

- "9.3.3. caso pretenda celebrar novo contrato decorrente do chamamento público:

  9.3.3.1. dê publicidade a todos os interessados, nos termos do disposto no art. 6º, I, da Lei 12.527/2011, dos seguintes documentos: a impugnação ao edital apresentada pela <*omissis*> e a sua respectiva análise; o teor da proposta apresentada pela empresa <*omissis*>, incluindo a sua oferta de pagamento da mudança da sala-cofre; o Relatório 3/2018/CAAP e o Relatório Técnico 4/2018/CAAP, por meio dos quais foram

44. O Enunciado AGU/CGU/DECOR/CPLC nº 07/2018 segue linha de raciocínio semelhante: "Constatada a ausência de imóveis públicos disponíveis que supram as necessidades da Administração, é recomendável a promoção de chamamento público para a prospecção do mercado imobiliário, findo o qual a autoridade competente terá elementos para decidir pela realização de licitação, pela dispensa ou inexigibilidade de licitação.
45. TCU. Acórdão nº 1.479/2019 – Plenário. Rel. Min. Vital do Rêgo.
46. Vide nota de rodapé nº 38.

avaliadas as propostas apresentadas no chamamento público; e a ata da 452ª Reunião Ordinária da Diretoria, que decidiu sobre o resultado do chamamento público;

9.3.3.2. faculte a todos os interessados a oportunidade de eventual complementação das propostas apresentadas;

9.3.3.3. promova a reanálise das propostas, devendo considerar no cálculo da economicidade das propostas: a) o custo do m^2 de área útil do imóvel e não de área total, conforme ocorrido anteriormente, uma vez que essa foi a definição estabelecida no edital; b) a necessidade de distinção entre os serviços que seriam prestados sob a responsabilidade do condomínio e aqueles que continuariam sendo terceirizados, cujo fato permitiria à Administração elaborar plano de migração de um modelo para o outro; c) despesas com água, energia elétrica, IPTU, condomínio e contratação de serviços terceirizados complementares; e d) o valor do condomínio para a manutenção das áreas comuns;

9.3.3.4. deixe assente no instrumento contratual quais serviços seriam compreendidos pelo condomínio" (TCU. Acórdão nº 718/2019-Plenário)

- "9.2. com base no art. 7º da Resolução - TCU 265/2014, dar ciência ao *<omissis>* acerca das seguintes impropriedades, para que sejam adotadas medidas internas com vistas à prevenção de outras ocorrências semelhantes:

  9.2.3. a não inclusão da minuta contratual ou de pontos relativos às principais cláusulas contratuais, prescritos no art. 55 da Lei 8.666/1993, no edital de chamamento ao público para locação de imóvel está em desacordo com as melhores práticas administrativas relacionadas à contratação pública, visto que fragiliza princípios licitatórios". (TCU. Acórdão nº 203/2019-Plenário)

- Caso o chamamento público resulte em mais de uma oferta, a União pode promover, observada a proposta mais vantajosa aos seus interesses, a contratação direta, mediante dispensa de licitação. (TCU. Acórdão nº 1.273/18-Plenário. Rel. Min. Vital do Rêgo)

4.4.3. Locação sob medida (*built to suit*)

É comum a indagação acerca da possibilidade de, ao invés de adquirir ou alugar o imóvel, se firmar compromisso de locação futura de imóvel ainda não edificado ou em edificação.

Dos modelos de locação mais utilizados pela Administração Pública, destacam-se três:

i) locação tradicional: neste modelo, o espaço físico é locado sem serviços inclusos, sendo cada um desses serviços acessórios contratados independentemente;

ii) locação com *facilities* (modelo de condomínio): pode-se definir o termo *facilities* como a aplicação de um conjunto de mão-de-obra especializada em determinados serviços no âmbito de uma organização. Neste modelo, o locatário aluga não só o espaço físico, como serviços à sua operação, a exemplo de limpeza, administração predial, recepção, vigilância etc.; e

iii) locação "built to suit": o termo *built to suit* é usado para referenciar contratos de locação nos quais o locador investe recursos monetários em um determinado imóvel com o fito de ajustá-lo às necessidades de um locatário específico. Isto é, o imóvel é customizado de acordo com as necessidades de um dado locatário. Em regra, tais contratos são atípicos (neles prevalecem as condições livremente pactuadas no contrato respectivo, e não os dispositivos da Lei 8.245/1991) e os valores pagos a título de aluguel incluem a amortização dos investimentos feitos pelo locador[47].

Na locação *built to suit*, a empresa estatal locatária define as especificações que necessita e o locador proprietário recebe aluguéis que remuneram o posterior uso do bem por um longo período e os valores dispendidos na construção. Trata-se, na prática, da combinação de execução indireta de obra com a locação imobiliária.

Essa alternativa de contratação direta de locação sob medida é bastante difundida no âmbito privado e a hipótese da Lei nº 8.666/1993, semelhante à contida no art. 29, V, foi objeto de consulta, com caráter normativo, submetida ao Tribunal de Contas da União, que assim decidiu:

> [...] a Administração Pública deve demonstrar claramente o devido cumprimento de todos os requisitos previstos no art. 24, inciso X, da Lei de Licitações, em especial, quanto à comprovação da compatibilidade do preço a ser contratado com o valor de mercado, bem assim que, na encomenda, a junção do serviço de locação (parte principal) com o de execução indireta de obra (parte acessória) apresenta economia de escala e que, por isso, tal locação sob encomenda não ofende o princípio do parcelamento do objeto, previsto no art. 23, § 1º, e no art. 15, IV, da Lei nº 8.666/1993. (...) a despeito de a realização de licitação dever ser a regra, admite-se excepcionalmente a contratação direta de locação sob medida (operação built to suit), por meio de licitação dispensável fundada no art. 24, inciso X, da Lei nº 8.666/1993, desde que, além da observância das demais disposições legais aplicáveis ao

47. Definições extraídas do relatório contido no Acórdão-TCU nº 1.479/2019-Plenário.

caso, o terreno onde será construído o imóvel seja de propriedade do particular que será o futuro locador[48].

Percebe-se, assim, que a contratação direta de locação sob medida (*built to suit*), por meio de dispensa de licitação é excepcionalmente admitida pelo TCU desde que, além da observância das demais disposições legais aplicáveis ao caso, o terreno onde será construído o imóvel seja de propriedade do particular futuro locador.

Apesar de os Tribunais de Contas compreenderem possível a operação *built to suit*, é importante destacar a necessidade de a empresa pública ou a sociedade de economia mista motivar a sua escolha de maneira robusta, com a juntada de estudos técnicos, documentos e pareceres com o objetivo de demonstrar a legitimidade da contratação direta neste formato e a atenção à diretriz do parcelamento do objeto insculpida no art. 32, III, da norma.

JURISPRUDÊNCIA RELACIONADA[49]

- É possível adotar os entendimentos do Acórdão 1.301/2013 Plenário para a contratação de locação sob medida (*built to suit*) pela União no exterior, por intermédio do Ministério das Relações Exteriores, desde que observadas as orientações contidas na referida deliberação e que o ministério evite a assunção de obrigações ou compromissos que conflitem com a legislação brasileira. (TCU. Acórdão 2.219/2018-Plenário)
- As contratações do tipo "built to suit" exigem demonstração idônea de que a combinação da locação com a execução indireta de obra tem economia de escala e não ofende o princípio do parcelamento do objeto (art. 23, § 1º, e art. 15, inciso IV, da Lei 8.666/1993), por meio de estudos técnicos, pareceres e documentos comprobatórios juntados ao processo de licitação. (TCU. Acórdão nº 10.632/2015-Segunda Câmara)
- A despeito de a realização de licitação dever ser a regra, admite-se excepcionalmente a contratação direta de locação sob medida (operação *built to suit*), por meio de licitação dispensável fundada no art. 24, inciso X, da Lei nº 8.666/1993, desde que, além da observância das demais disposições legais aplicáveis ao caso, o terreno onde será construído o imóvel seja de propriedade do particular que será o futuro locador. (TCU. Acórdão nº 1.301/2013 – Plenário)

48. TCU. Acórdão nº 1301/2013 – Plenário. Rel. Min. André Luis de Carvalho.
49. Vide nota de rodapé nº 38.

4.5. CONTRATAÇÃO DE REMANESCENTE (ART. 29, VI)

A Lei prevê que, na hipótese de distrato ou rescisão contratual, o remanescente de obra, de serviço, ou de fornecimento de bens poderá ser contratado diretamente, caso atendida a ordem de classificação da licitação anterior e aceitas as condições ajustadas no contrato encerrado, inclusive quanto ao preço.

Portanto, a dispensa de licitação descrita no art. 29, VI, somente há de ser cogitada diante da presença de três pressupostos[50]:

- a existência de remanescente de obra, de serviço ou fornecimento a ser executado;
- rescisão contratual; e
- contrato encerrado advindo de certame licitatório.

Ademais, como condicionantes, a contratação direta somente poderá ser efetivada: a) se a ordem de classificação do certame anterior for respeitada na convocação de licitantes remanescentes; e b) houver aceite quanto à manutenção das condições avençadas, inclusive quanto ao preço.

4.5.1. Remanescência de obra, de serviço ou de fornecimento

Em respeito ao permissivo legal, compreendemos ser imprescindível que a execução do contrato rescindido tenha sido iniciada para que a estatal possa cogitar da contratação direta. Vale dizer que, se nada tiver sido executado, não haveria remanescência - ou sobra - a ser atendida, mas a totalidade.

Nos casos em que o licitante vencedor, convocado, não comparece para assinar o termo de contrato, a Lei também possibilita o chamamento e contratação do segundo colocado ou dos classificados remanescentes. Todavia, essa hipótese não encontra guarida no art. 29, VI; mas no art. 75, §2º, I, da Lei nº 13.303/2006:

50. Para Marçal Justen Filho (*In* JUSTEN FILHO, Marçal. Comentários à lei de licitações e contratos administrativos. 17ª edição. São Paulo: Editora Revista dos Tribunais, 2016, p. 511) e Joel de Menezes Niebuhr (*In* NIEBUHR, Joel de Menezes. Dispensa e inexigibilidade de licitação pública. 4. ed. rev. e ampl. Belo Horizonte: Fórum, 2015, p. 282), a hipótese não se qualificaria como contratação direta, tendo em vista que houve o regular processamento de certame licitatório cujo resultado também pautará o contrato firmado com os licitantes remanescentes.

> Art. 75. (...)
>
> § 2º É facultado à empresa pública ou à sociedade de economia mista, quando o convocado não assinar o termo de contrato no prazo e nas condições estabelecidos:
>
> I - convocar os licitantes remanescentes, na ordem de classificação, para fazê-lo em igual prazo e nas mesmas condições propostas pelo primeiro classificado, inclusive quanto aos preços atualizados em conformidade com o instrumento convocatório;
>
> II - revogar a licitação.

Existe uma terceira hipótese fora da disciplina legal: quando o licitante vencedor assina o contrato, mas, por qualquer motivo, não inicia a execução do objeto licitado.

Compreendemos que, nesse caso, a empresa pública ou a sociedade de economia mista poderá adotar conduta já admitida pelo Tribunal de Contas da União no regime da Lei nº 8.666/1993 no sentido de permitir a convocação dos demais licitantes:

> Por estarem presentes os mesmos princípios inspiradores (...), quais sejam, os valores da supremacia do interesse público e da eficiência, julgo pertinente o uso da mesma solução jurídica enfeixada por essas normas, para o fim de permitir a contratação das demais licitantes, segundo a ordem de classificação e mantendo as mesmas condições oferecidas pelo licitante vencedor, também na hipótese em que este houver assinado o contrato e desistido de executá-lo, mesmo sem ter executado qualquer serviço.
>
> 16. Afinal, não há razão lógica nem jurídica para dar consequência jurídica diversa à contratação em apreço só pelo fato de a empresa vencedora ter assinado o contrato e posteriormente ter rescindido amigavelmente o ajuste[51-52].

É importante lembrar que a contratação direta de remanescentes não representa caminho obrigatório a ser trilhado após qualquer rescisão contratual. Seja para a estatal, que pode concluir pela inconveniência da medida[53],

51. TCU. Acórdão nº 740/2013 - Plenário. Rel. Min. Benjamin Zymler.
52. No mesmo sentido o Acórdão nº 2830/2016-Plenário. Rel. Min. Ana Arraes.
53. Um exemplo em que isso pode ocorrer é fornecido por Jorge Ulisses Jacoby Fernandes que alerta para possível dificuldade de uso do permissivo legal quando, em um certame em que se previu a contratação integrada, os licitantes oferecem projetos e metodologias diferentes. Segundo o autor, haveria três soluções ao caso: 1) negociar com licitantes remanescentes a execução do

seja para os demais licitantes da ordem de classificação, que não estão obrigados a aceitar a convocação.

A hipótese se presta a tornar mais ágil a satisfação das necessidades das estatais, sem que essas sejam obrigadas a promover novo certame. A teor da jurisprudência do TCU, a contratação direta de remanescente não pode ser adotada quando a avença resultante da licitação estiver eivada de vícios[54]; tampouco quando houver necessidade de corrigir elementos relevantes de projeto ou substituir parcelas executadas incorretamente[55].

4.5.2. Rescisão contratual

Apesar de defendermos a possibilidade de convocação de remanescentes na hipótese em que o licitante, após assinar o instrumento contratual, desiste do ajuste antes de iniciar a execução do objeto a ele designado, a aplicação direta do art. 29, VI da Lei demanda que algum contrato tenha sido firmado com o licitante vencedor e, posteriormente, rescindido.

Os gestores costumam ter dúvidas se a dispensa de licitação poderia ser aplicada em quaisquer espécies de rescisão. Compreendemos que sim. A despeito de a Lei nº 13.303/2016 não ter elencado as espécies de rescisão contratual, a menção de que devem ser atendidas "as mesmas condições do contrato encerrado por rescisão ou distrato", permite indicar a possibilidade de dispensa após a rescisão consensual ou a decorrente da execução do instrumento contratual, nos termos da cláusula necessária disposta no inc. VII do art. 69 da Lei.

Considerando a aplicação das disposições de direito privado aos contratos de que trata a Lei nº 13.303/2016, o legislador poderia ter se socorrido de maior precisão técnica. Seria recomendável que a norma utilizasse os conceitos dos artigos 472 e seguintes do Código Civil.

Assim, tendo em vista que "rescisão" não possui conceito legalmente definido e é visto por parcela da doutrina como gênero que engloba diferentes

---

objeto projetado pelo vencedor; 2) licitar a continuidade, juntando o projeto executivo ou o básico vencedor ao edital, no lugar de um novo anteprojeto; e 3) licitar novo projeto que busque, se possível, harmonizar-se com o que foi executado. (FERNANDES, Jorge Ulisses Jacoby. Contratação direta sem licitação. 10. ed. rev. atual. e ampl. Belo Horizonte: Fórum, 2016. p. 343).

54. TCU. Acórdão nº 3075/2012-Plenário. Rel. Min. Raimundo Carreiro.
55. TCU. Acórdão nº 2.830/2016-Plenário. Rel. Min. Ana Arraes.

espécies de extinção ou desfazimento contratual, o termo deve ser tecnicamente lido como "resolução", ocorrida por conta da incidência de regra disposta em regulamento ou no instrumento contratual.

4.5.3. Contrato advindo de certame licitatório

A dispensa de licitação para contratação de remanescentes pressupõe que o contrato rescindido tenha sido firmado após o término de procedimento licitatório. Portanto, não há se falar em utilização da hipótese do art. 29, VI, no bojo de contratações ocorridas por dispensa ou inexigibilidade de licitação, tendo em vista que a Lei expressamente a condiciona ao atendimento da "ordem de classificação da licitação anterior".

4.5.4. Aceite das mesmas condições do contrato anterior

Como visto, a convocação da empresa pública ou da sociedade de economia mista não vincula os licitantes remanescentes a firmar contrato com a assunção de compromissos de terceiro. Até mesmo em relação aos termos contidos em suas próprias propostas, os participantes encontram-se desobrigados imediatamente após o término do procedimento licitatório ou a superação de seu prazo de validade.

A partir da rescisão contratual, caso a estatal opte pela contratação direta de licitantes remanescentes, deverá consultá-los acerca do interesse em completar a execução do objeto licitado nas mesmas condições do contrato encerrado, inclusive quanto ao preço, devidamente corrigido[56].

De forma pragmática, não vislumbramos impedimento para que essa consulta seja direcionada, de uma só vez, a diversos licitantes. Recomenda-se, no entanto, que a comunicação indique, inequivocamente, o atendimento à ordem de classificação do certame anterior.

Em nenhuma hipótese, o inciso VI do art. 29 poderá ser utilizado para contratar diretamente sociedade empresária que não tenha participado da licitação, ainda que esta, diante da negativa dos licitantes remanescentes, aceite cumprir os mesmos termos do contrato rescindido.

56. Nesse sentido, o TCU. Acórdão nº 552/2014-Plenário. Rel. Min. Ana Arraes que compreendeu ilegal a contratação, mediante a dispensa de licitação, de remanescente de obra com base em condições diversas daquelas que venceram o processo licitatório.

Quanto ao necessário respeito às condições anteriores, compreendemos não ser lógico que se exija do licitante remanescente a manutenção da integralidade da planilha de custos da empresa vencedora, em especial quando se tratam de serviços de natureza continuada com cessão de mão de obra. Imaginando hipótese em que o licitante convocado integre regime tributário distinto, esse fato não há de impedir a sua contratação se, com o ajuste de suas alíquotas e margem de lucro, os preços unitários e global forem mantidos.

É de se notar que, ao contrário do que previa o regime da Lei nº 8.666/1993, a Lei das Estatais não obriga a aceitação das mesmas condições oferecidas pelo licitante vencedor, mas "as mesmas condições do contrato encerrado", considerada, nesse ponto, a equação econômico-financeira fixada. Isso significa que o licitante que aceitar a contratação remanescente terá direito à repactuação nas mesmas condições e prazos a que fazia jus a empresa inicialmente contratada.

Por fim, é necessário ressaltar que a estatal deverá verificar a existência e o cumprimento de todas as exigências habilitatórias e contratuais elencadas no instrumento convocatório anterior, especialmente quando não houver a inversão de fases descrita no art. 51, §1º, da Lei.

4.5.5. Possibilidade de aproveitamento das propostas remanescentes

O §1º do art. 29[57] apresenta hipótese subsidiária de dispensa de licitação para contratação de remanescentes, que permite a celebração de contrato nas condições ofertadas pelos próprios licitantes, caso nenhum deles, quando consultados, tenha aceitado cumprir os mesmos termos da avença rescindida.

Para que possa ser manejada, é imprescindível que o valor ofertado pelo licitante remanescente seja igual ou inferior ao orçamento estimado à contratação, inclusive quanto aos preços atualizados.

Consideramos salutar essa previsão, diante da crescente dificuldade enfrentada pelos gestores, gerada por rescisões contratuais decorrentes da apresentação de propostas "aventureiras" que escapam do crivo da inexequibilidade

57. Lei nº 13.303/2016. Art. 29, §1º: Na hipótese de nenhum dos licitantes aceitar a contratação nos termos do inciso VI do caput , a empresa pública e a sociedade de economia mista poderão convocar os licitantes remanescentes, na ordem de classificação, para a celebração do contrato nas condições ofertadas por estes, desde que o respectivo valor seja igual ou inferior ao orçamento estimado para a contratação, inclusive quanto aos preços atualizados nos termos do instrumento convocatório.

durante o certame licitatório. Todavia, é necessário alertar para a possibilidade de conluio a induzir ardilosamente a rescisão contratual, máxime em licitações que atraiam um pequeno número de participantes[58].

JURISPRUDÊNCIA RELACIONADA[59]

- A contratação direta de remanescente de obra, serviço ou fornecimento decorrente de rescisão contratual (art. 24, inciso XI, da Lei 8.666/1993) requer a manutenção das condições oferecidas pelo licitante vencedor, inclusive quanto aos preços unitários, devidamente corrigidos, e não apenas a adoção do mesmo preço global. (Acórdão 1.443/2018 - Plenário)
- "9.2. dar ciência à <*omissis*> sobre a contratação direta de remanescente de serviço por prazo superior ao que efetivamente remanesceu do contrato rescindido, identificada no Processo Administrativo 25265.004611/2012-99 (Contratação Direta 01/2012) , o que afronta o disposto na Lei 8.666/1993, art. 24, inciso XI, com vistas à adoção de providências internas que previnam novas ocorrências da espécie". (TCU. Acórdão 379/2017-Plenário)
- A contratação direta de remanescente de obra, serviço ou fornecimento decorrente de rescisão contratual (art. 24, inciso XI, da Lei 8.666/1993) requer a manutenção das condições oferecidas pelo licitante vencedor, inclusive quanto aos preços unitários, devidamente corrigidos, e não apenas a adoção do mesmo preço global. (TCU. Acórdão nº 7.979/2017 - 2ª Câmara)
- O comando contido no art. 64, § 2º, da Lei 8.666/1993 pode ser utilizado, por analogia, para fundamentar a contratação de licitante remanescente, observada a ordem de classificação, quando a empresa vencedora do certame assinar o contrato e, antes de iniciar os serviços, desistir do ajuste, desde que o novo contrato possua igual prazo e contenha as mesmas condições propostas pelo primeiro classificado. (TCU. Acórdão nº 2.737/2016 - Plenário)
- A contratação direta de remanescente de obra decorrente de rescisão contratual (art. 24, inciso XI, da Lei 8.666/1993) apenas se aplica quando houver parcelas faltantes para executar, não quando a má-execução por parte do contratado anterior ou a inépcia do projeto impuserem adoção de providências não previstas no contrato original. (TCU. Acórdão nº 2.830/2016 - Plenário)

---

58. Com razão, Claudio Sarian, Rafael Jardim e Sylvio Kelsen alertam "para a necessidade de se atentar para o lapso de tempo entre o novo chamamento e a data da licitação. Caso transcorra longo tempo entre um e outro evento, pode ser mais vantajoso licitar novamente. Nessas situações, há de se comparar o preço do licitante convocado com o preço presumido de mercado atual, a justificar a manutenção da vantagem da contratação". *In:* ALTOUNIAN, Cláudio Sarian; CAVALCANTE, Rafael Jardim; COELHO, Sylvio Kelsen. Empresas estatais: governança, compliance, integridade e contratações: os impactos da Lei nº 13.303/2006: 230 questões relevantes. Belo Horizonte: Fórum, 2019, p. 228.
59. Vide nota de rodapé nº 38.

- No caso de remanescente de obra, não havendo classificados na licitação anterior que aceitem as mesmas condições oferecidas pelo licitante vencedor, inclusive quanto ao preço, o administrador não pode optar pela contratação direta, com fundamento no art. 24, inc. XI, da Lei 8.666/1993, de empresa que não participou da licitação, devendo promover novo certame. (TCU. Acórdão nº 2.132/2016 - Plenário)

- Ao licitante segundo colocado simplesmente é dada a opção de aceitar ou não a assunção integral da proposta formulada pela primeira colocada. Destaque-se: a assunção integral da proposta da primeira colocada! A proposta do segundo colocado é totalmente afastada. Somente dessa forma será cumprida a *intentio legis*. A contratação de remanescente de obra pressupõe que o proponente estudou a equação inicial antes de assinar o ajuste e analisou e aceitou uma proposta de preços baseada em dados que entendeu exequíveis em condições de equilíbrio econômico-financeiro. (TCU. Acórdão nº 552/2014 - Plenário)

- A ausência de interesse da contratada em prorrogar avença de prestação de serviços de natureza continuada não autoriza a realização de dispensa de licitação para contratação de remanescente de obra, serviço ou fornecimento, de que trata o art. 24, inciso XI, da Lei 8.666/93, nem a convocação prevista no art. 64, § 2º, do mesmo diploma legal. (TCU. Acórdão nº 819/2014 - Plenário)

- A contratação direta de remanescente de obra, com suporte no comando contido no art. 24, inciso XI, da Lei 8.666/1993, não pode ser adotada quando a avença resultante da licitação estiver eivada de vícios. (TCU. Acórdão nº 3.075/2012 - Plenário)

4.6. CONTRATAÇÃO DE INSTITUIÇÃO DE PESQUISA, ENSINO, DESENVOLVIMENTO INSTITUCIONAL OU DEDICADA À RECUPERAÇÃO SOCIAL DO PRESO (ART. 29, VII)

A Lei autoriza a dispensa de licitação com o objetivo de fomentar instituições brasileiras voltadas à pesquisa, ao ensino, ao desenvolvimento institucional ou à recuperação social do preso.

O estímulo ocorre por meio da facilitação de acesso dessas entidades à prestação de serviços ou fornecimento de bens às empresas públicas e às sociedades de economia mista.

Da redação do art. 29, VII, é possível extrair quatro características necessárias à instituição para que esta possa ser contratada de maneira direta:

1) a instituição deve ser brasileira;

2) suas finalidades regimentais ou estatutárias devem se voltar às atividades de pesquisa, ensino, desenvolvimento institucional ou recuperação social do preso;

3) a instituição deve possuir inquestionável reputação ético-profissional; e

4) ausência de finalidade lucrativa.

Historicamente, a jurisprudência do Tribunal de Contas da União adota interpretação deveras restritiva à utilização desse permissivo legal, cuja análise é casuística. Dessa maneira, revela-se importante que os gestores tenham cautela e atentem-se à necessária motivação dos fundamentos que autorizam a contratação direta.

4.6.1. Instituição brasileira

Por instituição brasileira devemos compreender como aquela estabelecida conforme as leis brasileiras e que tenham sede e administração no país.

A despeito de a Emenda Constitucional nº 6/1995 ter revogado o §2º do art. 171 da Constituição, que estabelecia o dever de o Poder Público conceder tratamento preferencial, nos termos da lei, à empresa brasileira de capital nacional, essa manifestação do poder constituinte derivado não tem o condão de impedir que leis posteriores implementem restrições ou benefícios às empresas brasileiras[60]. Trata-se, assim, de legítima utilização da competência atribuída à União no art. 22, inc. XXVII, da Carta Magna[61].

A referida revogação, conforme observa Sidney Bittencourt, visou a eliminação da distinção entre "empresa brasileira" e "empresa brasileira de capital nacional" do ordenamento jurídico pátrio, e não a supressão do conceito de empresa brasileira referido na Lei das estatais[62].

---

60. Em sentido diverso, Edgar Guimarães e Anacleto Santos: "poder-se-ia inferir pela impossibilidade de contratação de instituições estrangeiras. Todavia, isso cai por terra em razão de que a Emenda Constitucional nº 6/1995 revogou o §2º do art. 171 da Constituição Federal, que determinava tratamento preferencial à empresa brasileira na aquisição de bens e serviços pelo Poder Público. (GUIMARÃES, Edgar; SANTOS, José Anacleto Abduch. Lei das estatais: comentários ao regime jurídico licitatório e contratual da Lei nº 13.303/2016. Belo Horizonte: Fórum, 2017. p. 60).
61. Constituição Federal. Art. 22. Compete privativamente à União legislar sobre: (...) XXVII – normas gerais de licitação e contratação, em todas as modalidades, para as administrações públicas diretas, autárquicas e fundacionais da União, Estados, Distrito Federal e Municípios, obedecido o disposto no art. 37, XXI, e para as empresas públicas e sociedades de economia mista, nos termos do art. 173, § 1°, III.
62. Sidney Bittencourt rememora que a Exposição de Motivos da Emenda Constitucional nº 6/1995, que revogou o art. 171 da CF, dispôs que "2. A proposta tenciona a eliminar a distinção entre empresa brasileira e empresa brasileira de capital nacional e o tratamento preferencial concedido

4.6.2. Finalidades da instituição e pertinência com o objeto contratado

Quanto à necessidade de que as finalidades regimentais ou estatutárias da instituição voltem-se às atividades de pesquisa, ensino, desenvolvimento institucional ou recuperação social do preso, o Tribunal de Contas da União assevera que a entidade contratada deve possuir objetivos condizentes com o objeto da contratação[63].

Essa interpretação agrega requisito relacionado ao objeto do contrato, tendo em vista que "o fato de a entidade contratada preencher os requisitos estatutários exigidos no referido dispositivo legal, sendo necessário, também, que o objeto a ser contratado guarde estreita correlação com as atividades de ensino, pesquisa ou desenvolvimento institucional[64]".

O entendimento acerca da necessidade de que exista nexo entre o objeto contratado e as atividades elencadas na hipótese de dispensa de licitação foi sedimentado por meio da Súmula-TCU nº 250 que, apesar de aludir ao art. 24, XIII, da Lei nº 8.666/1993, mostra-se plenamente aplicável ao regime licitatório e contratual das empresas estatais:

> A contratação de instituição sem fins lucrativos, com dispensa de licitação, com fulcro no art. 24, inciso XIII, da Lei n.º 8.666/93, somente é admitida nas hipóteses em que houver nexo efetivo entre o mencionado dispositivo, a natureza da instituição e o objeto contratado, além de comprovada a compatibilidade com os preços de mercado.

De maneira exemplificativa, o TCU já decidiu não ser cabível a contratação direta de atividades continuadas, nem de objeto genérico, desvinculado de projeto específico; e, quando relacionado ao desenvolvimento institucional, deve ser verificada melhoria mensurável da eficácia e eficiência no desempenho da instituição beneficiada[65], não se enquadrando ao conceito, por exemplo, a contratação direta de serviços de limpeza, vigilância e conservação predial[66].

---

a esta última. Para tanto, firma-se conceito de empresa brasileira como aquela constituída sob as leis brasileiras e com sede e administração no País. (BITTENCOURT, Sidney. Contratando sem licitação: contratação direta por dispensa ou inexigibilidade. São Paulo: Almedina, 2016, p. 225).

63. TCU. Acórdão nº 3125/2011-Plenário.
64. TCU. Acórdão nº 1803/2010-Plenário.
65. TCU. Acórdão nº 714/2008-Plenário.
66. TCU. Acórdão nº 2.563/2006 – 2ª Câmara.

4.6.3. Inviabilidade de competição como requisito à dispensa?

Até a aprovação da Súmula-TCU nº 250, em 12.11.2014, era possível verificar diversos julgados da Corte de Contas que ordenavam a realização de certame licitatório sempre que houvesse mais de uma entidade em condições de prestar os serviços demandados[67].

Com o advento da Súmula – que não apresenta a inviabilidade de competição como requisito –, as decisões do Tribunal deixaram de recomendar a verificação da existência de pluralidade de instituições aptas a serem contratadas. Tal fato permite a compreensão de que, acertadamente, houve mudança de entendimento no órgão federal de controle.

É oportuno mencionar que, em resposta à consulta formulada pelo Ministro de Estado das Comunicações, o voto do Ministro José Jorge, relator do acórdão nº 1.111/2010, indicou que "o art. 24, inciso XIII, da então vigente Lei n.º 8.666, de 1993, ao autorizar a dispensa de licitação, mesmo que viável a competição, não levou em conta o critério da competitividade, mas sim prestigiou outras circunstâncias e peculiaridades que condicionam e recomendam a contratação direta, como a pesquisa, o ensino e o desenvolvimento institucional".

No entanto, em 2016, o Plenário do TCU emitiu acórdão que resgatou intelecção prevalecente antes da Súmula nº 250:

> Restrinjam as contratações por dispensa de licitação com fulcro no art. 24, inciso XIII, da Lei n. 8.666/1993, unicamente aos casos em que reste comprovado o nexo entre o mencionado dispositivo, a natureza da instituição e o objeto a ser contratado, observando sempre a razoabilidade do preço cotado, bem como a inexistência de outras entidades em condições de prestar os serviços a serem contratados, devendo ser promovida, caso contrário, licitação para a escolha da melhor proposta técnica, em obediência ao princípio constitucional da isonomia[68].

Acreditamos que essa decisão isolada não representa alteração no entendimento jurisprudencial sobre a hipótese de dispensa, podendo ter sido

---

67. Nesse sentido: acórdãos 3.015/2012, 2.175/2012, 2.672/2010, 938/2010, 188/2009, 1.257/2004, 2.018/2005, 2.018/2005, 812/2005, e 1.257/2004, do Plenário; acórdãos 8.674/2011, 8.674/2011, 5.736/2009, e 706/2007, da Primeira Câmara; e acórdãos 5.053/2008 e 690/2005, da Segunda Câmara.
68. TCU. Acórdão nº 2.619/2016 – Plenário.

adotada em função das peculiaridades que envolviam o caso concreto. O uso desse raciocínio a todas as situações fundamentadas no art. 29, VII, não seria correto. Como dito outrora, a dispensa, ao contrário da inexigibilidade, não possui como pressuposto a ausência de ambiente competitivo[69-70]. Por óbvio, a estatal não deve privilegiar injustificadamente determinada instituição, sendo necessária a juntada das razões de escolha aos autos do processo administrativo, nos termos indicados pelo §3º do art. 30 da Lei.

4.6.4. Subcontratação

Sob pena de configurar afronta ao princípio da isonomia, é necessário que a entidade contratada comprove "indiscutível capacidade para a execução do objeto por meios próprios e de acordo com as suas finalidades institucionais, sendo regra a inadmissibilidade de subcontratação[71]".

Portanto, o serviço contratado com supedâneo no art. 29, VII, deve ser obrigatoriamente executado pelos profissionais pertencentes aos quadros funcionais da instituição, sob pena de caracterizar intermediação da prestação dos serviços e burla à licitação[72].

4.6.5. Inquestionável reputação ético-profissional

Segundo Edgar Guimarães e Anacleto Santos, a inquestionável reputação exigida da instituição a ser contratada diretamente relaciona-se à capacidade moral e profissional que "detém para realizar o objeto do contrato, desempenhando adequadamente as finalidades para as quais foi criada[73]".

Evidentemente, a verificação de inquestionável reputação ético-profissional deve estar diretamente associada à demonstração de que a contratada é

69. Nesse sentido o Acórdão-TCU nº 5.244/2017 – 1ª Câmara, 2.420/2017-Plenário e Parecer nº 01/2013 da Câmara Permanente de Licitações e Contratos-CPLC/PGF/AGU.
70. Aplica-se ao art. 29, VII, a análise desenvolvida na obra Leis de Licitações comentadas. 7. ed. Salvador: Ed. Juspodivm, 2015. p. 270: "Tratando-se de dispensa, é evidente ser possível que mais de uma entidade possa prestar os serviços demandados. Caso assim não o fosse, se apenas uma entidade pudesse atender à pretensão contratual, seria verificada uma situação de inexigibilidade, pela inviabilidade de competição".
71. TCU. Acórdão nº 2.669/2016-Plenário.
72. Nesse sentido, o acórdão 344/2014-Plenário/TCU.
73. GUIMARÃES, Edgar; SANTOS, José Anacleto Abduch. Lei das estatais: comentários ao regime jurídico licitatório e contratual da Lei nº 13.303/2016. Belo Horizonte: Fórum, 2017. p. 63.

capaz de executar, por meios próprios, o objeto do contrato, não se relacionando a fatores alheios ao objeto contratual, tais como: ideologias políticas, religiosas ou econômicas[74].

JURISPRUDÊNCIA RELACIONADA[75]

- "Não obstante o art. 24, XIII, da Lei 8.666/1993 autorizar a dispensa de licitação na contratação de instituição brasileira incumbida regimental ou estatutariamente da pesquisa, do ensino ou do desenvolvimento institucional, como é o caso do <*omissis*>, é necessário que haja relação de pertinência entre o serviço a ser prestado ou os bens a serem adquiridos e o objetivo institucional ou social das aludidas entidades, o que não ocorreu no caso. (TCU. Acórdão nº 2.091/2019-Plenário)
- A dispensa de licitação com base no art. 24, inciso XIII, da Lei 8.666/1993 exige comprovação de que a contratada detenha inquestionável reputação ético-profissional e capacidade para a execução do objeto pactuado por meios próprios, sendo regra a inadmissibilidade de subcontratação. (TCU. Acórdão nº 2392/2018 - Plenário)
- A contratação direta de fundação de apoio por dispensa de licitação somente se justifica se a natureza dos serviços prestados for diretamente ligada à execução dos projetos de ensino, pesquisa, extensão, desenvolvimento institucional, científico e tecnológico e estímulo à inovação, em que a participação da fundação, dada a sua experiência e qualificação, se mostre importante para a realização com sucesso dos projetos. As fundações de apoio não devem ser contratadas para realizar meros serviços burocráticos da entidade apoiada (art. 1º, § 3º, inciso I, da Lei 8.958/1994). (TCU. Acórdão 297/2018-Plenário)
- A mera intermediação para a realização de outras contratações ou para a administração financeira de recursos não se coaduna com as atividades mencionadas no art. 24, inciso XIII, da Lei 8.666/1993. O núcleo do objeto de contrato celebrado sob a égide da Lei 8.958/1994 é, nos termos da lei, "os projetos de ensino, pesquisa, extensão, desenvolvimento institucional, científico e tecnológico e estímulo à inovação", e não o apoio, que inclui a gestão administrativa e financeira, prestado a esses projetos. (TCU. Acórdão nº 1.677/2017 - Plenário)
- Organização de eventos consiste em atividade meramente logística, que não se insere no conceito de projeto de ensino, pesquisa, extensão, desenvolvimento institucional, científico e tecnológico e estímulo à inovação, não podendo ser contratada com

74. Sobre o assunto, Marçal Justen Filho orienta que "disputas ou questionamentos sobre outros temas são secundários e não se admite um policiamento ideológico ou político sobre o contratado. Não é possível impugnar a contratação pelo simples fundamento da discordância com a ideologia adotada pelos sujeitos envolvidos na instituição. (JUSTEN FILHO, Marçal. Comentários à lei de licitações e contratos administrativos. 17ª edição. São Paulo: Editora Revista dos Tribunais, 2016. P. 517).
75. Vide nota de rodapé nº 38.

fundação de apoio mediante dispensa de licitação nos termos do art. 24, inciso XIII, da Lei 8.666/1993. (TCU. Acórdão nº 1.405/2016-Plenário)

- "Tal hipótese de dispensa "não ampara contratações de instituições de ensino, pesquisa ou desenvolvimento institucional apenas em razão da consagração dessa natureza no estatuto, sendo necessário que o objeto que se pretende contratar tenha vínculo direto com tais atividades (ensino, pesquisa ou desenvolvimento institucional). Caso contrário, essas instituições poderiam prestar quaisquer serviços para a Administração Pública, com o benefício de não se sujeitarem à disputa com outros prestadores, o que seria claramente ofensivo ao princípio da isonomia." (TJMG, AC nº 1.0024.13.041467-5/014, julgado em 21.07.2016)

- "9.2. determinar ao <*omissis*> que: (...) 9.2.1.2. a finalidade da fundação contratada deve consistir em projetos de pesquisa, ensino e extensão e de desenvolvimento institucional, científico e tecnológico; 9.2.1.3. o objeto do contrato deve estar diretamente relacionado à pesquisa, ensino, extensão ou desenvolvimento institucional; 9.2.1.4. o contrato deve estar diretamente vinculado a projeto a ser cumprido em prazo determinado e que resulte produto bem definido, não cabendo a contratação de atividades continuadas nem de objeto genérico, desvinculado de projeto específico; 9.2.1.5. a manutenção e o desenvolvimento institucional não devem ser confundidos e, nesse sentido, não cabe a contratação para atividades de manutenção da instituição, a exemplo de serviços de limpeza, vigilância, apoio administrativo e conservação predial". (TCU. Acórdão nº 1.193/2006-Plenário)

- "28. As contratações diretas fundamentadas no art. 24, inciso XIII, da Lei nº 8.666/1993 já foram objeto de inúmeras considerações pelo Plenário desta Casa, sendo uniforme o entendimento jurisprudencial de que não é suficiente o preenchimento pela instituição a ser contratada dos requisitos indicados no referido dispositivo – ser instituição brasileira incumbida regimental ou estatutariamente da pesquisa, do ensino ou do desenvolvimento institucional, deter inquestionável reputação ético-profissional e não ter fins lucrativos. Deve haver, ainda, estreita correlação entre o objeto contratado e atividades de pesquisa, ensino ou desenvolvimento institucional". (TCU. Acórdão nº 994/2006-Plenário)

- "9.6. determinar ao <*omissis*> que, quando da dispensa de licitação com fundamento no inciso XIII do art. 24 da Lei nº 8.666/1993, atente para o fato de que os serviços especificados na lei devem ser executados diretamente pela instituição contratada, vedada a subcontratação" (TCU. Acórdão nº 248/2006, Plenário)

4.7. AQUISIÇÃO PARA MANUTENÇÃO DE EQUIPAMENTOS (ART. 29, VIII)

O inciso VIII do art. 29 permite que as empresas públicas e as sociedades de economia mista dispensem a licitação "para a aquisição de componentes ou peças de origem nacional ou estrangeira necessários à manutenção de equipamentos durante o período de garantia técnica, junto ao fornecedor original desses equipamentos, quando tal condição de exclusividade for indispensável para a vigência da garantia".

Trata-se de situação imposta pelo fabricante de que a garantia técnica somente terá validade se forem utilizadas as peças e os componentes indicados nas manutenções necessárias ao bom funcionamento do equipamento.

Percebe-se que o permissivo legal se aproxima da ideia de inexigibilidade de licitação, tendo em vista a necessária condição de exclusividade descrita no artigo. No entanto, é importante ressaltar que a exclusividade apontada no dispositivo se refere à peça ou ao componente, e não à sociedade empresária fabricante.

Dessa forma, a dispensa não estará autorizada a todas as hipóteses em que o contratado subordina a eficácia da obrigação de garantia à aquisição de determinados componentes. Quando as peças indicadas como necessárias à manutenção da garantia forem comercializadas por diferentes fornecedores no mercado, a promoção de certame licitatório se impõe, caso a situação não se enquadre em outro dispositivo que permita a contratação direta[76].

Nota-se que o exemplo acima pode se enquadrar na situação descrita no art. 47, I, *b* da Lei, que permite, de maneira legítima, a indicação de marca ou modelo no instrumento convocatório do certame.

Observa-se que, apesar de representar solução razoável à aquisição de bens necessários à manutenção de equipamentos durante o período de garantia, não pode a estatal cegamente se submeter à vontade dos particulares que, por vezes, tendem a alongar a vigência da garantia técnica e a praticar preços abusivos das peças e componentes de reposição.

A dispensa não representa caminho obrigatório à aquisição de quaisquer bens para o conserto dos equipamentos em garantia. É possível – e recomendável – que o gestor avalie a conveniência e o custo-benefício de manter a garantia oferecida pelo fabricante.

76. Em outro sentido aponta Bernardo Guimarães *et al.*: "a contratação para a manutenção de garantia técnica consiste em outra hipótese de inexigibilidade, um típico exemplo em que apenas um fornecedor pode atender à necessidade do contratante, incapaz de gerar disputa pelo objeto singular. (...) Desse modo, o contratante está limitado a contratar com seu fornecedor originário. (GUIMARÃES, Bernardo Strobel; RIBEIRO, Leonardo Coelho; RIBEIRO, Carlos Vinícius Alves; GIUBLIN, Isabella Bittencourt Mäder Gonçalves; PALMA, Juliana Bonacorsi de. Comentários à Lei das Estatais (Lei nº 13.303/2016). Belo Horizonte: Fórum, 2019. p. 191).

Ademais, é prudente que os instrumentos convocatórios dos certames destinados à aquisição de equipamentos, após a análise de mercado, indiquem os parâmetros que regerão a garantia dos produtos. Na hipótese em que o edital do certame for omisso, compreendemos que a imposição do fabricante somente terá validade se fundamentada em aspectos técnicos e expressamente descrita em sua proposta.

Por fim, cabe registrar que o Tribunal de Contas da União, em análise de caso concreto que envolvia dispositivo idêntico da Lei nº 8.666/1993, manifestou-se no sentido de que esta hipótese de dispensa de licitação não se amolda à situação fática em que o fabricante, para a manutenção da garantia técnica, exige que os serviços de reparos sejam executados por representante indicado[77]. Em outros termos, a dispensa de licitação elencada no art. 29, VIII, da Lei das Estatais volta-se à aquisição de bens, e não contratação de serviços.

JURISPRUDÊNCIA RELACIONADA[78]

- "a Unidade Técnica assinalou que o fundamento legal da contratação direta, respaldada na dispensa de licitação capitulada no art. 24, inc. XVII da Lei nº 8.666/1993 (aquisição de componentes ou peças necessários à manutenção de equipamentos durante o período de garantia técnica), não se amoldaria à situação fática, vez que ocorreu, na realidade, por meio daquelas avenças, a aquisição de novos equipamentos e até mesmo a contratação de novos serviços. Além disso, restou evidenciado que, tanto nos contratos acima mencionados, bem como naqueles firmados mediante inexigibilidade de licitação (contratos RG 28.961, RG 30.987, RG 30.988, RG 31.217 e RG 31.696), no que concerne aos itens relativos a equipamentos e acessórios deles integrantes (componentes de hardware), inexistiam quaisquer óbices de ordem técnica ou mercadológica para que estes pudessem ter sido adquiridos mediante a realização de regular procedimento licitatório. (TCU. Acórdão nº 4.616/2009-2ª Câmara)

4.8. CONTRATAÇÃO DE ASSOCIAÇÃO DE PESSOAS COM DEFICIÊNCIA FÍSICA (ART. 29, IX)

A Constituição Federal adotou o princípio da dignidade da pessoa humana como um dos fundamentos da República (art. 1º, III), a redução das desigualdades sociais como princípio da ordem econômica (art. 170, VII), e previu tutela específica às pessoas com deficiência em seu art. 203, IV.

77. TCU. Acórdão nº 2716/2009 - 2ª Câmara. Rel. Min. Benjamin Zymler.
78. Vide nota de rodapé nº 38.

Ademais, em 2009, foi publicado o Decreto nº 6.949 que promulgou a Convenção Internacional sobre os Direitos das Pessoas com Deficiência e seu Protocolo Facultativo, dando início à sua vigência no plano interno.

Consoante pudemos ressaltar em obra diversa[79], essa Convenção foi aprovada pelo rito do art. 5º, §3º, da Constituição de 1988[80] e, portanto, os direitos ali dispostos integram a Carta Magna e compõem o "bloco de constitucionalidade" pátrio[81].

Dentre as obrigações contraídas pelo Brasil encontra-se o dever de "levar em conta, em todos os programas e políticas, a proteção e a promoção dos direitos humanos das pessoas com deficiência[82]". Com vistas a atender a esse encargo, foi publicada a Lei nº 13.146/2015 que instituiu a Lei Brasileira de Inclusão da Pessoa com Deficiência que define, em seu art. 2º, pessoa com deficiência como "aquela que tem impedimento de longo prazo de natureza física, mental, intelectual ou sensorial, o qual, em interação com uma ou mais barreiras, pode obstruir sua participação plena e efetiva na sociedade em igualdade de condições com as demais pessoas".

Nesse sentido, por reconhecer que a deficiência impõe desvantagem social, a Lei nº 13.303/2016 dispõe em seu art. 29, IX, que as empresas públicas e as sociedades de economia mista não estão obrigadas a promover certame licitatório para a "contratação de associação de pessoas com deficiência física, sem fins lucrativos e de comprovada idoneidade, para a prestação de serviços ou fornecimento de mão de obra, desde que o preço contratado seja compatível com o praticado no mercado".

Trata-se, inegavelmente, de medida que visa não apenas à satisfação das necessidades da estatal, mas, também, à implementação de louvável política

79. BARCELOS, Dawison. O portador de visão monocular tem direito de concorrer, em concurso público, às vagas reservadas aos deficientes. (Súmula 377 do STJ). *In:* Coleção Teses Jurídicas dos Tribunais Superiores – Direito Administrativo. DI PIETRO, Maria Sylvia Zanella e NOHARA, Irene (Coord.). São Paulo: Ed. Revista dos Tribunais, 2017.

80. CRFB/1988. Art. 5º (...) §3º: Os tratados e convenções internacionais sobre direitos humanos que forem aprovados, em cada Casa do Congresso Nacional, em dois turnos, por três quintos dos votos dos respectivos membros, serão equivalentes às emendas constitucionais. (Incluído pela Emenda Constitucional nº 45, de 2004).

81. SOUZA NETO, Cláudio Pereira de Direito constitucional: teoria, história e métodos de trabalho / Cláudio Pereira de Souza Neto; Daniel Sarmento – 2. ed. Belo Horizonte: Fórum, 2014. p. 50.

82. Convenção Internacional sobre os Direitos das Pessoas com Deficiência, promulgada pelo Decreto nº 6.949 de 25 de agosto de 2009, art. 4º, 1, *b* e *c*.

pública de incentivo e facilitação de acesso ao mercado de trabalho das pessoas com deficiência[83].

Conforme os ensinamentos do mestre Jacoby Fernandes, o legislador estipulou três espécies de requisitos para a regularidade da contratação direta[84]: a) o primeiro, relacionado às qualificações do contratado; b) o segundo, atinente ao objeto pretendido; e c) o terceiro, referente ao preço a ser pago.

Quanto ao primeiro requisito, em sua literalidade, a norma possibilita a contratação direta de associações de portadores de deficiência física; que não tenham fins lucrativos; e que possuam comprovada idoneidade.

Nesse ponto, acreditamos não ser possível estender o alcance do dispositivo para abarcar, além das associações, entidades criadas sob forma jurídica diversa[85]. Cumpre observar que tramitam nas Casas Legislativas do Congresso Nacional projetos de lei que objetivam ampliar a hipótese às fundações sem fins lucrativos[86].

A comprovação da idoneidade "se faz na inversa positiva, ou seja, para provar que alguém não tem comprovada idoneidade, deve-se demonstrar que há máculas de ordem moral que afetam substancialmente o conceito que a sociedade detém da instituição[87]". O envolvimento da associação ou de seus

---

83. Observa-se que "pessoa com deficiência" representa termo técnico-legal utilizado pela Lei nº 13.146/2015, cujo *caput* do art. 1º indica a instituição da "Lei Brasileira de Inclusão da Pessoa com Deficiência (Estatuto da Pessoa com Deficiência), destinada a assegurar e a promover, em condições de igualdade, o exercício dos direitos e das liberdades fundamentais por pessoa com deficiência, visando à sua inclusão social e cidadania".
84. FERNANDES, Jorge Ulisses Jacoby. Contratação direta sem licitação. 10. ed. rev. atual. e ampl. Belo Horizonte: Fórum, 2016. p. 406.
85. Nesse sentido, Jacoby Fernandes compreende que "outras entidades não estão abrangidas, como fundações de amparo aos deficientes físicos, sociedades beneficentes que auxiliem deficientes, igrejas e empresas, que não podem se utilizar desse dispositivo para serem contratadas diretamente. O legislador apaniguou apenas as pessoas jurídicas revestidas de forma associativa, possivelmente porque nelas o interesse dos deficientes seria representado pelos próprios interessados". (FERNANDES, Jorge Ulisses Jacoby. Contratação direta sem licitação. 10. ed. rev. atual. e ampl. Belo Horizonte: Fórum, 2016. p. 407). Em sentido diverso, Marçal Justen Filho salienta parecer "inquestionável que também pode fazer-se a contratação com outras entidades que desempenhem idêntica função, ainda que sob forma jurídica diversa. (JUSTEN FILHO, Marçal. Comentários à lei de licitações e contratos administrativos. 17ª edição. São Paulo: Editora Revista dos Tribunais, 2016, p. 537).
86. *V. g.* Projeto de Lei nº 4.810/2016, proposto pelo deputado federal Rafael Motta.
87. FERNANDES, Jorge Ulisses Jacoby. Contratação direta sem licitação. 10. ed. rev. atual. e ampl. Belo Horizonte: Fórum, 2016. p. 407.

dirigentes em escândalos ou que estejam respondendo a processos criminais podem, em tese, impedir a contratação direta.

Quanto ao objeto pretendido, a Lei das Estatais somente autoriza a dispensa de licitação para a prestação de serviços ou para a cessão de mão de obra, excluindo de seu alcance o fornecimento de bens.

Essa restrição guarda consonância com a intenção da norma em inserir as pessoas com deficiência no mercado de trabalho. Por essa razão, é imprescindível que o objeto contratado seja efetiva e diretamente executado por indivíduos que se enquadrem na definição de *pessoa com deficiência* do art. 2º da Lei nº 13.146/2015[88].

A despeito de o art. 29, IX aludir à deficiência física, o dispositivo deve ser interpretado de forma a abarcar a *pessoa com deficiência*, independentemente da natureza do impedimento que detém. A compreensão em sentido contrário não se mostra compatível com a Constituição Federal; com a Convenção Internacional sobre os Direitos das Pessoas com Deficiência, que possui *status* de emenda constitucional; e com a Lei nº 13.146/2015. Ressalta-se que nenhum desses diplomas normativos diferencia os direitos em razão da modalidade de deficiência.

Por fim, quanto ao terceiro requisito, referente ao preço a ser pago, a Lei aponta a necessidade de que este seja compatível com o praticado pelo mercado.

JURISPRUDÊNCIA RELACIONADA[89]

- "1.8. Dar ciência à Superintendência do Inmetro no Rio Grande do Sul que foram constatadas as seguintes irregularidades, para que adote as medidas corretivas cabíveis: 1.8.1. contratação da Associação Canoense de Deficientes Físicos (Acadcf) mediante dispensa indevida de licitação fundamentada no art. 24, inciso XX, da Lei nº 8.666/1993, haja vista que o contrato serviu para mera intermediação de mão de obra, com alocação de quantitativo insignificante de deficientes físicos, além de não ter sido comprovada a compatibilidade dos valores contratados com os preços praticados no mercado; 1.8.2. ausência de planilha de custos e formação de preços

88. Lei nº 13.146/2015. Art. 2º Considera-se pessoa com deficiência aquela que tem impedimento de longo prazo de natureza física, mental, intelectual ou sensorial, o qual, em interação com uma ou mais barreiras, pode obstruir sua participação plena e efetiva na sociedade em igualdade de condições com as demais pessoas.
89. Vide nota de rodapé nº 38.

na contratação da Acadef, inviabilizando a verificação quanto à compatibilidade dos preços contratados com aqueles praticados no mercado, que é uma das condições para a dispensa de licitação fundamentada no art.24, inciso XX, da Lei nº 8.666/1993, bem como a gestão contratual, inclusive nos casos das repactuações, contrariando as disposições do art. 7º, § 2º, inciso II, da Lei nº 8.666/1993, da IN/Mare no 18/97, vigente à época da contratação, em seus itens 2.4, 5.2.3 e 5.2.5, além de reiterada jurisprudência do TCU, conforme, por exemplo, os Acórdãos nos 1.162/2008 - Plenário, 1.046/2008 - Plenário, 616/2010 - 2ª Câmara e 1.693/2011 - 1ª Câmara". (TCU. Acórdão nº 9.636/2011 - 1ª Câmara)

- "15. Note-se que a vedação de habilitar entidades sem fins lucrativos em certames licitatórios (subitem 1.4.1.1 da deliberação recorrida) induz à inviabilidade de firmar o respectivo contrato. Todavia, o disposto no art. 24, inciso XX, da Lei n.o 8.666/93 permite a contratação direta de associação de portadores de deficiência física, sem fins lucrativos e de comprovada idoneidade, por órgãos ou entidades da Administração Pública, para a prestação de serviços ou fornecimento de mão de obra, desde que o preço contratado seja compatível com o praticado no mercado. Como se sabe, existe na licitação dispensável viabilidade de competição no mercado, mas há discricionariedade do administrador em contratar diretamente quem atenda às condições de prestação do serviço. Portanto, parece-nos que a referida disposição legal desconstitui o pressuposto de inexistência de nexo entre o objeto social de entidades sem fins lucrativos e a prestação de serviços públicos, de natureza contínua ou não, e em consequência a própria vedação de habilitar algum licitante que atue sem objetivo de lucro nos certames que a administração decidir instaurar". (TCU. Acórdão nº 7.459/2010 - 2ª Câmara)

4.9. CONTRATAÇÃO DE PRESTADORA DE SERVIÇOS PÚBLICOS (ART. 29, X)

De acordo com o inciso X do art. 29 da Lei, é permitido às empresas públicas e às sociedades de economia mista dispensarem a realização de procedimento licitatório "na contratação de concessionário, permissionário ou autorizado para fornecimento ou suprimento de energia elétrica ou gás natural e de outras prestadoras de serviço público, segundo as normas da legislação específica, desde que o objeto do contrato tenha pertinência com o serviço público".

A permissiva de dispensa descrita no art. 29, X, merece especial atenção, pois, a despeito de possuir redação semelhante à contida no regime da Lei nº 8.666/1993[90], traz consigo importante questão tratada a seguir.

90. Lei nº 8.666/93. Art. 24, XXII - na contratação de fornecimento ou suprimento de energia elétrica e gás natural com concessionário, permissionário ou autorizado, segundo as normas da legislação específica.

Quanto aos elementos caracterizadores da hipótese, podemos separá-los em duas espécies, relacionados à pessoa a ser contratada (subjetivo) e ao rol de objetos autorizados à contratação (objetivo).

Com fundamento no referido dispositivo, quanto ao aspecto subjetivo, a Lei permite sejam contratados diretamente:

- concessionários, permissionários ou autorizados a fornecer ou suprir energia elétrica ou gás natural; ou
- outras prestadoras de serviço público.

É inevitável aproximar essa hipótese de dispensa com a situação de inexigibilidade de licitação prevista no art. 30, ocorrida quando houver inviabilidade de competição. A aproximação faz sentido, mas, atualmente, não representa a superposição completa das hipóteses.

Tradicionalmente, nosso país explorava os serviços de energia elétrica de maneira direta. Em meados da década de 90, com a privatização do setor e o estabelecimento de normas específicas - a exemplo da Lei nº 9.074/1995 -, o ordenamento jurídico brasileiro retirou o caráter de exclusividade da prestação desse serviço público, possibilitando, inclusive, a existência de produtores independentes de energia elétrica[91-92].

Assim, ao menos em relação à energia elétrica, a dispensa de licitação se justifica em razão da ausência, teórica, do pressuposto fulcral da inexigibilidade de licitação, qual seja: a inviabilidade de competição.

Vale observar que, a despeito da viabilidade de competição, na prática ela não é efetiva, seja porque, na maioria das cidades continua a existir apenas um fornecedor; seja porque os produtores independentes ainda não têm capacidade produtiva relevante e suficiente a estabelecer, materialmente, a competição no setor.

---

91. Lei nº 9.074/95. Art. 11. Considera-se produtor independente de energia elétrica a pessoa jurídica ou empresas reunidas em consórcio que recebam concessão ou autorização do poder concedente, para produzir energia elétrica destinada ao comércio de toda ou parte da energia produzida, por sua conta e risco. Parágrafo único. O Produtor Independente de energia elétrica estará sujeito às regras de comercialização regulada ou livre, atendido ao disposto nesta Lei, na legislação em vigor e no contrato de concessão ou no ato de autorização, sendo-lhe assegurado o direito de acesso à rede das concessionárias e permissionárias do serviço público de distribuição e das concessionárias do serviço público de transmissão. (Redação dada pela Lei nº 11.943, de 2009)
92. Essa hipótese foi chancelada pelo Tribunal de Contas da União no julgamento do Acórdão nº 1.404/2004-Plenário da relatoria do Min. Walton Alencar Rodrigues.

Quanto ao gás natural, aplica-se o mesmo raciocínio: em um cenário em que houver a pluralidade de fornecedores, a dispensa de licitação mostra-se viável. Quando se tratar de monopólio, a exemplo dos serviços locais de gás canalizado, cuja titularidade foi outorgada aos Estados pelo art. 25, §2º, da Constituição Federal, a contratação deve ser efetivada por inexigibilidade de licitação, com fundamento no art. 30 da Lei nº 13.303/2016.

Conforme orienta Sidney Bittencourt,

> A cadeia econômica do gás natural envolve as operações de produção, comercialização, transporte e distribuição. A produção é realizada por concessionários de exploração e produção petrolíferas, titulares de concessão federal; o transporte, através de gasodutos, por titulares de autorização federal; o atendimento aos consumidores, por fim, é efetuado pela empresa de distribuição local de gás natural, que atua sob concessão ou permissão de serviço público.
>
> Considerando que a contratação de gás canalizado ocorre por meio de inexigibilidade de licitação, é certo que a dispensa licitatória tratada no dispositivo tem a ver com a contratação das outorgadas (concessionárias ou permissionárias) quando a comercialização do gás não se der dessa forma[93].

A novidade da Lei nº 13.303/2016 está em apontar a possibilidade de contratar diretamente outras prestadoras de serviço público, o que, quanto ao aspecto objetivo, alarga o conjunto de objetos contratuais para além de energia elétrica e gás natural.

No entanto, para que isso ocorra, impõe a Lei que o objeto contratado guarde pertinência com o serviço público.

Tomando por empréstimo a esquematização de Alessandro Dantas e Ronald Krüger, temos que, conforme a competência para a sua prestação, os serviços públicos podem ser classificados em:

a) Serviços titularizados pelo Estado e que são prestados por ele com exclusividade: 1) segurança pública; 2) serviços judiciários; 3) serviço postal e correio aéreo nacional; 4) alguns registros públicos (de comércio, de marcas e patentes, de direitos autorais sobre obras literárias, fonográficas, etc.); 5) busca e salvamento de pessoas em perigo e

93. BITTENCOURT, Sidney. Contratando sem licitação: contratação direta por dispensa ou inexigibilidade. São Paulo: Almedina, 2016, p. 189. p. 265.

defesa social; 6) de administração penitenciária; 7) defesa sanitária e controle de zoonoses etc.;

b) Serviços titularizados pelo Estado e que por ele são prestados diretamente, mas que também são abertos à prestação dos particulares mediante fiscalização do Poder Público: 1) educação; 2) saúde; 3) assistência social; 4) previdência (particulares em caráter complementar ao sistema público); 5) funerários (cemitérios públicos); 6) cultura e lazer (bibliotecas públicas, instrução para a prática de esportes etc.); 7) assistência jurídica; 8) manutenção e administração de nosocômios, albergues, asilos etc.;

c) Serviços públicos titularizados pelo Estado e por ele prestados diretamente ou, mediante autorização, concessão ou permissão, por particulares: 1) telecomunicações; 2) de navegação aérea (transporte de passageiros e cargas); 3) transmissão e distribuição de energia elétrica; 4) exploração de portos marítimos, fluviais e lacustres; 5) distribuição de água e saneamento básico (ligação com a rede de esgotos, construção e manutenção desta); 6) distribuição de gás canalizado; 7) limpeza pública e coleta de lixo; 8) manutenção de malhas rodoviárias, serviços de terraplanagem, arruamento e asfaltamento de vias públicas etc.; e

d) Serviços públicos titularizados pelo Estado, mas necessariamente delegados a particulares: serviços de registro (imóveis e civil de pessoas jurídicas e títulos e documentos) e notariais (tabelionato de notas e protesto de títulos) – art. 236 da CF[94].

Indaga-se, assim, se as empresas públicas e sociedades de economia mista estariam autorizadas a contratar diretamente outros serviços públicos, até mesmo aqueles que, fiscalizados pelo Poder Público, são prestados livremente por particulares em regime de competição. Acreditamos que sim, desde que respeitados os princípios e as diretrizes legais relacionados.

Adotada com parcimônia, essa possibilidade, de nenhuma maneira, representa afronta à máxima hermenêutica de que se deve adotar interpretações restritivas às exceções. Ao contrário, faz valer a vontade do legislador em permitir a contratação direta de outros serviços públicos, para além do fornecimento e do suprimento de energia elétrica e gás natural.

94. COUTINHO, Alessandro Dantas e RODOR, Ronald Krüger. Manual de Direito Administrativo. Rio de Janeiro: Forense; São Paulo: Método, 2015. p. 694.

Ademais, reitera-se que a dispensa, ao contrário da inexigibilidade, não possui como pressuposto a ausência de ambiente competitivo[95]. A possibilidade de disputa não acarreta, necessariamente, na realização de certame licitatório. Esta noção é intrínseca à ideia de *licitação dispensável*, que representa expressão que abarca as hipóteses em que se configura a viabilidade de competição (e de licitação, por consequência), no entanto, por expressa vontade legal, o procedimento licitatório estaria dispensado.

Obviamente, a estatal não deve privilegiar injustificadamente determinada instituição, sendo obrigatório o atendimento aos elementos dispostos no §3º do art. 30 da Lei, como a justificativa do preço e a razão de escolha do fornecedor ou do executante.

Da mesma maneira em que se reconhece louvável a realização de chamamentos públicos visando à locação de imóveis por dispensa de licitação, é recomendável que a estatal promova um procedimento simplificado para captação de propostas de fornecedores a fim de verificar qual alternativa oferece as melhores condições e mais bem atende às suas necessidades. Essa prática, inclusive, tornará mais robustos os elementos de instrução anteriormente referidos.

Por outra via, em razão do alargado conceito de serviços públicos empregado ordenamento jurídico brasileiro, é recomendável que a empresa estatal, diante da necessidade de contratar serviço público que permita ampla disputa em razão do número de agentes econômicos capazes de executar o objeto, cogite a realização de procedimento licitatório, de forma a privilegiar as diretrizes e os princípios elencados na Lei nº 13.303/2016.

4.10. CONTRATAÇÃO ENTRE AS ESTATAIS E SUAS RESPECTIVAS SUBSIDIÁRIAS (ART. 29, XI)

Como ocorre com as sociedades empresárias estabelecidas integralmente no regime privado, é relativamente comum que as estatais criem novas sociedades subsidiárias ou passem a exercer o controle sobre outras já existentes, com o objetivo de aprimorar o desenvolvimento de suas atividades. Essa

95. Aplica-se ao art. 29, VII, a análise desenvolvida na obra Leis de Licitações comentadas. 7. ed. Salvador: Ed. Juspodivm, 2015. p. 270: "Tratando-se de dispensa, é evidente ser possível que mais de uma entidade possa prestar os serviços demandados. Caso assim não o fosse, se apenas uma entidade pudesse atender à pretensão contratual, seria verificada uma situação de inexigibilidade, pela inviabilidade de competição".

forma de descentralização pode se voltar, inclusive, a funções complementares às definidas nos estatutos como principais.

Reconhecendo essa praxe, a Lei indicou ser possível às estatais dispensarem a licitação para a contratação de suas respectivas subsidiárias, seja para a aquisição ou alienação de bens, seja para a prestação de serviços[96].

O art. 29, XI, da Lei nº 13.303/2016 traz duas condicionantes à hipótese de contração direta: 1) a compatibilidade dos preços com os praticados no mercado; e 2) o bem a ser contratado ou o serviço a ser prestado tem de ter relação com atividade prevista no estatuto social da subsidiária contratada[97].

O permissivo não representa completa inovação no ordenamento jurídico nacional, pois, a Lei nº 8.666/1993 apresentava dispositivo semelhante em seu art. 24, XXIII[98]. A hipótese prevista no regime tradicional de licitações já provocou intensas discussões na doutrina[99] e mereceu a edição da Súmula nº 265 do Tribunal de Contas da União, cujo enunciado assim dispõe:

> A contratação de subsidiárias e controladas com fulcro no art. 24, inciso XXIII, da Lei nº 8.666/93 somente é admitida nas hipóteses em que houver, simultaneamente, compatibilidade com os preços de mercado e pertinência entre o serviço a ser prestado ou os bens a serem alienados ou adquiridos e o objeto social das mencionadas entidades.

---

96. Carlos Pinto Coelho Motta, ao tratar do inciso XXIII do art. 24 da Lei nº 8.666/1993 indica que o dispositivo "veio como forma de atender a uma necessidade da realidade empresarial daquelas sociedades. De uma maneira geral, o Direito Administrativo contemporâneo tem atendido às demandas na disponibilização de soluções que proporcionem uma maior agilidade de processos, eficácia e eficiência de resultados" *In:* Motta, Carlos Pinto Coelho. Eficácia nas licitações e contratos: estruturas da contratação, concessões e permissões, responsabilidade fiscal, pregão - parcerias público/privadas. 10ª ed. Belo Horizonte: Del Rey, 2005. P. 226.
97. TCU. Acórdão nº 127/2007 - Segunda Câmara. Rel. Min. Benjamin Zymler: "dois requisitos devem estar presentes para a contratação de subsidiárias ou controladas por empresas estatais: 1) preço a ser pactuado compatível com o praticado no mercado, sob pena de o ajuste ser inquinado de ilegal, e 2) relação de pertinência entre o serviço a ser prestado ou os bens a serem alienados ou adquiridos e objetivo institucional ou social das mencionadas entidades".
98. Lei nº 8.666/1993. Art. 24 (...) XXIII - na contratação realizada por empresa pública ou sociedade de economia mista com suas subsidiárias e controladas, para a aquisição ou alienação de bens, prestação ou obtenção de serviços, desde que o preço contratado seja compatível com o praticado no mercado. (Incluído pela Lei nº 9.648, de 1998)
99. Joel de Menezes Niebuhr compreende que os contornos da hipótese permitem vislumbrar inexigibilidade de licitação. Acrescenta o autor que "é legítimo às empresas públicas e sociedades de economia mista criarem subsidiárias ou terem o controle sobre outras empresas justamente para que estas lhes sirvam para prestar serviços de apoio e realizarem atividades complementares". NIEBUHR, Joel de Menezes. Dispensa e inexigibilidade de licitação pública. 4. ed. rev. e ampl. Belo Horizonte: Fórum, 2015, p. 288.

Portanto, verifica-se que a Lei das Estatais incorporou ao texto legal as condicionantes assinaladas pelo TCU em sua Súmula nº 265.

Acerca da necessária compatibilidade com os preços do mercado, Marçal Justen Filho adverte que a "opção governamental de adotar certa estrutura para organizar sua Administração Indireta não legitima a elevação de custos ou a ineficiência[100]". Para o autor, se "a mesma atividade pode ser desempenhada pela iniciativa privada por custo inferior, a Administração deverá adotar providências para eliminar os prejuízos constantes[101]".

Entendemos, no entanto, que a referida condicionante não impõe que a contratação direta reste impossibilitada caso a empresa pública ou a sociedade de economia mista encontre, no mercado, qualquer preço inferior ao praticado por sua subsidiária. Vale dizer que a hipótese de dispensa não mira apenas a economicidade imediata da contratação, mas a viabilidade e o aprimoramento das atividades das estatais. Ademais, a Lei condiciona à compatibilidade com o preço de mercado, vedando a contratação por valores destoantes ou irrazoáveis, e não à obtenção do menor preço possível.

A jurisprudência do Tribunal de Contas da União já se manifestou no sentido de que a subsidiária não pode subcontratar a totalidade dos serviços objeto de dispensa de licitação[102], sendo vedado que sirva apenas como intermediária na aquisição de equipamentos e serviços junto a terceiros[103].

Subsidiária, de acordo com o art. 2º, IV, do Decreto nº 8.945/2016, é a "empresa estatal cuja maioria das ações com direito a voto pertença direta ou indiretamente a empresa pública ou a sociedade de economia mista".

Desse modo, atendidos os requisitos de compatibilidade do preço com os praticados no mercado; e a existente relação entre o objeto do contrato e a atividade prevista no estatuto da contratada, poderá a empresa estatal contratar diretamente as sociedades em que possua mais do que 50% (cinquenta por cento) das ações com direito a voto.

É preciso observar que a Lei nº 13.303/2016 não cita, de maneira expressa, as empresas controladas em seu art. 29, XI, ao contrário do que ocorria

100. JUSTEN FILHO, Marçal. Comentários à lei de licitações e contratos administrativos. 17ª edição. São Paulo: Editora Revista dos Tribunais, 2016, p. 491. P. 548.
101. JUSTEN FILHO, Marçal. Comentários à lei de licitações e contratos administrativos. 17ª edição. São Paulo: Editora Revista dos Tribunais, 2016, p. 491. P. 548.
102. TCU. Acórdão nº 3.219/2010-Plenário. Rel. Min. Raimundo Carreiro.
103. TCU. Acórdão nº 1.705/2007-Plenário. Rel. Min. Raimundo Carreiro.

com a permissiva do regime tradicional de licitações (art. 24, XXII, da Lei nº 8.666/1993[104].

Historicamente, mostra-se polêmica a definição das categorias *subsidiárias* e *controladas*. Longo foi o período em que, no ordenamento jurídico brasileiro, não constava o conceito de *subsidiárias*.

A Lei nº 6.404/1976, aplicável às estatais por força do art. 7º da Lei nº 13.303/2016[105], apenas dispõe sobre o conceito de *subsidiária integral* que, segundo seu art. 251, seria a companhia constituída, mediante escritura pública, que tem a sociedade brasileira como único acionista.

No entanto, com o advento do Decreto nº 8.945/2016, resta claro que a sociedade passível de ser contratada por dispensa de licitação - subsidiária - é aquela em que a empresa estatal, direta ou indiretamente, detém a maioria das ações com direito a voto.

Em nosso juízo, o legislador perdeu a oportunidade de prever a dispensa de licitação entre subsidiárias de uma mesma estatal. Como visto, a lei possibilitou a contratação direta apenas na relação estatal-subsidiária.

É preciso reconhecer que, na prática, a reestruturação das empresas estatais conforma cenário em que o papel das subsidiárias mostra-se tão importante quanto o da estatal, verdadeiramente atuando como sua *longa manus*[106].

---

104. Acerca da temática comparativa entre a hipótese disposta na lei nº 8.666/1993 e na Lei das Estatais, o acórdão nº 2.645/2017-Plenário/TCU: "32. Importante registrar que as alegações trazidas pela Caixa e pela CPM Braxis também não encontram guarida nas disposições da nova Lei das Estatais (Lei nº 13.303/2016).
33. Em relação à dispensa de licitação, não há, no novo estatuto, previsão de contratação com dispensa de licitação de empresas controladas, permanecendo apenas as subsidiárias. É o que dispõe o art. 29, XI: "Art. 29. É dispensável a realização de licitação por empresas públicas e sociedades de economia mista: [...] XI – nas contratações entre empresas públicas ou sociedades de economia mista e suas respectivas subsidiárias, para aquisição ou alienação de bens e prestação ou obtenção de serviços, desde que os preços sejam compatíveis com os praticados no mercado e que o objeto do contrato tenha relação com a atividade da contratada prevista em seu estatuto social".

105. Art. 7º Aplicam-se a todas as empresas públicas, as sociedades de economia mista de capital fechado e as suas subsidiárias as disposições da Lei nº 6.404, de 15 de dezembro de 1976, e as normas da Comissão de Valores Mobiliários sobre escrituração e elaboração de demonstrações financeiras, inclusive a obrigatoriedade de auditoria independente por auditor registrado nesse órgão.

106. CARDOSO, Renato Augusto Hilel. A contratação direta entre empresas subsidiárias/controladas - Como preencher a lacuna? Fórum de Contratação e Gestão Pública - FCGP. Belo Horizonte, ano 12, n. 140, ago. 2013.

Por fim, importante observar que o art. 24, XXIII, da Lei nº 8.666/1993 esteve em vigor apenas até 30 de junho de 2018. Transcorrido o prazo de vinte e quatro meses concedido pelo art. 91 da Lei das Estatais para as adaptações necessárias, não há mais espaço à sua aplicação, sendo configurada a sua revogação tácita.

JURISPRUDÊNCIA RELACIONADA[107]

- A participação de empresa estatal no bloco de controle de empresa privada da qual é acionista minoritária, mediante celebração de acordo com o acionista majoritário, conferindo à estatal parcela de controle compartilhado, não a torna controladora da empresa participada, devendo esta concorrer nas licitações em condições de igualdade com as demais empresas do setor privado, sendo indevida sua contratação direta pela estatal com base no art. 24, inciso XXIII, da Lei 8.666/1993. (TCU. Acórdão nº 2.472/2017-Plenário)
- "É possível celebrar contrato de cessão de uso de instalações de usina termelétrica com o encargo para a contratada de realizar a operação e a manutenção das instalações e disponibilizar determinada potência, cumprindo obrigações do contrato de concessão da concessionária, nos termos do disposto no art. 25, §1º, da Lei nº 8.987/95, devendo a concessionária, caso pertença à Administração Indireta, realizar o devido processo licitatório, visando ampla competição e isonomia entre os particulares contratantes, além de expor de forma ampla os motivos da terceirização nos processos administrativos atinentes, inclusive com pareceres técnicos e econômicos que lhe sirvam de substrato, sendo dispensada a licitação no caso de contratação entre empresas públicas ou sociedades de economia mista e suas respectivas subsidiárias, desde que os preços sejam compatíveis com os praticados no mercado e que o objeto do contrato tenha relação com a atividade da contratada prevista em seu estatuto social, conforme previsto no art. 29, XI, da Lei nº 13.303/2016." (TCE/PR. Consulta. Acórdão nº 4791/2017 – Tribunal Pleno)
- Para fins de dispensa de licitação com fundamento nesse dispositivo, entende-se por controlada a empresa em que a União, direta ou indiretamente, detenha a maioria do capital social com direito a voto, em analogia ao conceito do art. 165, § 5º, inciso II, da Constituição Federal, que baliza a noção de empresa controlada. (TCU. Acórdão nº 1.985/2015 – Plenário)
- Somente o Banco do Brasil S/A, empresa controladora da Cobra Tecnologia S/A, pode contratá-la por dispensa de licitação, com fundamento no inciso XXIII do art. 24 da Lei nº 8.666/1993. Entretanto, para contratações da espécie, o preço deve ser compatível com o praticado no mercado, consoante expressamente fixado na referida lei. Aduz-se, também, o requisito consagrado na jurisprudência deste Tribunal de que haja relação de pertinência entre o serviço a ser prestado ou os bens a serem adquiridos e o objetivo

107. Vide nota de rodapé nº 38.

institucional ou social da entidade subsidiária e controlada. Destaco aqui mais um aspecto a ser observado nos casos em tela, qual seja: a impossibilidade de a empresa Cobra Tecnologia S/A subcontratar a totalidade dos serviços objeto de dispensa de licitação, por não ter capacidade de prestá-los. (TCU. Acórdão nº 3.219/2010 - Plenário)

- Consignei, todavia, no Voto condutor da Decisão no 645/2002-TCU-Plenário, que, na contratação de subsidiárias ou controladas pelos dirigentes de estatais, dois requisitos devem estar presentes: preço a ser pactuado compatível com o praticado no mercado, sob pena de o ajuste ser inquinado de ilegal, e relação de pertinência entre o serviço a ser prestado ou os bens a serem alienados ou adquiridos e objetivo institucional ou social das mencionadas entidades.10. Nessa oportunidade, ressaltei, ainda, que, no caso de a empresa não ter capacidade de prestar diretamente os serviços ou fabricar os produtos objeto da avença, em regra, é vedada a subcontratação total, nas hipóteses de contratação direta, mediante dispensa de licitação, com fulcro no art. 24, inciso XXIII, da Lei de Licitações. (TCU. Acórdão nº 127/2007 - 2ª Câmara)

4.11. CONTRATAÇÃO DE COLETA, PROCESSAMENTO E COMERCIALIZAÇÃO DE RESÍDUOS SÓLIDOS (ART. 29, XII)

Em mais uma hipótese em que o legislador utiliza o poder de compra das estatais a favor da implementação de políticas públicas, o art. 29, XII, da Lei prevê a possibilidade de as empresas públicas e as sociedades de economia mista dispensarem a realização de procedimento licitatório "na contratação de coleta, processamento e comercialização de resíduos sólidos urbanos recicláveis ou reutilizáveis, em áreas com sistema de coleta seletiva de lixo, efetuados por associações ou cooperativas formadas exclusivamente por pessoas físicas de baixa renda que tenham como ocupação econômica a coleta de materiais recicláveis, com o uso de equipamentos compatíveis com as normas técnicas, ambientais e de saúde pública".

O dispositivo repete, com evolução do antigo termo "catadores", a redação outrora disposta no art. 24, XXVIII da Lei nº 8.666/1993[108], instituída pela Lei nº 11.445/2007 que estabeleceu diretrizes nacionais para o saneamento básico e traçou objetivos para a política federal relacionada: a contribuição para o desenvolvimento nacional, a redução das desigualdades regionais, a

108. Lei nº 8.666/1993. Art. 24. É dispensável a licitação: (...) XXVII - na contratação da coleta, processamento e comercialização de resíduos sólidos urbanos recicláveis ou reutilizáveis, em áreas com sistema de coleta seletiva de lixo, efetuados por associações ou cooperativas formadas exclusivamente por pessoas físicas de baixa renda reconhecidas pelo poder público como catadores de materiais recicláveis, com o uso de equipamentos compatíveis com as normas técnicas, ambientais e de saúde pública. (Redação dada pela Lei nº 11.445, de 2007).

geração de emprego e de renda e a inclusão social; prioridade a programas que visam o atendimento a áreas ocupadas por populações de baixa renda; o fomento ao desenvolvimento científico e tecnológico, a adoção de tecnologias apropriadas e a difusão dos conhecimentos gerados de interesse para o saneamento básico; dentre outros.

Dessa forma, como incentivo às atividades das pessoas que retiram seu sustento da coleta de materiais recicláveis e ao desenvolvimento da própria atividade com uso de métodos que causam menor impacto à saúde pública e ao meio ambiente, admite-se sejam realizadas contratações sem o prévio procedimento licitatório.

Sobre o assunto, Marçal Justen Filho observa que

> [e]xistem razões de diversa ordem no sentido do incentivo e fomento à atividade dos catadores de materiais recicláveis. Trata-se não apenas de assegurar a eles a elevação da condição de vida digna, mas também promover a sua integração à atividade econômica formal - inclusive para efeito de garantir o acesso à seguridade social. Também se busca incentivar uma atividade econômica de grande relevância para a vida comunitária. Mais ainda, pretende-se proteger o meio ambiente e evitar a elevação dos índices de poluição e de destruição da natureza[109].

No entanto, a Lei não autoriza a contratação direta das pessoas físicas de baixa renda que tenham como ocupação econômica a coleta de materiais recicláveis. A contratação deverá ser realizada por intermédio de associação[110] ou cooperativa[111] exclusivamente formadas por essas pessoas, sem fins lucrativos, portanto. De igual maneira, é vedada a promoção de dispensa junto a sociedades empresariais. Optou-se por privilegiar formas jurídicas cuja defesa dos interesses dos participantes ocorre de maneira mais próxima.

109. JUSTEN FILHO, Marçal. Comentários à lei de licitações e contratos administrativos. 17ª edição. São Paulo: Editora Revista dos Tribunais, 2016, p. 558.
110. De acordo com o art. 53 do Código Civil, as associações são constituídas pela união de pessoas que se organizam para fins não econômicos, em que não há direitos e obrigações recíprocos entre os associados.
111. A Lei nº 5.764/1971, que definiu a Política Nacional de Cooperativismo, em seu art. 4º, define que "as cooperativas são sociedades de pessoas, com forma e natureza jurídica próprias, de natureza civil, não sujeitas a falência, constituídas para prestar serviços aos associados".

A Lei ressalta a importância e a necessidade de que os equipamentos utilizados na execução dos serviços diretamente contratados respeitem as normas técnicas, ambientais e de saúde pública relacionadas à atividade.

Apesar de não constar expressamente na redação do art. 29, XI, como ocorre em outras hipóteses em que se utiliza a dispensa de licitação para o fomento de determinados setores, sua finalidade não poderá justificar contratações com preços incompatíveis com os praticados no mercado.

Outrossim, não se pode admitir que a associação ou a cooperativa subcontrate o objeto avençado ou designe a execução do contrato a indivíduos que não se enquadrem no grupo de pessoas físicas de baixa renda que tenham como ocupação econômica a coleta de materiais recicláveis.

4.12. CONTRATAÇÃO DE BENS E SERVIÇOS COM ALTA COMPLEXIDADE TECNOLÓGICA E DEFESA NACIONAL (ART. 29, XIII)

Dispõe o art. 29, XIII, de hipótese bastante específica de contratação direta em que a empresa pública e a sociedade de economia mista poderão dispensar a licitação para o fornecimento de bens e serviços, produzidos ou prestados no País, que envolvam, cumulativamente, alta complexidade tecnológica e defesa nacional, mediante parecer de comissão especialmente designada pelo dirigente máximo da estatal.

Infelizmente, o legislador pátrio deixou passar a oportunidade de aprimorar o texto legal e repetiu a redação do art. 24, XXVIII, da então vigente Lei nº 8.666/1993, que já era alvo de críticas por parcela relevante da doutrina por conta da indeterminação dos conceitos nela dispostos[112].

112. Para o aprofundamento das questões relacionadas às contratações públicas no setor de defesa, recomendam-se os seguintes artigos do jurista, especialista no assunto, André Jansen: NASCIMENTO, André Jansen do. O plano normativo de contratação pública de produtos e sistemas de defesa nacional. Fórum de Contratação e Gestão Pública - FCGP, Belo Horizonte, ano 14, n. 166, out. 2015.; e NASCIMENTO, André Jansen do. Contratações no setor de defesa nacional - Comentários à luz das Leis nºs 8.666/93, 11.079/04 (PPP) e 12.462/11 (RDC). Revista Zênite - Informativo de Licitações e Contratos (ILC), Curitiba: Zênite, n. 265, p. 247-256, mar. 2016.

A permissiva de dispensa busca incentivar a pesquisa, inovação e produção tecnológicas no país, fomentando este mercado especializado, associado à defesa nacional[113]; e estabelece uma série de requisitos à sua configuração.

Inicialmente, somente é cabível a contratação para a aquisição de bens e para a prestação de serviços; o que afasta a incidência da hipótese nos casos de obras e alienações.

Exige-se, também, que o bem seja produzido ou o serviço seja prestado no Brasil, independentemente do país de origem do contratado. Imaginando um exemplo, em tese, é possível que uma empresa estadunidense seja contratada e preste o serviço em solo brasileiro. Neste ponto, concordamos com Joel de Menezes Niebuhr[114] que, após sinalizar a intenção do dispositivo em beneficiar aqueles que se dedicam à produção de alta tecnologia dentro do território nacional, vertendo conhecimento à nação, defende que o legislador deveria ter exigido que a tecnologia embarcada fosse desenvolvida no país, no lugar de impor somente que o serviço seja aqui prestado.

Quanto ao objeto em si, a Lei obriga a conjugação de dois requisitos: que o bem ou o serviço envolva *alta complexidade tecnológica*; e seja associado à *defesa nacional*.

Eis a questão: o que vem a ser *alta complexidade tecnológica* e o que se encontra englobado no conceito de *defesa nacional*? Cogita-se, inicialmente, que o legislador poderia ter vinculado o objeto da dispensa à definição de Produto Estratégico de Defesa - PED, elencada no inciso II do art. 2º da Lei nº 12.598/2012 que estabelece normas especiais para as compras, as contratações e o desenvolvimento de produtos e de sistemas de defesa; e dispõe sobre regras de incentivo à área estratégica de defesa:

> Art. 2º Para os efeitos desta Lei, são considerados:
>
> I - Produto de Defesa - PRODE - todo bem, serviço, obra ou informação, inclusive armamentos, munições, meios de transporte e de comunicações, fardamentos e materiais de uso individual e coletivo

113. FERNANDES, Jorge Ulisses Jacoby. Contratação direta sem licitação. 10. ed. rev. atual. e ampl. Belo Horizonte: Fórum, 2016. p. 440.
114. NIEBUHR, Joel de Menezes e NIEBUHR, Pedro de Menezes. Licitações e Contratos das Estatais. Belo Horizonte: Fórum, 2018. págs. 83-84.

> utilizados nas atividades finalísticas de defesa, com exceção daqueles de uso administrativo;
>
> II – Produto Estratégico de Defesa – PED – todo Prode que, pelo conteúdo tecnológico, pela dificuldade de obtenção ou pela imprescindibilidade, seja de interesse estratégico para a defesa nacional, tais como:
>
> a) recursos bélicos navais, terrestres e aeroespaciais;
>
> b) serviços técnicos especializados na área de projetos, pesquisas e desenvolvimento científico e tecnológico;
>
> c) equipamentos e serviços técnicos especializados para as áreas de informação e de inteligência;

Considerando não ter sido essa a específica opção do legislador, é possível aproveitar a definição disposta no item 1.4, II, do anexo do Decreto nº 5.484/2005, que aprovou a Política de Defesa Nacional:

> defesa nacional é o conjunto de medidas e ações do Estado, com ênfase na expressão militar, para a defesa do território, da soberania e dos interesses nacionais contra ameaças preponderantemente externas, potenciais ou manifestas.

De mais a mais, a melhor interpretação do dispositivo se volta à ideia de que a concretização dos conceitos jurídicos indeterminados, "*alta complexidade tecnológica*" e "*defesa nacional*", deverá ser efetivamente procedida por meio do parecer da comissão especialmente designada pelo dirigente máximo da estatal, exigido no art. 29, XIII, da Lei[115].

JURISPRUDÊNCIA RELACIONADA[116]

- "o parecer justificativo fundamentou a contratação: na criticidade do sistema - que possui doze sistemas associados e utilizados pelos principais atores do Sistema de Controle do Espaço Aéreo -; na importância da integração entre esses sistemas e a notória especialização da empresa contratada, corroborada por declaração emitida pela Associação das Indústrias Aeroespaciais do Brasil (Aiab), atestando se tratar da única empresa capacitada a executar os serviços contratados. Conclui pela inexigibilidade de licitação com fundamento legal no *caput* do art. 25 da Lei 8.666/1993. Pelo parecer,

115. Recomenda-se a leitura do documento que apresenta os principais instrumentos orientadores da Defesa brasileira: a Política Nacional de Defesa (PND) e a Estratégia Nacional de Defesa, disponível em <https://www.defesa.gov.br/arquivos/estado_e_defesa/END-PND_Optimized.pdf>. Acesso em: 12.04.2020.

116. Vide nota de rodapé nº 38.

verificam-se aspectos que apontam uma contratação com base nas diversas situações previstas no art. 24 da Lei 8.666/93. (...) 9.3. dar ciência ao Decea de que (...) Em futuras contratações envolvendo o Syncromax, pode ser avaliada a viabilidade jurídica do enquadramento no art. 24, inciso XXVIII, da mesma lei, atentando para todos os demais requisitos previstos na lei de licitações". (TCU. Acórdão nº 3.164/2011 - Plenário)

- Por fim, a "complexidade" do objeto (Projeto Completo) ou a "pressa" para sua consecução não são argumentos favoráveis à contratação direta. No primeiro caso, permite-se a contratação direta apenas para aquisição de objetos que envolvam, simultaneamente, "alta complexidade tecnológica e defesa nacional" (Lei 8.666/93, art. 24, inc. XXVIII). No segundo caso, a Lei 8.666/93 permite contratações diretas, por dispensa de licitação, "nos casos de emergência ou de calamidade pública, quando caracterizada urgência de atendimento de situação que possa ocasionar prejuízo ou comprometer a segurança de pessoas, obras, serviços, equipamentos e outros bens, públicos ou particulares" (art. 24, inc. IV). A construção de um campus universitário não se coaduna com essas hipóteses legais". (TCU. Acórdão nº 3.361/2011 - 2ª Câmara)

4.13. CONTRATAÇÃO DE ATIVIDADES DE PESQUISA E DESENVOLVIMENTO (ART. 29, XIV)

A Lei nº 10.973/2004 objetiva o estabelecimento de incentivos à inovação e à pesquisa científica e tecnológica, visando à capacitação e ao desenvolvimento de nosso sistema produtivo nacional e regional. Para tanto, a norma trouxe dispositivos que almejam desburocratizar as contratações voltadas à pesquisa e à inovação.

Além de prever expressamente, como princípio, a utilização do poder de compra do Estado para fomento à inovação, a Lei trouxe hipóteses em que as empresas públicas e as sociedades de economia mista poderão realizar contratos, sem licitação prévia, com o objetivo de dar cumprimento aos artigos 3º, 4º, 5º e 20 da Lei da Inovação, também conhecida como Marco Legal da Ciência, Tecnologia e Inovação.

Dentre as hipóteses, é possível a contratação direta para concretizar o apoio previsto à constituição de alianças estratégicas e o desenvolvimento de projetos de cooperação envolvendo empresas, Instituições Científicas, Tecnológicas e de Inovação - ICT e entidades privadas sem fins lucrativos voltados para atividades de pesquisa e desenvolvimento, que objetivem a geração de produtos, processos e serviços inovadores e a transferência e a difusão de tecnologia.

Do mesmo modo, nos termos do art. 4º da Lei nº 10.973/2004, as Instituições Científicas, Tecnológicas e de Inovação – ICT[117] poderão:

> I – compartilhar seus laboratórios, equipamentos, instrumentos, materiais e demais instalações com ICT ou empresas em ações voltadas à inovação tecnológica para consecução das atividades de incubação, sem prejuízo de sua atividade finalística;
>
> II – permitir a utilização de seus laboratórios, equipamentos, instrumentos, materiais e demais instalações existentes em suas próprias dependências por ICT, empresas ou pessoas físicas voltadas a atividades de pesquisa, desenvolvimento e inovação, desde que tal permissão não interfira diretamente em sua atividade-fim nem com ela conflite; e
>
> III – permitir o uso de seu capital intelectual em projetos de pesquisa, desenvolvimento e inovação.

Com o propósito de desenvolver projetos científicos ou tecnológicos para obtenção de produtos ou processos inovadores que estejam de acordo com as diretrizes e as prioridades definidas nas políticas de cada esfera de governo, as empresas públicas e as sociedades de economia mista poderão, nos termos de regulamento, participar minoritariamente do capital social de empresas privadas.

Por fim, conforme disposto no art. 20 da Lei nº 10.973/2004, é autorizado às estatais contratar diretamente Instituições Científicas, Tecnológicas e de Inovação – ICT, entidades de direito privado sem fins lucrativos ou empresas, isoladamente ou em consórcios, voltadas para atividades de pesquisa e de reconhecida capacitação tecnológica no setor, visando à realização de atividades de pesquisa, desenvolvimento e inovação que envolvam risco tecnológico, para solução de problema técnico específico ou obtenção de produto, serviço ou processo inovador.

117. Lei nº 10.973/2004. Art. 2º (...) V – Instituição Científica, Tecnológica e de Inovação (ICT): órgão ou entidade da Administração Pública direta ou indireta ou pessoa jurídica de direito privado sem fins lucrativos legalmente constituída sob as leis brasileiras, com sede e foro no País, que inclua em sua missão institucional ou em seu objetivo social ou estatutário a pesquisa básica ou aplicada de caráter científico ou tecnológico ou o desenvolvimento de novos produtos, serviços ou processos. (Redação pela Lei nº 13.243, de 2016)

4.14. CONTRATAÇÃO EMERGENCIAL (ART. 29, XV)

Como sabido, a regra é que os contratos sejam firmados após a realização de procedimento licitatório. Muitas vezes, no entanto, o gestor se depara com situações em que a necessidade da empresa pública ou da sociedade de economia mista não pode aguardar o longo trâmite de uma licitação, seja em razão da ocorrência de fatos imprevisíveis, seja por omissão ou falta de planejamento.

Mirando esses casos, a Lei previu a possibilidade de a estatal dispensar a licitação em situações de emergência, quando caracterizada urgência de atendimento de situação que possa ocasionar prejuízo ou comprometer a segurança de pessoas, obras, serviços, equipamentos e outros bens, públicos ou particulares, e somente para os bens necessários ao atendimento da situação emergencial e para as parcelas de obras e serviços que possam ser concluídas no prazo máximo de 180 (cento e oitenta) dias consecutivos e ininterruptos, contado da ocorrência da emergência, vedada a prorrogação dos respectivos contratos.

Como visto, vários são os elementos que caracterizam e condicionam a situação emergencial apta a ser solucionada pela via da contratação direta.

A despeito da existência de decreto federal[118] que dispõe sobre as definições e os trâmites para a configuração de situação de emergência e estado de calamidade pública, a ausência de reconhecimento formal das autoridades não impede que a estatal realize a contratação direta, caso atendidos os requisitos descritos no art. 29, XV, da Lei nº 13.303/2016.

Outrossim, ainda que o Poder Público tenha reconhecido a situação de emergência, é vedado à empresa pública e à sociedade de economia mista dispensar a licitação, se os elementos configuradores do permissivo não estiverem evidenciados, quais sejam: urgência, risco e meio adequado[119].

---

118. De acordo com o art. 2º do Decreto federal nº 7.257/2010, considera-se: "III – situação de emergência: situação anormal, provocada por desastres, causando danos e prejuízos que impliquem o comprometimento parcial da capacidade de resposta do poder público do ente atingido"; e "IV – estado de calamidade pública: situação anormal, provocada por desastres, causando danos e prejuízos que impliquem o comprometimento substancial da capacidade de resposta do poder público do ente atingido".

119. Nesse sentido, o Acórdão nº 2.504/2016 – Plenário, referente a situação regida por dispositivo semelhante da Lei nº 8.666/93: "a mera existência de decreto municipal declarando a situação do município como emergencial não é suficiente para justificar a contratação por dispensa de licitação com fundamento no art. 24, inciso IV, da Lei 8.666/1993, devendo-se verificar se os fatos relacionados à contratação amoldam-se à hipótese de dispensa prevista na lei".

A situação emergencial tem de possuir urgência concreta e efetiva no atendimento da necessidade da estatal, visando a afastar risco de prejuízo ou risco à segurança de pessoas, obras, serviços, equipamentos e outros bens públicos ou particulares. Além disso, a dispensa de licitação tem de se mostrar como o único meio adequado para afastar esse risco[120].

Desse modo, ganha importância a motivação dos atos do gestor na correta aplicação da dispensa de licitação por emergência. Além da descrição detalhada da casuística que enseja a necessidade da contratação direta, é necessário envidar esforços para apresentar documentos que caracterizem a situação, bem como a razão da escolha do contratado e a justificativa de preço, nos termos do art. 30, §3°, da Lei.

Nesse sentido, o TCU orienta que, além da caracterização da situação emergencial que justifique a dispensa, "deve-se trazer elementos aos autos do processo que demonstrem a compatibilidade dos preços contratados com aqueles vigentes no mercado ou com os fixados por órgão oficial competente, ou, ainda, com os que constam em sistemas de registro de preços, bem como que foi consultado o maior número possível de fornecedores ou executantes[121]".

Imaginando-se exemplo em que uma licitação destinada à aquisição de café, promovida por uma sociedade de economia mista, tenha sido suspendida por ordem judicial. É de se reconhecer que a situação não atenderia ao conjunto dos requisitos acima citados. Não nos parece que a falta de café seria efetivamente urgente, traria risco a bens ou a pessoas, ou representaria o único meio adequado a solucionar a questão até o término de regular certame licitatório.

Em análise de casos concretos[122], decidiu o Tribunal de Contas da União que a dispensa em casos de emergência apenas é cabível se o objeto da contratação direta for o meio adequado, eficiente e efetivo de afastar o risco iminente detectado, sendo irregular a contratação emergencial por dispensa quando, por exemplo, a interdição do acesso à edificação com problema

120. No Acórdão n° 1.162/2014, o Plenário do TCU indicou que A caracterização de situação emergencial, que autoriza o procedimento de dispensa de licitação, deve estar demonstrada no respectivo processo administrativo, evidenciando que a contratação imediata é a via adequada e efetiva para eliminar iminente risco de dano ou de comprometimento da segurança de pessoas, obras, serviços, equipamentos e outros bens, públicos ou particulares.

121. TCU. Acórdão n° 2019/2010. Plenário.

122. TCU. Acórdãos n° 1.987/2015 e 27/2016, ambos do Plenário.

estrutural for suficiente para a eliminação do risco e, consequentemente, da situação emergencial[123].

De igual maneira, é vedado à estatal, sob o pretexto da emergência, celebrar contrato cujo objeto não se restrinja ao atendimento da situação emergencial, a fim de obter solução definitiva para situação sabida e preexistente. Não poderia, por exemplo, diante da urgente necessidade de reconstruir as paredes de um laboratório, derrubadas por uma forte chuva, a estatal dispensar a licitação para a reforma do edifício que abarca o setor afetado.

4.14.1. Vigência e prorrogação dos contratos emergenciais

Quanto ao prazo de vigência contratual, o inciso XV do art. 29 define tratamento diferenciado a bens, de um lado; e a obras e serviços, de outro.

Para os bens, não há prazo estabelecido e a dispensa pode ser realizada somente para aqueles necessários ao atendimento da situação emergencial. Por sua vez, no caso de obras e serviços, a estatal apenas poderá dispensar o certame licitatório para as parcelas que puderem ser entregues em até 180 (cento e oitenta) dias.

Percebe-se que o legislador adotou a suposição de que 180 dias seriam suficientes para finalizar o procedimento licitatório. Todavia, várias são as circunstâncias que podem frustrar essa previsão: complexidade do objeto, decisões judiciais, intempéries naturais, dentre outras.

Exemplificando: se a estatal constatar que a obra que se faz necessário contratar de maneira emergencial durará mais do que 180 dias, o empreendimento não poderá ser contratado integralmente por dispensa de licitação. Nessa hipótese, a empresa pública ou a sociedade de economia mista deverá verificar quais etapas podem ser entregues em até 180 dias, a contar da ocorrência da emergência, e essas somente poderão ser objeto da dispensa.

Considerando que o dispositivo veda, de maneira expressa, a prorrogação dos contratos emergenciais, surge a dúvida quanto à conduta a ser tomada caso o objeto não possa ser entregue dentro do limite legal.

---

123. TORRES, Ronny Charles Lopes de. Leis de Licitações comentadas. 8. ed. Salvador: Ed. Juspodivm, 2017. p. 280.

No regime da Lei nº 8.666/1993 e em situações excepcionalíssimas, o TCU até já compreendeu regular a prorrogação de contratos emergenciais[124]. No entanto, a orientação costumeiramente fornecida pela jurisprudência da Corte de Contas é que a lei efetivamente vedou a prorrogação, mas não proibiu a elaboração de novos contratos emergenciais, caso a situação se mantenha após o prazo de 180 dias.

4.14.2. Emergência fabricada

Infelizmente, é comum verificar que órgãos e entidades públicas enfrentam situação em que os requisitos configuradores da hipótese de dispensa estão presentes, no entanto, o cenário não decorreu da imprevisibilidade, mas da omissão de seus agentes em planejar, ou até mesmo por má-fé.

A doutrina e a jurisprudência denominam essa hipótese de "emergência fabricada" e a questão gira em torno de saber se a dispensa emergencial estaria autorizada.

O tratamento jurisprudencial da situação emergencial originada da falta de planejamento, da desídia ou da má gestão dos recursos públicos, evoluiu[125] para compreender que essa falha administrativa não deve legitimar o sacrifício de direitos e de interesses cuja satisfação dependa de uma ação imediata[126].

Atualmente, esse raciocínio assentou-se no âmbito do Tribunal de Contas da União e pode ser representado pelo seguinte enunciado atribuído ao Acórdão nº 1.122/2017 do Plenário do TCU[127]:

> A contratação direta também se mostra possível quando a situação de emergência decorre da falta de planejamento, da desídia administrativa ou da má gestão dos recursos púbicos. O art. 24, inciso IV, da Lei 8.666/1993 não distingue a emergência resultante do imprevisível

---

124. Nesse sentido, os acórdãos nº 3.238/2010, 3.262/2012 e 1.801/2014, todos do Plenário.
125. O entendimento anterior do TCU apontava como pressuposto para o manejo da dispensa de licitação por emergência que a situação não pudesse ser atribuída à culpa ou dolo do agente público que tinha o dever de agir para prevenir a ocorrência de tal situação. *V. g.* Acórdãos 224/2007, 645/2007, 1996/2011, todos do Plenário.
126. JUSTEN FILHO, Marçal. Comentários à lei de licitações e contratos administrativos. 17 ed. 2016. São Paulo. Revista dos Tribunais. P.480.
127. No mesmo sentido, os acórdãos 285/2010, 1.312/2016 e 1.842/2017, todos do Plenário; e a Orientação Normativa nº 11/2009 da Advocacia-Geral da União.

> daquela resultante da incúria ou da inércia administrativa, sendo cabível, em ambas as hipóteses, a contratação direta, desde que devidamente caracterizada a urgência de atendimento a situação que possa ocasionar prejuízo ou comprometer a segurança de pessoas, obras, serviços, equipamentos e outros bens, públicos ou particulares.
>
> A situação de contratação emergencial decorrente da falta de planejamento, da desídia administrativa ou da má gestão dos recursos públicos pode implicar a responsabilização do gestor que lhe deu causa, em face de sua omissão quanto ao dever de agir a tempo, adotando as medidas cabíveis para a realização do regular procedimento licitatório.

Nesse sentido, a Lei nº 13.303/2016 previu em seu art. 29, §2º, que a contratação direta emergencial "não dispensará a responsabilização de quem, por ação ou omissão, tenha dado causa ao motivo ali descrito, inclusive no tocante ao disposto na Lei nº 8.429, de 2 de junho de 1992", denominada Lei de Improbidade Administrativa.

Assim, ao positivar o dever de responsabilização dos agentes pela contratação direta emergencial provocada por ação ou omissão, *a contrario sensu*, o legislador chancela a possibilidade de dispensar o certame licitatório para atender a necessidade da estatal decorrente de "emergência fabricada".

JURISPRUDÊNCIA RELACIONADA[128]

- Nas contratações diretas fundadas em emergência (art. 24, inciso IV, da Lei 8.666/1993), cabe ao gestor demonstrar a impossibilidade de esperar o tempo necessário à realização de procedimento licitatório, em face de risco de prejuízo ou comprometimento da segurança de pessoas e de bens públicos ou particulares, além de justificar a escolha do fornecedor e o preço pactuado. (TCU. Acórdão nº 1.130/2019 – 1ª Câmara)

- É possível a realização de contratações diretas com fulcro no art. 24, inciso III, da Lei 8.666/1993 durante intervenção federal decretada em razão de grave comprometimento da ordem pública, desde que o processo de dispensa seja instruído com os seguintes requisitos: i) demonstração de que a contratação está restrita à área temática abrangida pelo documento que decretou a intervenção, assim entendidos os bens e serviços essenciais à consecução dos seus objetivos, sejam eles relacionados com as atividades finalísticas ou de apoio dos órgãos formalmente envolvidos com a intervenção federal, por meio da descrição das circunstâncias fáticas, documentos e dados que ensejaram essa conclusão; ii) caracterização da urgência que acarreta

128. Vide nota de rodapé nº 38.

a impossibilidade de se aguardar o tempo necessário a um procedimento licitatório regular; iii) limitação e justificativa dos quantitativos de bens e serviços a serem adquiridos, os quais devem ser suficientes ao atendimento da demanda; iv) vigência dos contratos firmados limitada à data final estabelecida para a intervenção, não admitidas prorrogações; e v) comprovação nos autos do atendimento às disposições do art. 26, parágrafo único, da Lei 8.666/1993, em especial a razão da escolha do fornecedor ou executante e a justificativa do preço contratado, a partir de pesquisa prioritariamente junto a fontes públicas. (TCU. Acórdão nº 1.358/2018 - Plenário)

- É ilegal a contratação emergencial de empresa para construção de unidade de saúde, por meio de dispensa de licitação (art. 24, inciso IV, da Lei 8.666/1993), quando a nova unidade se destinar ao benefício da população a longo prazo e não a acudir uma situação emergencial concreta e efetiva. (TCU. Acórdão nº 4.560/2015- 2ª Câmara)

- Para caracterizar situação emergencial passível de dispensa de licitação, deve restar evidente que a contratação imediata é a via adequada e efetiva para eliminar iminente risco de dano ou de comprometimento da segurança de pessoas, obras, serviços, equipamentos e outros bens, públicos ou particulares, restringindo-se ao estritamente necessário ao atendimento da situação calamitosa. Deve-se divisar a conduta dos agentes públicos que concorreram para originar a situação emergencial da ação daqueles que apenas atuaram para elidir o risco de dano. (TCU. Acórdão nº 1217/2014 - Plenário)

- O TCU deu ciência ao <*omissis*> sobre impropriedade, relacionada à contratação emergencial de empresa privada de vídeo e comunicação, caracterizada pelo aumento no quantitativo de postos de trabalho, devendo-se restringir-se aos itens estritamente necessários ao afastamento de riscos iminentes à segurança de pessoas, obras, serviços, equipamentos e outros bens, públicos ou particulares. (TCU. Acórdão nº 417/2014 - 2ª Câmara)

- É possível a contratação direta por dispensa de licitação mesmo quando a situação de emergência decorrer de falta de planejamento, de desídia administrativa ou de má gestão dos recursos públicos, se houver necessidade de defesa do interesse público em face da inércia da Administração, sem prejuízo da responsabilização dos gestores que não providenciaram tempestivamente o devido processo licitatório. (TCU. Acórdão nº 1.312/2016 - Plenário)

- A caracterização de situação emergencial, que autoriza o procedimento de dispensa de licitação, deve estar demonstrada no respectivo processo administrativo, evidenciando que a contratação imediata é a via adequada e efetiva para eliminar iminente risco de dano ou de comprometimento da segurança de pessoas, obras, serviços, equipamentos e outros bens, públicos ou particulares. Não se presta a esse fim a presença de pronunciamento técnico apontando a existência de graves problemas estruturais, se a interdição do local, por si só, suspenderia eventual risco à segurança dos frequentadores, e descaracterizaria a situação de urgência, possibilitando a realização do devido procedimento licitatório. (TCU. Acórdãos no 1.162/2014 e 27/2016- Plenário)

- A contratação direta emergencial, fundamentada no art. 24, inciso IV, da Lei 8.666/1993, deve se restringir somente à parcela mínima necessária para afastar a concretização do dano ou a perda dos serviços executados, devendo a solução definitiva, conforme o caso, ser objeto de licitação formal. (TCU. Acórdão nº 6.439/2015- 1ª Câmara)

- É possível a prorrogação contratual emergencial acima de 180 dias, em hipóteses restritas, resultantes de fato superveniente, e desde que a duração do contrato se estenda por lapso de tempo razoável e suficiente para enfrentar a situação emergencial. (TCU. Acórdão nº 1.801/2014. Plenário)

- A contratação emergencial só deve atender a situação emergencial até a realização de nova licitação (art. 24, inciso IV, da Lei 8.666/1993). (TCU. Acórdão nº 2.988/2014– Plenário)

- A ausência ou precariedade de equipamentos e serviços públicos, que podem ser entendidas como "urgência controlada", não caracterizam por si sós a imprevisibilidade e a excepcionalidade exigidas para a contratação direta fundamentada no inciso IV do art. 24 da Lei 8.666/1993, a qual, ainda, deve se restringir aos itens estritamente necessários ao afastamento de riscos iminentes à segurança de pessoas, obras, serviços, equipamentos e outros bens, públicos ou particulares. (TCU. Acórdão nº 513/2013 - Plenário)

- Mesmo na hipótese de contratação emergencial, é necessária a elaboração de projeto básico com todos os elementos indicados no art. 6º, inciso IX, da Lei 8.666/1993, em face do disposto no art. 7º, § 2º, inciso II e § 9º da mesma Lei. É possível admitir a celebração de contratos firmados com suporte em projeto básico que não apresentem todos esses elementos, em casos excepcionais, com o intuito de afastar risco iminente de dano a pessoas ou a patrimônio público ou particular. (TCU. Acórdão nº 3.065/2012 - Plenário)

- Mesmo em afronta à lei, diante do propósito de atendimento do interesse público pela não interrupção do serviço de fornecimento de medicamentos à população, admite-se prorrogação excepcional dos contratos de fornecimento de medicamentos firmados mediante dispensa por motivo de emergência. (TCU. Acórdão nº 3.262/2012. Plenário)

- A ausência de risco grave de ocorrência de danos a bens ou a integridade de pessoas, diante da natureza da própria contratação, impede a caracterização de situação emergencial que justifique a dispensa de licitação, a exemplo de impressão de convites, confecção de revista e gravação e produção de comerciais. (TCU. Acórdão nº 287/2011- 2ª Câmara)

- Na dispensa de licitação amparada no art. 24, inciso IV, da Lei 8.666/1993 podem ser utilizados projetos básicos que não contemplem todos os elementos previstos no art. 6º, inciso IX da mesma norma, sendo que a contratação direta deve estar restrita somente à parcela mínima necessária para afastar a concretização do dano ou a perda dos serviços executados. (TCU. Acórdão nº 943/2011—Plenário)

- Não se imputa responsabilidade ao gestor por contratação emergencial, quando o fato gerador da situação foi a não conclusão, em tempo hábil, de licitação em curso antes do fim da vigência de contrato anterior e existe, no contrato emergencial, cláusula resolutiva que prevê a sua rescisão após a conclusão do procedimento licitatório. (TCU. Acórdão nº 1.872/2010 - 1ª Câmara)

- A contratação direta é possível mesmo quando a situação de emergência decorre de falta de planejamento, da desídia administrativa ou da má gestão dos recursos públicos. A inércia do servidor, culposa ou dolosa, não pode vir em prejuízo de interesse público maior a ser tutelado pela Administração. (TCU. Acórdão nº 285/2010 - Plenário)

4.15. HIPÓTESES DE ALIENAÇÃO DIRETA DE BENS DAS ESTATAIS

A despeito de as empresas públicas e sociedades de economia mista possuírem personalidade jurídica de direito privado[129], por expressa previsão constitucional do art. 173, §1º, inc. III[130], como regra, a alienação de bens pertencentes às empresas estatais deve ser antecedida de procedimento licitatório.

No entanto, tal qual ocorre com o regramento das aquisições de bens e contratação de serviços, a Lei excepciona hipóteses taxativas em que se reconhece a possibilidade de o gestor dispensar a licitação e promover a alienação de maneira direta.

Os permissivos encontram-se dispostos nos incisos XVI, XVII e XVIII do art. 29 da Lei nº 13.303/2016, a seguir analisados.

4.15.1. Transferência de bens a órgãos e entidades da Administração Pública (art. 29, XVI)

A Lei confere a possibilidade de as empresas públicas e as sociedades de economia mista realizarem a transferência de bens, sem prévio procedimento licitatório, quando estes se destinarem a órgãos e a entidades da Administração Pública. Outrossim, por expressa disposição legal, a licitação também se encontra dispensada quando a transferência do bem ocorrer mediante permuta.

---

129. Remete-se o leitor à análise dispendida no tópico desta obra que trata sobre o regime jurídico das estatais.

130. Constituição Federal. Art. 173. (...) § 1º A lei estabelecerá o estatuto jurídico da empresa pública, da sociedade de economia mista e de suas subsidiárias que explorem atividade econômica de produção ou comercialização de bens ou de prestação de serviços, dispondo sobre: (Redação dada pela Emenda Constitucional nº 19, de 1998) (...) III - licitação e contratação de obras, serviços, compras e alienações, observados os princípios da Administração Pública; (Incluído pela Emenda Constitucional nº 19, de 1998).

Dessa feita, necessário perceber que a redação do art. 29, XVI, não especifica a natureza dos bens que podem ser alienados diretamente a outros órgãos ou entidades. Aplicável, assim, o permissivo aos bens móveis[131] e imóveis[132], indistintamente; podendo a estatal, atendidos os demais requisitos legais, trocar imóveis por móveis e vice-versa.

Neste ponto reside importante diferença em relação ao regime da antiga Lei Geral de Licitações. No âmbito dela, a permuta de bens móveis era permitida exclusivamente entre órgãos e entidades da Administração Pública[133]. A permuta de bem imóveis, por sua vez, somente é possível se cumpridos os seguintes requisitos[134-135]: a) autorização legislativa (para órgãos da administração direta, entidades autárquicas e fundacionais); b) avaliação prévia; c) o imóvel pretendido seja destinado ao atendimento das finalidades precípuas da administração; d) as necessidades de instalação e localização condicionem a sua escolha; e) o preço seja compatível com o valor de mercado.

Já a Lei nº 13.303/2016 optou por conceder tratamento simplificado e ampliado à possibilidade de as estatais permutarem – e alienarem, como um todo – seus bens a órgãos e a entidades da Administração Pública. A empresa

131. De acordo com os artigos 82 e 83 do Código Civil – Lei nº 10.406/2002 –, "são móveis os bens suscetíveis de movimento próprio, ou de remoção por força alheia, sem alteração da substância ou da destinação econômico-social", considerando-se móveis, para efeitos legais, as energias que tenham valor econômico; os direitos reais sobre objetos móveis e as ações correspondentes; e os direitos pessoais de caráter patrimonial e respectivas ações.

132. Segundo os artigos 79 a 81 do Código Civil – Lei nº 10.406/2002 –, "São bens imóveis o solo e tudo quanto se lhe incorporar natural ou artificialmente", considerando-se imóveis, para efeitos legais, os direitos reais sobre imóveis e as ações que os asseguram; o direito à sucessão aberta; as edificações que, separadas do solo, mas conservando a sua unidade, forem removidas para outro local; e os materiais provisoriamente separados de um prédio, para nele se reempregarem.

133. Lei nº 8.666/1993. Art. 17, II, b.

134. Lei nº 8.666/1993. Art. 17. A alienação de bens da Administração Pública, subordinada à existência de interesse público devidamente justificado, será precedida de avaliação e obedecerá às seguintes normas: I – quando imóveis, dependerá de autorização legislativa para órgãos da administração direta e entidades autárquicas e fundacionais, e, para todos, inclusive as entidades paraestatais, dependerá de avaliação prévia e de licitação na modalidade de concorrência, dispensada está nos seguintes casos: (...) c) permuta, por outro imóvel que atenda aos requisitos constantes do inciso X do art. 24 desta Lei.

135. A Consultoria Jurídica da União junto ao Ministério do Planejamento, analisando interessante situação concreta do regime da Lei nº 8.666/1993, indicou ser possível a permuta de imóveis, ainda que o imóvel pretendido não atenda à íntegra dos requisitos do art. 24, X., com fundamento no art. 17, I, b. (TORRES, Ronny Charles Lopes de. Leis de Licitações comentadas. 8. ed. Salvador: Ed. Juspodivm, 2017. p. 232).

pública e a sociedade de economia mista não dependem de autorização legislativa para proceder à transação. Sobre o tema, acertadamente, orienta Rafael Freitas:

> [...] para as empresas estatais, esse procedimento deverá ser mais simplificado. É que a exigência da prévia aquiescência do Poder Legislativo para que uma empresa estatal realizasse uma operação com o seu patrimônio iria na contramão da agilidade que justifica a descentralização administrativa, por meio de pessoas jurídicas de direito privado. Tanto é verdade que os Estatutos Sociais dessas entidades, em regra, conferem aos seus Conselhos de Administração - sob a execução de seus diretores - a atribuição para autorizar a alienação de seus bens imóveis.[136]

Ademais, a permuta de bens imóveis entre a estatal e outros órgãos e entidades não se encontra condicionada aos requisitos da dispensa de licitação para compra ou locação de imóveis - art. 29, V, da Lei 13.303/2016.

Compreendemos, também, não há se falar em necessidade de que o imóvel a ser permutado seja único, tendo em vista que essa condição importaria em situação de inexigibilidade, e não de dispensa.

Por fim, é possível constatar que a redação do inciso XVI do art. 29 não condiciona diretamente a hipótese de dispensa à avaliação prévia. Esse fato gerou críticas de parcela da doutrina[137], mas, com respeito às opiniões contrárias, compreendemos não haver razão para tanto.

A empresa pública e a sociedade de economia mista não poderão alienar seus bens sem que delimitem sua repercussão patrimonial e financeira, seja nas hipóteses em que a transferência ocorrerá após licitação, caso em que se exige a avaliação formal do bem, por força do art. 49, I, da Lei; seja quando a alienação se efetiva de maneira direta, por dispensa de licitação.

É preciso notar que a Lei das Estatais promoveu um rearranjo das espécies e hipóteses de contratação direta. Enquanto a Lei nº 8.666/1993 adotava a classificação entre licitação dispensada, dispensável e inexigível; a Lei nº

136. FREITAS, Rafael Véras de. A alienação de bens das empresas estatais e sua afetação. Revista de Contratos Públicos - RCP, Belo Horizonte, ano 6, n. 10, p. 221, set./fev. 2017.

137. Sidney Bittencourt assevera que "o legislador não foi feliz na redação do dispositivo, pois dá a entender que a avaliação formal não se fará necessária quando dos casos de dispensa licitatória. Mais competente foi o elaborador da Lei nº 8.666/1993, que previu a necessidade no art. 17, I. (BITTENCOURT, Sidney. A nova lei das estatais: novo regime de licitações e contratos nas empresas estatais. Leme-SP: JH Mizuno, 2017. p. 110).

13.303/2016, talvez sob influência doutrinária[138], incorporou as hipóteses outrora tratadas como "licitações dispensadas" no rol das "licitações dispensáveis".

Havia sentido em elencar os requisitos no art. 17 da Lei nº 8.666/1993, pois o art. 26, que apresenta os elementos de instrução das dispensas e inexigibilidades não abarcavam a referida hipótese de alienação. Com a transposição promovida pela Lei nº 13.303/2016, o §3º de seu art. 30 passou a reger as transferências de bens para dispor que o processo deverá ser instruído com a razão da escolha do contratado e a justificativa de preço.

Portanto, de maneira motivada e respeitados os elementos de instrução inerentes às contratações diretas, as alienações de bens móveis e imóveis das estatais a órgãos e entidades da Administração Pública, prescindem a realização de procedimento licitatório.

JURISPRUDÊNCIA RELACIONADA[139]

- É permitida a utilização do chamamento público para permuta de imóveis da União como mecanismo de prospecção de mercado, para fim de identificar os imóveis elegíveis que atendam às necessidades da União, com atendimento aos princípios da impessoalidade, moralidade e publicidade, devendo, posteriormente, ser utilizadas várias fontes de pesquisa para certificação de que os preços atinentes aos imóveis propostos estejam compatíveis com os de mercado, considerando as especificidades de cada um, a exemplo de permutas realizadas anteriormente por órgãos ou entidades públicas, mídias e sítios eletrônicos especializados. Caso o chamamento público resulte em mais de uma oferta, a União pode promover, observada a proposta mais vantajosa aos seus interesses, a contratação direta, mediante dispensa de licitação, condicionada ao atendimento dos requisitos constantes do art. 24, inciso X, da Lei 8.666/1993, ou realizar o procedimento licitatório, nos termos do art. 17, inciso I, da Lei 8.666/1993 e do art. 30, § 2º, da Lei 9.636/1998, devendo observar a adequada motivação para a opção escolhida. (TCU. Acórdão nº 1.273/2018- Plenário)

138. Marçal Justen Filho, por exemplo, adverte que "os casos de dispensa de licitação do art. 17 não apresentam natureza jurídica distinta daquela contemplada no art. 24 da mesma Lei 8.666/1993. Não existem duas 'espécies' de dispensa de licitação na Lei 8.666/1993. Quanto a isso, reputa-se irrelevante a distinção terminológica na redação dos arts. 17 e 24. De fato, o art. 17 utiliza a fórmula 'licitação dispensada', enquanto o art. 24 contempla 'licitação dispensável'. Ambas as soluções são juridicamente equivalentes, comportando tratamento jurídico similar". (JUSTEN FILHO, Marçal. Comentários à lei de licitações e contratos administrativos. 17. Ed. ver., atual. e ampl. São Paulo: Editora Revista dos Tribunais, 2016. p. 377).

139. Vide nota de rodapé nº 38.

4.15.2. Doação de bens móveis para fins e usos de interesse social (art. 29, XVII)

Especificamente para a doação de bens, o art. 29, XVII, da Lei trouxe a possibilidade de as estatais dispensarem a licitação para a "doação[140] de bens móveis para fins e usos de interesse social, após avaliação de sua oportunidade e conveniência socioeconômica relativamente à escolha de outra forma de alienação".

Constata-se, portanto, que o referido dispositivo não abarca a possibilidade de doação de bens imóveis para os objetivos ali buscados. Todavia, isso não significa que em todas as oportunidades, diante da necessidade de doar bens imóveis, a estatal deverá promover certame licitatório. Nas hipóteses em que o bem imóvel tiver como destinatário órgão ou entidade da Administração Pública, a doação poderá ser realizada com fundamento no art. 29, XVI, da Lei.

É importante salientar que o inciso XVII autoriza a doação de bens móveis sem condicionar a transação aos destinatários da medida. Isso significa que até mesmo particulares poderão receber bens da estatal em doação.

A previsão justifica-se em razão do objetivo pretendido: o incentivo a que os bens móveis das empresas públicas e das sociedades de economia mista sejam destinados a finalidades e a usos de interesse social. Destacamos a importância de que a escolha do donatário esteja fundamentada em robusta e expressa motivação, além do cumprimento do requisito imposto pela norma de prévia avaliação da oportunidade e conveniência socioeconômica em relação a outras formas de alienação.

Acerca da finalidade que legitima a dispensa de licitação, Joel de Menezes Niebuhr destaca que

> [i]nteresse social é espécie que se subsome ao espectro mais largo do interesse público. Isso significa que todo interesse social é pertinente ao interesse público, mas que nem todo interesse público pode ser qualificado como interesse social. Destarte, os bens móveis podem ser doados para ser utilizados em projetos sociais, isto é, que visem a beneficiar as parcelas menos favorecidas da sociedade, como vem a

140. Segundo o art. 538 do Código Civil, "considera-se doação o contrato em que uma pessoa, por liberalidade, transfere do seu patrimônio bens ou vantagens para o de outra".

> ocorrer em atos de benemerência. Por exemplo, não é lícito doar bem móvel a entidade como a Ordem dos Advogados do Brasil, que, conquanto realize atividades relacionadas ao interesse público, não visam a atender interesses sociais[141].

Ressaltamos que não há abertura para preferências arbitrárias ou escolhas que não se pautem em princípios republicanos. Nesse sentido, é recomendável que a estatal, na medida do possível, antes de tomar sua decisão, divulgue a intenção de doar bens e possibilite a ampla manifestação de interessados.

4.15.3. Compra e venda de ações, de títulos de crédito e de dívida e de bens que produzam ou comercializem (art. 29, XVIII)

O art. 29, XVIII, da Lei nº 13.303/2016 prevê que as empresas públicas e as sociedades de economia mista possam dispensar a realização de licitação "na compra e venda de ações, de títulos de crédito e de dívida e de bens que produzam ou comercializem".

A redação do dispositivo permite destacar dois gêneros distintos: 1) a compra e venda de ações, de títulos de crédito e de dívida; e 2) a compra e venda de bens que produzam ou comercializem.

4.15.4. Compra e venda de ações, de títulos de crédito e de dívida

A hipótese de compra e venda de ações, de títulos de crédito e de dívida estaria mais bem posicionada se integrasse o rol do §3º do art. 28 da Lei, que tratam das situações de não observância do regime licitatório. Sobre tais operações incidem diversas normas específicas, como a Lei nº 4.728/1965 e a Lei nº 6.385/1976. As características que envolvem esses negócios, como a sua volatilidade e a necessidade de medidas ágeis de compra e venda, podem se mostrar totalmente incompatíveis com a tramitação burocrática de procedimento licitatório.

Ademais, perde sentido o cumprimento dos elementos de instrução tratados no §3º do art. 30, por exemplo, no caso de negociação de ações em

141. NIEBUHR, Joel de Menezes. Dispensa e inexigibilidade de licitação pública. 4. ed. rev. e ampl. Belo Horizonte: Fórum, 2015, p. 226.

bolsa de valores, em que os títulos, por intermédio de corretoras[142], são postos abertamente à negociação do mercado, ficando a escolha do adquirente alheia à vontade da estatal.

4.15.5. Compra e venda de bens produzidos ou comercializados pelas estatais

Quanto à dispensa de licitação na compra e venda de bens produzidos ou comercializados pelas estatais, atribuímos a sua previsão à falha do legislador em transpor e aproveitar as hipóteses de contratação direta do regime da então vigente Lei nº 8.666/1993, em especial a contida em seu artigo art. 17, II, e), que autoriza a venda de bens produzidos ou comercializados, em virtude das finalidades dos órgãos ou entidades da Administração Pública.

Parece ter olvidado o legislador da acertada disposição do §3º do art. 28 da Lei, especialmente o inciso I que dispõe acerca da inobservância das regras licitatórias em relação à "comercialização, prestação, ou execução, de forma direta, de produtos, serviços ou obras especificamente relacionados com seus respectivos objetos sociais".

Verifica-se, portanto, que a regra do art. 28 possui campo ainda mais largo que o art. 29, XVIII, a abarcar serviços e obras, além da aquisição de bens.

Conforme já exposto nesta obra, consideramos que a hipótese de inobservância das regras licitatórias pode se dar tanto na "venda" direta, como na aquisição de objetos relacionados com os objetos sociais das empresas públicas e sociedades de economia mista. Assim, não vislumbramos cenário que escaparia ao enquadramento do art. 28, §3º, I, que pudesse ser contratado diretamente, por dispensa de licitação, com fundamento no art. 29, XVIII, da Lei nº 13.303/2016.

142. Para Sidney Bittencourt, é necessária a realização "de procedimento licitatório para fins da escolha da corretora que intermediará a venda de ações, em face da existência de legislação específica sobre a matéria determinando que a negociação de quaisquer valores mobiliários depende da participação de uma corretora de valores". (BITTENCOURT, Sidney. A nova lei das estatais: novo regime de licitações e contratos nas empresas estatais. Leme-SP: JH Mizuno, 2017. p. 112).

4.15.6. Transferência do controle acionário e a exigência de licitação e de prévia autorização legislativa

Logo após a sua publicação, vários dispositivos da Lei das Estatais foram impugnados por ações diretas de inconstitucionalidade, dentre eles o art. 29, XVIII[143], em que se busca a atuação do Supremo Tribunal Federal para conferir interpretação conforme à Constituição que indique a necessidade de prévia autorização legislativa para a venda de ações das sociedades de economia mista ou de suas subsidiárias ou controladas, sempre que se cuide de alienar o controle acionário.

A questão se coloca, pois, os incisos XIX e XX do art. 37 da Constituição Federal exigem lei específica e prévia autorização para instituição de empresas estatais e empresas subsidiárias. No entanto, nada versam sobre a eventual observância desses requisitos para o caso de extinção de uma e de outra.

Em nosso juízo, assiste razão às requerentes quando argumentam que, a mesma exigência existente para a criação de empresa estatal - prévia autorização legislativa - deve ser atendida no momento da alienação dessa sociedade, quando o Estado deixa de possuir o controle acionário, retirando-se do domínio econômico.

No bojo da ADI nº 5.624/DF, foi concedida medida cautelar reconhecendo que a alienação do controle acionário de empresas públicas e sociedades de economia mista exige autorização legislativa e licitação pública:

> Como se vê, a Carta de 1988 exige sempre a aquiescência do Poder Legislativo aos processos de criação de entidade governamental dessa espécie, ainda que tenha sido criada para explorar atividade econômica em sentido estrito.
>
> Assim, ao que parece, nesse exame preambular da matéria, não poderia o Estado abrir mão da exploração de determinada atividade econômica, expressamente autorizada por lei, sem a necessária participação do seu órgão de representação popular, porque tal decisão não compete apenas ao Chefe do Poder Executivo[144].

143. O art. 29, XVIII, da Lei das Estatais foi objeto de contestação junto ao STF, v. g., nas ADIs nº 5.624/DF, 5.846/DF e 5.924/DF.

144. Na mesma linha, as lições de Carlos Ari Sundfeld: Deveras, é necessário autorização legal tanto para o surgimento de uma nova organização governamental como para seu desaparecimento. (...) Nenhum espanto deve causar a assertiva segundo a qual a alienação do controle público sobre a empresa estatal produz o seu imediato desaparecimento. A afirmação é juridicamente exata: é que a medida suprime a personalidade governamental do ente, o qual deixa de ser

A decisão acima referida também fixou interpretação conforme à Constituição ao art. 29, XVIII, da Lei nº 13.303/2016, no sentido de que essa hipótese de dispensa de licitação só pode ser aplicada à venda de ações que não importem a perda de controle acionário de empresas públicas, sociedades de economia mista ou de suas subsidiárias ou controladas, contemplados os princípios da administração pública constantes do art. 37 da Constituição da República e garantida a competitividade entre os interessados.

Portanto, de acordo com o juízo delibatório do STF, a diferenciação ocorre em razão de eventual mudança no controle acionário da empresa estatal, subsidiárias ou controladas:

a) caso a operação aliene o controle acionário de empresas públicas e sociedades de economia mista, a autorização legislativa e a licitação se impõem; e

b) para a alienação do controle de subsidiárias e controladas, não se aplica a exigência de autorização legislativa, tampouco a obrigatoriedade de licitar. A operação pode ser realizada com fulcro no art. 29, XVIII, da Lei nº 13.303/2016[145].

---

uma 'empresa estatal', transformando-se em 'empresa ordinária'. Por isso, a empresa estatal efetivamente desaparece, remanescendo uma simples empresa, despida de status governamental." *In:* SUNDFELD, Carlos Ari. Reforma do Estado e empresas estatais. A participação privada nas empresas estatais. In SUNDFELD, Carlos Ari (coord.). Direito administrativo econômico, São Paulo: Malheiros, 2006, p. 266).

145. Luciano Ferraz e Fabrício Motta desenvolvem raciocínio que conclui por divisão distinta: "necessidade de uma leitura conjunta desse dispositivo (art. 29, XVIII) com o art. 28, §3º, da própria Lei das Estatais. Com isso, para a compra de venda de títulos de crédito e de dívida, realmente a lei prevê a dispensa. Já para a compra e venda de ações, há de se verificar as regras constantes dos incisos I e II do §3º do art. 28 da Lei nº 13.303/2016, em ordem a concluir que a hipótese de dispensa terá lugar nos casos de ausência de alienação do controle acionário (caso típico de extinção da empresa estatal), aplicando-se, por outro lado, nos casos em que se envolva a alienação do controle, o disposto no art. 28, §3º, II, da Lei nº 13.303/2016. É dizer: sempre que a alienação das ações implicar perda do controle acionário, será de rigor algum tipo de processo competitivo, salvo se justificada a inviabilidade de sua realização, nos termos da parte final do art. 28, §3º, II." In: FERRAZ, Luciano; MOTTA, Fabrício. Empresas estatais e suas subsidiárias – requisitos constitucionais para a transferência do controle acionário. Interesse Público – IP, Belo Horizonte, ano 20, n. 112, p. 34, nov./dez. 2018.

5

DA LICITAÇÃO INEXIGÍVEL

A Lei das Estatais não utiliza propriamente o termo inexigibilidade e adota regime já conhecido para casos de inviabilidade de competição, conforme descrito no art. 30, *caput* e incisos I e II:

> Art. 30. A contratação direta será feita quando houver inviabilidade de competição, em especial na hipótese de:
>
> I – aquisição de materiais, equipamentos ou gêneros que só possam ser fornecidos por produtor, empresa ou representante comercial exclusivo;
>
> II – contratação dos seguintes serviços técnicos especializados, com profissionais ou empresas de notória especialização, vedada a inexigibilidade para serviços de publicidade e divulgação:
>
> a) estudos técnicos, planejamentos e projetos básicos ou executivos;
>
> b) pareceres, perícias e avaliações em geral;
>
> c) assessorias ou consultorias técnicas e auditorias financeiras ou tributárias;
>
> d) fiscalização, supervisão ou gerenciamento de obras ou serviços;
>
> e) patrocínio ou defesa de causas judiciais ou administrativas;
>
> f) treinamento e aperfeiçoamento de pessoal;
>
> g) restauração de obras de arte e bens de valor histórico.

Tratando essa modalidade de contratação direta como *inexigibilidade*[1], observa-se que a Lei nº 13.303/2016 manteve padrão assemelhado ao das Leis nº 8.666/1993 e 14.133/2021, adotando a inviabilidade de competição como fundamento. Assim, diferentemente da dispensa, em que a competição é possível, mas o legislador permite a formalização de contrato sem a prévia realização de procedimento licitatório; na inexigibilidade o certame seria inócuo, em razão de seu pressuposto: a inviabilidade de competição.

Em outras palavras, ao contrário da dispensa, que decorre de hipóteses selecionadas pelo legislador, a inexigibilidade advém de uma situação de fato, não de uma escolha administrativa ou legislativa. O contexto fático é que apresenta condições relacionadas ao negócio, ao mercado, ao objeto ou às pessoas envolvidas que implicarão, necessariamente, na contratação direta por inexigibilidade de licitação[2].

Excluídas as hipóteses de não observância das regras licitatórias, previstas no §3º do art. 28[3], a despeito de a inexigibilidade ser costumeiramente apontada como exceção, é justamente por ela que o gestor deve iniciar a avaliação acerca do caminho a ser trilhado até a formalização do contrato. Caso a resposta à pergunta "*a competição seria viável nesta situação?*" seja negativa, a estatal não terá alternativa senão firmar o contrato por inexigibilidade de licitação.

1. Nota-se que o termo "inexigibilidade" consta apenas da denominação da "Seção I – Da exigência de licitação e dos Casos de Dispensa e de Inexigibilidade" do Capítulo I, Título II da Lei nº 13.303/2016.
2. Renato Geraldo Mendes e Egon Bockmann Moreira indicam não ser apropriado afirmar que a licitação é a regra e a inexigibilidade, a exceção. Argumentam, também, que a "licitação deve ser a regra se houver padrão objetivo que permita à Administração a escolha isonômica daquela proposta capaz de satisfazer a necessidade pública", não sendo válida a opção por instalar a licitação em casos fáticos de inexigibilidade. (MENDES, Renato Geraldo e MOREIRA, Egon Bockmann. Inexigibilidade de licitação. Repensando a contratação pública e o dever de licitar. Curitiba: Zênite, 2016. p. 174-175).
3. Lei nº 13.303/2016. Art. 28. §3º São as empresas públicas e as sociedades de economia mista dispensadas da observância dos dispositivos deste Capítulo nas seguintes situações: I – comercialização, prestação ou execução, de forma direta, pelas empresas mencionadas no *caput*, de produtos, serviços ou obras especificamente **relacionados** com seus respectivos objetos sociais; II – nos casos em que a escolha do parceiro esteja associada a suas características particulares, vinculada a oportunidades de negócio definidas e específicas, justificada a inviabilidade de procedimento competitivo.

5.1. INVIABILIDADE DE COMPETIÇÃO

Indo além, resta o questionamento acerca do que efetivamente significa a (in)viabilidade de competição. A ideia inicial nos remete às situações em que existe apenas um agente econômico apto a ser contratado. Nesse caso, ausente o mínimo de dois competidores, mostra-se evidente a inocuidade da conduta em realizar o procedimento licitatório, afigurando-se inviável a competição por impossibilidade absoluta de disputa. Essa hipótese encontra-se exemplificada no inciso I do art. 30 da Lei das Estatais.

Noutro prumo, há situações em que existem múltiplos agentes potencialmente interessados em disputar o objeto contratual, mas, ainda assim, chega-se à conclusão acerca da inviabilidade da competição, por impossibilidade de se estabelecer critério objetivo para a escolha do contratado. Essa hipótese ocorre, por exemplo, quando o interesse da empresa estatal impõe a contratação de mais de um agente, ou quando não seria possível definir, mediante critérios objetivos, qual seria a melhor proposta submetida à empresa pública ou sociedade de economia mista.

Portanto, competição inviável não seria apenas aquela em que é impossível haver disputa, mas também as hipóteses em que a disputa oferece obstáculos à consecução de interesses legítimos das estatais, tornando a sua realização inútil ou prejudicial, pelo confronto ou contradição com aquilo que a justificaria[4].

JURISPRUDÊNCIA RELACIONADA[5]

- A realização de cotação de preços junto a potenciais prestadores dos serviços demandados, a fim de justificar que os preços contratados estão compatíveis com os praticados no mercado, afasta a hipótese de inexigibilidade de licitação, por restar caracterizada a viabilidade de competição. (TCU. Acórdão nº 2280/2019 - 1ª Câmara)
- "A unidade técnica considerou caracterizado o indício do bom direito, por permanecerem controversas as questões referentes: (i) ausência de comprovação de inviabilidade de competição, haja vista que o Pregão Eletrônico <*omissis*> demonstrou a existência de vários outros fornecedores do ramo e a própria contratada já havia impugnado certame anterior sob o argumento de que pelo menos 15 empresas no mundo fabricavam

4. TORRES, Ronny Charles Lopes de. Leis de Licitações comentadas. 8. ed. Salvador: Ed. Juspodivm, 2017. p. 345.
5. Vide nota de rodapé nº 38.

o mesmo tipo de equipamento. (...) Lembro que a caracterização da antieconomicidade da aquisição pode ocorrer quando se verifica que a especificação do objeto contratado conduza à escolha de características presentes em um único equipamento, mesmo havendo possibilidade do objeto contratado possuir características mínimas presentes em outros modelos que, assim especificadas, resultariam na ampliação da concorrência, mediante a realização de licitação, com comparecimento de mais de um licitante e com efetivo oferecimento de lances, em legítimo ambiente concorrencial visando a contratação mais vantajosa, conforme objetivado na lei de licitações. (TCU. Acórdão nº 181/2018 – Plenário)

- O contrato celebrado mediante inexigibilidade de licitação não deve ser prorrogado sem que se avalie a manutenção da inviabilidade de competição, mediante pesquisas suficientes a demonstrar que nenhuma outra solução ou fornecedor atendem aos objetivos da contratação. (TCU. Acórdão nº 555/2016 – Plenário)
- É vedada a inexigibilidade de licitação quando não comprovado o requisito da inviabilidade de competição. É dever do agente público responsável pela contratação confirmar a condição de exclusividade, nos casos em que o objeto só possa ser fornecido por produtor, empresa ou representante comercial exclusivo. (TCU. Acórdão nº 1.802/2014 – Plenário)
- A contratação por inexigibilidade de licitação exige a demonstração de inviabilidade de competição e a presença de orçamento detalhado de custos para, além de atender as exigências legais, munir a Administração de instrumentos que possibilitem questionar os serviços prestados e contestar eventuais cobranças indevidas que lhe forem dirigidas. A ausência desses requisitos implica responsabilização do gestor perante o TCU. (TCU. Acórdão nº 9.554/2011 – 1ª Câmara)

5.2. NÃO TAXATIVIDADE

Apesar de o art. 30 elencar situações em que a contratação se dará de maneira direta, é essencial firmar o entendimento de que é a inviabilidade de competição que configura o cenário de inexigibilidade de licitação.

Esse é o raciocínio amplamente utilizado pelo Tribunal de Contas da União ao compreender que as hipóteses de inexigibilidade relacionadas na Lei não são exaustivas, sendo possível a contratação direta sempre que houver comprovada inviabilidade de competição[6].

Um exemplo claro da aplicação deste entendimento da não taxatividade é a contratação direta de artistas. O fato de a Lei das Estatais não ter reproduzido a disposição contida no art. 25 da Lei Geral de Licitações, que tratava

6. Nesse sentido: Acórdão nº 2.418/2006 – Plenário/TCU.

expressamente da hipótese, não a torna proibida. Caso determinada empresa pública ou sociedade de economia mista se depare com essa necessidade, a comprovação da inviabilidade de competição e o respeito aos elementos de instrução do §3º do art. 30 se impõem.

JURISPRUDÊNCIA RELACIONADA[7]

- Na contratação direta, por inexigibilidade de licitação, de profissional do setor artístico por meio de empresário exclusivo, a apresentação de autorização, atesto ou carta de exclusividade restrita aos dias e à localidade do evento não atende aos pressupostos do art. 25, inciso III, da Lei 8.666/1993. Para tanto, é necessária a apresentação do contrato de representação exclusiva do artista consagrado com o empresário contratado, registrado em cartório. (TCU. Acórdão nº 12.148/2018 - 2ª Câmara)
- Na presença de situações outras em que o atendimento das necessidades da Administração implique a inviabilidade de competição, admite-se a contratação direta por inexigibilidade. (TCU. Acórdão nº 2.503/2017 - Plenário)
- Para fins de verificação da representação legal do artista contratado mediante inexigibilidade de licitação, a comprovação da validade e da autenticidade da carta de exclusividade, do contrato de exclusividade ou do instrumento de procuração não registrados em cartório pode se dar, também, a partir de informações complementares obtidas em pesquisas realizadas em bases de dados públicas ou privadas, ou junto aos signatários do convênio, entre outros meios possíveis. (TCU. Acórdão nº 2.649/2017 - Plenário)
- Na contratação direta, por inexigibilidade de licitação, de profissional do setor artístico por meio de empresário exclusivo, a apresentação de autorização/atesto/carta de exclusividade restrita aos dias e à localidade do evento não atende aos pressupostos do art. 25, inciso III, da Lei 8.666/1993. Para tanto, é necessária a apresentação do contrato de representação exclusiva do artista consagrado com o empresário contratado, registrado em cartório. (TCU. Acórdão nº 1.435/2017 - Plenário)

5.3. AQUISIÇÃO COM FORNECEDOR EXCLUSIVO (ART. 30, I)

A primeira situação destacada pelo art. 30, I, da Lei indica que a "aquisição de materiais, equipamentos ou gêneros que só possam ser fornecidos por produtor, empresa ou representante comercial exclusivo" será feita por contratação direta, quando presente a já tratada inviabilidade de competição. Dessa maneira, o dispositivo retrata o que a doutrina costuma denominar inviabilidade absoluta de competição.

7. Vide nota de rodapé nº 38.

Ousamos alertar que a verificação da exclusividade do fornecedor não representa o aspecto mais importante dessa espécie de contratação direta. Isso, pois, essa condição deverá ser obtida naturalmente, ao cabo do planejamento que visa a selecionar a maneira pela qual os interesses e as necessidades das estatais serão atendidos. A constatação da exclusividade há de ser a conclusão desse processo, e não a sua introdução.

Renato Mendes e Egon Bockmann, descrevem, de maneira objetiva e apropriada, as etapas:

> É possível afirmar que a exclusividade do fornecedor é consequência lógica da relação entre a necessidade que se pretende satisfazer e a solução capaz de viabilizar a desejada satisfação. Assim, em um primeiro momento, é preciso que se demonstre a adequação entre a necessidade e a solução. Definida a solução, em um segundo momento, é preciso demonstrar, de acordo com o mercado, quais são os objetos (produtos e serviços) que traduzem e materializam a solução capaz de satisfazer plenamente a necessidade, o que se faz por meio de cuidadosa análise e eleição de um conjunto de especificações e características técnicas – a descrição do objeto. Por fim, no terceiro momento, como condição para que se configure a inexigibilidade com fulcro na exclusividade, é indispensável demonstrar que o objeto, seja de qual natureza for, somente poderá ser fornecido ou prestado por um agente econômico monopolista. Vale dizer: é preciso demonstrar cabalmente que somente o monopolista (fornecedor exclusivo) é capaz de atender plenamente à necessidade da Administração, o que torna a competição inviável por impossibilidade de disputa.
>
> Portanto, a configuração da exclusividade obedece a três estágios distintos, mas inter-relacionados, a saber: a) demonstração da adequação entre necessidade e solução; b) apuração cuidadosa da especificação técnica do bem capaz de traduzir integralmente a solução definida; e c) comprovação de que o objeto configurado é comercializado, no mercado, com exclusividade por um agente econômico[8].

Além disso, é preciso ressaltar que a hipótese se volta à constatação de que existe apenas um fornecedor capaz de negociar o objeto desejado. A conclusão de que um único produto atenderia à necessidade da estatal não resulta, necessariamente, em inexigibilidade de licitação. Caso esse produto

---

8. MENDES, Renato Geraldo e MOREIRA, Egon Bockmann. Inexigibilidade de licitação. Repensando a contratação pública e o dever de licitar. Curitiba: Zênite, 2016. p. 249-250.

seja comercializado por diferentes agentes econômicos, como regra, o procedimento licitatório deverá ser realizado com a utilização da prerrogativa concedida pelo art. 47, I, da Lei das Estatais, que possibilita a indicação de marca em certames para aquisição de bens, "quando determinada marca ou modelo comercializado por mais de um fornecedor constituir o único capaz de atender o objeto do contrato".

Por fim, acreditamos que o fato de a Lei não ter repetido a expressão "vedada a preferência de marca[9]" não impede que a empresa estatal chegue à conclusão de que apenas uma marca seja capaz de satisfazer a sua necessidade. A ausência do termo, em nosso juízo, serve a ratificar o entendimento de que a descrição do objeto não deve partir de marca ou modelo de preferência, mas de restrições legítimas, devida e expressamente justificadas. Da mesma forma que se mostra ilegal o direcionamento imotivado do objeto para que este seja contratado diretamente, não se deve forçar, a qualquer curso, a realização de disputa entre soluções que não atenderão às demandas de maneira eficiente.

5.3.1. Comprovação da exclusividade do fornecedor

A Lei das Estatais não apresenta rol com os documentos aptos a comprovar a exclusividade do fornecedor a ser contratado por inexigibilidade de licitação. É evidente, no entanto, que a situação não exime o gestor de verificar a existência de alternativa satisfatória.

O Tribunal de Contas da União, ainda no âmbito do regime da Lei nº 8.666/1993, já se manifestou no sentido de que "a apresentação de atestados de exclusividade por juntas comerciais e entidades sindicais - apesar de ser requisito legal - não é suficiente, sendo necessária a tomada de medidas pelo administrador público para que seja assegurada a veracidade das informações lá contidas[10]" e que as "cartas de exclusividade", por si sós, seriam

9. O art. 25, I, da Lei nº 8.666/1993 dispõe que "É inexigível a licitação quando houver inviabilidade de competição, em especial: I - para aquisição de materiais, equipamentos, ou gêneros que só possam ser fornecidos por produtor, empresa ou representante comercial exclusivo, vedada a preferência de marca, devendo a comprovação de exclusividade ser feita através de atestado fornecido pelo órgão de registro do comércio do local em que se realizaria a licitação ou a obra ou o serviço, pelo Sindicato, Federação ou Confederação Patronal, ou, ainda, pelas entidades equivalentes".

10. TCU. Acórdão nº 2.723/2011 - 1ª Câmara. Rel. Min. Valmir Campelo.

insuficientes para demonstrar que a empresa seria fornecedora exclusiva de determinado produto[11].

Ademais, o TCU tem aprovada a Súmula nº 255, cujo enunciado esclarece que "nas contratações em que o objeto só possa ser fornecido por produtor, empresa ou representante comercial exclusivo, é dever do agente público responsável pela contratação a adoção das providências necessárias para confirmar a veracidade da documentação comprobatória da condição de exclusividade".

Considerando ser vedada a inexigibilidade de licitação quando não comprovado o requisito da inviabilidade de competição, compreendemos salutar o silêncio do legislador quanto à não definição de lista específica de documentos, que privilegia a comprovação material de que não existem outros agentes capazes de negociar o objeto almejado com a empresa pública ou sociedade de economia mista.

5.3.2. Contratação de prestador de serviço exclusivo

A interpretação literal do inciso I do artigo 30 conduz ao entendimento de que ele serve a fundamentar apenas a contratação direta por inexigibilidade para o fornecimento de bens. É possível constatar manifestações do TCU nesse sentido, emitidas quando da análise de dispositivo semelhante da Lei nº 8.666/1993:

> 9.2. determinar à <omissis> que:
>
> (...)
>
> 9.2.4. abstenha-se de realizar contratação direta de serviços com base no inciso I do artigo 25 da Lei 8.666/1993, o qual se aplica somente a aquisições de materiais, equipamentos ou gêneros fornecidos por produtor, empresa ou representante comercial exclusivo[12-13].

Todavia, a eventual impossibilidade de contratar a prestação de serviços exclusivos, com fundamento no inc. I do art. 30, na prática, não representa

11. TCU. Acórdão nº 207/2011 – Plenário. Rel. Min. Augusto Nardes.
12. TCU. Acórdão nº 827/2017-Plenário. Rel. Min. Aroldo Cedraz.
13. A Advocacia-Geral da União publicou a Orientação Normativa nº 15/2009 com entendimento semelhante: "A contratação direta com fundamento na inexigibilidade prevista no art. 25, inc. I, da lei nº 8.666, de 1993, é restrita aos casos de compras, não podendo abranger serviços.

qualquer obstáculo ao gestor. Deve-se lembrar que as hipóteses de inexigibilidade apresentadas pela Lei não são exaustivas. Portanto, para a contratação de prestadores de serviços exclusivos, a inviabilidade de competição permitirá a contratação direta por inexigibilidade, tendo por fundamento, contudo, o *caput* do art. 30 (e não seu inciso I).

JURISPRUDÊNCIA RELACIONADA[14]

- Uma vez comprovada a exclusividade de fabricação do produto por determinada empresa, a condição de comerciante único desse bem pode ser demonstrada por meio de contrato de exclusividade firmado entre as empresas fabricante e comerciante, cuja legitimidade não é afetada pelo fato de essas empresas serem do mesmo grupo, sendo dispensável, nesse caso, novo atestado fornecido nos termos do citado dispositivo legal para comprovar a exclusividade de comercialização. (TCU. Acórdão nº 3.661/2016 - 1ª Câmara)
- É vedada a inexigibilidade de licitação quando não comprovado o requisito da inviabilidade de competição. É dever do agente público responsável pela contratação confirmar a condição de exclusividade, nos casos em que o objeto só possa ser fornecido por produtor, empresa ou representante comercial exclusivo. (TCU. Acórdão nº 1.802/2014-Plenário)
- Na hipótese de contratação por inexigibilidade de licitação que envolva vários serviços interligados, devem ser verificados quais deles estão englobados na exclusividade, a fim de justificar adequadamente as situações da contratação direta. (TCU. Acórdão nº 1.785/2013 - Plenário)
- Não cumpre a condição legal, para fins de justificativa de inexigibilidade de licitação, declaração de exclusividade emitida pelo próprio fabricante. (TCU. Acórdão nº 659/2012 - Plenário)
- "Esta Casa tem admitido a aquisição direta de livros, por inexigibilidade de licitação: a) quando feita diretamente às editoras, por essas possuírem contratos de exclusividade, com os autores, para a editoração e a comercialização das obras (Decisão no 1.500/2002-P, Acórdão nº 1.299/2003-1aC, Acórdão nº 1.889/2007-P, Acórdão nº 835/2009-P, Acórdão nº 6.803/2010-2aC e Acórdão nº 950/2011-P); ou b) quando reconhecida a condição de comerciante exclusivo de uma empresa (distribuidora ou livraria), outorgada pela editora (Acórdão 320/2005-1aC)". (TCU. Acórdão nº 3.290/2011 - Plenário)
- A demonstração de exclusividade de marca não comprova o requisito de inviabilidade de competição necessário para fundamentar inexigibilidade de licitação. (TCU. Acórdão nº 568/2009 - 1ª Câmara)

14. Vide nota de rodapé nº 38.

- A situação fática de dependência operacional e tecnológica e a imprescindibilidade dos serviços prestados autoriza admitir seja firmado contrato por inexigibilidade de licitação, baseado na inviabilidade de competição. (TCU. Acordão no 2.418/2006 - Plenário)

5.4. SERVIÇOS TÉCNICOS ESPECIALIZADOS (ART. 30, II)

Quanto à contratação de serviços técnicos especializados, convém ressaltar que o texto da Lei nº 13.303/2016 não faz alusão ao elemento objetivo *natureza singular* do serviço, exigido para semelhante hipótese de inexigibilidade no bojo da Lei nº 8.666/1993:

> Art. 30. A contratação direta será feita quando houver inviabilidade de competição, em especial na hipótese de:
>
> (...)
>
> II - contratação dos seguintes serviços técnicos especializados, com profissionais ou empresas de notória especialização, vedada a inexigibilidade para serviços de publicidade e divulgação:
>
> a) estudos técnicos, planejamentos e projetos básicos ou executivos;
>
> b) pareceres, perícias e avaliações em geral;
>
> c) assessorias ou consultorias técnicas e auditorias financeiras ou tributárias;
>
> d) fiscalização, supervisão ou gerenciamento de obras ou serviços;
>
> e) patrocínio ou defesa de causas judiciais ou administrativas;
>
> f) treinamento e aperfeiçoamento de pessoal;
>
> g) restauração de obras de arte e bens de valor histórico.

Nada obstante o já mencionado caráter exemplificativo das hipóteses, além da vedação aos serviços de publicidade, convém destacar a tentativa de delimitar quais serviços técnicos especializados seriam passíveis de aplicação do dispositivo, algo questionável, uma vez que diversos serviços especializados podem envolver ambiente de inviabilidade de competição, justificando a aplicação da inexigibilidade.

Parece-nos um equívoco limitar a definição de serviços "técnicos especializados" a um rol definido pelo legislador, sem considerar as novas tecnologias e serviços que emergem ao longo do tempo, potencialmente com características ainda mais especializadas. Na prática, esteja ou não um serviço listado nas alíneas do inciso II do art. 30, persistindo condições que apontem para inviabilidade de competição, não há dúvida quanto à possibilidade de contratação por inexigibilidade, utilizando como fundamento o *caput* do artigo 30.

Bernardo Guimarães *et al* alertam, de forma precisa, que o simples fato de o serviço possuir natureza intelectual não basta para o afastamento do dever de licitar:

> A configuração da hipótese não está na atividade em si, mas na particularidade do objeto a ser contratado. É por ser dotado de especificidade relevante que se pode contratar serviço intelectual de maneira direta. Assim, uma mesma atividade (de avaliação, por exemplo) pode ser licitada se for ordinária, e ser contratada nos termos do art. 30, caso o objeto a ser avaliado se revista de especificidade. Ou seja, não é a atividade, mas o objeto que define a possibilidade de contratação direta. Logo, não basta que uma determinada atividade seja prevista no rol do inc. II para ser inexigível[15].

5.4.1. Notória especialização (art. 30, §1º)

Para a Lei das Estatais, deve ser considerado de notória especialização o profissional ou a empresa cujo conceito no campo de sua especialidade, decorrente de desempenho anterior, estudos, experiência, publicações, organização, aparelhamento, equipe técnica ou outros requisitos relacionados com suas atividades, permita inferir que o seu trabalho é essencial e indiscutivelmente o mais adequado à plena satisfação do objeto do contrato[16].

Apesar de a norma apresentar a definição da *notória especialização* que devem possuir os profissionais ou as empresas para que seus serviços possam ser contratados por inexigibilidade, seu conceito é relativo, variando de acordo com a localidade ou com o tipo de pretensão contratual. Como exemplo, um profissional pode ser reconhecido como notório especialista em uma pequena cidade ou região, embora seu trabalho e sua reputação sejam totalmente desconhecidos em uma grande capital, o que impediria que ele fosse considerado notório especialista em uma contratação de amplitude nacional[17].

---

15. GUIMARÃES, Bernardo Strobel; RIBEIRO, Leonardo Coelho; RIBEIRO, Carlos Vinícius Alves; GIUBLIN, Isabella Bittencourt Mäder Gonçalves; PALMA, Juliana Bonacorsi de. Comentários à Lei das Estatais (Lei nº 13.303/2016). Belo Horizonte: Fórum, 2019. p. 200-201.
16. Lei nº 13.303/2016. Art. 30, §1º.
17. TORRES, Ronny Charles Lopes de. Leis de Licitações comentadas. 8. ed. Salvador: Ed. Juspodivm, 2017. p. 371.

Outrossim, ainda que tenham sido estabelecidos parâmetros razoavelmente objetivos, subsiste margem discricionária ao gestor para atestar que o trabalho de determinado profissional ou empresa é essencial e o mais adequado ao cumprimento do objeto contratual.

De maneira sensata, Lucas Rocha Furtado aponta a necessidade de que, como regra, a opção administrativa seja respeitada, desde que motivada e adotada sem flagrantes desvios ou interesses escusos:

> A fim de aferir a legitimidade da decisão adotada pelo administrador, no que diz respeito à escolha da empresa ou profissional a ser contratado sem licitação, deve ser considerada a margem de poder discricionário que a lei expressamente confere ao administrador. A não ser diante de casos em que fique flagrantemente caracterizada interpretação abusiva do art. 25 da Lei das Licitações, a escolha do contratado pelo administrador, desde que demonstrados os requisitos objetivos necessários ao enquadramento no permissivo legal, deve ser considerada legítima[18].

A referida margem discricionária não deve ser operada sob o viés da confiança depositada pelo gestor no pretenso contratado. O acréscimo do requisito *confiança* à hipótese de inexigibilidade ultrapassa a previsão engendrada pelo legislador.

Infelizmente, a adição do elemento *confiança* como requisito à inexigibilidade para contratação de serviços técnicos especializados encontra voz em alguns julgados, a exemplo da decisão contida na AP nº 348 – STF:

> EMENTA: AÇÃO PENAL PÚBLICA. CONTRATAÇÃO EMERGENCIAL DE ADVOGADOS FACE AO CAOS ADMINISTRATIVO HERDADO DA ADMINISTRAÇÃO MUNICIPAL SUCEDIDA. LICITAÇÃO. ART. 37, XXI DA CONSTITUIÇÃO DO BRASIL. DISPENSA DE LICITAÇÃO NÃO CONFIGURADA. INEXIGIBILIDADE DE LICITAÇÃO CARACTERIZADA PELA NOTÓRIA ESPECIALIZAÇÃO DOS PROFISSIONAIS CONTRATADOS, COMPROVADA NOS AUTOS, ALIADA À CONFIANÇA DA ADMINISTRAÇÃO POR ELES DESFRUTADA. PREVISÃO LEGAL. A hipótese dos autos não é de dispensa de licitação, eis que não caracterizado o requisito da emergência. Caracterização de situação na qual há inviabilidade de competição e,

18. FURTADO, Lucas Rocha. Curso de licitações e contratos administrativos. 7. ed. rev. atual. e ampl. com comentários sobre a Lei nº 13.303/2016 – Lei das Empresas Estatais – Belo Horizonte: Fórum, 2017. p. 190.

> logo, inexigibilidade de licitação. 2. "Serviços técnicos profissionais especializados" são serviços que a Administração deve contratar sem licitação, escolhendo o contratado de acordo, em última instância, com o grau de confiança que ela própria, Administração, deposite na especialização desse contratado. Nesses casos, o requisito da confiança da Administração em quem deseje contratar é subjetivo. Daí que a realização de procedimento licitatório para a contratação de tais serviços - procedimento regido, entre outros, pelo princípio do julgamento objetivo - é incompatível com a atribuição de exercício de subjetividade que o direito positivo confere à Administração para a escolha do "trabalho essencial e indiscutivelmente mais adequado à plena satisfação do objeto do contrato" (cf. o § 1º do art. 25 da Lei 8.666/93). O que a norma extraída do texto legal exige é a notória especialização, associada ao elemento subjetivo confiança. Há, no caso concreto, requisitos suficientes para o seu enquadramento em situação na qual não incide o dever de licitar, ou seja, de inexigibilidade de licitação: os profissionais contratados possuem notória especialização, comprovada nos autos, além de desfrutarem da confiança da Administração. Ação Penal que se julga improcedente.[19]

Diferentemente do raciocínio utilizado no acórdão acima transcrito, entendemos não haver justificativa que legitime considerar a confiança pessoal do gestor como pressuposto autorizativo da contratação direta por inexigibilidade.

O Ministro do TCU Augusto Nardes, em voto que culminou no Acórdão nº 2.142/2007-Plenário, apresentou intelecção semelhante à defendida por nós:

> 3. Nesse aspecto da escolha da empresa, ressalvo pontualmente a tese de que, existindo outras empresas ou profissionais igualmente reputados no mercado, a confiabilidade subjetiva do administrador seria o fator principal de escolha do contratado. Quer-me parecer que a confiança que o responsável reconhece ter depositado na empresa resultou de um processo de certificação, deveras fundamentado no retrospecto veemente de casos bem sucedidos, de que ali a Administração satisfaria suas necessidades de reestruturação organizacional. Ocorre que o retrospecto favorável é seguramente um dos componentes da notoriedade, o que retira sustentação à tese de que a seleção da contratada pode fundar-se em fatores subjetivos do administrador em contratações por inexigibilidade de licitação.

19. AP 348, Relator: Min. Eros Grau, Tribunal Pleno, julgado em 15/12/2006, DJe-072 DIVULG 02-08-2007 PUBLIC 03-08-2007 DJ 03-08-2007 PP-00030 EMENT VOL-02283-01 PP-00058 LEXSTF v. 29, n. 344, 2007, p. 305-322.

> [...]
>
> 5. O argumento do Pretório Excelso é extremamente razoável. Entendo, todavia, que o fator subjetivo da confiança não pode ser preponderante na escolha da contratada, devendo o quanto possível vir acompanhada da explicitação dos elementos objetivos que demonstrem, de forma consistente com os fatos, a correção da escolha efetuada. Há sempre que se ter o concurso de uma avaliação subjetiva por parte do administrador, não sendo desejável a completa aleatoriedade, inclusive como forma de reduzir os riscos de insucesso, mas a escolha final deve sempre guardar firme relação de coerência com as circunstâncias concretas enfrentadas e com a subjetiva avaliação de confiança na empresa[20].

Desse modo, a reputação do profissional ou da sociedade deve ser averiguada de maneira impessoal, a partir de elementos relacionados aos resultados de sua atividade, como desempenho anterior, publicações, equipe técnica, dentre outros.

5.4.2. Natureza singular dos serviços técnicos-especializados

A redação do art. 25, II, da Lei nº 8.666/1993, expressamente indicava a necessidade que os serviços técnicos a serem contratados por inexigibilidade de licitação tenham *natureza singular*. Desse modo, para o regime tradicional de licitações, é possível a identificação de dois elementos: um elemento subjetivo, representado pela exigência de que o contratado tenha notória especialização; e um elemento objetivo, consubstanciado na natureza singular do serviço técnico a ser prestado.

A Lei das Estatais, por sua vez, suprimiu a expressão *natureza singular* do texto de seu art. 30, II. Resta-nos, assim, indagar se a referida hipótese de inexigibilidade prescinde da verificação da presença do elemento objetivo nos serviços desejados. Em outros termos, estaria autorizada a contratação direta, por inexigibilidade, de serviços técnicos não singulares?

Antes de responder ao questionamento, é oportuno relembrar a definição apresentada pela jurisprudência do Tribunal de Contas da União para *singularidade* ou serviços de *natureza singular*. Em reiteradas oportunidades, o Plenário da Corte de Contas assentou o entendimento de que "nas contratações diretas por inexigibilidade de licitação, o conceito de singularidade não

20. TCU. Acórdão nº 2.142/2007-Plenário. Rel. Min. Augusto Nardes.

pode ser confundido com a ideia de unicidade, exclusividade, ineditismo ou raridade[21]". Isso significa que, para a configuração da hipótese de inexigibilidade destinada à contratação de serviços técnicos-profissionais especializados, não se exigiria a inviabilidade absoluta de competição, ou que o objeto seja inédito ou raro.

Portanto, a contratação não se fundamentaria na ausência de pluralidade de agentes econômicos capazes de executar o objeto, mas na impossibilidade de definir critérios objetivos apropriados a selecionar profissional ou empresa com capacidade e especialidade suficientes à execução do serviço requerido. Consequentemente, diante dessa impossibilidade, a competição se mostraria inviável e a situação de inexigibilidade estabelecida.

Por decorrência lógica, ao vincular a ideia de singularidade à impossibilidade de fixação de critérios objetivos de julgamento, é possível concluirmos que a exclusão do rótulo "de natureza singular" em nada muda o cenário e o campo de incidência do permissivo legal. Em outras palavras, a supressão do termo na Lei nº 13.303/2016 não trouxe consigo qualquer nova hipótese apta a ser fundamentada no inciso II de seu art. 30, pois, caso a estatal necessite contratar serviço técnico-profissional especializado outrora classificado como "não singular", a situação não culminaria em inexigibilidade de licitação, tendo em vista que não poderia escapar da verificação acerca da possibilidade de definição de critérios objetivos para a disputa e, notadamente, da comprovação do pressuposto comum a qualquer inexigibilidade: a inviabilidade de competição.

JURISPRUDÊNCIA RELACIONADA[22]

- A natureza singular não deve ser compreendida como ausência de pluralidade de sujeitos em condições de executar o objeto, mas sim como uma situação diferenciada e sofisticada a exigir acentuado nível de segurança e cuidado. (TCU. Acórdão nº 2993/2018 - Plenário)
- As contratações de professores, conferencistas ou instrutores para ministrar cursos de treinamento ou aperfeiçoamento de pessoal enquadram-se na hipótese de inexigibilidade de licitação prevista no inciso II do art. 25, combinado com o inciso VI do art. 13 da Lei 8.666/1993. (TCU. Acórdão nº 1.247/2008 - Plenário)

21. TCU. Acórdão nº 2.616/2015-Plenário. Rel. Min. Benjamin Zymler.
22. Vide nota de rodapé nº 38.

- Pode ser objeto de inexigibilidade de licitação a contratação de instrutores para cursos de caráter eventual. (TCU. Acórdão nº 843/2007 – 2ª Câmara)

5.5. RESPONSABILIZAÇÃO POR PREÇOS EXCESSIVOS NA CONTRATAÇÃO DIRETA (ART. 30, §2º)

A Lei define, no §2º do art. 30, que, se comprovado, pelo órgão de controle externo, sobrepreço ou superfaturamento em processos de dispensa ou inexigibilidade de licitação, respondem solidariamente pelo dano causado quem houver decidido pela contratação direta e o fornecedor ou o prestador de serviços.

Quanto à definição de sobrepreço e de superfaturamento, a própria Lei nº 13.303/2016 apresenta seus elementos caracterizadores. De acordo com o art. 31, §1º, I, ocorre sobrepreço "quando os preços orçados para a licitação ou os preços contratados são expressivamente superiores aos preços referenciais de mercado, podendo referir-se ao valor unitário de um item, se a licitação ou a contratação for por preços unitários de serviço, ou ao valor global do objeto, se a licitação ou a contratação for por preço global ou por empreitada".

Por sua vez, considera-se configurado superfaturamento "quando houver dano ao patrimônio da empresa pública ou da sociedade de economia mista caracterizado, por exemplo: a) pela medição de quantidades superiores às efetivamente executadas ou fornecidas; b) pela deficiência na execução de obras e serviços de engenharia que resulte em diminuição da qualidade, da vida útil ou da segurança; c) por alterações no orçamento de obras e de serviços de engenharia que causem o desequilíbrio econômico-financeiro do contrato em favor do contratado; d) por outras alterações de cláusulas financeiras que gerem recebimentos contratuais antecipados, distorção do cronograma físico-financeiro, prorrogação injustificada do prazo contratual com custos adicionais para a empresa pública ou a sociedade de economia mista ou reajuste irregular de preços".

O dispositivo reforça a importância da justificativa de preços imposta como elemento de instrução dos processos de contratação direta e a obrigatoriedade de consulta dos preços correntes no mercado, dos fixados por órgão oficial competente ou, ainda, dos constantes em sistema de registro de preços[23].

23. TCU. Acórdão nº 2.380/2013 – Plenário.

Destacamos, também, que a jurisprudência do TCU tem ressaltado que os agentes privados, sob risco de responderem por superfaturamento em solidariedade com os agentes públicos, têm a obrigação de oferecer preços que reflitam os paradigmas de mercado, ainda que os valores fixados pela administração no orçamento-base do certame se situem além daquele patamar[24].

Apesar de concordarmos com o entendimento de que não existiria percentual aceitável ou faixas de tolerância de sobrepreço[25], compreendemos que o simples fato de a empresa praticar valores superiores à média de mercado, por si só, não configura irregularidade. A conduta punível, em nosso juízo, é o aproveitamento do cenário em que a escolha do contratado não passará por licitação, para indevidamente majorar seus preços.

JURISPRUDÊNCIA RELACIONADA[26]

- O TCU não adota margem de erro ou limite de tolerância na apuração de sobrepreço em contratações promovidas pela Administração. Somente é admissível contratar por valores superiores aos referenciais de preço se presentes condições extraordinárias, devidamente justificadas no procedimento administrativo. (TCU. Acórdão nº 2.621/2019 - Plenário)
- O fato de a administração não ter cumprido seu dever de verificar a economicidade dos preços ofertados em processo de dispensa ou inexigibilidade de licitação não isenta de responsabilidade a empresa contratada por eventual sobrepreço constatado no contrato, uma vez que a obrigação de seguir os preços praticados no mercado se aplica tanto à Administração Pública quanto aos colaboradores privados, pois ambos são destinatários do regime jurídico-administrativo relativo às contratações públicas. (TCU. Acórdão nº 1.392/2016 - Plenário)
- Não devem as empresas tirar proveito de orçamentos superestimados pela Administração, haja vista incidirem no regime de contratação pública regras próprias de Direito Público, mais rígidas, sujeitas à aferição de legalidade, legitimidade e economicidade pelos órgãos de controle. A responsabilização solidária pelo dano resta sempre evidenciada quando, recebedora de pagamentos por serviços superfaturados, a empresa contratada contribui de qualquer forma para o cometimento do dano, nos termos do art. 16, § 2º, da Lei 8.443/1992. (TCU. Acórdão 454/2014 - Plenário)

24. TCU. Acórdão nº 1.959/2017 - Plenário.
25. TCU. Acórdão nº 2.601/2016 - Plenário.
26. Vide nota de rodapé nº 38.

6

ELEMENTOS DE INSTRUÇÃO NA CONTRATAÇÃO DIRETA

As etapas que antecedem a dispensa ou a inexigibilidade de licitação guardam semelhança com os atos realizados ao longo da fase preparatória (interna) de um certame licitatório. No entanto, ao contrário do previsto no art. 51[1] para as licitações, a Lei não definiu o procedimento a ser utilizado pelas estatais em suas contratações diretas. Essa incumbência foi designada aos regulamentos internos de licitações e contratos[2] que as empresas públicas e as sociedades de economia mista devem publicar e manter atualizados.

Nessa linha, mostra-se importante a adoção de cautelas relacionadas às contratações diretas, tidas como processos críticos e que, portanto, merecem o adequado tratamento no sentido de mitigar os riscos envolvidos.

Sobre o tema, Altounian, Cavalcante e Coelho destacam que "as compras corporativas e o setor de contratações invariavelmente apresentarão macroprocessos de alta probabilidade e alto impacto na mensuração desses riscos organizacionais; e as compras realizadas sem licitação potencializam exponencialmente esses riscos, a demandar transparência e controle proporcional a tais ameaças[3]".

---

1. Lei nº 13.303/2016. Art. 51. As licitações de que trata esta Lei observarão a seguinte sequência de fases: I – preparação; II – divulgação; III – apresentação de lances ou propostas, conforme o modo de disputa adotado; IV – julgamento; V – verificação de efetividade dos lances ou propostas; VI – negociação; VII – habilitação; VIII – interposição de recursos; IX – adjudicação do objeto; X – homologação do resultado ou revogação do procedimento.
2. Cf. art. 40, I, da Lei nº 13.303/2016.
3. ALTOUNIAN, Cláudio Sarian; CAVALCANTE, Rafael Jardim; COELHO, Sylvio Kelsen. Empresas estatais: governança, compliance, integridade e contratações: os impactos da Lei nº 13.303/2006: 230 questões relevantes. Belo Horizonte: Fórum, 2019, p. 239.

A norma se limitou a indicar elementos voltados, no que couber, à instrução dos processos de contratação direta. São eles: 1) caracterização da situação emergencial ou calamitosa que justifique a dispensa, quando for o caso; 2) razão da escolha do fornecedor ou do executante; e 3) justificativa do preço.

6.1. CARACTERIZAÇÃO DA SITUAÇÃO EMERGENCIAL OU CALAMITOSA

Consideramos desnecessária a inclusão deste elemento específico à contratação direta emergencial disposta no art. 29, XV da Lei. Sua presença entre os quesitos de instrução das contratações diretas em nada acrescenta, tendo em vista que, em última instância, representa exigência comum a qualquer hipótese. A caracterização dos requisitos ou pressupostos configuradores dos permissivos é inerente ao ato, especialmente quando se trata de exceção ao ordinário dever de licitar[4]. Ressalta-se que o art. 50 da Lei nº 9.784/1999, aplicável aos processos administrativos no âmbito da administração federal indireta, exige a motivação de todos os atos que dispensem ou declarem a inexigibilidade do procedimento licitatório.

Parece-nos que o legislador, sem refletir adequadamente acerca do tema, se limitou a reproduzir o já conhecido inciso I do parágrafo único do art. 26 do regime tradicional de licitações. A confirmar essa percepção está o fato de que o dispositivo refletido sequer se atentou que a dispensa de licitação emergencial contida no art. 29, XV, da Lei das Estatais suprimiu a menção aos casos de calamidade pública. Importante perceber, no entanto, que esse fato não impede que situações calamitosas sejam qualificadas como emergenciais e possam justificar a contratação direta.

Conforme ressaltamos em tópico próprio, ganha importância a motivação dos atos do gestor na correta aplicação da dispensa de licitação por emergên-

4. No mesmo sentido, Bernardo Guimarães *et al*: "É necessário indicar que o objeto a ser contratado é daqueles que por suas circunstâncias concretas exige tratamento específico e que isso conduz à necessidade da contratação direta. Embora o inc. I mencione apenas situação emergencial, sempre será necessário justificar, de modo objetivo e comprovado, que há uma situação especial que exige a contratação direta". *In:* GUIMARÃES, Bernardo Strobel; RIBEIRO, Leonardo Coelho; RIBEIRO, Carlos Vinícius Alves; GIUBLIN, Isabella Bittencourt Mäder Gonçalves; PALMA, Juliana Bonacorsi de. Comentários à Lei das Estatais (Lei nº 13.303/2016). Belo Horizonte: Fórum, 2019. p. 202-203.

cia. Além da descrição detalhada da casuística que enseja a necessidade da contratação direta, é necessário envidar esforços para apresentar documentos que caracterizem a situação, a teor do art. 30, §3º, da Lei.

6.2. RAZÃO DA ESCOLHA DO FORNECEDOR OU DO EXECUTANTE

Ainda no bojo da necessária motivação dos atos administrativos, a Lei ratifica a necessidade de que a instrução do processo de contratação direta contenha a razão da escolha do fornecedor ou do executante.

Seja na dispensa, seja na inexigibilidade de licitação, há situações em que o gestor se depara com uma pluralidade de agentes capazes de cumprir o objeto a ser contratado. Caberá à estatal, portanto, no uso de sua relativa liberdade de escolha, assegurar a seleção da proposta mais vantajosa, visando à sua eficiência.

É preciso entender que a vantajosidade buscada não está relacionada necessariamente ao menor preço, podendo – e devendo, em certa medida – considerar outros fatores como o ciclo de vida do objeto, qualidade e eficácia da contratação.

O assentamento nos autos do caminho percorrido pela estatal até a decisão pela contratação direta e a escolha do contratado, com a análise de documentos, estudos e alternativas, é o que a Lei aponta como obrigatório na instrução dos procedimentos de dispensa e de inexigibilidade de licitação.

Nessa linha, é plenamente viável que a empresa estatal preveja em seu regulamento a possibilidade de instauração de chamamentos públicos ou procedimentos simplificados de seleção – com o objetivo de dar maior transparência e, em tese, alcançar um número maior de propostas. O anúncio público do interesse em contratar, com a clara definição das condições necessárias à contratação, robustece as justificativas requeridas quanto à escolha do fornecedor ou do executante.

6.3. JUSTIFICATIVA DE PREÇO

A contratação direta não dispensa as empresas estatais da análise e da apresentação de justificativas acerca do preço a ser pago ao fornecedor ou prestador de serviços. Ao contrário, tendo em vista que procedimento não pressupõe a disputa direta entre os interessados quanto ao valor contratual, ganha importância a necessidade que a adequação dos preços seja demonstrada.

Convém reforçar que a justificativa de preço exigida não se resume à mera indicação de que o preço é o menor dentre as propostas obtidas. Outrossim, o simples apontamento de sujeição ao valor proposto pelo contratado não se mostra válido. O que se pretende com a justificativa de preços é a verificação de que a estatal pagará valores compatíveis com o praticado no mercado.

O Tribunal de Contas da União já se manifestou no sentido de que, mesmo nas contratações diretas por inexigibilidade de licitação, é necessário elaborar orçamento detalhado em planilhas que expressem a composição de todos os custos unitários do objeto a ser contratado, uma vez que se trata de documento indispensável à avaliação dos preços propostos[5].

Do mesmo modo, o TCU tem adotado a interpretação de que a apresentação de, no mínimo, três cotações válidas de empresas do ramo seria a forma preferencial de justificar o preço em dispensas de licitação. Por outro lado, para processos de inexigibilidade, deve-se preferir a comparação com os preços praticados pelo fornecedor junto a outras instituições públicas ou privadas[6].

Advertimos que a compatibilidade com o preço de mercado deve considerar as peculiaridades de um contrato firmado com uma empresa estatal. Seria despropositado comparar propostas idôneas com contratos firmados em condições materialmente diversas. O que se deve combater é o aproveitamento do cenário em que a escolha do contratado não passará por licitação, para a indevida majoração dos preços.

JURISPRUDÊNCIA RELACIONADA[7]

- No caso de dispensa de licitação, a legislação não impõe regras objetivas quanto à quantidade de empresas chamadas a apresentarem propostas e à forma de seleção da contratada, mas determina que essa escolha seja justificada (art. 26, parágrafo único, da Lei 8.666/1993). (TCU. Acórdão nº 2.186/2019-Plenário)
- A realização de cotação de preços junto a potenciais prestadores dos serviços demandados, a fim de justificar que os preços contratados estão compatíveis com os

5. TCU. Acórdão 3.289/2014-Plenário. Rel. Min. Walton Alencar Rodrigues.
6. Acórdão nº 1.565/2015-Plenário. Rel. Min. Vital do Rêgo.
7. Vide nota de rodapé nº 38.

praticados no mercado, afasta a hipótese de inexigibilidade de licitação, por restar caracterizada a viabilidade de competição. (TCU. Acórdão nº 2.280/2019 - 1ª Câmara)

- A justificativa de preço em contratação decorrente de inexigibilidade de licitação (art. 26, parágrafo único, inciso III, da Lei 8.666/1993) pode ser feita mediante a comparação do valor ofertado com aqueles praticados pelo contratado junto a outros entes públicos ou privados, em avenças envolvendo o mesmo objeto ou objeto similar. (TCU. Acórdão nº 2.993/2018 - Plenário)

6.4. CONSULTA AO CADIN

O Cadin (Cadastro informativo dos créditos não quitados de órgãos e entidades federais) foi criado pela lei nº 10.522/2002 e, em linhas gerais, apresenta a relação de pessoas físicas e jurídicas que estejam em situação irregular junto aos cadastros do Ministério da Fazenda (CPF/CGC) ou que possuam obrigações não pagas com órgãos e entidades da Administração Pública Federal.

Além disso, o art. 6º da Lei indica que é "obrigatória a consulta prévia ao Cadin, pelos órgãos e entidades da Administração Pública Federal, direta e indireta, para: (...) III - celebração de convênios, acordos, ajustes ou contratos que envolvam desembolso, a qualquer título, de recursos públicos, e respectivos aditamentos".

Desse modo, a norma é muita clara ao indicar que a Administração deverá, obrigatoriamente, realizar consulta ao Cadin para celebrar contratos administrativos e seus termos aditivos. No entanto, a questão que surge é se empresas que estejam inscritas no Cadin podem ser contratadas pela Administração e, em especial, por empresas públicas e sociedades de economia mista.

É importante lembrar que, antes da edição da Lei nº 10.522/2002, a matéria foi regulamentada por diversas medidas provisórias, a exemplo da MP nº 1.490/1996 cujo art. 7º expressamente previa que a existência de registro no Cadin há mais de trinta dias constituía fator impeditivo para a celebração de diversos atos, a exemplo de convênios, acordos e contratos.

Em junho de 1996, o STF suspendeu os efeitos desse artigo e as medidas provisórias posteriormente editadas não trataram desse impedimento.

Durante os anos seguintes, a jurisprudência do Tribunal de Contas da União oscilou quanto à possibilidade de a Administração celebrar contratos com empresas registradas no Cadin, até que o STF, ao apreciar a ADI 1454/DF, declarou a constitucionalidade do art. 6º da Lei nº 10.522/2002 e indicou que a "criação de cadastro no âmbito da Administração Pública Federal e a simples obrigatoriedade de sua prévia consulta por parte dos órgãos e entidades que a integram não representam, por si só, impedimento à celebração dos atos previstos no art. 6º do ato normativo impugnado".

A partir dessa decisão, a jurisprudência dos Tribunais de Contas e do Poder Judiciário assentou-se no sentido de que não existe vedação à contratação de empresas inscritas no Cadin.

No entanto, é necessário destacar que permanece em vigor a obrigação legal de os órgãos e entidades da Administração Pública Federal consultarem o Cadin previamente à celebração de contratos administrativos que utilizem recursos públicos. Resta, assim, o questionamento quanto à razão dessa consulta, tendo em vista que o registro não impede a contratação da empresa.

O TCU, no julgamento que culminou no Acórdão nº 6.246/2010-2ª Câmara, reconheceu que a medida possui "pouca efetividade prática, uma vez que a inscrição ou não no Cadin não trará qualquer consequência em relação às contratações a serem realizadas".

Mais recentemente, após reafirmar a inexistência de impeditivo à contratação ou à prorrogação dos contratos, o plenário do Tribunal indicou que "tal situação pode servir de alerta à administração no sentido de refinar consultas, de forma a comprovar a capacidade e a presença de impeditivos à continuidade do contrato[8]".

De maneira pragmática, apesar de a inscrição no Cadin não impedir, por si só, a celebração de contratos administrativos, é recomendável que as empresas públicas e as sociedades de economia mista promovam as pesquisas prévias no cadastro e anexem aos autos as comprovações dessa busca. Essa conduta privilegia não apenas o art. 6º, III, da Lei nº 10.522/02, como também diversas decisões do TCU sobre o tema[9].

JURISPRUDÊNCIA RELACIONADA[10]

- "Depois de analisar as respostas encaminhadas, a Secex/SC verificou, em síntese, que o <*omissis*> fez sua proposta de compra com base no laudo de avaliação com valor

8. TCU. Acórdão nº 1134/2017-Plenário. Rel. Min. Augusto Sherman.
9. Nesse sentido: acórdãos 2927/2010-Plenário, 445/2009-Plenário, 7832/2010-1ª Câmara e Acórdão 6246/2010 – 2ª Câmara.
10. Vide nota de rodapé nº 38.

mais alto para o imóvel, de R$ 64,5 milhões; além disso, que há fortes evidências de que esta avaliação está acima dos preços praticados no mercado. Assim, concluiu que, 'caso se concretize a aquisição do referido imóvel utilizando-se como parâmetro de preço o valor do laudo menos favorável à Administração Pública, em seu limite superior, e sem a ocorrência de qualquer negociação para melhorar as condições de compra, além de se materializar ato potencialmente não vantajoso para a Administração, pode se constituir ato antieconômico e contrário ao interesse público'". (TCU. Acórdão nº 520/2018 - Plenário)

- "É certo que a situação motivadora da contratação direta deve ser devidamente evidenciada, a escolha da contratada deve ser justificada e os preços praticados devem ser os de mercado, sempre de acordo com o disposto nos incisos I, II e III do parágrafo único do art. 26 da Lei 8.666/1993. 12. Nessa linha, a existência de outras propostas de preços, além daquela contratada, possui por objetivo justificar o preço a ser contratado. Não há que falar, como aponta a unidade técnica, na realização de um procedimento de disputa para se averiguar a proposta mais vantajosa. Caso assim fosse, não se estaria falando de dispensa de licitação, mas de licitação propriamente dita. 13. É bem verdade que, caso a contratação não ocorra pela proposta de menor preço, o gestor deve justificar o preço praticado e demonstrar as razões de seu procedimento". (TCU. Acórdão nº 1.157/2013 - Plenário)
- Nas contratações diretas não há que se falar em direcionamento ilícito, pois a escolha do contratado é opção discricionária do gestor, desde que satisfeitos os requisitos estabelecidos no art. 26 da Lei 8.666/93: justificativa do preço, razão da escolha do contratado e, se for o caso, caracterização da situação emergencial. (TCU. Acórdão nº 1.157/2013 - Plenário)
- "Ainda que se possa comprar diretamente, a administração deve se certificar de que os preços contratados sejam os de mercado. A simples dispensa não exonera o gestor dessa obrigatoriedade. Tal objetivo, entretanto, é frustrado quando, em cada três empresas em que a pesquisa de preço é feita, duas possuem sócios em comum". (TCU. Acórdão nº 2.912/2011 - Plenário)
- "A decisão pela contratação direta, por inexigibilidade ou dispensa, é posterior a toda uma etapa preparatória que deve ser a mesma para qualquer caso. A impossibilidade ou a identificação da possibilidade da contratação direta, como a melhor opção para a administração, só surge após a etapa inicial de estudos. Como a regra geral é a licitação, a sua dispensa ou inexigibilidade configuram exceções. Como tal, portanto, não podem ser adotadas antes das pesquisas e estudos que permitam chegar a essa conclusão". (TCU. Acórdão nº 994/2006 - Plenário)

7

DISPOSIÇÕES DE CARÁTER GERAL SOBRE LICITAÇÕES E CONTRATOS (ART. 31)

A Lei traz uma seção com "Disposições de Caráter Geral sobre Licitações e Contratos". Há certa atecnia no título da seção, uma vez que ela dispõe também sobre diversas regras materialmente específicas.

O aspecto generalidade suscitado pelo inciso XXVII do artigo 22 da Constituição Federal está relacionado à matéria tratada, motivo pelo qual é necessário perceber que, nada obstante a nomenclatura da seção, existem dispositivos ali indicados que são materialmente gerais, conquanto outros dispositivos se caracterizem como regras materialmente específicas.

Nesse ponto, bom lembrar que o Constituinte outorgou competência privativa à União para legislar sobre regras gerais de licitação, competindo aos demais entes federativos disciplinar regras específicas próprias para suas estatais, vinculando-se, de qualquer forma, às normas gerais traçadas pela União.

De qualquer forma, o legislador reproduziu regras interessantes, já definidas outrora pela doutrina, jurisprudência e regulamentações da Lei Geral, como a diferenciação entre sobrepreço e superfaturamento, a forma de obtenção dos orçamentos de referência, além da possibilidade de adoção do procedimento de manifestação de interesse privado e estabelecimento de determinadas diretrizes, como fora feito no RDC.

7.1. OBJETIVOS/FINALIDADES

A Lei, no *caput* do artigo 31, indica como objetivos/finalidades:

- assegurar a seleção da proposta mais vantajosa (vantajosidade);
- evitar operações em que se caracterize sobrepreço ou superfaturamento.

Há uma evidente diferença em relação ao modelo da Lei nº 8.666/1993, que indicava como finalidades, além da vantajosidade, o respeito à isonomia e o desenvolvimento nacional sustentável.

A mudança não é despropositada. Ela demonstra a preocupação da nova Lei com a eficiência econômica das estatais. Embora não abandone os valores que fundamentam finalidades nobres como o respeito à isonomia e o desenvolvimento nacional sustentável, os quais ainda devem ser observados, o legislador indicou ao aplicador da norma que a finalidade das licitações e dos contratos regulados por esse diploma é a vantajosidade e o resguardo contra operações que gerem sobrepreço ou superfaturamento.

Essa nuance deve ser percebida, para que se identifiquem os limites de integração à norma e compreendido que mudanças legislativas (como a ausência da regularidade fiscal e trabalhista) no novo diploma estão diretamente relacionadas a essas finalidades estabelecidas pelo legislador.

7.2. SELEÇÃO DA PROPOSTA MAIS VANTAJOSA (VANTAJOSIDADE)

Em relação à busca pela proposta mais vantajosa, identifica-se repetição de uma finalidade já apontada outrora pela Lei nº 8.666/1993. A diferença relevante é que o legislador, na Lei nº 13.303/2016, ressalta que o ciclo de vida do objeto insere-se nesse conceito de vantajosidade.

Isso não é pouco. Aqui, o legislador firma expressamente que a vantajosidade não está relacionada necessariamente ao menor preço. Assim como ocorre com contratações privadas, a estatal poderá balizar a escolha da melhor proposta através de exigências acerca da qualidade do resultado da contratação.

Cesar Guimarães, com acerto, lembra que a consideração do ciclo de vida impõe a avaliação dos encargos e das vantagens do objeto durante toda a sua vida útil, não apenas no momento da contratação, para que se defina a proposta mais vantajosa[1].

Em análise comparativa com normas estrangeiras, convém registrar que a Diretiva 2014-24 da União Europeia[2] define o que representaria o ciclo de vida:

> «Ciclo de vida», todas as etapas consecutivas e/ou interligadas, incluindo a investigação e desenvolvimento a efetuar, a produção, comercialização e respetivas condições, transporte, utilização e manutenção, ao longo da existência de um produto, de uma obra ou da prestação de um serviço, desde a aquisição das matérias-primas ou da geração de recursos até à eliminação, neutralização e fim do serviço ou utilização;

Realmente, todos sabemos, mesmo em nossas compras pessoais, que o preço não é o único fator de avaliação na escolha de uma contratação. Qualidade, durabilidade, custo de manutenção, entre outros, são fatores fundamentais para a escolha do produto ou do fornecedor contratado. As empresas privadas também sopesam esses elementos em suas contratações; da mesma forma, as estatais, buscando sempre a proposta mais vantajosa, devem adotar esses parâmetros para sua escolha, balizando-se pela efetiva vantagem da contratação.

7.3. SOBREPREÇO E SUPERFATURAMENTO

A Lei nº 13.303/2016 preocupou-se, especificamente, com os conceitos de sobrepreço e superfaturamento, dando definição legal para ambos. Vejamos:

- Sobrepreço: quando os preços orçados para a licitação ou os preços contratados são expressivamente superiores aos preços referenciais de mercado, podendo referir-se ao valor unitário de um item, se a licitação ou a contratação for por preços unitários de serviço, ou ao valor global do objeto, se a licitação ou a contratação for por preço global ou por empreitada;

---

1. PEREIRA, Cesar A. Guimarães. Processo Licitatório das Empresas Estatais: Finalidades, Princípios e Disposições Gerais. In Estatuto jurídico das empresas estatais: Lei 13.303/2016/Marçal Justen Filho, organizador. –São Paulo: Editora Revista dos Tribunais, 2016. P. 327-351.
2. EUROPEIA, União. Diretiva 2014/95/EU do Parlamento Europeu e do Conselho de 26 de fevereiro de 2014. Jornal Oficial da União Europeia. Consulta realizada em: https://eur-lex.europa.eu/legal-content/PT/TXT/?uri=celex:32014L0024.

- Superfaturamento: quando houver dano ao patrimônio da empresa pública ou da sociedade de economia mista caracterizado, por exemplo: a) pela medição de quantidades superiores às efetivamente executadas ou fornecidas; b) pela deficiência na execução de obras e serviços de engenharia que resulte em diminuição da qualidade, da vida útil ou da segurança; c) por alterações no orçamento de obras e de serviços de engenharia que causem o desequilíbrio econômico-financeiro do contrato em favor do contratado; d) por outras alterações de cláusulas financeiras que gerem recebimentos contratuais antecipados, distorção do cronograma físico-financeiro, prorrogação injustificada do prazo contratual com custos adicionais para a empresa pública ou a sociedade de economia mista ou reajuste irregular de preços.

Curioso, sob o prisma técnico, ver uma definição tão específica indicada como "regra geral". Nada obstante, parece interessante tal previsão para a correta definição de conceitos comumente confundidos, como também pela reserva feita pelo legislador, notadamente em relação ao sobrepreço.

Ao estabelecer a definição legal para sobrepreço, o dispositivo (inciso I do §1° do artigo 31) distingue sua identificação quando da adoção dos regimes de execução por preço global/empreitada, em relação à adoção do regime de execução por preço unitário. Assim, a identificação de eventual majoração de preços em relação ao valor unitário de itens da planilha é referência para definição de sobrepreço, apenas, quando adotar-se o regime de execução por preço unitário. Em relação a regime de execução por preço global ou empreitada, o sobrepreço deve ter como referência o valor global do objeto.

César Guimarães Pereira também observa esta distinção, ao tratar sobre o tema:

> Um ponto importante da disciplina adotada é a distinção estabelecida pelo inciso I entre contratos por preços unitários ou por preço global: (...) podendo referir-se ao valor unitário de um item, se a licitação ou a contratação for por preços unitários de serviço, ou ao valor global do objeto, se a licitação ou a contratação for por preço global ou por empreitada. Essa especificação elimina um problema prático usual, verificado nas situações em que o órgão de controle ou a administração pretendem discutir o excesso ou insuficiência de preços unitários específicos em contratos, nos quais o preço global proposto é inferior ao orçado. Nos termos do dispositivo legal, só a proposta global pode ser objeto de sobrepreço se o contrato é por preço global. A solução não impede que, mediante justificativa específica, se discuta a existência

> de jogo de planilha que, no contexto de um contrato peculiar, frustre o regime da contratação por preço global.[3]

Parece-nos adequada a distinção feita pelo legislador, notadamente quando a análise do sobrepreço é realizada em razão da proposta do contratado. Frise-se, o TCU tem entendido que, para a apuração de sobrepreço em obras públicas, "aplica-se preferencialmente o método da limitação dos preços unitários ajustado (MLPUA) na análise de editais e o método da limitação do preço global (MLPG) no caso de obra já contratada".[4]

Em relação ao superfaturamento, o legislador indicou formas exemplificativas de identificá-lo, como: medição de quantidades superiores às efetivamente executadas ou fornecidas; deficiência na execução de obras e serviços de engenharia que resulte em diminuição da qualidade, da vida útil ou da segurança; alterações no orçamento de obras e de serviços de engenharia que causem o desequilíbrio econômico-financeiro do contrato em favor do contratado; outras alterações de cláusulas financeiras que gerem recebimentos contratuais antecipados, distorção do cronograma físico-financeiro, prorrogação injustificada do prazo contratual com custos adicionais para a empresa pública ou a sociedade de economia mista ou reajuste irregular de preços.

Bom registrar que, como admitido pelo próprio TCU, não se configura superfaturamento por metodologia executiva quando o projeto básico prevê a solução mais eficiente e usual de mercado e o executor realiza o trabalho com técnicas ou equipamentos inovadores, que aumentam a produtividade na execução do serviço.[5]

Conforme bem delineado pela Corte de Contas, em Acórdão relatado pelo Ministro José Múcio, uma vez constatado superfaturamento, "é legítima a compensação de débitos e créditos existentes entre a Administração Pública e a empresa contratada, diante de indiscutível existência de dívidas recíprocas e das dificuldades inerentes ao processo de reparação de dano ao erário".[6]

---

3. PEREIRA, Cesar A. Guimarães. Processo Licitatório das Empresas Estatais: Finalidades, Princípios e Disposições Gerais. In Estatuto jurídico das empresas estatais: Lei 13.303/2016/Marçal Justen Filho, organizador. –São Paulo: Editora Revista dos Tribunais, 2016., p. 327-351.
4. TCU. Acórdão nº 2510/2016 Plenário, Rel. Ministro-Substituto Augusto Sherman.
5. TCU. Acórdão nº 2986/2016 Plenário. Rel. Ministra Ana Arraes.
6. TCU. Acórdão nº 1127/2017 Plenário. Rel. Ministro José Múcio Monteiro.

JURISPRUDÊNCIA RELACIONADA[7]

- O Sinapi e o Sicro representam fontes prioritárias para a orçamentação de obras e serviços de engenharia das empresas estatais, devendo restar demonstrada a inviabilidade de seu uso para a utilização de outras fontes ... (TCU. Acórdão 2628/2020, Plenário).
- Não cabe à comissão de licitação avaliar o conteúdo da pesquisa de preços realizada pelo setor competente do órgão, pois são de sua responsabilidade, em regra, apenas os atos relacionados à condução do procedimento licitatório. (TCU. Acórdão 594/2020 - Plenário)
- A simples divergência entre os valores orçados e os valores adjudicados não serve para evidenciar a ocorrência de sobrepreço, sendo necessário, para tanto, que a constatação esteja baseada em informações sobre os preços de mercado vigentes à época da licitação. (TCU. Acórdão 1.494/2020 - Plenário)
- A pesquisa de preços para elaboração do orçamento estimativo de licitação promovida por empresa estatal não deve se restringir a cotações realizadas junto a potenciais fornecedores, devendo ser utilizadas outras fontes como parâmetro. (TCU. Acórdão nº 2102/2019 – Plenário)
- A pesquisa de preços para elaboração do orçamento estimativo da licitação não deve se restringir a cotações realizadas junto a potenciais fornecedores, devendo ser utilizadas outras fontes como parâmetro, a exemplo de contratações públicas similares, sistemas referenciais de preços disponíveis, pesquisas na internet em sítios especializados e contratos anteriores do próprio órgão. (TCU. Acórdão nº 0713/2019 – Plenário)
- O TCU não adota margem de erro ou limite de tolerância na apuração de sobrepreço em contratações promovidas pela Administração. Somente é admissível contratar por valores superiores aos referenciais de preço se presentes condições extraordinárias, devidamente justificadas no procedimento administrativo. (TCU. Acórdão nº 2621/2019 – Plenário)
- A pesquisa de preços para elaboração do orçamento estimativo da licitação não deve se restringir a cotações realizadas junto a potenciais fornecedores, devendo ser utilizadas outras fontes como parâmetro, a exemplo de contratações públicas similares, sistemas referenciais de preços disponíveis, pesquisas na internet em sítios especializados e contratos anteriores do próprio órgão. (TCU. Acórdão 1548/2-18 – Plenário)
- As regras e os critérios para elaboração de orçamentos de referência de obras e serviços de engenharia pela Administração Pública devem se basear precipuamente nos sistemas referenciais oficiais de custo (Sinapi e Sicro) , estabelecidos no Decreto 7.983/2013 – no caso de certames fundamentados na Lei 8.666/1993 que prevejam o uso de recursos dos orçamentos da União –, bem como no art. 8º, §§ 3º, 4º e 6º, da Lei 12.462/2011, e no art. 31, §§ 2º e 3º, da Lei 13.303/2016. Tais referenciais consideram, de forma direta ou indireta, os parâmetros salariais e outras disposições de

7. Vide nota de rodapé nº 38.

instrumentos de negociação coletiva de trabalho na formação de custos com a mão de obra. (TCU. Acórdão nº 719/2018 - Plenário. BENJAMIN ZYMLER)

- Membros de comissão de licitação não devem ser responsabilizados por sobrepreço ou superfaturamento decorrente de orçamento estimativo com preços acima de mercado, salvo se houver prova de que tenham participado da elaboração do orçamento. (TCU. Acórdão. Nº 1844/2019 - Plenário. BENJAMIN ZYMLER)

- Os licitantes, sob risco de responderem por superfaturamento em solidariedade com os agentes públicos, têm a obrigação de oferecer preços que reflitam os paradigmas de mercado, ainda que os valores fixados pela administração no orçamento-base do certame se situem além daquele patamar. (TCU. Acórdãos nº 7.053/2019 - 1ª Câmara e 1.959/2017 - Plenário)

- Taxa de BDI com percentual acima do limite referencial não representa, por si só, superfaturamento, desde que o preço global contratado, ou seja, custo mais BDI, esteja compatível com o preço de mercado. (TCU. Acórdão nº 220/2018 - Plenário)

- A confrontação do orçamento contratado com outro elaborado com parâmetros de custo obtidos depois de vários anos é imprópria para aferição de adequação da proposta contratada com valores de mercado, isso porque as correções de preços por índices em datas demasiadamente longas não conseguem reproduzir as exatas condições da obra à época da assinatura do contrato ou da celebração dos aditivos. (TCU. Acórdão nº 201/2018 - Plenário)

- Nos processos de fiscalização de obras, presume-se que os referenciais oficiais da Administração refletem os preços de mercado, razão pela qual podem e devem ser considerados para a análise de adequação de preços e apuração de eventual superfaturamento. Alegações em contrário devem ser comprovadas com base em elementos fáticos que permitam afastar os preços de referência utilizados pelo TCU. (TCU. Acórdão nº 201/2018 - Plenário)

- As empresas que oferecem propostas com valores acima dos praticados pelo mercado, tirando proveito de orçamentos superestimados elaborados pelos órgãos públicos contratantes, contribuem para o superfaturamento dos serviços, sujeitando-se à responsabilização solidária pelo dano evidenciado. (TCU. Acórdão nº 27/2018 - Plenário)

- A existência na planilha contratual de serviços específicos com preços unitários acima dos referenciais de mercado, ainda que não caracterize sobrepreço global, deve ser evitada, principalmente se concentrados na parcela de maior materialidade da obra, pois traz risco de dano ao erário no caso de celebração de aditivos que aumentem quantitativos dos serviços majorados (jogo de planilha) ou diante da inexecução de serviços com descontos significativos nos preços, depois de executados aqueles com preços unitários superiores aos de mercado (jogo de cronograma) . (TCU. Acórdão nº 2307/2017 - Plenário)

- Para apuração de sobrepreço em obras públicas, aplica-se preferencialmente o método da limitação dos preços unitários ajustado (MLPUA) na análise de editais e o método da limitação do preço global (MLPG) no caso de obra já contratada. (TCU. Acórdão nº 2307/2017 - Plenário)

- O sobrepreço deve ser aferido a partir dos preços de mercado ou com base em sistemas referenciais de preço. O fato de os valores adjudicados encontrarem-se superiores aos valores orçados não serve para evidenciar que aqueles estão acima dos preços de mercado. Essa constatação deve estar baseada em informações sobre os preços efetivamente praticados no mercado à época. (TCU. Acórdão nº 1549/2017 - Plenário)
- Não existe percentual tolerável de sobrepreço global, de forma que somente é admissível contratar empreendimento por valores superiores aos de sistemas referencias de preço oficiais se presentes condições extraordinárias, devidamente justificadas no procedimento administrativo. (TCU. Acórdão nº 1000/2017 - Plenário)
- Para fins de quantificação de sobrepreço, não é possível comparar os preços de uma contratação regular com os de uma contratação emergencial. (TCU. Acórdão nº 942/2017 - Plenário)
- Não existe percentual tolerável de sobrepreço global nas contratações públicas, especialmente quando a análise da economicidade se baseia em amostra representativa e os preços paradigmas são extraídos dos sistemas oficiais de referência. (TCU. Acórdão nº 844/2017 - Plenário)
- A metodologia de análise de preços adotada pelo TCU e a sua jurisprudência não definem percentuais a partir dos quais se possa afirmar, com segurança, que o contrato está ou não superfaturado em relação aos preços de mercado. A análise da ocorrência ou não de superfaturamento deve ser feita caso a caso. (TCU. Acórdão nº 911/2015 - Plenário)
- Os preços registrados por entidades e órgãos públicos não podem ser utilizados como parâmetro único para se aferir sobrepreço ou superfaturamento. (TCU. Acórdão nº 895/2015 - Plenário)
- O parâmetro para a avaliação da conformidade dos preços ofertados são os valores de mercado, e não as propostas apresentadas por outros licitantes. (TCU. Acórdão nº 2796/2013 - Plenário)
- A caracterização do sobrepreço não pode ser presumida para fins de responsabilidade pessoal. (TCU. Acórdão nº 5554/2009 - Primeira Câmara)

7.4. PROCEDIMENTO DE MANIFESTAÇÃO DE INTERESSE PRIVADO

O §4º do artigo 31 estabelece a possibilidade de que a estatal realize procedimento de manifestação de interesse privado (PMI) para o recebimento de propostas e projetos de empreendimentos, objetivando o atendimento de necessidades previamente identificadas.

> Art. 31. (...)
>
> § 4º A empresa pública e a sociedade de economia mista poderão adotar procedimento de manifestação de interesse privado para o recebimento de propostas e projetos de empreendimentos com vistas

a atender necessidades previamente identificadas, cabendo a regulamento a definição de suas regras específicas.

§ 5º Na hipótese a que se refere o § 4º, o autor ou financiador do projeto poderá participar da licitação para a execução do empreendimento, podendo ser ressarcido pelos custos aprovados pela empresa pública ou sociedade de economia mista caso não vença o certame, desde que seja promovida a cessão de direitos de que trata o art. 80.

O detalhamento do procedimento foi delegado à regulamentação específica, o que pode ser providenciado pelo próprio regulamento interno de licitações da respectiva estatal. Em linhas gerais, permite-se que, em caso de complexidade ou especialidade do objeto, a Administração possa instaurar o PMI, por iniciativa própria ou a pedido de terceiros, para a produção e seleção de projetos, estudos, investigação ou levantamentos a serem utilizados na futura contratação.

Em síntese, podem ser indicadas três fases: 1. Abertura, através de publicação de edital de chamamento público; 2. Autorização para a apresentação de projetos, levantamentos, investigações ou estudos; e 3. Avaliação, seleção e aprovação.

A produção e seleção de projetos, estudos, investigação ou levantamentos será inicialmente conferida sem caráter de exclusividade e não gera direito de preferência no processo licitatório, nem obriga a estatal a realizar a licitação.

Parece interessante seja estabelecido valor nominal máximo para eventual ressarcimento dos projetos, levantamentos, investigações e estudos, condicionando-o à necessidade de sua atualização e de sua adequação, até a abertura da licitação do empreendimento.

De qualquer forma, o legislador, no §5º do mesmo artigo, firmou a regra de que o autor ou financiador do projeto poderá participar da licitação para a execução do empreendimento. Esta autorização quebra o dogma antigo, impeditivo que o autor do projeto possa participar da licitação, que restringia os incentivos para que particulares que detivessem propostas de bons projetos para a resolução de problemas administrativos, apresentasse-os (ao menos de forma republicana e transparente) para que o gestor público tomasse conhecimento e, reconhecendo o valor e pertinência da ideia, iniciasse o processo para a respectiva licitação.

Entendemos como um avanço, esta regra, sobretudo com o estabelecimento de matriz de riscos para evitar que falhas no projeto possam repercutir em benefício econômico ilegítimo para o contratado.

JURISPRUDÊNCIA RELACIONADA[8]

- Nos editais de Procedimento de Manifestação de Interesse (PMI), a mera reprodução literal do art. 10, incisos I a V, do Decreto 8.428/2015, por si só, não atende aos requisitos de clareza e objetividade inerentes aos critérios de avaliação e seleção de projetos, levantamentos, investigações ou estudos. (TCU. Acórdão nº 1873/2016 – Plenário)
- Nos editais de Procedimento de Manifestação de Interesse (PMI), regulados pelo Decreto 8.428/2015, devem ser divulgados o valor calculado para o ressarcimento pelos projetos elaborados e a respectiva memória de cálculo, fundamentada em dados objetivos vinculados aos custos de elaboração dos estudos, incluindo margem de lucro compatível com a natureza do serviço e com os riscos envolvidos, e baseados em preços de mercado para serviços de porte e complexidade similares. (TCU. Acórdão nº 1873/2016 – Plenário)

8. Vide nota de rodapé nº 38.

8

DIRETRIZES

O artigo 32 da Lei nº 13.303/2016 indica algumas diretrizes que devem ser observadas nas licitações e contratos das empresas públicas e das sociedades de economia mista.

Primeiramente, é importante definir o significado de "diretriz" em um texto normativo. A diretriz dá uma orientação, traça uma linha a seguir, um propósito a ser perseguido pelo Poder Público, mas não como uma regra ou modelo obrigatório.

Ilustrativamente, quando um pai diz a seu filho: "continue se esforçando nos estudos que você terá sucesso" ou "seja um homem íntegro em suas atitudes e leal em suas relações", ele está dando orientações, indicando caminhos a seguir. É uma atitude diferente daquela em que o pai diz a seu filho: "você vai para a escola todos os dias desta semana" ou "se eu descobrir que mentiu, você ficará de castigo".

Marçal Justen Filho lembra que a expressão "diretriz" indica um padrão a ser observado, mas sem que isso signifique a impossibilidade de uma solução distinta, ressaltando ainda que "a eficácia normativa de uma diretriz é variável em vista da solução consagrada".[1]

Está correto o raciocínio do autor. Citemos, como exemplo, o Regime Diferenciado de Contratações (RDC), cuja Lei estabeleceu diretrizes para as respectivas licitações e contratos (em modelo assemelhado ao da Lei

1. JUSTEN FILHO, Marçal. Comentários ao RDC. São Paulo: Dialética, 2013. p. 73.

das estatais). Lá, foi estabelecida como diretriz a "padronização de instrumentos convocatórios e minutas de contratos, previamente aprovados pelo órgão jurídico competente". Essa diretriz indica um caminho a ser traçado, uma orientação de comportamento, mas não uma regra cogente. Assim, até hoje, embora o "caminho a ser seguido" tenha sido indicado pelo legislador, por questões várias, ainda há órgãos que adotam o RDC, sem a aprovação de instrumentos convocatórios padronizados para aquela modalidade. A própria AGU, que dispõe de minutas padronizadas de licitações e contratos para praticamente todas as modalidades licitatórias[2], usadas por milhares de órgãos públicos usuários, ainda não providenciou, por motivos justificáveis, a padronização de minutas de editais para o Regime Diferenciado de Contratações.

Isso não torna ilegal uma licitação realizada na modalidade RDC, pela ausência de prévia aprovação de minuta padronizada, embora reste claro que o legislador indicou este como o caminho a ser seguido, um propósito a ser perseguido pelo Poder Público.

As diretrizes previstas pelo artigo 32 devem ser compreendidas dessa forma, como indicação de orientações do legislador para a utilização deste novo regime licitatório.

Vejamos, sucintamente, as diretrizes apontadas pela Lei federal nº 13.303/2016.

8.1. PADRONIZAÇÃO

Uma das diretrizes é a padronização do objeto da contratação, dos instrumentos convocatórios, e das minutas de contratos, conforme normas internas específicas. Seguindo esta orientação, a administração deverá homogeneizar as características técnicas de cada objeto licitado e o desempenho na sua execução, além, quando for o caso, das condições de manutenção, de assistência técnica e de garantia oferecidas.

Com a padronização, gera-se otimização dos custos e restam superadas dificuldades burocráticas para a precisa definição da pretensão contratual. Ademais, a padronização legítima pode incentivar a redução dos custos pelo

2. Disponível no endereço eletrônico: http://www.agu.gov.br/page/content/detail/id_conteudo/270265.

aumento da competitividade, uma vez que o mercado passa a conhecer de forma mais transparente os objetos que serão pretendidos nas eventuais licitações.

Convém observar a orientação dada por Túlio Barbosa, de que existem algumas técnicas de Padronização de Descrição de Materiais (PDM), para assegurar a qualidade e uniformidade de descrições técnicas de um material, componente ou equipamento, as quais buscam três elementos descritivos: o nome do Item (Material; Equipamento; Serviço; Mão-de-Obra), descrição técnica e a descrição complementar[3].

JURISPRUDÊNCIA RELACIONADA[4]

- "O que se vê aqui é que a padronização está sendo implementada em um ritmo aquém do necessário para que se atinja um nível de desempenho adequado para um funcionamento equilibrado do <*omissis*>. A padronização é desejável em qualquer atividade econômica, sendo doutrinariamente compreendida como princípio da padronização, que também é caro e buscado pela Administração Pública. Tal princípio está fortemente relacionado com os princípios constitucionais da eficiência e da economicidade, razão por que tem de ser observado atentamente pelas administrações tanto do <*omissis*> como da <*omissis*>, para que se busque viabilizar econômica e financeiramente a existência do hospital universitário, já que ele, ao lado de outros hospitais universitários no Brasil, sofre com dificuldades de ordem orçamentária, financeira, administrativa, e econômica de modo geral. Assim, a solução para essas dificuldades passa obrigatoriamente pela padronização de processos e procedimentos, o que significa, no final das contas, aumento de eficiência e redução de custos, isto é, mais economicidade". (TCU. Acórdão nº 1.607/2011 – Plenário)

8.2. BUSCA DA MAIOR VANTAGEM COMPETITIVA

Outra diretriz indicada pelo artigo 32 é a busca da maior vantagem competitiva para a empresa pública ou sociedade de economia mista, considerando custos e benefícios, diretos e indiretos, de natureza econômica, social ou ambiental, inclusive os relativos à manutenção, ao desfazimento de bens e resíduos, ao índice de depreciação econômica e a outros fatores de igual relevância.

3. BARBOSA, Túlio Bastos. Preços nas licitações públicas. In TORRES, Ronny Charles L. de. Licitações Públicas: homenagem ao jurista Jorge Ulisses Jacoby Fernandes. Curitiba: Negócios Públicos, 2016. P. 152.
4. Vide nota de rodapé nº 38.

A busca de maior vantagem competitiva tem relação com o princípio da eficiência. A eficiência é princípio que vincula e deve nortear as ações da estatal, notadamente daquelas que exploram atividade econômica.

Para buscar vantagem competitiva, a estatal deve atualizar seus procedimentos, ferramentas e técnicas adotadas, assimilando experiências do mercado para aperfeiçoar sua atuação.

8.3. PARCELAMENTO DO OBJETO

O inciso III do artigo 32 indica como diretriz o parcelamento do objeto, visando a ampliar a participação de licitantes, sem perda de economia de escala, e desde que não atinja valores inferiores aos limites estabelecidos para as chamadas dispensas de pequeno valor.

Há um senso comum de que a "divisão do certame" pode gerar potenciais benefícios à competitividade. Na verdade, o desenvolvimento das licitações demonstrou que, por vezes, para ampliar a competição, é importante dividir a pretensão contratual, gerando certames autônomos que permitam uma maior participação de empresas interessadas, possibilitando àquelas que não conseguiriam disputar o certame completo, oferecer melhores propostas para a disputa dividida.

Essa "divisão do certame" ocorre pelo parcelamento (comum em grandes obras, que são fragmentadas em várias licitações) ou pela adjudicação por itens (na qual um mesmo edital fraciona a pretensão contratual em vários itens). Para aumentar a competitividade, sendo tecnicamente possível e inexistindo prejuízo à economia de escala ou ao conjunto da contratação, as disputas licitatórias devem ser divididas em parcelas ou itens (adjudicação por itens), gerando certames autônomos, mesmo que em um mesmo edital, de forma a beneficiar o aumento da competitividade.

Convém sempre lembrar o que prescreve a Súmula 247 do TCU:

> É obrigatória a admissão da adjudicação por item e não por preço global, nos editais das licitações para a contratação de obras, serviços, compras e alienações, cujo objeto seja divisível, desde que não haja prejuízo para o conjunto ou complexo ou perda de economia de escala, tendo em vista o objetivo de propiciar a ampla participação de licitantes que, embora não dispondo de capacidade para a execução, fornecimento ou aquisição da totalidade do objeto, possam fazê-lo com relação a itens ou unidades autônomas, devendo as exigências de habilitação adequar-se a essa divisibilidade.

O TCU já determinou a certa empresa pública que evitasse incluir cláusulas editalícias que restringissem o caráter competitivo do certame; além de adotar o critério de menor preço por item, sempre que o objeto fosse divisível e desde que não houvesse prejuízo para o conjunto ou complexo ou perda de economia de escala, em vez de menor preço global por lote[5].

Contudo, o raciocínio de parcelamento ou adjudicação por itens não deve ser levado a termos absolutos, pois a divisão da pretensão contratual, em alguns casos, pode prejudicar a economia de escala e gerar outros custos, relacionados aos diversos contratos, além de potencializar riscos e dificuldades na gestão de uma pluralidade de contratos autônomos, para atendimento da mesma pretensão contratual[6]. O próprio TCU já entendeu que seria legítima a reunião de elementos de mesma característica, quando a adjudicação de itens isolados onerar "o trabalho da Administração Pública, sob o ponto de vista do emprego de recursos humanos e da dificuldade de controle, colocando em risco a economia de escala e a celeridade processual", o que pode comprometer a seleção da proposta mais vantajosa[7].

De qualquer forma, a decisão sobre a aglutinação, ou não, de itens envolve contornos técnicos específicos. É possível que a estatal contratante identifique a necessidade de reunião e tome essa decisão, de forma justificada (no termo de referência ou mesmo em outra peça processual), fundamentando-a em ponderações econômicas e gerenciais, como ganhos de economia de escala ou mesmo gerenciamento contratual.

8.3.1. Item x lote x grupo

Nessa tarefa de dividir ou de aglutinar os itens que formam a pretensão contratual, convém ponderar que é muito comum certa confusão nas denominações dadas. Rotineiramente, percebem-se escritos e julgados que denominam como "lote", a reunião de diversos itens de uma licitação, opção que não parece a tecnicamente mais correta, já que, muitas vezes, é necessária também a divisão do próprio item, procedimento que tem recebido a mesma denominação (lote).

5. TCU. Acórdão nº 2.790/2006 – 2ª Câmara. Rel. Min. Ubiratan Aguiar.
6. TORRES, Ronny Charles Lopes de. Leis de licitações públicas comentadas. 9ª edição. Salvador: Juspodivm, 2018. P. 51.
7. TCU. Acórdão nº 5301/2013 – 2ª Câmara. Rel. Min. André de Carvalho.

Concebendo-se o "item" como a unidade divisível da pretensão contratual (não no sentido quantitativo, mas para fins de divisão dos elementos autonomamente licitáveis), deve-se perceber que, por vezes, será interessante a aglutinação de alguns desses itens (em um único objeto licitatório), ou a divisão de um único "item" (em vários objetos licitatórios), sempre com o objetivo de ampliar a competitividade ou alcançar maior eficiência, buscando uma contratação mais vantajosa para o Poder Público.

Preferimos denominar como "grupo" a aglutinação de diversos itens (que poderiam, em tese, ser licitados autonomamente), para a formação de um único objeto licitatório, já que, por sua vez, tecnicamente, o "lote" é a divisão de um único objeto licitatório (item) em diversos objetos licitatórios (lotes), como constava expressamente definido pelo artigo 8º, do Decreto 7.892, de 2013, segundo o qual o "órgão gerenciador poderá dividir a quantidade total do item em lotes, quando técnica e economicamente viável, para possibilitar maior competitividade"[8].

Assim, a aglutinação de itens em um "grupo" ocorrerá quando itens de uma pretensão contratual que poderiam, em tese, ser licitados ou adjudicados separadamente, são reunidos em um único objeto licitatório. Isso ocorre, por exemplo, quando, em uma licitação para gêneros alimentícios, com centenas de itens, estes são reunidos em grupos, gerando um número menor de objetos licitatórios, como: carnes, laticínios, bebidas, entre outros.

Noutro prumo, a divisão do item em "lote" ocorrerá quando um único item puder ser dividido em diferentes objetos licitatórios, objetivando-se a ampliação de competitividade ou melhor gerenciamento contratual, como ocorre, por exemplo, em certames que envolvam entrega de produtos em diversas regiões ou localidades.

Em qualquer dos casos, a adjudicação em itens, a aglutinação (em grupos) ou divisão (em lotes) deve objetivar a ampliação da competitividade na licitação ou a melhor gestão contratual. Conforme outrora ponderou o Ministro aposentado do TCU José Jorge, "a adjudicação por grupo ou lote não é, em princípio, irregular, devendo a Administração, nesses casos, justificar de forma fundamentada, no respectivo processo administrativo, a vantagem dessa opção"[9].

8. Sobre o tema, vide: TORRES, Ronny Charles Lopes de. Leis de licitações públicas comentadas. 9ª edição. Salvador: Juspodivm, 2018. P. 52.
9. TCU. Acórdão nº 5134/2014 – 2ª Câmara. Rel.. Min. José Jorge.

JURISPRUDÊNCIA RELACIONADA[10]

- A adjudicação por grupo ou lote não é, em princípio, irregular. A Administração, de acordo com sua capacidade e suas necessidades administrativas e operacionais, deve sopesar e optar, motivadamente, acerca da quantidade de contratos decorrentes da licitação a serem gerenciados (TCU. Acórdão nº 1845/2018 - Plenário)
- O risco de eventuais problemas na integração de serviços contratados separadamente, por si só, não pode servir de fundamento para contrariar-se a regra legal de priorizar-se o parcelamento do objeto (art. 23, § 1º, da Lei 8.666/1993 e Súmula TCU 247). A integração pretendida deve ser buscada mediante especificação adequada no edital ou no termo de referência. (TCU. Acórdão nº 1972/18 - Plenário)
- Em licitações de serviços diversos em contrato único *Facilities Full*, a permissão de formação de consórcios e a possibilidade de subcontratação de serviços são meios que podem amenizar a restrição a concorrência decorrente da junção de inúmeros serviços em único objeto. (TCU. Acórdão nº 10264/18-2ª Câmara)
- 9.7 dar ciência à <*omissis*> das seguintes falhas identificadas na execução do Pregão Eletrônico 72/2015: 9.7.1 inexistência de estudos técnicos preliminares adequadamente documentados, de modo a suportar a opção pelo não parcelamento do objeto, infringindo a Constituição Federal (art. 37, *caput*), a Lei 8.666/1993 (art. 6º, inciso IX; art. 23, § 1º; art. 38) e a Lei 9.784/1999 (arts. 2º e 29, § 1º); (TCU. Acórdão nº 1167/2018 - 2ª Câmara)
- Licitação que tenha por objeto a locação de bem imóvel juntamente com serviços de segurança, manutenção, limpeza e conservação (solução imobiliária completa), contidos na taxa condominial, não representa, por si só, violação ao art. 23, § 1º, da Lei 8.666/1993, haja vista que esse dispositivo não traz regra absoluta, devendo ser avaliado, caso a caso, se o parcelamento é vantajoso ou não para a Administração. (TCU. Acórdão nº 2020/2017 - Plenário)
- Assegurado o atendimento aos princípios que regem as licitações e os contratos públicos, a contratação de serviços de conservação e manutenção de infraestrutura predial, com a inclusão de serviços variados, na modelagem conhecida como contratação de *facilities*, não configura, por si só, afronta à Lei de Licitações, quando prévia e formalmente motivada, de modo a evidenciar, de forma clara e inequívoca, os benefícios potenciais advindos dessa modelagem, com destaque para a quantificação das vantagens econômicas e financeiras e dos ganhos advindos da economia de escala. (TCU. Acórdão nº 929/2017 - Plenário)
- A licitação conjunta de equipamentos e dos respectivos serviços de instalação, por ser exceção à regra geral do parcelamento, exige do órgão contratante a demonstração, por meio de estudos preliminares, de que a segregação da compra traria prejuízos aos fins pretendidos e de que a aquisição conjunta seria efetivamente a mais adequada em termos técnicos e econômicos. (TCU. Acórdão nº 1134/2017 - Segunda Câmara)

---

10. Vide nota de rodapé nº 38.

- Como regra geral, sujeita a ponderação no caso concreto, o parcelamento do objeto deve ser adotado na contratação de serviços de maior especialização técnica, sendo desnecessário nos serviços de menor especialização. (TCU. Acórdão nº 1403/2016 - Plenário)

- Não há obrigação legal de parcelamento do objeto da licitação exclusivamente para permitir a participação de microempresas e empresas de pequeno porte. O parcelamento do objeto deve visar precipuamente o interesse da Administração. (TCU. Acórdão nº 1238/2016 - Plenário)

- A segregação de funções é princípio básico de controle interno e corolário do princípio da moralidade. Consiste na separação de atribuições ou responsabilidades entre diferentes pessoas, de sorte que ninguém, isoladamente, controle todos os principais aspectos de uma atividade relevante para a organização. (...) Por isso, considero não somente admissível, mas necessária, a segregação das atividades de central de monitoramento e de vigilância ostensiva, para impedir prestação de ambas por uma única empresa. Impende destacar que tal segregação não compromete a competitividade dos certames promovidos pela Administração. (TCU. Acórdão nº 589/2016 - Plenário)

- A existência de empresa no mercado capaz de prestar todos os serviços licitados não justifica a ausência de parcelamento do objeto, quando viável. O parcelamento é a regra, excepcionada apenas quando, justificadamente, prejudicial ao interesse público. (TCU. Acórdão nº 3009/2015 - Plenário)

- Nas contratações para aquisição de livros didáticos ou para bibliotecas, é permitido o uso do modelo de 'aquisição por área do conhecimento', em que o objeto não é dividido em itens, mas sim parcelado em grupos temáticos sem a indicação prévia dos livros a serem adquiridos, os quais serão demandados posteriormente. Para tanto, a licitação será do tipo 'maior desconto', que deverá incidir sobre o preço dos livros listados nos catálogos oficiais das respectivas editoras. (TCU. Acórdão nº 180/2015 - Plenário)

- É obrigatória, nas licitações cujo objeto seja divisível, a adjudicação por item e não por preço global, de forma a permitir uma maior participação de licitantes que, embora não dispondo de capacidade para o fornecimento da totalidade do objeto, possam fazê-lo com relação a itens ou unidades autônomas. (TCU. Acórdão nº 122/2014 - Plenário)

- O parcelamento do objeto escapa à discricionariedade administrativa sob circunstâncias em que se faça impositivo. Sua não adoção, nessa situação, configura patente ilegalidade. O parcelamento, além de disposição legal, é regra ética, de bom-senso e de boa administração, de modo a se promover o melhor aproveitamento dos recursos disponíveis no mercado, sem perda da economia de escala. (TCU. Acórdão nº 2593/2013 - Plenário)

- É legítima a adoção da licitação por lotes formados com elementos de mesma característica, quando restar evidenciado que a licitação por itens isolados exigirá elevado número de processos licitatórios, onerando o trabalho da Administração Pública, sob o ponto de vista do emprego de recursos humanos e da dificuldade de controle, colocando em risco a economia de escala e a celeridade processual e comprometendo a seleção da proposta mais vantajosa para a administração. (TCU. Acórdão nº 5301/2013 – Segunda Câmara)

- Ganhos de escala, como os resultantes de modulação e padronização, podem justificar a licitação de obra em lote único, sem parcelamento. (TCU. Acórdão nº 2831/2012 – Plenário)
- "Há que se demonstrar com fundamentos sólidos a escolha a ser feita pelo gestor durante o processo de licitação no que toca à vedação da participação de consórcios, ou mesmo à sua autorização. Deve-se analisar com a profundidade que cada empreendimento estará a requerer, por exemplo, o risco à competitividade, as dificuldades de gestão da obra, a capacitação técnica dos participantes, fatos estes que poderão gerar atraso nas obras como um todo, implicando em grandes prejuízos ao Erário. Outros aspectos deverão dimensionar a complexidade do empreendimento, os riscos de contratação de empresas sem qualificação para a assunção de encargos além de suas respectivas capacidades técnica, operacional ou econômico-financeira, todos esses fatores que estarão a sopesar a decisão que deverá ser tomada pelo gestor'. Tendo em vista todas as variantes que devem ser consideradas para a tomada de decisão, o Relator concluiu, com anuência do Plenário, que 'há que se ponderar para o fato de que cabe ao gestor definir qual o caminho a tomar relativamente à participação ou não de consórcios, de forma motivada no âmbito do processo licitatório" (TCU. Acórdão nº 1165/2012 – Plenário)
- É cabível a divisão do objeto a ser licitado em grupos compostos por itens de mesma natureza. (TCU. Acórdão nº 5260/2011 – Primeira Câmara)
- Deve ser efetuado o parcelamento do objeto do certame quando os serviços forem distintos, em tantas parcelas quantas se comprovarem técnica e economicamente viáveis, visando o melhor aproveitamento dos recursos disponíveis no mercado e à ampliação da competitividade sem perda da economia de escala, respeitando a integridade qualitativa do objeto a ser executado e observando que o fracionamento não deve acarretar risco de aumento no preço a ser pago pela Administração. (TCU. Acórdão nº 1895/2010 – Plenário)

8.4. ADOÇÃO PREFERENCIAL DA MODALIDADE DE LICITAÇÃO DENOMINADA PREGÃO

A Lei das Estatais (nº 13.303/2016) inaugurou relevantes mudanças no âmbito das contratações públicas. Como consequência dessas modificações, alguns dispositivos desse diploma legal demandam ao aplicador do direito uma atividade interpretativa mais apurada. Um dos pontos que merece melhor atenção é, sem dúvida alguma, a diretriz de adoção preferencial da modalidade Pregão.[11]

11. Texto baseado em artigo por nós publicado na internet, em coautoria com a Advogada Adriana Sousa, acessível no endereço: https://jus.com.br/artigos/56266/aplica-se-o-pregao-nas-licitacoes-das-estatais-pela-lei-n-13-303-2016.

Fosse uma regra, o comando seria facilmente assimilado, através de simples interpretação literal. Contudo, é fundamental salientar que se trata de uma diretriz, uma orientação, um caminho a ser seguido.

Igualmente importante é perceber que a Lei das estatais adota um modelo procedimental flexível (como no RDC), no qual não há modalidades estáticas (como ocorria na Lei nº 8.666/1993). Assim, embora o texto legal indique a adoção preferencial do pregão (art. 32, IV), não há outras modalidades licitatórias indicadas pela Lei a serem "preteridas". Vale salientar, a expressão "modalidades", por sinal, na Lei nº 13.303/2016, é usada sem o devido rigor técnico, para classificar espécies de regimes de execução ou espécies de garantia.

É evidente a necessidade de se buscar na hermenêutica jurídica, "teoria científica da arte de interpretar"[12], as bases para a construção do sentido e do alcance dessa diretriz.

Embora não exista uma classificação que encontre aprovação geral, em relação aos específicos modelos de interpretação[13], na tentativa de captar o espírito do referido texto legal, é possível identificar, pelo menos, duas formas distintas de abordagem: a da interpretação literal e a da interpretação lógico-sistêmica.

Na primeira, o intérprete se contentará com o estudo isolado do dispositivo, não se preocupando com os aspectos do todo normativo. Na segunda, o intérprete buscará compreender a letra da lei não isoladamente, mas, sim, em harmonia com a anatomia normativa em que ela está inserida.

8.4.1. Da interpretação baseada no elemento literal

Optando pela primeira linha de interpretação, baseada no elemento literal, o intérprete chegará à conclusão de que, para a licitação de bens e serviços comuns, aplicava-se a Lei nº 10.520/2002 (o pregão) e não o procedimento licitatório previsto na Lei nº 13.303/2016.

A linha de raciocínio resultante dessa interpretação, da qual discordamos, embora seja aparentemente uma obediência objetiva à Lei, pode gerar, na verdade, diversas desvantagens e comprometer o próprio regime licitatório por ela previsto, além de criar situações esdrúxulas ou incongruentes.

12. MAXIMILIANO, Carlos. Hermenêutica e aplicação do direito. Rio de Janeiro: Forense, 2007. P.33.
13. ALEXY, Robert. Direito, razão e discurso: estudos para a filosofia do direito. Trad. Luis Afonso Heck. Porto Alegre: Livraria do Advogado, 2010. P. 70.

Embora o pregão tenha representado um grande avanço, em relação às modalidades da Lei nº 8.666/1993, importante sopesar que a Lei nº 10.520/2002 não possuía a flexibilidade identificada no procedimento da Lei das estatais, nem previa algumas de suas ferramentas, como certificação de qualidade, pré-qualificação permanente, contratação simultânea e orçamento sigiloso.

Ademais, como ressabido, o regime dos contratos firmados com base na modalidade pregão (da Lei nº 10.520/2002) é o da Lei nº 8.666/1993, uma vez que aquela Lei expressamente firma sua aplicação subsidiária.

Nessa feita, há de se ter certa cautela em relação à interpretação literal, sob pena de prejudicar ferramentas criadas pela nova Lei, algumas delas, inclusive, mirando justamente a contratação de bens e serviços comuns, ou mesmo a lógica contratual definida pelo legislador. Como lembra Maximiliano, "a exegese filológica atinge, apenas, o caso típico, principal; o núcleo, explícito, lúcido, é cercado por uma zona de transição; cabe ao intérprete ultrapassar esse limite para chegar ao campo circunvizinho, mais vasto, e rico de aplicações práticas".[14]

Adotar esse viés interpretativo (literal) ofertaria uma solução simplista à diretriz apresentada. Nesse sentido, resta ao intérprete desvelar-se pelo caminho da exegese construtora, aquela a quem compete "fecundar a letra da lei na sua imobilidade, de maneira que se torne esta a expressão real da vida do direito".[15]

8.4.2. Da interpretação baseada no elemento lógico-sistêmico

No processo sistemático compara-se o dispositivo a ser interpretado com outros do mesmo conjunto ou de leis diversas, que sejam relacionadas ao mesmo objeto; nele são enfrentadas as "questões de compatibilidade em um todo estrutural"[16]. Por umas normas se conhece o espírito das outras, conciliando-se as palavras antecedentes com as consequentes e examinando-se as regras de forma conjunta deduz-se o sentido de cada uma.[17]

---

14. MAXIMILIANO, Carlos. Hermenêutica e aplicação do direito. Rio de Janeiro: Forense, 21ª edição. 2018. p. 103.
15. MAXIMILIANO, Carlos. Hermenêutica e aplicação do direito. Rio de Janeiro: Forense, 2007. p. 39.
16. FERRAZ JÚNIOR, Tércio Sampaio. Introdução ao estudo do Direito: técnica, decisão, dominação. 5ª edição. São Paulo: Atlas, 2007. p. 290/296.
17. MAXIMILIANO, Carlos. Hermenêutica e aplicação do direito. Rio de Janeiro: Forense, 2007. p. 39.

Como é sabido, o sentido do dispositivo legal precisa guardar coerência com os demais textos legais existentes no sistema. O significado e o alcance da norma sempre serão limitados pelos demais enunciados que compõem o ordenamento jurídico. "A coerência do sistema impede que se atribua a uma norma que o integra sentido que produza momentos de incongruência".[18] Exatamente por isso, o processo filológico de interpretação apresenta-se "inferior ao sistemático e ao que invoca os fatores sociais, ou o Direito Comparado".[19]

Verificou-se anteriormente que a vicissitude encontrada na interpretação literal foi a incoerência por ela gerada em relação a dispositivos da Lei nº 13.303/2016. Adotar a interpretação sistemática, que prega justamente a necessidade de coerência entre os enunciados prescritivos, parece ser uma excelente solução para esse problema hermenêutico.

Ao analisar o contexto com uma visão sistemática, identifica-se que o dispositivo estudado deverá ser encarado efetivamente como "diretriz". Nesse prumo, o legislador quis indicar um "traçado a ser respeitado", quis apontar instrução de como deve se dar o procedimento licitatório para a seleção de bens e serviços comuns, uma vez que o regime jurídico da Lei das estatais não previu modalidades estáticas, mas um regime procedimental flexível, permitindo que o gestor modele o certame de acordo com a pretensão contratual, podendo optar por procedimento semelhante ao do Pregão, ao da concorrência ou mesmo opções híbridas.

Como ensina Alexy[20], os argumentos sistemáticos apoiam-se na ideia de unidade e coerência do sistema jurídico, dividindo-se em subgrupos, entre eles os argumentos asseguradores de consistência, os quais visam que contradições normativas sejam eliminadas. Defender esta segunda linha de interpretação (lógico-sistêmica) permite que o novo sistema da Lei das estatais funcione de forma completa e harmoniosa. Esse resultado interpretativo, além de se coadunar com a lógica de inexistência de modalidades estáticas, em favor da flexibilidade procedimental, admite que a licitação de bens e serviços comuns seja feita com o regime jurídico da Lei nº 13.303/2016, mesmo que adotando procedimento semelhante ao do Pregão, o que impede o

18. MACHADO, Hugo de Brito. Introdução ao estudo do direito. 2. ed. São Paulo: Atlas, 2004. p. 210.
19. MAXIMILIANO, Carlos. Hermenêutica e aplicação do direito. Rio de Janeiro: Forense, 21ª edição. 2018. P. 111.
20. ALEXY, Robert. Direito, razão e discurso: estudos para a filosofia do direito. Trad. Luis Afonso Heck. Porto Alegre: Livraria do Advogado, 2010. P. 72.

prejuízo ao uso de algumas "ferramentas" do novel regime, como: orçamento sigiloso, contratações simultâneas, remuneração variável, pré-qualificação permanente, modos variados de disputa, entre outras.

8.4.3. Nossa opinião

Como acima descrito, podem ser identificadas duas correntes interpretativas, apresentadas como instrumento para identificação do conteúdo da norma aprovada pelo legislador.

Pela primeira corrente interpretativa, baseada no elemento literal, defendeu-se a aplicação da modalidade pregão e o regime jurídico da Lei nº 10.520/2002, pelas estatais, quando forem licitados bens e serviços comuns, com o afastamento do regime da Lei nº 13.303/2016. Discordamos desta opção interpretativa, por diversos fundamentos, entre eles, pelas implicações por ela causadas, prejudiciais à utilização de inovações relevantes do procedimento licitatório da Lei das estatais.

Seria correto afirmar que o dispositivo estudado impôs a aplicação da Lei nº 10.520/2002 (pregão) para a licitação de bens e serviços comuns? Uma melhor interpretação leva a crer que não, tendo em vista o reconhecimento de que tal opção interpretativa roubaria à Lei da Estatais parte do teor de suas conquistas, prejudicando a adoção de algumas de suas principais inovações.

Em sentido oposto, há uma segunda corrente interpretativa, baseada nos elementos lógico-sistemáticos. Esta, em nossa opinião, percebe a diretriz indicada pela Lei (de adoção da modalidade pregão) como uma instrução para que o aplicador da norma, diante do modelo procedimental flexível adotado pela nova Lei das estatais, observe roteiro assemelhado ao prescrito para a modalidade pregão.

Esta parece ser a linha interpretativa adotada pelo Tribunal de Contas do Estado de São Paulo:

> EMENTA: LICITAÇÃO. PREGÃO. PRAZO PARA FORMULAÇÃO DAS PROPOSTAS. ADOÇÃO DO PARÂMETRO DA LEI FEDERAL Nº 10.520/02. ANTINOMIA APARENTE COM AS NORMAS ESPECÍFICAS DA LEI FEDERAL Nº 13.303/2016. INTERPRETAÇÃO LÓGICO-SISTEMÁTICA. PREVALÊNCIA DO RITO GERAL DO PREGÃO ADAPTADO ÀS PARTICULARIDADES DA LEI DAS ESTATAIS. CONTRATO. BOA ORDEM FORMAL. RECOMENDAÇÃO. REGULARIDADE. Quanto ao prazo de divulgação dos editais, embora a Lei do Pregão estipule interstício mínimo de oito dias úteis,

> independentemente do objeto, em licitações processadas por instituições albergadas pela Lei das Estatais, quando adotado como critério de julgamento o menor preço ou o maior desconto, inclusive sob a modalidade pregão, devem ser observados os parâmetros da Lei especial posterior, a qual fixa o prazo de cinco dias úteis para aquisição de bens (artigo 39, I, "a") e de quinze dias úteis para serviços (artigo 39, II, "a")[21].

Entendemos que esta segunda interpretação, baseada nos elementos lógico-sistemáticos, resguarda a consistência das regras da Lei nº 13.303/2016, permitindo que o procedimento licitatório, embora modulado de forma assemelhada ao prescrito pela modalidade pregão, possa adotar importantes ferramentas previstas na Lei nº 13.303/2016.

Bom observar, por exemplo, que o art. 47, inciso III, da Lei nº 13.303/2016 dispõe que a estatal, na licitação para aquisição de bens, poderá solicitar a certificação de qualidade do produto ou do processo de fabricação. Caso adotássemos o entendimento resultante da interpretação literal, as aquisições feitas pelas estatais, utilizando a Lei nº 10.520/2002, não poderiam dispor desta inovação legislativa, já que aquele diploma normativo, pela aplicação subsidiária da Lei nº 8.666/1993, não admite esta exigência[22]. Outrossim, inovações como contratações simultâneas, remuneração variável, reabertura da licitação, pré-qualificação permanente e orçamento sigiloso também não estariam disponíveis, pelo afastamento do novel regime licitatório, visto que sua utilização não é prescrita pela Lei nº 10.520/2002 ou pela Lei nº 8.666/1993.

Não parece adequado admitir que o legislador abriria mão desta parcela significativa da Lei, muitas delas essenciais para as licitações de bens e serviços comuns, em troca da simples adoção da modalidade pregão. No exercício da hermenêutica, deve-se realizar o exame das regras em conjunto, para se deduzir o sentido de cada uma; necessário indagar se obedecendo uma, não viola outra, e qual as consequências possíveis de cada exegese isolada[23].

Cláudio Ferreira, que possui entendimento semelhante ao nosso, destaca negativamente a regra de aplicação preferencial da modalidade pregão, comungando com nosso raciocínio de incongruência. Segundo o autor, "o problema dessa previsão está no fato da Lei nº 13.303/2016 ter adotado um

21. TCE-SP. ACÓRDÃO-TC-008958.989.20-4
22. TCU. Acórdão nº 1.529/2006, Plenário. Rel. Min. Augusto Nardes.
23. MAXIMILIANO, Carlos. Hermenêutica e aplicação do direito. Rio de Janeiro: Forense, 2007. Págs. 104-105.

modelo de procedimento licitatório flexível, sem modalidades predefinidas". Assim, "como não há outras modalidades de licitação a serem consideradas, a indicação preferencial da modalidade pregão é inadequada".[24]

Ainda nessa linha, o inspirador Mestre Sidney Bittencourt explica que o aplicador da Lei das estatais "deverá adotar procedimento licitatório semelhante ao do pregão, ou seja, ter a conduta prevista na lei do pregão como modelo, como forma, como subsídio, mas não como regra a ser cumprida"[25].

Joel de Menezes Niebuhr também faz crítica ao dispositivo, indicando que a mera aplicação do pregão, conduzida por uma interpretação literal, poderia gerar dificuldades[26]. Joel e Pedro Niebuhr propõem, para as situações em que a estatal utilizar a modalidade pregão, que aquilo pertinente à fase interna da licitação, inclusive em relação às exigências do edital, e tudo que for pertinente à fase posterior à licitação (da homologação da licitação ao contrato), seja regido pela Lei nº 13.303/16; aplicando-se as regras da Lei nº 10.520/02 apenas àquilo pertinente à fase externa da licitação (da abertura da sessão pública à sua homologação)[27].

Prevalecendo uma interpretação literal, que afaste as regras da Lei 13.303/2016, para aplicação da Lei nº 10.520/2002, nas licitações de bens e serviços comuns, afigurar-se-ia ainda certa situação esdrúxula, pois a estatal, nestas licitações simples, teria um poder sancionatório maior que em licitações para certames complexos (como uma grande obra), uma vez que o regime sancionatório da Lei nº 13.303/2016 é relativamente mais fraco que o poder sancionatório estabelecido pela Lei nº 10.520/2002.

Em relação à aplicação de sanções, Edgar Guimarães e José Anacleto Abduch defendem a não aplicação do regime sancionatório da Lei do Pregão. Segundo os autores, "quando da adoção do pregão para licitar bens e serviços comuns, serão utilizados apenas os dispositivos da lei que versem sobre

---

24. FERREIRA, Cláudio Fernandes; MORAES, Anderson Júnio Leal. Considerações acerca do novo regime de licitações e contratos das estatais instituído pela Lei n. 13.303/16. Fórum de Contratação e Gestão Pública - FCGP, Belo Horizonte, ano 15, n. 179, p. 9-23, nov. 2016. Acesso em: 25 jan. 2017.
25. BITTENCOURT, Sidney. A nova lei das estatais. São Paulo: JH Mizuno, 2017, p. 149.
26. NIEBUHR, Joel de Menezes, Aspectos destacados do novo regime de licitações e contratações das estatais. Revista Colunistas de Direito do Estado. Ano 2016. Núm. 209. Disponível em: http://www.direitodoestado.com.br/colunistas/joel-de-menezes-niebuhr/aspectos-destacados-do-novo-regime-de-licitacoes-e-contratacoes-das-estatais.
27. NIEBUHR, Joel de Menezes; NIEBUHR, Pedro de Menezes. Licitações e Contratos das Estatais. Belo Horizonte: Fórum, 2018. P. 101.

modalidade, vale dizer, rito ou procedimento". Segundo esse raciocínio, eles, embora pareçam admitir a interpretação literal, defendem que não seria aplicável o regime de sanções previsto no artigo 7º da Lei do Pregão, uma vez que a Lei nº 13.303/2016 conta com regime jurídico sancionatório próprio.[28]

Há de se acrescentar, ainda, que, pela Lei nº 10.520/2002, o regime jurídico a ser aplicado aos contratos decorrentes da modalidade pregão seria o definido pela Lei nº 8.666/93 (tendo em vista sua aplicação subsidiária ao pregão), o que seria esdrúxulo, já que a Lei nº 13.303/2016 estabeleceu regime jurídico próprio para as contratações das estatais, sem as mesmas prerrogativas extraordinárias dos contratos administrativos disciplinados pela legislação geral de licitações.

Além de tudo isso, importa notar que a Lei nº 10.520/2002 foi revogada pela Lei nº 14.133/2021 e não parece fazer sentido defender a aplicação da modalidade pregão regulada pela NLLCA. Na prática, entre 2018 a 2023, a opção de muitas estatais em aplicar o Pregão da Lei nº 10.520/2002 decorreu em grande parte da resistência à mudança e, sobretudo, da impressionante letargia de alguns setores da administração pública, que sequer providenciaram plataformas para o regime licitatório das estatais, previsto na Lei nº 13.303/2016. Este, como já dito, permite uma modelagem de mecanismo de seleção similar ao pregão, mas traz consigo maior versatilidade, como outrora identificava-se no RDC.

Em conclusão, entendemos que a intepretação lógico-sistemática atende melhor ao interesse público de modernizar as licitações das estatais, admitindo que seus certames adotem procedimento adequado à pretensão contratual, sem prejuízo do uso de importantes ferramentas e opções criadas pelo legislador.

Assim, a diretriz de adoção preferencial da modalidade pregão, em nossa opinião, deve ser interpretada como uma orientação dada ao aplicador da norma para que, diante da autonomia discricionária de montar o procedimento licitatório (já que a Lei das estatais adotou modalidade única, porém flexível, como no RDC), ele opte preferencialmente por um rito semelhante ao do pregão (fase única recursal, lances, fase de propostas antes da habilitação) quando licitar bens e serviços comuns.

---

28. GUIMARÃES, Edgar; SANTOS, José Anacleto Abduch. *Lei das estatais*: comentários ao regime jurídico licitatório e contratual da Lei nº 13.303/2016. Belo Horizonte: Fórum, 2017. p. 103-104.

8.5. OBSERVÂNCIA DA POLÍTICA DE INTEGRIDADE

Em virtude dos escândalos envolvendo uma das principais estatais brasileiras, no período da aprovação da nova Lei, houve uma justa preocupação com instrumentos de controle para se evitar desvirtuamentos de dirigentes e profissionais de estatais, nas relações negociais.

Sem dúvida alguma, a Lei nº 13.303/2016 deu especial enfoque à governança corporativa, exigindo transparência, códigos de conduta e estruturas de controle.

Bem observa André Guskow Cardoso:

> Assim, pode-se afirmar que as regras de transparência são relevantes tanto para as questões atinentes à governança corporativa como à gestão de riscos e compliance e vice-versa. O relevante é considerar que essas normas passam a integrar um regime geral que estabelece o dever de atuação transparente, responsável e controlada das empresas estatais. As regras se vinculam não apenas por um liame formal (o fato de integrarem normas gerais de uma lei que versa sobre empresas estatais), mas de cunho essencialmente finalístico. Isso se reflete na interpretação das regras estabelecidas pela Lei 13.303.

Nesse sentido, por exemplo, o §1º do artigo 9º da Lei exige a elaboração e divulgação, no âmbito da estatal, de Código de Conduta e Integridade, que disponha sobre:

- princípios, valores e missão da empresa pública e da sociedade de economia mista, bem como orientações sobre a prevenção de conflito de interesses e vedação de atos de corrupção e fraude;
- instâncias internas responsáveis pela atualização e aplicação do Código de Conduta e Integridade;
- canal de denúncias que possibilite o recebimento de denúncias internas e externas relativas ao descumprimento do Código de Conduta e Integridade e das demais normas internas de ética e obrigacionais;
- mecanismos de proteção que impeçam qualquer espécie de retaliação a pessoa que utilize o canal de denúncias;
- sanções aplicáveis em caso de violação às regras do Código de Conduta e Integridade;

- previsão de treinamento periódico, no mínimo anual, sobre Código de Conduta e Integridade, a empregados e administradores, e sobre a política de gestão de riscos, a administradores.

Mesmo nas hipóteses de suspeita de envolvimento do diretor-presidente em irregularidades ou quando este se furtar à obrigação de adotar medidas necessárias em relação à situação a ele relatada pela área de *compliance*, a Lei exige que o estatuto social tenha previsão que admita à área de *compliance* se reportar diretamente ao Conselho de Administração.

9

ORÇAMENTO SIGILOSO

A Lei nº 13.303/2016 admite que a estimativa de custos fique sigilosa, não sendo oportunizado, desde o início, aos licitantes o acesso a esta informação. De qualquer forma, importante registrar que, seguindo a lógica de flexibilidade identificada em seu procedimento, a Lei admite que este sigilo seja justificadamente deixado de lado.

Vale a leitura da regra prevista pelo artigo 34:

> Art. 34. O valor estimado do contrato a ser celebrado pela empresa pública ou pela sociedade de economia mista será sigiloso, facultando-se à contratante, mediante justificação na fase de preparação prevista no inciso I do art. 51 desta Lei, conferir publicidade ao valor estimado do objeto da licitação, sem prejuízo da divulgação do detalhamento dos quantitativos e das demais informações necessárias para a elaboração das propostas.
>
> § 1º Na hipótese em que for adotado o critério de julgamento por maior desconto, a informação de que trata o *caput* deste artigo constará do instrumento convocatório.
>
> § 2º No caso de julgamento por melhor técnica, o valor do prêmio ou da remuneração será incluído no instrumento convocatório.
>
> § 3º A informação relativa ao valor estimado do objeto da licitação, ainda que tenha caráter sigiloso, será disponibilizada a órgãos de controle externo e interno, devendo a empresa pública ou a sociedade de economia mista registrar em documento formal sua disponibilização aos órgãos de controle, sempre que solicitado.

Assim, via de regra, a estimativa de custos (ou orçamento da licitação) não será publicizada aos licitantes, embora possa sê-lo, mediante decisão devidamente justificada pela autoridade competente.

Não cabe deixar de finalizar a estimativa de custos antes da publicação do edital, sob o pretexto de ter-se definido pelo orçamento sigiloso. Em situação como esta, no Regime Diferenciado de Contratações, o TCU já se posicionou no sentido de que a elaboração do orçamento base após publicação do edital é ilegal, ainda quando adotado o sigilo do orçamento.[1] Outrossim, convém ressaltar, o sigilo envolve apenas o orçamento estimado, devendo o edital e seus anexos apresentarem as informações necessárias para a elaboração das propostas.

Ao optar pelo orçamento sigiloso, o órgão deve definir como protegerá o sigilo da estimativa de custos. Como a Lei, acertadamente, não estabeleceu este procedimento, compete à estatal, através de regulamentação interna, esmiuçar como isto será feito, firmando a competência para a realização da estimativa de custos e a responsabilidade pela guarda de seu sigilo (quando necessário) a determinado agente ou setor específico. Havendo vazamento ilegítimo da informação sigilosa, poderá ocorrer comprometimento do certame ou da contratação, com sua invalidação, em casos nos quais não for possível convalidação, além da responsabilização dos agentes envolvidos.

Mesmo nas hipóteses de adoção do orçamento sigiloso, de qualquer forma, será resguardado aos órgãos de controle interno e externo o acesso a esta informação, sempre que solicitado. Este acesso deve se dar de maneira formalizada ("registrada em documento formal"), em razão da responsabilidade envolvida na manutenção deste sigilo. Assim, o agente público representante do controle interno ou do controle externo que tiver acesso a essas informações, passa a ser corresponsável pela guarda do sigilo, em razão de dever funcional. Outrossim, dentro da própria estatal, muitas vezes a informação deverá ser compartilhada (com a comissão de licitação, por exemplo), acesso que também será devidamente formalizado ou certificado nos autos do processo.

1. TCU. Acórdão nº 2832/2015-Plenário. Rel. Ministro-Substituto Marcos Bemquerer Costa.

9.1. FUNDAMENTOS DO ORÇAMENTO SIGILOSO

A ideia de adoção do orçamento sigiloso, postergando a publicidade da estimativa de custos, não é inspirada em tentativa de fugir ao princípio da publicidade ou de tentar esconder os custos daquela contratação de toda a sociedade; na verdade, ela decorre de um raciocínio natural às relações de negociação, em que uma parte oculta da outra o preço máximo ou mínimo aceitável.

Em muitas negociações, a assimetria de informações pode prejudicar uma das partes na busca de sua melhor contratação. Para citar um exemplo cotidiano, é natural que, ao decidir vender um carro, o proprietário tenha uma "margem especial" de valor mínimo pela qual pode aceitar vender seu veículo. Normalmente, essa margem é inferior ao valor de mercado e a diferença pode ser maior de acordo com circunstâncias vivenciadas, como necessidade, oportunidade ou interesse na venda. Da mesma forma, quem deseja adquirir aquele bem, o potencial comprador, tem ideia do valor de mercado possível para a aquisição (tanto a "pechincha" como o "preço justo"), mas pode admitir uma contratação com "margem especial" até superior, dependendo também de circunstâncias como necessidade, oportunidade ou interesse naquele objeto específico.

Em ilustração hipotética, embora o valor médio de mercado de determinado veículo seja R$ 90.000,00, o vendedor pode aceitar vendê-lo até por R$ 75.000,00; por seu turno, embora também tenha conhecimento sobre o valor médio de mercado, o comprador poderia aceitar pagar até R$ 100.000,00. Ora, qual seria a parte beneficiada nesta negociação, caso uma das partes resolvesse "publicizar" sua "margem especial", indicando o mínimo que aceitaria de aceitar ou o máximo que aceitaria pagar? Obviamente, a parte que repassasse a respectiva informação não seria beneficiada na negociação. Por Isso, Lira e Nóbrega ponderam que mais importante do que a estimativa de preços "em si" é a sonegação da informação (orçamento sigiloso); esta, sonegada aos licitantes, "poderá gerar incentivos para alcançar preços mais adequados para Administração"[2].

Noutro diapasão, Lira e Nóbrega, embora identifiquem fatores positivos na publicização da estimativa de custos, ao traçar um paralelo entre a

2. NÓBREGA, Marcos. Direito e economia da infraestrutura. Belo Horizonte: Fórum, 2020. P. 85.

licitação e a teoria dos leilões, demonstram também que o orçamento sigiloso pode servir ao combate dos cartéis, uma vez que a divulgação do valor máximo admitido para a contratação estabelece a referência necessária para a parametrização do lucro escuso a ser obtido através do conluio entre os potenciais competidores.

> (...) com a divulgação do preço de reserva, os cartéis adquirem uma referência vital para a parametrização do lucro a ser obtido através de sua atuação coordenada. Por exemplo, se a Administração pública um edital de uma obra cujo preço de referência é de 100 milhões, o cartel saberá, de antemão, que poderá, no máximo, fazer um lance na faixa de 115 a 130 milhões (assumindo que a diferença possa ser explicada de forma "razoável"). Mais do que isso, seria um flagrante sobrepreço, que poderá provocar a anulação/cancelamento do certame.
>
> Com o orçamento sigiloso, o cartel perde esta referência. Desta forma, tenderá a ofertar lances que sejam mais próximos da realidade, para que o certame não seja cancelado ou anulado[3].

Quando a Administração omite o orçamento estimado, deixando de informar aos competidores o preço máximo que admite pagar pelo objeto da licitação, o cartel perde esta referência, dificultando, em tese, a negociação escusa. Este também é o entendimento de Rafael Oliveira:

> A necessidade de modificação da regra tradicional de licitação, com a previsão do orçamento sigiloso, sempre foi defendida por parcela da doutrina, especialmente para evitar que a divulgação do orçamento influenciasse a elevação dos valores constantes das propostas e a formação de cartel entre os licitantes, já que, sem a ciência do preço estimado pela Administração, fica mais difícil de fazer combinações entre concorrentes.[4]

Inclusive, a própria Organização para Cooperação e Desenvolvimento Econômico (OCDE)[5] recomenda, no "*Guidelines for fighting bid rigging in public procurement*", a não publicização prévia dos preços máximos de referência, como regra.

---

3. NÓBREGA, Marcos e LIRA, Bruno. O Estatuto do RDC é contrário aos cartéis em licitação? Uma breve análise baseada na teoria dos leilões. Revista Brasileira de Direito Público – RBDP. Belo Horizonte, ano 9, n. 35, out./dez. 2011.
4. OLIVEIRA, Rafael Carvalho Rezende. Licitações e contratos administrativos. Rio de Janeiro: Forense; São Paulo: Método, 2012. p. 183.
5. Em inglês: Organisation For Economic Co-Operation And Development – OECD.

> Recorrer à utilização de preços máximos de aquisição apenas quando estes se baseiam numa cuidadosa pesquisa de mercado e se as entidades adjudicantes estiverem convencidas de que se tratam de preços muito competitivos. Esses preços máximos não devem ser publicados, antes devem ser mantidos confidenciais durante o processo ou depositados noutra autoridade pública.[6]

Ademais, com o orçamento sigiloso, além de dificultar-se a combinação escusa entre competidores, sem a referência máxima, eles tenderiam a apresentar propostas de acordo com suas próprias estimativas, deixando de usar a referência maior para maximizar seus lucros.

Bom frisar, este último comportamento é muito comum, notadamente quando se adota o procedimento de lances, sem desclassificação prévia das propostas com valores mais elevados, algo comum no pregão eletrônico. A possibilidade de reduzir, ou não, sua proposta através de lances sucessivos, de acordo com a necessidade, garante um estímulo de maximização dos preços, no momento da apresentação das propostas, sem risco de desclassificação ou perda do certame.

Imagina-se que, sem a baliza do preço máximo estimado, em muitos certames, as propostas refletiriam, com maior fidedignidade o preço que o mercado oferece para tal pretensão contratual. Essa percepção é ressaltada pelo ilustre Mestre Sidney Bittencourt, ao tratar sobre o orçamento sigiloso e afirmar que "inexistindo conhecimento prévio do valor referencial do objeto contratual, os licitantes tenderão a oferecer um preço menor, mais consentâneo com o efetivamente praticado no mercado"[7].

Importante compreender, então, que o orçamento sigiloso (que é relativo, já que os órgãos de controle terão acesso a tais informações) tem o condão de omitir dos interessados na relação negocial (licitantes) o valor máximo que a Administração se propõe a pagar, imaginando-se que tal omissão auxiliará para que as propostas não sejam apresentadas com base nesse valor máximo admitido pela Administração, mas sim baseadas no real valor de mercado para aquela contratação. Sob este prisma, o "caráter sigiloso do orçamento"

---

6. Diretrizes para combater o conluio entre concorrentes em contratações públicas. Disponível em: http://www.cadterc.sp.gov.br/usr/share/documents/Diretrizes-OCDE.pdf. Acesso em: 26/06/2013.
7. BITTENCOURT, Sidney. Licitação através do Regime Diferenciado de Contratações Públicas. Belo Horizonte, Fórum, 2012. p. 106.

tem o evidente intuito de alcançar melhores propostas, atendendo aos princípios da eficiência e da economicidade[8].

Por fim, importa registrar interessante efeito prático do sigilo do orçamento. A não publicação da planilha de custos, preenchida com a estimativa feita pela administração, dificulta a participação de empresas sem expertise, com menor capacidade de planejamento ou mesmo pouca responsabilidade técnica na confecção de suas propostas. Isso porque, normalmente, elas não possuem equipe de orçamentistas e costumam usar o preço estimado pela administração como parâmetro, aplicando apenas um percentual de redução dos valores, muitas vezes, sem um trabalho técnico e responsável de sua própria equipe. Tal dificuldade deve ser celebrada, pois esse tipo de empresa costuma gerar diversos problemas na execução contratual, com prejuízos flagrantes de ordem financeira e no próprio atendimento da pretensão contratual da administração.

9.2. ORÇAMENTO SIGILOSO COMO OPÇÃO DISCRICIONÁRIA

Embora seja definida como preferencial, a utilização do orçamento sigiloso se insere na esfera da conveniência do gestor público, não se tratando de uma regra a ser aplicada em qualquer certame. Manteve-se a mesma lógica construída no Regime Diferenciado de Contratações, no qual firmou-se o raciocínio de que a adoção do orçamento sigiloso (fechado) insere-se na esfera discricionária do gestor[9].

Nesse diapasão, como deve ser marca em um procedimento flexível, quando o gestor entender que o sigilo no orçamento pode gerar a obtenção de melhores propostas, adotará essa ferramenta; da mesma forma, quando o orçamento sigiloso não for apto para o alcance de um melhor resultado no certame, será publicizado o orçamento estimado.

Embora esta adoção seja preferencial e discricionária, convém perceber que há situações em que a adoção do orçamento sigiloso é incompatível, bem como há outras situações em que ele não é recomendável.

Ao tratar sobre o orçamento sigiloso, no âmbito do RDC, o Tribunal de Contas da União já orientou que, embora a opção seja discricionária, o gestor

8. TORRES, Ronny Charles Lopes de. MARRY, Michelle. Regime Diferenciado de Contratações - RDC. Salvador: Juspodivm, 2014. P.65.
9. TCU. Acórdão nº 3011/2012, do Plenário do TCU, relatado pelo Min. Valmir Campelo, 8.11.2012.

público deve ponderar se realmente é vantajosa sua adoção "em obras mais complexas, com prazo muito exíguo para conclusão e cuja parcela relevante dos serviços a serem executados não possua referência explícita no Sinapi/ Sicro"[10], pelo risco de oferta de preços superiores ou inexequíveis. Também nesse sentido, em Acórdão relatado pelo Ministro Benjamin Zymler, o TCU decidiu que, inexistindo referências oficiais de preços para a execução de obras complexas, tais como obras portuárias e aeroportuárias, não há obrigatoriedade do uso do orçamento base sigiloso, nem da contratação integrada.[11]

Pertinentes as orientações do TCU. O orçamento sigiloso, seja uma ferramenta de utilização discricionária, deve ter sua adoção lastreada no interesse público de alcançar uma melhor contratação. Naquelas situações em que a adoção das ferramentas, por experiências anteriores, não tem produzido bons resultados, pode (e deve) o gestor afastá-la, tornando, desde o início, pública a estimativa de custos, até para que os potenciais licitantes interessados possam ter conhecimentos dos custos e utilizar o instrumento da impugnação para apontar eventuais discrepâncias entre os preços estimados e os efetivamente praticados pelo mercado.

9.3. ORÇAMENTO E SITUAÇÕES DE INCOMPATIBILIDADE

Em alguns formatos do procedimento licitatório, a adoção do orçamento sigiloso é incompatível.

Isso se dá, por exemplo, quando se adota o critério de julgamento por maior desconto. Por óbvio, adotando-se este critério, o orçamento estimado constará do instrumento convocatório, servindo de referência, uma vez que as propostas serão apresentadas através de percentuais referenciados justamente na estimativa de custos da Administração.

Também não haverá orçamento sigiloso quando for adotado o critério de julgamento por melhor técnica, pois o edital já definirá previamente o valor do prêmio ou da remuneração.

Essas hipóteses estão expressamente previstas nos §§ 1º e 2º do artigo 34 da Lei nº 13.303/2016. Nelas, não há opção discricionária para utilização do orçamento sigiloso, mas um impeditivo lógico/legal de adoção dessa ferramenta.

---

10. TCU. Acórdão nº 3011/2012-Plenário, TC-017.603/2012-9, rel. Min. Valmir Campelo, 8.11.2012.
11. TCU. Acórdão nº 1541/2014-Plenário, TC 004.877/2014-4, relator Ministro Benjamin Zymler, 11.6.2014. Info TCU 201.

Por fim, convém observar que, embora não exista impedimento à utilização do orçamento sigiloso em uma licitação que adote "remuneração variável"[12], esta adoção pode implicar algum desestímulo ao fornecedor de melhor performance.

É que a incerteza sobre o teto de aumento da remuneração (preço estimado), decorrente do atendimento das metas admitidas no edital, pode gerar risco e desestímulo ao fornecedor detentor de maior desempenho potencial. Ilustrando: imaginemos uma licitação para construção de um hospital na qual é estabelecida remuneração variável com aumento de 2% (dois por cento) do valor contratado, para cada mês de antecipação da entrega do empreendimento (hospital pronto para funcionamento). Uma vez que este aumento é limitado ao limite orçamentário (que pode coincidir com a estimativa de custo), o licitante de alta performance terá dificuldades para definir uma maior redução de suas propostas, imaginando compensar tal redução com o *plus* remuneratório decorrente da remuneração variável, por desconhecer tal limitação.

Assim, embora não exista impedimento legal, sugerimos que a utilização cumulativa das duas ferramentas seja avaliada, no caso concreto, para evitar que esta assimetria de informação prejudique a busca de propostas potencialmente mais vantajosas.

Noutro diapasão, vale registrar interessante entendimento do TCU, segundo o qual, o "sigilo conferido a documentos constantes em procedimentos licitatórios, como o orçamento de empresa *estatal*, não pode ser obstáculo ao exercício do contraditório e da ampla defesa"[13].

9.4. MOMENTO DE DIVULGAÇÃO DO ORÇAMENTO ESTIMADO

Adotando-se o orçamento sigiloso, omite-se dos licitantes interessados a estimativa de custos realizada pela Administração, embora esta informação fique todo o tempo disponível aos órgãos de controle externo e interno.

Questão interessante envolve a indicação do momento em que a estimativa de custos pode ou deve ser aberta aos licitantes, interessados e demais membros da sociedade, tornando-se pública.

12. O tema remuneração variável é tratado em ponto específico deste livro.
13. TCU. Acórdão 423/2019, Plenário (Auditoria, Relator Ministra Ana Arraes).

9.4.1. Momento de divulgação no RDC

No Regime Diferenciado de Contratações, a Lei nº 12.462/2011 indicou expressamente o momento em que a estimativa de custos deveria ser publicizada aos licitantes e demais interessados. De acordo com seu artigo 6º, o orçamento estimado será tornado público imediatamente após o "encerramento da licitação".

> Art. 6º Observado o disposto no § 3º, o orçamento previamente estimado para a contratação será tornado público apenas e imediatamente após o encerramento da licitação, sem prejuízo da divulgação do detalhamento dos quantitativos e das demais informações necessárias para a elaboração das propostas.

Por sua vez, o Decreto nº 7.581/2011, ao regulamentar o tema, estabeleceu que o orçamento previamente estimado para a contratação será tornado público imediatamente após a adjudicação do objeto.

> Art. 9º O orçamento previamente estimado para a contratação será tornado público apenas e imediatamente após a adjudicação do objeto, sem prejuízo da divulgação no instrumento convocatório do detalhamento dos quantitativos e das demais informações necessárias para a elaboração das propostas.

Há um aparente conflito normativo, uma vez que a própria Lei nº 12.462/2011 indicava o momento em que o procedimento licitatório se encerra. Neste prumo, o artigo 28 da referida Lei apontava que, exauridos os recursos administrativos, o procedimento licitatório será tido como encerrado, encaminhando-se os autos para autoridade superior, para que ela tome as medidas cabíveis, entre as quais, a adjudicação do objeto e homologação da licitação.

No RDC, defendeu-se que a aparente antinomia deve ser resolvida em favor da regra dada pela Lei, já que ela possui grau hierárquico normativo superior ao decreto que a regulamenta. Assim, diante da aparente antinomia entre a previsão da Lei e a previsão do Decreto, deveria prevalecer o regramento estabelecido pelo legislador, firmando-se o raciocínio de que, logo após o julgamento dos recursos (antes mesmo da adjudicação do objeto), seria considerado encerrado o procedimento licitatório, para fins de tornar-se público o orçamento, até então, sigiloso (fechado).[14]

Contudo, este regramento, firmado para o RDC, não foi imposto identicamente ao regime licitatório das estatais, uma vez que a Lei nº 13.303/2016 não trouxe a mesma baliza temporal para a finalização do caráter sigiloso.

9.4.2. Momento de divulgação nas licitações das estatais

O texto da Lei nº 13.303/2016 não possui regra semelhante à Lei nº 12.462/2011, definindo o momento em que o orçamento sigiloso deve ser tornado público (imediatamente após o encerramento da licitação).

Na verdade, o texto original até definia um momento em que deveria ocorrer o levantamento do sigilo. Este momento seria imediatamente após a adjudicação do objeto, em rito semelhante à regulamentação do RDC. Ao menos, assim definia a redação aprovada pelo Congresso Nacional ao §4º do artigo 34 da Lei nº 13.303/2016. Vejamos seu texto:

> Art. 34. (...)
>
> "§ 4º Na hipótese de adoção de procedimento sigiloso, depois de adjudicado o objeto, a informação do valor estimado será obrigatoriamente divulgada pela empresa pública ou sociedade de economia mista e fornecida a qualquer interessado."

Contudo, o dispositivo que estabelecia esta disciplina foi vetado, retirando-se da Lei tal baliza temporal. O veto fundamentou-se nas seguintes razões:

> Os dispositivos consideram a divulgação do valor estimado do contrato ou do orçamento, após a adjudicação de objeto ou na fase de negociação, respectivamente, ambas resultantes de procedimento sigiloso. Embora louvável a intenção, poderia acarretar consequências indesejáveis para a formação de preços e a adequada competição em processos licitatórios posteriores, para objetos similares, motivo pelo qual recomenda-se seu veto por interesse público[15].

Embora tenha sido retirado do texto legal a referida baliza temporal, que impunha o levantamento do sigilo, quando do encerramento da licitação, não

14. Sobre o tema, vide: TORRES, Ronny Charles Lopes de. MARRY, Michelle. Regime Diferenciado de Contratações – RDC. Salvador: Juspodivm, 2014.
15. Disponível em: http://www.planalto.gov.br/ccivil_03/_ato2015-2018/2016/Msg/VEP-359.htm.

há impedimento que a estatal, em sua regulamentação interna, defina um momento propício para abrir o orçamento. Ao revés, tal normatização é legítima e prestigia o princípio da publicidade, sobretudo nas situações em que a quebra do sigilo não traz qualquer prejuízo à atividade empresarial.

Em nossa opinião, o veto afasta a aplicação obrigatória, por analogia, da baliza temporal indicada no RDC, obrigando-se a publicação da estimativa de custos, após o encerramento da licitação. Por outro lado, não parece legítimo admitir, sempre, um "sigilo eterno" à estimativa de custos. Se, por um lado, é factível que em algumas contratações que envolvam tecnologias restritas ou áreas negociais sensíveis, a confidencialidade dessas informações pode ser estratégica (inclusive, por longos períodos), por outro, parece evidente que, em muitas das licitações realizadas, a abertura do sigilo, após a adjudicação, prestigiará o respeito à publicidade e não trará qualquer prejuízo à estatal.

Entendemos que a solução deve ser dada pela regulamentação interna, de acordo com o perfil da estatal e as peculiaridades de sua atividade empresarial, orientando pela abertura do sigilo, em regra, após a adjudicação do objeto, e a possibilidade de ampliá-lo (o sigilo) até um momento futuro ou mesmo indefinidamente (o que deve ser compreendido de forma excepcional e apenas em relação ao dever de realização da publicação oficial), quando isso for necessário ou estratégico para a estatal, nos limites da legislação.

9.4.3. Negociação e abertura do sigilo

Outra questão relacionada à abertura do sigilo envolve sua possibilidade antecipada, quando da negociação entre a comissão de licitação (ou agente de licitação) e o melhor licitante classificado.

Conforme regra o artigo 57 da Lei das estatais, uma vez confirmada a efetividade do lance ou proposta que obteve a primeira colocação na etapa de julgamento, ou que passe a ocupar essa posição pela desclassificação do anterior, a estatal deverá com ele negociar condições mais vantajosas. Para o TCU, a tentativa de negociação, para reduzir o preço final, constitui-se em poder-dever da Administração, "tendo em vista a maximização do interesse público em obter-se a proposta mais vantajosa, mesmo que eventualmente o valor da oferta tenha sido inferior à estimativa da licitação"[16].

16. TCU. Acórdão nº 2637/2015-Plenário. Rel. Min. Bruno Dantas.

Adotando-se o orçamento sigiloso, a análise de efetividade do lance ou proposta, ou mesmo a negociação, podem ser prejudicados pelas dificuldades de comunicação, com o vencedor até então classificado em primeiro lugar. Como bem explica César Pereira, a manutenção do sigilo nesta fase "pode conduzir a uma negociação complexa e ineficiente em que a administração busca induzir o particular a reduzir o seu preço até o montante suficiente para enquadrar-se nos limites do orçamento, sem, no entanto, revelar que limite é este"[17].

Em licitação submetida ao RDC, analisando um caso concreto, o TCU admitiu que é possível a abertura do sigilo do orçamento na fase de negociação de preços com o primeiro colocado, desde que em ato público e devidamente justificado. Segundo o relator do Acórdão, para se fazer valer a real possibilidade de negociar, desde que em ato público e devidamente justificado, não haveria, em princípio, reprovabilidade em abrir o sigilo na fase de negociação[18].

Naquele julgamento, o Ministro compreendeu, com razão, que a negociação com o fornecedor melhor classificado, notadamente, quando se objetiva a obtenção de proposta final inferior ao valor máximo estimado pela Administração, pode gerar, implícita ou explicitamente, o conhecimento sobre o limite para contratação estabelecido pela estimativa de preços o que restaria legitimado, desde que em ato público e devidamente justificado. Seguindo o movimento apontado pela referida jurisprudência do TCU, o Decreto nº 8.080/2013, alterando o regulamento federal do RDC, firmou que, encerrada a etapa competitiva do processo, poderão ser divulgados os custos dos itens ou das etapas do orçamento estimado que estiverem abaixo dos custos ou das etapas ofertados pelo licitante da melhor proposta, para fins de reelaboração da planilha com os valores adequados ao lance vencedor.

O texto original da Lei nº 13.303/2016 possuía regra semelhante. Segundo o §2º do artigo 57, "durante a fase de negociação, o orçamento, se sigiloso, poderá ser aberto, desde que em sessão pública". Este dispositivo, contudo, também foi vetado, com o mesmo fundamento de que "poderia acarretar consequências indesejáveis para a formação de preços e a adequada competição em processos licitatórios posteriores, para objetos similares".

---

17. PEREIRA, Cesar A. Guimarães. Processo Licitatório das Empresas Estatais: Finalidades, Princípios e Disposições Gerais. In Estatuto jurídico das empresas estatais: Lei 13.303/2016/Marçal Justen Filho, organizador. —São Paulo: Editora Revista dos Tribunais, 2016. P. 344-345.
18. TCU. Acórdão nº 306/2013-Plenário. Relator Ministro Valmir Campelo, 27.02.2013.

Entendemos que tais consequências indesejáveis, embora possíveis, apenas ocorrem em certames que envolvam contratações específicas ou excepcionais. Na maior parte das contratações, a abertura do sigilo na fase de negociação não apenas será possível como um instrumento útil para a estatal licitante, por obviamente facilitar o processo de negociação.

Aqui também acreditamos que a solução deve ser delegada ao regulamento interno de licitações, o qual poderá admitir a abertura do sigilo, quando da negociação com o primeiro classificado na licitação, desde que em ato público e devidamente justificada.

JURISPRUDÊNCIA RELACIONADA[19]

- No âmbito do RDC, a violação do sigilo do orçamento base da licitação por um dos licitantes motiva a desclassificação da sua proposta, podendo a licitação prosseguir caso não haja indícios de que os demais licitantes tenham tido acesso ao orçamento sigiloso. (TCU. Acórdão nº 10572/2017 - Primeira Câmara)
- "33.Sendo assim, considerando que a nova norma admitiu a possibilidade de o valor estimado do contrato a ser celebrado pela empresa pública ou pela sociedade de economia mista ser sigiloso, cabe cientificar a *<omissis>* que, mesmo nessa hipótese, qualquer modificação no orçamento estimativo que envolva o detalhamento dos quantitativos e as demais informações necessárias para a elaboração das propostas deve ser objeto de divulgação nos mesmos termos e prazos dos atos e procedimentos originais, ensejando a reabertura do prazo para apresentação das propostas, nos termos do art. 39, parágrafo único, da Lei 13.303/2016". (TCU. Acórdão nº 3059/2016 - Plenário)
- Nas licitações regidas pelo RDC é possível a abertura do sigilo do orçamento na fase de negociação de preços com o primeiro colocado, desde que em ato público e devidamente justificado. (TCU. Acórdão nº 306/2013 - Plenário)

19. Vide nota de rodapé nº 38.

10

DO IMPEDIMENTO PARA PARTICIPAR DE LICITAÇÕES OU SER CONTRATADO POR ESTATAIS

O artigo 38 da Lei nº 13.303/2016 estabeleceu diversas regras de impedimento à participação nas licitações das estatais.

Algumas disposições são polêmicas e requerem cautela por parte dos intérpretes, a fim de evitar abusos. A simples aplicação literal de algumas regras de impedimento certamente confrontam-se com outras regras e princípios consagrados pelo nosso ordenamento.

Vejamos o texto do referido artigo:

> Art. 38. Estará impedida de participar de licitações e de ser contratada pela empresa pública ou sociedade de economia mista a empresa:
>
> I – cujo administrador ou sócio detentor de mais de 5% (cinco por cento) do capital social seja diretor ou empregado da empresa pública ou sociedade de economia mista contratante;
>
> II – suspensa pela empresa pública ou sociedade de economia mista;
>
> III – declarada inidônea pela União, por Estado, pelo Distrito Federal ou pela unidade federativa a que está vinculada a empresa pública ou sociedade de economia mista, enquanto perdurarem os efeitos da sanção;

> IV – constituída por sócio de empresa que estiver suspensa, impedida ou declarada inidônea;
>
> V – cujo administrador seja sócio de empresa suspensa, impedida ou declarada inidônea;
>
> VI – constituída por sócio que tenha sido sócio ou administrador de empresa suspensa, impedida ou declarada inidônea, no período dos fatos que deram ensejo à sanção;
>
> VII – cujo administrador tenha sido sócio ou administrador de empresa suspensa, impedida ou declarada inidônea, no período dos fatos que deram ensejo à sanção;
>
> VIII – que tiver, nos seus quadros de diretoria, pessoa que participou, em razão de vínculo de mesma natureza, de empresa declarada inidônea.
>
> Parágrafo único. Aplica-se a vedação prevista no *caput*:
>
> I – à contratação do próprio empregado ou dirigente, como pessoa física, bem como à participação dele em procedimentos licitatórios, na condição de licitante;
>
> II – a quem tenha relação de parentesco, até o terceiro grau civil, com:
>
> a) dirigente de empresa pública ou sociedade de economia mista;
>
> b) empregado de empresa pública ou sociedade de economia mista cujas atribuições envolvam a atuação na área responsável pela licitação ou contratação;
>
> c) autoridade do ente público a que a empresa pública ou sociedade de economia mista esteja vinculada.
>
> III – cujo proprietário, mesmo na condição de sócio, tenha terminado seu prazo de gestão ou rompido seu vínculo com a respectiva empresa pública ou sociedade de economia mista promotora da licitação ou contratante há menos de 6 (seis) meses.

Analisaremos, especificamente, cada hipótese de vedação, buscando destacar, mesmo que sucintamente, as nuances e as cautelas necessárias para aplicação desta norma.

10.1. DO IMPEDIMENTO PARA EMPRESA EM QUE DIRETOR OU EMPREGADO DA ESTATAL POSSUA CAPITAL SOCIAL DE ATÉ 5%

O inciso I do artigo 38 estabelece o impedimento à participação nas licitações de empresa cujo administrador ou sócio, detentor de mais de 5% (cinco por cento) do capital social, seja diretor ou empregado da estatal contratante.

O estabelecimento do percentual de 5% é despropositado e pode legitimar desvios, pois permitiria ao diretor estruturar livremente a configuração societária da empresa fornecedora. Ademais, essa situação poderia legitimar, indevidamente, distorções na relação entre a estatal e a prestadora de serviços, pelo conflito de interesses existentes.

Na prática, independentemente do percentual societário, pode-se identificar uma situação de conflito de interesse, nos termos da Lei 12.813/2013:

> Art. 5º Configura conflito de interesses no exercício de cargo ou emprego no âmbito do Poder Executivo federal:
>
> I - divulgar ou fazer uso de informação privilegiada, em proveito próprio ou de terceiro, obtida em razão das atividades exercidas;
>
> II - exercer atividade que implique a prestação de serviços ou a manutenção de relação de negócio com pessoa física ou jurídica que tenha interesse em decisão do agente público ou de colegiado do qual este participe;
>
> III - exercer, direta ou indiretamente, atividade que em razão da sua natureza seja incompatível com as atribuições do cargo ou emprego, considerando-se como tal, inclusive, a atividade desenvolvida em áreas ou matérias correlatas;
>
> IV - atuar, ainda que informalmente, como procurador, consultor, assessor ou intermediário de interesses privados nos órgãos ou entidades da Administração Pública direta ou indireta de qualquer dos Poderes da União, dos Estados, do Distrito Federal e dos Municípios;
>
> V - praticar ato em benefício de interesse de pessoa jurídica de que participe o agente público, seu cônjuge, companheiro ou parentes, consanguíneos ou afins, em linha reta ou colateral, até o terceiro grau, e que possa ser por ele beneficiada ou influir em seus atos de gestão;
>
> VI - receber presente de quem tenha interesse em decisão do agente público ou de colegiado do qual este participe fora dos limites e condições estabelecidos em regulamento; e
>
> VII - prestar serviços, ainda que eventuais, a empresa cuja atividade seja controlada, fiscalizada ou regulada pelo ente ao qual o agente público está vinculado.
>
> Parágrafo único. As situações que configuram conflito de interesses estabelecidas neste artigo aplicam-se aos ocupantes dos cargos ou empregos mencionados no art. 2º ainda que em gozo de licença ou em período de afastamento.

Além disso, questões de ordem prática podem induzir a percepção de outras vedações em nosso ordenamento.

Imaginemos um Diretor, ordenador de despesas e autoridade competente para autorizar a licitação e a contratação, no âmbito de determinada estatal. Seria legítimo que uma empresa da qual ela faça parte, mesmo que com percentual societário de até 5% do capital social, participe da licitação? Em princípio, evidentemente que não, pois haveria evidente afronta à moralidade.

10.2. DO IMPEDIMENTO PARA EMPRESA SUSPENSA DE LICITAR E CONTRATAR, PELA ESTATAL

O inciso II do artigo 38 traz um outro impedimento, agora relacionado à empresa punida com a "suspensão de licitar e contratar". Trata-se de sanção prevista no inciso III do artigo 87 da Lei nº 8.666/1993, e também no inciso III do artigo 83 da Lei das estatais (vale lembrar, tal sanção não foi prevista na Lei nº 14.133/2021).

Esta sanção implica, como efeito material, restrição temporária do direito constitucional de uma pessoa (jurídica ou física) de participar de licitações ou mesmo de ser contratado (reflexo do aspecto democrático ou subjetivo do princípio da obrigatoriedade de licitar), nos limites estabelecidos pelo legislador[1].

Interessante que a vedação definida pela Lei das Estatais consagra o entendimento de que a restrição ao direito de licitar gerada pela aplicação da suspensão de licitar (prevista no inciso III do artigo 87 da Lei nº 8.666/1993) vale apenas em relação ao órgão ou ente aplicador da sanção.

Como ressabido, em relação à aplicação desta sanção, há entendimento divergente, do Superior Tribunal de Justiça, segundo o qual os efeitos restritivos teriam amplitude maior, alcançando os demais órgãos e entes da Administração Pública. Em vários Acórdãos, o STJ tem se posicionado por esta amplitude maior dos efeitos restritivos:

> ADMINISTRATIVO – MANDADO DE SEGURANÇA – LICITAÇÃO – SUSPENSÃO TEMPORÁRIA – DISTINÇÃO ENTRE ADMINISTRAÇÃO E ADMINISTRAÇÃO PÚBLICA – INEXISTÊNCIA – IMPOSSIBILIDADE DE PARTICIPAÇÃO DE LICITAÇÃO PÚBLICA – LEGALIDADE – LEI 8.666/93, ART. 87, INC. III.

1. TORRES, Ronny Charles Lopes de. Leis de licitações públicas comentadas, 9ª edição. Salvador: Juspodivm, 2018. p. 806.

> - É irrelevante a distinção entre os termos Administração Pública e Administração, por isso que ambas as figuras (suspensão temporária de participar em licitação (inc. III) e declaração de inidoneidade (inc. IV) acarretam ao licitante a não-participação em licitações e contratações futuras.
>
> - A Administração Pública é una, sendo descentralizadas as suas funções, para melhor atender ao bem comum.
>
> - A limitação dos efeitos da "suspensão de participação de licitação" não pode ficar restrita a um órgão do poder público, pois os efeitos do desvio de conduta que inabilita o sujeito para contratar com a Administração se estendem a qualquer órgão da Administração Pública.
>
> - Recurso especial não conhecido.[2]

Esta interpretação impede a participação da empresa suspensa em qualquer outro certame público e continua sendo adotada pelo STJ[3].

Noutro diapasão, o Tribunal de Contas da União, desde outrora, sedimentou o entendimento de que a restrição ao direito do fornecedor de participar de licitações ou de ser contratado fica adstrita ao órgão sancionador.

> "As sanções de suspensão temporária de participação em licitação e impedimento de contratar com a Administração, previstas no art. 87, inciso III, da Lei 8.666/1993, alcançam apenas o órgão ou a entidade que as aplicaram".[4]

O TCU, inclusive, tem determinado aos órgãos e entes públicos que se abstenham de incluir em seus editais a vedação à participação, nas licitações promovidas, de empresas apenadas com a suspensão do direito de licitar (inc. III, art. 87 da Lei nº 8.666/1993), exceto nos casos em que a suspensão seja imposta pelo próprio ente realizador do certame. Assim, a Corte de Contas, corretamente, tem advertido que o edital da licitação, ao estabelecer vedações à participação no certame, "deve ser suficientemente claro no sentido de que a penalidade de suspensão para licitar e contratar, prevista no art. 87, inciso III, da Lei 8.666/93, tem abrangência restrita ao órgão ou entidade que aplicou a sanção[5].

---

2. STJ. REsp 151567 / RJ – Relator: Ministro FRANCISCO PEÇANHA MARTINS – SEGUNDA TURMA – DJ 14.04.2003 p. 208.
3. STJ. RMS 32628/SP, Segunda Turma, DJe 14/09/2011.
4. TCU. Acórdão nº 3439/2012-Plenário, Rel. Min. Valmir Campelo, 10.12.2012.
5. TCU. Acórdão nº 2556/2013-Plenário, TC 022.990/2013-5, relator Ministro-Substituto Augusto Sherman Cavalcanti, 18.9.2013.

Este também é o entendimento defendido pela Advocacia-Geral da União, a qual entende que a sanção suspensão temporária de licitar e contratar possui efeito com amplitude subjetiva restrita apenas em relação ao órgão sancionador:

> Ementa: DIREITO ADMINISTRATIVO. LICITAÇÕES. CONTRATOS. SANÇÕES ADMINISTRATIVAS. SUSPENSÃO DE LICITAR E CONTRATAR. DIVERGÊNCIA EXISTENTE. EFEITOS RESTRITOS. A suspensão temporária de licitar e contratar, prevista no inciso III do artigo 87, da Lei nº 8.666/93, possui efeito com amplitude subjetiva restrita, afetando apenas o direito de licitar ou contratar em relação ao órgão sancionador. (AGU. Parecer no 02/2013/GT Portaria no 11, de 10 de agosto de 2012, aprovado pelo Consultor-Geral da União)

Por diversos motivos, temos convicção que a interpretação dada pela Advocacia-Geral da União e pelo Tribunal de Contas da União é a mais condizente com o regramento sancionatório estabelecido pela Lei nº 8.666/1993[6].

Ocorre que esta divergência, em princípio, sequer possui espaço na interpretação do dispositivo da Lei das estatais que estabeleceu este impedimento à participação na licitação!

Como já explicado, o inciso II cria o impedimento apenas em relação ao fornecedor suspenso "pela" empresa pública ou sociedade de economia mista. O texto não deixa qualquer dúvida sobre a amplitude dada aos efeitos restritivos da sanção suspensão, consagrando o entendimento outrora defendido pela AGU e pelo TCU.

Nesta senda tem se posicionado o TCU, que já apresentou raciocínio segundo o qual, o "impedimento de participar de licitações em razão do art. 38, inciso II, da Lei 13.303/2016 (Lei das *Estatais)* se refere tão somente a sanções aplicadas pela própria entidade, e não a sanções aplicadas por outra empresa pública ou sociedade de economia mista"[7].

6. Para aprofundamento sobre o tema, vide TORRES, Ronny Charles Lopes de. Leis de licitações públicas comentadas, 9ª edição. Salvador: Juspodivm, 2018. P. 806 e seguintes.
7. TCU. Acórdão 269/2019, Plenário (Representação, Relator Ministro Bruno Dantas).

10.2.1 Do impedimento para empresa impedida de licitar e contratar

Diferentemente ocorre com relação à existência de aplicação da sanção "impedimento de licitar e contratar", prevista outrora na Lei do Pregão (Lei nº10.520/2002) ou na Nova Lei de Licitações (Lei nº 14.133/2021). Ambas as Leis possuem uma sanção denominada "impedimento de licitar e contratar" que embora possua efeitos similares, é diferente da sanção "Suspensão de licitar e impedimento de contratar", prevista na Lei nº 8.666/93 ou na Lei nº 13.303/2016.

A Lei nº 10.520/2002 criou espécie própria de sanção administrativa, diferente da declaração de inidoneidade e da suspensão temporária, previstas pela Lei nº 8.666/93. A sanção "impedimento de licitar e contratar", prevista pela Lei do Pregão, gera uma restrição ao direito do fornecedor de disputar licitações ou firmar contratações a União, Estados, Distrito Federal ou Municípios, de acordo com a vinculação do órgão ou ente sancionador.

Assim, a sanção de impedimento de licitar e contratar pautada no art. 7º da Lei 10.520/02 (Lei do Pregão) produz efeitos restritivo em relação à contratação ou a participação da licitação de qualquer órgão ou entidade inserido na esfera do respectivo órgão ou ente sancionador.

Da mesma forma, a Lei nº 14.133/2021 define que a restrição gerada pela aplicação da sanção impedimento de licitar e contratar "impedirá o responsável de licitar ou contratar no âmbito da Administração Pública direta e indireta do ente federativo que tiver aplicado a sanção".

Importante compreender que essa vinculação ao ente federativo tem caráter funcional e não geográfico. Assim, caso um órgão federal existente em Pernambuco aplique a sanção impedimento de licitar a uma empresa, a restrição valerá para qualquer órgão ou entidade federal no país, inclusive uma estatal federal, mas não afetará o direito dessa empresa de participar de licitações de outras estatais estaduais ou municipais, em Pernambuco ou em qualquer outro Estado[8].

Esta é a posição adotada pelo TCU, que expressamente, em relação à Lei do Pregão, definiu que os efeitos da sanção de impedimento de licitar e

8. TORRES, Ronny Charles Lopes de. Leis de licitações públicas comentadas, 12ª edição. Salvador: Juspodivm, 2021. P. 762.

contratar se estendem a toda a esfera de governo do órgão ou da entidade que aplicou a penalidade, incluindo as empresas *estatais*[9].

10.3. DO IMPEDIMENTO PARA EMPRESA DECLARADA INIDÔNEA

O inciso III do artigo 38 define como impedida de participar das licitações das estatais, a empresa declarada inidônea pela União, por Estado, pelo Distrito Federal ou pela unidade federativa a que está vinculada a empresa pública ou sociedade de economia mista, enquanto perdurarem os efeitos da sanção.

A sanção declaração de inidoneidade possui o mesmo efeito material da suspensão temporária, restringindo o direito constitucional de uma pessoa (jurídica ou física) em participar de licitações ou mesmo de ser contratada pela "Administração Pública". Este vocábulo teve definição expressamente firmada pela Lei nº 8.666/1993, como sendo a "administração direta e indireta da União, dos Estados, do Distrito Federal e dos Municípios, abrangendo inclusive as entidades com personalidade jurídica de direito privado sob controle do poder público e das fundações por ele instituídas ou mantidas". [10]

Em suma, a declaração de inidoneidade possui efeito semelhante à sanção suspensão, contudo, com amplitude maior, motivo pelo qual, por exemplo, a Lei nº 8.666/1993 estabeleceu competência exclusiva para sua aplicação, além de ter tipificado criminalmente o ato de "admitir à licitação ou celebrar contrato com empresa ou profissional declarado inidôneo".

Particularmente, embora reconheçamos maior amplitude aos efeitos da declaração de inidoneidade, quando em comparação com a sanção suspensão, entendemos que tal alcance deveria respeitar os limites da unidade federativa, restringindo-se aos órgãos e entes da União, ou do estado ou do município em que foi aplicada a sanção[11], embora esta não seja a posição majoritária[12].

---

9. TCU. Acórdão 9353/2020, Primeira Câmara. Embargos de Declaração, Relator Ministro Benjamin Zymler.
10. Inciso XI do artigo 6º da Lei nº 8.666/93.
11. TORRES, Ronny Charles Lopes de. Leis de licitações públicas comentadas, 9ª edição. Salvador: Juspodivm, 2018. P. 817.
12. Convém registrar que o Tribunal de Contas da União tem admitido amplitude total às restrições decorrentes da declaração de inidoneidade, compreendendo que ela abrangeria as diversas esferas federativas. Nesse sentido, a Corte de Contas já prolatou julgado entendendo que, em

Contudo, em relação à regra do inciso III do artigo 38, convém destacar que a própria Lei das Estatais restringiu o impedimento decorrente da aplicação desta sanção, quando ela for aplicada por órgão ou ente municipal!

O texto se refere à declaração de inidoneidade aplicada pela União, por Estado, pelo Distrito Federal ou "pela unidade federativa a que está vinculada". Assim, ao se reportar às unidades federativas, há tratamento diferenciado em relação à aplicação feita por órgãos ou entes municipais, cuja aplicação da referida sanção apenas gerará restrição à participação na licitação da estatal, quando esta for vinculada à unidade federativa (município) sancionadora.

A vinculação, obviamente, está relacionada ao aspecto funcional, e não geográfico. Desta maneira, o que importa é se a estatal faz parte (funcionalmente) da Administração daquele Município e não se sua sede ou filial está ali instalada.

Ademais, importa ressaltar que, uma vez que a Lei das Estatais sequer previu a sanção declaração de inidoneidade, a regra de impedimento se refere à declaração de inidoneidade aplicada com fundamento no inciso IV do artigo 87 da Lei nº 8.666/1993 ou no inciso IV do artigo 156 da Lei nº 14.133/2021. Por conta disso, evidencia-se questão tormentosa. Quando um órgão ou ente municipal aplicar a sanção declaração de inidoneidade, ele restringirá a empresa sancionada em relação às licitações de todos os órgãos e entes da Administração Pública[13], excetuadas as estatais que não forem vinculadas àquele município?

Desta regra de impedimento, identifica-se evidente discriminação legal em relação ao poder sancionatório dos entes municipais, talvez por conta da desconfiança de que os efeitos restritivos amplos da referida sanção, por parte destes, possa restringir indevidamente os certames públicos das estatais.

10.4. DO IMPEDIMENTO PARA EMPRESA CONSTITUÍDA POR SÓCIO DE EMPRESA QUE ESTIVER SUSPENSA, IMPEDIDA OU DECLARADA INIDÔNEA

O inciso IV do artigo 38 estabelece impedimento à participação nas licitações das estatais, pelas empresas que tenham sócios que participem de

---

relação ao "alcance da declaração de inidoneidade aplicada por um ente federativo, com base no art. 87, inciso IV, da Lei de Licitações, a sanção produz efeitos para todos os órgãos e entidades das três esferas de governo" (TCU, Acórdão 1831/2014).

13. Usando como parâmetro a corrente majoritária que confere amplitude total à restrição decorrente da declaração de inidoneidade.

outras empresas, as quais estejam sob efeito das sanções restritivas (suspensão, declaração de inidoneidade e impedimento licitar).

Trata-se de uma tentativa de afastar do ambiente licitatório o procedimento fraudulento, muitas vezes identificado, no qual empresas cometem irregularidades em certames públicos ou na execução de contratos administrativos e, após sofrerem a devida aplicação de sanções restritivas (suspensão, declaração de inidoneidade e impedimento licitar), utilizam novas empresas como instrumento para burlar a sanção aplicada.

Nessas hipóteses, em que há o propósito fraudulento de dar continuidade às atividades da empresa inidônea, sob nova denominação, nossa jurisprudência vem admitindo a desconsideração da personalidade jurídica da empresa, estendendo os efeitos da sanção administrativa aplicada à primeira.[14]

O STJ entende válida a aplicação da teoria da desconsideração da personalidade jurídica para estender os efeitos da declaração de inidoneidade a sociedade empresarial diversa, constituída com o objetivo de burlar à aplicação da sanção administrativa:

> ADMINISTRATIVO. RECURSO ORDINÁRIO EM MANDADO DE SEGURANÇA. LICITAÇÃO. SANÇÃO DE INIDONEIDADE PARA LICITAR. EXTENSÃO DE EFEITOS À SOCIEDADE COM O MESMO OBJETO SOCIAL, MESMOS SÓCIOS E MESMO ENDEREÇO. FRAUDE À LEI E ABUSO DE FORMA. DESCONSIDERAÇÃO DA PERSONALIDADE JURÍDICA NA ESFERA ADMINISTRATIVA. POSSIBILIDADE. PRINCÍPIO DA MORALIDADE ADMINISTRATIVA E DA INDISPONIBILIDADE DOS INTERESSES PÚBLICOS.
>
> - A constituição de nova sociedade, com o mesmo objeto social, com os mesmos sócios e com o mesmo endereço, em substituição a outra declarada inidônea para licitar com a Administração Pública Estadual, com o objetivo de burlar à aplicação da sanção administrativa, constitui abuso de forma e fraude à Lei de Licitações Lei n.o 8.666/93, de modo a possibilitar a aplicação da teoria da desconsideração da personalidade jurídica para estenderem-se os efeitos da sanção administrativa à nova sociedade constituída.
>
> - A Administração Pública pode, em observância ao princípio da moralidade administrativa e da indisponibilidade dos interesses públicos tutelados, desconsiderar a personalidade jurídica de sociedade

14. Neste sentido, vide Acórdão 1831/2014, do Plenário do TCU, relatado pelo Min. Ministro José Múcio Monteiro, em 9.7.2014.

> constituída com abuso de forma e fraude à lei, desde que facultado ao administrado o contraditório e a ampla defesa em processo administrativo regular.
> - Recurso a que se nega provimento.[15]

Já foram sepultadas as dúvidas acerca da possibilidade de desconsideração da personalidade jurídica no âmbito administrativo.

Ocorre que a Lei das estatais foi além disso! Ao invés de admitir a desconsideração da personalidade jurídica, como instrumento processual para transferência (ou extensão) de responsabilidades, ela definiu impedimentos *a priori*, restringindo a participação de empresas, pela relação societária, sem a necessidade de demonstração ou identificação da fraude!

Bem observa Niebuhr:

> Os incisos do artigo 38 da Lei n. 13.303/2016 impedem de participar da licitação empresa que tenha sócio ou administrador que faça parte do quadro societário de uma outra empresa impedida de participar de licitação. Ou seja, o impedimento desborda da empresa penalizada, atinge outra empresa, apenas porque tem sócio comum com empresa penalizada. Veja-se que estender a penalidade aplicada a uma empresa para outra que participe da licitação em fraude, para encobrir a empresa penalizada, é uma coisa. Outra coisa, com implicações totalmente diferentes, é estender a penalidade, sem comprovação de fraude, à empresa apenas porque tem sócio comum com outra empresa anteriormente penalizada. O dispositivo é flagrantemente inconstitucional, opõe-se ao princípio de que a pena não pode ultrapassar a pessoa do condenado, entabulado no inciso XLV do artigo 5.o da Constituição Federal[16].

Realmente, é deveras questionável a constitucionalidade da regra de impedimento adotada pelo legislador, visto que ela impõe a transferência sumária da sanção restritiva aplicada, sem processo prévio para demonstração do abuso no uso da personalidade jurídica.

A pessoa jurídica tem existência diversa de seus membros, sendo de sua própria natureza, pelo menos na maioria das modalidades de sociedades

---

15. STJ. RMS 15166 / BA – Relator: Ministro Castro Meira – Segunda Turma – DJ 08.09.2003 p. 262.
16. NIEBUHR, Joel de Menezes, Aspectos destacados do novo regime de licitações e contratações das estatais. Revista Colunistas de Direito do Estado. Ano 2016. Núm. 209. Disponível em: http://www.direitodoestado.com.br/colunistas/joel-de-menezes-niebuhr/aspectos-destacados-do-novo-regime-de-licitacoes-e-contratacoes-das-estatais.

praticadas em nosso país, a separação do patrimônio do ente social daquele pertencente às pessoas físicas que o compuseram. Essa disposição deriva da imprescindível criação de facilidades na atuação empresarial, como fator essencial à circulação de riquezas e desenvolvimento econômico.

Esta é também a opinião do ilustre Professor Anderson Pedra, segundo o qual, "as pessoas jurídicas não devem ser confundidas com a pessoa dos seus sócios. Sendo assim, em regra, a responsabilidade sobre os atos da pessoa jurídica restringe-se a ela, não se comunicando aos seus sócios nem a outras pessoas jurídicas que os seus sócios fazem parte".[17]

Embora compreensível o objetivo pretendido pelo legislador, ao criar este impedimento, a forma estabelecida não foi adequada. Melhor seria a normatização de uma forma rápida e eficiente para a desconsideração da personalidade jurídica, inclusive, envolvendo os sócios participantes das pessoas jurídicas sancionadas.

Ademais, mesmo superada a aparente inconstitucionalidade deste impedimento sumário, é fundamental perceber os limites relacionados à amplitude da respectiva sanção.

Se uma empresa sancionada com a "suspensão de licitar" apenas possui restrição em relação à estatal ou ao órgão que a sancionou, obviamente, a extensão do impedimento gerado em relação a seus sócios e outras empresas das quais eles participem, não poderia ultrapassar esta amplitude.

10.5. DO IMPEDIMENTO PARA EMPRESA CUJO ADMINISTRADOR SEJA SÓCIO DE EMPRESA SUSPENSA, IMPEDIDA OU DECLARADA INIDÔNEA

Cabem, em relação a esta hipótese de impedimento, os mesmos argumentos anteriormente dispostos, em relação ao sócio.

Mesmo que se ultrapasse a questionável constitucionalidade desta extensão do impedimento, deve-se atentar para a amplitude da sanção aplicada, sob pena de restringir-se indevidamente a participação na licitação.

17. PEDRA, Anderson Sant'Ana. Sanções administrativas nas contratações públicas. *In* TORRES, Ronny Charles L. de. Licitações Públicas: homenagem ao jurista Jorge Ulisses Jacoby Fernandes. Curitiba: Negócios Públicos, 2016. P. 385-418.

10.6. DO IMPEDIMENTO PARA EMPRESA CONSTITUÍDA POR SÓCIO QUE TENHA SIDO SÓCIO OU ADMINISTRADOR DE EMPRESA SUSPENSA, IMPEDIDA OU DECLARADA INIDÔNEA, NO PERÍODO DOS FATOS QUE DERAM ENSEJO À SANÇÃO

O inciso VI do artigo 38 estabelece o impedimento para as empresas constituídas por sócio que tenha sido sócio ou administrador de empresa suspensa, impedida ou declarada inidônea, no período dos fatos que deram ensejo à sanção! A regra é, no mínimo, curiosa.

Em primeiro, convém reiterar que a situação poderia ou deveria ser combatida através de escorreita desconsideração da personalidade jurídica, e não deste impedimento sumário definido pelo legislador.

Em segundo, mesmo ultrapassado o obstáculo anterior, não bastaria a anterior vinculação do sócio à empresa outrora sancionada, sendo imprescindível a persistência de obrigação a ser cumprida (vigência dos efeitos da sanção aplicada).

Em terceiro, seria necessário analisar se a sanção aplicada, com os efeitos ainda vigentes, possui amplitude impeditiva em relação ao certame da estatal.

Por fim, e não exaurindo todas as objeções possíveis, ainda convém indagar como esta anterior participação societária, contemporânea ao cometimento dos fatos ensejadores da sanção ou da própria sanção aplicada, será identificada pela estatal licitante, na abertura do certame?

Enfim, salvo melhor juízo, a criação legislativa desta regra de impedimento não foi antecedida da devida reflexão, o que proporcionará sua ineficácia, desuso, ou problemas sérios em sua aplicação.

10.7. DAS DEMAIS REGRAS DE IMPEDIMENTO

Há outras regras de impedimento definidas pelo legislador, quais sejam:

- empresa cujo administrador tenha sido sócio ou administrador de empresa suspensa, impedida ou declarada inidônea, no período dos fatos que deram ensejo à sanção;
- empresa que tiver, nos seus quadros de diretoria, pessoa que participou, em razão de vínculo de mesma natureza, de empresa declarada inidônea.

Cabem as mesmas observações anteriormente dispostas, para essas hipóteses de impedimento.

Além delas, o parágrafo único do artigo 38 aplica o impedimento nas hipóteses de:

I. contratação do próprio empregado ou dirigente, como pessoa física, bem como à participação dele em procedimentos licitatórios, na condição de licitante;

II. contratação de quem tenha relação de parentesco, até o terceiro grau civil, com: a) dirigente de empresa pública ou sociedade de economia mista; b) empregado de empresa pública ou sociedade de economia mista cujas atribuições envolvam a atuação na área responsável pela licitação ou contratação; c) autoridade do ente público a que a empresa pública ou sociedade de economia mista esteja vinculada.

III. cujo proprietário, mesmo na condição de sócio, tenha terminado seu prazo de gestão ou rompido seu vínculo com a respectiva empresa pública ou sociedade de economia mista promotora da licitação ou contratante há menos de 6 (seis) meses.

Em relação à última hipótese do inciso III, é interessante anotar que esta restrição não adota a permissiva em relação aos diretores que detenham até 5% (cinco por cento) do capital social da empresa, diferenciando-se e gerando aparente antinomia, em relação à regra do inciso I do artigo 38[18].

JURISPRUDÊNCIA RELACIONADA[19]

- A decisão pela vedação de participação de consórcio de empresas em licitação é discricionária, porém deve ser devidamente motivada no processo administrativo. (TCU. Acórdão nº 2.633/2019-Plenário)

- Não deve ser exigido, na licitação, registro em cartório do compromisso de constituição de consórcio, uma vez que tal exigência não consta no rol dos instrumentos sujeitos obrigatoriamente ao registro de títulos e documentos para surtir efeitos perante terceiros (art. 129 da Lei 6.015/1973) e o Estatuto das Licitações somente o

18. Art. 38. Estará impedida de participar de licitações e de ser contratada pela empresa pública ou sociedade de economia mista a empresa:
I – cujo administrador ou sócio detentor de mais de 5% (cinco por cento) do capital social seja diretor ou empregado da empresa pública ou sociedade de economia mista contratante;

19. Vide nota de rodapé nº 38.

exige para fim de celebração do contrato (art. 33, inciso I e § 2º, da Lei 8.666/1993). (TCU. Acórdão nº 3699/19 - 2ª Câmara)

- A fixação, no edital, do número máximo de empresas integrantes de consórcio deve ser devidamente justificada no processo licitatório. (TCU. Acórdão nº 1852/19 - Plenário)

- Se não houver prejuízo à defesa do responsável alcançado pela decisão, o fato de a citação ter ocorrido antes da desconsideração da personalidade jurídica pelo relator ou pelo Tribunal não impede a aplicação desse instituto para alcançar o patrimônio de sócio de empresa que contribuiu para dano ao erário, tendo em vista a possibilidade de convalidação, pelo colegiado, da citação promovida pela unidade técnica, com fundamento no art. 172 do Regimento Interno do TCU. (TCU. Acórdão nº 385/2018 - Plenário)

- O instituto da desconsideração da personalidade jurídica é medida excepcional e somente pode incidir sobre os administradores e sócios, quando comprovada conduta ilícita, que tenham algum poder de decisão na empresa, não alcançando, em regra, os sócios cotistas, uma vez que não pode ser utilizado como mero instrumento para aumentar a possibilidade de se recompor os cofres públicos. (TCU. Acórdão nº 1839/2017 - Plenário)

- A contratação pela Administração de empresas pertencentes a parentes de gestor público envolvido no processo de licitação caracteriza, diante do manifesto conflito de interesses, violação aos princípios constitucionais da moralidade e da impessoalidade. (TCU. Acórdão nº 1493/2017-Primeira Câmara)

- A decisão da Administração de permitir a participação de empresas sob a forma de consórcio nas licitações deve ser devidamente motivada e não deve implicar a proibição da participação de empresas que, individualmente, possam cumprir o objeto a ser contratado, sob pena de restrição à competitividade. (TCU. Acórdão nº 1711/2017 - Plenário)

- A Administração, em respeito à transparência e à motivação dos atos administrativos, deve explicitar as razões para a admissão ou vedação à participação de consórcios de empresas quando da contratação de objetos de maior vulto e complexidade. (TCU. Acórdão nº 929/2017 - Plenário)

- Não existe vedação legal à participação, no mesmo certame licitatório, de empresas do mesmo grupo econômico ou com sócios em relação de parentesco, embora tal situação possa acarretar quebra de isonomia ente as licitantes. A demonstração de fraude à licitação exige a evidenciação do nexo causal entre a conduta das empresas com sócios em comum ou em relação de parentesco e a frustração dos princípios e dos objetivos da licitação. (TCU. Acórdão nº 2803/2016-Plenário)

- A participação de empresas com sócios em comum e que disputam um mesmo item prejudica a isonomia e a competitividade do certame. Não caberia, porém, a responsabilização do pregoeiro, uma vez que, de acordo com a dinâmica do pregão, toma conhecimento da participação de empresas dessa natureza somente após a fase de lances. (TCU. Acórdão nº 370/2014 - Plenário)

- É irregular a contratação, por organização social, de empresas cujos sócios ou dirigentes sejam parentes de empregado da contratante que tenha algum poder de influência sobre a condução da licitação, quer por participar diretamente do procedimento quer em razão de sua posição hierárquica sobre aqueles que participam do procedimento de contratação. (TCU. Acórdão nº 2057/2014-Plenário)

- O fato de a lei não ter previsto, expressamente, a proibição de participação de licitantes com interesses econômicos em comum não impede o pregoeiro de agir, caso verifique a ocorrência de situação que possa dar ensejo a combinação, ajustes ou possível frustração do caráter competitivo do certame. (TCU. Acórdão nº 3657/2013 – Plenário)

11

DOS PRAZOS MÍNIMOS PARA A LICITAÇÃO

De acordo com a Lei nº 13.303/2016, notadamente em seu artigo 39, os procedimentos licitatórios, a pré-qualificação e os contratos por ela disciplinados serão divulgados em um portal específico mantido pela empresa pública ou sociedade de economia mista na internet, devendo ser adotados os seguintes prazos mínimos para apresentação de propostas ou lances, contados a partir da divulgação do instrumento convocatório:

I. para aquisição de bens: a) 5 (cinco) dias úteis, quando adotado como critério de julgamento o menor preço ou o maior desconto; b) 10 (dez) dias úteis, nas demais hipóteses;

II. para contratação de obras e serviços: a) 15 (quinze) dias úteis, quando adotado como critério de julgamento o menor preço ou o maior desconto; b) 30 (trinta) dias úteis, nas demais hipóteses;

III. no mínimo 45 (quarenta e cinco) dias úteis para licitação em que se adote como critério de julgamento a melhor técnica ou a melhor combinação de técnica e preço, bem como para licitação em que haja contratação semi-integrada ou integrada.

Curiosamente, o artigo 39, ao tratar da publicação, não faz referência aos diários oficiais, o que poderia gerar a interpretação de que bastaria a divulgação pela internet, em portal específico, para os certames das estatais.

Não parece ser esta a melhor interpretação, pois a própria Lei, mais adiante, no §2º do artigo 51, define que os avisos contendo os resumos dos editais das licitações e contratos abrangidos por ela devem ser previamente publicados no Diário Oficial da União, do Estado ou do Município e na internet[1].

Outrossim, repetindo regra tradicional nas licitações sob a égide da Lei nº 8.666/1993, a Lei nº 13.303/2016 definiu que as modificações promovidas no instrumento convocatório serão objeto de divulgação nos mesmos termos e prazos dos atos e procedimentos originais, exceto quando a alteração não afetar a preparação das propostas.

No julgamento que ensejou o Acórdão nº 889/2018 – 2ª Câmara, o Tribunal de Contas da União manifestou-se no sentido de que, mesmo na hipótese de expurgação de exigência potencialmente restritiva, o prazo mínimo deve ser reaberto pois novos interessados podem surgir e não ter tempo hábil para elaborar suas propostas[2].

JURISPRUDÊNCIA RELACIONADA[3]

- As diversas alterações promovidas no Edital, (...) sem que fosse republicada sua versão completa e atualizada, dificultam aos interessados o pleno conhecimento das regras estabelecidas, em infringência ao princípio da publicidade constante do art. 37, caput, da Constituição Federal, sendo necessária a adoção das medidas suficientes para evitar que esse fato se repita. (TCU. Acórdão nº 1203/2017 – Plenário)
- Nas licitações realizadas pelas empresas estatais, ainda que o valor estimado da contratação seja sigiloso, qualquer modificação no orçamento estimativo que envolva o

1. Art. 51. As licitações de que trata esta Lei observarão a seguinte sequência de fases:
   I – preparação;
   II – divulgação;
   III – apresentação de lances ou propostas, conforme o modo de disputa adotado;
   IV – julgamento;
   V – verificação de efetividade dos lances ou propostas;
   VI – negociação;
   VII – habilitação;
   VIII – interposição de recursos;
   IX – adjudicação do objeto;
   X – homologação do resultado ou revogação do procedimento.
   § 1º A fase de que trata o inciso VII do caput poderá, excepcionalmente, anteceder as referidas nos incisos III a VI do caput, desde que expressamente previsto no instrumento convocatório.
   § 2º Os atos e procedimentos decorrentes das fases enumeradas no caput praticados por empresas públicas, por sociedades de economia mista e por licitantes serão efetivados preferencialmente por meio eletrônico, nos termos definidos pelo instrumento convocatório, devendo os avisos contendo os resumos dos editais das licitações e contratos abrangidos por esta Lei ser previamente publicados no Diário Oficial da União, do Estado ou do Município e na internet.
2. TCU. Acórdão nº 889/2018 – 2ª Câmara. Rel. Min. Ana Arraes.
3. Vide nota de rodapé nº 38.

detalhamento dos quantitativos e as demais informações necessárias para a elaboração das propostas deve ser objeto de divulgação nos mesmos termos e prazos dos atos e procedimentos originais, ensejando a reabertura do prazo para apresentação das propostas, nos termos do art. 39, parágrafo único, da Lei 13.303/2016. (TCU. Acórdão nº 3059/2016 - Plenário)

- É necessária a republicação do edital de licitação e a consequente reabertura de prazo para a apresentação de novas propostas mesmo na situação em que tenha sido excluída exigência de qualificação técnica e todos os licitantes tenham sido individualmente comunicados da notificação. (TCU. Acórdão nº 1608/2015 - Plenário)
- No pregão, o prazo para apresentação das propostas, respeitado o mínimo legal de oito dias úteis, deve ser compatível com a quantidade e a complexidade das informações que as licitantes devem fornecer. (TCU. Acórdão nº 694/2014 - Plenário)
- A alteração nas exigências de comprovação da qualificação técnica, sem a reabertura do prazo inicialmente estabelecido pelo edital, não configura afronta ao art. 21, § 4º, da Lei 8.666/1993, desde que não afete inquestionavelmente a formulação das propostas e, ainda, seja conferida publicidade e remanesça prazo razoável até a data da apresentação das propostas. (TCU. Acórdão nº 2057/2013 - Plenário)
- "Desde que iniciado o procedimento do certame, a alteração do Edital, com reflexo nas propostas já apresentadas, exige a divulgação pela mesma forma que se deu ao texto original, determinando-se a publicação (do Edital) pelo mesmo prazo inicialmente estabelecido. O aviso interno, como meio de publicidade às alterações subsequentes ao instrumento de convocação, desatende à legislação de regência e gera aos participantes o direito subjetivo a ser protegido pelo mandado de segurança" (STJ. MS no 5.755/DF, 1a Seção, DJ de 03/11/1998)

11.1. DA IMPUGNAÇÃO

No capítulo em que trata da fiscalização pelo estado e pela sociedade, a Lei nº 13.303/2016 dispõe sobre a apresentação e o processamento de impugnações face a irregularidades na aplicação do Estatuto. Versa o §1º de seu art. 87 que

> [q]ualquer cidadão é parte legítima para impugnar edital de licitação por irregularidade na aplicação desta Lei, devendo protocolar o pedido até 5 (cinco) dias úteis antes da data fixada para a ocorrência do certame, devendo a entidade julgar e responder à impugnação em até 3 (três) dias úteis, sem prejuízo da faculdade prevista no § 2º.

É de se notar que a lei reconhece este importante instrumento a qualquer cidadão[4], independentemente de interesse direto ou de futura participação

4. Corretamente, Marçal Justen Filho indica que não se deve interpretar o dispositivo de forma restritiva: "a referência a "cidadão" induz tratar-se de uma manifestação do direito de petição

no certame. A propósito, Maria Sylvia Zanella Di Pietro, ao discorrer sobre a eficácia dos mecanismos de controle dos atos administrativos, afirma que

> [e]mbora o controle seja atribuição estatal, o administrado participa dele à medida que pode e deve provocar o procedimento de controle, não apenas na defesa de seus interesses individuais, mas também na proteção do interesse coletivo. A Constituição outorga ao particular determinados instrumentos de ação a serem utilizados com esta finalidade. É esse, provavelmente, o mais eficaz meio de controle da Administração Pública: o controle popular[5].

Quanto ao prazo, mais uma vez, o legislador atuou sem a necessária reflexão sobre o novo regime das empresas estatais que estava a criar. Constata-se que o tratamento dado à impugnação se limitou a reproduzir o teor do §1º do art. 41 da Lei nº 8.666/1993[6]. Tolerável até seria se a ausência de inovação não trouxesse consigo inconsistência lógica impeditiva do estrito cumprimento do dispositivo.

Explicamos: a alínea *a)* do inciso I do art. 39 da Lei das Estatais[7] impõe o prazo mínimo de 5 (cinco) dias úteis para apresentação de propostas ou lances, aos certames que adotarem o critério de julgamento menor preço ou maior desconto.

Nota-se, portanto, a coincidência entre o prazo mínimo de publicação do instrumento convocatório em licitações julgadas por menor preço ou maior desconto; e o período designado pela lei para o recebimento de impugnações.

---

tutelado constitucionalmente. Logo e em princípio, a legitimação ativa seria restrita às pessoas físicas em situação eleitoral regular. Mas o dispositivo não deve ser interpretado restritivamente". JUSTEN FILHO, Marçal. Comentários à lei de licitações e contratos administrativos. 17. Ed. ver., atual. e ampl. São Paulo: Editora Revista dos Tribunais, 2019. p. 346.

5. DI PRIETO, Maria Sylvia Zanella. Direito Administrativo. 22. Ed. São Paulo: Atlas, 2009, p. 724.
6. Lei nº 8.666/1993. Art. 41. A Administração não pode descumprir as normas e condições do edital, ao qual se acha estritamente vinculada. § 1º Qualquer cidadão é parte legítima para impugnar edital de licitação por irregularidade na aplicação desta Lei, devendo protocolar o pedido até 5 (cinco) dias úteis antes da data fixada para a abertura dos envelopes de habilitação, devendo a Administração julgar e responder à impugnação em até 3 (três) dias úteis, sem prejuízo da faculdade prevista no § 1º do art. 113.
7. Lei nº 13.303/2016. Art. 39. Os procedimentos licitatórios, a pré-qualificação e os contratos disciplinados por esta Lei serão divulgados em portal específico mantido pela empresa pública ou sociedade de economia mista na internet, devendo ser adotados os seguintes prazos mínimos para apresentação de propostas ou lances, contados a partir da divulgação do instrumento convocatório: I – para aquisição de bens: a) 5 (cinco) dias úteis, quando adotado como critério de julgamento o menor preço ou o maior desconto.

Inviável estaria, portanto, o manejo da impugnação nessas hipóteses, caso a estatal optasse pela aplicação literal da norma.

Cumpre observar que a impugnação possui fundamento no direito de petição indicado no art. 5º, XXXIV, *a)*, da Constituição da República[8] e, portanto, seu exercício não poderia ser restringido - ou excluído - dessa maneira.

Diante do impasse, compreendemos que a harmonização dos dispositivos se mostra juridicamente possível com a acomodação de um entre os dois prazos:

A primeira opção que se coloca é a ampliação do prazo de divulgação do instrumento convocatório a fim de abarcar os períodos para o oferecimento de impugnação e para a respectiva resposta, dispostos no §1º do art. 87 da Lei nº 13.303/2016.

Ressalta-se que os 5 (cinco) dias úteis - indicados no art. 39, I, *a* - para apresentação de propostas ou lances, nas licitações com critério de julgamento menor preço ou maior desconto, representam prazo mínimo a ser contado a partir da divulgação do edital. Não há, portanto, obstáculo legal para que esses procedimentos licitatórios sejam publicados com a previsão de prazo ampliado, a fim de possibilitar o exercício do direito de petição - por meio da modalidade impugnação - até 5 (cinco) dias úteis antes da data fixada para a ocorrência do certame; e a resposta da empresa estatal licitante em até 3 (três) dias úteis.

Por outra via, vislumbramos a possibilidade de o instrumento convocatório prever a aceitação de pedidos de impugnação em datas mais próximas do que a disposta no art. 87 da Lei das Estatais. Nota-se que nessa alternativa, não haveria restrição ao direito de petição dos impugnantes. Ao contrário, ele seria alargado, na medida em que os cidadãos disporiam de um tempo maior para apresentar seus questionamentos.

11.1.1. Da incidência de efeitos suspensivos

Compreendemos que a mera apresentação de impugnação não tem o condão de impor efeitos suspensivos automáticos ao procedimento licitatório.

---

8. CRFB. Art. 5º. "XXXIV – são a todos assegurados, independentemente do pagamento de taxas: a) o direito de petição aos Poderes Públicos em defesa de direitos ou contra ilegalidade ou abuso de poder".

Isso não significa, todavia, que os responsáveis pelo certame não possam, diante de necessidade advinda do caso concreto e de forma motivada, conceder efeito suspensivo ao requerimento. Imaginando-se, por exemplo, situação em que a condição editalícia impugnada representa questão técnica de alta complexidade, cujo deslinde mereça exame pormenorizado irrealizável no prazo de 3 (três) dias úteis. Na hipótese, é recomendável que a data de ocorrência da licitação seja postergada[9].

De qualquer forma, conforme entendimento jurisprudencial do Tribunal de Contas da União, vai de encontro ao art. 31 da Lei 13.303/2016 a ausência de publicação das respostas aos questionamentos e impugnações ao edital da licitação, de maneira objetiva, anteriormente à data da abertura das propostas.[10]

11.1.2. Consequências da intempestividade da impugnação

Interessante questão se coloca acerca do tratamento a ser concedido às impugnações extemporâneas. Da mesma maneira que ocorre no regime tradicional de licitações, a intempestividade do pedido não permite ao ente licitante que simplesmente ignore as alegações do cidadão impugnante.

Isso ocorre em razão do princípio da boa-fé objetiva e do poder-dever de autotutela que detém a Administração Pública para declarar nulos os seus atos, quando da constatação de ilegalidades, ou revogá-los, tendo em vista os juízos de oportunidade e conveniência.

A propósito, o Supremo Tribunal Federal tem dois enunciados de súmulas aprovados sobre a matéria:

9. Da análise do art. 87 da Lei nº 13.303/2016, Pedro e Joel de Menezes indicam que "respondam à impugnação em até 3 dias úteis. Logo, se várias impugnações forem apresentadas em datas diferentes, as estatais terão prazos diferentes para respondê-las. Também se conclui que todas as impugnações devem ser respondidas com antecedência mínima de 2 dias úteis da data da abertura da licitação. Garante-se que os licitantes, na pior das hipóteses, tenham ciência sobre o teor da resposta das estatais com 2 dias úteis de antecedência em relação à abertura da licitação, para prepararem suas propostas e documentos. O pressuposto é que a resposta à impugnação pode afetar a formulação das propostas e a preparação dos documentos de habilitação. Por via de consequência, se a resposta das estatais não ocorrer no prazo legal, o autor da impugnação tem direito ao adiamento da abertura da licitação, para que se lhe garanta o intervalo de, no mínimo, 2 dias úteis entre a data da resposta à impugnação e a data da abertura da licitação". In: NIEBUHR, Joel de Menezes; NIEBUHR, Pedro de Menezes. Licitações e Contratos das Estatais. Belo Horizonte: Fórum, 2018. p. 165.

10. Acórdão 1016/2022 Plenário (Auditoria, Relator Ministro-Substituto Marcos Bemquerer).

> Súmula 346 STF: " A administração pode declarar a nulidade dos seus próprios atos".
>
> Súmula 473 STF: " A administração pode anular os seus próprios atos, quando eivados de vícios que os tornem ilegais, porque deles não se originam direitos; ou revogá-los, por motivo de conveniência ou oportunidade, respeitados os direitos adquiridos e ressalvada, em todos os casos, a apreciação judicial".

Assim, não poderá a empresa estatal cerrar os olhos diante do apontamento de ilegalidades em procedimento por ela dirigido, sob o argumento de que não foram registradas de forma tempestiva.

Ocorre que, por óbvio, a perda do prazo procedimental não tem a capacidade de converter o irregular em regular; ou sanear ilegalidades. Portanto, a impugnação intempestiva haverá de ser recebida como uso do direito de petição, podendo, eventualmente, influenciar nas decisões subsequentes da estatal voltadas a corrigir as impropriedades constatadas.

JURISPRUDÊNCIA RELACIONADA[11]

- O envio de impugnações e pedidos de informação por parte dos interessados em licitação na modalidade pregão eletrônico devem ser permitidos pela via eletrônica. (TCU. Acórdão nº 2.655/2007-Plenário)
- Em observância aos princípios da publicidade e da motivação, os questionamentos, solicitações, reclamações, recursos ou impugnações e respectivas respostas e decisões, em procedimentos licitatórios, devem ser tornados públicos. (TCU. Acórdão nº 2.249/2007-Plenário)
- Na hipótese de recursos ou impugnações em processos licitatórios, deve ser promovida a devida comunicação ao interessado, com a indicação dos pressupostos fáticos e jurídicos que determinaram a decisão. (TCU. Acórdão nº 709/2007-Plenário)

11. Vide nota de rodapé nº 38.

12

DO REGULAMENTO INTERNO DE LICITAÇÕES

O Decreto-Lei nº 2.300/1986, em seu artigo 86, admitia que as sociedades de economia mista e empresas públicas editassem regulamentos próprios, devidamente publicados, "com procedimentos seletivos simplificados e observância dos princípios básicos da licitação". Assim, as estatais poderiam ter regulamentos que definissem seus procedimentos licitatórios, ainda que com viés "simplificado", desde que respeitando os princípios básicos da licitação.

A Lei nº 8.666/1993 dispunha de forma diferente. Em seu artigo 119, admitia que as sociedades de economia mista e empresas e fundações públicas editem regulamentos próprios, devidamente publicados, mas fixa a submissão integral às disposições da própria Lei nº 8.666/1993[1]. Assim, como bem ensina Jacoby Fernandes[2], não há, na Lei nº 8.666/1993, a mesma liberdade regulamentar admitida pelo Decreto-Lei nº 2.300/1986.

A Lei nº 13.303/2016 parece ter optado, acertadamente a nosso ver por conferir maior liberdade às estatais para regulamentar as disposições gerais

1. Art. 119. As sociedades de economia mista, empresas e fundações públicas e demais entidades controladas direta ou indiretamente pela União e pelas entidades referidas no artigo anterior editarão regulamentos próprios devidamente publicados, ficando sujeitas às disposições desta Lei. Parágrafo único. Os regulamentos a que se refere este artigo, no âmbito da Administração Pública, após aprovados pela autoridade de nível superior a que estiverem vinculados os respectivos órgãos, sociedades e entidades, deverão ser publicados na imprensa oficial.
2. FERNANDES, Jorge Ulysses Jacoby. Contratação direta sem licitação. 9ª ed. Brasília: Brasília Jurídica, 2014. P. 48.

de licitações às suas especificidades. Nesse prumo, a referida Lei permite (determina) que as empresas públicas e as sociedades de economia mista publiquem e mantenham atualizado regulamento interno de licitações e contratos, "compatível" com aquilo por ela disposto.

Ao definir que o regulamento seja compatível com a disciplina legal, a Lei admite que ele, desde que respeitando as bases estabelecidas pela lei e seus princípios básicos, possa adequar-se às necessidades da estatal. Essa liberdade se amplia, quando compreendido que o regime licitatório da Lei das estatais estabeleceu um modelo (ou modalidade) flexível e não possui formato tão detalhista.

Segundo o artigo 40 da Lei nº 13.303/2016, o regulamento deve tratar, especialmente, sobre:

- glossário de expressões técnicas;
- cadastro de fornecedores;
- minutas-padrão de editais e contratos;
- procedimentos de licitação e contratação direta;
- tramitação de recursos;
- formalização de contratos;
- gestão e fiscalização de contratos;
- aplicação de penalidades;
- recebimento do objeto do contrato.

Este elenco não é exaustivo. O regulamento interno deve ser percebido como um instrumento para adequar as regras, genericamente criadas pelo legislador, às especificidades da estatal.

A realidade negocial de uma estatal que atua explorando atividade econômica, em regime de competição, pode ser bem diferente de uma que presta serviço público em regime de monopólio. Outrossim, uma empresa que trabalha com fornecimento de gás tem peculiaridades diferentes, em comparação a outra que atua com tecnologia da informação, cujas nuances também se distanciam daquelas vivenciadas por uma estatal que atua na área de caldeiraria pesada ou por outra que atua com saneamento básico.

Diante da diversidade de atuação de nossas estatais, os desafios vivenciados também se apresentam diversificados, envolvidos que estão em uma realidade riquíssima pelas peculiaridades de cada mercado, de cada área de atuação. A regulamentação é uma oportunidade para que a estatal possa normatizar procedimentos específicos, adequados a suas realidades negociais.

Esta é também a opinião de Edgar Guimarães e José Anacleto Abduch:

> É forçoso sustentar que, por força do princípio da legalidade e da competência constitucional reservada ao Poder Legislativo, seja no que tange à edição de normas gerais (competência privativa da União), seja quanto à competência concorrente dos demais entes federados, há limites de conteúdo para a edição dos regulamentos próprios que não podem ser ultrapassados. Vale dizer, não há autorização para legislar sobre licitações e contratos, mas há evidente espaço jurídico para a adequação da lei no plano concreto das estatais.
>
> Para tanto, faz-se necessário um preciso diagnóstico das condições que cada uma das estatais detém em referido plano concreto para levantamento das reais necessidades a serem cumpridas pela edição de referida norma interna. A elaboração de regulamento interno é ação complexa, que, se executada a contento, pode assegurar ganhos reais no tocante à eficiência e à redução dos riscos envolvidos nas contratações.
>
> É inegável que a maioria das estatais têm deficiências graves de planejamento das contratações e, especialmente, de controle de execução contratual, gerando significativos riscos para a organização e para os agentes envolvidos no processo – risco de responsabilização por erros e ilegalidades. Um regulamento interno consistente e acompanhado de manuais de procedimentos adequados é um instrumento poderoso para imprimir expressivo ganho qualitativo a todo o processo de contratação.[3]

Muitas estatais, no afã de finalizar seus regulamentos, abdicaram de avançar em aspectos relevantes da Lei, fundamentais para sua atuação prática.

Em regulamentos internos, publicados ainda no ano de 2017, encontramos discrepâncias entre a normatização e determinadas regras da nova Lei. Da mesma forma, identificamos muitas vezes regulamentos genéricos, meros repetidores do texto legal, nos quais perdeu-se a oportunidade de utilizar o instrumento regulamentar para avançar sobre necessidades específicas da respectiva estatal. Pior ainda, em vários regulamentos, identifica-se uma persistente manutenção de regras obsolestas – e revogadas – da Lei nº 8.666/93, incompatíveis

---

3. GUIMARÃES, Edgar; SANTOS, José Anacleto Abduch. Lei das estatais: comentários ao regime jurídico licitatório e contratual da Lei nº 13.303/2016. Belo Horizonte: Fórum, 2017. p. 31-32.

com as lógicas de flexibilidade e de busca da eficiência econômica contratual, identificadas no próprio texto da Lei nº 13.303/2016. Infelizmente, esses regulamentos deixam de absorver os avanços pretendidos pelo legislador.

Abdicar deste avanço é lamentável, pois a regulamentação interna é uma oportunidade para que a estatal estabeleça procedimentos adaptados à sua realidade, explicite a forma de utilização das diversas "ferramentas" previstas na nova Lei, estabeleça maior segurança para os agentes públicos que atuarão no certame ou mesmo na gestão e fiscalização dos respectivos contratos.

13

DAS NORMAS ESPECÍFICAS PARA OBRAS E SERVIÇOS

No artigo 42 e seguintes, a Lei das estatais indica diversos dispositivos como normas específicas para obras e serviços de engenharia.

Vale a transcrição, neste ponto, do referido artigo 42:

> Art. 42. Na licitação e na contratação de obras e serviços por empresas públicas e sociedades de economia mista, serão observadas as seguintes definições:
>
> I – empreitada por preço unitário: contratação por preço certo de unidades determinadas;
>
> II – empreitada por preço global: contratação por preço certo e total;
>
> III – tarefa: contratação de mão de obra para pequenos trabalhos por preço certo, com ou sem fornecimento de material;
>
> IV – empreitada integral: contratação de empreendimento em sua integralidade, com todas as etapas de obras, serviços e instalações necessárias, sob inteira responsabilidade da contratada até a sua entrega ao contratante em condições de entrada em operação, atendidos os requisitos técnicos e legais para sua utilização em condições de segurança estrutural e operacional e com as características adequadas às finalidades para as quais foi contratada;
>
> V – contratação semi-integrada: contratação que envolve a elaboração e o desenvolvimento do projeto executivo, a execução de obras e serviços de engenharia, a montagem, a realização de testes, a pré-operação e as demais operações necessárias e suficientes para a

entrega final do objeto, de acordo com o estabelecido nos §§ 1º e 3º deste artigo;

VI - contratação integrada: contratação que envolve a elaboração e o desenvolvimento dos projetos básico e executivo, a execução de obras e serviços de engenharia, a montagem, a realização de testes, a pré-operação e as demais operações necessárias e suficientes para a entrega final do objeto, de acordo com o estabelecido nos §§ 1º, 2º e 3º deste artigo;

VII - anteprojeto de engenharia: peça técnica com todos os elementos de contornos necessários e fundamentais à elaboração do projeto básico, devendo conter minimamente os seguintes elementos:

a) demonstração e justificativa do programa de necessidades, visão global dos investimentos e definições relacionadas ao nível de serviço desejado;

b) condições de solidez, segurança e durabilidade e prazo de entrega;

c) estética do projeto arquitetônico;

d) parâmetros de adequação ao interesse público, à economia na utilização, à facilidade na execução, aos impactos ambientais e à acessibilidade;

e) concepção da obra ou do serviço de engenharia;

f) projetos anteriores ou estudos preliminares que embasaram a concepção adotada;

g) levantamento topográfico e cadastral;

h) pareceres de sondagem;

i) memorial descritivo dos elementos da edificação, dos componentes construtivos e dos materiais de construção, de forma a estabelecer padrões mínimos para a contratação;

VIII - projeto básico: conjunto de elementos necessários e suficientes, com nível de precisão adequado, para, observado o disposto no § 3º, caracterizar a obra ou o serviço, ou o complexo de obras ou de serviços objeto da licitação, elaborado com base nas indicações dos estudos técnicos preliminares, que assegure a viabilidade técnica e o adequado tratamento do impacto ambiental do empreendimento e que possibilite a avaliação do custo da obra e a definição dos métodos e do prazo de execução, devendo conter os seguintes elementos:

a) desenvolvimento da solução escolhida, de forma a fornecer visão global da obra e a identificar todos os seus elementos constitutivos com clareza;

b) soluções técnicas globais e localizadas, suficientemente detalhadas, de forma a minimizar a necessidade de reformulação ou de variantes durante as fases de elaboração do projeto executivo e de realização das obras e montagem;

c) identificação dos tipos de serviços a executar e de materiais e equipamentos a incorporar à obra, bem como suas especificações, de modo a assegurar os melhores resultados para o empreendimento, sem frustrar o caráter competitivo para a sua execução;

d) informações que possibilitem o estudo e a dedução de métodos construtivos, instalações provisórias e condições organizacionais para a obra, sem frustrar o caráter competitivo para a sua execução;

e) subsídios para montagem do plano de licitação e gestão da obra, compreendendo a sua programação, a estratégia de suprimentos, as normas de fiscalização e outros dados necessários em cada caso;

f) (VETADO);

IX – projeto executivo: conjunto dos elementos necessários e suficientes à execução completa da obra, de acordo com as normas técnicas pertinentes;

X – matriz de riscos: cláusula contratual definidora de riscos e responsabilidades entre as partes e caracterizadora do equilíbrio econômico-financeiro inicial do contrato, em termos de ônus financeiro decorrente de eventos supervenientes à contratação, contendo, no mínimo, as seguintes informações:

a) listagem de possíveis eventos supervenientes à assinatura do contrato, impactantes no equilíbrio econômico-financeiro da avença, e previsão de eventual necessidade de prolação de termo aditivo quando de sua ocorrência;

b) estabelecimento preciso das frações do objeto em que haverá liberdade das contratadas para inovar em soluções metodológicas ou tecnológicas, em obrigações de resultado, em termos de modificação das soluções previamente delineadas no anteprojeto ou no projeto básico da licitação;

c) estabelecimento preciso das frações do objeto em que não haverá liberdade das contratadas para inovar em soluções metodológicas ou tecnológicas, em obrigações de meio, devendo haver obrigação de identidade entre a execução e a solução pré-definida no anteprojeto ou no projeto básico da licitação.

§ 1º As contratações semi-integradas e integradas referidas, respectivamente, nos incisos V e VI do *caput* deste artigo restringir-se-ão a obras e serviços de engenharia e observarão os seguintes requisitos:

I – o instrumento convocatório deverá conter:

a) anteprojeto de engenharia, no caso de contratação integrada, com elementos técnicos que permitam a caracterização da obra ou do serviço e a elaboração e comparação, de forma isonômica, das propostas a serem ofertadas pelos particulares;

b) projeto básico, nos casos de empreitada por preço unitário, de empreitada por preço global, de empreitada integral e de contratação semi-integrada, nos termos definidos neste artigo;

c) documento técnico, com definição precisa das frações do empreendimento em que haverá liberdade de as contratadas inovarem em soluções metodológicas ou tecnológicas, seja em termos de modificação das soluções previamente delineadas no anteprojeto ou no projeto básico da licitação, seja em termos de detalhamento dos sistemas e procedimentos construtivos previstos nessas peças técnicas;

d) matriz de riscos;

II – o valor estimado do objeto a ser licitado será calculado com base em valores de mercado, em valores pagos pela Administração Pública em serviços e obras similares ou em avaliação do custo global da obra, aferido mediante orçamento sintético ou metodologia expedita ou paramétrica;

III – o critério de julgamento a ser adotado será o de menor preço ou de melhor combinação de técnica e preço, pontuando-se na avaliação técnica as vantagens e os benefícios que eventualmente forem oferecidos para cada produto ou solução;

IV – na contratação semi-integrada, o projeto básico poderá ser alterado, desde que demonstrada a superioridade das inovações em termos de redução de custos, de aumento da qualidade, de redução do prazo de execução e de facilidade de manutenção ou operação.

§ 2º No caso dos orçamentos das contratações integradas:

I – sempre que o anteprojeto da licitação, por seus elementos mínimos, assim o permitir, as estimativas de preço devem se basear em orçamento tão detalhado quanto possível, devendo a utilização de estimativas paramétricas e a avaliação aproximada baseada em outras obras similares ser realizadas somente nas frações do empreendimento não suficientemente detalhadas no anteprojeto da licitação, exigindo-se das contratadas, no mínimo, o mesmo nível de detalhamento em seus demonstrativos de formação de preços;

II – quando utilizada metodologia expedita ou paramétrica para abalizar o valor do empreendimento ou de fração dele, consideradas as disposições do inciso I, entre 2 (duas) ou mais técnicas estimativas possíveis, deve ser utilizada nas estimativas de preço-base a que viabilize a maior precisão orçamentária, exigindo-se das licitantes, no mínimo, o mesmo nível de detalhamento na motivação dos respectivos preços ofertados.

§ 3º Nas contratações integradas ou semi-integradas, os riscos decorrentes de fatos supervenientes à contratação associados à escolha da

> solução de projeto básico pela contratante deverão ser alocados como de sua responsabilidade na matriz de riscos.
>
> § 4º No caso de licitação de obras e serviços de engenharia, as empresas públicas e as sociedades de economia mista abrangidas por esta Lei deverão utilizar a contratação semi-integrada, prevista no inciso V do *caput*, cabendo a elas a elaboração ou a contratação do projeto básico antes da licitação de que trata este parágrafo, podendo ser utilizadas outras modalidades previstas nos incisos do *caput* deste artigo, desde que essa opção seja devidamente justificada.
>
> § 5º Para fins do previsto na parte final do § 4º, não será admitida, por parte da empresa pública ou da sociedade de economia mista, como justificativa para a adoção da modalidade de contratação integrada, a ausência de projeto básico.

A redação do título da seção não foi tecnicamente feliz. A "especificidade" informada não deve ser confundida com o caráter materialmente específico da disposição legal, pois isto induziria ao raciocínio de que essas regras seriam aplicáveis apenas às estatais federais.

Na verdade, tratam-se, em grande parte, de regras materialmente gerais. O caráter específico indicado relaciona-se à decisão do legislador de, nesta seção, reportar-se a disposições especialmente destinadas às licitações de obras e serviços de engenharia.

Destacam-se as relacionadas aos regimes de execução, conceitos e restrições fixados pelo legislador.

13.1. DOCUMENTOS DE PLANEJAMENTO

A formalização da pretensão contratual, através dos devidos documentos de planejamento, é essencial, conforme delineou o TCU, em trecho de sua Súmula nº 177, ao firmar que "a definição precisa e suficiente do objeto licitado é indispensável". Para tanto, antes da execução das obras e dos serviços, deveriam ser confeccionados o projeto básico e o projeto executivo (este último, quando for o caso), devendo o primeiro (projeto básico), necessariamente, preceder a licitação.

Na modalidade pregão, fez-se alusão, pelos regulamentos federais, a outro instrumento de planejamento, denominado termo de referência, o qual deverá conter elementos capazes de propiciar avaliação do custo pela administração diante de orçamento detalhado, definição dos métodos, estratégia de suprimento, valor estimado em planilhas de acordo com o preço de mercado, cronograma físico-financeiro, se for o caso, critério de aceitação do objeto, deveres do contratado e do contratante, procedimentos de fiscalização e gerenciamento do contrato, prazo de execução e sanções.

Já a Lei das Estatais, assim como ocorreu no RDC, além dos instrumentos clássicos de planejamento, indica também a possibilidade de confecção do "anteprojeto de engenharia", o qual será usado, especificamente, quando adotar-se o regime de contratação integrada.

13.1.1. Projeto básico

Na maioria dos regimes de execução, em licitações de obras e serviços de engenharia, previamente à licitação, é necessária a elaboração de projeto básico adequado e atualizado, constituindo prática ilegal a revisão de projeto básico ou a elaboração de projeto executivo que transfigurem o objeto originalmente contratado em outro de natureza e propósito diversos[1].

O projeto básico é o documento que deve conter a descrição do objeto, de maneira a permitir sua clara caracterização. De acordo com a Orientação Técnica IBR 001/2006, do Instituto Brasileiro de Auditoria de Obras Públicas, projeto básico é o conjunto de desenhos, memoriais descritivos, especificações técnicas, orçamento, cronograma e demais elementos técnicos necessários e suficientes à precisa caracterização da obra a ser executada, atendendo às Normas Técnicas e à legislação vigente, elaborado com base em estudos anteriores que assegurem a viabilidade e o adequado tratamento ambiental do empreendimento.

Segundo a Lei, ele, o projeto básico, deve envolver o conjunto de elementos necessários e suficientes, com nível de precisão adequado[2], para caracterizar a obra ou o serviço, ou o complexo de obras ou de serviços objeto da licitação, elaborado com base nas indicações dos estudos técnicos preliminares, que assegure a viabilidade técnica e o adequado tratamento do impacto ambiental do empreendimento e que possibilite a avaliação do custo da obra e a definição dos métodos e do prazo de execução.

1. Vide TCU, Súmula nº 261.
2. § 3º Nas contratações integradas ou semi-integradas, os riscos decorrentes de fatos supervenientes à contratação associados à escolha da solução de projeto básico pela contratante deverão ser alocados como de sua responsabilidade na matriz de riscos.

A jurisprudência do TCU entendeu que, nas licitações realizadas por empresa estatal, a ausência de estudo técnico preliminar como suporte ao projeto básico afronta o art. 42, inciso VIII, da Lei 13.303/2016, mesmo que seja contratação de serviços comuns.[3]

Para o Poder Público, o projeto básico possui grande importância pela definição precisa da pretensão contratual e dos gastos que deverão ser assumidos. Por outro lado, para o particular contratado, o projeto básico é fundamental por conta, justamente, da identificação que ele faz do objeto que está sendo licitado, servindo como base para compreensão dos custos envolvidos e do tipo de execução que se pretende implementar.

A Lei nº 13.303/2016 definiu que o Projeto Básico deve conter os seguintes elementos:

> a) desenvolvimento da solução escolhida, de forma a fornecer visão global da obra e a identificar todos os seus elementos constitutivos com clareza;
>
> b) soluções técnicas globais e localizadas, suficientemente detalhadas, de forma a minimizar a necessidade de reformulação ou de variantes durante as fases de elaboração do projeto executivo e de realização das obras e montagem;
>
> c) identificação dos tipos de serviços a executar e de materiais e equipamentos a incorporar à obra, bem como suas especificações, de modo a assegurar os melhores resultados para o empreendimento, sem frustrar o caráter competitivo para a sua execução;
>
> d) informações que possibilitem o estudo e a dedução de métodos construtivos, instalações provisórias e condições organizacionais para a obra, sem frustrar o caráter competitivo para a sua execução;
>
> e) subsídios para montagem do plano de licitação e gestão da obra, compreendendo a sua programação, a estratégia de suprimentos, as normas de fiscalização e outros dados necessários em cada caso;

Um dos elementos inicialmente previstos no projeto, mas vetado, por recomendação do Ministério do Planejamento, Desenvolvimento e Gestão, foi a existência de "orçamento detalhado do custo global da obra, fundamentado em quantitativos de serviços e fornecimentos propriamente avaliados".

As razões do veto foram as seguintes:

3. Acórdão 925/2022 Plenário (Representação, Relator Ministro-Substituto Augusto Sherman)

> "Buscando-se evitar o enrijecimento desnecessário do procedimento licitatório em sua fase interna, inclusive com elevação de custos, e considerando que o objetivo da norma é estabelecer regime mais moderno para os processos de aquisição das estatais, entende-se que o orçamento detalhado, mencionado no dispositivo, deve ser peça obrigatória apenas no projeto executivo, o qual já é previsto no próprio projeto de lei sob sanção, como o conjunto dos elementos necessários e suficientes à execução completa da obra."

Esta é uma diferença relevante, em relação ao regramento da Lei nº 8.666/1993, que estabelecia o orçamento detalhado como elemento essencial do projeto básico.

Nada obstante, não nos parece que a obrigação de estimar os custos, durante o processamento da fase interna, possa ser desprezada. Imaginar o início da licitação sem uma definição, mesmo aproximada, do valor do mercado, implicaria prejuízos à própria estatal.

JURISPRUDÊNCIA RELACIONADA[4]

- A realização de licitação com base em projeto básico deficiente, impreciso e que não contempla todos os elementos necessários e suficientes para bem caracterizar e orçar a totalidade da obra constitui falha grave ensejadora de aplicação de multa aos responsáveis. (TCU. Acórdão nº 302/2016 – Plenário)
- A utilização de projeto básico desatualizado ou incompleto, baseado em normas técnicas revogadas e que não reúne todos os elementos necessários capazes de demonstrar a viabilidade técnica do empreendimento, configura atuação desidiosa da administração contratante, podendo acarretar a responsabilização do corpo técnico de engenheiros responsáveis por sua aprovação. (TCU. Acórdão nº 678/2015 – Plenário)
- Independentemente do regime adotado, se empreitada por preço unitário ou empreitada por preço global, os projetos básicos elaborados pela Administração devem possuir os elementos necessários e suficientes, com nível de precisão adequado, para caracterizar a obra ou serviço, ou complexo de obras ou serviços objeto da licitação, de forma a possibilitar a avaliação do custo da obra e a definição dos métodos e do prazo de execução. (TCU. Acórdão nº 707/2014 – Plenário)

13.1.2. Projeto executivo

O projeto executivo, segundo a Lei, representa o "conjunto dos elementos necessários e suficientes à execução completa da obra, de acordo com as normas técnicas pertinentes".

4. Vide nota de rodapé nº 38.

Trata-se de conceito semelhante ao outrora previsto na Lei nº 8.666/1993, mas que se difere pela ausência de referência específica às normas da Associação Brasileira de Normas Técnicas - ABNT.

O antigo Decreto-Lei nº 2.300/86 já estabelecia o projeto executivo como sendo o conjunto dos elementos necessários e suficientes à execução completa da obra.

O TCU tem entendido que o futuro contratado não poderá subcontratar o autor do projeto básico para elaboração do projeto executivo[5]. Outrossim, pode ser considerada como uma irregularidade, prejudicial à isonomia e à competitividade, a existência de relação entre a licitante e a empresa responsável pela elaboração do projeto básico[6].

13.1.3. Termo de referência

O termo de referência é o documento de planejamento usualmente utilizado nas licitações realizadas sob a modalidade pregão.

Ele foi expressamente citado pelos regulamentos federais da aludida modalidade. Eles denominam como termo de referência o documento necessário à indicação do objeto de forma precisa, suficiente e clara, o qual deve conter elementos capazes de propiciar a avaliação do custo pela Administração, diante de orçamento detalhado, tendo por base os preços praticados no mercado. Este documento deve ainda estabelecer a definição dos métodos, a estratégia de suprimento e o prazo de execução do contrato, entre outros elementos.

É fundamental que o termo de referência descreva os padrões mínimos de qualidade, bem como as condições necessárias de uso ou outros elementos que impeçam a aquisição de bens e serviços de má qualidade. Ocorrendo descrição suficiente, o fornecedor estará vinculado ao fiel cumprimento das condições editalícias, o que resguardará uma prestação contratual de boa qualidade.

O projeto básico e o anteprojeto de engenharia são documentos de planejamento legalmente vocacionados para as licitações de obras e serviços de

5. TCU. Acórdão nº 2746/2013-Plenário, relator Ministro Walton Alencar Rodrigues, 9.10.2013.
6. TCU. Acórdão nº 526/2013-Plenário, relator Ministro Marcos Bemquerer Costa, 13.3.2013.

engenharia; nada obstante, mesmo aquisições ou serviços que não de engenharia não podem, via de regra, prescindir do devido planejamento formal. Por isso, é totalmente defensável a necessidade de utilização do termo de referência, como instrumento de planejamento, para as licitações envolvendo bens e serviços comuns, nos quais demonstra-se desnecessária a confecção de um projeto básico, nos termos estritos da Lei.

Nesse prumo, entendemos possível e adequada a utilização deste documento de planejamento, o termo de referência, nos certames realizados com base na Lei nº 13.303/2016, mesmo que não haja expressa previsão sobre ele, no referido diploma legal.

Bom frisar, como já explicado anteriormente, que a Lei do Pregão também não o previu expressamente; o que foi feito apenas pelos respectivos regulamentos.

Da mesma forma, sugerimos que o regulamento interno da estatal defina a adoção de documento de planejamento para essas pretensões contratuais (aquisição de bens e contratação de serviços, que não de engenharia), denominando-o como termo de referência ou outra denominação adequada.

13.1.4. Anteprojeto de engenharia

Segundo a Lei nº 13.303/2016, o anteprojeto de engenharia é a "peça técnica com todos os elementos de contornos necessários e fundamentais à elaboração do projeto básico". Este instrumento, de acordo com o legislador, deve conter os seguintes elementos, pelo menos:

> a) demonstração e justificativa do programa de necessidades, visão global dos investimentos e definições relacionadas ao nível de serviço desejado;
>
> b) condições de solidez, segurança e durabilidade e prazo de entrega;
>
> c) estética do projeto arquitetônico;
>
> d) parâmetros de adequação ao interesse público, à economia na utilização, à facilidade na execução, aos impactos ambientais e à acessibilidade;
>
> e) concepção da obra ou do serviço de engenharia;
>
> f) projetos anteriores ou estudos preliminares que embasaram a concepção adotada;
>
> g) levantamento topográfico e cadastral;

h) pareceres de sondagem;

i) memorial descritivo dos elementos da edificação, dos componentes construtivos e dos materiais de construção, de forma a estabelecer padrões mínimos para a contratação;

Do rol de elementos indicados pelo legislador, percebe-se que o anteprojeto de engenharia, embora detenha menos detalhes que o projeto básico, justifica-se também como um documento de planejamento, apto à caracterização da pretensão contratual[7].

Da alínea *f*, inclusive, percebe-se a possibilidade de utilização de projetos anteriores ou estudos preliminares que embasaram a concepção adotada. Neste prumo, entendemos possível a utilização de projetos básicos anteriores, que podem ser anexados ao anteprojeto de engenharia, para permitir um maior detalhamento ou caracterização do objeto, pelos licitantes.

JURISPRUDÊNCIA RELACIONADA[8]

- "é possível evidenciar que o anteprojeto de engenharia possui um nível de detalhamento menor em relação ao projeto básico e projeto executivo, devendo, essencialmente, conter elementos que permitam caracterizar a obra ou serviço, mesmo sendo eles insuficientes à execução completa da obra. (...)

  7.3 O fato de a aprovação de anteprojeto de engenharia com severas deficiências não ter gerado prejuízos ao Erário não elide seu caráter irregular, apenas evita que o agente público seja responsabilizado por débito. Assim, o recorrente não precisará ressarcir nenhum recurso ao Erário, que não necessitará ser restituído à situação anterior". (TCU. Acórdão nº 1665/2017 - Plenário)

- Mesmo nas hipóteses em que a legislação permite a contratação mediante anteprojeto de engenharia, exige-se a elaboração de pareceres de sondagens para a caracterização do objeto a ser licitado, quando a definição da metodologia construtiva depender da capacidade de suporte dos solos. (TCU. Acórdão nº 3005/2015 - Plenário)

- Nas licitações para a realização de obras ou serviços em que for permitido à futura contratada a modificação da metodologia ou tecnologia construtiva a ser utilizada,

7. De acordo com a Orientação Técnica IBR 006/2016 do Instituto Brasileiro de Auditoria de Obras Públicas, anteprojeto de engenharia "é a representação técnica da opção aprovada em estudos anteriores, para subsidiar a elaboração do Projeto Básico, apresentado em desenhos, em número, escala e detalhes suficientes para a compreensão da obra planejada, contemplando especificações técnicas, memorial descritivo e orçamento estimativo, e deve ser elaborado como parte da sequência lógica das etapas que compõem o desenvolvimento de uma obra, precedido obrigatoriamente de estudos preliminares, programa de necessidades e estudo de viabilidade".

8. Vide nota de rodapé nº 38.

o projeto básico (ou anteprojeto) funciona como parâmetro para o respectivo referencial de preços e para a avaliação da vantagem e economicidade das propostas a serem apresentadas. Portanto, deve prever, em seu pré-dimensionamento, a utilização de metodologias/tecnologias conhecidas pela administração mais prováveis de serem utilizadas, em termos da solução menos onerosa que atenda aos requisitos de serviço, de uso, de desempenho, de garantia, de manutenção, de sustentabilidade e de durabilidade demandados, dentre outros a serem objetivamente definidos. (TCU. Acórdão nº 2580/2014 - Plenário)

- Em licitações pelo RDC, sempre que o anteprojeto, por seus elementos mínimos, assim o permitir, as estimativas de preço devem se basear em orçamento sintético tão detalhado quanto possível, devidamente adaptadas às condições peculiares da obra, devendo a utilização de estimativas e aproximações serem realizadas somente nas frações do empreendimento não suficientemente detalhadas pelo anteprojeto. (TCU. Acórdão nº 1814/2013 - Plenário)
- Nas licitações realizadas sob a égide do RDC, com vistas à contratação integrada, cabe à Administração a elaboração de anteprojeto contendo as diretrizes para a confecção do projeto básico e executivo da obra. Como o projeto básico e o projeto executivo ficam a cargo da contratada, não se exige o detalhamento acurado no anteprojeto para os respectivos projetos básicos. (TCU. Acórdão nº 1310/2013 - Plenário)

13.2. REGIMES DE EXECUÇÃO

A Lei nº 13.303/2016 estabelece diversos regimes de execução, para suas licitações e contratos, citando-os expressamente em seu artigo 43:

> Art. 43. Os contratos destinados à execução de obras e serviços de engenharia admitirão os seguintes regimes:
>
> I - empreitada por preço unitário, nos casos em que os objetos, por sua natureza, possuam imprecisão inerente de quantitativos em seus itens orçamentários;
>
> II - empreitada por preço global, quando for possível definir previamente no projeto básico, com boa margem de precisão, as quantidades dos serviços a serem posteriormente executados na fase contratual;
>
> III - contratação por tarefa, em contratações de profissionais autônomos ou de pequenas empresas para realização de serviços técnicos comuns e de curta duração;
>
> IV - empreitada integral, nos casos em que o contratante necessite receber o empreendimento, normalmente de alta complexidade, em condição de operação imediata;
>
> V - contratação semi-integrada, quando for possível definir previamente no projeto básico as quantidades dos serviços a serem posteriormente executados na fase contratual, em obra ou serviço de

engenharia que possa ser executado com diferentes metodologias ou tecnologias;

VI – contratação integrada, quando a obra ou o serviço de engenharia for de natureza predominantemente intelectual e de inovação tecnológica do objeto licitado ou puder ser executado com diferentes metodologias ou tecnologias de domínio restrito no mercado.

§ 1º Serão obrigatoriamente precedidas pela elaboração de projeto básico, disponível para exame de qualquer interessado, as licitações para a contratação de obras e serviços, com exceção daquelas em que for adotado o regime previsto no inciso VI do *caput* deste artigo;

§ 2º É vedada a execução, sem projeto executivo, de obras e serviços de engenharia.

Além dos mesmos regimes de execução (empreitada por preço unitário, empreitada por preço global, tarefa e empreitada integral) já outrora identificados na Lei nº 8.666/1993, a Lei das estatais permite a utilização do regime de execução contratação integrada (identificado no RDC) e do novo regime de execução contratação semi-integrada.

13.2.1. Empreitada por preço unitário

O regime empreitada por preço unitário é recomendado quando não for possível definir precisamente os quantitativos necessários para a execução contratual. Este regime é utilizado quando se contrata a execução do objeto por preço certo de unidades determinadas.

Diante desta incerteza, o estabelecimento do preço com base em certa unidade de medida evita que eventual desacerto entre o quantitativo previsto no planejamento e o efetivamente executado gere prejuízos às partes contratantes, sendo propícia sua utilização. Como lembra Renato Mendes, diferentemente da empreitada global, na empreitada por preço unitário o preço final (certo e total) não é apurado exclusivamente na própria licitação, mas pela conjugação de dois momentos distintos (licitação e execução do contrato)[9].

JURISPRUDÊNCIA RELACIONADA[10]

- Nas empreitadas por preço unitário, os pagamentos por itens ou serviços em quantitativo superior ao previsto no projeto básico, se por um lado evidenciam deficiências

9. O Regime Jurídico da contratação pública. Curitiba: Zênite, 2008, P. 142-143.
10. Vide nota de rodapé nº 38.

do projeto de engenharia, por outro não configuram necessariamente prejuízo à Administração, uma vez que a caracterização do débito nessa modalidade de empreitada depende da verificação de pagamentos realizados por serviços não executados ou desnecessários. (TCU. Acórdão nº 1607/2015 - Plenário)

- Nos contratos executados sob regime de preço unitário, a remuneração de cada serviço passa pela efetiva conferência da atividade executada, tanto em termos quantitativos como qualitativos, implicando o reequilíbrio econômico-financeiro dos contratos a adoção pela contratada de outro método construtivo, mais racional e econômico do que o considerado no orçamento da obra, se este previu metodologia executiva claramente ineficiente, antieconômica ou contrária à boa técnica da engenharia. (TCU. Acórdão nº 826/2015 - Plenário)
- Quando houver a celebração de aditivos contratuais para a inclusão de novos serviços, tanto nos regimes baseados em preço global quanto nos regimes de empreitada por preço unitário e tarefa, o preço desses serviços deve ser calculado considerando as referências de custo e taxa de BDI especificadas no orçamento-base da licitação, subtraindo desse preço de referência a diferença percentual entre o valor do orçamento-base e o valor global obtido na licitação, com vistas a garantir o equilíbrio econômico-financeiro do contrato e a manutenção do percentual de desconto oferecido pelo contratado (art. 37, inciso XXI, da Constituição Federal e arts. 14 e 15 do Decreto 7.983/2013). (TCU. Acórdão nº 2440/2014 - Plenário)
- A contratação sob o regime de preços unitários vincula a remuneração do contratado às quantidades de serviço efetivamente executadas. (TCU. Acórdão nº 1516/2013 - Plenário)
- A empreitada por preço global deve ser adotada quando for possível definir previamente no projeto, com boa margem de precisão, as quantidades dos serviços a serem executados; enquanto a empreitada por preço unitário deve ser preferida para objetos que, por sua natureza, não permitam a precisa indicação dos quantitativos orçamentários. (TCU. Acórdão nº 1978/2013 - Plenário)
- A verificação dos preços unitários de orçamento base para licitação de obra pública sob o regime de execução de empreitada por preço unitário não admite compensações entre sobrepreços e subpreços de seus itens. (TCU. Acórdão nº 2086/2012 - Plenário)

13.2.2. Empreitada por preço global

Por sua vez, o regime de empreitada por preço global será recomendado quando for possível definir previamente, com boa margem de precisão, as quantidades dos serviços a serem executados.

A adoção do regime de empreitada por preço global pressupõe duas características: projeto básico suficientemente detalhado, para que as licitantes possam formar suas propostas de preço; e critério de medição por etapas (não por aferição dos quantitativos unitários).

Utiliza-se a empreitada por preço global quando os quantitativos forem definidos com maior precisão, enquanto a empreitada por preço unitário deve ser empregada quando existir incerteza sobre os quantitativos necessários. Ao adotar-se a empreitada por preço global, espera-se que os licitantes detenham expertise suficiente para identificar eventuais falhas no projeto básico, inclusive no que se refere aos quantitativos da planilha orçamentária[11].

JURISPRUDÊNCIA RELACIONADA[12]

- "9.3. determinar, (...) que o <omissis> se abstenha de promover aditamentos contratuais sobre as quantitativos do ajuste no caso de subestimativa das quantidades por erro detectável durante a Concorrência Pública no 1/2017, já que, por se tratar de licitação sob o regime de empreitada por preço global e com o julgamento pelo maior desconto, nos termos do art. 6°, VIII, "a", da Lei 8.666, de 1993, a contratada deve arcar com eventuais erros ou omissões na quantificação dos itens de serviço; (TCU. Acórdão nº 652/2018 - Segunda Câmara)
- Em contratos executados mediante o regime de empreitada por preço global, excepcionalmente podem ser ajustados termos aditivos nos casos em que, por erro da Administração, houver subestimativas ou superestimativas relevantes nos quantitativos do orçamento-base da licitação, desde que observados os critérios definidos no Acórdão 1977/2013 Plenário. (TCU. Acórdão nº 291/2016 - Plenário)
- A empreitada por preço global deve ser adotada quando for possível definir previamente no projeto, com boa margem de precisão, as quantidades dos serviços a serem executados; enquanto a empreitada por preço unitário deve ser preferida para objetos que, por sua natureza, não permitam a precisa indicação dos quantitativos orçamentários. (TCU. Acórdão nº 2432/2016 - Plenário)
- Em contratos de empreitada por preço global, inclusive naqueles referentes à prestação de serviços terceirizados, aplica-se a limitação pelos preços unitários para avaliação de sobrepreço na fase de licitação, ao passo que se utiliza a limitação pelo preço global no caso de contratos assinados. (TCU. Acórdão nº 3295/2015 - Plenário)
- Para análise de superfaturamento nos contratos firmados sob o regime de empreitada por preço global, é incabível comparar os preços ofertados com os custos efetivamente incorridos pela contratada. Para concluir pela ocorrência de dano ao erário, é essencial examinar o preço global do contrato em comparação com valores de mercado. (TCU. Acórdão nº 910/2014 - Plenário)
- O fato de a obra ser executada por empreitada global não afasta a necessidade de se analisar a adequabilidade dos custos unitários que formam o valor final de cada

11. TCU. Acórdão nº 291/2016, Plenário. Relatora: Min. Ana Arraes.
12. Vide nota de rodapé nº 38.

etapa, tampouco de se verificar a correta taxa de BDI a ser aplicada para majoração dos gastos incorridos em cada fase do cronograma físico-financeiro. (TCU. Acórdão nº 2440/2014 - Plenário)

- No contrato por regime de empreitada por preço global, a ausência de pessoal por motivo de férias ou saúde não pode ensejar glosa parcial, como contrato em regime de preço unitário fosse, especialmente se não há qualquer prejuízo ao serviço. Em situações da espécie, o máximo que se admite é a aplicação de multa contratual. (TCU. Acórdão nº 2636/2014 - Plenário)
- Nos contratos de prestação de serviços sob o regime de empreitada por preço global, o pagamento de salários em montantes inferiores aos da proposta de preço somente configura descumprimento contratual se houver cláusula expressa no edital e no contrato exigindo a identidade entre esses valores. (TCU. Acórdão nº 3093/2014 - Plenário)
- No regime de execução de empreitada por preço global, o contratante deve realizar os pagamentos por etapa da obra ou do serviço concluída e não por medições mensais dos serviços realizados. (TCU. Acórdão nº 3291/2014 - Plenário)
- Nas licitações para contratação sob regime de empreitada por preço global, não se exclui a necessidade de limitação dos preços unitários, uma vez que, mesmo nesses ajustes, os valores pactuados para cada item, em princípio, servirão de base para eventuais acréscimos contratuais, sob pena de uma proposta aparentemente vantajosa vir a se tornar desfavorável à Administração. (TCU. Acórdão nº 2857/2013 - Plenário)

13.2.3. Regime de tarefa

A contratação por tarefa é recomendável para contratações de profissionais autônomos ou de pequenas empresas para realização de serviços técnicos comuns e de curta duração.

A tarefa pode caracterizar uma empreitada ou uma pura prestação de serviço, com as despesas de material assumidas pela Administração, possuindo como características marcantes: pequeno valor envolvido; pouca dimensão da prestação executada e transitoriedade da atividade envolvida[13].

Na verdade, é um regime de pouca utilização, normalmente substituído com vantagens por outros regimes de execução, como a empreitada por preço unitário[14].

13. JUSTEN FILHO, Marçal. Comentários à Lei de licitações e contratos administrativos. 11ª ed. São Paulo: Dialética, 2005. p. 100.
14. GUIMARÃES, Edgar; SANTOS, José Anacleto Abduch. Lei das estatais: comentários ao regime jurídico licitatório e contratual da Lei nº 13.303/2016. Belo Horizonte: Fórum, 2017. p. 128.

Haveria mais utilidade na manutenção do regime de tarefa, caso houvesse expressa autorização para redução das exigências formais da fase interna nesse tipo de contratação, como, por exemplo, desnecessidade de apresentação de projeto básico (possível a serviços de engenharia de baixa complexidade).

13.2.4. Empreitada integral

A empreitada integral envolve as pretensões em que se busca a contratação de empreendimento completo, normalmente de alta complexidade, em condição de operação imediata.

Conforme obra de orientações básicas do TCU[15], a empreitada integral é usada quando se pretende contratar o objeto em sua totalidade, ou seja, compreendendo todas as etapas da obra, serviços e instalações necessárias.

Em outras palavras, empreitada integral é o regime de execução em que se contrata um empreendimento em sua integralidade, compreendendo a totalidade das etapas de obras, serviços e instalações necessárias, sob inteira responsabilidade da contratada, até a sua entrega ao contratante em condições de entrada em operação, atendidos os requisitos técnicos e legais para sua utilização em condições de segurança estrutural e operacional, além das características adequadas às finalidades para a qual foi contratada.

Raul Armando Mendes, citado por Motta[16], lembra que a contratação pode incluir até os equipamentos necessários ao funcionamento da obra contratada. É uma modelagem denominada pelos ingleses como "turn-key", em que o empreendimento é entregue pronto para funcionar.

Acerca da fórmula de contratação do tipo *turn-key*, no Regime Diferenciado de Contratações, o ilustre professor Hamilton Bonatto orienta que:

> quando se contrata uma obra do tipo *turn-key* com o projeto básico pronto, estamos diante da empreitada integral, onde a obrigação da contratada é de meio; quando se contrata passando a responsabilidade

15. BRASIL. Tribunal de Contas da União. Licitações e contratos: orientações básicas. 3.ed. Brasília: TCU, Secretaria de controle Interno, 2006. P. 57.
16. MOTTA, Carlos Pinto Coelho. Eficácia nas licitações e contratos: estruturas da contratação, concessões e permissões, responsabilidade fiscal, pregão – parcerias público/privadas. 10ª ed. Belo Horizonte: Del Rey, 2005. P. 119/120.

> do contratado desenvolver o projeto básico, estamos diante do Regime Diferenciado de Contratação Integrada (RDCi), em que a obrigação é de resultado. (...)
>
> Se já houver projeto básico e/ou executivo e se pretenda que seja executada a obra incluindo no objeto a montagem, a realização de testes, a pré-operação e todas as demais operações necessárias e suficientes para a entrega final do objeto, o regime de empreitada a ser utilizado não será a contratação integrada, mas a empreitada integral. Porém, como veremos adiante, no regime de contratação semi-integrada, prevista para as empresas estatais na Lei Federal no 13.330, de 30 de junho de 2016, que envolve a elaboração e o desenvolvimento do projeto executivo, a execução de obras e serviços de engenharia, a montagem, a realização de testes, a pré-operação e as demais operações necessárias e suficientes para a entrega final do objeto, é possível já existir o projeto básico e ele poderá ser alterado, desde que demonstrada a superioridade das inovações em termos de redução de custos, de aumento da qualidade, de redução do prazo de execução e de facilidade de manutenção ou operação[17].

A opção de contratação de um empreendimento em sua integralidade deve ser justificada, mas pode ser necessária a uma boa execução, por motivos técnicos específicos ou para evitar eventuais perdas relacionadas à economia de escala.

JURISPRUDÊNCIA RELACIONADA[18]

- Em contratação sob o regime de empreitada integral, a celebração de aditivo contratual somente é admitida sob condições especiais, decorrentes de fatos imprevisíveis. Eventuais imprecisões no projeto básico não são motivo para correção por meio de aditivo, porquanto constituem riscos que se inserem na álea contratual ordinária, os quais são assumidos pelo contratado. (TCU. Acórdão nº 1194/18 – Plenário. AUGUSTO SHERMAN)
- No regime de execução por empreitada integral, pequenas variações quantitativas nos serviços contratados, regra geral, não ensejam aditivo, haja vista que, nesse regime, não se espera que o fiscal realize avaliações meticulosas e individuais de quantidades. Excepcionalmente, com o intuito de evitar o enriquecimento ilícito de qualquer das partes, alterações relevantes podem ensejar a assinatura de aditivo. (TCU. Acórdão nº 211/2018 – Plenário)

17. BONATTO, Hamilton. Governança e gestão de obras públicas: do planejamento a pós-ocupação. Belo Horizonte: Fórum, 2018.
18. Vide nota de rodapé nº 38.

- O regime de empreitada integral previsto no art. 6º, inciso VIII, alínea e, da Lei 8.666/1993 deve ser considerado na condução de projetos de vulto e complexos, em que a perfeita integração entre obras, equipamentos e instalações se mostre essencial para o pleno funcionamento do empreendimento, a exemplo de obras em hidrelétricas. A adoção desse regime em obra pública fora dessas circunstâncias pode ferir o princípio do parcelamento, ao incluir no escopo a ser executado por empresa de construção civil itens que poderiam ser objeto de contratação à parte, como equipamentos e mobiliário. (TCU. Acórdão nº 711/2016 - Plenário)
- A empreitada por preço global deve ser adotada quando for possível definir previamente no projeto, com boa margem de precisão, as quantidades dos serviços a serem executados; enquanto a empreitada por preço unitário deve ser preferida para objetos que, por sua natureza, não permitam a precisa indicação dos quantitativos orçamentários. (TCU. Acórdão nº 1978/2013 - Plenário)

13.2.5. Contratação integrada

A contratação integrada é o regime de execução utilizado quando a obra ou o serviço de engenharia for de natureza predominantemente intelectual e de inovação tecnológica do objeto licitado ou puder ser executado com diferentes metodologias ou tecnologias de domínio restrito no mercado.

Segundo o TCU, a contratação integrada não deve ser utilizada, com base na possibilidade de execução do objeto com diferentes metodologias, quando essa variação metodológica for irrelevante ou sequer ponderada pela Administração no processo de escolha do contratado.[19]

Na mesma linha, o Tribunal entende que o enquadramento de obra ou serviço de engenharia no regime de contratação integrada exige que a "possibilidade de execução com diferentes metodologias" corresponda a diferenças metodológicas em ordem maior de grandeza e de qualidade, capazes de ensejar efetiva concorrência entre propostas, de forma a propiciar soluções vantajosas e ganhos reais para a Administração e a justificar os maiores riscos repassados ao particular[20].

Esse entendimento do Tribunal, com a devida *venia*, pode gerar imprecisão ou dificuldade para a motivação pelo gestor, que acaba induzido a, por insegurança, abdicar da utilização deste regime, quando possíveis diversas metodologias. Noutro prumo, correto o Tribunal ao ponderar que a possibilidade de

19. TCU. Acórdão nº 2075/18 - Plenário. Min. ANA ARRAES.
20. Acórdão 356/2020-Plenário.

adoção de metodologias diferentes é algo natural na execução de uma obra ou serviços de engenharia, de forma que tal diversidade precisaria ser relevante, para justificar a adoção da contratação integrada. A solução para este dilema reside em uma boa instrução da fase de planejamento, com robusta justificativa técnica para a adoção deste regime de execução, notadamente quando o fundamento for lastreado na possibilidade de execução com diferentes metodologias.

Neste regime, o contratado assume a obrigação da elaboração e desenvolvimento dos projetos básico e executivo, a execução de obras e serviços de engenharia, a montagem, a realização de testes, a pré-operação e as demais operações necessárias e suficientes para a entrega final do objeto.

Como bem explica Marcelo Bruto, a contratação integrada corresponde ao modelo contratual conhecido internacionalmente como *design-build* (DB), que integra em um único responsável o desenvolvimento dos projetos básico e executivo e a execução da obra. Assim, com este regime, quebra-se o paradigma tradicional da Lei nº 8.666/1993, que consagrou a separação entre as responsabilidades pelo desenvolvimento do projeto básico e a execução da obra ou serviço de engenharia (modelo *design-bid-build* - DBB)[21].

Normalmente, a utilização da contratação integrada objetiva reduzir os problemas decorrentes das falhas nos projetos básicos e executivos ou transferir a responsabilidade por alguns riscos inerentes para a contratada, já que, na contratação integrada, é ela a responsável pelo documento de planejamento.

Em apertada síntese, a ideia básica seria transferir a responsabilidade pelo documento inicial de planejamento, o projeto básico, para o contratado, evitando que eventuais prejuízos econômicos decorrentes de discrepâncias entre esse documento e a execução contratual tivessem que ser assumidos pelo órgão/ente licitante[22].

Podem ser indicadas algumas vantagens na adoção do regime de contratação integrada: absorção de metodologias diferenciadas ou tecnologias;

21. BRUTO, Marcelo. Apontamentos sobre Contratação Integrada do RDC. BARBOSA, *In* TORRES, Ronny Charles L. de. Licitações Públicas: homenagem ao jurista Jorge Ulisses Jacoby Fernandes. Curitiba: Negócios Públicos, 2016. P. 520-521.
22. TORRES, Ronny Charles Lopes de. MARRY, Michelle. Regime Diferenciado de Contratações - RDC. Salvador: Juspodivm, 2014. P. 100.

atração de expertise indisponível no órgão contratante; maior integração entre projeto e execução da obra; concentração de responsabilidade em um único contratado e maior previsibilidade do orçamento da obra.

Por outro lado, podem ser indicadas também potenciais desvantagens, como: redução do controle na execução do objeto contratado; aumento do valor inicial das propostas (pela transferência de riscos ao futuro contratado) e imprecisão na definição do orçamento estimativo.

JURISPRUDÊNCIA RELACIONADA[23]

- Para o enquadramento de obra ou serviço de engenharia no regime de contratação integrada do RDC, consoante a hipótese do art. 9º, inciso II, da Lei 12.462/2011, a "possibilidade de execução com diferentes metodologias" deve corresponder a diferenças metodológicas em ordem maior de grandeza e de qualidade, capazes de ensejar efetiva concorrência entre propostas, de forma a propiciar soluções vantajosas e ganhos reais para a Administração e a justificar os maiores riscos repassados ao particular (TCU. Acórdão nº 356/2020-Plenário).
- A Administração deve exigir das empresas contratadas no regime de contratação integrada, quando da apresentação do projeto básico e/ou executivo, a apresentação de orçamento detalhado contendo a descrição, unidade de medida, quantitativo, preços unitários de todos os serviços da obra, acompanhado das respectivas composições de custo unitário, bem como do detalhamento de encargos sociais e da taxa de BDI, nos termos do art. 2º, parágrafo único, da Lei 12.462/2011 c/c a Súmula TCU 258/2010, aplicável a todos os regimes de execução contratual do RDC. (TCU. Acórdão nº 2123/2017 - Plenário)
- A opção pelo regime de contratação integrada com base na possibilidade de execução com diferentes metodologias (art. 9º, inciso II, da Lei 12.462/2011) deve ser fundamentada em estudos objetivos que a justifiquem técnica e economicamente e considerem a expectativa de vantagens quanto a competitividade, prazo, preço e qualidade em relação a outros regimes de execução, especialmente a empreitada por preço global, e, entre outros aspectos e quando possível, considerem a prática internacional para o mesmo tipo de obra, sendo vedadas justificativas genéricas, aplicáveis a qualquer empreendimento. (TCU. Acórdão nº 460/2017 - Plenário)
- A Administração deve exigir das empresas contratadas no regime de contratação integrada, por ocasião da entrega dos projetos básico e executivo, a apresentação de orçamento detalhado contendo descrições, unidades de medida, quantitativos e preços unitários de todos os serviços da obra, acompanhado das respectivas composições de custo unitário, bem como do detalhamento dos encargos sociais e da taxa

23. Vide nota de rodapé nº 38.

de BDI, nos termos do art. 2º, parágrafo único, da Lei 12.462/2011, aplicável a todos os regimes de execução contratual do RDC, e da Súmula TCU 258. (TCU. Acórdão nº 2136/2017 - Plenário)

- Na contratação integrada do RDC, eventuais ganhos ou encargos oriundos das soluções adotadas pelo contratado na elaboração do projeto básico devem ser auferidos ou suportados única e exclusivamente pelo particular, independentemente da existência de uma matriz de riscos disciplinando a contratação. Eventuais omissões ou indefinições no anteprojeto, em regra, não ensejam a celebração de termos de aditamento contratual, pois anteprojeto não é projeto básico. (TCU. Acórdão nº 2591/2017 - Plenário)

- A Administração deve exigir das empresas contratadas no regime de contratação integrada, por ocasião da entrega dos projetos básico e executivo, a apresentação de orçamento detalhado contendo descrições, unidades de medida, quantitativos e preços unitários de todos os serviços da obra, acompanhado das respectivas composições de custo unitário, bem como do detalhamento dos encargos sociais e da taxa de BDI, nos termos do art. 2º, parágrafo único, da Lei 12.462/2011, aplicável a todos os regimes de execução contratual do RDC, e da Súmula 258 do TCU. (TCU. Acórdão nº 2433/2016 - Plenário)

- Na contratação integrada, eventuais ganhos ou encargos oriundos das soluções adotadas pelo contratado na elaboração do projeto básico devem ser auferidos ou suportados única e exclusivamente pelo particular, independentemente da ausência de uma matriz de riscos disciplinando a contratação. Eventuais omissões ou indefinições no anteprojeto não ensejam a celebração de termos de aditamento contratual, pois anteprojeto não é projeto básico. (TCU. Acórdão nº 2903/2016 - Plenário)

- Não é admissível a utilização do regime de contratação integrada quando o objeto a ser licitado já dispuser de projeto executivo em sua totalidade, uma vez que as soluções de engenharia estarão previamente definidas, afastando as condições previstas no art. 9º da Lei 12.462/2011 para a aplicação do instituto. (TCU. Acórdão nº 2209/2015 - Plenário)

13.2.6. Contratação semi-integrada

Por fim, convém falar sobre o regime de contratação semi-integrada. Ele é a maior novidade em relação aos demais regimes de execução. Por expressa previsão legal, sua adoção será preferencial (não obrigatória), nas licitações de obras e serviços de engenharia, pelas estatais.

Neste regime, a contratação não envolve a elaboração do projeto básico (diferentemente da contratação integrada), mas apenas o desenvolvimento do projeto executivo, a execução de obras e serviços de engenharia, a montagem, a realização de testes, a pré-operação e demais operações necessárias e suficientes para a entrega final do objeto.

Contudo, embora o projeto básico preceda à licitação e fique a encargo da estatal licitante (que o produzirá diretamente ou através de terceiros), ele poderá ser alterado, desde que demonstrada a superioridade das inovações em termos de redução de custos, de aumento da qualidade, de redução do prazo de execução e de facilidade de manutenção ou operação.

Assim, a contratação semi-integrada será adotada, preferencialmente, para obras e serviços de engenharia, mas apenas quando for possível definir previamente no projeto básico os serviços a serem posteriormente executados na fase contratual, em obra ou serviço de engenharia, que possam ser realizados com diferentes metodologias ou tecnologias. Esta definição é feita antes da licitação, constando no documento denominado matriz de riscos, o qual deverá estabelecer as frações do objeto em que haverá liberdade para que a contratada inove em soluções metodológicas ou tecnológicas, bem como as frações do objeto em que não haverá liberdade para inovação.

Altounian, Cavalcante e Coelho sintetizam a diferença entre a contratação integrada e a semi-integrada:

> A diferença entre a contratação integrada e a semi-integrada é que, na primeira, a licitação é realizada com base no anteprojeto, sem todos os elementos do projeto completo de engenharia, nominado na legislação como "projeto básico". Na contratação semi-integrada, a licitação deve contar com o projeto completo; sem prejuízo da previsão editalícia de se "autorizar", em subsistemas específicos do empreendimento, que a licitante inove nas soluções já pré-concebidas pela administração mediante o projeto que acompanha a licitação[24].

Esta possibilidade de alteração do projeto básico (desde que "demonstrada a superioridade das inovações em termos de redução de custos, de aumento da qualidade, de redução do prazo de execução e de facilidade de manutenção ou operação") gera, como vantagem na adoção deste regime, a possibilidade da absorção de metodologias diferenciadas ou tecnologias mais eficientes, desconhecidas previamente ou indisponíveis no planejamento do órgão contratante.

Assim, em tese, cria-se incentivo econômico ao fornecedor de melhor performance, que poderá trazer esta inovação para a execução do contrato. É,

24. ALTOUNIAN, Cláudio Sarian; CAVALCANTE, Rafael Jardim; COELHO, Sylvio Kelsen. Empresas Estatais: Governança, Compliance, Integridade e Contratações os Impactos da Lei n° 13.303/2016. Belo Horizonte: Fórum, 2019. P. 282.

sem dúvida, uma quebra de paradigmas, quando confrontado este raciocínio com a lógica da Lei nº 8.666/1993.

Segundo o §3º do artigo 42 da Lei nº 13.303/2016, nas contratações integradas ou semi-integradas, os riscos decorrentes de fatos supervenientes à contratação, associados à escolha da solução no projeto básico pela contratante, deverão necessariamente ser alocados como de sua responsabilidade na matriz de riscos.

JURISPRUDÊNCIA RELACIONADA[25]

- "Considerando que a <*omissis*> é uma empresa estatal, a elaboração da matriz de risco - de cunho obrigatório nas contratações de obras e serviços de engenharia pelos regimes de contratação integrada e semi-integrada - pode alocar o risco de atrasos nas obras exclusivamente à empresa supervisora, que melhor poderá gerenciar a equipe mobilizada com vistas a prestar os serviços para o qual foi contratada. Tal possibilidade é fundamentada no conceito de que determinado risco deve ser alocado a quem tem melhores condições de gerenciá-lo. Embora o ritmo de execução das obras sofra influência de terceiros estranhos ao contrato de supervisão, é inegável que a gestão dos profissionais e dos demais recursos alocados para a supervisão da obra possa ser desempenhada ativamente pela supervisora, mobilizando ou desmobilizando a mão de obra envolvida conforme o andamento da construção.

  Outrossim, nos contratos de supervisão de obras já celebrados sob a égide da Lei 8.666/1993, cabe determinar à Valec que, caso seja necessária a prorrogação do ajuste e estes ainda se encontrem aquém do limite legal de aditamento contratual, adote providências visando a alteração unilateral quantitativa do objeto com vistas a suprimir postos de trabalho, com base no art. 65, inciso I, alínea "b", da Lei 8.666/1993, ou, ainda, repactue a forma de pagamento avençada (art. 65, inciso II, alínea "c", da mesma lei) , de forma a manter o equilíbrio econômico-financeiro do ajuste para diminuir ou suprimir a remuneração da contratada, de acordo com a mão de obra mínima necessária para prestação dos serviços". (TCU. Acórdão nº 508/2018- Plenário)

13.3. VEDAÇÃO À PARTICIPAÇÃO NAS OBRAS E SERVIÇOS DE ENGENHARIA

Segundo o artigo 44 da Lei nº 13.303/2016, é vedada a participação direta ou indireta nas licitações para obras e serviços de engenharia de que trata esta Lei:

25. Vide nota de rodapé nº 38.

> I - de pessoa física ou jurídica que tenha elaborado o anteprojeto ou o projeto básico da licitação;
>
> II - de pessoa jurídica que participar de consórcio responsável pela elaboração do anteprojeto ou do projeto básico da licitação;
>
> III - de pessoa jurídica da qual o autor do anteprojeto ou do projeto básico da licitação seja administrador, controlador, gerente, responsável técnico, subcontratado ou sócio, neste último caso quando a participação superar 5% (cinco por cento) do capital votante.

A regra repete o raciocínio já consolidado no regime da Lei nº 8.666/93, segundo o qual o autor do documento de planejamento (projeto básico ou anteprojeto de engenharia) não poderia participar da licitação, porque isso afrontaria a isonomia, uma vez que ele poderia deter informações privilegiadas sobre a execução do objeto licitado. Neste sentido, Citadini já asseverava anteriormente:[26]

> Sendo uma das principais finalidades da licitação, a garantia da competição entre os eventuais licitantes em igualdade de condições, dando cumprimento ao princípio constitucional da isonomia, procurou o legislador evitar que participasse de licitação ou de execução de obra ou serviço, interessado que esteja em situação privilegiada em relação aos demais, dela naturalmente se beneficiando.

Realmente, a autoria do projeto básico permite conhecimento sobre especificidades do objeto licitado que pode ser utilizado em benefício daquele que o detém, fragilizando a isonomia. Noutro prumo, a futura participação do certame pode inspirar o autor do projeto básico a municiar o documento com excessos ou omissões que só ele terá conhecimento, utilizando-os para o planejamento de sua proposta, com repercussões na execução contratual, em prejuízo ao órgão contratante[27].

Particularmente, acreditamos que esse dogma criado poderia ser relativizado, com a confecção de melhores contratos, que mitigariam os riscos decorrentes. Ademais, mesmo respeitando esta separação, entre aquele que confecciona o projeto básico e aquele que executa a obra ou o serviço de engenharia, não é absurdo imaginar que eventuais informações privilegiadas

26. CITADINI, Antonio Roque. Comentários e jurisprudência sobre a Lei de Licitações Públicas. 3ª ed. São Paulo: Max Limonad, 1999. P. 91.
27. TORRES, Ronny Charles Lopes de. Leis de licitações públicas comentadas. 10ª edição. Salvador: Juspodivm, 2019. p. 167.

podem ser repassadas pelo projetista a algum licitante, o que também prejudicaria a isonomia e daria ensejo a problemas na execução contratual.

Convém registrar que o legislador considerou como "participação indireta" (que também é vedada) a existência de vínculos de natureza técnica, comercial, econômica, financeira ou trabalhista entre o autor do projeto básico, pessoa física ou jurídica, e o licitante ou responsável pelos serviços, fornecimentos e obras, incluindo-se os fornecimentos de bens e serviços a estes necessários.

A mesma vedação é aplicável aos empregados incumbidos de levar a efeito atos e procedimentos realizados pela estatal, no curso da licitação.

Com essa preocupação, inclusive, o TCU tem entendido como irregular a situação em que há "relação de parentesco entre o sócio da empresa vencedora do certame e o autor do projeto básico", percebendo que, nestes casos, haveria "participação indireta do autor do projeto, na licitação deste na licitação".[28]

É importante lembrar que a Lei nº 13.303/2016, como exceção a esta vedação, permite que, quando adotado o Procedimento de Manifestação de Interesse Privado (PMI), o autor ou financiador do projeto possa participar da licitação para a execução do empreendimento.

Outrossim, mesmo quando não se adotar o PMI, o §2º do artigo 44 admite que o responsável pela elaboração do anteprojeto ou do projeto básico (ou pessoa jurídica que participar de consórcio responsável por esta elaboração) possa atuar como consultor ou técnico, nas funções de fiscalização, supervisão ou gerenciamento, exclusivamente a serviço da estatal.

13.3.1. Elaboração do projeto executivo como encargo do contratado

O parágrafo primeiro do artigo 44 da Lei nº 13.303/2016 trouxe uma regra, em nossa opinião, desnecessária, segundo a qual, "a elaboração do projeto executivo constituirá encargo do contratado, consoante preço previamente fixado pela empresa pública ou pela sociedade de economia mista".

Como é cediço, na Lei nº 8.666/93, as obras e os serviços de engenharia, em regra, somente podiam ser licitados quando, entre outras coisas, houver

28. TCU. Acórdão 2079/2013-Plenário. Relator Ministro José Múcio Monteiro, 7.8.2013.

projeto básico aprovado pela autoridade competente e disponível para exame dos interessados em participar do processo licitatório. Assim, não há obrigatoriedade de prévia aprovação do projeto executivo, para licitação de obras e serviços, motivo pelo qual é possível, mas não obrigatório, que a elaboração do projeto executivo fique como encargo do contratado, que não poderá subcontratar o autor do projeto básico para tal confecção[29].

Já na Lei nº 13.303/2016, como explicado, a elaboração do projeto executivo é encargo do contratado. Ocorre que há estatais que possuem quadro próprio ou contratado de engenheiros projetistas, com capacidade para a confecção do projeto executivo. Por vezes, quando é decidida a realização da licitação, já há a produção do referido documento, ele está pronto! Ora, mesmo confeccionado o documento, deve-se cumprir cegamente a regra da Lei, ignorando o documento de engenharia confeccionado?

Entendemos que não. Embora seja preferencial, pela opção adotada pelo legislador, que a confecção do projeto executivo seja delegada ao futuro contratado, nas situações nas quais este documento já existe previamente à licitação, atentaria contra os princípios da eficiência e economicidade, ignorar este fato, incidindo em custos desnecessários para a estatal.

Nesta hipótese, acreditamos que o projeto executivo pode ser inserido como anexo do edital, assim como o projeto básico, retirando-se tal custo estimado da proposta do licitante.

13.4. REMUNERAÇÃO VARIÁVEL

Segundo o artigo 45 da Lei nº 13.303/2016, admite-se o estabelecimento de remuneração variável, um "plus" remuneratório pago ao contratado de acordo com o atendimento de determinadas metas, padrões de qualidade, critérios de sustentabilidade ambiental e prazos de entrega estabelecidos no edital. Vale a leitura do texto do citado artigo:

> Art. 45. Na contratação de obras e serviços, inclusive de engenharia, poderá ser estabelecida remuneração variável vinculada ao desempenho do contratado, com base em metas, padrões de qualidade, critérios de sustentabilidade ambiental e prazos de entrega definidos no instrumento convocatório e no contrato.

29. Acórdão 2746/2013-Plenário, relator Ministro Walton Alencar Rodrigues, 9.10.2013.

> Parágrafo único. A utilização da remuneração variável respeitará o limite orçamentário fixado pela empresa pública ou pela sociedade de economia mista para a respectiva contratação.

A remuneração variável deve ser compreendida como uma ferramenta econômica que permite incentivo à melhor performance do contratado, para além do minimamente exigido no documento de planejamento, em função de metas, critérios ou padrões previamente estabelecidos no instrumento convocatório.

Como explicam Nobrega, Assunção e Torres, a devida análise da remuneração variável, com a utilização de conceitos econômicos como assimetria de informação e custos de transação, pode ajudar a esclarecer quais são os incentivos para elaborar e executar um contrato de desempenho que se aproxime do patamar ideal de execução[30].

Essa novidade gera incentivos à eficiência da execução contratual, uma evolução óbvia e necessária ao regime dos contratos das estatais.

Imaginemos uma pretensão contratual que envolve a construção de um hospital metropolitano. O prazo estabelecido no documento de planejamento foi de 24 meses. Sabemos que há empresas no mercado que, por sua alta performance, profissionais mais qualificados, melhores equipamentos, conseguiriam realizar essa construção em 18 meses. Mas qual o incentivo que elas teriam, no regime tradicional, para disputar essa licitação, ganhar o certame e entregar o hospital neste prazo mais curto?

Bom lembrar que o regramento outrora dado pela Lei nº 8.666/93 não previa semelhante ferramenta de incentivo ao êxito; ao contrário, o artigo 40 da referida Lei estabelece que o edital deve conter, como condições de pagamento, "compensações financeiras e penalizações, por eventuais atrasos, e descontos, por eventuais antecipações de pagamentos". Em outras palavras, na lógica de relação contratual forjada naquele diploma, o atraso é punido (com compensação financeira ou penalização) e a antecipação também (com o desconto).

Com a remuneração variável, o edital, mesmo prevendo o prazo de 24 meses, pode estabelecer metas de entrega em tempo inferior, com pagamento

30. NÓBREGA, Marcos. ASSUNÇÃO, Ihuru. TORRES, Ronny Charles Lopes de. Nova lei de licitações e remuneração variável: uma abordagem à luz do nexo econômico-jurídico. Disponível em: https://ronnycharles.com.br/nova-lei-de-licitacoes-e-remuneracao-variavel-uma-abordagem-a-luz-do-nexo-economico-juridico/. Acesso em 25/12/2021.

de *plus* remuneratório por cada mês de antecipação na entrega do empreendimento, o que pode ser vantajoso para a estatal e para a própria sociedade, beneficiada com o serviço de saúde posto à disposição de forma antecipada.

Ademais, essa ferramenta tem um interessante efeito econômico de permitir vantagem competitiva ao fornecedor de melhor performance. Isso porque este fornecedor pode reduzir seu preço a um patamar abaixo do seu preço real, por saber contar com a remuneração variável, que o recomporá, após o alcance das metas estabelecidas. Assim, o contratado, ao final, receberá uma remuneração maior se ele conseguir apresentar resultados melhores na execução contratual, de acordo com metas previamente dispostas no instrumento convocatório e acordadas no contrato. O contratado não é obrigado a atingir as metas constantes no contrato, superando a ordinária execução contratual, mas, se buscar alcançá-las e efetivamente conseguir realizá-las, receberá um plus remuneratório[31]. Em outras palavras, pode ser estabelecido um "bônus" ao contratado, com o incremento de sua remuneração, caso consiga alcançar metas determinadas[32].

Outrossim, importante salientar que as metas serão estrategicamente definidas pela estatal, que poderá induzir comportamentos vantajosos para a maior eficiência da contratação. Assim, por exemplo, as metas podem induzir uma melhor qualidade na prestação do serviço prestado, antecipação de cronograma ou induzir soluções eficientes para intercorrências na execução contratual.

Bem adverte Marcos Nóbrega que o maior problema das licitações no Brasil não é necessariamente a corrupção ou a falha de controle, embora essas questões sejam relevantes, mas uma compreensão equivocada que ignora a importância de incentivos como instrumentos adequados de maximização da eficiência contratual:

> Parece óbvio, a esse ponto, que o grande problema das licitações no Brasil não é exatamente de corrupção ou de falha de controle, muito embora essas questões sejam relevantes. No nosso ver, o referencial teórico sobre a legislação de licitações no Brasil e sua aplicação é o

31. TORRES, Ronny Charles Lopes de; MARRY, Michelle. RDC: regime diferenciado de contratações conforme Lei nº 12.980, de 28 de maio de 2014. 1ª Ed. Salvador: Juspodivm, 2014, p. 142.
32. SCHWIND, Rafael Wallbach. Remuneração Variável e Contratos de Eficiência no Regime Diferenciado de Contratações Públicas. *In*: JUSTEN FILHO, Marçal; PEREIRA, Cesar A. Guimarães (Coord.). O Regime Diferenciado de Contratações Públicas (RDC): Comentários à Lei nº 12.462 e ao Decreto nº 7.581. Belo Horizonte: Fórum, 2012. p. 169-192. ISBN 978-85-7700-534-5.

> pressuposto clássico (ou neoclássico) e ele é inadequado para garantir melhores resultados para a Administração. A busca da proposta mais vantajosa, mascarada, muitas vezes, pelo fetiche do tipo menor preço está calcada no conceito utilitarista de eficiência. Esse paradigma tem que mudar para uma dimensão de eficiência como maximizadora dos incentivos dos agentes econômicos. Os indivíduos não irão repartir informações privadas ou exercer esforços que não possam ser observados se não houver apropriados incentivos. Assim, a ideia correta de eficiência não é a de Pareto, mas sim aquela de maximização de incentivos[33].

Pode-se, então, considerar a remuneração variável como um mecanismo de premiação do fornecedor, em razão de metas alcançadas, que extrapolam a ordinária execução do contrato[34]. Nesta compleição, a "ferramenta" pode gerar vantagens para a estatal, pois apenas existirá obrigação de pagamento do *plus* remuneratório, caso o extraordinário desempenho pretendido seja alcançado, superando as previsões ordinárias. Por outro lado, para o contratado, haverá incentivo para que as metas extraordinárias sejam alcançadas, ampliando sua remuneração.

13.4.1. Requisitos da remuneração variável

A Lei das estatais definiu os requisitos necessários para a utilização dessa ferramenta.

Em primeiro, pela Lei, a contratação deve envolver obras e serviços (incluídos os de engenharia). Essa restrição legal, em nossa opinião, poderia ter sido dispensada. O regime contratual das estatais é mais flexível; podem ser imaginadas situações em contratos de aquisição que o estabelecimento de remuneração variável serviria como incentivo para a melhor performance. De qualquer forma, diante do texto legal, a tendência é de que esta restrição seja respeitada pelas estatais ou pretensas aquisições sejam convertidas em formato de contratação de serviços.

Outro requisito é que a remuneração variável deve estar vinculada ao desempenho do contratado, de acordo com sua performance, não sendo devido o *plus* remuneratório quando, por exemplo, o fator de incremento ou de

33. NÓBREGA, Marcos. Direito e economia da infraestrutura. Belo Horizonte: Fórum, 2020. P. 26.
34. TORRES, Ronny Charles Lopes de; MARRY, Michelle. RDC: regime diferenciado de contratações conforme Lei nº 12.980, de 28 de maio de 2014. 1ª Ed. Salvador: Juspodivm, 2014, p. 142.

atendimento da meta seja estranho a sua atuação. Assim, por exemplo, se o contrato envolvia redução na meta de custo de uma determinada atividade, mas esta redução deu-se não pela performance da contratada, mas pela redução da carga tributária incidente sobre este custo, não haveria direito ao pagamento da remuneração variável. Da mesma forma, ganhos decorrentes de ações exclusivas da estatal não devem ser considerados para fins de pagamento da remuneração variável.

Os critérios que devem ser levados em consideração para se chegar à remuneração a ser paga para a empresa (a saber: as metas, padrões de qualidade, critérios de sustentabilidade ambiental, prazo de entrega) deverão estar objetivamente definidos no edital. Esse requisito não apenas resguarda a transparência e a isonomia, como permite legítima vantagem competitiva aos licitantes que podem alcançar os resultados extraordinários exigidos, permitindo-lhes reduzir suas propostas, contando com o possível aumento decorrente do *plus* remuneratório.

Um terceiro requisito necessário é a obediência ao limite do orçamento pré-fixado pela estatal para a contratação, estabelecido na fase interna do procedimento licitatório. Tal disposição impede que a boa performance gere despesas superiores à prevista para a contratação. É uma regra de resguardo, estabelecida pelo legislador, que precisa ser cumprida e pode ser um elemento utilizado na avaliação do limite estimado para a contratação.

Cumpre observar que esta regra de resguardo, embora não impeça a utilização do orçamento sigiloso, pode implicar em desestímulo ao fornecedor de melhor performance. Isso porque, com o sigilo do orçamento, a incerteza sobre o teto de aumento da remuneração (preço estimado), decorrente do atendimento das metas admitidas no edital, pode gerar risco e desestímulo ao fornecedor detentor de melhor desempenho potencial, pois, a incerteza sobre o limite de preço dificulta eventual redução de sua proposta, pelo risco de impossibilidade de compensação pelo *plus* remuneratório decorrente da remuneração variável, quando estre ultrapassar a estimativa de custos. Esta assimetria informacional tende a induzir um comportamento mais conservador no licitante de melhor performance, em relação a seu preço, prejudicando parte das vantagens da remuneração variável.

13.4.2. Motivação

A motivação para a adoção da remuneração variável e o estabelecimento de seus parâmetros envolve, sobretudo, contornos econômicos.

Usando como parâmetro o Decreto federal nº 7.581/2011, que regulamenta o RDC no âmbito federal, pode-se indicar que a utilização da remuneração variável será motivada quanto a critérios como: a) parâmetros escolhidos para aferir o desempenho do contratado; b) valor a ser pago; c) benefício a ser gerado para a administração pública.

Para adotar a remuneração variável, a estatal precisa avaliar se há possibilidade de vinculação da remuneração da contratada ao resultado final que se pretende alcançar, por isso é fundamental a realização de estudos anteriores à realização do procedimento licitatório.

Não pode ser desprezado o fato de que a Administração deve sempre primar em suas contratações, também, pelo princípio da economicidade, assim, caso na avaliação do gestor, por exemplo, a antecipação do empreendimento a ser construído não gere benefício algum ao interesse público, não há razão para adotar-se a remuneração variável[35].

13.5. CONTRATAÇÕES SIMULTÂNEAS OU PLURISSUBJETIVAS

O artigo da 46 da Lei nº 13.303/2016 estabelece uma outra "ferramenta" interessante, não explicitamente admitida no regime de licitações da Lei nº 8.666/93, mas admitida na Lei das Estatais. Trata-se da "contratação simultânea". Vale a leitura do referido dispositivo:

> Art. 46. Mediante justificativa expressa e desde que não implique perda de economia de escala, poderá ser celebrado mais de um contrato para executar serviço de mesma natureza quando o objeto da contratação puder ser executado de forma concorrente e simultânea por mais de um contratado.
>
> § 1º Na hipótese prevista no caput deste artigo, será mantido controle individualizado da execução do objeto contratual relativamente a cada um dos contratados.

35. TORRES, Ronny Charles Lopes de; MARRY, Michelle. RDC: regime diferenciado de contratações conforme Lei nº 12.980, de 28 de maio de 2014. 1ª Ed. Salvador: Juspodivm, 2014, p. 143.

Trata-se de mais uma ferramenta estabelecida pelo legislador, para utilização nas licitações das estatais.

É curioso observar que, mesmo sem uma regra expressamente definindo isso, no âmbito das contratações públicas percebemos em muitos a convicção de que não é possível a convivência de dois contratos com o mesmo objeto. Importante salientar que não estamos falando na divisão da pretensão contratual em diversos itens, com diferentes fornecedores para cada item (objetos de licitação), mas na contratação de mais de uma empresa para o mesmo item (objeto da licitação).

Na prática, esta convicção acabou sendo relativizada nas contratações decorrentes dos credenciamentos, que é um procedimento auxiliar às contratações por inexigibilidade em que se busca todos os fornecedores aptos para a prestação de um determinado serviço (objeto); mas é incomum em procedimentos licitatórios propriamente ditos.

Com a regra do artigo 46 da Lei das Estatais, quebra-se este dogma. A estatal poderá licitar determinado objeto, prevendo a existência de mais que um contratado.

É importante notar que a Lei utilizou o termo "poderá", indicando que caberá ao gestor decidir sobre a utilização da contratação simultânea, o que ressalta o caráter discricionário (e flexível) da Lei nº 13.303/2016.

A contratação simultânea é uma ferramenta do contrato, mas sua adoção deve ser planejada ainda nos estudos preliminares, quando da confecção do documento de planejamento. Como já explicado, ela admite que, para um mesmo serviço, a estatal possa ter mais de um fornecedor contratado.

Vale relembrar que, em relação aos contratos das estatais, a própria Lei, em seu artigo 68, define que eles serão regulados "pelas suas cláusulas, pelo disposto nesta Lei e pelos preceitos de direito privado". Não foi à toa esta sequência; o legislador compreendeu que devemos respeitar o modelo de contratação estabelecido, o que permite legítima engenharia técnica para adequar, dentro de certos limites, as ferramentas estabelecidas pela Lei. Diversos aspectos podem ser apontados para justificar a "contratação simultânea". O gestor deverá indicar os motivos pelos quais entende que o uso do modelo será vantajoso para a estatal. Peculiaridades do mercado ou mesmo do serviço contratado podem fundamentar esta opção.

Reiteramos: a Lei define como requisito para a contratação simultânea que o objeto possa ser executado de forma concorrente e simultânea por mais de um contratado. Não há que se confundir isso com divisão da pretensão contratual em diversos objetos (lotes ou itens, por exemplo). Em termos práticos, a contratação simultânea permite um modelo de contratos de execução sob demanda, firmada com mais de um fornecedor, para a mesma atividade. Nela, os contratados serão provocados a executar o serviço de acordo com algum critério previamente definido, de forma a tornar mais vantajosa a contratação, para a estatal.

Esse modelo de contratação pode, por exemplo, ser muito útil para serviços como telefonia, internet, passagens aéreas, serviços de logística, transporte, entre outros, nos quais a escolha de apenas um fornecedor não se apresenta sempre como a melhor opção contratual. Não haverá divisão da pretensão contratual em diversos objetos da licitação, um para cada contratado. O objeto será único, com mais de um contratado para fornecê-lo, de acordo com algum critério previamente estabelecido.

Podemos ter, em tese, um edital que divida a pretensão contratual em diversos objetos (itens ou lotes), mas para que o modelo seja de contratação simultânea, cada item ou lote ensejará mais de um contratado.

Mas qual o critério para a definição de quem será o contratado a executar determinada demanda do serviço? Entendemos que é possível a execução simultânea de determinados serviços (telefonia ou internet, por exemplo), ou termos critérios de opção sobre qual o fornecedor efetivamente executará a demanda provocada, com alternatividade ou mesmo disputa entre os contratados, de forma a obter melhores condições de execução para a estatal.

O critério será definido de acordo com o modelo de contratação estabelecido no edital e seus anexos. Assim, por exemplo, em relação ao fornecimento de passagens aéreas, podemos ter a contratação de determinado número de companhias, que executarão o serviço de acordo com a verificação de qual delas detém a melhor opção de voo (baseado em critérios como preço, conveniência, entre outros), a cada necessidade da estatal.

13.5.1. Da perda de economia de escala

A lei estabeleceu como requisito ou condição para as contratações simultâneas, a necessária demonstração de que não haverá perda de economia de escala na sua utilização.

A economia de escala fundamenta-se no alcance da maior utilização dos fatores produtivos envolvidos, visando baixos custos de produção e o incremento de bens e serviços[36], ocorrendo quando a expansão da capacidade de produção provoca um aumento na quantidade total produzida sem um aumento proporcional no custo de produção. Como resultado, o custo médio do produto tende a ser menor com o aumento da produção.[37]

Em suma, por economia de escala podemos entender que quanto mais o fornecedor tiver que oferecer, menor poderá ser o custo para a Administração, considerando-se o fornecimento global, já que o fornecedor poderá diluir custos fixos, com o aumento do escopo contratual.

Essa disposição legal, com a *devida venia*, pareceu despropositada. Como garantir que a divisão de um serviço entre mais de um prestador não gera potencial perda de economia de escala? Na verdade, mesmo que eventual contratação simultânea possa indicar potencial perda de economia de escala, o importante é avaliar se o compartilhamento do objeto com mais de um contrato traz vantagens para a estatal, o que pode decorrer de diversos fatores, não apenas financeiros, mas gerenciais e técnicos. Assim, não basta uma alegada perda de economia de escala, ela deve ser relevante, superior aos ganhos técnicos, financeiros ou gerenciais de adoção da contratação simultânea, para que possa impedi-la.

13.5.2. Contratações simultâneas x credenciamento

Embora possua certa similaridade, a contratação simultânea não se confunde com o "credenciamento".

O credenciamento é um procedimento auxiliar utilizado para permitir a contratação direta, por inexigibilidade, quando interessa à Administração a contratação de todos os fornecedores interessados e aptos possíveis. Ele pode ser utilizado para várias contratações, com certa flexibilidade em sua compleição, notadamente nas prestações de serviço em que, para o atendimento do interesse público, é mais vantajosa a contratação simultânea de vários

36. TORRES, Ronny Charles Lopes de; MARRY, Michelle. RDC: regime diferenciado de contratações conforme Lei nº 12.980, de 28 de maio de 2014. 1ª Ed. Salvador: Juspodivm, 2014, p. 151.
37. http://pt.wikipedia.org/wiki/Economia_de_escala.

particulares ao invés da seleção excludente de um ou poucos vencedores de um certame[38].

O TCU já indicou alguns requisitos que devem ser observados no procedimento de entre eles:

> a) a contratação de todos os que tiverem interesse e que satisfaçam as condições fixadas pela Administração, não havendo relação de exclusão;
> b) a garantia da igualdade de condições entre todos os interessados hábeis a contratar com a Administração, pelo preço por ela definido;
> c) a demonstração inequívoca de que as necessidades da Administração somente poderão ser atendidas dessa forma, cabendo a devida observância das exigências do art. 26 da Lei 8.666/93, principalmente no que concerne à justificativa de preços.[39]

No credenciamento, não deve existir a chamada relação de exclusão, visto que todos os interessados que atendam às exigências da Administração Pública podem ser contratados. Também por isso, o credenciamento não se confunde com a contratação simultânea, pois nesta pode haver relação de exclusão. A estatal pode definir um número de fornecedores a ser contratados, de acordo com o critério adotado no edital, excluindo os demais, que não alcançarem a classificação máxima exigida.

Outra diferença é que no credenciamento não há licitação propriamente dita, tanto que ele é compreendido como um procedimento auxiliar prévio à contratação direta por inexigibilidade[40]. Já as contratações simultâneas pressupõem a seleção de determinados contratados, o que se dará, via de regra, através de licitação.

Outrossim, o credenciamento pode gerar diversos contratos, com vigências diferentes, conquanto nas contratações simultâneas, por serem as prestações dos serviços concomitantes, os contratos, em princípio, terão vigência similar.

Por fim, cabe registrar que, nas contratações simultâneas, o serviço será prestado conforme se apresente mais vantajoso para a contratante naquele

---

38. TORRES, Ronny Charles Lopes de. Leis de licitações públicas comentadas. 10ª edição. Salvador: Juspodivm, 2019. P. 408/409.
39. Acórdão 5178/2013-Primeira Câmara, TC 023.697/2011-3, relator Ministro-Substituto Augusto Sherman Cavalcanti, 30.7.2013.)
40. TORRES, Ronny Charles Lopes de. Leis de licitações públicas comentadas, 10ª edição. Salvador: Juspodivm, 2019. P. 408.

momento, parâmetro, nem sempre, observado na execução contratual resultante do credenciamento[41].

De acordo com o entendimento do Tribunal de Contas da União, é admitida a utilização de credenciamento pelas sociedades de economia mista, mediante aplicação analógica dos arts. 6°, inciso XLIII, e 79 da Lei 14.133/2021, mesmo não sendo previsto na Lei 13.303/2016, visto que as entidades, sujeitas às concorrências do mercado, exigem ferramentas mais flexíveis e eficientes de contratação.[42]

13.5.3. Contratações simultâneas e serviços de engenharia

Uma dúvida recorrente envolve a seguinte indagação: é possível a adoção das contratações simultâneas nos denominados serviços de engenharia? A resposta é positiva. Não há vedação ao uso desta ferramenta, pelas estatais, nas contratações dos serviços de engenharia, desde que respeitados os limites legais estabelecidos para o modelo de contratação simultânea.

O texto do §2° do artigo 46[43], inclusive, dispunha sobre a não aplicação aos serviços de engenharia, mas foi vetado pelo Executivo, o que afastou tal regra de restrição. Vale a transcrição das razões do referido veto:

> Não se justifica excluir da exceção prevista no caput os serviços de engenharia, na medida em que sua utilização dar-se-ia somente mediante a subsunção aos condicionantes expressos no referido dispositivo, situação na qual os benefícios da adoção da medida estariam justificados pelo gestor, tal como nas demais modalidades de contratação admitidas.

Realmente, não haveria sentido nessa restrição. Sendo vantajosa e possível a execução concorrente e simultânea de um serviço de engenharia, sua adoção justificada deve ser, inclusive, fomentada.

41. TORRES, Ronny Charles Lopes de; MARRY, Michelle. RDC: regime diferenciado de contratações conforme Lei n° 12.980, de 28 de maio de 2014. 1ª Ed. Salvador: Juspodivm, 2014, p. 154.
42. Acórdão 533/2022 Plenário (Representação, Relator Ministro Antonio Anastasia)
43. "§ 2° O disposto no caput não se aplica aos serviços de engenharia."

14

DAS NORMAS ESPECÍFICAS PARA AQUISIÇÃO DE BENS

No artigo 47 e seguintes, a Lei das estatais indica diversos dispositivos como normas específicas às aquisições de bens:

> Art. 47. A empresa pública e a sociedade de economia mista, na licitação para aquisição de bens, poderão:
>
> I – indicar marca ou modelo, nas seguintes hipóteses:
>
> a) em decorrência da necessidade de padronização do objeto;
>
> b) quando determinada marca ou modelo comercializado por mais de um fornecedor constituir o único capaz de atender o objeto do contrato;
>
> c) quando for necessária, para compreensão do objeto, a identificação de determinada marca ou modelo apto a servir como referência, situação em que será obrigatório o acréscimo da expressão "ou similar ou de melhor qualidade";
>
> II – exigir amostra do bem no procedimento de pré-qualificação e na fase de julgamento das propostas ou de lances, desde que justificada a necessidade de sua apresentação;
>
> III – solicitar a certificação da qualidade do produto ou do processo de fabricação, inclusive sob o aspecto ambiental, por instituição previamente credenciada.
>
> Parágrafo único. O edital poderá exigir, como condição de aceitabilidade da proposta, a adequação às normas da Associação Brasileira de Normas Técnicas (ABNT) ou a certificação da qualidade do produto por

> instituição credenciada pelo Sistema Nacional de Metrologia, Normalização e Qualidade Industrial (Sinmetro).
>
> Art. 48. Será dada publicidade, com periodicidade mínima semestral, em sítio eletrônico oficial na internet de acesso irrestrito, à relação das aquisições de bens efetivadas pelas empresas públicas e pelas sociedades de economia mista, compreendidas as seguintes informações:
>
> I – identificação do bem comprado, de seu preço unitário e da quantidade adquirida;
>
> II – nome do fornecedor;
>
> III – valor total de cada aquisição.

São três as "ferramentas" indicadas pelo legislador para os certames públicos envolvendo aquisições:

- indicação de marca;
- exigência de amostra; e
- exigência de certificação de qualidade.

As duas primeiras regras específicas não representam verdadeiras inovações em relação ao regime tradicional. Por anos, a jurisprudência e as normatizações pertinentes não apenas admitiram, mas também definiram a forma e os limites para a indicação de marca e para a exigência de amostra.

A maior novidade, sem dúvida, repousa na possibilidade de se exigir certificação de qualidade, como será visto a seguir.

O legislador estabeleceu, ainda, a necessidade de publicidade, com periodicidade mínima semestral, em sítio eletrônico oficial na internet de acesso irrestrito, da relação das aquisições de bens efetivadas pelas estatais, com, pelo menos, as seguintes informações: identificação do bem comprado, de seu preço unitário e da quantidade adquirida; nome do fornecedor; valor total de cada aquisição.

A publicidade dada a essas informações objetiva favorecer o controle social e o acompanhamento dos gastos da estatal com suas aquisições. A ausência de respeito a esta exigência legal pode, inclusive, ser caracterizada como um ato de improbidade administrativa, conforme regra definida no artigo 11 da Lei nº 8.429/1992.

Como ressabido, a publicidade dos atos estatais é decorrência direta do princípio democrático; pois, sendo o poder estatal emanado do povo, todos têm direito de acesso às informações de interesse coletivo ou geral[1]. Conforme assevera o ilustre Prof. Celso Antônio Bandeira de Mello, a publicidade impõe o dever administrativo de manter plena transparência em seus comportamentos, não admitindo-se, em um Estado Democrático de Direito, ocultamento aos administrados dos assuntos que a todos interessam[2].

14.1. DA INDICAÇÃO DE MARCA

Segundo o dispositivo legal, em suas licitações para aquisições de bens, a empresa estatal poderá indicar marca ou modelo, nas seguintes hipóteses:

- em decorrência da necessidade de padronização do objeto;
- quando determinada marca ou modelo comercializado por mais de um fornecedor constituir o único capaz de atender o objeto do contrato;
- quando for necessária, para compreensão do objeto, a identificação de determinada marca ou modelo apto a servir como referência, situação em que será obrigatório o acréscimo da expressão "ou similar ou de melhor qualidade".

Na primeira hipótese, a indicação se justifica pela necessidade de padronização, que, se comprometida, pode prejudicar a própria atividade relacionada aos bens adquiridos. Obviamente, esta necessidade de padronização deve ser relevante e estar devidamente justificada nos autos[3-4].

O TCU, inclusive, editou sua Súmula nº 270, tratando sobre o tema:

> Súmula no 270: "Em licitações referentes a compras, inclusive de softwares, é possível a indicação de marca, desde que seja estritamente

1. HOLANDA Jr. André Jackson de. TORRES, Ronny Charles Lopes de. Improbidade Administrativa. 3ª edição. Salvador: Editora Juspodivm, 2017. P. 401.
2. MELLO, Celso Antônio Bandeira de. Curso de Direito Administrativo. ed. 30. São Paulo: Malheiros, 2013. p. 117.
3. Nesse sentido, o acórdão do TCU nº 3.353/2019 – 1ª Câmara: "a exigência de equipamentos do mesmo fabricante para soluções de tecnologia da informação deve ser precedida de estudo técnico que a justifique.
4. Como forma de proceder a ampla pesquisa de mercado e evitar o direcionamento da licitação para marca ou modelo específicos, recentemente, o Tribunal de Contas da União orientou que, em licitações para aquisição de equipamentos, havendo no mercado diversos modelos que atendam às necessidades da Administração, deve o órgão licitante identificar um conjunto representativo desses modelos antes de elaborar as especificações técnicas e a cotação de preços. (TCU. Acórdão nº 214/2020-Plenário).

necessária para atender a exigências de padronização e que haja prévia justificação."

Acerca da possibilidade, o Tribunal Regional Federal da 5ª Região manifestou-se, de forma acertada, sobre seus pressupostos:

> [...] o legislador proíbe apenas a especificação arbitrária e imotivada da marca do produto, para evitar que o administrador se valha desse expediente para burlar ilegitimamente os princípios que norteiam a licitação. Por outro lado, é óbvio que na hipótese em que se revele indispensável a indicação da marca, notadamente quando se tratar de produto submetido a processo de padronização, pode o administrador motivadamente apontar a marca e modelo pretendido, sob pena de não se atender o interesse público. (...) a vedação de indicação de marca, como qualquer regra, não é absoluta, exigindo-se, para sua perfeita compreensão, uma análise sistemática com outros dispositivos, igualmente relevantes.[5]

Conforme orientam Bernardo Guimarães *et al*, a motivação que fundamentará a restrição legítima da competitividade há de ser clara e demonstrar que a marca ou modelo específico é, efetivamente, indispensável à execução do objeto a ser contratado:

> ao se valer de qualquer das hipóteses previstas no dispositivo analisado, o gestor público terá o ônus de levantar, ainda na fase interna da licitação, os elementos e informações necessárias para a verificação, por parte dos órgãos de controle, de que a contratação é tecnicamente justificada[6].

Vale notar que eventual direcionamento ou exigência de marca sem a devida justificativa técnica pode caracterizar, inclusive, erro grosseiro[7]

---

5. TRF 5ª Região, AC nº 2002.84.00.009210-0, Rel. Des. Leonardo Rezende Martins, j. em 22.09.2009.
6. GUIMARÃES, Bernardo Strobel; RIBEIRO, Leonardo Coelho; RIBEIRO, Carlos Vinícius Alves;GIUBLIN, Isabella Bittencourt Mäder Gonçalves; PALMA, Juliana Bonacorsi de. Comentários à Lei das Estatais (Lei nº 13.303/2016). Belo Horizonte: Fórum, 2019. p. 283.
7. Sobre o erro grosseiro passível de responsabilização, é oportuno destacar trecho contido no Acórdão 2.391/2018 do Plenário do TCU: "é preciso conceituar o que vem a ser erro grosseiro para o exercício do poder sancionatório desta Corte de Contas. Segundo o art. 138 do Código Civil, o erro, sem nenhum tipo de qualificação quanto à sua gravidade, é aquele "que poderia ser percebido por pessoa de diligência normal, em face das circunstâncias do negócio" (grifos acrescidos). Se ele for substancial, nos termos do art. 139, torna anulável o negócio jurídico. Se não, pode ser convalidado. 83. Tomando como base esse parâmetro, o erro leve é o que somente seria percebido e, portanto, evitado por pessoa de diligência extraordinária, isto é, com grau de

ensejador de responsabilização[8], nos termos do art. 28 do Decreto-Lei nº 4.657/1942 (Lei de Introdução às normas do Direito Brasileiro)[9].

Na segunda hipótese, a indicação ocorre ao constatar-se que apenas uma marca satisfaz à pretensão contratual. Neste caso, havendo uma pluralidade de fornecedores possíveis, será viável a licitação. Noutro diapasão, se existir apenas um fornecedor para aquela marca (única apta a atender a pretensão contratual), caracterizar-se-á uma situação de inviabilidade de competição.

Segundo o Tribunal de Contas da União, a indicação de marca no edital deve estar amparada em razões de ordem técnica, de forma motivada e documentada, que demonstrem ser aquela marca específica a única capaz de satisfazer o interesse público[10].

Outrossim, importante frisar que a indicação não pode ser motivada por meras preferências pessoais do gestor, que subjetivamente prioriza determinada marca. Nesse sentido, a orientação contida no Acórdão nº 214/2020 do Plenário do TCU:

> a Administração, por ocasião do planejamento de suas aquisições de equipamentos, deve identificar, previamente à elaboração das especificações técnicas e à cotação de preços, um conjunto representativo dos diversos modelos existentes no mercado que possam atender completamente suas necessidades, de modo a caracterizar a realização de ampla pesquisa de mercado e evitar o direcionamento do certame para modelo específico pela inserção no edital de características atípicas.

Vale registrar que, em 2023, o TCU definiu que o art. 47, inciso I, alínea b, da Lei das Estatais, segundo o qual a empresa pública e a sociedade de economia mista, na licitação para aquisição de bens, podem indicar marca comercializada por mais de um fornecedor quando esta constituir a única capaz de atender ao objeto do contrato, pode ser aplicado, por analogia, para

---

atenção acima do normal, consideradas as circunstâncias do negócio. O erro grosseiro, por sua vez, é o que poderia ser percebido por pessoa com diligência abaixo do normal, ou seja, que seria evitado por pessoa com nível de atenção aquém do ordinário, consideradas as circunstâncias do negócio. Dito de outra forma, o erro grosseiro é o que decorreu de uma grave inobservância de um dever de cuidado, isto é, que foi praticado com culpa grave".

8. Acerca do tema, recomenda-se a leitura do artigo "Erro Grosseiro e o poder sancionatório do TCU", disponível em http://www.olicitante.com.br/erro-grosseiro-tcu-lindb/.
9. Decreto-Lei nº 4.657/1942. Art. 28. O agente público responderá pessoalmente por suas decisões ou opiniões técnicas em caso de dolo ou erro grosseiro. (Incluído pela Lei nº 13.655, de 2018)
10. TCU. Acórdão nº 113/2016 Plenário.

a contratação de serviços, a exemplo de suporte técnico e de atualização de versões dos produtos de determinada marca[11].

Por fim, na terceira hipótese, a marca pode ser indicada como referência de qualidade. Assim, permite-se menção à marca de referência no edital, como forma ou parâmetro de qualidade para facilitar a descrição do objeto, caso em que se deve necessariamente acrescentar expressões do tipo "ou equivalente", "ou similar", "ou de melhor qualidade", podendo a Administração exigir que a empresa participante do certame demonstre desempenho, qualidade e produtividade compatíveis com a marca de referência mencionada[12], tendo em vista que, ao contrário das hipóteses anteriores em que determinados modelos ou marcas são exigidos, aqui, o apontamento não se restringe a liberdade de escolha do particular e se presta, em realidade, a bem especificar o objeto a ser contratado.

JURISPRUDÊNCIA RELACIONADA[13]

- A indicação ou a preferência por marca só é admissível se restar comprovado que a escolha é a mais vantajosa e a única que atende às necessidades da Administração. A licitação não tem por objetivo, necessariamente, a escolha do produto ou do serviço de melhor qualidade disponibilizado no mercado. (TCU. Acórdão nº 559/2017 – Plenário)
- Permite-se menção a marca de referência no edital, como forma ou parâmetro de qualidade para facilitar a descrição do objeto, caso em que se deve necessariamente acrescentar expressões do tipo "ou equivalente", "ou similar", "ou de melhor qualidade", podendo a Administração exigir que a empresa participante do certame demonstre desempenho, qualidade e produtividade compatíveis com a marca de referência mencionada. (TCU. Acórdão nº 113/2016 – Plenário)
- Nas licitações para aquisição de quaisquer objetos, é admitida a indicação de marca, desde que seja estritamente necessária para atender a exigências de padronização e que haja prévia justificação, conforme Súmula TCU no 270. Nos demais casos, deve-se evitar a indicação de marcas de produtos para configuração do objeto, salvo se seguidas das expressões "ou equivalente" ou "ou similar", segundo o Acórdão 660/2013 – Plenário. (TCU. Acórdão nº 1253/2016 – Primeira Câmara)
- A restrição quanto à participação de determinadas marcas em licitação deve ser formal e tecnicamente justificada nos autos do procedimento licitatório. (TCU. Acórdão nº 4476/2016 – Segunda Câmara)

---

11. TCU. Acórdão 1685/2023, Plenário. Relator Min. Benjamin Zymler.
12. Neste sentido, Acórdão 113/2016 Plenário-TCU.
13. Vide nota de rodapé nº 38.

- Em licitações para aquisição de equipamentos, havendo no mercado diversos modelos que atendam completamente as necessidades da Administração, deve o órgão licitante identificar um conjunto representativo desses modelos antes de elaborar as especificações técnicas e a cotação de preços, de modo a evitar o direcionamento do certame para marca ou modelo específicos e a caracterizar a realização de ampla pesquisa de mercado. (TCU. Acórdão nº 2383/2014 - Plenário)
- O estabelecimento de especificações técnicas idênticas às ofertadas por determinado fabricante, da que resultou a exclusão de todas as outras marcas do bem pretendido, sem justificativa consistente, configura afronta ao disposto no art. 15, § 7°, inciso I, da Lei nº 8.666/1993. (TCU. Acórdão nº 1861/2012 - Primeira Câmara)

14.2. DA EXIGÊNCIA DE AMOSTRA

A Lei das estatais também admite seja exigida amostra do bem no procedimento de pré-qualificação e na fase de julgamento das propostas ou de lances, desde que justificada a necessidade de sua apresentação.

Assim como a indicação de marcas, a exigência de amostras já era admitida com base na interpretação dos dispositivos da própria Lei nº 8.666/1993. O manual de orientações básicas do TCU definia, com muita precisão, o objetivo da medida:

> Durante realização de procedimento licitatório, a Administração poderá, se previsto no documento de convocação, solicitar dos licitantes amostras ou protótipos dos produtos ofertados.
>
> Objetiva a exigência de amostra ou protótipo o confronto de materiais cotados com especificações estabelecidas no ato convocatório da licitação, em especial no que diz respeito a qualidade, durabilidade, desempenho e funcionalidade dos produtos.[14]

Nesse prumo, a Corte de Contas consolidou o entendimento de que a "exigência de apresentação de amostras é admitida apenas na fase de classificação das propostas, somente do licitante provisoriamente classificado em primeiro lugar e desde que previamente disciplinada e detalhada no instrumento convocatório".[15]

Na verdade, embora admitida a exigência de amostras, identificam-se certos limites, impostos pela jurisprudência:

14. BRASIL. Tribunal de Contas da União. Licitações e contratos: orientações básicas. 3.ed. Brasília: TCU, Secretaria de controle Interno, 2010. p.529/530.
15. TCU. Acórdão nº 2.368/2013-Plenário.

- a definição do procedimento deve estar detalhada no edital[16];
- deve ser viabilizado o acompanhamento de suas etapas para todos os licitantes interessados, em consonância com o princípio da publicidade[17];
- devem ser estabelecidos critérios objetivos, detalhadamente especificados, de apresentação e avaliação, bem como de julgamento técnico e de motivação das decisões relativas às amostras apresentadas[18];
- a desclassificação de licitante deve estar amparada em laudo ou parecer que indique, de modo completo, as deficiências na amostra do produto a ser adquirido, quando esta é exigida[19]; e
- a apresentação das amostras não deve ser exigida de todos os licitantes, mas apenas do competidor provisoriamente classificado em primeiro lugar, acompanhada do estabelecimento de prazo razoável, com definição de data e horário, para análise das amostras[20].

A exigência de amostras ou de prova de desempenho cumpre o desiderato de melhor aferir a qualidade do bem oferecido, o que nem sempre é possível pela mera definição dada no edital ou pelas especificações nele contidas.

De qualquer forma, à semelhança da possibilidade de indicação de marca ou modelo, essa ferramenta não pode justificar o estabelecimento de critérios subjetivos, sob pena de tornar-se arbitrária. Portanto, caso o gestor verifique não ser possível - ou não restar evidente - a definição de critérios objetivos para avaliar o bem apresentado como amostra, tal exigência não deverá ser manejada, tampouco inserida no instrumento convocatório do certame.

JURISPRUDÊNCIA RELACIONADA[21]

- A exigência de apresentação de amostras é admitida apenas na fase de classificação das propostas e somente do licitante provisoriamente classificado em primeiro lugar. (TCU. Acórdão nº 2.640/2019 - Plenário)
- A apresentação de amostra não é procedimento obrigatório nas licitações, mas, uma vez prevista no instrumento convocatório, não se deve outorgar ao gestor a faculdade

16. TCU. Acórdão nº 2.404/2010-Plenário e Acórdão 1491/2016 - Plenário.
17. TCU. Acórdão 1984/2008 - Plenário.
18. TCU. Acórdão n.º 2077/2011, Plenário.
19. TCU. Acórdão n.º 1291/2011, Plenário.
20. TCU. Acórdão nº 2796/2013 - Plenário.
21. Vide nota de rodapé nº 38.

de dispensá-la, sob pena de violação dos princípios da isonomia e da impessoalidade (art. 3º, caput e § 1º, inciso I, da Lei 8.666/1993) . (TCU. Acórdão nº 1.948/2019 - Plenário.

- Em licitações que requeiram prova de conceito ou apresentação de amostras, deve ser viabilizado o acompanhamento dessas etapas a todos licitantes interessados, em consonância com o princípio da publicidade. (TCU. Acórdão nº 1823/2017 - Plenário)
- Não se admite a entrega pela contratada de produto diferente da amostra apresentada e aprovada na licitação, pois a aceitação do produto demandaria nova avaliação técnica, prejudicando a celeridade da execução contratual e favorecendo a contratada em relação às demais participantes do certame. (TCU. Acórdão nº 2611/2016 - Plenário)
- A desclassificação de licitante deve estar amparada em laudo ou parecer que indique, de modo completo, as deficiências na amostra do produto a ser adquirido, quando esta é exigida. (TCU. Acórdão nº 2611/2016 - Plenário)

14.3. DA CERTIFICAÇÃO DE QUALIDADE

A exigência de certificação de qualidade é um procedimento corriqueiro no mercado de compras, mesmo para particulares.

Naturalmente, os consumidores buscam identificar se determinado produto possui qualidade (que pode estar relacionada a diversos fatores, como durabilidade, pureza, procedência, eficiência energética, entre outros), através da consulta ou exigência de determinadas certificações de qualidade. Assim ocorre, por exemplo, na compra de colchões, café, móveis, eletrodomésticos, entre outros.

Dessa forma, muitas vezes, o próprio mercado adota uma espécie de regulação sobre a qualidade de seus produtos, permitindo que o consumidor detenha maiores informações e induzindo melhoramento qualitativo aos fornecedores.

No regime licitatório da Lei nº 8.666/1993, como regra, essa exigência de certificação era entendida como inadmissível nas aquisições em geral, em virtude da restritiva redação do texto legal, pois ela, no *caput* de seu artigo 30, definia que a "documentação relativa à qualificação técnica limitar-se-á a", sem prever a possibilidade de certificação. Assim, o dispositivo da referida Lei, ao enumerar a documentação relativa e impor a limitação, indica que o acréscimo de exigência pode incidir na vedação legal do artigo 3º, pelo comprometimento à competitividade.

Diante desta regra legal, o TCU determinou não fossem exigidos, na habilitação técnica, documentos além daqueles constantes no artigo 30 da Lei nº 8.666/1993[22]. Assim, nas licitações sob a égide da Lei nº 8.666/1993 e da Lei nº 10.520/2002, face à literal disposição do artigo 30 da Lei Geral de Licitações, o TCU firmou a jurisprudência de que seria ilegal a exigência de apresentação de certificação de qualidade como requisito de habilitação em procedimentos licitatórios, "aceitando apenas a possibilidade da sua previsão no edital como critério de pontuação técnica"[23]. Em outras palavras, o Tribunal não admite a exigência de certificados específicos, como critério prévio de habilitação, mas apenas enquanto critério de pontuação (sem caráter eliminatório), nas licitações do tipo técnica e preço.[24]

Por outro lado, a jurisprudência da Corte de Contas federal admitia, ainda nas licitações sob a égide da Lei nº 8.666/1993, a exigência de certificação, quando ela fosse compulsória, necessária à comercialização do produto[25].

Pois bem, como há muito já bem apregoa o Professor Marcos Nóbrega, embora a exigência desses certificados venha sendo rechaçada pelos órgãos de controle, pode ser um grande instrumento revelador de informação, gerando economia de custos de transação[26].

A possibilidade de exigir certificação de qualidade representa, no tópico sobre regras específicas para aquisições, a maior novidade da Lei. A imposição pode envolver a qualidade do produto ou do respectivo processo de fabricação, inclusive sob o aspecto ambiental. Ela representa o avanço na redução dos efeitos das assimetrias informacionais naturais às relações contratuais, através de *signaling*, como instrumento revelador de informações[27] que podem ser propícias a resguardar a estatal em relação à capacidade daquele produto (ou do fornecedor) de atender a suas expectativas contratuais.

A medida não impede que, existindo uma pluralidade de instituições credenciadas aptas à certificação, o licitante opte pela entidade certificadora que melhor lhe aprouver, desde que a certificação seja realizada por instituição credenciada.

---

22. TCU. Acórdão nº 1.529/2006, Plenário.
23. TCU. Acórdão nº 492/2011, Plenário.
24. TCU. Acórdão nº 998/2006, Plenário.
25. TCU. Acórdão n.º 463/2010, Plenário. Rel. Min. José Jorge, 17.03.2010.
26. NÓBREGA, Marcos. Direito e economia da infraestrutura. Belo Horizonte: Fórum, 2020. P. 26.
27. NÓBREGA, Marcos. Direito e economia da infraestrutura. Belo Horizonte: Fórum, 2020. P. 25.

Nesse prumo, segundo o parágrafo único do artigo 47 da Lei nº 13.303/2016, o edital poderá exigir, como condição de aceitabilidade da proposta, a adequação às normas da Associação Brasileira de Normas Técnicas (ABNT) ou a certificação da qualidade do produto por instituição credenciada pelo Sistema Nacional de Metrologia, Normalização e Qualidade Industrial (Sinmetro).

Importante frisar que esse credenciamento deve ser dado mediante o cumprimento de regras objetivas e abertas. Qualquer entidade certificadora, que cumprir os requisitos exigidos, terá direito ao respectivo credenciamento.

Da mesma forma, não é admissível a limitação ilegítima ao número de entidades certificadoras ou mesmo a indicação, no edital do certame, de entidade certificadora específica, em detrimento de outras credenciadas, como forma de restringir indevidamente a competitividade. Respeitadas algumas regras e requisitos, os licitantes terão liberdade para escolher a certificação por qualquer das entidades possíveis.

JURISPRUDÊNCIA RELACIONADA[28]

- "9.3.1. em caso de exigência de amostra de produto, evidenciar a inserção de cláusula estabelecendo critérios objetivos, detalhadamente especificados, de apresentação e avaliação, bem como de julgamento técnico e de motivação das decisões relativas às amostras apresentadas, a fim de atender aos princípios do julgamento objetivo e da igualdade entre os licitantes;

  9.3.2. em caso de exigência de certificação profissional, devidamente justificada, evidenciar a inserção de cláusula prevendo a possibilidade de que, na fase de habilitação, as empresas apresentem declaração de disponibilidade do profissional, exigindo-se a comprovação do vínculo empregatício ou contratual apenas quando da assinatura do contrato;

  9.3.3. em caso de exigência de certificações do tipo ISO para fabricantes de determinados itens que fazem parte do objeto contratado, devidamente justificada, evidenciar a inserção de cláusula com os critérios de avaliação e das consequências da apresentação ou não de tais certificações, bem como a possibilidade de apresentação de certificações similares, de maneira a não haver discricionariedade no julgamento das propostas". (TCU. Acórdão nº 529/2018– Plenário)

28. Vide nota de rodapé nº 38.

15

DAS NORMAS ESPECÍFICAS PARA ALIENAÇÃO DE BENS

Por expressa previsão constitucional contida no art. 173, §1º, inc. III[1], apesar de as empresas públicas e as sociedades de economia mista possuírem personalidade jurídica de direito privado, como regra, a alienação de seus bens deve ser antecedida de procedimento licitatório.

O art. 49 da Lei nº 13.303/2016 reitera o referido comando e acrescenta a prévia avaliação formal do bem contemplado como requisito geral para alienação de bens pertencentes às estatais. Assim, uma nova conformação das regras foi estabelecida, diferenciando-se do regime clássico de licitações e de entendimentos jurisprudenciais firmados sobre o tema.

A definição do regime jurídico dos bens das empresas estatais é um tema que tradicionalmente provocou divergências na doutrina e jurisprudência[2].

1. Constituição Federal. Art. 173. (...) § 1º A lei estabelecerá o estatuto jurídico da empresa pública, da sociedade de economia mista e de suas subsidiárias que explorem atividade econômica de produção ou comercialização de bens ou de prestação de serviços, dispondo sobre: (Redação dada pela Emenda Constitucional nº 19, de 1998) (...) III – licitação e contratação de obras, serviços, compras e alienações, observados os princípios da Administração Pública; (Incluído pela Emenda Constitucional nº 19, de 1998).
2. Sobre o assunto, Rafael Véras de Freitas apresenta interessante análise acerca do regime jurídico dos bens de empresas estatais no artigo: FREITAS, Rafael Véras de. A alienação de bens das empresas estatais e sua afetação. Revista de Contratos Públicos – RCP, Belo Horizonte, ano 6, p. 213-240, set. 2016/fev. 2017.

Havia autores que sinalizavam a um disciplinamento privado, utilizando-se um critério subjetivo fundado no fato de que as estatais, titulares dos bens, são qualificadas como pessoas jurídicas de direito privado[3]. Noutra via, parcela da jurisprudência e alguns doutrinadores, a exemplo de Celso Antônio Bandeira de Mello[4], se valeram da diferenciação entre "prestadora de serviço público" e "exploradoras de atividade econômica" para indicar o regime jurídico incidente sobre as empresas estatais.

Conforme já salientado, o Tribunal de Contas da União, embora compreendendo que as empresas públicas e as sociedades de economia mista se submetiam ao regime da Lei nº 8.666/1993, consagrou o entendimento de ser possível afastar o cumprimento do regime tradicional de licitação quando as estatais, exploradoras de atividade econômica, atuassem em sua atividade-fim e a submissão a esse regime se mostrasse prejudicial às suas atividades negociais[5].

Na prática, todavia, a aplicação desse critério não se mostrava inequívoco, tendo em vista que a classificação como atividade-fim ou atividade-meio é de difícil enquadramento. É plenamente possível que, mesmo em atividades-meio, a submissão integral ao regime licitatório seja prejudicial ao negócio da estatal.

Sobre o assunto, Floriano de Azevedo Marques e Juliana Bonacorsi indagam se "faria sentido uma leitura positiva da legalidade, de modo que a empresa estatal esteja apenas autorizada a fazer aquilo que a lei expressamente determinar, e nos exatos termos dessa determinação legal". Segundo os autores,

> [e]ssas situações limítrofes ensejadas pela aproximação do regime de direito privado e do regime de direito administrativo mínimo, que informam o regime das empresas estatais, não são simples e tranquilas[6].

---

3. Nesse sentido, Marcos Juruena Villela Souto. SOUTO, Marcos Juruena. Direito Administrativo da Economia. Rio de Janeiro: Lumen Juris, 2003, p. 96.
4. BANDEIRA DE MELLO, Celso Antônio. Curso de Direito Administrativo. 18. Ed. São Paulo: Malheiros, 2005, p. 194. In: FREITAS, Rafael Véras de. A alienação de bens das empresas estatais e sua afetação. Revista de Contratos Públicos – RCP, Belo Horizonte, ano 6, p. 213-240, set. 2016/fev. 2017. "Se a entidades for exploradora de atividade econômica, suas relações negociais com terceiros, salvo alguma exceção adiante anotada, serão sempre regidas integralmente pelo direito privado. Assim, seus contratos não serão contratos administrativos."
5. TCU. Acórdão nº 1390/2004. Plenário.
6. MARQUES NETO, Floriano de Azevedo; PALMA, Juliana Bonacorsi de. Licitação nas empresas estatais – Os desafios do novo regime das licitações na Lei das Empresas Estatais (Lei nº 13.303/2016).

Felizmente, a nosso juízo, a Lei nº 13.303/2016 reconheceu a inadequação dos critérios acima referidos e estabeleceu regime jurídico-licitatório único, que, embora flexível, possui aplicação a todas as empresas estatais, sejam elas "prestadoras de serviços públicos", sejam "exploradoras de atividades econômicas". Além disso, o Estatuto optou por não tomar o abstruso atalho da diferenciação entre atividades-meio e atividades-fim.

E isso não significa que o legislador fechou os olhos às peculiaridades das relações negociais das empresas públicas e das sociedades de economia mista. Se assim tivesse agido, certamente o regime imposto não seria adequado e se mostraria demasiadamente rigoroso ou insuficiente, a depender do objeto em causa.

Entre as consequências dessa nova dinâmica, verificamos que a Lei nº 13.303/2016 criou a figura da "não observância" das regras licitatórias, bem como procedeu a significativa simplificação das normas para alienação de bens das empresas estatais.

Ao contrário do que ocorria no âmbito da Lei nº 8.666/1993, não há diferenciação no procedimento em razão de o bem a ser alienado ser móvel ou imóvel e, em qualquer hipótese, a transação prescinde de autorização legislativa[7].

Eis que o art. 49 da Lei das estatais apresenta apenas dois requisitos para alienação de bens: "I – avaliação formal do bem contemplado, ressalvadas as hipóteses previstas nos incisos XVI a XVIII do art. 29; e II – licitação, ressalvado o previsto no § 3º do art. 28".

15.1. AVALIAÇÃO FORMAL

O primeiro requisito imposto pelo art. 49, I, se refere à avaliação formal do bem contemplado. Trata-se de importante mecanismo que visa a proteger o

In: NORONHA, João Otávio de; FRAZÃO, Ana; MESQUITA, Daniel Augusto (Coord.). Estatuto jurídico das estatais: análise da Lei nº 13.303/2016. Belo Horizonte: Fórum, 2017. p. 246-247.

7. Edgar Guimarães e Anacleto Abduch observam, com propriedade, que "em face da Lei de Criação e, até mesmo, de alguns estatutos de empresas públicas ou sociedades de economia mista, para a alienação de bens imóveis se faz necessária, por exemplo, a prévia autorização do Conselho de Administração, exigência esta não prevista no dispositivo sob análise, o que não afasta sua observância no caso concreto. (GUIMARÃES, Edgar; SANTOS, José Anacleto Abduch. Lei das estatais: comentários ao regime jurídico licitatório e contratual da Lei nº 13.303/2016. Belo Horizonte: Fórum, 2017. P. 169).

interesse e o patrimônio público, na medida em que o valor obtido poderá servir de parâmetro, como preço mínimo, a ser utilizado no procedimento licitatório.

Dessa maneira, impõe-se que a delimitação patrimonial e financeira do bem a ser alienado seja procedida de maneira específica, com a utilização de critérios idôneos de avaliação, respeito às normas técnicas pertinentes e, na medida do possível, em data próxima à realização do certame, a fim de resguardar a atualidade da análise com os preços efetivamente praticados no mercado.

A depender do objeto em questão e das normas técnicas e jurídicas a ele incidentes, a avaliação poderá ser realizada pela própria estatal, caso possua em seu quadro agentes formal e materialmente habilitados, ou por terceiros contratados. Vale observar que a própria lei, em seu art. 30, II, b, sinaliza para a possibilidade de contratação direta de avaliações em geral junto a profissionais ou empresas de notória especialização, na hipótese de a competição se mostrar inviável.

Ademais, a Lei não estabelece a forma de avaliação, tampouco se haveria a necessidade de realização de diferentes verificações. Esses são temas que, respeitadas a superioridade e a especificidade de outras normas, podem ser regidos pelo Regulamento Interno de Licitações e Contratos da estatal.

A Lei nº 13.303/2016 também ressalva casos de dispensa de licitação em que a alienação poderá ser efetivada sem a avaliação formal do bem: na transferência de bens a órgãos e entidades da Administração Pública; na doação de bens móveis para fins e usos de interesse social; e na compra e venda de ações, títulos de crédito e de dívida e de bens que produzam ou comercializem[8]. No entanto, ainda que as referidas transações estejam excepcionadas da formalidade do requisito, a necessidade de fundamentação da decisão do gestor pode demandar a avaliação do bem, máxime em situações de transferência de bens por permuta com órgãos ou entidades da Administração Pública (art. 29, XVI[9]) ou até mesmo no bojo da avaliação socioeconômica requerida no art. 29, XVII[10], da norma.

8. Lei nº 13.303/2016. Art. 29, XVI e XVII.
9. Lei nº 13.303/2016. Art. 29. É dispensável a realização de licitação por empresas públicas e sociedades de economia mista: (...) XVI – na transferência de bens a órgãos e entidades da administração pública, inclusive quando efetivada mediante permuta.
10. Lei nº 13.303/2016. Art. 29. É dispensável a realização de licitação por empresas públicas e sociedades de economia mista: (...) XVII – na doação de bens móveis para fins e usos de interesse

JURISPRUDÊNCIA RELACIONADA[11]

- A possibilidade do Estatuto disciplinar em contrário a competência para autorizar atos de disposição e oneração de bens, atribuição inicialmente do Conselho de Administração, deve, necessariamente, atentar ao regime jurídico de direito público, marcado por um regramento peculiar e caracterizado principalmente pelos princípios da supremacia e da indisponibilidade do interesse público, além daqueles talhados no art. 37 da CF/88. 03 - Em atenção as disposições legais supratranscritas, seja as proveniente da lei 8.666/99, seja as da lei 13.303/2016, verifica-se que a Companhia de Saneamento de Alagoas, enquanto entidade integrante da administração pública, prestadora de relevante serviço público, não comporta, quanto à alienação de bens, sujeição aos princípios da licitação comercial, muito menos mediante regulamentação própria. (TJAL. Processo 0008143-61.2011.8.02.0001; Foro de Maceió; Órgão julgador: 1ª Câmara Cível; j.: 21/11/2018)

Avaliação. Bens imóveis. Custo Unitário Básico (CUB).

- O Custo Unitário Básico (CUB) é um indicador útil para determinar o custo de empreendimentos novos, bem como a evolução desse custo, mas não é adequado para avaliar ou atualizar o preço de mercado de imóveis antigos. (TCU. Acórdão 2.811/2014-Plenário)

Avaliação. Bens imóveis. Competência. Agentes avaliadores.

- Na avaliação de imóvel para fins de valor de mercado, tanto a Caixa Econômica Federal - CEF como o Instituto Brasileiro de Avaliações e Perícias de Engenharia - IBAPE possuem respaldo para a definição das características do mercado imobiliário. (TCU. Acórdão 3.728/2009 - Plenário)

Avaliação. Princípio da Impessoalidade. Princípio da Moralidade.

- Fere princípio da impessoalidade e da moralidade admitir a participação de servidores em processos de alienação de bens do próprio órgão. A alienação de bens deve ser precedida de adequada avaliação. (TCU. Acórdão nº 887/2011 - Plenário)

Avaliação. Preço de mercado. Contemporaneidade.

- Qualquer processo de alienação de bens da União considerados inservíveis deverá ser precedido de avaliação, em data próxima à venda, fixação de preço mínimo e ampla divulgação da licitação, incluída nessa divulgação o preço mínimo de alienação, visando assegurar que o preço de venda equipare-se ao valor de mercado, em consonância com o art. 37, *caput*, da Constituição Federal c/c os arts. 3º, *caput*, 17, inciso II, e 53, §§ 1º e 4º, todos da Lei 8.666/1993. (TCU. Acórdão nº 887/2011 - Plenário)

social, após avaliação de sua oportunidade e conveniência socioeconômica relativamente à escolha de outra forma de alienação;

11. Vide nota de rodapé nº 38.

15.2. LICITAÇÃO

O art. 49, II, por sua vez, indica a necessidade de que as alienações de bens por empresas públicas e por sociedades de economia mista sejam precedidas de licitação, ressalvadas as hipóteses em que essas, por força do §3º do art. 28, estejam dispensadas de observar as normas de licitações e contratos apresentadas na Lei nº 13.303/2016, quais sejam: "I - comercialização, prestação ou execução, de forma direta, pelas empresas mencionadas no *caput*, de produtos, serviços ou obras especificamente relacionados com seus respectivos objetos sociais; e II - nos casos em que a escolha do parceiro esteja associada a suas características particulares, vinculada a oportunidades de negócio definidas e específicas, justificada a inviabilidade de procedimento competitivo".

Em realidade, trata-se de requisito que repete não apenas o comando constitucional do art. 173, §1º, inc. III[12], mas também a prescrição do *caput* do art. 28 da própria lei das estatais que assinala a obrigação de que os contratos com terceiros destinados à alienação de bens e ativos integrantes do patrimônio das empresas públicas e das sociedades de economia mista sejam precedidos por licitação[13].

Além disso, é oportuno observar que, a despeito de a norma expressamente indicar apenas as situações acima descritas como exceções, existem outras hipóteses em que se permite às estatais alienar bens sem a prévia realização de certame licitatório, *v. g.*:

12. Constituição Federal. Art. 173. (...) § 1º A lei estabelecerá o estatuto jurídico da empresa pública, da sociedade de economia mista e de suas subsidiárias que explorem atividade econômica de produção ou comercialização de bens ou de prestação de serviços, dispondo sobre: (Redação dada pela Emenda Constitucional nº 19, de 1998) (...) III - licitação e contratação de obras, serviços, compras e alienações, observados os princípios da Administração Pública; (Incluído pela Emenda Constitucional nº 19, de 1998).
13. Sobre o tema, a 7ª Turma Cível do TJDFT já se manifestou no seguinte sentido: "Na Lei nº 13.303/16, há previsão dos requisitos próprios para o afastamento das regras licitatórias, bem como hipóteses de dispensa e inexigibilidade de licitação. Dentre os requisitos da licitação, há disposição de que a alienação de bens por empresas públicas e sociedades de economia mista será precedida de licitação, ressalvadas situações bem específicas ou aquelas relacionadas ao desempenho da atividade-fim da empresa. 2. No caso vertente, a contratação dos serviços foi submetida a procedimento licitatório, consubstanciando-se em ato administrativo sujeito às normas de direito público, sendo, portanto, ato de império, que permite a impetração de mandado de segurança contra eventual ilegalidade do Administrado Público." (Acórdão 1166437, 07085296520188070001, 7ª Turma Cível, data de julgamento: 24/4/2019)

- alienações de valor até R$ 50.000,00 (cinquenta mil reais), desde que não se refiram a parcelas de uma alienação de maior vulto que possa ser realizada de uma só vez - (art. 29, II);
- alienações de bens entre empresas públicas ou sociedades de economia mista e suas respectivas subsidiárias - (art. 29, XI);
- alienações destinadas a órgãos e entidades da Administração Pública - (art. 29, XVI);
- doação de bens móveis para fins e usos de interesse social - (art. 29, XVII); e
- compra e venda de ações, títulos de crédito e de dívida e de bens que produzam ou comercializem (art. 29, XVIII).

Considerando que a Lei não apresenta fórmulas categorizadas em modalidades tipificadas, caberá ao gestor conformar o procedimento licitatório de acordo com as características do bem a ser alienado, interesses visados pela empresa estatal e as normas dispostas nos artigos 51 a 61 da Lei nº 13.303/2016.

Quanto aos critérios de julgamento, para além da opção que se mostra mais fácil e direta, em que a empresa pública ou a sociedade de economia mista adjudica o objeto ao licitante que apresentar a maior oferta de preço, é importante destacar o permissivo legal que possibilita a seleção do adquirente em razão da destinação a ser dada aos bens alienados[14].

Da mesma maneira que a Lei nº 13.303/2016 pretende romper o arraigado paradigma de que a vantajosidade das contratações se relaciona com o menor preço, a possibilidade de que as estatais utilizem o critério da melhor destinação dos bens no julgamento dos certames destinados à alienação, prestigia a busca da proposta mais vantajosa como finalidade expressamente destinada às licitações.

Nos casos em que a empresa pública ou a sociedade de economia mista pretenderem implementar o critério da melhor destinação dos bens alienados, deverá o gestor apresentar as razões de sua opção, bem como considerar a repercussão, no meio social, do propósito a ser atendido pelo futuro adquirente.

14. Vide incisos VI e VIII do art. 54 da Lei.

JURISPRUDÊNCIA RELACIONADA[15]

Fixação de preço mínimo para venda.

- A fixação de preço mínimo para venda com base em apenas uma avaliação do preço de mercado não atende ao princípio da razoabilidade. (TCU. Acórdão nº 398/2013 - Plenário)

Alienação de imóveis. Autorização. Sociedade de economia mista.

- Ementa: "1. A sociedade de economia mista tem como órgão soberano a Assembleia-Geral que administra a sociedade, podendo autorizar a alienação de seus bens. 2. O Poder Público como acionista, despe-se do seu *jus imperii*, igualando-se aos demais acionistas. 3. Alienação que, autorizada pela Assembleia-Geral, não sofre o crivo político do Legislativo. 4. Recurso provido, segurança concedida".

Certame destinado à alienação de bens (leilão). Benefícios da LC no 123/2006.

- A decisão envolveu representação que indicava possíveis irregularidades em leilão realizado pela Receita Federal do Brasil. Dentre diversos pontos, alegou-se que o instrumento convocatório não previu o tratamento especial às microempresas e empresas de pequeno porte, previsto na Lei Complementar 123, de 14/12/2006, art. 42 e seguintes". A análise da equipe técnica manifestou-se no seguinte sentido:

> "8.6. O inciso IX, artigo 170 e 179 da Constituição Federal estabelece que a ordem econômica, fundada na valorização do trabalho humano e na livre iniciativa, deve observar o princípio do "tratamento favorecido para as empresas de pequeno porte constituídas sob as leis brasileiras e que tenham sua sede e administração no País".
>
> 8.7. Com base nessa previsão constitucional foi editada a Lei Complementar 123, de 14/12/2006, que instituiu o "Estatuto Nacional das Microempresas e Empresas de Pequeno Porte", criando um conjunto de normas gerais voltadas ao tratamento diferenciado e favorecido para as atividades empresariais de pequeno porte, com o fim de facilitar o acesso das microempresas e empresas de pequeno porte ao mercado.
>
> 8.8. Com a finalidade de regulamentar o tratamento favorecido a estas empresas, o estatuto estabeleceu privilégios na participação de licitações públicas para a aquisição de bens e serviços, a exemplo do previsto nos art. 42 a 44, sem que estendesse tal tratamento à licitação para alienação de bens.
>
> 8.9. A Constituição prevê o princípio do "tratamento favorecido para as empresas de pequeno porte", mas também tem no princípio da isonomia

15. Vide nota de rodapé nº 38.

> um dos pilares da licitação. Assim, se mediante a LC 123/2006 o legislador regulamentou os benefícios - e em quais situações - deveriam ser concedidos às microempresas e empresas de pequeno porte, a concessão de qualquer outro benefício, por analogia, estaria ferindo indevidamente o princípio da isonomia, por prejudicar os demais licitantes".

Por fim, o voto do Min. Relator indicou que "não é apropriado a extensão, por analogia, do tratamento diferenciado às microempresas e empresa de pequeno porte no leilão, considerando que, nesse caso, deve-se fazer interpretação restritiva da Lei Complementar que regulamentou esse benefício". (TCU. Acórdão nº 788/2016 - Plenário)

15.3. ATRIBUIÇÃO DE ÔNUS REAL

Nas hipóteses em que as estatais ansiarem atribuir ônus real a bens integrantes de seu patrimônio - seja por meio de licitação, dispensa ou inexigibilidade -, de acordo com o art. 50 da Lei nº 13.303/2016, serão aplicáveis as normas relativas à alienação de bens.

Segundo Maria Helena Diniz, "os ônus reais (*Reallasten*) são obrigações que limitam a fruição e a disposição da propriedade[16]". Classificam-se como direitos reais sobre a coisa alheia, elencados nos artigos 1.225 e seguintes do Código Civil, tais como: usufruto, uso, hipoteca, enfiteuse, servidão predial, concessão de direito real de uso e laje[17].

Vale notar que, nesse aspecto, a Lei das estatais apresenta regime mais abrangente do que dispunha a Lei nº 8.666/1993 que tratava apenas sobre a concessão de direito real de uso em seus artigos 17 e 45, §1º, IV.

16. DINIZ, Maria Helena. Curso de direito civil brasileiro, 2- volume: teoria geral obrigações — 22. ed. rev. e atual, de acordo com a Reforma do CPC — São Paulo: Saraiva, 2007. P. 15.
17. A propósito, a laje foi recentemente positivada como direito real por meio da Lei nº 13.465/2017, que converteu a Medida Provisória nº 759/2016 e incluiu os artigos 1.510-A a 1.510-E do Código Civil Brasileiro.

16

DO PROCEDIMENTO DE LICITAÇÃO

A constatação de que as atividades exercidas pelas estatais demandam tratamento específico que não as submetam a procedimentos excessivamente rígidos e burocráticos não é recente. Há muito se presencia o debate na doutrina, na prática e na jurisprudência acerca dos obstáculos que o regime tradicional impunha aos objetivos das empresas públicas e das sociedades de economia mista.

Somente no final da década de 90 do século passado, o ordenamento jurídico brasileiro reconheceu essa necessidade ao modificar normas de competência legislativa e incluir a previsão de estatuto jurídico próprio das empresas estatais. Até então, o comando constitucional atribuía competência privativa à União para legislar sobre "normas gerais de licitação e contratação, em todas as modalidades, para a Administração Pública, direta e indireta, incluídas as fundações instituídas e mantidas pelo Poder Público, nas diversas esferas de governo, e empresas sob seu controle". Com a Emenda Constitucional nº 19/1998, o tratamento único cedeu lugar para redação que claramente aponta a existência de dois campos de atuação legislativa sobre normas gerais de licitação e contratação: de um lado, as administrações públicas diretas, autárquicas e fundacionais da União, Estados, Distrito Federal e Municípios; de outro, as empresas públicas e sociedades de economia mista[1].

1. CF. art. Art. 22. Compete privativamente à União legislar sobre: (...) XXVII – normas gerais de licitação e contratação, em todas as modalidades, para as administrações públicas diretas,

Quanto ao regime jurídico aplicável às estatais, o §1º do art. 173, que ditava a sujeição das estatais exploradoras de atividade econômica ao regime das empresas privadas, foi modificado para prever o estabelecimento de estatuto jurídico próprio, que a despeito de manter a vinculação ao regime privatístico em seu inciso II, destacou a necessidade de que fosse prevista licitação para contratação de obras, serviços, compras e alienações, observados os princípios da Administração Pública.

Apesar do objetivo de aproximação do modelo praticado no mercado, é preciso reconhecer que a obrigatoriedade de respeito aos princípios da Administração Pública, e a submissão ao disposto no art. 37, XXI, da Constituição, não permitem equiparar por completo o regime licitatório-contratual das estatais com o das empresas privadas.

Floriano de Azevedo Marques Neto e Juliana Palma destacam a existência de um regime administrativo mínimo das estatais e elencam riscos que a imposição de um regime demasiadamente próximo do regime de direito público poderia ocasionar:

> aumento dos custos e do formalismo na prestação de serviços públicos ou no desenvolvimento de atividades econômicas, ineficiência na satisfação das finalidades de interesse público, estabelecimento de desvantagem competitiva com relação às empresas privadas e, por fim, pura e simples equiparação das empresas estatais às autarquias, com diminuta autonomia de gestão empreendedora e suscetível a comandos políticos do Governo central[2].

Passados alguns anos, a Lei nº 13.303/2016 foi editada e, em atendimento ao comando constitucional, definiu normas específicas de licitação e contratação, incluindo as bases do procedimento a ser respeitado pelas estatais na seleção de seus contratantes, cujas particularidades serão a seguir examinadas.

---

autárquicas e fundacionais da União, Estados, Distrito Federal e Municípios, obedecido o disposto no art. 37, XXI, e para as empresas públicas e sociedades de economia mista, nos termos do art. 173, § 1º, III. (Redação dada pela Emenda Constitucional nº 19, de 1998)

2. MARQUES NETO, Floriano de Azevedo; PALMA, Juliana Bonacorsi de. Licitação nas empresas estatais – Os desafios do novo regime das licitações na Lei das Empresas Estatais (Lei nº 13.303/2016). In: NORONHA, João Otávio de; FRAZÃO, Ana; MESQUITA, Daniel Augusto (Coord.). Estatuto jurídico das estatais: análise da Lei nº 13.303/2016. Belo Horizonte: Fórum, 2017. p. 247.

16.1. DA ORDEM SEQUENCIAL DO PROCEDIMENTO LICITATÓRIO

Uma breve análise dos artigos 51 a 62 da Lei nº 13.303/2016, que dispõem sobre as normas procedimentais dos certames licitatórios das estatais, evidencia o aproveitamento de diversas fórmulas e instrumentos já conhecidos no Regime Diferenciado de Contratações Públicas - RDC - e que, por vezes, destoavam do tradicional rito da Lei nº 8.666/1993.

À partida, alguns pontos merecem destaque: a indicação, em separado, das fases de negociação e verificação da efetividade dos lances ou propostas; a permissão para o uso do critério de julgamento "melhor destinação dos bens alienados"; e o aproveitamento de características amplamente experimentadas na modalidade pregão, como a inversão de fases; o estabelecimento de fase recursal única; a possibilidade de negociação de condições mais vantajosas, dentre outras.

O legislador optou por definir parâmetros procedimentais mínimos, definindo as fases e a sequência que devem ser observadas nos certames, mas sem descrever ou restringir a totalidade dos atos praticáveis nas licitações. Essa sistemática possibilita que as empresas públicas e as sociedades de economia mista possam adequar os procedimentos às suas finalidades e características, respeitadas as diretrizes estabelecidas no Estatuto.

Essa constatação não representa apenas uma liberdade de atuação concedida às estatais, mas, conforme estabelece o art. 40 do Estatuto, um dever das empresas em publicar e manter atualizado regulamento interno que trate, dentre outros fatores, de procedimentos de licitação.

De acordo com *caput* do art. 51, esta é sequência-padrão de fases dos procedimentos licitatórios das estatais:

- preparação;
- divulgação;
- apresentação de lances ou propostas, conforme o modo de disputa adotado;
- julgamento;
- verificação de efetividade dos lances ou propostas;
- negociação;

- habilitação;
- interposição de recursos (fase única);
- adjudicação do objeto;
- homologação do resultado ou revogação do procedimento.

Nota-se, portanto, que a Lei nº 13.303/2016 adotou a lógica de que as estatais devem, primeiramente, analisar as propostas e proceder a habilitação apenas do licitante que apresentou a melhor oferta, de acordo com o critério de julgamento previsto no edital. Trata-se de sistemática largamente experimentada no âmbito dos pregões e que, como regra, torna o procedimento mais célere e descomplicado.

16.1.1. Habilitação antecipada

O Estatuto prevê, no §1º de seu art. 51, que a fase de habilitação poderá anteceder a apresentação de lances ou propostas; julgamento; verificação da efetividade das ofertas; e negociação. Por expressa disposição legal, essa antecipação ocorrerá apenas em situações excepcionais, com a devida motivação das razões que demandam a mudança, e a necessária previsão no instrumento convocatório.

O caráter excepcional da habilitação antecipada justifica-se, pois, como regra, sua utilização não possui vantagens evidentes e pode atrair riscos como o desperdício de tempo na análise de documentos habilitatórios de licitantes muito distantes de alcançar a melhor proposta apresentada; a morosidade quanto ao tempo dispendido na necessária fase recursal pós-habilitação, dentre outros[3].

A despeito de a lei não indicar qual seria o gestor responsável por justificar a realização de certames com a habilitação antecipada, compreendemos razoável que o encargo se direcione à autoridade competente para a autorização, homologação e revogação das licitações, que poderá fazê-lo direta ou indiretamente, por ocasião da chancela das razões do setor técnico demandante ou especializado.

3. ALTOUNIAN, Cláudio Sarian; CAVALCANTE, Rafael Jardim; COELHO, Sylvio Kelsen. Empresas Estatais: Governança, Compliance, Integridade e Contratações os Impactos da Lei nº 13.303/2016. Belo Horizonte: Fórum, 2019. P. 314.

Dessa maneira, a ordem sequencial dos certames com habilitação antecipada restaria assim configurada:

- preparação;
- divulgação;
- habilitação;
- interposição de recursos (1º prazo);
- apresentação de lances ou propostas, conforme o modo de disputa adotado;
- julgamento;
- verificação de efetividade dos lances ou propostas;
- interposição de recursos (2º prazo);
- negociação;
- adjudicação do objeto;
- homologação do resultado ou revogação do procedimento.

É importante perceber que a Lei das estatais oferece cenário que representa a "reversão da inversão" ou o "avesso do avesso" sobre à classificação tradicional. Em outros termos, no momento em que a Lei tornou exceção o que antes era a regra, adotando, como padrão, a habilitação posterior ao julgamento das propostas, a inversão das fases na Lei nº 13.303/2016 revela situação oposta ao que se verificava na relação entre a Lei nº 8.666/1993 e a Lei do pregão. Desse modo, com o objetivo evitar quaisquer dificuldades, propomos o uso da expressão *habilitação antecipada* para a excepcional hipótese disposta no art. 51, §1º, da Lei das estatais[4].

JURISPRUDÊNCIA RELACIONADA[5]

- **No mérito, analisou a alegação do licitante de que as declarações requeridas pela Administração constituem "documentos necessários para a análise das condições para habilitação, os quais seriam exigíveis apenas na segunda fase do certame. Sustenta que a exigência antecipada representa excesso de formalismo". O relator**

4. A despeito de a lei nº 13.303/2016 não indicar.
5. Vide nota de rodapé nº 38.

analisou que, "nos termos do art. 51, § 1º, da Lei nº 13.303/2016, a habilitação pode, excepcionalmente, anteceder outras fases do certame, havendo previsão expressa no instrumento convocatório". Apontou também que do edital "constou, expressamente, que o envio das declarações era condição para participação do certame" e, sendo assim, "não é possível afirmar, prima facie, ilegalidade da desclassificação da agravante". (...) Diante disso, o tribunal julgou que, conforme o "art. 51, § 1º, da Lei nº 13.303/2016, a habilitação pode, excepcionalmente, anteceder outras fases do certame, havendo previsão expressa no instrumento convocatório, como no caso". (Grifamos) (TJ/RS, Agravo Interno nº 70081007353)

16.1.2. Das fases

Para além da ordem sequencial tratada no tópico anterior, é oportuno indicar que a Lei das estatais não utiliza a tradicional divisão entre fase interna e externa dos procedimentos licitatórios. Preferiu o legislador elencar dez diferentes fases, apresentando uma espécie de roteiro mínimo a ser seguido, desde o surgimento da necessidade até o término da fase pré-contratual, com a homologação do resultado, anulação ou revogação do certame.

Conforme orienta o art. 51 da Lei nº 13.303/2016, estas são as fases que devem ser observadas nas licitações promovidas pelas empresas públicas e sociedades de economia mista: I) preparação; II) divulgação; III) apresentação de lances ou propostas, conforme o modo de disputa adotado; IV) julgamento; V) verificação de efetividade dos lances ou propostas; VI) negociação; VII) habilitação; VIII) interposição de recursos; IX) adjudicação do objeto; X) homologação do resultado ou revogação do procedimento.

JURISPRUDÊNCIA RELACIONADA[6]

- Os atos de aprovar o termo de referência e de autorizar a contratação funcionam como etapas de controle e de vinculação de responsabilidade em relação aos procedimentos previamente adotados no processo de licitação, não representando mera formalidade. (TCU. Acórdão nº 3881/2017 – Primeira Câmara)

6. Vide nota de rodapé nº 38.

17

DA PREPARAÇÃO

A fase de preparação representa o conjunto de todos os atos praticados pela estatal desde o momento em que se cogitou a necessidade de contratar até a publicação do instrumento convocatório. Envolve, portanto, não apenas a definição dos parâmetros utilizados na seleção do fornecedor, mas também a própria caracterização do objeto a ser licitado.

Apesar de o regime jurídico disposto na Lei das estatais aproximar-se do praticado nas empresas privadas, com relativa horizontalização da relação entre contratado e contratante[1-2], é inevitável relacionar a fase de preparação elencada na Lei nº 13.303/2016 com a fase interna respeitante aos outros regimes licitatórios.

---

1. Ao descrever movimento análogo ocorrido nos ordenamentos nacionais europeus, Vasco Pereira da Silva indica que "enquanto, antes, a doutrina clássica tinha dificuldades em conciliar a ideia de consenso com o entendimento da Administração como poder, agora a contratualização é, cada vez mais, um modo importante e habitual de actuação da Administração Pública". SILVA, Vasco Pereira da. O contencioso administrativo no divã da psicanálise. Ensaio sobre as acções no novo processo administrativo. Coimbra: Edições Almedina, 2ª edição, 2009. p. 479.
2. Maria João Estorninho relata que essa a evolução da forma de encarar a atuação contratual da Administração tem como consequência "um movimento de sentido convergente, através do qual se tem vindo a reconhecer que, nem o ´contrato administrativo´ é tão exorbitante quanto isso, nem os contratos privados da Administração são exactamente iguais aos contratos celebrados entre particulares, o que reflecte desde logo uma eventual aproximação entre todos os contratos da Administração". (ESTORNINHO, Maria João. Réquiem pelo contrato administrativo. Coimbra: Almedina, 1990. P. 15).

É na fase preparatória que serão delimitadas as necessidades, estabelecidas as condições que direcionarão o certame e em que termos se dará a contratação. Evidencia-se, assim, a importância dessa etapa em relação a todo o regime licitatório e contratual, sendo determinante para o desfecho satisfatório do procedimento e o atingimento dos objetivos visados pelas estatais[3].

Conquanto tenha apresentado as diretrizes do art. 32, disposições de caráter geral relacionadas ao orçamento estimado, e normas específicas de acordo com a natureza do objeto a ser contratado, o estatuto não definiu rol descritivo dos atos necessários nessa primeira fase. Longe de representar desprestígio ou diminuição da importância dos atos de planejamento, esse cenário permitirá que as empresas públicas e as sociedades de economia mista prevejam, em seus regulamentos, regras próprias e adequadas às suas particularidades. Sem perder de vista essa liberdade concedida pelo ordenamento jurídico, com as devidas adaptações, nada impede que as estatais aproveitem boas práticas já conhecidas ou elementos contidos em normas que, apesar de não terem aplicabilidade direta a seus procedimentos, tratam de importantes aspectos da fase preparatória.

Como exemplos, os dispositivos da Instrução Normativa nº 05-MP, de 26 de maio de 2017, que cuidam do planejamento da contratação e elaboração dos Estudos Preliminares (art. 21 a 24) e o decreto regulamentador do RDC que, de forma exemplificativa, apresenta rol de atos e documentos destinados à caracterização do objeto e à definição dos parâmetros do certame:

> I – justificativa da contratação e da adoção do RDC;
>
> II – definição:
>
> a) do objeto da contratação;
>
> b) do orçamento e preço de referência, remuneração ou prêmio, conforme critério de julgamento adotado;
>
> c) dos requisitos de conformidade das propostas;
>
> d) dos requisitos de habilitação;
>
> e) das cláusulas que deverão constar do contrato, inclusive as referentes a sanções e, quando for o caso, a prazos de fornecimento; e
>
> f) do procedimento da licitação, com a indicação da forma de execução, do modo de disputa e do critério de julgamento;

3. TORRES, Ronny Charles Lopes de; MARRY, Michelle. RDC: regime diferenciado de contratações conforme Lei nº 12.980, de 28 de maio de 2014. 1ª Ed. Salvador: Juspodivm, 2014, p. 159.

III – justificativa técnica, com a devida aprovação da autoridade competente, no caso de adoção da inversão de fases prevista no parágrafo único do art. 14;

IV – justificativa para:

a) a fixação dos fatores de ponderação na avaliação das propostas técnicas e de preço, quando escolhido o critério de julgamento por técnica e preço;

b) a indicação de marca ou modelo;

c) a exigência de amostra;

d) a exigência de certificação de qualidade do produto ou do processo de fabricação; e

e) a exigência de carta de solidariedade emitida pelo fabricante;

V – indicação da fonte de recursos suficiente para a contratação;

VI – declaração de compatibilidade com o plano plurianual, no caso de investimento cuja execução ultrapasse um exercício financeiro;

VII – termo de referência que contenha conjunto de elementos necessários e suficientes, com nível de precisão adequado, para caracterizar os serviços a serem contratados ou os bens a serem fornecidos;

VIII – projeto básico ou executivo para a contratação de obras e serviços de engenharia;

IX – justificativa da vantajosidade da divisão do objeto da licitação em lotes ou parcelas para aproveitar as peculiaridades do mercado e ampliar a, desde que a medida seja viável técnica e economicamente e não haja perda de economia de escala;

X – instrumento convocatório;

XI – minuta do contrato, quando houver; e

XII – ato de designação da comissão de licitação.

Compreendemos que o fato de a Lei nº 13.303/2016 não se referir especificamente a uma fase interna da licitação possui significado que ultrapassa a mera troca de vocábulos. Representa uma visão que almeja superar a ideia de que os atos preparatórios são elaborados internamente, a portas fechadas, com a participação exclusiva de apenas um dos lados da futura relação contratual. Por óbvio, os influxos publicistas advindos do regime jurídico constitucional mínimo imposto às contratações das estatais impedem a existência de uma genuína etapa de negociações preliminares – também denominada fase de punctuação – nos moldes das tratativas entre particulares. Essa redução teórica da possibilidade de os interessados influenciarem a fase pré-contratual não impede que as empresas públicas e as sociedades de economia mista estabeleçam em seus regulamentos instrumentos de participação do particular na fase preparatória do certame, tais como: consultas públicas, diálogos com o mercado e audiências prévias. Inseridas em um ambiente de respeito a interesses e princípios republicanos, essas medidas não são apenas permitidas, mas desejáveis.

O TCU, em auditoria voltada à fiscalização de governança e gestão das aquisições de determinada empresa pública federal, traçou diversas recomendações que, adequadas às peculiaridades de cada estatal, podem ser adotadas por diferentes empresas públicas e sociedades de economia mista em seus regulamentos internos de licitações e contratos:

> 9.1.12. execute processo de planejamento das aquisições, contemplando, pelo menos:
>
> 9.1.12.1. elaboração, com participação de representantes dos diversos setores da organização, de um documento que materialize o plano de aquisições, contemplando, para cada contratação pretendida, informações como: descrição do objeto, quantidade estimada para a contratação, valor estimado, identificação do requisitante, justificativa da necessidade, período estimado para aquisição (e.g., mês), programa/ação suportado (a) pela aquisição, e objetivo (s) estratégico (s) apoiado (s) pela aquisição;
>
> 9.1.12.2. aprovação, pela mais alta autoridade da organização, do plano de aquisições;
>
> 9.1.12.3. divulgação do plano de aquisições na Internet;
>
> 9.1.12.4. acompanhamento periódico da execução do plano, para correção de desvios;
>
> 9.1.13. estabeleça um modelo de competências para os ocupantes das funções-chave da área de aquisição, em especial daqueles que desempenham papeis ligados à governança e à gestão das aquisições;
>
> 9.1.14. defina um processo formal de trabalho para as etapas de planejamento de cada uma das aquisições, seleção do fornecedor e gestão dos contratos;
>
> 9.1.15. estabeleça e adote:
>
> 9.1.15.1. padrões para especificações técnicas de objetos contratados frequentemente;
>
> 9.1.15.2. minutas padrão de editais e contratos;
>
> 9.1.15.3. procedimentos para elaboração das estimativas de preços das contratações; (...)
>
> 9.1.19. inclua, no seu modelo de processo de aquisições para a contratação de bens e serviços, na etapa de planejamento da contratação:

9.1.19.1. no modelo de gestão do contrato, mecanismos que permitam o rastreamento dos pagamentos efetuados, isto é, que permitam, para cada pagamento executado, identificar os bens ou serviços fornecidos pela contratada;

9.1.19.2. no modelo de gestão do contrato, a exigência de que a garantia cubra o pagamento de encargos trabalhistas e previdenciários não quitados pela contratada;

9.1.19.3. nas cláusulas de penalidades, o atraso na entrega das garantias contratuais, inclusive as respectivas atualizações de valores decorrentes de aditivos contratuais[4]

JURISPRUDÊNCIA RELACIONADA[5]

- A participação de servidor na fase interna do pregão eletrônico (como integrante da equipe de planejamento) e na condução da licitação (como pregoeiro ou membro da equipe de apoio) viola os princípios da moralidade e da segregação de funções. (TCU. Acórdão nº 1.278/2020 – 1ª Câmara)
- Não cabe à comissão de licitação avaliar o conteúdo da pesquisa de preços realizada pelo setor competente do órgão, pois são de sua responsabilidade, em regra, apenas os atos relacionados à condução do procedimento licitatório. (TCU. Acórdão nº 594/2020 – Plenário)
- "dar ciência ao Serviço Federal de Processamento de Dados de que foram identificadas as seguintes impropriedades no âmbito do Contrato 62.606/2018, firmado com a IBM Brasil – Indústria, Máquinas e Serviços Ltda.: (...) 9.3.3. elaboração açodada, pró-forma e a posteriori dos artefatos essenciais ao planejamento da contratação – Estudo Técnico Preliminar e Projeto Básico – apenas com o fito de cumprir o rito processual, em subversão da sequência processual prevista, definindo-se primeiro a forma de contratar para em seguida elaborar os documentos destinados a sustentar tal definição, o que desrespeita o princípio fundamental do planejamento e do controle insculpidos nos incisos I e V, do art. 6º, do Decreto-Lei 200/1967". (TCU. Acórdão nº 122/2020 – Plenário)
- A pesquisa de preços para elaboração do orçamento estimativo de licitação promovida por empresa estatal não deve se restringir a cotações realizadas junto a potenciais fornecedores, devendo ser utilizadas outras fontes como parâmetro (art. 31, *caput*, e § 3º, da Lei 13.303/2016). (TCU. Acórdão nº 2.102/2019 – Plenário)
- Ao realizar pesquisas de preços de referência, verifique o quadro societário e o endereço das empresas consultadas, a fim de evitar que empresas que possuem sócios em comum, relações de parentesco ou endereços idênticos participem de um mesmo

4. TCU. Acórdãos nº 450/2019 e 378/2016, ambos do Plenário.
5. Vide nota de rodapé nº 38.

levantamento, garantindo, dessa forma, a lisura do procedimento. (TCU. Acórdão nº 3195/2017 - Segunda Câmara)

- No planejamento de suas aquisições de equipamentos, a Administração deve identificar um conjunto representativo dos diversos modelos existentes no mercado que atendam completamente suas necessidades antes de elaborar as especificações técnicas e a cotação de preços, de modo a caracterizar a realização de ampla pesquisa de mercado e evitar o direcionamento do certame para modelo específico pela inserção no edital de características atípicas. (TCU. Acórdão nº 2829/2015-Plenário)

18

DA DIVULGAÇÃO

Ao longo da Seção que trata da sequência procedimental dos certames, apenas o §2º do art. 51 dedica-se à fase de divulgação. Nesse dispositivo, a Lei nº 13.303/2016 informa o meio preferencial para a efetivação dos atos e procedimentos, bem como os veículos em que se exige a publicação dos avisos.

É oportuno ressaltar que o Estatuto apresenta outras disposições relacionadas à divulgação e à publicação do certame a serem consideradas, como o respeito à legislação que regula o acesso à informação (art. 35); a definição de prazos mínimos para apresentação de propostas; e portal específico para a publicação das licitações, procedimentos de pré-qualificação e contratos (art. 39). Remetemos, assim, o leitor aos capítulos desta obra em que os temas são tratados.

18.1. UTILIZAÇÃO PREFERENCIAL DO MEIO ELETRÔNICO

Nos últimos anos, a experiência tem demonstrado que a realização de licitações em ambiente eletrônico tende a proporcionar diversos benefícios relacionados não apenas à obtenção da melhor proposta. Constatam-se incrementos na competitividade e, em certa medida, ao princípio da isonomia sob o viés do particular, ao reduzir os custos necessários à participação em certames, tais como: contratação de representantes, deslocamentos, despesas com envios de documentos, dentre outros[1].

---

1. No mesmo sentido, Cláudia Viana: "[r]econociendo que la contratación electrónica tiene una importancia estratégica, las principales ventajas atribuidas a su uso en el contexto de los procedimientos de contratación pública son: *i)* la simplificación de los procedimientos de

Ao viabilizar a disputa a um número maior de interessados espalhados em diversas localidades, bem como o fato de os licitantes não terem de se reunir presencialmente, em tese, reduz-se o risco de conluios entre os participantes, especialmente em certames com modo de disputa aberto.

Nesse sentido, a Lei nº 13.303/2016 estabelece preferência à utilização de meios eletrônicos nos procedimentos licitatórios por ela regidos. O §2º de seu art. 51 aponta que

> [...] os atos e procedimentos decorrentes das fases enumeradas no *caput* praticados pelas empresas públicas, por sociedades de economia mista e por licitantes serão efetivados preferencialmente por meio eletrônico, nos termos definidos pelo instrumento convocatório.

É preciso analisar o dispositivo acima transcrito com alguma cautela. À primeira vista, o comando traria a repetição da já conhecida preferência para realização de certames eletrônicos, tal qual ocorria no Regime Diferenciado de Contratações Públicas – RDC[2] e no regulamento federal anterior do pregão eletrônico[3]. Todavia, na lei das estatais, a disposição não se refere apenas à publicação dos atos e à fase de apresentação de lances ou propostas. A preferência na utilização de meio eletrônico ocorre em relação a atos e procedimentos de todas as fases; volta-se à efetivação destes atos e procedimentos; e vincula-se às estatais e aos licitantes.

Portanto, salvo justificativa técnica ou econômica, os atos deverão se concretizar pela via eletrônica, desde a fase de preparação até a homologação do resultado, anulação ou revogação do procedimento. Evidencia-se, assim, que as empresas públicas e as sociedades de economia mista devem privilegiar, por exemplo, o envio eletrônico de impugnações, pedidos de esclarecimentos[4],

---

contratación pública; *ii)* la obtención de beneficios económicos y ambientales mediante la reducción de los costos asociados con el papel, el transporte y la energía; *iii)* la promoción de una mayor competencia, facilitando el acceso a los contratos públicos por parte de un mayor número de operadores económicos, en particular para las PYME, y *iv)* con aras a maximizar la eficiencia del gasto público en un contexto de crisis económica y financiera". *In*: VIANA, Cláudia. Contratación pública electrónica: la experiencia portuguesa. Observatorio de los Contratos Públicos, Thomson Reuters – Aranzadi, 2015, p. 282.

2. Lei nº 12.462/2011. Art. 13. As licitações deverão ser realizadas preferencialmente sob a forma eletrônica, admitida a presencial. Parágrafo único. Nos procedimentos realizados por meio eletrônico, a administração pública poderá determinar, como condição de validade e eficácia, que os licitantes pratiquem seus atos em formato eletrônico.
3. Decreto nº 5.450, de 31 de maio de 2005.
4. Especificamente quanto aos pedidos de impugnação e esclarecimentos, compreendemos que, na hipótese de seu envio em meios físicos, não poderá a empresa estatal simplesmente

propostas e recursos, bem como as suas decisões e respostas a eles relacionados.

Sobre o tema, no âmbito do regime tradicional de licitações, a jurisprudência do TCU[5] tradicionalmente aponta a legitimidade da utilização da forma presencial somente quando houver expressa justificativa técnica ou econômica, sob pena de, eventualmente, as contratações serem qualificadas como antieconômicas.

Aos órgãos da administração pública federal direta, autarquias, fundações e fundos especiais – ao contrário do estabelecia o decreto nº 5.450/05[6] –, o art. 1º do decreto nº 10.024/2019[7] torna obrigatório o uso do pregão em sua forma eletrônica. Vale ressaltar, todavia, que a própria norma apresenta exceção a essa compulsoriedade:

> Art. 4º, §4º Será admitida, excepcionalmente, mediante prévia justificativa da autoridade competente, a utilização da forma de pregão presencial nas licitações de que trata o caput ou a não adoção do sistema de dispensa eletrônica, desde que fique comprovada a inviabilidade técnica ou a desvantagem para a administração na realização da forma eletrônica.

Como não poderia ser diferente, a obrigatoriedade acima referida não alcança as empresas públicas, sociedades de economia mista, e suas subsidiárias. Quanto às estatais, a rigor, o decreto nº 10.024/2019 apenas registrou faculdade já emanada do regime da lei nº 13.303/2016 (art. 40), qual seja: que o regulamento interno disponha sobre o procedimento licitatório, o que

---

ignorá-los sob o argumento de que os atos deveriam ser realizados preferencialmente em meio eletrônico. O dispositivo se direciona à ampliação da e transparência na disputa. Não seria razoável fosse utilizado para restringir direitos e, principalmente, para cerrar os olhos a informações que podem ser úteis à lisura do procedimento.

5. *V. g.* Acórdão nº 1079/2017-Plenário, 247/2017-Plenário e 1584/2016-Plenário.
6. Decreto nº 5.450/2005. Art. 4º. Nas licitações para aquisição de bens e serviços comuns será obrigatória a modalidade pregão, sendo preferencial a utilização da sua forma eletrônica. § 1º O pregão deve ser utilizado na forma eletrônica, salvo nos casos de comprovada inviabilidade, a ser justificada pela autoridade competente.
7. Decreto nº 10.024/2020. Art. 1º Este Decreto regulamenta a licitação, na modalidade de pregão, na forma eletrônica, para a aquisição de bens e a contratação de serviços comuns, incluídos os serviços comuns de engenharia, e dispõe sobre o uso da dispensa eletrônica, no âmbito da administração pública federal. § 1º A utilização da modalidade de pregão, na forma eletrônica, pelos órgãos da administração pública federal direta, pelas autarquias, pelas fundações e pelos fundos especiais é obrigatória.

inclui a possibilidade de replicar disposições do decreto do pregão eletrônico, se compatíveis.

Advertimos, no entanto, que a adoção de regras do decreto nº 10.024/2019 pelas estatais deve ser definida com parcimônia, seja porque podem se mostrar incompatíveis, seja porque já possibilitadas na própria lei nº 13.303/2016, conforme bem alertou Renila Bragagnoli:

> tendo em vista a insegurança jurídica relativa ao pinçamento de institutos do Decreto nº 10.024/19 para utilização pelas empresas estatais que optarem por utilizar o pregão eletrônico, inclusive sob o risco de descaracterizar os avanços que Lei nº 13.303/16 trouxe ao ordenamento jurídico, é de se reconhecer que o próprio sistema licitatório da Lei das Estatais já atende aos "novos" elementos que o Decreto em referência traz (...)
>
> Destarte, tendo em vista que, em certos pontos o Decreto nº 10.024/19 vai de encontro aos avanços da Lei nº 13.303/16, ao passo que as inovações trazidas pelo normativo são, praticamente, a rotina o sistema licitatório da Lei das Estatais, é prudente que as empresas estatais não abram margem à utilização facultativa do pregão eletrônico nos moldes do Decreto nº 10.024/2019[8].

Vale notar que não existe qualquer restrição ao processamento de licitações em ambiente eletrônico visando à contratação de obras ou serviços de engenharia. A Lei nº 13.303/2016 não restringiu o meio de efetivação dos atos em função do objeto em disputa. Como visto, o §2º do art. 51 indica preferência ao uso de recursos de tecnologia da informação, o que não impede que, motivadamente, o gestor exerça seu juízo discricionário a indicar que o modelo presencial será mais vantajoso ao atendimento específico da necessidade da empresa estatal.

Por fim, defendemos que a pretensão de beneficiar licitantes locais, enquadrados ou não como microempresas, por si só, não deve servir como a justificativa demandada pelo §2º do art. 51 da Lei nº 13.303/2016 para afastar a realização de licitações na forma eletrônica. Por óbvio, essa compreensão não olvida o assento constitucional de tratamento favorecido às microempresas e empresas de pequeno porte. Ocorre que, em paralelo a essa previsão, o constituinte originário estabeleceu, no art. 37, XXI, que ressalvados os casos

---

8. BRAGAGNOLI, Renila. O novo decreto nº 10.024/2019: pregão eletrônico e sua aplicação às empresas estatais. Disponível em https://www.blogjml.com.br/?area=artigo&c=9039270279f17988a6a95c42f199c7b7 . Acesso em 25.04.20.

especificados na legislação, as obras, serviços, compras e alienações serão contratados mediante processo de licitação pública que assegure igualdade de condições a todos os concorrentes.

Nesse ponto, não está em causa a compatibilidade entre os benefícios regulamentados pela Lei Complementar nº 123/2006 e a norma constitucional[9], mas a legitimidade da realização de certames na forma presencial com objetivo de privilegiar empresas localmente sediadas.

A compreensão de que esse propósito seria incapaz, por si só, de arredar a preferência pelo meio eletrônico se dá pelo fato de que opção pelo procedimento presencial excederia os parâmetros dos benefícios regulamentados para atender à diretriz constitucional, em específico, a prioridade de contratação para as microempresas e empresas de pequeno porte sediadas local e regionalmente, disposta no §3º da Lei Complementar nº 123/2006 e nos artigos 2º, IV, e 9º do Decreto nº 8.538/2015. Ademais, essa medida poderia, em tese, restringir a competitividade da disputa sem que a hipótese estivesse ressalvada na legislação, como determina o art. 37, XXI, da Constituição Federal de 1988.

18.2. PUBLICAÇÃO DE AVISOS

Quanto à divulgação dos avisos com os resumos dos instrumentos convocatórios e dos contratos, a Lei determina sejam previamente publicados na internet e no Diário Oficial da União, do Estado ou do Município.

Percebe-se que o Estatuto apresenta paradigma distinto do outrora estabelecido na Lei nº 8.666/1993, na Lei do Pregão e no RDC. Ao contrário dos diplomas anteriores, a norma concede tratamento único, tanto para a publicação do aviso de edital, conforme os prazos previstos no art. 39, como para os resumos dos contratos a serem firmados pelas estatais.

9. Nesse sentido: "os benefícios dirigidos às microempresas e empresas de pequeno porte, pela aludida lei complementar, evidentemente se chocam com o anseio de igualdade de condições para todos os concorrentes, previsto no texto constitucional. Essa situação não é inédita, uma vez que a legislação ordinária já previu preterições e vantagens no âmbito das contratações administrativas, que debilitam a isonomia formal (prestigiando o sentido material da igualdade), conforme permitido pela norma da Constituição, que admitiu ressalvas legais. O tratamento favorecido previsto pelo inciso IX do artigo 170 da CF, bem como o conhecido conceito de que a isonomia não significa apenas tratar igualmente os iguais, como também garantir o tratamento diferenciado dos desiguais, de maneira a compensar as desigualdades estabelecidas no mundo real, serve de fundamento para as medidas diferenciados apontadas pelo já citado estatuto". TORRES, Ronny Charles Lopes de. Leis de licitações comentadas. 8ª edição. Salvador: Juspodivm, 2017. p. 992.

No regime tradicional de licitações, está prevista a publicação em jornais e nos Diários Oficiais dos Estados e/ou da União. O regulamento do pregão, por sua vez, permite aos entes subnacionais (estados, DF e municípios) cumprirem o requisito mediante a divulgação em seu próprio Diário Oficial e no sítio eletrônico oficial do órgão ou da entidade promotora da licitação[10-11].

A Lei nº 12.462/2011, por sua vez, ao instituir o Regime Diferenciado de Contratações, estabeleceu a obrigatoriedade de publicação em Diário Oficial[12] e na rede mundial de computadores, sem prejuízo da possibilidade de publicação em jornal diário de grande circulação.

---

10. "A novidade relacionada aos meios de publicação está no fato de que a redação do novo decreto retirou a exigência de que a convocação de interessados (aviso do edital), tenha de ser realizada através de divulgação em jornal de grande circulação local, regional ou nacional, a depender dos valores estimados à contratação. Assim, a convocação dos interessados será procedida por meio de publicação de aviso de edital, no Diário Oficial da União e no sítio oficial do órgão ou entidade promotora da licitação, na internet. Por fim, nas hipóteses em que houver transferência de recursos da União para os demais entes federados, a publicação também deverá ocorrer no diário oficial do respectivo estado, município ou do Distrito Federal. *In:* BARCELOS, Dawison. Novo regulamento do pregão comparado. O Licitante. Disponível em http://olicitante.link/decretopregao, 2019.
11. Rafael Sérgio de Oliveira e Victor Aguiar Jardim de Amorim recordam que, "no caso dos Decretos Federais nº 3.555/2000 e nº 5.450/2005, havia a previsão da obrigatoriedade de publicação do aviso em jornal de grande circulação conforme uma "faixa de valores" estimados da contratação. O atual regulamento não dispôs acerca do "vulto da licitação" para fins de publicação do aviso em jornal de grande circulação, o que conduz ao entendimento de que, para atender ao comando de publicidade da norma, seria suficiente a publicação na imprensa oficial (no caso dos integrantes do SISG, o Diário Oficial da União) e no "sítio oficial do órgão ou entidade promotora da licitação". No caso específico de órgãos e entidades de outros entes da federação, de realização de pregão eletrônico em decorrência de utilização de recursos federais, o aviso de edital deverá ser veiculado não apenas no Diário Oficial da União, mas também na "imprensa oficial do respectivo estado, Distrito Federal ou município". *In*: OLIVEIRA, Rafael Sérgio Lima de; AMORIM, Victor Aguiar Jardim de. Pregão Eletrônico: comentários ao Decreto Federal nº 10.024/2019. Belo Horizonte: Fórum, 2020. P.132-133.
12. Interessante notar que a Lei nº 12.462/2011 criou hipótese de dispensa de publicação no Diário Oficial em razão do valor estimado da contratação: "Art. 15 (...) § 1º A publicidade a que se refere o *caput* deste artigo, sem prejuízo da faculdade de divulgação direta aos fornecedores, cadastrados ou não, será realizada mediante:
    I – publicação de extrato do edital no Diário Oficial da União, do Estado, do Distrito Federal ou do Município, ou, no caso de consórcio público, do ente de maior nível entre eles, sem prejuízo da possibilidade de publicação de extrato em jornal diário de grande circulação; e
    II – divulgação em sítio eletrônico oficial centralizado de divulgação de licitações ou mantido pelo ente encarregado do procedimento licitatório na rede mundial de computadores.
    § 2º No caso de licitações cujo valor não ultrapasse R$ 150.000,00 (cento e cinquenta mil reais) para obras ou R$ 80.000,00 (oitenta mil reais) para bens e serviços, inclusive de engenharia, é dispensada a publicação prevista no inciso I do § 1º deste artigo.

Como indicado, as empresas públicas e as sociedades de economia mista devem publicar os avisos contendo o resumo dos instrumentos convocatórios e dos contratos, de maneira prévia, na internet e no Diário Oficial da União, do Estado ou do Município. Por decorrência lógica, a escolha do Diário em que os avisos serão veiculados deve corresponder às respectivas naturezas das empresas estatais: municipal, estadual ou federal.

No que toca à necessária publicação na internet, compreendemos que o termo há de ser interpretado em consonância com o art. 39 da Lei nº 13.303/2016, que determina a divulgação dos procedimentos licitatórios, pré-qualificação e contratos em portal específico mantido pela empresa pública ou sociedade de economia mista.

Essa comunicação eletrônica, além de marcar o início da contagem do prazo mínimo para a apresentação de propostas ou para a eficácia dos contratos, representa instrumento para o exercício do controle social, que permite aos cidadãos e às autoridades a verificação da existência dos procedimentos, ao mesmo tempo que fomenta a participação de empresas até então alijadas do ambiente licitatório, ampliando a competitividade e, por consequência, a percepção de propostas mais vantajosas[13].

Convém ressaltar que os requisitos apresentados pelo §2º do art. 51 representam um piso, isto é, o mínimo previsto pelo legislador para o correto desenvolvimento das licitações e assinatura dos contratos. A formalidade requerida fundamenta-se no dever de dar ciência à sociedade dos atos praticados pela Administração. Assim, é plenamente possível que as estatais prevejam outros requisitos em seus regulamentos, ou, na ausência dessa previsão, e em decorrência da especificidade do objeto a ser contratado, utilize meios alternativos, em acréscimo aos obrigatórios, visando a atingir um espectro maior da sociedade.

Em 2023, O Tribunal de Contas da União, tendo em vista a regra disposta no artigo 17 da Lei nº 14.436/2022 (LDO 2023), entendeu que, além da observância da legislação pertinente à publicação de seus contratos, em especial a Lei 13.303/2016 (Lei das Estatais) e a Lei 12.527/2011 (Lei de Acesso à Informação), as empresas estatais devem disponibilizar informações atualizadas referentes a seus contratos no Portal Nacional de Contratações Públicas

13. TORRES, Ronny Charles Lopes de. Leis de licitações comentadas. 8ª edição. Salvador: Juspodivm, 2017. P. 905.

(PNCP), de que trata a Lei 14.133/2021 (Nova Lei de Licitações e Contratos Administrativos)[14].

JURISPRUDÊNCIA RELACIONADA[15]

- Havendo divergência entre o edital da licitação e os avisos publicados quanto à data de abertura da sessão pública, deve haver nova divulgação do edital, sob pena de o certame ser anulado, uma vez que o fato atenta contra o princípio da publicidade e restringe o caráter competitivo da licitação, configurando grave infração à norma legal. (TCU. Acórdão nº 179/2015-Plenário)
- A cobrança por editais em valor superior ao custo da reprodução gráfica ou ao custo da disponibilização em meio eletrônico é restritiva à competitividade da licitação. (TCU. Acórdão nº 3559/2014-Segunda Câmara)
- Divergência entre o edital e os avisos publicados quanto à data de recebimento das propostas, acarretando prejuízo à ampla competitividade e à obtenção da proposta mais vantajosa, implica a nulidade do certame. (TCU. Acórdão nº 252/2014-Plenário)

14. TCU. Acórdão nº 585/2023, Plenário. Relator Min. Augusto Nardes.
15. Vide nota de rodapé nº 38.

19

DA APRESENTAÇÃO DE LANCES OU PROPOSTAS

19.1. DOS MODOS DE DISPUTA

Os modos de disputa traduzem a sistemática para a submissão de ofertas pelos interessados na contratação e, por consequência, o procedimento a ser seguido pela empresa estatal na seleção da proposta mais vantajosa[1].

Não se pode olvidar que o julgamento objetivo é um dos princípios listados no art. 31 da lei cuja observância mostra-se obrigatória nas licitações realizadas e nos contratos celebrados por empresas públicas e sociedades de economia mista.

Junto a esse princípio está a ideia de estabilidade das regras do procedimento, que não podem ser excluídas, incrementadas ou desconsideradas ao longo da seleção do contratado. Vige, assim, uma lógica de autovinculação na

1. Bernardo Strobel et al indica uma dupla função na escolha do modo de disputa dos certames: "(i) viabilizar a competição, sem prejudicar a qualidade das propostas, e (ii) dificultar a realização de práticas colusivas entre os licitantes, protegendo a higidez do processo seletivo. Razão pela qual sua escolha casuística deverá se dar em atenção às peculiaridades que se apresentem na contratação em concreto, considerando as vantagens e desvantagens destes dois modos ante o objeto que se quer contratar, e ao mercado fornecedor". In: GUIMARÃES, Bernardo Strobel; RIBEIRO, Leonardo Coelho; RIBEIRO, Carlos Vinícius Alves; GIUBLIN, Isabella Bittencourt Mäder Gonçalves; PALMA, Juliana Bonacorsi de. Comentários à Lei das Estatais (Lei nº 13.303/2016). Belo Horizonte: Fórum, 2019. p. 304.

medida em que a lei não apresenta fórmula fechada em que todas as decisões se encontram previamente resolvidas em seu texto. Especialmente no novo regime licitatório das estatais, há um razoável espaço de discricionariedade, seja para a regulamentação específica da entidade, seja para o gestor que, em muitas oportunidades, terá o poder-dever de conformar as disposições que serão impostas a todos – empresa estatal e participantes – no decurso do certame e da execução contratual.

Nessa linha, o art. 52 da Lei nº 13.303/2016 dispõe duas formas básicas quanto ao rito de encaminhamento de propostas: o modo de disputa aberto e o modo de disputa fechado. Além disso, nas hipóteses em que o objeto da licitação puder ser parcelado, segundo a diretriz definida no art. 32, III, a norma indica a possibilidade de combinação de ambos os modos de disputa.

O modo de disputa fechado assemelha-se ao rito tradicional da Lei nº 8.666/1993 em que as propostas se mantinham sigilosas até a data e a hora definidas para que sejam divulgadas.

Por sua vez, o modo de disputa aberto caracteriza-se pela apresentação de lances públicos e sucessivos, crescentes ou decrescentes, de acordo com o critério de julgamento adotado no certame. Trata-se de sistemática semelhante à que ocorria nos pregões sob a égide do decreto nº 5.540/2005[2], em que se permite ao licitante a renovação contínua de suas ofertas e o pleno conhecimento dos lances e propostas dos demais participantes. O estatuto também prevê, no modo de disputa aberto, a admissão de lances intermediários e o reinício da disputa[3].

Vale notar que, na hipótese de o procedimento licitatório adotar fórmula semelhante à utilizada no modo de disputa aberto dos pregões, é dado ao licitante participar da disputa com sua proposta inicial. A renovação da oferta ao longo da fase de lances representa faculdade que lhe assiste, não podendo decorrer prejuízos de sua não utilização.

Caberá ao gestor decidir o modo de disputa de acordo com a sua experiência, as características do objeto a ser contratado, e o mercado em que este se insere. Se, de um lado, o modo de disputa aberto tende à obtenção de

2. O atual regulamento federal do pregão eletrônico (decreto nº 10.024/2019) também dispôs, em seus artigos 31 e 32, sobre um modo de disputa aberto.
3. A apresentação de lances intermediários e o reinício da disputa aberta serão tratados, de maneira específica, ainda neste Capítulo.

melhores preços quando existente um largo número de competidores - o que também pode desencadear preços demasiadamente enxutos e afetar a qualidade da execução contratual -, por outro, o modo fechado pode se mostrar mais adequado quando o critério de julgamento contém elementos de técnica, conteúdo artístico ou análise da destinação de bens a serem alienados[4]. Acerca dessa decisão, Cláudio Sarian e Rafael Jardim indicam que

> O ponto crucial a ser reconhecido é a natural "luta" pelo menor preço que ocorre nas licitações julgadas mediante lances abertos. Tal realidade pode se contrapor ao critério de julgamento escolhido para a obtenção da melhor proposta. Levando em conta que a decisão de oferecer um preço mais baixo é momentânea — exige imediata manifestação do licitante, sem um maior amadurecimento — ao ter ciência do preço de seu concorrente, pode haver uma tendência "emocional" de cobrir o preço a qualquer custo, somente para ganhar a concorrência. (...)
>
> O fato é que ofertas excessivamente baixas acabam por forçar uma redução de custos de execução por parte da licitante, com reflexo na pior qualidade de execução da obra/serviço, para que consiga manter a exequibilidade de sua proposta. E quanto mais complexa a obra e maior a responsabilidade em termos de tecnologia e metodologia utilizada, piores serão as consequências (às vezes desastrosas) dessa redução de qualidade para a manutenção do preço ofertado.
>
> Em compras ou na execução de objetos mais simples, que podem ser caracterizados como "de prateleira", o espaço para essas "aventuranças" se faz reduzido. Quando a necessidade criativa e a responsabilidade intelectual forem cruciais, entretanto, esse "estímulo" ao menor preço não se faz tão vantajoso porque a melhor proposta se afastará desse critério[5].

4. No mesmo sentido, Bernardo Strobel orienta que "se a ausência de uma etapa subsequente de disputa direta entre os licitantes pode ser uma desvantagem, ao impedir a formulação de novas propostas mais benéficas ao contratante, por outro lado, o risco de que as propostas apresentadas com a dinâmica competitiva sejam inexequíveis, ou resultem na entrega de objetos de pior qualidade, também deve ser tido por menor, o que pode ser tido por vantagem. A questão não é, portanto, de preferência absoluta por um dos modos em detrimento do outro, mas de melhor adequação do modo de disputa, tomando por conta as características do objeto licitado. In: GUIMARÃES, Bernardo Strobel; RIBEIRO, Leonardo Coelho; RIBEIRO, Carlos Vinícius Alves; GIUBLIN, Isabella Bittencourt Mäder Gonçalves; PALMA, Juliana Bonacorsi de. Comentários à Lei das Estatais (Lei nº 13.303/2016). Belo Horizonte: Fórum, 2019. p. 200-201.
5. ALTONIAN, Cláudio Sarian; CAVALCANTI, Rafael Jardim. RDC e Contratação Integrada na Prática–250 questões fundamentais. Belo Horizonte: Fórum, 2014. P. 121.

O legislador optou por não estabelecer, cerrada e esmiuçadamente, as etapas ou os atos que integrarão a fase de apresentação de propostas ou lances. Como exemplo, nota-se que a Lei não pressupõe, no modo de disputa aberto, a prévia apresentação de propostas, tampouco fase preliminar de classificação. Em nossa visão, é recomendável que as empresas públicas e sociedades de economia mista estabeleçam em seus regulamentos o detalhamento procedimental de questões como a acima referida, sendo possível a adoção de práticas já conhecidas, como o rito do RDC, ou a prescrição de novas regras que correspondam às características de sua atividade, nos limites estabelecidos em lei.

Outro ponto merecedor de atenção dos regulamentos internos e dos instrumentos convocatórios é a possibilidade de combinação dos modos de disputa aberto e fechado. A literalidade do *caput* do art. 52 sinaliza sua adoção nas hipóteses em que o objeto puder ser parcelado. Tratam-se, assim, dos casos em que um mesmo procedimento licitatório contém diferentes pretensões contratuais. Considerando que, nesse aspecto, a competição ocorre de maneira independente, é lícito que o certame preveja diferentes modos de disputa para itens ou lotes distintos.

Todavia, justamente por essa característica, compreendemos que a hipótese acima referida não reflete real combinação dos modos de disputa, mas, tão-somente, a existência autônoma de dois critérios aplicados a objetos independentes, ainda que em um mesmo procedimento.

Conclui-se, assim, que a combinação dos modos de disputa – prescrita no *caput* do art. 52 –, não se refere aos casos em que o objeto for efetivamente parcelado, pois não haveria conjugação. Ao contrário, ocorrerá combinação "quando o objeto da licitação puder ser parcelado[6]", mas não o tiver sido de fato[7]. Nesse caso, a um mesmo item poderá ser aplicado um modo de disputa composto por justaposição, que, sequencialmente, reunirá características

6. É de se notar, inclusive, a diferença da expressão utilizada no *caput* do art. 52, caso em que a combinação pode compor um modo de disputa aberto-fechado ou fechado-aberto –, e a apresentada no §1º do art. 54 ("poderão ser combinados na hipótese de parcelamento do objeto") que indica a aplicação efetiva da divisão e a possibilidade de cada um deles adotar critério de julgamento distinto.

7. Nesse sentido: NIEBUHR, Joel de Menezes; NIEBUHR, Pedro de Menezes. Licitações e Contratos das Estatais. Belo Horizonte: Fórum, 2018. p. 182. Em sentido contrário: GUIMARÃES, Bernardo Strobel; RIBEIRO, Leonardo Coelho; RIBEIRO, Carlos Vinícius Alves; GIUBLIN, Isabella Bittencourt Mäder Gonçalves; PALMA, Juliana Bonacorsi de. Comentários à Lei das Estatais (Lei nº 13.303/2016). Belo Horizonte: Fórum, 2019. p. 229.

de ambos: uma etapa aberta e outra fechada; ou vice-versa, como previsto ao Regime Diferenciado de Contratações Públicas – RDC, nos termos do art. 24 do Decreto nº 7.581/2011[8].

JURISPRUDÊNCIA RELACIONADA[9]

- Representação. Possíveis irregularidades em licitação modo de disputa fechado. Conhecimento. Improcedência. Medida cautelar prejudicada. Indeferimento do pedido da representante para ser considerada como parte interessada. Recomendação. Comunicações. (...) 9.5. recomendar à <*omissis*>. que oriente sua Comissão de Licitação a adotar, em suas próximas licitações, comunicações que deixem claro o momento de declaração de licitante vencedor e de abertura do prazo para apresentação de recursos, e informe ao TCU, no prazo de 60 dias, as medidas adotadas para o atendimento ou as razões para o não acolhimento da recomendação; (TCU. Acórdão nº 438/2020 – Plenário)

19.2. DOS LANCES INTERMEDIÁRIOS

A possibilidade de apresentação de lances intermediários representa a capacidade de o licitante melhorar a sua proposta em patamar igual ou aquém ao melhor lance já oferecido por outro participante. Em outras palavras, é a oportunidade que detém para galgar posições na ordem de classificação, sem que para isso tenha de superar a oferta mais vantajosa enviada.

O artigo 53 da Lei nº 13.303/2016 indica que, quando for adotado o modo de disputa aberto, poderá ser admitida a apresentação de lances intermediários que, de acordo com seu parágrafo único, são os lances:

I. iguais ou inferiores ao maior já ofertado, quando adotado o julgamento pelo critério da maior oferta;

II. iguais ou superiores ao menor já ofertado, quando adotados os demais critérios de julgamento.

Ainda que o licitante não vença o certame, a perspectiva de posicionar-se entre as primeiras colocações mostra-se útil na medida em que, por diversos

8. Decreto nº 7.581/2011. Art. 24. Os modos de disputa poderão ser combinados da seguinte forma: I – caso o procedimento se inicie pelo modo de disputa fechado, serão classificados para a etapa subsequente os licitantes que apresentarem as três melhores propostas, iniciando-se então a disputa aberta com a apresentação de lances sucessivos, nos termos dos arts. 18 e 19; e II – caso o procedimento se inicie pelo modo de disputa aberto, os licitantes que apresentarem as três melhores propostas oferecerão propostas finais, fechadas.

9. Vide nota de rodapé nº 38.

motivos, este poderá ser convocado a executar o objeto, seja na fase pré-contratual, em razão de juízo inexequibilidade ou inabilitação do participante provisoriamente classificado em primeiro lugar; seja após a homologação do resultado, por exemplo, na hipótese de rescisão contratual quando poderá ser convocado para manifestar-se acerca do interesse de ser contratado diretamente para a execução de remanescente de obra, de serviço ou de fornecimento, nos termos do art. 29, VI, da Lei nº 13.303/2016.

Acrescentam Benjamin Zymler e Laureano Dios outro benefício relacionado à apresentação de lances intermediários: a inibição do chamado "efeito coelho[10]" em que:

> [...] determinada empresa não apta a se habilitar ou que não tenha interesse na contratação, em combinação ou não com outra licitante, promova o prematuro fim da competição ao elaborar proposta economicamente inviável para os demais licitantes. Na hipótese de combinação, o esgotamento prematuro do certame ocorreria para beneficiar determinada empresa que estivesse classificada logo depois daquela que elaborou a proposta que não seria honrada.[11]

Vale notar que o Tribunal de Contas da União possui jurisprudência, surgida no âmbito da Lei nº 10.520/2002, que recomenda aos pregoeiros que ajam de maneira proativa ao longo da sessão pública de lances, com o objetivo de incentivar os participantes a ofertarem lances intermediários.

A despeito de a literalidade do *caput* do art. 53 sinalizar a uma faculdade do gestor, quando adotado o modo de disputa aberto, os lances intermediários devem ser admitidos em todos os procedimentos licitatórios realizados

---

10. A denominação remete à prática verificada em provas de atletismo de longa distância em que determinado atleta, em conluio com outro, participa da corrida apenas para ditar um ritmo acelerado em seu início, com o objetivo de cansar competidores que decidem acompanhá-lo. No campo da contratação pública, há diversas manifestações do Tribunal de Contas da União que a reconhece como comportamento fraudulento a ensejar a imposição de sanções. O voto condutor do Acórdão nº 754/2015, proferido pela Min. Ana Arraes, sintetiza a conduta: "A ação dessas empresas consiste em apresentar proposta excessivamente baixa em um processo licitatório para que outras empresas desistam de competir, por acreditarem que o outro concorrente teria um preço que não lhes permitiriam prosseguir na disputa. Na sequência, uma empresa que esteja em conluio com o 'coelho' oferece o segundo melhor lance e, com a desclassificação intencional da primeira, acaba sendo contratada por um valor que possivelmente poderia ser superior àquele que seria obtido sem a influência do 'coelho'". TCU. Acórdão nº 754/2015-Plenário.
11. ZYMLER, Benjamin; DIOS, Laureano Canabarro. Regime Diferenciado de Contratação-RDC. Belo Horizonte: Editora Fórum, 2014. p. 102.

pelas estatais, não havendo razão apriorística para a sua vedação. Portanto, o verbo "poder" do dispositivo há de ser interpretado como um poder-dever a ser cumprido pelas empresas públicas e sociedades de economia mista.

19.3. DO REINÍCIO DA DISPUTA ABERTA

Como visto, os lances intermediários destinam-se a permitir a disputa por outras colocações além da primeira, seja pela expectativa de futura convocação, seja em prol da lisura do procedimento ao inibir o denominado "efeito coelho".

Vale ressaltar que a Lei nº 13.303/2016 não previu a possibilidade dessa "competição secundária" apenas à fase de apresentação de lances, mas também para o momento em que a melhor proposta já se encontra definida. Essa etapa, disposta no art. 53, II, denomina-se *reinício da disputa aberta* e possui objetivos semelhantes à oferta de lances intermediários, sem que com eles se confunda.

Admite-se o reinício da disputa aberta, nos termos previamente estabelecidos no instrumento convocatório[12], quando já tiver sido encerrada a competição entre os licitantes, isto é, no momento em que o melhor lance se encontra fixado, de acordo com o critério de julgamento adotado no certame. Ademais, o reinício somente ocorrerá quando a diferença entre o melhor lance e o segundo colocado for igual ou maior que 10% (dez por cento).

Dessa maneira, configurados os requisitos, temos que: 1) o licitante que apresentou o melhor lance não participará da nova disputa[13], haja vista que o primeiro colocado já se encontra definido; e 2) todos os demais participantes terão oportunidade de participar do reinício da competição.

No que toca à compatibilização do reinício da disputa com os benefícios da Lei Complementar nº 123/2006, é importante ponderar que a avaliação acerca da caracterização do empate ficto, bem como a eventual concessão

12. Apesar de não representar requisito explícito contido no inc. II do art. 53 da Lei nº 13.303/2016, a necessidade de expressa previsão no instrumento convocatório visa a atender, dentre outros, os princípios da impessoalidade e do julgamento objetivo elencados no art. 31 da norma.

13. Ao tratar do reinício da disputa aberta no Regime Diferenciado de Contratações Públicas – RDC, que possui sistemática semelhante à da lei das estatais, o relatório apresentado junto ao Acórdão nº 2.224/2013 do Plenário do TCU indicou que o reinício da disputa para a definição do primeiro colocado pode ensejar a nulidade do procedimento.

da oportunidade de suplantar a proposta vencedora de licitante que não seja microempresa ou empresa de pequeno porte, devem ser procedidas após o término da etapa que reiniciou a disputa. Somente nesse momento é que as colocações do certame estarão definidas e a ordem de classificação estabilizada a fim de servir de parâmetro à verificação de existência de empate ficto, de acordo com os termos do art. 44 da referida lei complementar.

Interpretação em sentido contrário acataria, no mínimo, a situação inusitada em que uma microempresa poderia alcançar a segunda colocação ao final do certame, com diferença percentual dentro dos limites definidos ao empate ficto, sem que lhe fosse concedido o direito de apresentar nova proposta para cobrir o lance da grande empresa vencedora.

Quanto aos parâmetros da retomada da disputa, compreendemos que os lances, para serem efetivados, devem respeitar os critérios do parágrafo único do art. 53, quais sejam: "i) iguais ou inferiores ao maior já ofertado, quando adotado o julgamento pelo critério da maior oferta; ii) iguais ou superiores ao maior já ofertado, quando adotados os demais critérios de julgamento". No entanto, a constatação de que existem participantes interessados em executar o objeto licitado com propostas melhores que a oferta já fixada, pode servir de argumento na fase de negociação, mas não tem o condão de afastar automaticamente o melhor lance constituído.

19.4. DO PRAZO DE VALIDADE DAS PROPOSTAS

Verifica-se que a Lei das estatais, ao contrário da lei nº 10.520/2002[14], não estabelece prazo de validade "padrão" a ser aplicável às propostas em seus procedimentos licitatórios. Trata-se de matéria que pode ser regida pelo regulamento interno[15], desde que compatível com o disposto na lei nº 13.303/2016.

Compreendemos, também, que o instrumento convocatório poderá estabelecer prazo mínimo razoável de validade das propostas comerciais, desde que compatível com a duração do certame e dentro dos prazos previstos na legislação vigente.

14. Lei nº 10.520/2002. Art. 6º O prazo de validade das propostas será de 60 (sessenta) dias, se outro não estiver fixado no edital.
15. Lei nº 13.303/2016. Art. 40. As empresas públicas e as sociedades de economia mista deverão publicar e manter atualizado regulamento interno de licitações e contratos, compatível com o disposto nesta Lei, especialmente quanto a: (...) IV – procedimentos de licitação e contratação direta.

É preciso ressaltar que, quando o regulamento interno ou instrumento convocatório específico definirem prazo de validade de propostas, os licitantes estarão liberados dos compromissos admitidos, caso o procedimento licitatório seja encerrado após a ultrapassagem do referido prazo.

A definição do marco na fase de encerramento (homologação do resultado ou revogação do procedimento[16]) dá-se em razão de, nos termos do art. 60, a homologação do resultado implicar a constituição de direito referente à celebração do contrato em favor do licitante vencedor. Com o nascimento desse direito, também surge a obrigação de atender à convocação da empresa estatal para assinar o termo de contrato e não há se falar em liberação dos compromissos na hipótese de, após a homologação, o chamado para a assinatura do contrato ocorrer depois do prazo de validade da proposta.

Cumpre notar que, em nosso juízo, não há impedimento para que o licitante, voluntariamente - de forma espontânea ou mediante provocação - renove a validade de sua proposta, caso esta vença antes do encerramento do certame. Sobre essa hipótese, ainda que no regime tradicional de licitações, já decidiu o Tribunal de Contas da União:

> Em relação ao prazo de validade das propostas, por m, entendo que o posicionamento mais compatível com a interpretação é o de que o prazo de 60 dias, ou outro estipulado no edital, deve ser contado a partir da data de apresentação da primeira proposta, uma vez que, na segunda, não há liberdade de alteração dos valores. Caso esse prazo vença sem que o certame tenha chegado ao fim, restará a opção de os licitantes voluntariamente ratificarem suas propostas, mas eles não estarão mais obrigados a mantê-las[17].

Ademais, em consonância com as lições de Lucas Rocha Furtado, a anuência pela renovação do prazo de validade de propostas deve se dar dc mancira expressa e formalizada:

> tem sido prática comum em alguns órgãos públicos, quando se verifica que a licitação não será concluída dentro do prazo de validade dessas propostas, a de indagar aos licitantes se eles aceitam prorrogar suas propostas. Se houver essa aceitação, convém que tais declarações sejam tomadas a termo. Essa prática deve, aliás, ser adotada pelos

16. Lei nº 13.303/2016. Art. 51, X.
17. TCU. Acórdão nº 526/2005 - Plenário.

> administradores, a fim de evitar a hipótese de conclusão de uma licitação onerosa para a Administração e ver, posteriormente, frustrada a celebração do contrato[18].

Observa-se que o licitante não poderá ser apenado em razão do não atendimento à solicitação de prorrogação do prazo de validade anteriormente definido; bem como pela recusa de assinar o contrato decorrente de certame cuja homologação ocorreu após o término do prazo de validade de sua proposta.

18. FURTADO, Lucas Rocha. Curso de Licitações e Contratos Administrativos, Fórum, Belo Horizonte, 2019, p. 700.

20

FASE DE JULGAMENTO

20.1. DOS CRITÉRIOS DE JULGAMENTO

Os critérios de julgamento equivalem aos tradicionalmente denominados "tipos de licitação", em que cada espécie traz consigo os parâmetros que prevalecerão na seleção da proposta mais vantajosa. Representam, pois, a base do princípio do julgamento objetivo a que devem respeito as empresas públicas e as sociedades de economia mista, nos termos do art. 31 da Lei n° 13.303/2016.

O art. 54 do Estatuto elenca oito diferentes critérios de julgamento: i) menor preço; ii) maior desconto; iii) melhor combinação de técnica e preço; iv) melhor técnica; v) melhor conteúdo artístico; vi) maior oferta de preço; vii) maior retorno econômico; e viii) melhor destinação de bens alienados.

À semelhança dos modos de disputa, é permitida a combinação entre diferentes critérios de julgamento em uma mesma licitação, na hipótese de parcelamento do objeto. Assim, caso uma estatal necessite, por exemplo, trocar o mobiliário de suas repartições, não dependerá da publicação de diversos procedimentos para alienar os bens existentes e adquirir novos. Diante do permissivo legal contido no art. 53, §1° da Lei, é possível a realização de certame único e a adoção dos critérios menor preço e melhor destinação de bens alienados; ou a combinação entre menor preço e maior oferta.

O princípio do julgamento objetivo orienta que, além de os critérios adotados serem objetivos, devem estar previamente estabelecidos no instrumento convocatório. É o que também resta definido no §1º do art. 54. Não é concebível, portanto, a utilização de novos parâmetros, durante a realização do certame, para avaliar as propostas apresentadas[1].

Independentemente do critério de julgamento adotado, será sempre necessário que o procedimento se paute em parâmetros objetivos que possibilitem, sob uma mesma régua, a efetiva comparação entre as propostas apresentadas. Dessa forma, o raciocínio se aplica tanto aos critérios cuja essência oferece padrões objetivos – *v. g.* menor preço, maior desconto e maior oferta de preços –, como àqueles que envolvem fatores técnicos ou intelectuais: melhor combinação de técnica e preço, melhor técnica, melhor conteúdo artístico, maior retorno econômico e melhor destinação dos bens alienados. Para estes, a Lei nº 13.303/2016 determina o emprego de parâmetros específicos destinados a limitar a subjetividade no julgamento[2].

Ademais, um ponto que merece destaque é a determinação legal de que somente poderão ser consideradas as vantagens previstas no instrumento convocatório para efeito de julgamento. A redação do art. 54, §3º, pode revelar aparente antinomia junto ao dever de as empresas públicas e as sociedades de economia mista negociarem condições mais vantajosas com o licitante cuja proposta final teve sua efetividade confirmada e obteve a primeira colocação[3]. Em decorrência do respeito aos princípios da impessoalidade, da vinculação ao instrumento convocatório e do julgamento objetivo, a Lei veda que o licitante possa oferecer quaisquer vantagens não previstas em edital e que esses benefícios adicionais alterem a ordem de classificação ou intervenham no julgamento das propostas. Noutra senda, a obtenção de condições mais vantajosas, oferecidas por iniciativa do licitante ou alcançadas por meio da negociação, não representam ilegalidade, desde que não influenciem no julgamento, acarretem custos indiretos ou modifiquem a natureza do objeto almejado.[4]

---

1. FURTADO, L. R. Curso de licitações e contratos administrativos. 7º edição.: Fórum, 2017. p. 147.
2. O art. 54, §2º da Lei nº 13.303/2016 refere-se apenas aos incisos III, IV, V e VII de seu *caput*. Todavia, atribuímos a um esquecimento do legislador a ausência de menção ao critério melhor destinação de bens alienados (art. 54, inc. VIII).
3. Lei nº 13.303/2016. Art. 57. Confirmada a efetividade do lance ou proposta que obteve a primeira colocação na etapa de julgamento, ou que passe a ocupar essa posição em decorrência da desclassificação de outra que tenha obtido colocação superior, a empresa pública e a sociedade de economia mista deverão negociar condições mais vantajosas com quem o apresentou.
4. No mesmo sentido, Marçal Justen Filho: "obviamente, a oferta de vantagens ou benefícios não previstos ou superiores aos determinados no ato convocatório não prejudica o licitante. Se o benefício não for de ordem a alterar o gênero do produto ou do serviço, nenhum efeito dele se

20.1.1. Menor preço

O menor preço é o critério de julgamento mais utilizado em qualquer dos regimes licitatórios. Seu protagonismo ganhou proporções tão grandes a ponto de, erroneamente, ser comum a vinculação do conceito de "proposta mais vantajosa" à definição de "proposta de menor preço". Como visto, uma das finalidades das licitações, elencadas no art. 31 da Lei nº 13.303/2016, é assegurar a seleção da proposta mais vantajosa, e o critério menor preço representa apenas uma das fórmulas para se alcançar esse objetivo.

Efetivamente, a disputa pelo preço satisfaz à maioria das contratações, especialmente as mais corriqueiras e as que possuem a padronização como característica. No entanto, os profissionais responsáveis por acompanhar e fiscalizar os contratos bem sabem que, a depender das especificidades do objeto, uma proposta de menor preço considerada como a mais vantajosa no certame, pode revelar grandes imbróglios ao longo da execução contratual.

É necessário assentar que a utilização do critério de julgamento menor preço não significa desprezar aspectos relacionados à qualidade do bem a ser adquirido ou do serviço a ser prestado. O que se pretende, em última instância, é selecionar a proposta mais vantajosa pelo menor custo possível. Assim, na fase preparatória, as empresas públicas e as sociedades de economia mista devem elaborar o instrumento convocatório com especificações apropriadas a garantir padrões mínimos de qualidade. A rigor, contratar produto ou serviço que não atende à necessidade da estatal que fundamentou a decisão de licitar, ainda que custe um centavo de real, pode ser considerado antieconômico.

Em julgamento que ensejou o Acórdão nº 53/2018[5], cuja razão de decidir mostra-se integralmente aplicável às estatais, o Plenário do Tribunal de Contas da União destacou que a exigência de qualidade não constitui óbice à contratação mediante pregão – e, por consequência, com o uso do critério menor preço –, porquanto permite ao gestor estipular requisitos obrigatórios, critérios de qualificação, entre outras exigências com vistas à seleção de

---

extrairá. Porém, se a vantagem configurar, na verdade, outra espécie de bem ou serviço, deverá ocorrer a desclassificação da proposta – não pela "vantagem" oferecida, mas por desconformidade com o objeto licitado". JUSTEN FILHO, Marçal. Comentários à lei de licitações e contratos administrativos. 2016. 17. ed. P. 968.

5. TCU. Acórdão nº 53/2018 – Plenário. Rel. Min. Augusto Sherman.

empresa que seja técnica e operacionalmente capaz de prestar os serviços e, assim, obter a proposta mais vantajosa.

20.1.2. Maior desconto

O critério de julgamento maior desconto, à semelhança do menor preço, visa a selecionar a proposta que gera o menor dispêndio à estatal. Apesar da recente previsão legal específica[6], o critério já é utilizado há bastante tempo pela Administração Pública e, na Lei nº 13.303/2016, se apresenta de forma destacada em relação aos demais critérios.

Em vez de a disputa ocorrer com base nos valores nominais de cada licitante para a execução do objeto, as propostas conterão um percentual de desconto cuja referência será o preço global previamente fixado no edital. Além disso, o desconto vencedor deverá ser considerado para a assinatura do contrato e de seus eventuais termos aditivos, conforme indica o art. 54, §4º, I, da lei.

O Tribunal de Contas da União manifestou-se diversas vezes acerca da aplicação linear do critério maior desconto em obras e serviços de engenharia. Nessas hipóteses, os interessados têm de apresentar lances ou propostas com percentual de desconto único em relação a todos os preços unitários contidos no orçamento estimado. No âmbito da Lei nº 8.666/1993, o TCU tradicionalmente posiciona-se contrário à utilização de desconto linear sobre todos os itens de um orçamento, sob o argumento de que não havia previsão legal para a aplicação da sistemática[7], o que configuraria espécie de licitação extralegal. No voto condutor do Acórdão nº 1.700/2007, o Ministro Marcos Vinicios Vilaça evidenciou risco na utilização do maior desconto linear como parâmetro da busca da proposta mais vantajosa:

> 12. Numa licitação, a Administração procura o menor preço disponível no mercado. Esse preço, por sua vez, é composto do custo e do lucro do vendedor. Exigir um desconto que torne o preço de um produto menor do que o seu custo não está nos propósitos da licitação. (...)

6. Na legislação federal, a menção expressa ao critério maior desconto deu-se com a Lei nº 12.462/2011 que instituiu o Regime Diferenciado de Contratações Públicas. Antes disso, algumas leis municipais e estaduais (a exemplo do estado da Bahia – Lei Estadual nº 9.433/2005) já adotavam a referida técnica de legislação.
7. *V.g.* Acórdãos nºs. 2.304/2009-TCU-Plenário e 326/2010-TCU-Plenário.

> Em termos estritamente jurídicos, o procedimento ora questionado violou o princípio da legalidade, o que, por si só, constitui motivo suficiente para afastá-lo. A propósito, a CEPISA não colacionou, em sua manifestação preliminar, qualquer norma jurídica que o amparasse.
>
> Já em termos práticos, em que pese se possa admitir que tal procedimento evite o `jogo de planilhas', há que se apontar, em contraponto, as seguintes desvantagens:
>
> a) há um engessamento dos preços unitários dos licitantes, que não são determinados pela apuração dos respectivos custos e lucros, mas por uma relação linear com os preços constantes do orçamento-base, engessamento esse que, em caso de acréscimos ou supressões do objeto contratual, pode acarretar o desequilíbrio econômico-financeiro do contrato;
>
> b) tendência a uma maior onerosidade das propostas dos licitantes, para compensar o risco de desequilíbrio econômico-financeira decorrente de eventuais termos aditivos contratuais que modifiquem o objeto contratual de forma mais onerosa para a Contratada[8].

Por outro lado, o principal argumento para a adoção do critério maior desconto é capacidade de inibir, em tese, o "jogo de planilhas[9]" e, como sabido, essa fraude "é mais provável de ocorrer em licitações que têm arrimo em projetos básicos, como em obras, porque os licitantes podem tirar proveito de deficiências claras na previsão de quantitativos, ou mesmo manipulá-los em seu favor na execução contratual[10]".

É possível constatar que, ao longo do tempo, a jurisprudência do TCU evoluiu e passou a diferenciar os casos em que os itens do orçamento mostravam-se homogêneos em relação à política de preços do próprio mercado; daqueles que envolviam múltiplos elementos que tornavam impossível equilibrar os descontos em um único percentual, como ordinariamente ocorre em

8. TCU. Acórdão nº 1.700/2007-Plenário.
9. Sobre o tema, sugerimos a leitura da Decisão nº 1.054/2001 do Plenário do TCU, que bem descreve a conduta fraudulenta: "[a] experiência da fiscalização de obras públicas demonstra que são recorrentes situações como a descrita, que envolvem a conjugação dos seguintes fatores: má qualidade do projeto básico; falta de definição de critérios de aceitabilidade de preços unitários; contratação de proposta de menor preço global, compatível com a estimativa da Administração, mas com grandes disparidades nos preços unitários, alguns abaixo dos preços de mercado – justamente os de maiores quantitativos no projeto básico – e outros muito acima dos preços de mercado, de pouca importância no projeto básico; e, finalmente, o aditamento do contrato com o aumento dos quantitativos dos itens de preços unitários elevados e a diminuição dos quantitativos dos itens de preços inferiores."
10. . TCU. Acórdão nº 1.700/2007-Plenário.

obras e serviços de engenharia. Verificou-se, assim, situações em que a Corte de Contas não censurou a realização do certame por compreender que, apesar da previsão do desconto linear, não teria havido restrição à competitividade. Como exemplo, ao examinar pregão eletrônico destinado à contratação empresa para realização de eventos, o Tribunal apontou que "a censura ao critério é fruto de uma interpretação sistêmica das leis de licitação em conjunto com o princípio do livre mercado" e que "também não se pode afirmar que o desconto linear é um modelo que agride frontalmente alguma norma legal."[11]

Com o advento da lei instituidora do RDC – Lei nº 12.462/2011, foi dado tratamento legal à hipótese para consignar que a utilização do critério maior desconto, no caso de obras e serviços de engenharia, determina a incidência linear sobre todos os itens do orçamento estimado, que deve integrar o edital do certame[12]. Posteriormente, a Lei nº 13.303/2016 incorporou a referida determinação em seu art. 54, §4º, II.

Nesse âmbito, o Tribunal de Contas da União compreende que, uma vez adotado o critério de julgamento de maior desconto, a incidência linear sobre cada item de serviço do orçamento estimado não representa faculdade do licitante, mas imposição legal a ser obedecida[13]. Portanto, diante da necessidade de contratação de obra ou serviço de engenharia, é recomendável que a motivação acerca da escolha do critério de julgamento verifique se a obrigatoriedade da apresentação de desconto único sobre todos os preços unitários poderia comprometer a competitividade ou criar obstáculos à obtenção de melhores propostas.

Vale lembrar que, nos certames em que o critério de julgamento menor desconto for utilizado, o valor estimado do contrato – que servirá de parâmetro às ofertas dos participantes – deverá constar do instrumento convocatório, nos termos do §1º do art. 34 da lei das estatais.

Em nossa visão, apesar de não haver disposição específica na Lei das estatais, compreendemos possível que, de maneira justificada, se preveja a seleção da proposta mais vantajosa por meio de ofertas apresentadas com base em percentual de desconto sobre tabela de preços praticados no mercado, e

11. TCU. Acórdão nº 2.907/2012-Plenário. Rel. Min. José Múcio Monteiro.
12. O TCU apontou ser indevido o uso de desconto único e linear sobre os preços unitários como critério de julgamento sem que a opção pelo RDC tenha constado, de forma expressa, no instrumento convocatório. Acórdão 3337/2012-Plenário.
13. TCU. Acórdão nº 1197/2014-Plenário. Rel. Min. André de Carvalho.

não sobre o preço global fixado no instrumento convocatório. A metodologia, tradicionalmente empregada em objetos como aquisição de combustíveis, passagens aéreas e livros, já mereceu o reconhecimento da jurisprudência do TCU[14] e consubstancia prática legítima na busca de propostas que geram o menor dispêndio para as empresas públicas e sociedades de economia mista.

JURISPRUDÊNCIA RELACIONADA

- O edital pode estabelecer, como critério de julgamento, percentual mínimo de desconto em itens licitados, o que significa, por via indireta, a fixação de preço máximo, que é permitida pelo art. 40, inciso X, da Lei 8.666/1993. (TCU. Acórdão 1.633/2020 - Plenário).

20.1.3. Melhor combinação de técnica e preço

O critério de julgamento da melhor combinação de técnica e preço prevê que a proposta a ser considerada mais vantajosa deve ser aquela que, após a avaliação separada dos aspectos técnicos e de preço, obtém o melhor índice entre os participantes. O vencedor é alcançado com a aplicação de média ponderada entre as valorações das propostas. Portanto, se os critérios anteriormente analisados - menor preço e maior desconto - apresentavam os elementos técnicos já fixados no instrumento convocatório, permitindo apenas que os licitantes ajustassem suas propostas em razão do montante do dispêndio; no critério da melhor combinação de técnica e preço, ambas as perspectivas são dotadas de variabilidade.

Os percentuais de cada um dos aspectos também podem variar, não sendo exigível que todos os certames adotem a fórmula de 50% (cinquenta por cento) para cada um deles. Compreende-se indevida a atribuição de peso desproporcional aos elementos de técnica ou de preço a ponto de tornar irrelevante o outro fator no julgamento das propostas. Por esse motivo, a própria lei apresenta limite percentual à preponderância de qualquer dos aspectos. O §5º do art. 54 dispõe que, nas licitações que utilizarem o critério de melhor combinação de técnica e preço, a avaliação das propostas técnicas e de preço considerará o percentual de ponderação mais relevante, limitado a 70% (setenta por cento).

---

14. *V.g.* TCU. Acórdão nº 3344/2010- 1C e 180/2015-Plenário.

O Tribunal de Contas da União já se manifestou no sentido de que devem ser estabelecidos critérios de pontuação e valoração dos quesitos da proposta técnica compatíveis com o objeto licitado, a fim de atribuir pontuação que valore o aspecto técnico em nível necessário e, sobretudo, suficiente, sem que a competitividade seja indevidamente restringida ou desestimule a oferta de propostas mais econômicas[15].

Acerca da avaliação da proposta, apesar do reconhecimento de que a pontuação técnica deve ser obtida a partir de critérios que sejam capazes de reduzir o grau de subjetividade da análise, Benjamin Zymler alerta que:

> Não obstante, a escolha do critério "técnica e preço" se dá quando o objeto possibilita a idealização de diversas metodologias ou soluções. Tais alternativas deverão ser obrigatoriamente objeto de pontuação da proposta técnica, bem como para as variantes e soluções de projeto – essas, sim, capazes de render outras vantagens, que não somente o preço. Dessa forma, tais critérios podem ser de:
>
> a) qualidade;
>
> b) produtividade;
>
> c) rendimento;
>
> d) durabilidade;
>
> e) segurança;
>
> f) prazo de entrega;
>
> g) economia; ou
>
> h) outro benefício objetivamente mensurável, a ser necessariamente considerado nos critérios de julgamento do certame. (...)
>
> Assim, deve-se priorizar, sempre que possível, a valoração objetiva da metodologia ou técnica executiva a ser empregada no objeto e não somente a avaliação do tempo de experiência profissional das contratadas ou de seus responsáveis técnicos, bem como do número de atestados técnicos detidos por tais profissionais[16].

Em nome do princípio da eficiência, compreendemos possível que o regulamento interno das estatais ou o instrumento convocatório estabeleça nota mínima para valoração da proposta técnica, cujo não atendimento implique

15. TCU. Acórdão nº 49/2015-Plenário. No mesmo sentido, Acórdão nº 2251/2017-Plenário.
16. ZYMLER, Benjamin... [*et al*]. Novo regime jurídico de licitações e contratos das empresas estatais: análise da Lei nº 13.303/2016 segundo a jurisprudência do Tribunal de Contas da União – Belo Horizonte: Fórum, 2018. p. 204-205.

desclassificação. O estabelecimento de critério técnico de aceitabilidade é salutar, pois, se a oferta do licitante não alcança requisitos compreendidos como básicos pela empresa estatal, até mesmo uma proposta de valor zero deixaria de atender à necessidade almejada e, por consequência, não poderia ser considerada a mais vantajosa. Observa-se que essa sistemática foi albergada no decreto regulamentador do RDC e reputada válida pelo Tribunal de Contas da União[17] na análise de certames promovidos sob o regime tradicional de licitações.

Desse modo, caso a empresa estatal decida por fixar pontuação mínima no certame, é de suma importância sejam juntados os estudos acerca do método utilizado para alcançar a grandeza do critério de aceitabilidade; e que o instrumento convocatório apresente, de forma clara, os critérios objetivos que serão empregados. Nesse sentido, são válidos os ensinamentos de Jessé Torres Pereira Junior:

> O art. 54, § 5º, da Lei nº 13.303/2016 autoriza a atribuição de fatores de ponderação distintos para valorar as propostas técnicas e de preço, sendo o índice de ponderação mais relevante limitado a 70% (setenta por cento), podendo ser desclassificada proposta técnica que não atingir a pontuação mínima, desde que previamente estabelecido no instrumento convocatório por aplicação dos princípios da igualdade, da publicidade, da vinculação ao edital e do julgamento objetivo.
>
> A experiência anterior, como critério de pontuação progressiva, é legítima desde que se mostre imprescindível à execução do objeto, não afaste as demais exigências técnicas e se faça acompanhar de expressa justificativa nos autos do processo licitatório. (...)
>
> No tipo de licitação que combina técnica e preço, devem ser consideradas, além da experiência do proponente, a capacitação e a qualidade técnica da proposta, compreendendo metodologia, organização, tecnologias e recursos materiais a serem utilizados nos trabalhos, e qualificação das equipes técnicas a serem mobilizadas para a sua execução. (...)
>
> Por analogia ao disposto no art. 29 do Decreto nº 7.581/2011, que regulamenta a Lei nº 12.462/2011, útil será que o regulamento interno da empresa estatal estabeleça que no julgamento pelo critério que combina técnica e preço sejam utilizados parâmetros de sustentabilidade ambiental para a pontuação das propostas técnicas e, ainda, a

17. *V.g.* TCU. Acórdãos nº 2353/2011-Plenário e 2471/2008-Plenário.

> estipulação de pontuação mínima para as propostas técnicas, cujo não atingimento implicará desclassificação[18]."

Por fim, convém ressaltar que a Lei nº 13.303/2016, ao contrário da lei que instituiu o Regime Diferenciado de Contratações Públicas - RDC, não atribuiu uso exclusivo do critério melhor combinação de técnica e preço a objetos de "natureza predominantemente intelectual e de inovação tecnológica ou técnica" ou "que possam ser executados com diferentes metodologias ou tecnologias de domínio restrito no mercado". Dessa maneira, apesar de a restrição contida no art. 20 §1º, da Lei nº 12.462/2011 ser razoavelmente ampla, em tese, é possível a adoção do critério da melhor combinação entre técnica e preço em diferentes hipóteses em que as características do objeto a ser licitado demandem que as qualidades técnicas das propostas também sejam valoradas.

JURISPRUDÊNCIA RELACIONADA[19]

- A exigência sem a devida motivação, para fins de pontuação das propostas técnicas, de prova de vínculo trabalhista de profissionais com a licitante contraria o art. 37, inciso XXI, da Constituição Federal e os arts. 3º, § 1º, inciso I, e 30, ambos da Lei 8.666/1993, por restringir indevidamente o caráter competitivo do certame. (TCU. Acórdão nº 364/2020 – Plenário)
- "9.4. dar ciência à <*omissis*> acerca das seguintes impropriedades, constatadas por ocasião do exame dos atos decorrentes da Concorrência Pública CC-012-7-0044: 9.4.1. o excesso de rigor e formalismo identificado na aferição das propostas técnicas fere o princípio da seleção da proposta mais vantajosa, previsto no art. 3º da Lei 8.666/1993 e pode ser mitigado através de diligências, conforme dispõe o art. 43, § 3º da Lei 8.666/1993; 9.4.2. a inobservância do princípio da isonomia, no tratamento desigual dado aos licitantes no cômputo da pontuação de suas propostas técnicas desrespeita o art. 3º da Lei 8.666/1993; 9.4.3. a falta de motivação dos atos administrativos, a exemplo da ausência, no processo licitatório objeto desta Representação, das razões para a desclassificação da representante, em desacordo com o disposto no art. 50, inciso I e § 1º da Lei 9.784/1999" (TCU. Acórdão nº 581/2018 – Plenário)
- Em relação aos critérios de pontuação da proposta técnica em licitação de técnica e preço, o Tribunal de Contas da União determinou ao órgão licitante que: "em se tratando de tipo técnica e preço, abstenha-se de exigir ou pontuar qualquer quesito que não guarde correlação técnica, pertinência ou proporcionalidade com objeto

18. PEREIRA JUNIOR, Jessé Torres et al. Comentários à Lei das Empresas Estatais: Lei nº 13.303/16. Belo Horizonte: Fórum, 2018. p. 476-479.
19. Vide nota de rodapé nº 38.

contratado ou que não indique, necessariamente, maior capacidade para fornecer os serviços licitados, em observância ao disposto na Lei nº 8.666/1993, art. 3º, § 1º, inc. I, e à jurisprudência do TCU, contida, por exemplo, nos Acórdãos nº 667/2005 - Plenário e 2.561/2004 - 2ª Câmara". (TCU. Acórdão nº 1.453/2009 - Plenário)

20.1.4. Melhor técnica

Quanto ao critério de julgamento por melhor técnica, a Lei nº 13.303/2016 limitou-se a elencá-lo no rol de critérios de seu art. 54 e a indicar, no §2º do art. 34, a necessidade de que o valor da remuneração seja incluído no instrumento convocatório.

É possível, no entanto, explicitar o que seria a essência do critério de julgamento por melhor técnica: a prévia fixação de remuneração ou prêmio a ser pago ao vencedor do certame, que será o licitante que obtiver a maior pontuação de acordo com os quesitos técnicos estabelecidos no edital. Dessa maneira, o procedimento licitatório que adota o critério por melhor técnica representa o simétrico do previsto em certames julgados por menor preço ou maior desconto. Enquanto nestes, os aspectos técnicos encontram-se previamente definidos no instrumento convocatório, restando aos interessados a disputa pelo valor da contrapartida financeira que admitem receber para executar o objeto licitado; nos certames que utilizam o julgamento por melhor técnica, essa quantia já se encontra pré-determinada, ficando aos participantes a incumbência de apresentar propostas limitadas aos aspectos técnicos, que serão avaliadas com base em parâmetros objetivos específicos previamente definidos no instrumento convocatório, nos termos do §2º do art. 54 da lei das estatais.

Acerca do estabelecimento de critérios de pontuação técnica, Claudio Sarian e Rafael Jardim ressaltam que

> [n]ão é tarefa simples para o gestor pontuar de forma objetiva propostas técnicas em face do natural grau de subjetividade que envolve esta matéria. Diante dessa dificuldade, o gestor tem se utilizado de método mais confortável ao pontuar apenas a qualificação da equipe do licitante, desviando-se da árdua tarefa de criar critérios que "numerifiquem" a qualidade da proposta[20].

20. ALTONIAN, Cláudio Sarian; CAVALCANTI, Rafael Jardim. RDC e Contratação Integrada na Prática–250 questões fundamentais. Belo Horizonte: Fórum, 2014. P. 137.

O Tribunal de Contas da União orienta não ser recomendável que a pontuação técnica se limite à avaliação da experiência profissional das contratadas ou de seus responsáveis técnicos. A depender do objeto, é possível considerar critérios "de qualidade, produtividade, rendimento, durabilidade, segurança, prazo de entrega, economia ou outro benefício objetivamente mensurável[21]".

Diante do silêncio da norma em conceituar ou identificar o procedimento a ser utilizado, mais uma vez, as empresas públicas e as sociedades de economia mista terão liberdade para, em seus regulamentos internos, acomodar a fórmula às suas características e necessidades, ou até mesmo inspirar-se nos parâmetros do RDC, com que as disposições sobre as fases do certame guardam similitude.

20.1.5. Melhor conteúdo artístico

A Lei nº 13.303/2016 também não se ocupou em definir o procedimento a ser utilizado para o julgamento de propostas em certames que adotem o critério melhor conteúdo artístico. Acreditamos, no entanto, que o modelo possui finalidade que se aproxima dos objetivos visados pela modalidade concurso da Lei nº 8.666/1993 e da Lei nº 14.133/2021, além do critério de julgamento homônimo previsto ao RDC.

Trata-se de certame que busca a eleição de trabalho artístico, com a previsão de prêmio ao vencedor da disputa. Vale notar que as empresas públicas e as sociedades de economia mista poderão adotar o referido critério tanto para alcançar produto que satisfará uma necessidade direta sua, como no caso de seleção de projeto arquitetônico para uma nova sede; ou até mesmo para incentivar determinada esfera artística relacionada às suas atividades.

Suas hipóteses de incidência representam situações ou objetos que não cumprem os requisitos autorizadores para o afastamento do dever de licitar e possibilitam o emprego de parâmetros específicos, descritos no edital, para limitar a subjetividade do julgamento. Todavia, em razão de operar no campo das artes, é de se reconhecer a dificuldade na definição de critérios objetivos de avaliação, a despeito da obrigação contida no §2º do art. 54 da lei. Por esse motivo, é recomendável que as comissões julgadoras sejam compostas por membros com notório conhecimento no assunto e detenham reputação

21. TCU. Acórdão nº 1510/2013-Plenário.

ilibada. Acerca da complexidade na definição de padrões específicos de avaliação, Marçal Justen Filho orienta que,

> [e]m qualquer hipótese, a Administração estará obrigada a estabelecer previamente os critérios que nortearão o julgamento. Essa é uma questão extremamente delicada. Quando se analisam trabalhos técnicos e artísticos, os critérios de seleção nem sempre podem ser estritamente objetivos. A própria natureza artística ou técnica inviabiliza uma apreciação dessa ordem. Isso não autoriza, porém, seleção fundada em critérios desconhecidos. Mesmo quando não haja possibilidade de julgamento 'objetivo', os critérios deverão ser previamente definidos[22].

Apesar de a redação do art. 34, §2°, da Lei n° 13.303/2016 referir-se à necessidade de inclusão, no edital, do valor do prêmio ou remuneração, apenas em relação aos certames que adotem o julgamento por melhor técnica[23], não se deve admitir a publicação de procedimento licitatório, com o critério melhor conteúdo artístico, sem que os eventuais interessados conheçam a contrapartida a ser recebida em caso de vitória. Cogitamos que a omissão resulte de um lapso do legislador que, no âmbito do RDC, tratou os critérios melhor técnica e melhor conteúdo artístico de forma conjunta.

20.1.6. Maior oferta de preço

O critério de julgamento por maior oferta de preço há de ser utilizado para selecionar propostas voltadas à assinatura de contratos que não geram dispêndios, ao contrário, resultam receitas às empresas públicas e sociedades de economia mista. Considerando que a Lei n° 13.303/2016 não apresenta modalidades tipificadas e estáticas, o critério maior oferta de preço, juntamente com a nova fórmula melhor destinação de bens alienados, ocuparão o espaço outrora destinado à modalidade leilão.

Remetemos o leitor ao capítulo que tratou, de maneira pormenorizada, das normas específicas para alienação de bens. É oportuno lembrar que o art. 49 da lei das estatais impõe que, ressalvadas as exceções dispostas na norma,

22. JUSTEN FILHO, Marçal. Comentários à lei de licitações e contratos administrativos. 17ª edição. São Paulo: Editora Revista dos Tribunais, 2016, p. 430.

23. Lei n° 13.303/2016. Art. 34. (...) § 2° No caso de julgamento por melhor técnica, o valor do prêmio ou da remuneração será incluído no instrumento convocatório.

a alienação de bens por empresas públicas e sociedades de economia mista será precedida de avaliação formal do bem contemplado e procedimento licitatório.

O referido certame, pelo fato de prever o recebimento de quantias pela a empresa estatal, ao invés dessa pagar ao contratado, guarda algumas peculiaridades. De acordo com o art. 58, IV, poderá ser exigido o recolhimento de quantia a título de adiantamento, como critério de habilitação. A imposição, também denominada garantia da proposta ou caução, não possui limite percentual preestabelecido em lei e, quando prevista, deverá ser atendida por todos os licitantes. Posteriormente, com o término do certame, as quantias recolhidas a título de adiantamento serão: 1) devolvidas aos participantes; ou 2) revertidas a favor da empresa pública ou sociedade de economia mista, na hipótese de o licitante vencedor não efetuar o devido pagamento de maneira tempestiva, nos termos do §2º do art. 58 do estatuto.

Ademais, os instrumentos convocatórios das licitações que adotarem o critério de julgamento por maior oferta de preço poderão dispensar a exigência de requisitos de qualificação técnica e de capacidade econômica e financeira. A faculdade disposta no art. 58, §1º, reflete o mandamento constitucional prescrito em seu inciso XXI do art. 37 que determina que as exigências de qualificação técnica e econômica devem ser apenas as indispensáveis à garantia do cumprimento das obrigações.

Ressaltamos que o critério de julgamento maior oferta de preço não se restringe às hipóteses de alienação de bens. Existem outras contratações capazes de gerar receitas às empresas estatais. Benjamin Zymler e Laureano Dios recordam que esses casos, até o advento do RDC, não se encontravam albergados, ao menos diretamente, na legislação[24]. Tal fato obrigava o uso da analogia para se extrair o procedimento a ser utilizado, seja no regime tradicional de licitações, seja na Lei nº 10.520/2002[25]. No mesmo sentido, as manifestações do Tribunal de Contas da União:

A legislação sobre contratações públicas volta-se essencialmente para os contratos que geram dispêndios, ou seja, contratos de aquisição de bens e

24. ZYMLER, Benjamin; DIOS, Laureano Canabarro. Regime Diferenciado de Contratação–RDC. Belo Horizonte: Editora Fórum, 2014. p. 134.
25. Apesar de amplamente aceito pela jurisprudência, o critério de julgamento "maior oferta", ao contrário do "maior desconto", não foi incluído no novo decreto federal do pregão eletrônico (decreto nº 10.024/2019).

serviços, havendo pouca disciplina sobre os ajustes que geram receitas para a Administração Pública. Daí por que, em se tratando de contratos de geração de receita, a utilização da legislação em vigor não prescinde da analogia[26].

A adoção do critério de julgamento maior oferta, em lances sucessivos, nada mais é que a adequada aplicação da lei ao caso concreto, ajustando-a à natureza do objeto do certame, restando assegurada a escolha da proposta mais vantajosa que, conjuntamente com a isonomia de todos os interessados, constituem as finalidades primeiras de todo procedimento licitatório[27].

A exemplo do Regime Diferenciado de Contratações Públicas, a Lei nº 13.303/2016 apresenta, de maneira destacada, o critério de julgamento por maior oferta de preços que poderá ser adotado, por exemplo, em licitações para a locação de bens, processamento da folha de pagamento de funcionários, concessão de área para serviço de restaurante, fornecimento de vale-refeição, dentre outros.

Nesses casos, considerando que, ordinariamente, a relação contratual será postergada ao longo do tempo, pode não se mostrar recomendável o exercício da faculdade de dispensa dos requisitos de qualificação técnica e de capacidade econômica e financeira. Em vista disso, a tomada de decisão do gestor deverá ser motivada e em conformidade com o art. 37, XXI, da Constituição Federal.

20.1.7. Maior retorno econômico

A Lei das estatais possibilita a realização de procedimento licitatório com objetivo de firmar contrato cujo objeto se destine a "proporcionar economia à empresa pública ou à sociedade de economia mista, por meio da redução de suas despesas correntes, remunerando-se o licitante vencedor com base em percentual da economia de recursos gerada[28]". Nesses certames, a proposta mais vantajosa será selecionada por intermédio do critério de julgamento por maior retorno econômico, ou seja, o vencedor será aquele cuja proposta oportunizar o maior resultado para a estatal: montante economizado deduzido da remuneração do contratado.

26. TCU. Acórdão nº 2844/2010-Plenário.
27. TCU. Acórdão nº 2050/2014-Plenário.
28. Lei nº 13.303/2016. Art. 54, §6º.

Despesas correntes, segundo o art. 12 da Lei nº 4.320/1964, classificam-se em i) despesas de custeio e ii) transferências correntes. Despesas de custeio referem-se às dotações para manutenção de serviços anteriormente criados, inclusive aquelas destinadas a atender a obras de conservação e adaptação de bens imóveis. Como exemplos, podem ser citadas as despesas com serviços de terceiros, material de consumo, pessoal, dentre outras. Por sua vez, transferências correntes, de acordo com o §2º do referido art. 12, são as dotações para despesas as quais não corresponda contraprestação direta em bens ou serviços, inclusive para contribuições e subvenções destinadas a atender à manutenção de outras entidades de direito público ou privado, tais como: subvenções sociais, subvenções econômicas, despesas com inativos, juros da dívida pública, dentre outras.

Dessa feita, apesar de a Lei nº 13.303/2016 ter tratado genericamente de despesas correntes, é possível indicar que o critério de julgamento maior retorno econômico mostra-se mais apropriado à busca de economia nas despesas de custeio.

Para além da obrigação de definir parâmetros específicos de julgamento[29], o instrumento convocatório deverá delimitar, da forma mais clara possível, os contornos dos recursos que pretende economizar, descrevendo o cenário atual; os critérios de mensuração que servirão de base à contrapartida do licitante vencedor; e as consequências do não atingimento da economia prevista.

Rafael Schwind, com propriedade, observa que diante da omissão legal quanto ao momento da aferição da economia gerada – periodicamente ou apenas ao final do contrato – mostra-se relevante que o instrumento convocatório e o contrato tragam essa informação, tendo em vista que o insucesso na geração de determinado nível de economia poderá ensejar a aplicação de sanções. O autor acrescenta que

> é importante observar que a introdução de soluções pelo contratado pode levar certo tempo até proporcionar uma economia efetiva à Administração. Deve-se estabelecer um prazo factível para que os resultados sejam obtidos. Por outro lado, o pagamento apenas ao final do contrato poderá acarretar o aumento dos custos na sua implementação, uma vez que, sem receber uma remuneração ao longo da

29. Lei nº 13.303/2016. Art. 54, §2º.

execução, o contratado precisará empregar recursos próprios ou obtê-los por meio de financiamento[30].

Por sua vez, Joel de Menezes Niebuhr ressalta que o critério de maior retorno econômico não se mostra compatível com todos os tipos de despesa e exemplifica nichos de mercado em que é possível a assinatura de contratos de eficiência, como o das empresas especializadas em eficiência energética.

Elas avaliam todo o consumo de energia de seus clientes e realizam as intervenções necessárias, inclusive e sobretudo de engenharia, para reduzi-lo. Neste caso, cabe o contrato de eficiência. O contratado será remunerado em razão da economia gerada à Administração. Esse tipo de serviço é prestado também para as operações de telefonia e outras[31].

Portanto, os interessados deverão compor suas propostas sob duas perspectivas: a denominada proposta de trabalho, em que descreverá a execução contratual pretendida e a economia que estima gerar; e a proposta de preço com a indicação do percentual sobre a economia estimada que admite receber[32].

Suponhamos que determinada empresa pública tenha despesas mensais com contas de água na monta de R$ 500.000,00 (quinhentos mil reais)[33] e decida adotar o critério de julgamento maior retorno econômico em certame

30. SCHWIND, Rafael Wallbach. Remuneração variável e contratos de eficiência no Regime Diferenciado de Contratações Públicas (RDC). Interesse Público – IP, Belo Horizonte, ano 13, n. 70, p. 221-251, nov./dez. 2011.

31. NIEBUHR, Joel de Menezes. Licitação pública e contrato administrativo – 4. ed. rev. e ampl. Belo Horizonte: Fórum, 2015. p. 762.

32. Joel e Pedro de Menezes Niebuhr alertam sobre os riscos da adoção da sistemática do Regime Diferenciado de Contratações – RDC para o critério de julgamento maior retorno econômico, na forma do §3º do art. 23 da Lei nº 12.462/2011 combinado com o inc. I do art. 37 do Decreto Federal nº 7.581/2011: "a obrigação de apresentar proposta em licitação já identificando e comprometendo-se com determinado patamar de economia importa alguns problemas, entre os quais a dificuldade dos pretensos interessados em oferecer uma proposta firme de economia a ser gerada apenas com os dados fornecidos com o edital ou com uma singela visita técnica. Daí que o mercado enxerga a licitação julgada pelo maior retorno econômico, nos moldes do Regime Diferenciado de Contratações Públicas, com muita ressalva e restrição. Relembre-se de que na Lei nº 13.303/16, das estatais, há apenas a previsão do critério do maior retorno econômico, sem maior detalhamento. Daí é possível que as estatais, ao construírem os seus regulamentos, estabeleçam condições que possam vencer ou atenuar as restrições verificadas no Regime Diferenciado de Contratações Públicas e detalhar, com mais precisão, os procedimentos a serem seguidos. *In*: NIEBUHR, Joel de Menezes; NIEBUHR, Pedro de Menezes. Licitações e Contratos das Estatais. Belo Horizonte: Fórum, 2018. p. 188.

33. Exemplo adaptado da obra RDC e Contratação Integrada na Prática–250 questões fundamentais (p. 138-139), indicada nas referências bibliográficas.

licitatório destinado a reduzir o valor dispendido com o fornecimento de água. Após a publicação do edital, três empresas apresentaram propostas, de acordo com a tabela abaixo:

Licitante	Licitação		Resultado	Remuneração Licitante
	Proposta de trabalho	**Proposta de preço**	**Economia Estatal**	
X	Troca integral das tubulações e instalação de novos equipamentos. Promete reduzir a conta mensal em R$ 100.000,00	Deseja receber 50% da economia gerada	R$ 50.000,00	R$ 50.000,00
Y	Troca parcial da tubulação e instalação alguns equipamentos. Promete reduzir a conta mensal em R$ 60.000,00.	Deseja receber 20% da economia gerada	R$ 48.000,00	R$ 12.000,00
Z	Não pretende trocar a tubulação, apenas aplicar seu método de detecção de vazamentos. Promete reduzir a conta mensal em R$ 50.000,00.	Deseja receber 10% da economia gerada	R$ 45.000,00	R$ 5.000,00

Isoladas as variáveis ausentes da planilha, no exemplo, apesar de a proposta de preço do licitante X conter o maior percentual entre os participantes (50%), ele se sagraria vencedor, pois, se vinculou ao resultado que traria o maior retorno econômico à empresa pública (R$ 50.000,00).

20.1.8. Melhor destinação de bens alienados

A melhor destinação de bens alienados representa importante inovação que possibilita a concretização do princípio do desenvolvimento nacional sustentável, em seu viés social. A sua previsão revela, pois, expressa manifestação do legislador no sentido de que a proposta mais vantajosa nem sempre há que se vincular a valores estritamente econômicos.

Nessa perspectiva, o art. 54, §7º, da Lei das estatais impõe que, na implementação do critério de julgamento por melhor destinação de bens alienados, o instrumento convocatório do certame deverá considerar a repercussão, no meio social, da finalidade que será atendida quando da utilização do bem pelo adquirente.

Acerca da possibilidade de as licitações voltadas à alienação de bens enfocarem fim diverso do econômico e, especialmente, atenderem à função social da empresa estatal, Suzana Rossetti destaca que, por "melhor destinação de bens", deve-se entender:

> [...] a existência de ampla abertura para seleção do fim a ser alcançado, desde que vinculado aos valores jurídico-constitucionais presentes no plano nacional para o desenvolvimento sustentável, preferencialmente relacionado às políticas públicas previstas na carta anual da estatal (art. 8º, I, da Lei nº 13.303/2016)[34].

O leque de destinações para bens alienados que pode ser considerada é bastante amplo. De maneira exemplificativa, o uso voltado à pesquisa, desenvolvimento cultural, educação, profissionalização, reinserção social de excluídos, dentre outros.

Ao contrário do que ocorria na sistemática da Lei nº 8.666/1993, o regime licitatório das empresas públicas e das sociedades de economia mista não diferenciou o procedimento quanto à classificação dos bens, se móveis ou imóveis. Como visto nesta obra, em relação aos bens móveis, o art. 29, XVII, da Lei nº 13.303/2016 previu a dispensa de licitação destinada à doação para fins e usos de interesse social. Ressalvadas as hipóteses específicas e devidamente justificadas, compreendemos que o permissivo legal deve representar caminho subsidiário à realização de certames com o uso do critério melhor destinação dos bens alienados.

Por fim, o §8º do art. 54 do estatuto estabelece sanção para o descumprimento da finalidade a que se vinculou a proposta vencedora: a imediata restituição do bem alcançado ao acervo patrimonial da empresa pública ou sociedade de economia mista, sem o pagamento de indenização ao adquirente. A lógica da previsão se fundamenta na essência do próprio critério de julgamento. O licitante sagrou-se vencedor, pois, quando verificados os

34. ROSSETTI, Suzana M. Processos de contratação pública e desenvolvimento sustentável: premissas teóricas, políticas públicas e medidas concretas, considerando os regimes da Lei nº 8.666/93, Lei nº 10.520/02, Lei nº 12.462/2011 e Lei nº 13.303/2016/ Suzana M. Rossetti.- Belo Horizonte: Fórum, 2017. P. 117.

parâmetros definidos no edital, a destinação assinalada se mostrou a mais vantajosa. Com efeito, quando a finalidade não é buscada ou atendida pelo adquirente, sucederá o descumprimento da avença e, de maneira indireta, a frustração da análise das propostas ocorrida no certame.

Consideramos que, para a efetiva aplicação da medida acima referida, é indispensável que a empresa estatal delimite as condições em que será avaliado o adimplemento da destinação, tais como: periodicidade, prazos, recursos, metodologia, dentre outros.

20.2. DOS CRITÉRIOS DE DESEMPATE

O art. 55 da Lei nº 13.303/2016 definiu diferentes critérios, de aplicação sucessiva, na hipótese de empate entre as propostas: i) disputa final, em que os licitantes empatados poderão apresentar nova proposta fechada; ii) avaliação do desempenho contratual prévio dos licitantes; iii) os critérios estabelecidos no art. 3º da Lei nº 8.248/1991, e no § 2º do art. 3º da Lei nº 8.666/1993; e iv) sorteio.

Preliminarmente, ressaltamos que, considerando o disposto no art. 28, §1º da Lei das estatais[35], a definição do rol acima referido não afasta a necessidade de as empresas públicas e sociedades de economia mista aplicarem o direito de preferência, prescrito nos artigos 44 e 45 da Lei Complementar nº 123/2006, por ela denominado como critério de desempate.

Para estancar dúvidas sobre a aplicação e a compatibilidade entre os mecanismos, compreendemos necessário diferenciá-los em i) *empate real*, como a situação de efetiva igualdade nominal entre lances ou propostas, regido pelo art. 55 da lei das estatais; e ii) *empate ficto*, que consubstancia o direito de preferência de contratação para as microempresas e empresas de pequeno porte (ME/EPP).

Indicada a aplicação do direito de preferência, resta tratar da compatibilização prática entre as duas classes de empate, isto é, considerar eventual precedência entre ambas e o momento em que o benefício das microempresas e empresas de pequeno porte há de ser aplicado.

35. Art. 28. (...) § 1º Aplicam-se às licitações das empresas públicas e das sociedades de economia mista as disposições constantes dos arts. 42 a 49 da Lei Complementar nº 123, de 14 de dezembro de 2006.

Compreendemos que o cenário de "empate ficto" deve ser verificado de maneira prévia em relação ao "empate real", a fim de privilegiar o comando constitucional de fomento à atividade das ME/EPP. Ademais, interpretação no sentido de que direito de preferência aplicar-se-ia somente após o esgotamento dos critérios do art. 55 da Lei nº 13.303/2016 (ou em seguida à disputa final do art. 55, I) poderia facilitar a fuga do percentual de empate ficto e a mitigação do propósito almejado pelo ordenamento jurídico.

Portanto, conforme o modo de disputa e o critério de julgamento adotados[36], ao final do período para apresentação de propostas ou de lances, caracterizado o empate ficto, nos termos do art. 44 da Lei Complementar nº 123/2006, deve ser observado o procedimento disposto no art. 45 da referida norma:

> I – a microempresa ou empresa de pequeno porte mais bem classificada poderá apresentar proposta de preço inferior àquela considerada vencedora do certame, situação em que será adjudicado em seu favor o objeto licitado;
>
> II – não ocorrendo a contratação da microempresa ou empresa de pequeno porte, na forma do inciso I do *caput* deste artigo, serão convocadas as remanescentes que porventura se enquadrem na hipótese dos §§ 1º e 2º do art. 44 desta Lei Complementar, na ordem classificatória, para o exercício do mesmo direito;
>
> III – no caso de equivalência dos valores apresentados pelas microempresas e empresas de pequeno porte que se encontrem nos intervalos estabelecidos nos §§ 1º e 2º do art. 44 desta Lei Complementar, será realizado sorteio entre elas para que se identifique aquela que primeiro poderá apresentar melhor oferta.

Caso a ordem de classificação dos lances ou das propostas não configure "empate ficto" – ou se a ME/EPP não exercitar seu direito de preferência[37] –,

36. Marçal Justen Filho, ao tratar do Regime Diferenciado de Contratações Públicas, ressalta a existência de hipóteses em que a aplicação das regras de desempate mostra-se inaplicável. Como exemplos, os certames que adotam os critérios de julgamento melhor técnica e melhor conteúdo artístico. (JUSTEN FILHO, Marçal. Comentários ao RDC: Lei 12.462/11 e Decreto 7.581/11. São Paulo: Dialética, 2013, p. 469). Acrescenta-se que, a nosso juízo, o referido entendimento também se amolda ao critério de julgamento pela melhor destinação de bens alienados, previsto no art. 54, VIII, da Lei nº 13.303/2016.

37. Caso a microempresa ou empresa de pequeno porte exercite seu direito de preferência, não haverá espaço à incidência ao art. 55 da Lei nº 13.303/2016, tendo em vista a necessidade de apresentar proposta de preço inferior àquela considerada vencedora do certame, nos termos do art. 45, I, da Lei Complementar nº 123/2006.

diante da igualdade nominal das ofertas, devem ser aplicados os critérios de desempate presentes no art. 55 da Lei nº 13.303/2016, a seguir analisados.

20.2.1. Disputa final fechada

O primeiro dos critérios de desempate apresenta interessante medida que, em nossa opinião, poderia ter sido considerada pelo legislador não apenas nas situações de empate, mas em todos os certames eletrônicos que adotassem o modo de disputa aberto[38]. Todavia, na redação disposta no inc. I do art. 55 do estatuto, a alternativa inicial às situações de empate será a possibilidade de os licitantes empatados apresentarem nova proposta fechada após a classificação dos lances ou propostas.

Vale notar que a disputa final não representa uma nova etapa de lances sucessivos, negociação ou o reinício da disputa entre todos os licitantes. Trata-se de chance única para melhoria das propostas, concedida apenas àqueles cujas ofertas encontram-se empatadas.

20.2.2. Desempenho contratual prévio

Na improvável hipótese de o empate subsistir à disputa final fechada[39], a empresa estatal resolverá a questão mediante "avaliação do desempenho contratual prévio dos licitantes, desde que exista sistema objetivo de avaliação instituído[40]". Dessa forma, teoricamente, permite-se que o histórico da atuação do licitante em execuções contratuais prévias possa influir no julgamento do certame e desempatá-lo.

A intenção do legislador é valorosa, uma vez que tenciona privilegiar a eficiência nas contratações[41], no entanto, a necessidade de instituição e

---

38. Observa-se que a sugestão apresentada na primeira edição desta obra coincidiu com a previsão posteriormente inserida no modo de disputa aberto e fechado do decreto nº 10.024/2019.
39. Sobre o tema, Benjamin Zymler e Laureano Dios observam que "considerando as soluções de desempate apresentadas, principalmente com a possibilidade de apresentação de novas propostas fechadas, é extremamente improvável que algum empate real persista, pois, para que isso ocorra as propostas deverão coincidir até nos centavos. Entretanto, em que pese essa improbabilidade, a norma estabeleceu diversos outros critérios de desempate". (ZYMLER, Benjamin; DIOS, Laureano Canabarro. Regime Diferenciado de Contratação-RDC. Belo Horizonte: Editora Fórum, 2014. pág. 139).
40. Lei nº 13303/2016. Art. 55, II.
41. Verifica-se que a influência de um desempenho contratual prévio ruim ("bad past performance") na disputa de contratos futuros já é realidade em diversos países, seja como impedimento

manutenção de sistema objetivo de avaliação do desempenho anterior de fornecedores e prestadores de serviço, dificultará sobremaneira a sua aplicação, máxime se verificarmos a relação custo-benefício da medida. Aliadas ao fato de que, na prática, raríssimos seriam os procedimentos licitatórios que demandariam o uso do referido critério, algumas questões se colocam. A inclusão de sociedade empresária em eventual cadastro necessitaria novo procedimento para concessão de oportunidade de defesa? O desempenho a ser considerado haveria de ser apenas em relação à empresa estatal licitante ou poder-se-ia cogitar de um sistema único? Para influenciar no julgamento, o objeto anterior poderia ser apenas similar ao que de se deseja contratar? Incidiria limite temporal para que a pecha fosse mantida no sistema?

Além disso, a utilização desse critério pode suscitar demandas administrativas e judiciais em que se poria em causa até mesmo a sua legalidade e/ou constitucionalidade. A situação, sem dúvida, não seria desejável, acarretaria custos adicionais e atrairia riscos à contratação.

à participação no certame, seja no julgamento das propostas. A Diretiva 2014/24/UE, voltada aos países da União Europeia, indica em seu Considerando (101) que: "[a]s autoridades adjudicantes deverão, além disso, poder excluir os operadores económicos que se tenham revelado pouco fiáveis, por exemplo na sequência de infrações de obrigações ambientais ou sociais, incluindo as regras em matéria de acessibilidade de pessoas com deficiência ou outras formas de falta profissional grave, como a violação das regras da concorrência ou dos direitos de propriedade intelectual. Deverá ser especificado que uma falta profissional grave pode pôr em causa a idoneidade de um operador económico, desqualificando-o para efeitos de adjudicação de um contrato público, mesmo que tenha a capacidade técnica e económica necessária para executar o contrato. Tendo em conta que a autoridade adjudicante será responsável pelas consequências da sua decisão eventualmente errada, as autoridades adjudicantes deverão também ter a liberdade de considerar que houve falta profissional grave quando, antes de tomarem uma decisão final e vinculativa sobre a existência de motivos de exclusão obrigatória, puderem demonstrar por qualquer meio adequado que o operador económico violou as suas obrigações, nomeadamente obrigações relacionadas com o pagamento de impostos ou de contribuições para a segurança social, salvo disposição em contrário do direito nacional. **Deverão também ter a possibilidade de excluir os candidatos ou proponentes cujo desempenho no âmbito de anteriores contratos públicos tenha acusado deficiências graves no que se refere aos requisitos essenciais, por exemplo, falhas na entrega ou execução, deficiências significativas do produto ou do serviço prestado que os tornem inutilizáveis para o fim a que se destinavam, ou conduta ilícita que levante sérias dúvidas quanto à fiabilidade do operador económico.** O direito nacional deverá prever uma duração máxima para essas exclusões. Ao aplicar motivos facultativos de exclusão, deverá prestar-se especial atenção ao princípio da proporcionalidade. Só em circunstâncias excecionais poderão as pequenas irregularidades conduzir à exclusão de um operador económico. No entanto, a reincidência em pequenas irregularidades pode levantar dúvidas quanto à fiabilidade de um operador económico que poderão justificar a sua exclusão".

De qualquer maneira, caso a empresa pública ou a sociedade de economia mista compreenda transponíveis as questões acima citadas, entendemos necessário que o instrumento convocatório indique, expressamente, os parâmetros e as circunstâncias em que a avaliação do desempenho contratual prévio resolverá o empate entre as propostas.

20.2.3. Critérios da Lei nº 8.248/1991 e Lei nº 8.666/1993

Na sequência, a Lei apresenta, em seu art. 55, III, "os critérios estabelecidos no art. 3º da Lei n° 8.248, de 23 de outubro de 1991, e no § 2º do art. 3º da Lei n° 8.666, de 21 de junho de 1993", que deverão ser utilizados caso o empate não seja solucionado pelos critérios anteriores.

Cumpre observar que, a despeito de a redação do dispositivo acima referido revelar que os parâmetros contidos na Lei nº 8.248/1991 e na Lei nº 8.666/1993 seriam cumulativos – ou até mesmo sucessivos –, a interpretação literal não se mostra adequada. Nessa etapa, pois, as empresas públicas e as sociedades de economia mista deverão selecionar o critério de desempate em razão do objeto licitado.

Nas aquisições de bens e nas contratações de serviços de informática ou automação[42], a empresa estatal utilizará as balizas dispostas no art. 3º da Lei nº 8.248/1991, a seguir transcrito:

> Art. 3º Os órgãos e entidades da Administração Pública Federal, direta ou indireta, as fundações instituídas e mantidas pelo Poder Público e as demais organizações sob o controle direto ou indireto da União darão preferência, nas aquisições de bens e serviços de informática e automação, observada a seguinte ordem, a
>
> I – bens e serviços com tecnologia desenvolvida no País;
>
> II – bens e serviços produzidos de acordo com processo produtivo básico, na forma a ser definida pelo Poder Executivo.

42. De acordo com a redação dada pela Lei nº 13.674/2018 ao art. 16-A da Lei nº 8.248/1991, "consideram-se bens e serviços de tecnologias da informação e comunicação: I – componentes eletrônicos a semicondutor, optoeletrônicos, bem como os respectivos insumos de natureza eletrônica; II – máquinas, equipamentos e dispositivos baseados em técnica digital, com funções de coleta, tratamento, estruturação, armazenamento, comutação, transmissão, recuperação ou apresentação da informação, seus respectivos insumos eletrônicos, partes, peças e suporte físico para operação; III – programas para computadores, máquinas, equipamentos e dispositivos de tratamento da informação e respectiva documentação técnica associada (software); IV – serviços técnicos associados aos bens e serviços descritos nos incisos I, II e III".

§ 1° Revogado

§ 2° Para o exercício desta preferência, levar-se-ão em conta condições equivalentes de prazo de entrega, suporte de serviços, qualidade, padronização, compatibilidade e especificação de desempenho e preço.

§ 3° A aquisição de bens e serviços de informática e automação, considerados como bens e serviços comuns nos termos do parágrafo único do art. 1° da Lei n° 10.520, de 17 de julho de 2002, poderá ser realizada na modalidade pregão, restrita às empresas que cumpram o Processo Produtivo Básico nos termos desta Lei e da Lei n° 8.387, de 30 de dezembro de 1991.

A Lei das Estatais previu a utilização desses fatores ao empate de propostas - igualdade nominal, repisa-se -, não estabelecendo um direito de preferência, tal qual ocorre na Lei nº 8.248/1991. Compreendemos, portanto, inaplicável o benefício regulamentado pelo Decreto nº 7.174/2010[43], sob a forma de empate ficto para as propostas que estejam situadas dentro da faixa de 10% (dez por cento) acima da melhor proposta válida.

Para os demais objetos, a ordem de preferência deste critério de desempate é apresentada no §2º do art. 3º da Lei nº 8.666/1993: i) produzidos no País; ii) produzidos ou prestados por empresas brasileiras. iii) produzidos ou prestados por empresas que invistam em pesquisa e no desenvolvimento de tecnologia no País; e iv) produzidos ou prestados por empresas que comprovem cumprimento de reserva de cargos prevista em lei para pessoa com deficiência ou para reabilitado da Previdência Social e que atendam às regras de acessibilidade previstas na legislação.

20.2.4. Sorteio

Por derradeiro, o art. 55 da Lei nº 13.303/2016 aponta o sorteio como último critério para o desempate de lances ou propostas. Apesar de a lei não

43. Decreto 7174/2010. Art. 8° O exercício do direito de preferência disposto neste Decreto será concedido após o encerramento da fase de apresentação das propostas ou lances, observando-se os seguintes procedimentos, sucessivamente: I – aplicação das regras de preferência para as microempresas e empresas de pequeno porte dispostas no Capítulo V da Lei Complementar nº 123, de 2006, quando for o caso; II – aplicação das regras de preferência previstas no art. 5º, com a classificação dos licitantes cujas propostas finais estejam situadas até dez por cento acima da melhor proposta válida, conforme o critério de julgamento, para a comprovação e o exercício do direito de preferência.

tratar da maneira pela qual o sorteio deve ser procedido, algumas orientações podem ser traçadas.

Quando nenhum dos critérios anteriormente abordados solucionar o empate, é recomendável que a empresa pública ou a sociedade de economia mista realize o sorteio em sessão pública, previamente agendada e comunicada a todos os licitantes, para que possam, se desejarem, presenciar o ato.

Como sabido, a transmissão de imagens, gravadas ou em tempo real, mostra-se bastante facilitada nos dias de hoje. Assim, caso os meios estejam disponíveis, representa boa prática a transmissão, ou a gravação e a disponibilização, em vídeo, dos atos executórios do sorteio. Trata-se de medida aconselhável que visa a ampliar a divulgação do procedimento e permitir a fiscalização pelos interessados.

20.2.5. Outros critérios de desempate

A despeito de representar hipótese deveras restrita, o Código de Processo Penal vigente, Decreto-Lei nº 3.689/1941, apresenta critério de desempate a ser utilizado em procedimentos licitatórios[44]. De acordo com seu artigo 440, quando houver igualdade de condições nas licitações públicas, deve ser concedida preferência ao jurado que tenha efetivamente exercido o serviço do júri[45].

Ressalta-se, todavia, que a preferência se relaciona à pessoa física do jurado que participa do certame em seu próprio nome, sem se comunicar às empresas que eventualmente seja sócio ou representante. Tratam-se de pessoas distintas, com existência própria em sede de aquisição de direitos e deveres.

Por fim, é oportuno indicar que a utilização de critério de desempate – ou a definição da ordem classificatória –, que considere o momento do envio da

44. Decreto-lei nº 3.689/1941.
Art. 439. O exercício efetivo da função de jurado constituirá serviço público relevante e estabelecerá presunção de idoneidade moral. (Redação dada pela Lei nº 12.403, de 2011).
Art. 440. Constitui também direito do jurado, na condição do art. 439 deste Código, preferência, em igualdade de condições, nas licitações públicas e no provimento, mediante concurso, de cargo ou função pública, bem como nos casos de promoção funcional ou remoção voluntária. (Redação dada pela Lei nº 11.689, de 2008)

45. Na ausência de parâmetros expressos acerca do momento em que o critério há de ser aplicado, compreendemos ser possível conformá-lo imediatamente antes do sorteio, uma vez que situá-lo após equivaleria a negar validade à preferência, seja porque o fator sorte seria privilegiado, seja porque ele nunca seria utilizado, tendo em vista a impossibilidade de o empate remanescer ao sorteio.

proposta ou do lance como parâmetro não se mostra legítimo. O art. 39 da lei das estatais determina prazos mínimos para o registro das ofertas dos licitantes. Durante esse período, os interessados podem livremente alterar ou retirar suas propostas. O fato de determinada empresa, por exemplo, ter apresentado proposta no dia seguinte ao da divulgação do instrumento convocatório, ao invés de juntá-la no último segundo do prazo, não caracteriza *discrimen* válido a beneficiá-la em caso de empate.

21

FASE DE VERIFICAÇÃO DE EFETIVIDADE DOS LANCES OU PROPOSTAS

Como visto no tópico anterior, durante a fase de julgamento, realiza-se a valoração dos lances e propostas à luz do critério preestabelecido no instrumento convocatório. A fase de verificação de efetividade dos lances ou propostas, por sua vez, destina-se a averiguar a idoneidade e o atendimento do conteúdo da oferta em relação aos parâmetros definidos no edital[1].

De acordo com o §1º do artigo 56 da Lei das estatais, não é devido verificar a efetividade, em conjunto, de todos os lances ou propostas apresentadas. Em atenção ao princípio da eficiência, a análise há de ocorrer exclusivamente em relação à oferta mais bem classificada. Apenas na hipótese de não comprovação da efetividade é que se deve examinar o lance ou a proposta subsequente.

1. A doutrina portuguesa aponta a existência de dois tipos de "diligências ou tarefas da competência do júri": a análise e a avaliação de propostas que, em certa medida, corresponderiam, respectivamente, às fases de verificação da efetividade dos lances ou propostas e de julgamento dispostas na Lei nº 13.303/2016: "a análise das propostas consiste num trabalho sobre a verificação de requisitos legais relacionados com o cumprimento dos requisitos formais de apresentação, bem como os requisitos substanciais de adequação regularidade e de aceitação das propostas. Trata-se, pois, de formular um juízo sobre a conformidade da proposta com os requisitos formais e substanciais cuja observância condiciona a respetiva aceitação". Avaliação das propostas, por sua vez, "destina-se a apreciar o mérito intrínseco de cada proposta apresentada (...), incide sobre os atributos da proposta e reporta-se aos fatores e eventuais subfatores preestabelecidos pela entidade adjudicante, tendo em vista densificar o critério de adjudicação adotado no procedimento." (GONÇALVES, Pedro Costa. Direito dos contratos públicos. Coimbra: Almedina, 2016. P. 298 e 308-309.)

Não é demasiado ressaltar que a referida fase procedimental se volta, de maneira específica, a fatores relacionados às propostas dos licitantes e não às condições pessoais destes. Em outras palavras, objetiva verificar se, efetivamente, o conteúdo das ofertas mostra-se adequado às exigências estabelecidas e apto a satisfazer a necessidade da empresa estatal.

Com esse intuito, a Lei nº 13.303/2016 elenca seis causas de desclassificação dos lances ou propostas que: i) contenham vícios insanáveis; ii) descumpram especificações técnicas constantes do instrumento convocatório; iii) apresentem preços manifestamente inexequíveis; iv) se encontrem acima do orçamento estimado para a contratação de que trata o § 1º do art. 57, ressalvada a hipótese prevista no *caput* do art. 34 desta Lei; v) não tenham sua exequibilidade demonstrada, quando exigido pela empresa pública ou pela sociedade de economia mista; vi) apresentem desconformidade com outras exigências do instrumento convocatório, salvo se for possível a acomodação a seus termos antes da adjudicação do objeto e sem que se prejudique a atribuição de tratamento isonômico entre os licitantes.

Com suporte no rol acima apresentado, percebe-se que a verificação da efetividade das propostas ocorre sob duas diferentes perspectivas: uma reservada à apuração da fiabilidade e da adequação do preço ofertado; e outra, designada ao cumprimento das exigências e especificações técnicas do instrumento convocatório.

21.1. VERIFICAÇÃO DE EFETIVIDADE QUANTO AO VALOR OFERTADO

Para que o valor proposto seja considerado efetivo, ele deve se estabelecer na faixa entre o que se reputa como proposta inexequível e o orçamento estimado para a contratação. Logo, sob pena de desclassificação, as ofertas dos licitantes necessitam atender a um limite inferior e a um teto (ou preço máximo).

21.1.1. Propostas com valores superiores ao orçamento estimado

Nas licitações realizadas sob o regime da Lei nº 13.303/2016, o valor do orçamento estimativo atua como preço máximo aceitável à contratação. Por esse motivo, o art. 56, IV, aponta que as propostas que se encontrem acima do orçamento estimado à contratação devem ser desclassificadas.

O Plenário do Tribunal de Contas da União, no julgamento que ensejou o Acórdão nº 1.549/2017, deu ciência à determinada empresa pública federal, ainda não adaptada ao novo regime, de que o caso concreto apresentava insuficiência na justificativa da contratação por preço superior ao orçado, deixando registrado que

> a Lei das Estatais (Lei 13.303/2016) determina, em seu art. 56, inciso IV, a desclassificação das propostas que se encontrarem acima do orçamento estimado para a contratação, lembrando que o art. 91 do mesmo diploma concedeu prazo de 24 (vinte e quatro) meses, a partir do início de sua vigência, para que as empresa públicas e as sociedades de economia mista promovam as adaptações necessárias à adequação ao disposto na Lei[2].

Cumpre observar que a redação do inc. IV do art. 56 da lei das estatais[3] é deveras confusa e parece inverter os dois dispositivos ali mencionados. O orçamento estimado para a contratação é enunciado no *caput* do art. 34; e não no §1º do art. 57. É difícil compreender, com clareza, qual efetivamente seria a hipótese que, segundo a parte final do art. 56, IV, haveria de ser ressalvada e, consequentemente, excepcionaria a regra geral de desclassificação de propostas superiores ao valor estimado.

Ora, o *caput* do art. 34 trata de duas hipóteses: o orçamento sigiloso e; mediante justificativa, o orçamento ostensivo. Em nenhum dos casos, compreendemos ser possível a contratação por valores superiores ao orçamento estimado para a contratação. Conforme visto anteriormente, a adoção do orçamento sigiloso pode ensejar dificuldades na fase de verificação da efetividade das propostas e na fase de negociação. Defendemos, pois, diante da ausência de definição legal expressa, a possibilidade de abertura do sigilo, desde que promovida em ato público e mediante justificativa.

Outro ponto que merece atenção é o fato de o *caput* art. 57 da Lei nº 13.303/2016 indicar que a negociação será procedida após a confirmação da efetividade do lance ou proposta. O preceito parece fazer sentido apenas no tocante à negociação de condições mais vantajosas, diante da existência de

---

2. TCU. Acórdão nº 1549/2017-Plenário. Relator Min. José Múcio Monteiro.
3. Lei nº 13.303/2016. Art. 56. Efetuado o julgamento dos lances ou propostas, será promovida a verificação de sua efetividade, promovendo-se a desclassificação daqueles que: (...) IV - se encontrem acima do orçamento estimado para a contratação de que trata o § 1º do art. 57, ressalvada a hipótese prevista no *caput* do art. 34 desta Lei.

licitante com proposta considerada efetiva; ou quando conjugado com seu §1º. Na hipótese de todos os lances ou propostas apresentadas situarem-se acima do orçamento estimado para a contratação, mostra-se evidente a possibilidade de negociação para alcançar a confirmação da efetividade, antes, portanto, do momento apontado no *caput* do art. 57.

21.1.2. Inexequibilidade de propostas

Além da inadmissão de propostas com preços elevados, preocupa-se a Lei em afastar as ofertas demasiadamente baixas, e que coloquem em causa a possibilidade de serem efetivamente praticadas. Trata-se de precaução que visa a evitar prejuízos futuros decorrentes de rescisões contratuais, descontinuidade da execução, eventuais contratações emergenciais, dentre outros.

Acerca do tema, é oportuna a transcrição de trecho do voto condutor do Acórdão nº 141/2008 do Plenário do TCU:

> 14. A desclassificação de propostas em razão de preço tem por objetivo evitar que a administração contrate bens ou serviços por preços excessivos, desvantajosos em relação à contratação direta no mercado, ou inexeqüíveis/irrisórios, que comprometam a satisfação do objeto almejado com conseqüências danosas à administração.
>
> 15. No que se refere à inexeqüibilidade, entendo que a compreensão deve ser sempre no sentido de que a busca é pela satisfação do interesse público em condições que, além de vantajosas para a administração, contemplem preços que possam ser suportados pelo contratado sem o comprometimento da regular prestação contratada. Não é objetivo do Estado espoliar o particular, tampouco imiscuir-se em decisões de ordem estratégica ou econômica das empresas. Por outro lado, cabe ao próprio interessado a decisão acerca do preço mínimo que ele pode suportar[4].

Acertadamente, Joel de Menezes Niebuhr ressalta as consequências desfavoráveis que a aceitação de preços inexequíveis pode desencadear:

> [...] talvez seja o que de pior pode acontecer para a Administração em processo de licitação pública. Isso porque o preço inexequível leva, assaz das vezes, a Administração a receber bens e serviços de péssima qualidade, condizentes com os seus preços. Ou, o que também é nefasto, posteriormente o contratado percebe que o preço ofertado por ele é

4. TCU. Acórdão nº 141/2008-Plenário.

> inexequível, já que ele acumula prejuízo, e, em vista disso, procura rescindir o contrato, o que traz implicações gravosas para a Administração[5].

A Lei nº 13.303/2016 revela duas metodologias, não excludentes, para a verificação da exequibilidade das propostas, a partir da prévia definição de critérios e a avaliação posterior, em concreto, da proposta apresentada.

A definição prévia de critério de aceitabilidade de preços, a depender do objeto licitado, pode decorrer diretamente da lei ou de previsão estabelecida no instrumento convocatório ou no regulamento interno.

O Tribunal de Contas da União, há muito, possui entendimento consolidado quanto à necessidade de fixação de critérios de aceitabilidade dos preços unitários, conforme é possível visualizar no excerto abaixo transcrito:

> [...] se não houver a devida cautela com o controle de preços unitários, uma proposta aparentemente vantajosa para a Administração pode ser tornar um mau contrato. Esse controle deve ser objetivo e se dar por meio da prévia fixação de critérios de aceitabilidade dos preços unitários e global, tendo como referência os valores praticados no mercado e as características do objeto licitado.[6]"

Nos certames voltados à contratação de obras e serviços de engenharia, o §3º do art. 56 da Lei nº 13.303/2016 determina que se considerem inexequíveis "as propostas com valores globais inferiores a 70% (setenta por cento) do menor dos seguintes valores: I – média aritmética dos valores das propostas superiores a 50% (cinquenta por cento) do valor do orçamento estimado pela empresa pública ou sociedade de economia mista; ou II – valor do orçamento estimado pela empresa pública ou sociedade de economia mista". O critério de aceitabilidade contido nessa fórmula reflete a sistemática adotada no regime tradicional de licitações (art. 48, §1º, lei nº 8.666/1993) acerca da obrigatoriedade do estabelecimento de critérios unitários e global.

O tema mereceu a edição da Súmula-TCU nº 259/2010[7], cuja interpretação vem sendo reiterada ao longo dos anos:

---

5. NIEBUHR, Joel de Menezes Licitação pública e contrato administrativo. 4. ed. rev. e ampl. – Belo Horizonte: Fórum, 2015. p. 309.
6. TCU. Decisão nº 253/2002 – Plenário.
7. TCU. Súmula nº 259/2010: Nas contratações de obras e serviços de engenharia, a definição do critério de aceitabilidade dos preços unitários e global, com fixação de preços máximos para ambos, é obrigação e não faculdade do gestor.

> A definição do critério de aceitabilidade dos preços unitários e global nos editais para a contratação de obras, com a fixação de preços máximos para ambos, é obrigação e não faculdade do gestor (Súmula TCU 259), ainda que se trate de empreitada por preço global. Essa obrigação tem por objetivo mitigar a ocorrência dos riscos associados tanto ao "jogo de cronograma" quanto ao "jogo de planilha"[8].

Imaginando-se um exemplo em que determinada estatal publicou licitação destinada a reformar algumas salas de sua sede, cujo valor estimado para contratação é de R$ 100.000,00 (cem mil reais). Após a fase de lances, esta seria a ordem de classificação obtida:

Licitantes	**Lance final global**
Empresa A	R$ 90.000,00
Empresa B	R$ 85.000,00
Empresa C	R$ 65.000,00
Empresa D	R$ 45.000,00

O próximo passo é verificar qual é a menor monta entre as alternativas dos incisos I e II do art. 56, §3º: média aritmética dos valores das propostas superiores a 50% (cinquenta por cento) do valor do orçamento estimado; e o próprio orçamento estimado. Enfim, o critério de aceitabilidade será o equivalente a 70% (setenta por cento) do menor dos dois valores obtidos.

<table>
<tr><th>Licitantes</th><th>Lance final global</th><th></th><th>Média aritmética</th></tr>
<tr><td>Empresa A</td><td>R$ 90.000,00</td><td rowspan="3">Propostas superiores a 50% do valor estimado
(> R$ 50.000,00)</td><td rowspan="3">R$ 80.000,00</td></tr>
<tr><td>Empresa B</td><td>R$ 85.000,00</td></tr>
<tr><td>Empresa C</td><td>R$ 65.000,00</td></tr>
<tr><td>Empresa D</td><td>R$ 45.000,00</td><td></td><td></td></tr>
<tr><td></td><td></td><td></td><th>Valor estimado</th></tr>
<tr><td></td><td></td><td></td><td>R$ 100.000,00</td></tr>
</table>

8. TCU. Acórdão nº 1.695/2018 – Plenário.

Tendo em vista que a média aritmética (R$ 80.000,00) é menor do que o valor do orçamento estimado (R$ 100.000,00), o limite para que as propostas sejam consideradas exequíveis corresponderá a 70% (setenta por cento) da média obtida, isto é, R$ 56.000,00 (cinquenta e seis mil reais). Portanto, no exemplo, a proposta da empresa D deve ser considerada presumivelmente inexequível.

Quando o procedimento licitatório se destinar à contratação de quaisquer outros objetos que não sejam obras e serviços de engenharia, o art. 56, §4º, aponta a obrigatoriedade de que o instrumento convocatório, para efeito de avaliação da exequibilidade ou de sobrepreço, estabeleça "critérios de aceitabilidade de preços que considerem o preço global, os quantitativos e os preços unitários".

É importante alertar, todavia, que a aplicação dos critérios de aceitabilidade, sejam os fornecidos pela lei, no caso de obras e serviços de engenharia; sejam os estabelecidos no edital, nas demais hipóteses, não permite a desclassificação sumária das propostas, sem conceder ao licitante a oportunidade para demonstrar a exequibilidade de sua oferta. O correto entendimento do Tribunal de Contas da União é firme nesse sentido[9]:

- a apreciação da exequibilidade de propostas não é tarefa fácil, pois há dificuldades em se fixar critérios objetivos para tanto e que não comprometam o princípio da busca da proposta mais vantajosa para a administração. Nessa linha, esta Corte já se manifestou em diversas oportunidades que os critérios objetivos, previstos nas normas legais, de aferição da exequibilidade das propostas possuem apenas presunção relativa, cabendo à administração propiciar ao licitante que demonstre a viabilidade de sua proposta[10].
- a desclassificação de proposta por inexequibilidade deve ser objetivamente demonstrada, a partir de critérios previamente publicados, e que deve ser franqueada a oportunidade de cada licitante defender a

9. Voltado ao regime tradicional de licitações, o Tribunal de Contas da União aprovou o enunciado da Súmula nº 362: "o critério definido no art. 48, inciso II, § 1º, alíneas 'a' e 'b', da Lei nº 8.666/93 conduz a uma presunção relativa de inexequibilidade de preços, devendo a Administração dar à licitante a oportunidade de demonstrar a exequibilidade da sua proposta". Conforme indicado ao longo do texto, compreendemos aplicável o referido entendimento ao regime da Lei nº 13.303/2016.

10. TCU. Acórdão nº 2143/2013-Plenário. Rel. Min. Benjamin Zymler.

respectiva proposta e demonstrar a sua capacidade de bem executar os serviços, nos termos e condições exigidos pelo instrumento convocatório, antes que ele tenha a sua proposta desclassificada[11].

De igual maneira, o fato de uma proposta cumprir os critérios objetivos de aceitabilidade não representa presunção absoluta de exequibilidade. Assim, a faculdade disposta no §2º do art. 56 que possibilita às empresas públicas e às sociedades de economia mista a realização "de diligências para aferir a exequibilidade das propostas ou exigir dos licitantes que ela seja demonstrada[12]" deverá ser manejada não apenas aos casos em que surgem dúvidas sobre a viabilidade das ofertas que superarem, mas, também, nas hipóteses em que as propostas não atendem aos critérios de aceitabilidade dispostos.

Como exemplos de condutas que podem ser adotadas na promoção de diligências, enumeramos os procedimentos dispostos no item 9.4 do Anexo VII-A da Instrução Normativa nº 5/2017 do Ministério do Planejamento, Desenvolvimento e Gestão:

a) questionamentos junto à proponente para a apresentação de justificativas e comprovações em relação aos custos com indícios de inexequibilidade;

b) verificação de Acordos, Convenções ou Dissídios Coletivos de Trabalho;

c) levantamento de informações junto ao Ministério do Trabalho;

d) consultas a entidades ou conselhos de classe, sindicatos ou similares;

e) pesquisas em órgãos públicos ou empresas privadas;

f) verificação de outros contratos que o proponente mantenha com a Administração ou com a iniciativa privada;

g) pesquisa de preço com fornecedores dos insumos utilizados, tais como: atacadistas, lojas de suprimentos, supermercados e fabricantes;

h) verificação de notas fiscais dos produtos adquiridos pelo proponente;

i) levantamento de indicadores salariais ou trabalhistas publicados por órgãos de pesquisa;

---

11. TCU. Acórdão nº 1161/2014-Plenário.
12. Ressalta-se que a redação do art. 56, §2º, da Lei nº 13.303/2016 refere-se, especificamente, à verificação de efetividade quanto ao valor ofertado.

j) estudos setoriais;

k) consultas às Fazendas Federal, Distrital, Estadual ou Municipal; e

l) análise de soluções técnicas escolhidas e/ou condições excepcionalmente favoráveis que o proponente disponha para a prestação dos serviços.

21.1.3. Preços manifestamente inexequíveis

Uma das causas de desclassificação de lances ou propostas, elencadas no art. 56, III, da Lei nº 13.303/2016, é a apresentação de preços manifestamente inexequíveis. Ao contrário do que ocorria na Lei nº 8.666/1993[13], a lei das estatais não vincula a ideia de manifesta inexequibilidade ao desrespeito dos critérios objetivos de aceitabilidade.

Utilizando-se, mais uma vez, do conteúdo da IN nº 5/2017, é possível considerar preços manifestamente inexequíveis como aqueles comprovadamente insuficientes para a cobertura dos custos decorrentes da contratação pretendida[14]. Diversamente da manifestação contida no Acórdão nº 2.068/2011 do Plenário do TCU, compreendemos que até mesmo as situações em que a Administração se depara com preços simbólicos, irrisórios ou de valor zero, não autorizariam, como regra, a desclassificação sumária do licitante[15].

É possível concluir que, na prática, deverá ser concedido tratamento semelhante às situações em que o lance ou a proposta a) contiverem preços manifestamente inexequíveis; b) não cumprirem os critérios objetivos de aceitabilidade; ou c) apresentarem dúvidas ou indícios de inexequibilidade: a realização de diligências.

---

13. Art. 48. (...) § 1º Para os efeitos do disposto no inciso II deste artigo consideram-se **manifestamente inexeqüíveis**, no caso de licitações de menor preço para obras e serviços de engenharia, as propostas cujos valores sejam inferiores a 70% (setenta por cento) do menor dos seguintes valores: a) média aritmética dos valores das propostas superiores a 50% (cinqüenta por cento) do valor orçado pela administração, ou b) valor orçado pela administração.

14. Item 9.2 Anexo VII-A, IN 05.

15. O voto condutor do Acórdão 2.068/2011-Plenário, em síntese, sustentou que "a despeito das disposições constantes do § 5º do art. 29 da IN/SLTI 2/2008, propostas supostamente inexequíveis não poderiam ser desclassificadas de maneira imediata, excetuando-se as situações extremas previstas no § 3º do art. 44 da Lei 8.666/1993 (preços simbólicos, irrisórios ou de valor zero)". Destacou, ainda, que "embora a Lei não defina parâmetro do que seja irrisório ou simbólico, cabe ao intérprete firmar tal juízo no caso concreto, em atenção ao princípio da razoabilidade", sendo certo que "uma proposta nessa condição há de apresentar preços deveras destoantes da realidade, em respeito à própria adjetivação utilizada pela norma, não se podendo afastar, de plano, por exemplo, propostas cujos preços representem pouco menos de 70% do valor orçado pela Administração".

JURISPRUDÊNCIA RELACIONADA[16]

- Divergências entre as planilhas de composição de custos e formação de preços da licitante e as da administração, inclusive relativas a cotação de lucro zero ou negativo, não são, em princípio, motivo de desclassificação, devendo para tanto haver o exame da exequibilidade da proposta, uma vez que as planilhas possuem caráter subsidiário e instrumental. (TCU. Acórdão nº 906/2020-Plenário)
- O juízo do pregoeiro acerca da aceitabilidade da proposta deve ser feito após a etapa competitiva do certame (fase de lances) , devendo o licitante ser convocado para comprovar a exequibilidade da sua proposta antes de eventual desclassificação. Apenas em situações extremas, quando os lances ofertados configurarem preços simbólicos, irrisórios ou de valor zero, gerando presunção absoluta de inexequibilidade, admite-se a exclusão de lance durante a etapa competitiva do pregão. (Acórdão nº 674/2020 - Plenário)
- É imprescindível a análise dos preços unitários em licitações do tipo menor preço global, de modo a se coibir a prática do denominado jogo de planilha, que se caracteriza pela elevação dos quantitativos de itens que apresentam preços unitários superiores aos de mercado e redução dos quantitativos de itens com preços inferiores, por meio de aditivos. (TCU. Acórdão nº 1.618/2019 - Plenário)
- "47. De todo modo, afigura-se inadmissível, sem dúvida, tomar por diligência estabelecida em lei a simples comunicação do tipo 'solicito a confirmação do comprometimento da empresa', em especial quando o edital faz expressa remissão às diversas modalidades elencadas no § 3º, do artigo 29, da IN/SL TI/MPOG 2/2008(...) 48. Logo, diante da presunção relativa de inexequibilidade de propostas de licitantes, não se pode afirmar que o órgão gerenciador observou os ditames legais acerca da conformidade de preços propostos, uma vez que se omitiu em relação ao dever de diligenciar. (TCU. Acórdão nº 1255/2017-Plenário)

21.2. VERIFICAÇÃO DE EFETIVIDADE QUANTO AO ATENDIMENTO DAS EXIGÊNCIAS DE ESPECIFICAÇÕES

A perspectiva de verificação da efetividade dos lances e propostas abrange os incisos I, II e VI do art. 56, que especificam as causas de desclassificação motivadas, respectivamente, por: vícios insanáveis; descumprimento de especificações técnicas constantes do instrumento convocatório; e desconformidade com outras exigências do edital.

Tendo em conta que o propósito dessa fase é a análise das ofertas, e não das atribuições pessoais dos licitantes[17], compreendemos que os dispositi-

---

16. Vide nota de rodapé nº 38.
17. Na mesma linha, orientam Benjamin Zymler e Laureano Dios: "não se deve, outrossim, confundir a análise técnica do objeto ofertado, com a habilitação técnica do licitante. Na primeira, analisa-se

vos acima referidos não constituem causas independentes entre si. A rigor, o inciso I, que prescreve a desclassificação diante de vícios insanáveis, deve ser interpretado como elemento condicionante das causas relacionadas ao descumprimento das especificações técnicas e exigências contidas no instrumento convocatório (incisos II e VI do art. 56).

Desse modo, caso a proposta apresente desconformidade em relação às características do objeto licitado, ou, a condições estabelecidas no edital, ela somente deverá ser desclassificada se o vício identificado se revelar insanável *prima facie* ou após a realização de diligência.

Reconhecemos que definir significado à expressão vícios insanáveis não representa tarefa fácil, no entanto, algumas particularidades podem ser levantadas. Ao contrário do regime tradicional de licitações, a Lei nº 13.303/2016 indica que somente os vícios que não permitem saneamento devem provocar a desclassificação. Outrossim, é de se notar a inexistência de vinculação a que as desconformidades sejam apenas as ligadas a meras formalidades, tampouco incide vedação absoluta à inclusão de documentos novos ou informações que deveriam constar originalmente da proposta, como ocorria na Lei nº 8.666/1993[18]. Portanto, é clara a vontade do legislador em privilegiar a convalidação dos atos.

É certo que a questão envolverá, sob a ótica do formalismo moderado, a análise da tensão entre a obtenção de competitividade e a busca da proposta mais vantajosa, de um lado; e o julgamento objetivo e a vinculação ao instrumento convocatório, de outro.

O Superior Tribunal de Justiça possui entendimento jurisprudencial, emitido sob a égide do regime tradicional de licitações, em que aponta "a

---

a capacidade do objeto em atender adequadamente a administração. Na segunda, analisa-se a capacidade técnica do licitante em fornecer o objeto licitado. São institutos diversos e que não se confundem. ZYMLER, Benjamin; DIOS, Laureano Canabarro. Regime Diferenciado de Contratação - RDC - 3ª edição revista, atualizada e ampliada. - Belo Horizonte: Fórum, 2014. p. 111.

18. Nesse aspecto, Joel de Menezes Niebuhr, ao analisar dispositivo semelhante da Lei nº 12.462/2011, defende que o licitante possui direito de corrigir defeito constante de sua proposta, ainda que descumpra exigência substancial do edital. Ao citar exemplo em que a proposta do licitante apresenta objeto com especificações inferiores às exigidas, argumenta que "a comissão deve permitir que o licitante corrija a sua proposta, sane o defeito, substituindo o equipamento com especificação inferior por equipamento coma especificação adequada ou indicando a especificação faltante. Somente se o licitante recusar-se a sanear o defeito é que a proposta deve ser desclassificada". NIEBUHR, Joel de Menezes Licitação pública e contrato administrativo - 4. ed. rev. e ampl. - Belo Horizonte: Fórum, 2015. P. 764-765.

necessidade de se temperar o rigorismo formal de algumas exigências do edital licitatório, a fim de manter o caráter competitivo do certame, selecionando-se a proposta mais vantajosa à Administração Pública, caso não se verifique a violação substancial aos demais princípios informadores deste procedimento"[19].

Com entendimento semelhante, o Supremo Tribunal Federal também já se manifestou acerca do tema:

> Se a irregularidade praticada pela licitante vencedora a ela não trouxe vantagem, nem implicou em desvantagem para as demais participantes, não resultando assim em ofensa à igualdade; se o vício apontado não interfere no julgamento objetivo da proposta, e se não se vislumbra ofensa aos demais princípios exigíveis na atuação da Administração Pública, correta é a adjudicação do objeto da licitação à licitante que ofereceu a proposta mais vantajosa, em prestígio do interesse público, escopo da atividade administrativa[20].

Assim, acreditamos que o gestor, ao se deparar com o impasse entre considerar sanável ou insanável determinado vício identificado na proposta, deverá socorrer-se dos princípios da proporcionalidade e da razoabilidade e avaliar se a irregularidade atinge, de maneira significativa, as finalidades da licitação, bem como as consequências de uma ou outra opção. Nunca é demais lembrar a necessidade de que a decisão seja expressamente motivada e respeite o tratamento isonômico entre os interessados.

A prévia definição de todas as hipóteses em que o saneamento estaria autorizado, não se revela possível. Jacoby Fernandes, impecavelmente, ensina que

> Não se pode definir previamente ou pretender regular o direito-dever de saneamento, até porque são ilimitadas e multifacetadas hipóteses em que ocorrem erros, defeitos, vícios. Acresce-se, ainda, que toda teoria jurídica de convalidação do ato administrativo na riqueza que só a prática evidencia fica distante de um norte permanentemente orientador[21].

Apesar de a aplicação prática do critério ser potencialmente tormentosa, é possível elencar, a título exemplificativo, algumas situações em que se

19. STJ. REsp nº 997.259/RS, 2ª Turma. Rel. Min. Castro Meira. Julg. 17.08.2010. DJe, 25 out. 2010.
20. STF. RMS nº 23.714/DF, 1ª T, em 5/9/2000.
21. FERNANDES, Jorge Ulisses Jacoby. Sistema de registro de preços e pregão presencial e eletrônico / Jorge Ulisses Jacoby Fernandes. 6. ed. rev. atual. e ampl. Belo Horizonte: Fórum, 2015. p. 528.

permitiria à empresa estatal o saneamento da proposta: desconformidade em relação ao prazo de entrega ou validade; erros aritméticos; omissões na especificação do objeto ofertado; modo de apresentação dos dados; dentre outros. Destaca-se, também, o entendimento do Tribunal de Contas da União quanto à inadequação em desclassificar propostas com erros de preenchimento que possam ser ajustadas sem a necessidade de majoração do preço global[22]; bem como a orientação contida no Acórdão nº 637/2017-Plenário[23] de que a inexequibilidade de valores referentes a itens isolados da planilha de custos não caracteriza motivo suficiente para a desclassificação[24].

JURISPRUDÊNCIA RELACIONADA[25]

- A mera existência de erro material ou de omissão na planilha de custos e de formação de preços da licitante não enseja, necessariamente, a desclassificação antecipada da sua proposta, devendo a Administração promover diligência junto ao interessado para a correção das falhas, sem permitir, contudo, a alteração do valor global originalmente proposto. (TCU. Acórdãos nº 370/2020 e 1.487/2018- ambos do Plenário)
- A falta ou a insuficiência de verificação e análise dos documentos apresentados pelos licitantes configura negligência no desempenho das atribuições da comissão de licitação e infração ao princípio da eficiência, respondendo os seus membros por todos os atos por ela praticados. (TCU. Acórdão nº 2968/2018 - Plenário)
- É irregular a desclassificação de proposta vantajosa à Administração por erro de baixa materialidade que possa ser sanado mediante diligência, por afrontar o interesse público. (TCU. Acórdão nº 2.239/2018 - Plenário)
- O fato de o licitante apresentar composição de custo unitário contendo salário de categoria profissional inferior ao piso estabelecido em acordo, convenção ou dissídio

22. Cf. IN SEGES/MP IN 05/2017, Anexo VII, Item 7.9 e Acórdão-TCU 1811/2014-Plenário.
23. Acórdão 637/2017-Plenário.
24. Para Gustavo Henrique Carvalho Schiefler, as disposições da Lei das Estatais pacificaram "a possibilidade de promover diligência e de eventual correção sobre inúmeros vícios comuns nas propostas dos licitantes e na condução do certame pela Administração Pública, como: (i) eventuais atestados de qualificação técnica cujo conteúdo cause dúvida à Administração; (ii) documentos com prazo de validade ultrapassado; (iii) propostas apresentadas em formato distinto daquele previsto no edital; (iv) paginações falhas; (v) assinaturas apostas em local equivocado; (vi) não indicação de uma informação cadastral solicitada no edital; (vii) ausência de papel timbrado; (viii) erros no preenchimento das planilhas de preços, desde que a correção não cause o aumento do valor da proposta; (ix) ausência de indicação do modelo do produto na proposta apresentada pelo licitante; (x) documentos relacionados à comprovação da capacidade econômico-financeira que causem dúvida à Administração; dentre outros". SCHIEFLER, Gustavo Henrique Carvalho. As inovações do procedimento licitatório na Lei Federal 13.303/2016. *In*: FERRAZ, Sergio (Coord.). Comentários Sobre a Lei das Estatais. São Paulo: Malheiros, 2019. p. 195.
25. Vide nota de rodapé nº 38.

coletivo de trabalho é, em tese, somente erro formal, o qual não enseja a desclassificação da proposta, podendo ser saneado com a apresentação de nova composição de custo unitário desprovida de erro, em face do princípio do formalismo moderado e da supremacia do interesse público. (TCU. Acórdão nº 718/2018 - Plenário)

- "Em síntese, a unidade técnica aponta que a inabilitação da empresa <*omissis*>. ocorreu em decorrência de irregularidade meramente formal nos documentos de habilitação e sem a concessão de oportunidade para regularização, em desconformidade com o § 3º do art. 43 da Lei 8.666/1993 e jurisprudência do TCU. (...) A jurisprudência desta Corte estabelece que não cabe a inabilitação de licitante em razão de ausência de informações que possam ser supridas por meio de diligência facultada pelo art. 43, § 3º, da Lei 8.666/1993, desde que não resulte inserção de documento novo ou afronta à isonomia entre os participantes". (TCU. Acórdão nº 379/2018 - Plenário)

- "9.3 dar ciência à <*omissis*> de que, com o intuito de selecionar a proposta mais vantajosa para a Administração sem, contudo, afastar a aplicação do princípio da isonomia, deve ser concedido ao licitante, sempre que possível, a faculdade de corrigir erro sanável e de pouca relevância, inclusive custos unitários, desde que seja mantido o valor global da proposta". (TCU. Acórdão nº 1228/2017-Plenário)

- "Não penso que o procedimento seja simplesmente desclassificar o licitante. Penso sim que deva ser avaliado o impacto financeiro da ocorrência e verificar se a proposta, mesmo com a falha, continuaria a preencher os requisitos da legislação que rege as licitações públicas - preços exequíveis e compatíveis com os de mercado.

  Exemplifico. Digamos que no quesito férias legais, em evidente desacerto com as normas trabalhistas, uma licitante aponha o porcentual de zero por cento. Entretanto, avaliando-se a margem de lucro da empresa, verifica-se que poderia haver uma diminuição dessa margem para cobrir os custos de férias e ainda garantir-se a exequibilidade da proposta.

  Em tendo apresentado essa licitante o menor preço, parece-me que ofenderia os princípios da razoabilidade e da economicidade desclassificar a proposta mais vantajosa e exequível por um erro que, além de poder ser caracterizado como formal, também não prejudicou a análise do preço global de acordo com as normas pertinentes. (...)

  Em suma, penso que seria um formalismo exacerbado desclassificar uma empresa em tal situação, além de caracterizar a prática de ato antieconômico. Rememoro ainda que a obrigação da contratada em pagar os devidos encargos trabalhistas advém da norma legal (art. 71 da Lei 8.666/93), pouco importando para tanto o indicado na planilha de custos anexa aos editais de licitação.'"(TCU. Acórdão nº 4.621/2009 - 2ª Câmara)

- Direito administrativo. Licitação. Tomada de preços. Erro material na proposta. Irrelevância. O erro material constante da proposta mais vantajosa para a administração, facilmente constatável, não é óbice à classificação da mesma. (TJDFT 5043398 DF, Relator: Angelo Passareli, 3a Turma Cível, DJU 09/02/2000)

22

DA NEGOCIAÇÃO

Quanto às disposições relacionadas à negociação no procedimento licitatório, infelizmente, o legislador perdeu a oportunidade de corrigir os equívocos do regramento definido ao RDC na Lei nº 12.462/2011. Ao contrário, apenas promoveu adaptações de nomenclatura que em nada auxiliam na compreensão do instituto. Dentre outros aspectos, a composição do art. 57 da Lei nº 13.303/2016 torna duvidoso o implemento dessa fase procedimental especialmente em relação a seu objetivo; momento de aplicação; e alcance da negociação.

Da leitura do referido dispositivo, a negociação ocorreria somente após o encerramento das fases de julgamento e verificação da efetividade dos lances e propostas. Ademais, seus parágrafos insinuam que as condições mais vantajosas que devem ser negociadas, restringiram-se ao cotejo do preço obtido e orçamento estimado. Tal interpretação não merece guarida. Sob a perspectiva sistemática, o emprego da negociação legitima-se para dois objetivos: a) a adequação da proposta aos limites do orçamento estimado; e b) o alcance de propostas mais vantajosas.

22.1. DA NEGOCIAÇÃO PARA ADEQUAÇÃO AO ORÇAMENTO ESTIMADO

A rigor, o esforço para o ajustamento da proposta ao valor estimado se aproxima da descrição dos §§1º e 2º do art. 57, mas não se trata de efetiva negociação. Representa, na verdade, oportunidade concedida ao licitante para a adequação de sua proposta aos termos do edital. Compreendemos que, ao contrário da literalidade do *caput*, ela pode (e deve!) ser ofertada antes da confirmação da efetividade do lance ou da proposta.

Vale dizer que essa "negociação" deve circunscrever-se aos parâmetros do critério de julgamento adotado no certame, avigorando os termos do §3º do art. 54 da Lei nº 13.303/2016 que determina, para efeito de julgamento, não sejam consideradas vantagens não previstas no instrumento convocatório. A negociação, nesse enfoque, impede a desclassificação sumária de propostas e evita a consagração de certames fracassados.

JURISPRUDÊNCIA RELACIONADA[1]

- Na modalidade pregão, a negociação com o licitante vencedor visando obter melhor proposta para a Administração deve ser realizada mesmo se o valor ofertado for inferior àquele orçado pelo órgão ou entidade promotora do certame. (TCU. Acórdão nº 534/2020 - 1ª Câmara)

22.2. DA NEGOCIAÇÃO VISANDO À OBTENÇÃO DE CONDIÇÕES MAIS VANTAJOSAS

O segundo objetivo que legitima o uso da negociação é identificado no *caput* do art. 57 da Lei nº 13.303/2016 e visa à obtenção de condições mais vantajosas junto ao licitante "que obteve a primeira colocação na etapa de julgamento, ou que passe a ocupar essa posição em decorrência da desclassificação de outra que tenha obtido colocação superior".

Sobre a importância do instituto e da necessidade de mudança de paradigmas nas contratações que envolvem recursos públicos, são oportunas as lições de Egon Bockmann Moreira:

> Muito embora de suma importância para a economia nacional, no Brasil os processos de licitação (e mesmo a contratação pública em si mesma) muitas vezes são vistos como um espaço de confrontação – e não de cooperação – entre o interesse público e os interesses privados. A premissa usual é a de que haveria a exclusão recíproca entre tais interesses e seus titulares, a instalar desconfiança e impedir a verdadeira negociação em tais processos públicos. Tudo deveria ser conduzido da forma mais formal, objetiva e mecânica possível, sem espaço para o diálogo: a negociação público-privada seria uma

1. Vide nota de rodapé nº 38.

> aberração, geradora de indícios de corrupção. Autoridade, formalidade, hierarquia e intervenção persistem a ser algumas das palavras mais comuns – ao invés de igualdade, eficiência, colaboração e consenso. O passado insiste em se fazer presente na legislação brasileira (e também nas decisões dos tribunais, ao lado da doutrina mais conservadora), a impedir que se veja a realidade escondida por detrás das cortinas da tradição e da autoridade. (...)

Já ficou claro que aquilo que a legislação brasileira chama de processo licitatório – em especial a fase de ofertas de preço – nada mais é do que uma técnica de negociação coletiva. Porém, também é fato que, além das coletivas, as leis brasileiras permitem a negociação pré-contratual individual[2].

Vale notar que o permissivo para negociação pré-contratual ora tratada possui sentido mais amplo do que a realizada para a adequação do orçamento estimado. Nesta, o objetivo é o melhoramento da proposta em relação aos parâmetros do critério adotado; na hipótese do *caput* do art. 57, buscam-se condições mais vantajosas que podem abarcar diferentes aspectos da execução contratual, como, por exemplo, a redução de prazos de entrega, a vinculação a níveis superiores de eficiência ou a determinadas especificações superiores do objeto. Ainda que não haja previsão expressa e específica no instrumento convocatório, a negociação desses fatores é permitida e em nada ofende os termos do §3º do art. 54 da Lei das estatais[3], tendo em vista que ocorre em momento posterior à fase de julgamento do certame.

É deveras comum o alarde acerca dos benefícios teóricos da prerrogativa de negociação nos procedimentos licitatórios. Não há dúvida sobre sua importância. De *lege ferenda*, contudo, nas sistemáticas oferecidas pelas Leis nº 10.520/2002, 12.462/2011 e 13.303/2016, a questão merece uma reflexão pousada no mundo real, especialmente aos que cogitam que a negociação somente estaria autorizada em relação ao aspecto econômico.

Como visto, o orçamento estimativo é tido por preço máximo na Lei nº 13.303/2016, o que frequentemente também ocorre nos certames promovidos sob os demais regimes licitatórios. Logo, é compreensível a utilidade da

---

2. MOREIRA, Egon Bockmann. Licitação Pública e a negociação pré-contratual: a necessidade do diálogo público-privado. Revista de Contratos Públicos - RCP, Belo Horizonte, ano 2, n. 2, p. 61-74, set. 2012/fev. 2013. P. 61.
3. Lei nº 13.303/2016. Art. 54. §3º. Para efeito de julgamento, não serão consideradas vantagens não previstas no instrumento convocatório.

negociação para o ajuste da oferta aos critérios de aceitabilidade: de um lado, o licitante ganha por não ter sua proposta desclassificada; de outro, a entidade promotora da licitação beneficia-se de uma proposta mais vantajosa e da redução do risco de o procedimento restar fracassado. Imaginando um exemplo em que a proposta do licitante que obteve a primeira colocação na fase de julgamento encontra-se abaixo do orçamento estimado, indagamos: qual seria a motivação desse licitante em melhorar sua oferta, considerando que ela já atende a todas as exigências do instrumento convocatório? Majoritariamente, nenhuma. Por essa razão, é recorrente que os agentes de licitação abram negociação, muitas vezes apenas para atender o entendimento jurisprudencial que lhes impõe a tentativa e o licitante como, em regra, nada tem a perder, rejeita a negociação ou, no máximo, arredonda os valores propostos.

Entretanto, há situações em que a negociação acima referida se mostra potencialmente útil, por exemplo: a constatação, no reinício da disputa prevista no art. 53, II, de participantes interessados em executar o objeto com propostas melhores do que a do primeiro colocado; ou a verificação da existência de ata de registro de preços válida, com condições mais vantajosas, e capaz de ser aproveitada por meio de adesão. É de se notar um fator comum a ambos os casos: a presença de poder de barganha refletido no risco de o licitante não ter sua proposta adjudicada, em razão de a entidade vislumbrar caminho alternativo mais vantajoso para o atendimento de sua necessidade.

22.3. DA ABERTURA DO ORÇAMENTO SIGILOSO NA FASE DE NEGOCIAÇÃO

Importante questão envolve as licitações que adotam a regra do orçamento sigiloso, disposta no art. 34 da lei das estatais: o momento em que a informação deverá se tornar pública.

A redação aprovada pelo Congresso Nacional anunciava, no §2º do art. 57, que "durante a fase de negociação, o orçamento, se sigiloso, poderá ser aberto, desde que em sessão pública". Ocorre que esse dispositivo foi vetado pela Presidência da República, cuja mensagem de veto assim fundamentou:

> Os dispositivos consideram a divulgação do valor estimado do contrato ou do orçamento, após a adjudicação de objeto ou na fase de negociação, respectivamente, ambas resultantes de procedimento sigiloso. Embora louvável a intenção, poderia acarretar consequências indesejáveis para a formação de preços e a adequada competição em

> processos licitatórios posteriores, para objetos similares, motivo pelo qual recomenda-se seu veto por interesse público.

Do ponto de vista prático, a justificativa não se sustenta e, em tese, viabilizaria as seguintes alternativas: a desclassificação de proposta minimamente superior ao orçamento estimativo; ou um longo – e frívolo – vaivém travado entre o licitante e a empresa estatal até a descoberta do valor, como ocorre no joguete infantil de "quente e frio".

Sustentamos que o veto afastou a publicação obrigatória da estimativa de custos após o encerramento da licitação. No entanto, não há impedimento para que a empresa estatal defina, em seu regulamento interno, a possibilidade e o momento de abertura do sigilo do orçamento, especialmente para as hipóteses em que não acarretar qualquer prejuízo às suas finalidades[4].

O Tribunal de Contas da União, no âmbito do RDC, já se manifestou no sentido de permitir a relativização do sigilo do orçamento para fins negociais[5]. Na oportunidade, o Ministro Benjamin Zymler indicou que existiriam situações em que não vislumbrava como manter, "de modo judicioso e estrito rigor, o sigilo na fase de negociação", concluindo que para "fazer valer a real possibilidade de negociar, desde que em ato público e devidamente justificado", não via, em princípio, reprovabilidade na abertura do sigilo com esse intuito.

Noutro diapasão, a empresa pública ou a sociedade de economia mista também poderá valer-se da faculdade descrita no *caput* do art. 34 da Lei, que indica a possibilidade de, mediante justificação na fase de preparação, conferir publicidade ao valor estimado do objeto do certame. Ora, se é facultada a divulgação motivada do orçamento já na publicação do instrumento convocatório, com mais razão deve ser autorizado o levantamento do sigilo após a entrega das propostas ou ao final da etapa de lances. Além disso, a própria norma indica hipóteses, não exaustivas, de abertura do sigilo orçamental: em relação aos órgãos de controle e nos procedimentos licitatórios que adotam os critérios de julgamento melhor técnica e maior desconto.

4. Remetemos o leitor ao item desta obra que trata sobre o orçamento sigiloso de maneira específica.
5. TCU. Acórdão nº 306/2013-Plenário. Rel. Min. Benjamin Zymler.

23

DA HABILITAÇÃO

O regime dado às regras de habilitação talvez seja uma das maiores mudanças proporcionadas pela Lei das estatais, em comparação ao regime da Lei nº 8.666/1993.

Inicialmente, vale a leitura do trecho da Lei destacado a tratar sobre as regras de habilitação:

> Art. 58. A habilitação será apreciada exclusivamente a partir dos seguintes parâmetros:
>
> I – exigência da apresentação de documentos aptos a comprovar a possibilidade da aquisição de direitos e da contração de obrigações por parte do licitante;
>
> II – qualificação técnica, restrita a parcelas do objeto técnica ou economicamente relevantes, de acordo com parâmetros estabelecidos de forma expressa no instrumento convocatório;
>
> III – capacidade econômica e financeira;
>
> IV – recolhimento de quantia a título de adiantamento, tratando-se de licitações em que se utilize como critério de julgamento a maior oferta de preço.
>
> § 1º Quando o critério de julgamento utilizado for a maior oferta de preço, os requisitos de qualificação técnica e de capacidade econômica e financeira poderão ser dispensados.
>
> § 2º Na hipótese do § 1º, reverterá a favor da empresa pública ou da sociedade de economia mista o valor de quantia eventualmente exigida no instrumento convocatório a título de adiantamento, caso o licitante não efetue o restante do pagamento devido no prazo para tanto estipulado.

O texto reduzido do artigo 58 engloba praticamente uma revolução, em relação às exigências habilitatórias nas licitações, quando comparado seu regramento com o estabelecido outrora pela Lei nº 8.666/1993. Duas nuances se destacam.

A primeira, a Lei expressamente excluiu parâmetros ou requisitos habilitatórios que eram historicamente exigidos nas licitações sob a égide da Lei nº 8.666/1993, notadamente a regularidade fiscal e trabalhista, indicando a opção legislativa de não utilizar as licitações das estatais como instrumento de política fiscal e trabalhista, em detrimento da busca de propostas mais vantajosas economicamente para a empresa.

A segunda, em vez de adotar um rol exaustivo de documentos aptos ou formas restritas de demonstração do cumprimento do respectivo parâmetro de habilitação, como fez a Lei nº 8.666/1993, a Lei das Estatais estabeleceu os parâmetros sem indicar taxativamente a forma de sua exigência, o que permitirá liberdade para que o edital defina a forma de aferição desses parâmetros de habilitação, identificando verdadeiramente a capacidade do licitante de atender a pretensão contratual.

Com esta percepção, o TCE/MG, corretamente, registrando que o procedimento licitatório instaurado por estatal submete-se a regime jurídico próprio, consagrado pela Lei nº 13.303/2016, ao tratar sobre regras de habilitação, destacou que as "exigências de capacidade técnica são compatíveis com o interesse público, na medida em que servem como parâmetro para selecionar licitante com experiência necessária para execução do objeto do futuro contrato", registrando ainda que não se aplicariam à espécie as disposições da Lei n. 8.666, de 1993[1].

Supreendentemente, muitas estatais, ao estabelecerem seus regulamentos internos de licitação, não atentaram para essas diferenças estruturais!

Algumas fixaram, em seus regulamentos, parâmetros de habilitação já não indicados pela nova Lei, como as regularidades fiscal e trabalhista; outras "colaram" o texto da Lei nº 8.666/1993, firmando rol exaustivo para demonstração de parâmetros habilitatórios como qualificação técnica e capacidade econômica e financeira, abdicando da liberdade admitida pelo legislador.

Deve-se evitar interpretar a Lei das estatais ou regulamentá-la com os "olhos voltados para o retrovisor", sob pena de ficar estagnado, deixando de avançar

1. TCE-MG – DEN: 1054240, Relator: CONS. GILBERTO DINIZ, Data de Julgamento: 14/03/2019, Data de Publicação: 05/04/2019.

com as possibilidades aventadas pela nova legislação. Usando uma expressão comum aos honrados profissionais da Marinha, é necessário "soltar a poita[2]".

Nesse prumo, Niebuhr adverte que o novo regime das estatais representa uma oportunidade "relevante para vencer um modelo de licitação excessivamente formalista e burocrático, que não funciona"; uma oportunidade que pode ser bem aproveitada ou não, porque depende da postura das estatais em relação às novidades da Lei nº 13.303/2016[3]. Lembra o emérito jurista, que "não é preciso muito esforço para perceber que o novo, se aplicado com os olhos no velho, torna-se velho", destacando que a oportunidade concedida pela Lei nº 13.303/2016 para as estatais depende da disposição das estatais de saírem da zona de conforto, de enfrentarem os desafios e as incertezas do novo[4].

23.1. DOS PARÂMETROS DE HABILITAÇÃO

A fase de habilitação é o momento em que a Administração Pública avalia requisitos que devem os licitantes possuir, como medida de resguardo à possibilidade de execução do contrato. Como bem lembrou Guimarães e Santos, diversamente dos particulares, que dispõem de maior autonomia para escolher quem pretende contratar, os órgãos e entidades integrantes da Administração Pública somente podem contratar com quem preenche certos e determinados parâmetros previstos em lei ou no instrumento convocatório[5].

Como expressamente indica a Lei nº 13.303/2016, serão utilizados os seguintes parâmetros para a aferição da habilitação dos licitantes:

- comprovação da possibilidade da aquisição de direitos e da contração de obrigações, por parte do licitante (parâmetro similar à habilitação jurídica);

---

2. Poita é um objeto pesado que faz as vezes de âncora em embarcações miúdas e boias de sinalização. É um acessório que consiste em um peso que repousa no fundo, destinado a manter um sinal flutuante em sua posição, quando ligado a boias. A poita pode ser relacionada a um tipo precário de segurança, mas estar preso a ela pode ser prejudicial, quando a necessidade impõe ação e mudança de rumos. Por isso, às vezes é necessário "soltar a poita" e navegar.
3. NIEBUHR, Joel de Menezes. Virou a chave do novo regime de licitações e contratos das estatais. O que esperar dos órgãos de controle? Disponível em <ttps://www.zenite.blog.br/virou-a-chave-do-novo-regime-de-licitacoes-e-contratos-das-estatais-o-que-esperar-dos-orgaos-de-controle/> Acesso em: jul. 2018.
4. *Idem*.
5. GUIMARÃES, Edgar; SANTOS, José Anacleto Abduch. **Leis das Estatais: Comentários ao regime jurídico licitatório e contratual da Lei n.º 13.303/2016 – Leis das Estatais**. Belo Horizonte: Fórum, 2017, p. 202.

- qualificação técnica;
- capacidade econômica e financeira;
- recolhimento de quantia a título de adiantamento (quando se adotar o critério maior oferta de preço).

A doutrina, corretamente, tem destacado que o aludir que a habilitação será apreciada, exclusivamente, a partir dos parâmetros que ela indica, estaria definindo a "taxatividade dos requisitos exigíveis das pessoas físicas e jurídicas interessadas em contratar com aquelas entidades", motivo pelo qual "os regulamentos das referidas entidades não poderão acrescer outros requisitos de habilitação além dos relacionados no art. 58, incisos a IV"[6].

Em acréscimo, vale o registro de que a Lei nº 13.303/2016 foi, realmente, taxativa em relação aos parâmetros, porém, por outro lado, não definiu previamente quais documentos poderiam ser exigidos como requisitos, no bojo de cada um desses parâmetros.

Passaremos à análise desses parâmetros de habilitação e de algumas nuances identificadas em seus dispositivos.

23.2. DA COMPROVAÇÃO DA POSSIBILIDADE DA AQUISIÇÃO DE DIREITOS E DA CONTRAÇÃO DE OBRIGAÇÕES, POR PARTE DO LICITANTE

O primeiro dos parâmetros indicados pelo legislador foi a "exigência da apresentação de documentos aptos a comprovar a possibilidade da aquisição de direitos e da contração de obrigações por parte do licitante".

Este primeiro parâmetro equivale à denominada habilitação jurídica. Esta exigência servirá para verificar a capacidade do licitante no exercício de direitos e deveres, para o caso de eventual responsabilização pelas obrigações pactuadas. Neste sentido, também, Jessé Torres Pereira Júnior, Juliano Heinen, Rafael Maffini e Marinês Restelatto Dotti:

> O requisito do art. 58, I, da Lei n° 13.303/2016 corresponde aos documentos de habilitação jurídica elencados no art. 28 da Lei n° 8.666/93. Deve ser exigido em todas as licitações e contratações promovidas

6. JUNIOR, Jessé torres Pereira; HEINEN, Juliano; DOTTI, Marinês Restelatto; MAFFINI, Rafael. Comentários à Lei das EMPRESAS ESTATAIS Lei 13.303/2016, Belo Horizonte: Fórum, 2018. P. 515.

> por empresas estatais, tanto que visa a comprovar o regular registro e constituição de pessoa Jurídica que pretenda participar de licitação e contratar com entidades administrativas, para o efeito de torná-la apta a contrair obrigações e exercer direitos[7].

Podem ser apontados como documentos aptos à demonstração de cumprimento deste parâmetro, a apresentação de cédula de identidade, pela pessoa física, o registro comercial, ato constitutivo, estatuto ou contrato social, pelas pessoas jurídicas, ou o decreto de autorização, no caso de empresas estrangeiras, dentre outros.

Como a Lei não definiu o elenco de documentos aptos, outros documentos podem ser exigidos, em tese.

Não se deve confundir este parâmetro com os subsequentes, de demonstração da qualificação técnica e da capacidade econômico-financeira. Assim, um engenheiro pode ter habilitação jurídica para disputar a licitação, mas não atender aos parâmetros de qualificação técnica (experiência com determinado tipo de obra de engenharia).

Há, de qualquer forma, duas condições básicas: em primeiro, a função do documento deve ser de demonstrar a possibilidade de aquisição de direitos e contratação de obrigações a serem pactuadas; em segundo, a exigência deve ser proporcional ao objeto licitado.

23.3. DA QUALIFICAÇÃO TÉCNICA

O segundo parâmetro indicado pelo legislador foi a qualificação técnica.

A qualificação técnica tem como escopo a verificação da habilidade ou aptidão para a execução do objeto licitado. Por isso mesmo, ela deve ser proporcional ao objeto contratual, restringindo a restrição aos limites de garantia do cumprimento das obrigações.

O Mestre Sidney Bittencourt apresenta interessante caracterização da qualificação técnica, em três categorias: a genérica, a específica e a operativa[8].

7. JUNIOR, Jessé torres Pereira; HEINEN, Juliano; DOTTI, Marinês Restelatto; MAFFINI, Rafael. Comentários à Lei das EMPRESAS ESTATAIS Lei 13.303/2016, Belo Horizonte: Fórum, 2018. P. 517.
8. BITTENCOURT, Sidney. A Nova Lei das Estatais: Novo Regime de Licitações e Contratos nas Empresas Estatais. Leme (SP): JH Mizuno, 2017. P. 270.

Segundo o ilustre autor, a genérica seria identificada pela inscrição no Conselho Profissional; a específica envolveria a experiência e conhecimento técnico; já a operativa seria identificada através da demonstração de instalações e aparelhamento adequado para a execução do futuro contrato[9].

Tradicionalmente, costumou-se dividir a qualificação técnica em capacidade técnico-operacional, que estaria relacionada à aptidão da empresa, e capacidade técnico-profissional, que estaria relacionada à aptidão dos profissionais que participem do quadro da empresa.

Conforme já explanado pelo TCU, "a qualificação técnica abrange tanto a experiência empresarial quanto a experiência dos profissionais que irão executar o serviço. A primeira seria a capacidade técnico-operacional, abrangendo atributos próprios da empresa, desenvolvidos a partir do desempenho da atividade empresarial com a conjugação de diferentes fatores econômicos e de uma pluralidade de pessoas. A segunda é denominada capacidade técnico-profissional, referindo-se à existência de profissionais com acervo técnico compatível com a obra ou serviço de engenharia a ser licitado"[10].

Embora a Lei não tenha citado expressamente essas classificações, a liberdade dada pelo legislador permite que esses critérios sejam utilizados para aferição da qualificação técnica, além de outros.

Práticas adotadas por empresas privadas do setor, inclusive, podem inspirar novas formas de aferição da qualificação técnica dos licitantes.

23.3.1. Da restrição às parcelas técnica e economicamente relevantes

Prestigiando entendimento consagrado pela prática e pela jurisprudência, a Lei registrou que a exigência de qualificação técnica deve ser restrita a parcelas do objeto técnica ou economicamente relevantes.

Esta limitação guarda consonância com o inciso XXI do artigo 37 da Constituição Federal, que estabelece que o processo de licitação "somente permitirá as exigências de qualificação técnica e econômica indispensáveis à garantia do cumprimento das obrigações".

9. BITTENCOURT, Sidney. A Nova Lei das Estatais: Novo Regime de Licitações e Contratos nas Empresas Estatais. Leme (SP): JH Mizuno, 2017. P. 270.
10. Vide Acórdão nº 1.332/2006, do Plenário do TCU.

Nesse sentido, desde antes, o TCU já destacava que as exigências de atributos técnicos inseridas no edital devem ser absolutamente relevantes e proporcionais ao fim que se busca atingir com a realização da licitação[11].

Nessa linha, mais recentemente, o Tribunal de Contas da União, interpretando o artigo 58 da Lei 13.303/2016 em consonância com o inciso XXI do art. 37 da Constituição Federal, entendeu que, nas licitações realizadas por empresas *estatais*, "é irregular a exigência de atestados de qualificação técnico-operacional com previsão de quantitativos desproporcionais ao objeto do certame, que não se atenham ao limite percentual de 50% do quantitativo do serviço licitado"[12].

23.3.2. Da necessidade de previsão expressa dos requisitos de qualificação técnica

Ainda pelo texto legal, os critérios, documentos ou parâmetros exigidos para a comprovação da qualificação técnica devem ser estabelecidos de forma expressa no instrumento convocatório.

Não há necessidade de definição de tais requisitos já no regulamento interno de licitações. A não indicação deles pela Lei resulta justamente da correta compreensão de que peculiaridades da pretensão contratual podem dar ensejo à necessidade de requisitos específicos para demonstração da qualificação técnica. Sendo assim, uma definição prévia, abstrata e exaustiva, pela Lei ou pelo regulamento, certamente correrá o risco de ser falha, por omissão ou por excesso, na tarefa de estabelecer requisitos adequados para a aferição da qualidade técnica na licitação em concreto.

De qualquer forma, é obrigatória a indicação, no edital, dos requisitos para aferição da qualificação técnica. Esses requisitos devem ser estabelecidos pela estatal, de forma justificada, restringindo-se às parcelas do objeto técnica ou economicamente relevantes.

As experiências de empresas privadas, repisamos, desde que respeitem os limites traçados pelo legislador, podem inspirar exigências editalícias aptas à aferição da qualificação técnica do licitante.

Caso os critérios apontados pelo edital se apresentem como desnecessários, inadequados, desproporcionais ou indevidamente restrinjam a competição, os

11. TCU. Acórdão nº 445/2014-Plenário, TC 030.216/2013-6, relator Ministro José Jorge, 26/2/2014.
12. TCU. Acórdão 1621/2021, Plenário. Auditoria, Relator Ministro Benjamin Zymler.

licitantes interessados podem impugnar o respectivo edital, exigindo a devida correção de seus termos.

23.3.3. Do somatório de atestados

Nada obstante o silêncio da Lei, entendemos que nas licitações das estatais será relevante também a discussão sobre a possibilidade de que editais vedem o somatório de atestados, quando adotarem sua apresentação como forma de identificação da qualificação técnica.

A vedação ao somatório de atestados pode gerar certa restrição à competitividade. Noutro prumo, a exigência de apresentação de atestado único, às vezes, é necessária para a comprovação da aptidão técnica do licitante, sendo inquestionável que o interesse público exige que a empresa contratada tenha condições de efetuar as prestações relacionadas ao objeto contratual, sob pena de, após todo o procedimento licitatório, restar frustrada a pretensão contratual[13].

Por conta disso, a possibilidade de somatório de atestado deve ser tratada como regra; já a restrição deve ser tratada como excepcional e deve ser devidamente justificada no planejamento da licitação. Nesse prumo, conforme Jurisprudência do TCE/MG, "em casos excepcionais, sobretudo diante da complexidade do objeto licitado, é possível restringir o somatório de atestados para efeito de comprovação da qualificação técnica"[14].

Entendemos que, mesmo nas licitações reguladas pela Lei nº 13.303/2016, a vedação ao somatório de atestados, para fins de aferição da qualificação técnica, deve se restringir a situações em que o aumento de quantitativos acarretarem, incontestavelmente, o aumento da complexidade técnica do objeto ou uma desproporção entre quantidades e prazos de execução, capazes de exigir maior capacidade operativa e gerencial da licitante e ensejar potencial comprometimento da qualidade ou da finalidade almejadas na contratação[15].

13. TORRES, Ronny Charles Lopes de. Leis de licitações públicas comentadas, 9ª edição. Salvador: Juspodivm, 2018. P. 438 a 440.
14. TCE-MG - DEN: 1054240, Relator: CONS. GILBERTO DINIZ, Data de Julgamento: 14/03/2019, Data de Publicação: 05/04/2019.
15. TCU. Acórdão nº /2014-Segunda Câmara.

Conforme já destacado pelo TCU, "é ilegal o estabelecimento de número mínimo de atestados de capacidade técnica, a não ser que a especificidade do objeto o recomende, situação em que os motivos de fato e de direito deverão estar devidamente explicitados no processo da licitação"[16].

23.3.4. Tempo de experiência na atividade

A liberdade conferida pelo legislador permite a possibilidade de, quando justificável, exigir-se experiência na atividade, por período mínimo.

Importante lembrar que, mesmo sob a égide da Lei nº 8.666/1993, o Tribunal de Contas já vinha admitindo que, nas licitações de serviços de natureza continuada, fosse fixada a exigência de qualificação técnica (técnico-operacional) através da apresentação de atestado de execução de serviços de terceirização compatíveis em quantidade com o objeto licitado, por período igual ou superior a 3 (três) anos[17].

O TCU, inclusive, já admitiu a exigência de atestados com limitação de época, nas situações em que a tecnologia envolvida só se tornou disponível a partir de determinado período[18].

O TCE/MG, por exemplo, admitiu que "nas situações em que seja possível prorrogar o prazo do contrato, admite-se exigir comprovação de experiência mínima superior à vigência contratual inicialmente prevista no edital", ressalvando, contudo, que o período de experiência exigido não pode extrapolar "o prazo máximo admitido para o ajuste – incluídas possíveis prorrogações".[19]

Em 2023, o Tribunal de Contas da União admitiu que, em licitação promovida por empresa estatal, pode o instrumento convocatório estabelecer limitação temporal de atestados para comprovação de qualificação técnica, desde que essa exigência esteja devidamente motivada e não restrinja o caráter competitivo do certame[20].

16. TCU. Acórdão n.º 3170 /2011-Plenário, rel. Min. Marcos Bemquerer Costa. Info 88.
17. TCU. Acórdão nº 2434/2013-Plenário.
18. TCU. Acórdão nº 2205/2014-Segunda Câmara.
19. TCE-MG – DEN: 1054240, Relator: CONS. GILBERTO DINIZ, Data de Julgamento: 14/03/2019, Data de Publicação: 05/04/2019.
20. TCU. Acórdão 1378/2023, Plenário. Relator Min. Vital do Rego.

De qualquer forma, repise-se, é essencial que restrições temporais, por seu caráter excepcional, sejam devidamente justificadas no processo, durante o planejamento da pretensão contratual.

Em suma, entendemos que pode ser legítima, desde que justificada, a exigência de demonstração de experiência em determinada atividade, como requisito de habilitação técnica. A demonstração da experiência por um período mínimo pode ser necessária para comprovar a aptidão técnica da empresa para a contratação. Assim, se estamos falando de fornecimento de equipamentos tecnológicos, com maior complexidade de operação e manutenção, ou mesmo em relação a serviços de prestação continuada, a demonstração e que a empresa já os ofereceu em contratos anteriores, por períodos mínimos (exemplo: dois ou três anos) pode ser necessária para que a Administração tenha maior segurança de que esta poderá cumprir com suas obrigações contratuais.

Noutro diapasão, via de regra, entendemos incabível que o edital exija demonstração de experiência em período restrito.

Assim, por exemplo, seria admissível a demonstração de experiência na prestação do serviço de manutenção predial por um período mínimo de 03 anos; contudo, não seria possível exigir que os atestados demonstrassem experiência na atividade entre os anos de 2018 a 2020.

23.4. DA CAPACIDADE ECONÔMICA E FINANCEIRA

O terceiro parâmetro indicado pelo legislador foi a capacidade econômica e financeira.

Este parâmetro de habilitação tem o condão de aferir se o licitante possui condições econômicas para suportar os compromissos relacionados à contratação, pela apresentação de informações e dados condizentes com a natureza e as características/especificidades do objeto.

Em outras palavras, este parâmetro de habilitação objetiva verificar a capacidade econômica do particular, de forma que fique resguardada a existência de condições suficientes e compatíveis com a posterior execução contratual.

Aqui também o legislador optou por permitir certa liberdade para que a estatal defina os critérios para aferição do parâmetro de habilitação.

Essa liberdade é relativa, pois os requisitos para aferição de quaisquer dos parâmetros de habilitação sempre devem ser limitados ao vetor definido pelo constituinte, que é o de servir à garantia do cumprimento das obrigações.

Outrossim, a liberdade admitida pelo novo legislador permite que o edital adote requisitos assemelhados aos apontados outrora pela Lei nº 8.666/1993 ou pela Lei nº 14.133/2021, como apresentação do balanço patrimonial ou mesmo garantia, se esses parâmetros forem compatíveis com o objeto da licitação.

Pode também ser exigida relação dos compromissos assumidos pelo licitante, comprometedores da capacidade operativa ou absorção de disponibilidade financeira, calculada esta em função do patrimônio líquido atualizado, pois um objetivo primordial da exigência de qualificação econômico-financeira é garantir que a empresa licitante detenha esteio financeiro suficiente para suportar a contratação pretendida pelo órgão/ente público contratante.

De qualquer forma, repisamos, o estabelecimento de critérios desproporcionais poderá ser impugnado administrativamente ou mesmo questionado judicialmente, motivo pelo qual o setor responsável deve escolher critérios adequados à contratação pretendida, justificando-os no processo.

23.5. DO RECOLHIMENTO DE QUANTIA A TÍTULO DE ADIANTAMENTO

O último parâmetro de habilitação indicado pelo legislador foi o "recolhimento de quantia a título de adiantamento". Este parâmetro está voltado para as licitações que utilizam o critério de julgamento denominado maior oferta de preço.

Trata-se de regra semelhante a outrora identificada no artigo 18 da Lei nº 8.666/1993, ao estabelecer que, na concorrência para a venda de bens imóveis, a fase de habilitação limitar-se-ia à comprovação do recolhimento de quantia correspondente a 5% (cinco por cento) da avaliação.

Da mesma forma entendeu o novel legislador. Ora, se a intenção é vender um bem, através do critério maior oferta de preço, o mais importante é alcançar um valor mais alto para a alienação. Para tanto, como requisito habilitatório (e garantia do cumprimento das obrigações), pode ser suficiente exigir a habilitação jurídica e o recolhimento antecipado do percentual indicado pelo legislador.

Seguindo esse raciocínio, a Lei das estatais definiu que, quando adotado o critério de julgamento maior oferta de preço, os requisitos de qualificação técnica e de capacidade econômica e financeira poderão ser dispensados.

Caso o licitante não efetue o restante do pagamento devido no prazo estipulado pelo edital, o valor recolhido será revertido em favor da estatal.

23.6. HABILITAÇÃO E PROPORCIONALIDADE

Necessário reiterar, os requisitos de habilitação são critérios relativos, que têm como objetivo a análise de idoneidade do licitante e de sua aptidão para o cumprimento do contrato. Quando ultrapassam este vetor, passam a desestimular a competitividade, gerando sua disfunção.

Com razão, Joel de Menezes Niebuhr[21] ensina que, quando a Administração faz exigências irrelevantes e impertinentes, restringe o universo de licitantes artificiosamente, violando o princípio da competitividade. Também nesse sentido, Marçal Justen Filho[22] afirma que o nível de severidade das exigências de participação será sempre um reflexo das características do objeto licitado. Assim, a discricionariedade na fixação das exigências habilitatórias encontra limitação na natureza e extensão do objeto a ser contratado, sendo necessário sempre o confronto entre o objeto licitado e as condições impostas aos licitantes.

As exigências habilitatórias devem objetivar a comprovação da qualificação/aptidão do licitante, na forma estritamente necessária ao cumprimento do contrato, afinal, não foi à toa que o constituinte, no inciso XXI de seu artigo 37, ao tratar as exigências de qualificação técnica e econômica, firmou que elas seriam apenas aquelas "indispensáveis à garantia do cumprimento das obrigações". Este dispositivo constitucional estabelece um vetor que deve ser respeitado pelas normas infraconstitucionais, estabelecedoras de restrições habilitatórias[23].

21. NIEBUHR, Joel de Menezes. Licitação Pública e contrato administrativo. 4ª ed. rev. e ampl. Belo Horizonte: Fórum, 2015. pg. 392/393.
22. JUSTEN FILHO, Marçal. Comentários à Lei de Licitações e Contratos Administrativos, 15ª edição, 2009, p. 387.
23. TORRES, Ronny Charles Lopes de. Leis de licitações públicas comentadas, 9ª edição. Salvador: Juspodivm, 2018. P. 407.

23.7. DA AUSÊNCIA DO REQUISITO REGULARIDADE FISCAL E REGULARIDADE TRABALHISTA

A Lei nº 13.303/2016 não incluiu entre os requisitos de habilitação, as denominadas regularidades fiscal e trabalhista, exigidas nos certames da Lei nº 8.666/1993[24] e também na Lei nº 14.133/2021.

A regularidade fiscal tem o condão de demonstrar que o interessado está devidamente inscrito nos cadastros públicos pertinentes e regular com suas obrigações fiscais. Já a regularidade trabalhista objetiva demonstrar, através da certidão negativa de débitos trabalhistas (CNDT)[25], que o licitante não possui débitos trabalhistas com seus empregados.

Interessante perceber que nenhum desses dois parâmetros é citado pelo constituinte, ao tratar sobre as licitações públicas, no inciso XXI de seu artigo 37[26], o que gerou interessante discussão, pois relevante doutrina defendeu, no passado, a inconstitucionalidade da criação de novos parâmetros habilitatórios, não indicados pelo constituinte[27-28].

---

24. Art. 29. A documentação relativa à regularidade fiscal e trabalhista, conforme o caso, consistirá em:
I – prova de inscrição no Cadastro de Pessoas Físicas (CPF) ou no Cadastro Geral de Contribuintes (CGC);
II – prova de inscrição no cadastro de contribuintes estadual ou municipal, se houver, relativo ao domicílio ou sede do licitante, pertinente ao seu ramo de atividade e compatível com o objeto contratual;
III – prova de regularidade para com a Fazenda Federal, Estadual e Municipal do domicílio ou sede do licitante, ou outra equivalente, na forma da lei;
IV – prova de regularidade relativa à Seguridade Social e ao Fundo de Garantia por Tempo de Serviço (FGTS), demonstrando situação regular no cumprimento dos encargos sociais instituídos por lei.
V – prova de inexistência de débitos inadimplidos perante a Justiça do Trabalho, mediante a apresentação de certidão negativa, nos termos do Título VII-A da Consolidação das Leis do Trabalho, aprovada pelo Decreto-Lei nº 5.452, de 1º de maio de 1943.
25. Verificada a existência de débitos garantidos por penhora suficiente ou com exigibilidade suspensa, será expedida Certidão Positiva de Débitos Trabalhistas, em nome do interessado, com os mesmos efeitos da CNDT, que possui prazo de validade de 180 dias e certificará a empresa em relação a todos os seus estabelecimentos, agências e filiais.
26. XXI – ressalvados os casos especificados na legislação, as obras, serviços, compras e alienações serão contratados mediante processo de licitação pública que assegure igualdade de condições a todos os concorrentes, com cláusulas que estabeleçam obrigações de pagamento, mantidas as condições efetivas da proposta, nos termos da lei, o qual somente permitirá as exigências de qualificação técnica e econômica indispensáveis à garantia do cumprimento das obrigações.
27. DI PIETRO, Maria Sylvia Zanella. Direito Administrativo. 12ª edição. São Paulo: Atlas, 2000. P. 324.
28. Vale o registro de que a eminente Professora Di Pietro, em edições posteriores de sua obra, alterou seu entendimento, admitindo a criação de parâmetros habilitatórios, por Lei, mesmo

Defendemos a constitucionalidade da criação de requisitos de habilitação além dos indicados pelo referido dispositivo constitucional (técnica e econômica), notadamente quando o estabelecimento desses requisitos se dá por lei federal[29], raciocínio também defendido pela maioria da doutrina e jurisprudência.

Ocorre que, no caso da Lei das Estatais, o legislador não estabeleceu regularidade fiscal e regularidade trabalhista como parâmetros de habilitação. Aparentemente, na ponderação entre exercer uma política de relativo auxílio à ação da fiscalização tributária e trabalhista ou adotar uma opção menos restritiva à competição para a obtenção de propostas economicamente mais vantajosas, parece o legislador ter optado pela segunda. Democraticamente, esta opção legislativa precisa ser respeitada pelo intérprete, pelo aplicador do direito ou, nas palavras sempre poéticas do célebre jurista Carlos Ayres Brito, o "lidador do Direito", que deve lidar com a construção e aplicação da norma jurídica, respeitando, como um artífice, as fontes democráticas de criação do direito.

Nesta feita, entendemos que não cabe a exigência obrigatória das regras de habilitação relativas ao parâmetro regularidade fiscal e trabalhista, nos termos da Lei nº 8.666/1993, tampouco sua inclusão nos regulamentos internos das estatais. Este parece ser o mesmo entendimento defendido pelo Professor Sidney Bittencourt[30].

O jurista Sidney Bittencourt ressalva que, nada obstante a não indicação da regularidade fiscal pela Lei das Estatais, outras fontes normativas estabelecem requisitos condicionantes para a contratação. Neste sentido, por exemplo, "deverá ser exigida a prova de regularidade para com a seguridade social"[31], tendo em vista a regra do §3º do artigo 195 da CF[32]. Em relação a esta observação do dileto mestre, fazemos apenas a observação de que a

que não indicados pelo constituinte.

29. TORRES, Ronny Charles Lopes de. Leis de licitações públicas comentadas, 8ª edição. Salvador: Juspodivm, 2017. P. 399/401.
30. BITTENCOURT, Sidney. A Nova Lei das Estatais: Novo Regime de Licitações e Contratos nas Empresas Estatais. Leme (SP): JH Mizuno, 2017. P. 285/287.
31. BITTENCOURT, Sidney. A Nova Lei das Estatais: Novo Regime de Licitações e Contratos nas Empresas Estatais. Leme (SP): JH Mizuno, 2017. P. 285/287.
32. Art. 195. A seguridade social será financiada por toda a sociedade, de forma direta e indireta, nos termos da lei, mediante recursos provenientes dos orçamentos da União, dos Estados, do Distrito Federal e dos Municípios, e das seguintes contribuições sociais: (...)

vedação estabelecida pelo constituinte se relaciona à contratação, de forma que a inexistência de débito com a seguridade social apenas deve ser imposta, quando da eventual contratação, nos limites estabelecidos em lei.

Ainda em relação à regra de impedimento à contratação, prevista pelo §3° do artigo 195 da CF, há uma dificuldade prática gerada pela unificação das certidões federais. Importante lembrar que apenas os débitos com a seguridade social geram o impedimento, e não aqueles com todos os demais tributos federais, envolvidos na certidão unificada.

No mesmo sentido, Ricardo de Paula Feijó defende que os requisitos de habilitação deverão ser previstos e regulamentados no instrumento convocatório, restringindo-se aos requisitos arrolados taxativamente pela Lei[33].

23.8. DA LEGITIMIDADE DA OPÇÃO DO LEGISLADOR DE NÃO EXIGIR REGULARIDADE FISCAL E TRABALHISTA

O estabelecimento de requisitos habilitatórios tem relação direta com a busca de uma proposta economicamente mais vantajosa ou mesmo com a garantia do cumprimento das obrigações.

Busca-se identificar licitantes aptos ao cumprimento da prestação contratual pretendida, nas melhores condições possíveis.

Tradicionalmente, a instituição legal dos requisitos habilitatórios relacionados à regularidade fiscal e trabalhista estava muito mais voltada a uma política fiscal e trabalhista, de prestigiar fornecedores regulares com suas obrigações fiscais ou nas obrigações com seus trabalhadores, do que propriamente para identificar se o licitante teria condições de executar a pretensão contratual.

Obviamente, é possível defender que, indiretamente, selecionar um licitante hígido em suas obrigações fiscais e trabalhistas seja um resguardo a mais para continuidade contratual; contudo, certamente, o efeito maior é de

§ 3° A pessoa jurídica em débito com o sistema da seguridade social, como estabelecido em lei, não poderá contratar com o Poder Público nem dele receber benefícios ou incentivos fiscais ou creditícios.

33. FEIJÓ, Ricardo de Paula. O Procedimento da Licitação da Lei 13.303/2016. In. JUSTEN FILHO, Marçal (Org.). Estatuto jurídico das empresas estatais: Lei 13.303/2016. São Paulo: Editora Revista dos Tribunais, 2016. P. 456/458.

redução da competitividade, o que repercute na redução da potencial vantagem econômica decorrente da competição licitatória.

Para avaliar a correção desta assertiva, basta questionar: os particulares priorizam, nas suas contratações em geral, a análise da regularidade fiscal e trabalhista dos fornecedores que contratam ou uma proposta economicamente mais vantajosa? Quando quer comprar computadores, a empresa privada certifica-se se o IPTU do fornecedor está em dia? O cidadão, ao comprar uma nova televisão, primeiro certifica-se se há algum funcionário com débitos trabalhistas pendentes?

É claro que, em algumas contratações específicas, esta aferição pode ser importante para resguardo econômico do contratante. Assim se dá, por exemplo, quando um tomador de serviços contrata uma empresa de terceirização. Avaliar a higidez dela frente a seus trabalhadores, nesta situação, pode ser uma atuação preventiva estratégica. Nesse tipo de contratação, a aferição de débitos decorrentes de reclamações trabalhistas (não apenas a apresentação da CNDT) pode ser concebida como um critério apto à cobrança, enquanto parâmetro de capacidade econômico-financeira.

De qualquer forma, a priorização desta preocupação trabalhista ou fiscal não deveria ser a regra nas contratações firmadas. Embora, por uma política fiscal e trabalhista, a Lei nº 8.666/1993 tenha definido como requisito de habilitação, a regularidade fiscal e trabalhista.

Importante firmar: esta não foi a escolha da Lei nº 13.303/2016! A nova Lei não incluiu as regularidades fiscal e trabalhista entre os requisitos de habilitação! Esta não inclusão não foi à toa e não pode ser desprezada pelo aplicador do Direito.

Conforme explica Renila Bragagnoli, a Lei das Estatais admite certa liberdade normativa para cada entidade em relação à regulamentação do sistema de habilitação. Para tanto, traça premissas gerais acerca dos parâmetros exigíveis, sem qualquer remissão expressa a previsões de exigências relacionadas a certidões que não impõem benefícios para a administração e que burocratizam demasiadamente, tornando o procedimento licitatório moroso e ineficiente[34].

34. BRAGAGNOLI, Renila Lacerda. Lei n.º 13.303/2016: reflexões pontuais sobre a lei das estatais [livro eletrônico]. Curitiba: Editora JML, 2019. Disponível em https://editora.jmlgrupo.com.br.

Nada obstante a clara ausência da previsão desses requisitos no texto legal, algumas estatais, ainda no primeiro ano de vigência da nova Lei, ao aprovar seus regulamentos internos (conforme exige o artigo 40), incluíram entre os requisitos de habilitação a serem exigidos dos licitantes, as regularidades fiscal e trabalhista!

Porém, seria possível aplicação subsidiária da Lei nº 8.666/1993, para justificar a exigência das regularidades fiscal e trabalhista?

Como já defendemos, em tópico anterior deste livro[35], a resposta parece negativa. Reitere-se, inclusive, que a Lei nº 13.303/2016, no *caput* do artigo 58, quando trata sobre habilitação, expressamente prevê que ela "será apreciada exclusivamente" a partir dos parâmetros ali indicados, entre os quais não se encontram a regularidade fiscal e a regularidade trabalhista.

Acerca da possibilidade de exigência de apresentação de certidão negativa de débitos trabalhistas, o Tribunal de Contas do Estado do Paraná já se manifestou no sentido da interpretação aqui defendida, no julgamento que ensejou o Acórdão nº 490/2018 – Tribunal Pleno[36]:

Considerando o disposto no art. 58 da Lei 13.303/16, entendo que assiste razão à <*omissis*>, merecendo revisão a decisão atacada, uma vez que para as empresas públicas foi prevista redução no rol de documentos que devem ser exigidos em sede de habilitação de certames licitatórios. (...)

> A Lei Federal 13.303/20106 não incluiu no rol exaustivo de seu art. 58 a exigência de apresentação de CND Trabalhista por parte dos licitantes para a habilitação de certames licitatórios, e tampouco o documento consta no rol contido no art. 47 do RILC.

Conforme também já explicado, isso não impede, contudo, que o contrato defina como regra de execução contratual a apresentação de comprovantes ou certidões que demonstrem a regularidade fiscal e a regularidade trabalhista, com o intuito de evitar eventual responsabilização solidária ou subsidiária, como fazem as demais empresas privadas. Mais eficiente, entretanto, parece ser a realização de uma adequada fiscalização e gestão contratual, que realize a retenção e recolhimento dos tributos devidos, antes do pagamento (nos

35. Vide tópico: Da (não) aplicação subsidiária da Lei federal nº 8.666/93, em relação à regularidade fiscal e trabalhista.
36. TCE/PR. Acórdão nº 490/2018 – Tribunal Pleno. Rel. Fernando Guimarães. Julg. em 08/03/2018.

termos da legislação, para evitar a responsabilidade solidária), bem como fiscalize o mensal pagamento dos valores devidos aos trabalhadores (no caso da terceirização de serviços com dedicação exclusiva de mão de obra), evitando, nos termos alinhados pelo STF[37], o risco de responsabilização subsidiária.

23.9. DA NATUREZA ECONÔMICA DA REGULARIDADE FISCAL E TRABALHISTA

Como anteriormente tratado, o legislador não incluiu a regularidade fiscal e trabalhista como parâmetro de habilitação expresso, em seu artigo 58.

Contudo, por outro lado, ao tratar sobre o parâmetro "habilitação econômica", o legislador não definiu a priori os critérios ou requisitos a serem exigidos. Isto permite certa flexibilidade na escolha de tais requisitos, pela estatal.

Capacidade econômica vai além da aferição dos dados financeiros da empresa, pois a análise econômica envolve, sobretudo, a avaliação dos efeitos de determinados estímulos (que podem decorrer da variação dos preços, de sanções ou mesmo de leis) sobre o comportamento. Conforme COOTER e ULEN, a economia proporciona a teoria científica para prever os efeitos das sanções legais sobre o comportamento, assemelhando as sanções aos preços, para fins de análise do comportamento das pessoas[38].

Sob este aspecto, é possível defender que regularidade fiscal e regularidade trabalhista podem ser compreendidos, materialmente, como requisitos de "capacidade econômica financeira", cujo objetivo é aferir se o licitante possui condições econômicas para suportar os compromissos relacionados à contratação.

Assim, no serviço terceirizado com dedicação exclusiva de mão de obra, não parece absurdo admitir que a estatal indique, por exemplo, como requisito de capacidade econômica financeira, a exigência de apresentação de CNDT ou mesmo de CND relacionada a algum tributo envolvido na operação.

Neste prumo, entendemos como adequada e elogiável a prescrição trazida pelo artigo 65 do Regulamento Interno de Licitações e Contratos da Telebrás:

37. STF. RE 760931/DF, Julg.: 26/04/2017.
38. COOTER, Robert; ULEN, Thomas. Direito & Economia. Porto Alegre: Bookman, 2010. Pág. 25.

> 2 – Em licitações que têm por objeto a terceirização de serviços, com dedicação exclusiva de mão-de-obra, os licitantes devem, quando solicitado no instrumento convocatório, apresentar as certidões de Regularidade Federal, de Regularidade do empregador para com o Fundo de Garantia CRF – FGTS e Negativa de Débitos Trabalhistas – CNDT.

Embora discordemos da classificação feita pelo referido Regulamento, que relaciona este requisito ao parâmetro habilitação jurídica[39], quando eles seriam materialmente requisitos de capacidade econômica e financeira, registramos nossos elogios à boa solução construída para a exigência de certidões de Regularidade Federal, de Regularidade do empregador para com o Fundo de Garantia CRF – FGTS e Negativa de Débitos Trabalhistas – CNDT, em contratações pertinentes, o que não apenas atende à Lei, mas ao próprio vetor definido pelo constituinte, para os requisitos de habilitação.

23.10. DA PRERROGATIVA ADMINISTRATIVA PARA DEFINIR OS CRITÉRIOS DE AFERIÇÃO DOS PARÂMETROS DE HABILITAÇÃO

Como já explicado, uma importante nuance do regime jurídico da habilitação na Lei das Estatais reside no fato de que ela estabeleceu os parâmetros de habilitação sem indicar exaustivamente a forma de sua exigência.

Floriano de Azevedo Marques Neto e Juliana Bonacorsi de Palma parecem defender que, diante da omissão do legislador, seria prerrogativa do licitante apresentar os documentos que entendesse suficientes para demonstrar sua habilitação[40]:

> Diferentemente da Lei nº 8.666/1993, a Lei das Empresas estatais não trabalha com documentos fechados, com a listagem pormenorizada de todos os documentos que devem ser apresentados pelas licitantes. (...) Assim, cabe ao licitante apresentar os documentos que entenda serem suficientes para satisfazer os requisitos jurídico, técnico

39. Tais documentos não condicionam a possibilidade de legítima aquisição de direitos e contração de obrigações, definição legal deste requisito, no inciso I do artigo 58.
40. MARQUES NETO, Floriano de Azevedo; PALMA, Juliana Bonacorsi de. Licitação nas empresas estatais – os desafios do novo regime das licitações na Lei das empresas estatais. In. NORONHA, João Otavio De; FRAZÃO, Ana; MESQUITA, Daniel Augusto (Coord.). Estatuto Jurídico Das Estatais. Belo Horizonte: Fórum, 2017. P. 267.

e econômico-financeiro. E caberá à autoridade pública, por sua vez, avaliar se os documentos apresentados são de fatos suficientes.

Nada obstante o reconhecido valor dos citados juristas, discordamos desta interpretação dada ao texto. A "omissão"[41] não confere liberdade ao licitante para apresentar os documentos que entenda adequados a demonstrar sua habilitação. A liberdade foi conferida à estatal, que poderá definir os critérios para aferição dos parâmetros de habilitação, respeitados os limites legais e constitucionais, de forma eficiente e especificamente adequada ao objeto de licitação. Na verdade, trata-se de uma "opção" legislativa, não de uma "omissão".

Conferir liberdade aos licitantes para que demonstrassem o cumprimento dos requisitos habilitatórios como entendessem suficiente, geraria gigantescos desafios ou mesmo incompatibilidades com o respeito à igualdade e ao julgamento objetivo.

Bom sempre lembrar que igualdade e julgamento objetivo são princípios que devem ser observados nas licitações das estatais, por expressa previsão do artigo 31 da Lei nº 13.303/2016.

23.11. COMPLIANCE OU PROGRAMA DE INTEGRIDADE COMO REQUISITO DE HABILITAÇÃO

Diante da ausência de prévia definição dos requisitos que podem ser exigidos entre os parâmetros de habilitação definidos pela Lei nº 13.303/2016, seria possível exigir que a empresa detenha programa de integridade ou *compliance*, como requisito de habilitação.

É um tema complexo. Em princípio, podemos admitir que tal exigência pode, num sentido amplo, ser compreendida como inserida no parâmetro "capacidade econômica", o qual, como já explicado outrora, supera a mera aferição dos elementos financeiros, englobando a avaliação dos efeitos de determinados estímulos sobre o comportamento.

Sob esta perspectiva, a capacidade econômica vai além de uma aferição meramente financeira, para se estabelecer como um critério de habilitação

41. O mais correto não seria falar em omissão, pois, em nossa opinião, a atitude de não descrever exaustivamente as formas de cumprimento aos parâmetros habilitatórios foi a mais adequada.

apto a induzir comportamentos, o que permite compreender como espécie deste gênero, requisitos relacionados à regularidade fiscal, trabalhista ou mesmo à política de integridade.

No caso da política de integridade, há ainda que se destacar a existência da diretriz legal, no inciso V do artigo 32 da Lei nº 13.303/2016, de "observação da política de integridade nas transações com partes interessadas".

O Tribunal de Contas da União vem iniciando a avaliação deste tema. Conforme registra o Acórdão 1845/2019, do Plenário do Tribunal, o assunto foi abordado no TC 003.560/2019-8, que tratou sobre representação, na qual o Relator, Ministro Benjamin Zymler, "levantou questionamentos quanto à legalidade da utilização do GRI como critério para afastar empresas de certames realizados pela Petrobras." Embora o Tribunal ainda não tenha definido posição, vale registrar o entendimento inicial do Ministro Relator de que, em princípio, a diretriz prevista no inciso V, do artigo 32, refere-se apenas à política de integridade interna da estatal, mas não à avaliação do grau de integridade dos seus fornecedores[42].

Já o Tribunal Regional Federal da 2º Região (TRF2), ao enfrentar a questão, entendeu que a regra do Regulamento de Licitações da Petrobrás, que veda a participação de procedimentos de contratação, com a estatal, de partes interessadas às quais seja atribuído grau de risco de integridade (GRI) alto, seria legítima.

Segundo o TRF2, as disposições da Lei nº 13.303/2016 embasam e respaldam as normas do Regulamento de Licitações e Contratos da Petrobrás (RLCP) que preveem a atribuição de um Grau de Risco de Integridade (GRI) aos fornecedores da Petrobrás como uma das etapas da chamada *Due Diligence* de Integridade (DDI), "procedimento que visa a conhecer e avaliar os riscos de integridade aos quais a Petrobrás pode estar exposta, nos seus relacionamentos comerciais, com base na avaliação do perfil, do histórico, da reputação e das práticas de combate à corrupção dos nossos fornecedores". A finalidade desta aferição seria estabelecer critérios para a seleção de fornecedores a serem convidados para participar de licitações na Petrobrás[43].

42. TCU. Acórdão 1845/2019, Plenário.
43. TRF2. Apelação Cível – Turma Espec. III – Administrativo e Cível. Nº CNJ: 0035486-47.2018.4.02.5101 (2018.51.01.035486-6). Relator: Desembargador Federal Marcelo Pereira da Silva.

Avaliando materialmente, a exigência de que a empresa detenha programa de integridade ou *compliance*, equivale a um critério de habilitação, que pode ser compreendido como de natureza econômica (em sentido amplo).

Entendemos que é possível tal exigência, enquanto critério de habilitação econômica, mas esta apenas poderia ser exigida quando estritamente necessária à garantia do cumprimento das obrigações. Ademais, importante perceber que tais exigências restringem a competitividade e aumentam custos transacionais da contratação, que repercutem nos preços alcançados no certame público, motivo pelo qual devem ser impostas pela estatal apenas excepcionalmente de forma justificada.

23.12. VISTO DE EXECUÇÃO DO CONSELHO PROFISSIONAL NO LOCAL DE EXECUÇÃO

Diante da flexibilidade aparentemente admitida pela Lei nº 13.303/2016, poderia a estatal exigir, como critério de habilitação, visto no Conselho Regional de Engenharia e Agronomia da localidade onde os serviços serão prestados?

Ao tratar sobre o tema em relação a uma estatal, o Plenário do TCU entendeu, quando da prolação do Acórdão nº 1.889/2019, que deve ser afastada a exigência de apresentação pelas licitantes de visto no Conselho Regional de Engenharia e Agronomia da localidade onde os serviços serão prestados, como critério de habilitação. Como lembra Renila Bragagnoli[44], esse tipo de exigência afronta a já consolidada jurisprudência da Corte de Contas, inclusive, pacificada com a Súmula 272, segundo a qual, "no edital de licitação, é vedada a inclusão de exigências de habilitação e de quesitos de pontuação técnica para cujo atendimento os licitantes tenham de incorrer em custos que não sejam necessários anteriormente à celebração do contrato."

A Jurisprudência do Tribunal de Contas da União tem se firmado no sentido de que viola a Constituição Federal, a Lei 13.303/2016, a Súmula nº 272 do TCU e os princípios da igualdade e da obtenção da competitividade, a exigência de apresentação, pelas licitantes, de visto no Conselho Regional de Engenharia e Agronomia da localidade onde os serviços serão prestados,

44. BRAGAGNOLI, Renila Lacerda. Lei n.º 13.303/2016: reflexões pontuais sobre a lei das estatais [livro eletrônico]. Curitiba: Editora JML, 2019. Disponível em https://editora.jmlgrupo.com.br/

como critério de habilitação[45]. No mesmo sentido, no Acórdão nº 739/2020, o Plenário do TCU, acolhendo voto do Relator, Ministro Benjamin Zymler, decidiu dar ciência ao Banco do Brasil S.A., para que fossem adotadas "medidas internas com vistas a evitar ocorrências semelhantes, de que a exigência, para fins de habilitação, de que a licitante comprove possuir inscrição ou visto no Conselho Regional Profissional da Unidade Federativa em que será executado o objeto[46]".

Concordamos com o entendimento que vem sendo firmado pelo Tribunal de Contas da União. Como já dito outrora, embora a Lei nº 13.303/2016 tenha conferido certa liberdade no estabelecimento dos requisitos pertinentes aos parâmetros de habilitação por ela definidos, por obediência à própria Constituição federal (inciso XXI de seu artigo 37), as exigências habilitatórias devem objetivar a comprovação da qualificação/aptidão do licitante, na forma estritamente necessária ao cumprimento das obrigações. Tal disposição constitucional define uma diretriz que deve ser respeitada pelas Leis, regulamentos ou mesmo editais[47], não parecendo admissível nem legítima a obrigatoriedade de que a empresa licitante apresente "visto" pelo Conselho Regional de Engenharia e Agronomia da localidade onde os serviços serão prestados.

23.13. QUALIFICAÇÃO TÉCNICA E AVALIAÇÃO DE DESEMPENHO

Diante da abertura conferida pelo legislador, para escolha de critérios eficientes de aferição da habilitação técnica, parece viável admitir a avaliação de desempenho do fornecedor como critério de habilitação técnica.

Nesse sentido, inclusive, o Tribunal de Contas da União já pontuou que é possível, para fins de qualificação técnica em licitações realizadas por empresas públicas e sociedades de economia mista, a utilização de indicadores de avaliação de desempenho de licitantes na execução de contratos anteriores com a entidade promotora do certame, desde que prevista no instrumento

45. TCU. Acórdão 12.517/2019, Plenário. Relator: Min. Aroldo Cedraz.
46. TCU. Acórdão 739/2020, Plenário. Relator: Min. Benjamin Zymler.
47. TORRES, Ronny Charles Lopes de. Leis de licitações públicas comentadas, 9ª edição. Salvador: Juspodivm, 2018. P. 407.

convocatório e restrita às parcelas do objeto técnica ou economicamente relevantes[48].

JURISPRUDÊNCIA RELACIONADA[49]

- Ementa: ADMINISTRATIVO. APELAÇÃO EM MANDADO DE SEGURANÇA. LICITAÇÃO NA MODALIDADE CONVITE. PETROBRAS. LEI 13.303/16 E LEI 12.846/13. PROGRAMA DE INTEGRIDADE. OBRIGATORIEDADE DE PARTICIPAÇÃO DE LICITANTE QUE OBTEVE GRAU DE RISCO DE INTEGRIDADE "ALTO". DESCABIMENTO.

I - O art. 32 da Lei 13.303/16 (Lei das Estatais) elenca as diretrizes a serem observadas nas licitações promovidas por empresas públicas e sociedades de economia mista, e seus respectivos contratos, dentre as quais consta, em seu inciso V, a "observação da política de integridade nas transações com partes interessadas". Lastreada em tal diretriz, a Petrobrás aprovou o Programa Petrobrás de Prevenção à Corrupção (PPPC), com base no qual editou o Regulamento de Licitações e Contratos da Petrobrás (RLCP), publicado em 15.01.2018, cujo art. 4º, § 3º veda a participação de procedimentos de contratação com a PETROBRÁS de partes interessadas às quais seja atribuído grau de risco de integridade (GRI) alto.

II - Embora não contenha disposições específicas sobre a modalidade de licitação em questão ("convite"), a Lei 13.303/16 prevê a realização de "pré-qualificação permanente" dos fornecedores interessados como procedimento auxiliar e anterior à licitação destinado a "identificar fornecedores que reúnam condições de habilitação exigidas para o fornecimento do bem ou a execução de serviço ou obra nos prazos, locais e condições previamente estabelecidos" (art. 64, I, da Lei 13.303).

III - As disposições da atual Lei das Estatais, editada em harmonia com os ditames da Lei 12.846/2013 ("Lei Anticorrupção"), em especial os seus artigos 63 a 65, embasam e respaldam as normas do Regulamento de Licitações e Contratos da Petrobrás (RLCP) que preveem a atribuição de um Grau de Risco de Integridade (GRI) aos fornecedores da Petrobrás como uma das etapas da chamada Due Diligence de Integridade (DDI), "procedimento que visa a conhecer e avaliar os riscos de integridade aos quais a Petrobrás pode estar exposta, nos seus relacionamentos comerciais, com base na avaliação do perfil, do histórico, da reputação e das práticas de combate à corrupção dos nossos fornecedores" com a finalidade de compor critérios de seleção de fornecedores a serem convidados para participar de licitações na Petrobrás, no bojo das ações contínuas de prevenção, detecção e correção de atos de fraude e corrupção contempladas

48. TCU. Acórdão 1312/2023, Plenário. Relator Min. Jorge Oliveira.
49. Vide nota de rodapé nº 38.

no Programa Petrobrás de Prevenção à Corrupção (PPPC) a que se refere o art. 41 do Decreto 8.420/15, que regulamentou a "Lei Anticorrupção";

IV – A aplicação das vetustas disposições da Lei de Licitações (Lei 8.666/93) – cuja edição é muito anterior aos fatos que abalaram o País a partir dos escândalos revelados pela Operação Lava-Jato e outras semelhantes – aos casos em que os fatos dos autos estiverem relacionados a possíveis riscos quanto à inidoneidade de fornecedores, deve ser efetivamente subsidiária, não sendo admissível que prevaleça sobre as normas mais recentes que dispõem, ainda que genericamente, sobre a questão da corrupção e medidas destinadas a combatê-la.

V – A atribuição de GRI alto à parte investigada na Operação denominada "Máfia da Merenda" não 1 configura qualquer ilegalidade, tratando-se de um critério de seleção obtido a partir da análise de fatores de risco de integridade, que se coaduna com a hodierna necessidade de adoção de políticas contra a corrupção, não merecendo respaldo o posicionamento adotado na sentença recorrida no sentido de considerar arbitrário o ato da Petrobrás consistente em deixar de convidar a Impetrante para participar da licitação em questão.

VI – Quanto ao fato de a Licitante-Impetrante, ora Apelada, haver oferecido a proposta mais vantajosa em termos de preço, sagrando-se vencedora de parte da licitação – motivo pelo qual, a seu ver, impedi-la de participar do certame seria medida contrária ao interesse público –, a alegação não convence, na medida em que tal diferença em relação aos preços praticados pelos demais licitantes poderia vir a ser compensada pela utilização de produtos próximos às datas de vencimento, precariedade dos sistemas de higienização dos alimentos e outros absurdos que foram constatados nas investigações sobre a gestão da merenda escolar em São Paulo (Escândalo da Máfia da Merenda Escolar) envolvendo a própria Impetrante, conforme documentos acostados aos autos e notícias veiculadas nos principais meios de comunicação da época.

VII – Apelação da PETROBRÁS provida. Sentença reformada. Agravo interno julgado prejudicado. (TRF2. Apelação Cível – Turma Espec. III – Administrativo e Cível. Nº CNJ: 0035486-47.2018.4.02.5101 (2018.51.01.035486-6). RELATOR: Desembargador Federal Marcelo Pereira da Silva. Decisão: 15/04/2019.

- Exigências para habilitação são inerentes à etapa de planejamento da contratação, razão pela qual irregularidades apuradas nessa fase não devem ser imputadas a pregoeiro ou a membros de comissão de licitação, designados para a fase de condução do certame (TCU. Acórdão nº 3213/19 – 1ª Câmara – BENJAMIN ZYMLER)

- No âmbito das empresas estatais, a exigência, para fins de habilitação, de que a licitante comprove possuir inscrição ou visto no conselho regional profissional da unidade federativa em que será executado o objeto afronta o disposto nos arts. 37, inciso

XXI, e 173, § 1º, inciso III, da Constituição Federal c/c o art. 58 da Lei 13.303/2016 (TCU. Acórdão nº 0739/20 – Plenário)

- É irregular a exigência de apresentação, pelas licitantes, de visto no Conselho Regional de Engenharia e Agronomia (Crea) da localidade onde os serviços serão prestados, como critério de habilitação, devendo ser estabelecido prazo razoável, após a homologação do certame, para que a vencedora apresente esse documento no ato da celebração do contrato (art. 37, inciso XXI, da Constituição Federal, c/c o art. 31 da Lei 13.303/2016 e a Súmula TCU 272). (TCU. Acórdão nº1889/19 – Plenário)
- É vedada a imposição de limites ou de quantidade certa de atestados ou certidões para fins de comprovação da qualificação técnica. Contudo, caso a natureza e a complexidade técnica da obra ou do serviço mostrem indispensáveis tais restrições, deve a Administração demonstrar a pertinência e a necessidade de estabelecer limites ao somatório de atestados ou mesmo não o permitir no exame da qualificação técnica do licitante (TCU. Acórdão nº 1095/18 – Plenário. AUGUSTO NARDES)

> DENÚNCIA. PREGÃO ELETRÔNICO. CONTRATAÇÃO DE ENTIDADE EMPRESÁRIA ESPECIALIZADA PARA PRESTAÇÃO DE SERVIÇOS DE AUDITORIA INDEPENDENTE. ALEGAÇÃO DE RESTRIÇÃO AO CARÁTER COMPETITIVO DO CERTAME. EXIGÊNCIAS EXCESSIVAS PERTINENTES À APRESENTAÇÃO DE ATESTADOS DE CAPACIDADE TÉCNICA. AUSÊNCIA DE CONFIGURAÇÃO DA VIOLAÇÃO AO CARÁTER COMPETITIVO DO CERTAME. IMPROCEDÊNCIA.
>
> 1. O procedimento licitatório instaurado por empresa pública e por sociedade de economia mista submete-se a regime jurídico próprio, consagrado na Lei n. 13.303, de 2016, de modo que, ressalvadas as disposições legais em sentido contrário, não se aplicam à espécie as disposições da Lei n. 8.666, de 1993.
>
> 2. Os serviços de auditoria independente visam a assegurar confiabilidade às demonstrações contábeis da entidade auditada e, assim, conferir maior credibilidade às informações nelas contidas.
>
> 3. As exigências de capacidade técnica são compatíveis com o interesse público, na medida em que servem como parâmetro para selecionar licitante com experiência necessária para execução do objeto do futuro contrato.
>
> 4. Nas situações em que seja possível prorrogar o prazo do contrato, admite-se exigir comprovação de experiência mínima superior à vigência contratual inicialmente prevista no edital, desde que o período de experiência exigido não extrapole o prazo máximo admitido para o ajuste – incluídas possíveis prorrogações.
>
> 5. A experiência de auditoria das demonstrações que contemplem instrumentos de *hedge accounting* é essencial para conferir maior credibilidade à atuação da contratante e, em última análise, resguardar a execução do objeto licitado.

6. A exigência de apresentação de atestado de capacidade técnica que contemple, obrigatoriamente, a contabilização de benefícios pós-emprego, recai sobre parcela economicamente relevante do objeto licitado, razão pela qual encontra amparo no art. 58 da Lei n. 13.303, de 2016.

7. A exigência de apresentação de atestado de capacidade técnica que demonstre que o licitante tem experiência de auditoria em instituição financeira nacional com ativo patrimonial de, no mínimo, R$10.573.398.000,00 (dez bilhões quinhentos e setenta e três milhões trezentos e noventa e oito mil reais) demonstra que a Administração pretendeu selecionar licitantes que já haviam auditado instituições financeiras do mesmo porte ou maiores que o do contratante, o que se justifica pelas peculiaridades do serviço licitado e pela necessidade de se resguardar a futura execução contratual.

8. A fixação do objeto da licitação e sua respectiva delimitação consubstanciam exercício de competência discricionária da Administração contratante, sendo certo que o ordenamento jurídico vigente impede o fracionamento de objetos que têm relação de interdependência.

9. Em casos excepcionais, sobretudo diante da complexidade do objeto licitado, é possível restringir o somatório de atestados para efeito de comprovação da qualificação técnica. Segunda Câmara 7ª Sessão Ordinária – 14/03/2019 (TCE-MG - DEN: 1054240, Relator: Cons. Gilberto Diniz, Data de Julgamento: 14/03/2019, Data de Publicação: 05/04/2019)

- É obrigatório o estabelecimento de parâmetros objetivos para análise da comprovação (atestados de capacidade técnico-operacional) de que a licitante já tenha fornecido bens pertinentes e compatíveis em características, quantidades e prazos com o objeto da licitação (art. 30, inciso II, da Lei 8.666/1993). (TCU. Acórdão nº 0914/19 – Plenário. Min. ANA ARRAES)

- É irregular a exigência de número mínimo de atestados de capacidade técnica para fins de habilitação, a não ser que a especificidade do objeto a recomende, situação em que os motivos de fato e de direito deverão estar explicitados no processo licitatório. (TCU. Acórdão nº 0825/19 – Plenário. Min. AUGUSTO SHERMAN)

- A exigência, para fins de habilitação, de experiência anterior com relação a serviços que serão subcontratados é restritiva à competitividade da licitação. (TCU. Acórdão nº 2679/18-Plenário. Min. AROLDO CEDRAZ)

LICITAÇÃO OBJETIVANDO A CONTRATAÇÃO DE ESCRITÓRIO DE ADVOCACIA. QUALIFICAÇÃO TÉCNICA. TEMPO MÍNIMO DE EXPERIÊNCIA ANTERIOR EM DETERMINADAS ATIVIDADES. IMPROCEDÊNCIA DAS REPRESENTAÇÕES. PROCEDÊNCIA DA QUESTÃO REFERENTE À PROPOSTA TÉCNICA, SUSCITADA NA INSTRUÇÃO PROCESSUAL. Levando em conta as novas diretrizes trazidas pela Lei Federal nº 13.303/16 (estatuto jurídico da empresa pública e sociedade de economia mista), não se mostra desarrazoada, para fins de qualificação técnica, a exigência de demonstração de habitação para o exercício da profissão a um determinado período, bem como comprovação de atuação em esferas específicas da Justiça (Tribunais Superiores), Administração Federal e Ministério Público. Não atendem aos preceitos de competitividade do procedimento a previsão de critérios subjetivos para a pontuação de propostas técnicas, assim como a possibilidade de desclassificação de propostas que não atinjam pontuação mínima, próprio dos certames de melhor técnica, regra incompatível com tipo licitatório de técnica e preço. (TCE-SP. NÚMERO: TC-002030.989.19-8 e TC-005787.989.19-3).

"9.8.3. habilitação, homologação e adjudicação de licitantes sem efetiva qualificação técnica e sem habilitação jurídica, decorrentes da incompatibilidade entre a atividade econômica da empresa e o objeto do certame, tal como se verificou no caso da empresa *<omissis>*" (TCU. Acórdão nº 1226/2017-Plenário)

24

DA FASE RECURSAL

Preliminarmente, ressaltamos a necessidade de superar a crença de que a apresentação de recursos representa, obrigatoriamente, ferramenta utilizada pelos particulares para turbar o procedimento ou apenas tentativa de, indevidamente, reverter decisões desfavoráveis. Em variadas situações, o controle exercido entre os particulares mostra-se altamente útil a desvendar aspectos desconhecidos ou que passaram despercebidos ao exame da entidade licitante.

Desse modo, quanto à interposição de recursos, o art. 59 da Lei nº 13.303/2016 estabelece duas sistemáticas distintas, a depender a ordem sequencial adotada na licitação. Como regra geral, a fase recursal será única e realizada após a etapa de habilitação. Por outra via, quando o certame contemplar a habilitação antecipada (inversão de fases, nos termos do §1º do art. 51 da Lei), aos licitantes serão disponibilizados dois momentos para a apresentação de recursos: após a habilitação e posteriormente à etapa de julgamento.

Assim, de acordo com o §1º do art. 59, quando não for prevista a inversão de fases, realizada a habilitação, os licitantes poderão apresentar recurso, no prazo de 5 (cinco) dias úteis, em relação a atos ocorridos ao longo das etapas de julgamento, verificação da efetividade dos lances ou propostas, e habilitação.

A despeito de a Lei indicar somente as etapas referentes aos incisos IV, V e VII do art. 51, como passíveis de recursos, compreendemos que eventual recurso contra atos praticados nas fases de apresentação de lances ou propostas (inc. III), e de negociação (inc. VI), deverão ser igualmente conhecidos e processados.

Nas hipóteses em que o instrumento convocatório expressamente previr a inversão de fases (habilitação antecipada); o prazo de 5 (cinco) dias úteis deverá ser concedido em duas oportunidades: após a habilitação; e em seguida ao encerramento da fase de verificação dos lances ou propostas. Nesse segundo prazo, o recurso poderá ter como objeto os atos realizados durante o julgamento e durante etapa de verificação das ofertas.

A Lei das estatais, também nesse tema, concedeu espaço para que as empresas públicas e as sociedades de economia mista possam adaptar o procedimento recursal às suas peculiaridades, desde que respeitados os parâmetros mínimos determinados pela Lei nº 13.303/2016, bem como as garantias e os princípios relacionados à atividade processual e contratual da Administração. Ademais, o inciso V do art. 40 é expresso em indicar a tramitação de recursos como tema a ser tratado pelo regulamento interno de licitações e contratos.

Inafastável, pois, a necessidade de as estatais preverem a oportunidade de, diante do manejo de recurso, em igual prazo, os demais licitantes possam apresentar seus argumentos acerca dos fatos alegados. A medida se impõe em razão da necessidade de atendimento ao inc. LV da Constituição da República que assegura aos litigantes, em processo judicial ou administrativo; e aos acusados em geral, o contraditório e ampla defesa, com os meios e recursos a ela inerentes.

Ainda sobre o tema, são válidas as lições de Benjamin Zymler:

> Em observância ao princípio da paridade de armas, que prevê a possibilidade de os interessados terem acesso aos mesmos instrumentos para a defesa de suas pretensões, o prazo para apresentação de contrarrazões é de cinco dias úteis e poderá começar imediatamente após o encerramento do prazo concedido para a apresentação das razões recursais, a depender do que estiver previsto no regulamento de contratação da empresa estatal[1].

Não é demasiado lembrar que o recurso, nos prazos e nos parâmetros indicados na Lei, representa direito assegurado a todos os licitantes. Dessa afirmação, decorre o fato de que somente na hipótese em que decidirem

1. ZYMLER, Benjamin... [et al]. Novo regime jurídico de licitações e contratos das empresas estatais: análise da Lei nº 13.303/2016 segundo a jurisprudência do Tribunal de Contas da União – Belo Horizonte: Fórum, 2018. p. 251.

dispor desse direito, é que o procedimento licitatório poderá prosseguir sem o aguardo do prazo de 5 (cinco) dias úteis.

Assim, caso a empresa estatal deseje contar com a possibilidade de abreviar o referido prazo, poderá estabelecer em seu regulamento como serão percebidas as manifestações dos licitantes em dispor de seus prazos recursais. Vislumbramos dois métodos admissíveis: 1) questionar e colher junto aos licitantes, um a um, sua anuência em abrir mão do prazo de 5 (cinco) dias para recorrer; ou, ao contrário, 2) exigir a manifestação dos licitantes que desejarem gozar do prazo recursal definido em lei.

Vale ressaltar que, adotado o primeiro método, a empresa estatal somente poderá dar seguimento à licitação, sem o aguardo dos 5 (cinco) dias úteis, na hipótese de obter a expressa manifestação de todos os licitantes acerca do desinteresse em recorrer. Por outro lado, na hipótese de a estatal prever procedimento semelhante ao estabelecido para o pregão, o certame poderia prosseguir caso não houvesse qualquer manifestação de intenção em recorrer. Nesse cenário, a intenção de recurso equivaleria ao pronunciamento do licitante no sentido de que deseja usufruir de faculdade legalmente concedida: a disponibilização do prazo de 5 (cinco) dias úteis para recorrer.

A partir dessa concepção, repita-se, de que o prazo legal representa direito do licitante, sucedem dois efeitos: é permitido que as razões recursais apresentem motivos não apontados no momento da manifestação da intenção de recorrer; e, eventual não apresentação das razões de recorrer não constitui motivo suficiente para ensejar a apenação do licitante. É necessário considerar que, na sistemática da manifestação de intenção de recorrer, costumeiramente, a declaração há de ser imediata. Desse modo, imaginemos um exemplo em que determinado licitante possuía fundada desconfiança de que a documentação apresentada por concorrente não atendia às exigências do edital. Por esse motivo, manifesta sua intenção de que seja respeitado o prazo de 5 (cinco) dias úteis que a Lei lhe concede. Nesse ínterim, após buscar maiores informações e promover análise pormenorizada, se convence de que os documentos apresentados atendem ao edital e, assim, decide não apresentar as razões de recurso, a fim de não tumultuar o procedimento. Nesse caso, é evidente não ser razoável a apuração direcionada à responsabilização da empresa, pelo simples motivo de não exercer direito que lhe assiste.

Também como decorrência do princípio do contraditório e do devido processo legal, deverá ser assegurada aos licitantes a obtenção de vistas dos elementos dos autos indispensáveis à defesa de seus interesses.

Conforme já tratado nesta obra, o regime da Lei nº 13.303/2016 privilegia o aproveitamento dos atos. Portanto, aplicável o tratamento disposto no art. 62 diante do acolhimento de recursos, no sentido de que, na medida do possível, os atos devem ser preservados e a invalidação reservada somente às hipóteses em que a convalidação se mostrar inviável.

Considerando que a lei das estatais é silente quanto à incidência de efeitos suspensivos na interposição de recursos, e que seu art. 40, V, indica a tramitação de recursos como um dos assuntos que deve fazer parte dos regulamentos internos, é recomendável que este discorra sobre a temática[2].

Compreendemos que, tanto a aplicação irrestrita de efeitos suspensivos, quanto a impossibilidade de sua atribuição, não representam o melhor caminho a seguir, pois poderiam dar azo à suspensão de certames mesmo diante de situações demasiadamente simples; ou permitiria a continuidade automática das licitações nos casos em que houvesse risco de prejuízo irreparável. Acreditamos, portanto, que a questão deve ser submetida à autoridade competente, caso a caso, para que decida pela necessidade ou não de paralização do procedimento.

JURISPRUDÊNCIA RELACIONADA[3]

- Constitui falta grave a supressão ou o descumprimento do prazo legal para o exercício pelos licitantes do direito a recorrer, o qual, necessariamente, só pode ser exercido antes de homologada a licitação e adjudicado seu objeto. (TCU. Acórdão nº 1728/2014 - Plenário)
- O direito à interposição de recurso em processo licitatório é vigorosa expressão do devido processo legal, sendo ilícita a sua supressão por parte da autoridade administrativa, sob qualquer pretexto. (TCU. Acórdão nº 3785/2013 - Segunda Câmara)
- A limitação ao manejo de recurso administrativo em processo licitatório não encontra amparo legal, ainda que haja disposição expressa no edital do certame nesse sentido. (TCU. Acórdão nº 976/2012 - Plenário)

2. Pedro e Joel Niebuhr ressaltam que "no silêncio da Lei nº 13.303/16, ao menos em âmbito federal, aplica-se a Lei nº 9.789/99, que disciplina o processo administrativo federal. Nela se encontra o art. 61, cujo texto determina que, "salvo disposição legal em contrário, o recurso não tem efeito suspensivo". Portanto, diante da ausência de regra explícita na Lei nº 13.303/16 e se o regulamento for omisso, deve-se considerar que o recurso nas licitações das estatais não possui efeito suspensivo". In: NIEBUHR, Joel de Menezes; NIEBUHR, Pedro de Menezes. Licitações e Contratos das Estatais. Belo Horizonte: Fórum, 2018. P. 240.
3. Vide nota de rodapé nº 38.

- É recomendável, nos pregões eletrônicos, que o pregoeiro realize comunicação formal sobre todos os atos praticados no âmbito da licitação, inclusive quanto ao início do prazo para manifestação da intenção de recorrer, e das mensagens automáticas enviadas pelo sistema. (TCU. Acórdão nº 69/2012 - Plenário)

25

DO ENCERRAMENTO DO PROCEDIMENTO

Três institutos representam as formas em que os procedimentos licitatórios podem ser finalizados: homologação do resultado; revogação; e anulação. Cada um deles possui pressupostos próprios que ensejam diferentes consequências quanto ao atendimento da necessidade da empresa estatal.

Segundo o art. 62 da Lei nº 13.303/2016, o mesmo agente concentra competências para a concretização das três vias, ou seja, a autoridade que detiver poderes para homologação do resultado, também será competente para "revogar a licitação por razões de interesse público decorrentes de fato superveniente que constitua óbice manifesto e incontornável, ou anulá-la por ilegalidade, de ofício ou por provocação de terceiros, salvo quando for viável a convalidação do ato ou do procedimento viciado".

Considerando que o desfecho dos procedimentos licitatórios deve se adequar às fórmulas da homologação, revogação ou anulação, na hipótese de a empresa estatal pretender o desfazimento do certame, necessariamente, deverá valer-se da revogação, por ausência de conveniência; ou da anulação, por motivo relacionado à validade dos atos. Não há se falar em via autônoma do "cancelamento da licitação" ou "tornar sem efeito" como formas de extinção sem o atendimento dos requisitos da anulação ou da revogação. "Não existe, no ordenamento jurídico brasileiro, um ato discricionário e imotivado de extinção da licitação por 'cancelamento'. Se praticado o 'cancelamento', deverá verificar-se o motivo invocado. Se não existir motivo algum, configura-se ato administrativo arbitrário e nulo[1]".

25.1. DA HOMOLOGAÇÃO

A homologação encerra os procedimentos licitatórios bem-sucedidos em selecionar futuro contratado para executar o objeto em disputa, cuja proposta foi declarada apta e efetiva, de acordo com as exigências e as especificações contidas no instrumento convocatório.

Da mais elevada importância, o ato de homologação possui duplo significado: a autoridade competente exerce controle de legalidade dos atos praticados ao longo do procedimento; e ratifica a conveniência da contratação para a empresa pública ou sociedade de economia mista. Marçal Justen Filho indica o desenvolvimento de duas espécies de controle: da validade e da conveniência. Segundo o ilustre Professor, constatada a regularidade dos atos do procedimento licitatório, deve-se passar ao exame da conveniência do resultado.

> Isso não envolve uma margem de discricionariedade ampla, mas, exclusivamente, a verificação da compatibilidade do resultado com os preços de mercado e outras circunstâncias objetivas. Não cabe, certamente, reabrir o exame da conveniência da licitação, de sua modelagem etc. Constatando a inconveniência do resultado obtido, a autoridade competente deve promover a revogação do certame[2].

Nesse sentido, também, o voto condutor do Acórdão nº 2.659/2014- Plenário, proferido pelo Min. José Múcio Monteiro:

> [...] a homologação de um certame licitatório é ato administrativo de alta relevância, porquanto se trata do momento em que a autoridade competente deve verificar a legalidade dos atos praticados e avaliar a conveniência da contratação. Ou seja, não é um ato de simples anuência com os da comissão de licitação, ainda que lastreados em parecer jurídico, mas, sim, que deve ser precedido de criterioso exame de todo o

1. JUSTEN FILHO, Marçal. Comentários à lei de licitações e contratos administrativos. 17ª edição. São Paulo: Editora Revista dos Tribunais, 2016, p. 954.
2. JUSTEN FILHO, Marçal. Comentários à lei de licitações e contratos administrativos. 17ª edição. São Paulo: Editora Revista dos Tribunais, 2016, p. 953-954.

> processo para que se aquilate algum vício de ilegalidade e se promovam as correções necessárias ou se determine o seu cancelamento[3].

Portanto, a homologação não deve ser percebida como mera formalidade. Ao evidenciar o exercício de controle, fiscalização e aprovação dos atos anteriores, poderá implicar a responsabilização da autoridade homologadora por irregularidades eventualmente existentes no procedimento[4].

A homologação de processo de licitação não representa mera ratificação de atos anteriores, mas um momento de verificar a sua regularidade antes que surtam efeitos concretos, independentemente do período de permanência da autoridade homologadora no cargo ou na função[5].

É preciso destacar que a imputação de responsabilidade ao agente que homologa a licitação não deve ser procedida de maneira absoluta, tampouco automática. Não se pode exigir que todos os atos praticados por inúmeras pessoas, ao longo de meses, sejam discriminadamente reexaminados em todos os seus aspectos. Alicerçada em fundamentos perceptíveis no mundo real, de maneira irrepreensível, a Min. Ana Arraes proferiu voto que guiou o Acórdão nº 3.178/2016-Plenário:

> 15. É certo que a homologação de processo licitatório pode ser tida como um ato de fiscalização, como entende a jurisprudência desta Corte colacionada pela Serur. Há que se discutir, no entanto, qual o exato escopo dessa fiscalização. Não me parece razoável exigir-se que as checagens que precedem a homologação de um certame abarquem todos os dados contidos no processo licitatório, incluída a verificação individual de todos os documentos que comprovem a pesquisa de preços realizada para cada item lançado no Mapa de Pesquisa de Mercado e a análise individualizada de cada intenção de recurso rejeitada pelos pregoeiros. Mais razoável é admitir que a fiscalização inerente à homologação deve se ater à verificação do cumprimento das macroetapas que compõem o procedimento licitatório, de fatos isolados materialmente relevantes e de questões denunciadas como irregulares que tenham chegado ao conhecimento daquela autoridade.
>
> 16. Exigir que a autoridade responsável pela homologação tenha conhecimento pleno de tudo quanto consta do processo licitatório é

3. TCU. Acórdão nº 2.659/2014 - Plenário. Rel José Múcio Monteiro 08/10/2014.
4. Nesse sentido: acórdão nº 2.179/2017-1ª Câmara. Rel. Min. Bruno Dantas. Jul 11/0/2017 e acórdão nº 3.294/2014-Plenário, rel. Min. Benjamin Zymler. J. 26/11/2014.
5. TCU. Acórdão nº 9.117/2018 - 2ª Câmara.

> fazer letra morta do princípio da eficiência, introduzido no art. 37 da Constituição Federal pela Emenda Constitucional 19/1998[6].

Os efeitos da homologação, especialmente quando cotejados com os da adjudicação, sempre foram objeto de discussão na doutrina. Ao contrário dos regimes licitatórios anteriores, a Lei nº 13.303/2016 dedicou artigo específico ao tema:

> Art. 60. A homologação do resultado implica a constituição de direito relativo à celebração do contrato em favor do licitante vencedor.

A redação do dispositivo, de aparente clareza e simplicidade, revela mudança de paradigma quanto ao tratamento legal e jurisprudencial da matéria, destoante do RDC e do regime tradicional de licitações; e permite interpretações equívocas de suas consequências.

Antes de tratarmos das referidas dissonâncias, é oportuno investigar quais seriam objetivos e os efeitos das etapas do procedimento. Na fase de julgamento, ocorre a ordenação das propostas em razão do critério previamente adotado no edital; na verificação da efetividade dos lances ou propostas, a oferta mais bem classificada é analisada a fim de apurar se atende aos critérios de aceitabilidade e não se mostra inexequível; na etapa de habilitação, se o licitante demonstra condições para executar o objeto.

Em nosso juízo, a adjudicação é a vinculação do objeto ao licitante habilitado. Em outras palavras, é a estabilização definitiva da ordem classificatória e a atribuição, ao licitante mais bem classificado, do direito de impor o respeito à referida ordem, na hipótese de a empresa estatal celebrar contrato. Esse também aparenta ser o entendimento do Tribunal de Contas da União que, no julgamento que culminou no Acórdão nº 289/2018-Plenário:

> o ato de adjudicar, diversamente da homologação, não gera o reconhecimento da regularidade do procedimento licitatório. Em realidade, ao adjudicar o objeto da licitação, a autoridade competente apenas estará considerando aquele licitante apto a ser contratado, não gerando sequer direito subjetivo à assinatura do contrato[7].

---

6. TCU. Acórdão nº 3.178/2016-Plenário, rel. Min. Ana Arraes. J. 07/12/2016.
7. TCU. Acórdão nº 289/2018-Plenário. Rel. Min. André de Carvalho. J. 21/02/2018. No mesmo sentido, os Acórdãos 567/2015-Plenário e 54/2002-2ª Câmara: "Embora a proposta, na forma da lei civil, obrigue o proponente, a adjudicação cria para o licitante vencedor apenas o direito subjetivo de não ser preterido em favor de outro licitante".

A Lei nº 13.303/2016 consagrou o referido efeito em seu art. 61, que assim dispõe: "a empresa pública e a sociedade de economia mista não poderão celebrar contrato com preterição da ordem de classificação das propostas ou com terceiros estranhos à licitação".

Por sua vez, o ato de homologação do resultado firma o juízo de que o certame foi validamente realizado e o objeto licitado ainda se mantém conveniente à empresa pública ou à sociedade de economia mista. A esse ato, o legislador previu específico efeito, fixado no art. 60 da lei das estatais, de que "a homologação do resultado implica a constituição de direito relativo à celebração do contrato em favor do licitante vencedor".

A disposição merece uma análise mais atenta. Nos regimes anteriores, tradicionalmente, não se reconhecia o direito à contratação como efeito do ato homologatório. Por oportuno, transcrevemos um trecho do relatório que acompanha o Acórdão nº 2.302/2007-Plenário:

> A validade do processo e do julgamento das propostas depende da legitimidade dos referidos atos e o direito subjetivo à adjudicação só se constituirá para os licitantes declarados vencedores no caso de confirmação da validade do procedimento, **passando a existir direito subjetivo à assinatura do contrato para qualquer dos licitantes, somente após a regular convocação para a assinatura do respectivo termo.** Não possuem os licitantes, portanto, até essa fase do processo, qualquer direito subjetivo passível de ser lesado em razão do prosseguimento do feito[8].

Percebe-se, assim, que a Lei das estatais deslocou o marco para o reconhecimento do direito à contratação, da convocação para a assinatura do termo contratual para o momento da homologação do resultado do certame. Essa alteração possui como pano de fundo a nova concepção das relações jurídico-contratuais existentes entre as empresas estatais e os particulares, mais equilibrada, e que acena para a superação do modelo de Administração autoritária, em que o particular era visto como objeto do poder administrativo, e não sujeito – ou parte – da relação.

Anteriormente, a obrigação de contratar era imposta apenas ao licitante e à entidade promotora do certame incumbia somente o recebimento das propostas e, diante da concepção da existência de mera expectativa de direito,

8. TCU. Acórdão nº 302/2007-Plenário. Rel. Min. Raimundo Carreiro. J. 1/10/2007.

ordinariamente, a decisão de contratar ficava à mercê de seu interesse e conveniência. A autovinculação do ente administrativo, ao final do certame, limitava-se aos efeitos da adjudicação: a não preterição da ordem classificatória e a garantia de que, posteriormente, caso o contrato fosse realizado, haveria de ser com o licitante vencedor.

No regime da Lei nº 13.303/2016, o ato de homologação amplia o alcance da referida vinculação. A garantia fornecida ao licitante vitorioso deixa de condicionar-se por evento incerto – apesar de provável –, e estabelece o direito à celebração do contrato no encerramento da fase pré-contratual por homologação.

A correta interpretação do art. 60 da Lei nº 13.303/2016 carece de reflexão acerca do termo "relativo" nele contido. O legislador teria desejado assentar que 1) a homologação do resultado implicaria a constituição de **direito relativo** *à celebração do contrato*; ou que a homologação do resultado implicaria a "constituição de **direito** *relativo à celebração do contrato*? Em outros termos, o que se constitui com o ato homologatório do certame: um "direito relativo" à contratação, em oposição a um direito absoluto; ou um "direito referente à celebração do contrato"?

A aplicação do método literal de hermenêutica, por si só, não desata a questão. Ambas as perspectivas seriam admissíveis sob o ponto de vista exclusivo do critério gramatical. Valendo-se dos elementos sistemático e teleológico, compreendemos que a correta interpretação do art. 60 da Lei nº 13.303/2016 é a que considera que a homologação do resultado constitui direito, de natureza subjetiva, relacionado à celebração do contrato.

A interpretação no sentido de que ao licitante vencedor, após a homologação, seria assegurado apenas um direito relativo, permitiria considerar que as empresas estatais poderiam, mediante justificativa, decidir não contratar, ou até mesmo simplesmente se omitir durante o prazo de validade da proposta. Não nos parece que esse seja o cenário almejado pela norma, especialmente sob a perspectiva da atuação contratual das empresas estatais que, em aproximação do modelo privado, retirou boa parte das prerrogativas extraordinárias tradicionais. Ademais, sob o viés material, essa interpretação esvaziaria o art. 60 da Lei nº 13.303/2016, tornando-o inócuo. Ora, se apenas um direito relativo fosse concedido ao licitante vencedor, permitindo que a estatal, com a homologação, não se vinculasse à assinatura do contrato, o ato homologatório não produziria qualquer efeito na esfera de direitos do licitante. A rigor, esse direito já se encontra albergado na vedação à contratação com preterição da ordem classificatória, disposta no art. 61 da lei.

A interpretação aqui abraçada não significa, por outro lado, que o direito referente à contratação se mostra absoluto. Por óbvio, existem situações em que, embora tenha homologado o certame, a estatal deixa de ter interesse na execução do objeto. Seria despropositado cogitar que, nessa situação, a empresa estatal fosse forçada a firmar o contrato. À vista disso, a questão volta-se ao domínio indenizatório.

Especificamente quanto ao "direito à contratação" no sistema de registro de preços, é preciso ressaltar o fato de que a formalização da ata gera apenas uma expectativa de direito ao fornecedor registrado, não lhe conferindo nenhum direito subjetivo à contratação. O art. 66, §3º da Lei nº 13.303/2016 indica a existência de tão somente direito de preferência, na hipótese de as condições registradas em ata serem iguais ou melhores do que as obtidas em procedimento licitatório posterior.

Dessa maneira, o art. 60 da Lei deve ser interpretado no sentido de que a homologação de procedimento licitatório destinado ao registro de preços não implica a constituição de direito referente à celebração de contrato, mas direito à formalização da ata após o ato homologatório.

JURISPRUDÊNCIA RELACIONADA[9]

- Não é cabível imputar débito ao gestor que homologou o processo de compra nos casos em que o superfaturamento das aquisições não era perceptível ao homem médio. (TCU. Acórdão nº 13.435/2019 - 1ª Câmara)

- "A atribuição de tais modalidades de culpa, frequentemente invocadas neste Tribunal, deve, no entanto, ser precedida de cautelas e minudente análise que possibilite a caracterização de sua existência. Nem todo ato cometido por subordinado, de forma equivocada, dá ensejo à responsabilidade por culpa *in eligendo* e/ou da culpa *in vigilando*.

  A culpa *in eligendo* existe quando a autoridade delegante confia, a terceiro, missão sabidamente incompatível com os requisitos possuídos pelo delegado, sejam eles técnicos ou pessoais. Existirá culpa *in eligendo* se for delegada tarefa complexa a servidor que não possui qualificação profissional para executá-la ou sob o qual pairem processos administrativos e/ou judiciais ou, ainda, existam fundadas suspeitas quanto a sua idoneidade moral.

  Friso que, para que fique comprovada a existência de culpa *in eligendo*, a inépcia da autoridade delegada tem que ser comprovada.

9. Vide nota de rodapé nº 38.

A culpa *in vigilando*, por outro lado, surge a partir da falta de fiscalização sobre os procedimentos exercidos por outrem. A respeito, o Tribunal já entendeu que não é possível o exercício da supervisão de forma irrestrita, sob pena de tornar sem sentido o instituto da delegação de competência e inviabilizar o exercício das tarefas próprias e privativas da autoridade delegante". (TCU. Acórdão nº 1581/2017 – Primeira Câmara)

- "É certo que a homologação de processo licitatório pode ser tida como um "ato de fiscalização", como entende a jurisprudência desta Corte (...). Há que se discutir, no entanto, qual o exato escopo dessa "fiscalização". Não me parece razoável exigir-se que as checagens que precedem a homologação de um certame abarquem todos os dados contidos no processo licitatório, incluída a verificação individual de todos os documentos que comprovem a pesquisa de preços realizada para cada item lançado no Mapa de Pesquisa de Mercado e a análise individualizada de cada intenção de recurso rejeitada pelos pregoeiros.

  Mais razoável é admitir que a fiscalização inerente à homologação deve se ater à verificação do cumprimento das macroetapas que compõem o procedimento licitatório, de fatos isolados materialmente relevantes e de questões denunciadas como irregulares que tenham chegado ao conhecimento daquela autoridade.

  Exigir que a autoridade responsável pela homologação tenha conhecimento pleno de tudo quanto consta do processo licitatório é fazer letra morta do princípio da eficiência, introduzido no art. 37 da Constituição Federal pela Emenda Constitucional 19/1998. (TCU. Acórdão nº 3178/2016 – Plenário)

- Não é atribuição do dirigente máximo de entidade pública a elaboração e conferência de estudos técnicos preliminares de engenharia. (TCU. Acórdão nº 312/2011 – Plenário)

25.2. DO DESFAZIMENTO DO CERTAME POR REVOGAÇÃO OU ANULAÇÃO

Salientamos que o desfazimento do procedimento licitatório, mediante ato revogatório ou anulatório, não se limita à apreciação da autoridade após a adjudicação do objeto. O certame poderá ser revogado em qualquer uma de suas etapas e/ou anulado até mesmo após o regular encerramento de licitação homologada. Suas consequências, todavia, poderão ser distintas em razão do direito à contratação garantido ao licitante vencedor a partir da homologação.

Segundo o Tribunal de Contas da União, a empresa estatal que publicar revogação de licitação sem explicar o fato superveniente que tornou o procedimento inconveniente ou inoportuno ofende o art. 31 da Lei 13.303/2016, além de ofender, também, os princípios da transparência e da ampla defesa.[10]

10. Acórdão 364/2022 Plenário (Representação, Relator Ministro Benjamin Zymler)

Como visto, no momento em que o procedimento for submetido à homologação, o agente competente deverá efetuar o controle da legalidade dos atos praticados e o juízo acerca da manutenção da conveniência da execução do objeto posto em disputa. Nessa análise, quando forem constatadas ilegalidades que não permitam a convalidação do ato ou do procedimento viciado, o certame não poderá ser homologado, impondo-se a sua anulação[11]. De outra banda, uma vez reconhecida a legalidade do procedimento, verifica-se se a contratação permanece conveniente à empresa estatal. Na hipótese de existirem "razões de interesse público decorrentes de fato superveniente que constitua óbice manifesto e incontornável", o procedimento haverá de ser encerrado por revogação.

Dois pontos merecem ser destacados. A uma, o juízo de mérito que poderá ensejar a revogação do certame deverá ocorrer somente após a constatação de que os atos praticados foram válidos, não sendo possível a revogação de ato inválido[12]. Ademais, a ratificação da conveniência da contratação mostra-se relevante, pois, realizada de maneira prévia à homologação, evitará o estabelecimento de direito à contratação para o licitante vencedor. É preciso observar, no entanto, que o espectro dessa análise não é livre, devendo fundamentar-se em circunstâncias inexistentes ou desconhecidas no momento inicial em que se considerou conveniente a publicação do certame licitatório. Essa é a razão pela qual o art. 62 da Lei nº 13.303/2016 impõe que a revogação se sustente em fato superveniente para ser reputada válida. Sobre o tema, ensina Marçal Justen Filho que

> Ao determinar a instauração da licitação, a Administração realiza juízo de conveniência acerca do futuro contrato. Esse juízo é confirmado quando da elaboração e aprovação do ato convocatório. No momento

11. Lei nº 13.303/2016. Art. 62. Além das hipóteses previstas no § 3º do art. 57 desta Lei e no inciso II do § 2º do art. 75 desta Lei, quem dispuser de competência para homologação do resultado poderá revogar a licitação por razões de interesse público decorrentes de fato superveniente que constitua óbice manifesto e incontornável, ou anulá-la por ilegalidade, de ofício ou por provocação de terceiros, salvo quando for viável a convalidação do ato ou do procedimento viciado.
12. KLEIN, Aline Lícia. A desclassificação das propostas e o encerramento do procedimento licitatório no RDC: a possibilidade de correção de vícios sanáveis. In: JUSTEN FILHO, Marçal; PEREIRA, Cesar A. Guimarães (Coord.). O Regime Diferenciado de Contratações Públicas (RDC): comentários à Lei nº 12.462 e ao Decreto nº 7.581: (atualizados pela Lei nº 12.980 e pelo Decreto nº 8.251, de maio de 2014). 3. ed. rev., ampl. e atual. Belo Horizonte: Fórum, 2014. p. 265-281. ISBN 978-85-7700-945-9. P. 279.

> final da licitação, após apurada a classificação, exercita-se novo juízo de conveniência. Não se trata, porém, do mesmo juízo. Exercita-se sobre supostos fáticos distintos. Vale dizer, a lei reconhece um condicionamento à revogação. A Administração pode desfazer seus próprios atos, a qualquer tempo, tendo em vista avaliação de sua conveniência. Tendo concluído que o ato é conveniente e determinado sua prática ou manutenção, a Administração se vincula a essa decisão. Poderá revê-la desde que existam circunstâncias novas, inexistentes ou desconhecidas à época anterior. Logo, não se admite que a Administração julgue, posteriormente, que era inconveniente precisamente a mesma situação que fora refutada conveniente em momento pretérito. (...) Isso indica a inviabilidade de renovação do mesmo juízo de conveniência exteriorizado anteriormente. Em termos práticos, significa uma restrição à liberdade da Administração, criando uma espécie de preclusão administrativa. Uma vez exercitada determinada competência discricionária, a Administração não poderia rever o ato, senão quando surgissem fatos novos.

O alinhamento da jurisprudência do Tribunal de Contas da União com o entendimento acima transcrito pode ser verificado, por exemplo, no sumário apresentado junto ao Acórdão nº 955/2011-Plenário:

> REPRESENTAÇÃO. OITIVA PRÉVIA DO DIRIGENTE DA ENTIDADE. PROCEDÊNCIA. MEDIDA CAUTELAR PREJUDICADA. DETERMINAÇÕES. ALERTA. ARQUIVAMENTO. 1. A licitação somente pode ser revogada por razões de interesse público decorrente de fato superveniente devidamente comprovado. 2. A alteração do juízo de conveniência da Administração não constitui fato superveniente para amparar a revogação da licitação[13].

A Lei nº 13.303/2016 prevê duas hipóteses específicas de revogação. O §3º do art. 57 estabelece que o procedimento licitatório deverá ser revogado caso a negociação para o ajuste das propostas não tenha êxito em obter valor igual ou inferior ao orçamento estimado para a contratação[14]. A

13. TCU. Acórdão nº 955/2011-Plenário. Rel. Min Raimundo Carreiro. J. 13/04/2011.
14. Lei nº 13.303/2016. Art. 57. Confirmada a efetividade do lance ou proposta que obteve a primeira colocação na etapa de julgamento, ou que passe a ocupar essa posição em decorrência da desclassificação de outra que tenha obtido colocação superior, a empresa pública e a sociedade de economia mista deverão negociar condições mais vantajosas com quem o apresentou. § 1º A negociação deverá ser feita com os demais licitantes, segundo a ordem inicialmente estabelecida, quando o preço do primeiro colocado, mesmo após a negociação, permanecer acima do orçamento estimado. (...) § 3º Se depois de adotada a providência referida no § 1º

revogação também poderá ocorrer quando o licitante vencedor, convocado, não assinar o termo de contrato no prazo e nas condições determinados[15].

Conforme indicado, a anulação consiste no desfazimento do procedimento licitatório fundamentado na constatação de ilegalidade que não comporte convalidação[16], que pode ocorrer de ofício ou mediante provocação de terceiros. Se no momento em que a anulação do certame for promovida, o contrato já tiver sido assinado, este também deverá ser reputado nulo, nos termos do art. 62, §2º.

Ademais, a anulação integral do procedimento licitatório contamina eventual direito à contratação constituído, tendo em vista o reconhecimento, a reboque, da invalidade do ato administrativo que o sustentava. Justamente por essa razão, o §1º do art. 62 estabelece que a anulação da licitação não gera obrigação de indenizar.

25.2.1. Aproveitamento dos atos

Em qualquer uma das espécies de desfazimento do certame, revogação ou anulação, impõe-se a necessidade de que, para validar a revogação, as razões de interesse público representem obstáculo manifesto e intransponível para validar a revogação; ou, quanto à anulação, que os vícios de legalidade não permitam a convalidação dos atos ou do procedimento.

Assim, antes de determinar o desfazimento da licitação, as empresas públicas e as sociedades de economia mista deverão conjugar o princípio da autotutela administrativa, representado nos enunciados das súmulas nº 346 e 473 do STF[17-18], com a necessidade de privilegiar o aproveitamento dos atos

deste artigo não for obtido valor igual ou inferior ao orçamento estimado para a contratação, será revogada a licitação.

15. Lei nº 13.303/2016. Art. 75, §2º, II.
16. Lucas Rocha Furtado aponta como indevida a competência das estatais para anulação de seus atos: "Como as empresas estatais, sejam elas empresas públicas ou sociedades de economia mista, são pessoas de Direito Privado, elas não deveriam possuir competência para anular seus atos ou suas licitações, haja vista essa prerrogativa ser típica de pessoa de Direito Público." FURTADO, Lucas Rocha. Curso de licitações e contratos administrativos. 7. ed. rev. atual. e ampl. com comentários sobre a Lei nº 13.303/2016 - Lei das Empresas Estatais - Belo Horizonte: Fórum, 2017. p. 376.
17. STF. Súmula nº 346: A Administração Pública pode declarar a nulidade dos seus próprios atos.
18. STF. Súmula nº 473: A administração pode anular seus próprios atos, quando eivados de vícios que os tornam ilegais, porque deles não se originam direitos; ou revogá-los, por motivo de

praticados. A jurisprudência do Tribunal de Contas da União, reiteradamente assinala para a prevalência do conteúdo sobre o formalismo extremo, respeitadas as prerrogativas dos administrados[19]. Sobre o tema, é oportuna a manifestação do Min. Marcos Vinicios Vilaça no julgamento que ensejou a Decisão nº 695/1999-Plenário:

> O apego a formalismos exagerados e injustificados é uma manifestação perniciosa da burocracia que, além de não resolver apropriadamente problemas cotidianos, ainda causa dano ao Erário, sob o manto da legalidade estrita. Esquece-se o interesse público e passa-se a conferir os pontos e vírgulas como se isso fosse o mais importante a fazer[20].

Compreendemos, também, que a apuração dos limites ao aproveitamento dos atos deve ser conduzida pelo princípio da proporcionalidade e considerar as peculiaridades do caso concreto, como o tempo demandado ao saneamento, urgência da necessidade estatal, grau de lesividade do vício, dentre outros.

JURISPRUDÊNCIA RELACIONADA[21]

- O risco de prejuízos para a Administração pode excepcionalmente justificar a convalidação de atos irregulares ocorridos na licitação, a exemplo de dispensa indevida de licitação, e a continuidade da execução do contrato, em razão da prevalência do interesse público. (TCU. Acórdão nº 1.473/2019 – Plenário)
- O risco de prejuízos para a Administração decorrentes de eventual paralisação do certame pode justificar a convalidação de atos irregulares, a exemplo de ilícita desclassificação de proposta de licitante, de forma a preservar o interesse público, pois a atuação do Poder Público não pode ocasionar um dano maior do que aquele que objetiva combater com a medida administrativa. (TCU. Acórdão nº 13.748/2018 – 1ª Câmara).

25.2.2. Direito ao contraditório e à ampla defesa

A obrigatoriedade de conceder espaço aos licitantes interessados em exercer o direito ao contraditório e à ampla defesa, previamente à decisão de revogação e anulação, tradicionalmente motivou debate na doutrina e na

---

conveniência ou oportunidade, respeitados os direitos adquiridos, e ressalvada, em todos os casos, a apreciação judicial.

19. *V. g.* TCU. Acórdão 357/2015-Plenário. Rel. Min. Bruno Dantas. 04/03/2015.
20. TCU. Decisão nº 695/1999-Plenário. Min. Marcos Vinicios Vilaça. J. em 06/10/1999.
21. Vide nota de rodapé nº 38.

jurisprudência. Sob a égide da Lei nº 8.666/1993, o Superior Tribunal de Justiça manifestou-se no sentido de que a revogação do certame, quando anterior à homologação e adjudicação, não ensejaria contraditório:

> RECURSO ORDINÁRIO EM MANDADO DE SEGURANÇA. ADMINISTRATIVO. LICITAÇÃO. MODALIDADE. PREGÃO ELETRÔNICO. REVOGAÇÃO. AUSÊNCIA DE COMPETITIVIDADE. POSSIBILIDADE. DEVIDO PROCESSO LEGAL. OBSERVÂNCIA. RECURSO DESPROVIDO. (...)
>
> 2. Não se configurou a alegada violação do devido processo legal, do contraditório e da ampla defesa. Isso, porque a revogação do pregão eletrônico ocorreu apenas após a manifestação da empresa que não obteve aprovação no certame.
>
> 3. Ainda que não tivesse sido respeitado o contraditório, o ato revogatório não estaria eivado de ilegalidade, porquanto a jurisprudência desta Corte de Justiça, nas hipóteses de revogação de licitação antes de sua homologação, faz ressalvas à aplicação do disposto no art. 49, § 3º, da Lei 8.666/93 ("no caso de desfazimento do processo licitatório, fica assegurado o contraditório e a ampla defesa"). Entende, nesse aspecto, que o contraditório e a ampla defesa somente são exigíveis quando o procedimento licitatório houver sido concluído. Assim, "a revogação da licitação, quando antecedente da homologação e adjudicação, é perfeitamente pertinente e não enseja contraditório. Só há contraditório antecedendo a revogação quando há direito adquirido das empresas concorrentes, o que só ocorre após a homologação e adjudicação do serviço licitado" (RMS 23.402/PR, 2a Turma, Rel. Min. Eliana Calmon, DJe de 2.4.2008).
>
> 4. À Administração Pública, no âmbito de seu poder discricionário, é dado revogar o procedimento licitatório, por razões de interesse público. Todavia, ao Poder Judiciário compete apenas avaliar a legalidade do ato, de maneira que lhe é vedado adentrar o âmbito de sua discricionariedade, fazendo juízo a respeito da conveniência e oportunidade, bem como acerca da efetiva existência de interesse público[22]".

Ainda sob o regime da Lei nº 8.666/1993, o Tribunal de Contas da União, em sede de consulta[23], estabeleceu a possibilidade de anulação parcial do

22. STJ – RMS 23.360/PR, Rel. Ministra DENISE ARRUDA, PRIMEIRA TURMA, julgado em 18/11/2008, DJe 17/12/2008.
23. Ressalta-se que o inc. XVII e o §2º do art. 1º da Lei nº 8.443/1992 estabelecem que a resposta à consulta possui caráter normativo: "Art. 1º Ao Tribunal de Contas da União, órgão de controle externo, compete, nos termos da Constituição Federal e na forma estabelecida nesta Lei: (...) XVII – decidir sobre consulta que lhe seja formulada por autoridade competente, a respeito de

procedimento licitatório, situação em que se aproveitam os atos válidos; e assentou a necessidade de assegurar o direito ao contraditório e à ampla defesa dos interessados, quando a Administração pretender anular o certame em fase posterior à assinatura do contrato[24].

Em 2017, a Corte de Contas evoluiu seu entendimento para considerar o contraditório e a ampla defesa como requisitos à revogação do procedimento licitatório:

> 22. Quanto à revogação de certame licitatório, ressalta-se que entre as prerrogativas conferidas pelo ordenamento jurídico à Administração Pública está a possibilidade de revogar atos que não sejam mais convenientes e oportunos para o atendimento do interesse público, bem como de anulá-los em caso de ilegalidade. É o que decorre da autotutela administrativa e especialmente dos verbetes de Súmulas do STF 346 e 473 e, ainda, do art. 53 da Lei 9.784/1999 (neste dispositivo a aplicação é restrita aos processos administrativos federais).
>
> 23. Na hipótese de procedimento licitatório, esse poder-dever de revogação/anulação está disciplinado no art. 49 da Lei 8.666/1993, verbis: A autoridade competente para a aprovação do procedimento somente poderá revogar a licitação por razões de interesse público decorrente de fato superveniente devidamente comprovado, pertinente e suficiente para justificar tal conduta, devendo anulá-la por ilegalidade, de ofício ou por provocação de terceiros, mediante parecer escrito e devidamente fundamentado. Do § 3º do mesmo artigo sobressai que no caso de desfazimento do processo licitatório, fica assegurado o contraditório e a ampla defesa. (...)
>
> 25. Do bloco normativo supra pode-se compreender que a revogação de certame, apesar de ser uma prerrogativa, não pode ocorrer sem qualquer tipo de limitação, razão pela qual o ordenamento jurídico estabelece, em substância, os seguintes requisitos para tanto: a) fato superveniente que tenha transfigurado o procedimento em inconveniente ou inoportuno; b) motivação; e c) contraditório e ampla defesa prévios.
>
> 26. Noutras palavras, constatada a ocorrência de fato superveniente capaz de suportar o desfazimento do processo licitatório por inconveniência e/ou inoportunidade, a Administração deve comunicar aos

dúvida suscitada na aplicação de dispositivos legais e regulamentares concernentes a matéria de sua competência, na forma estabelecida no Regimento Interno. (...) § 2° A resposta à consulta a que se refere o inciso XVII deste artigo tem caráter normativo e constitui prejulgamento da tese, mas não do fato ou caso concreto".

24. TCU. Acórdão nº 1904/2008-Plenário.

> licitantes a intenção de revogação, oferecendo-lhes direito ao contraditório e à ampla defesa prévios, em prazo razoável, para que defendam a licitação deflagrada e/ou demonstrem que não cabe o pretendido desfazimento, tudo antes de ocorrer a decisão da Administração de forma motivada[25].

Posteriormente, já em 2019, o Plenário do TCU voltou a tratar do tema e, na análise de representação que culminou no proferimento do Acórdão nº 2.656/2019, indicou ser necessária a concessão de contraditório e ampla defesa, de maneira prévia à revogação, apenas quando o objeto do certame já tiver sido adjudicado:

> 11.Mesmo que aqui exista jurisprudência no sentido de que a administração, ao constatar fato superveniente a motivar o desfazimento de processo licitatório por inconveniência e/ou inoportunidade, deve comunicar aos licitantes a intenção de revogá-lo, oferecendo-lhes, previamente, direito ao contraditório e à ampla defesa, como reportado pelo representante ao mencionar o Acórdão 455/2017 - Plenário (relator o ministro-substituto Marcos Bemquerer), este Tribunal se limitou, naquela deliberação, a dar ciência da falha ao ente jurisdicionado, por ser a ocorrência de pouca gravidade.
>
> 12.No contexto da revogação em tela, eventual falha, se existente, seria de menor gravidade, pois, diante da ausência de indicativos da adjudicação do objeto do certame, não haveria sequer expectativa de direito à contratação.
>
> 13.Aliás, ao analisar as disposições legais sobre o tema, alinho-me ao entendimento constante de deliberações do TCU (Acórdão 111/2007 - Plenário, relator o ministro Ubiratan Aguiar, por exemplo) e do Superior Tribunal de Justiça (Mandado de Segurança 7.017/DF, relator o ministro José Delgado, DJ de 2/4/2001, p. 248, também a título ilustrativo) que apregoam ser necessário dar oportunidade de contraditório e ampla defesa antes da revogação de licitação apenas quando já se adjudicou o seu objeto. Pela clareza, transcrevem-se a seguir partes da ementa da mencionada decisão judicial:
>
> "ADMINISTRATIVO. LICITAÇÃO. INTERPRETAÇÃO DO ART. 49, § 3º, DA LEI 8.666/93.
>
> A autoridade administrativa pode revogar licitação em andamento, em fase de abertura das propostas, por razões de interesse público decorrente de fato superveniente devidamente comprovado. (...)

25. TCU. Acórdão nº 455/2017-Plenário. Rel Min. Marcos Bemquerer. J. 15/03/2017.

3. Revogação de licitação em andamento com base em interesse público devidamente justificado não exige o cumprimento do § 3º, do art. 49, da Lei 8.666/93.

4. Ato administrativo com a característica supramencionada é de natureza discricionária quanto ao momento da abertura de procedimento licitatório.

5. Só há aplicabilidade do § 3º, do art. 49, da Lei 8.666/93, quando o procedimento licitatório, por ter sido concluído, gerou direitos subjetivos ao licitante vencedor (adjudicação e contrato) ou em casos de revogação ou de anulação onde o licitante seja apontado, de modo direto ou indireto, como tendo dado causa ao proceder o desfazimento do certame".

Entretanto, especificamente às licitações realizadas pelas empresas públicas e sociedades de economia mista, o legislador optou por fornecer indicação expressa do momento a partir do qual as estatais deverão oportunizar o contraditório e a ampla defesa aos interessados. Reza o §3º do art. 62 da Lei nº 13.303/2016 que após o início da fase de apresentação de lances ou propostas, "a revogação ou a anulação da licitação somente será efetivada depois de se conceder aos licitantes que manifestem interesse em contestar o respectivo ato prazo apto a lhes assegurar o exercício do direito ao contraditório e à ampla defesa". Sem definir esmiuçadamente o procedimento a ser aplicado, a Lei limitou-se a indicar a oferta para manifestação de interesse e prazo suficiente, como condições à revogação ou a anulação do certame. É recomendável, portanto, que o regulamento interno de licitações da empresa estatal apresente os parâmetros em que se dará cumprimento à determinação legal.

JURISPRUDÊNCIA RELACIONADA[26]

- "O exercício do direito de contraditório e da ampla defesa pressupõem que o eventual prejudicado por uma decisão tenha pleno conhecimento dos fatos e das circunstâncias processuais que irão fundamentar tal decisão. Nesse sentido, a Decisão 1.398/2002-TCU-Plenário destacou a necessidade de se formalizar os procedimentos de julgamento de proposta em licitação, sendo necessário constar os motivos de eventual desclassificação. Corroboram esse entendimento os Acórdãos 536/2007, 700/2012 e 2564/2009, todos do Plenário desta Corte". (TCU. Acórdão nº 581/2018 – Plenário)

26. Vide nota de rodapé nº 38.

26

PROCEDIMENTOS AUXILIARES DAS LICITAÇÕES

26.1. ASPECTOS GERAIS

Os procedimentos auxiliares previstos nos artigos 63 a 67 do Estatuto Jurídico das Estatais não representam completa inovação no ordenamento jurídico brasileiro. Tratam-se de institutos já experimentados no Regime Diferenciado de Contratações Públicas – RDC, implementados em legislações locais, e até mesmo desenvolvidos a partir da concretização de princípios gerais da licitação e do direito administrativo.

Sem encerrar a questão, a Lei nº 13.303/2016 instituiu procedimentos auxiliares e autônomos, que não se vinculam a apenas um certame licitatório e visam a otimizar as contratações das empresas públicas e sociedades de economia mista. Viabilizam a identificação prévia de fornecedores e bens; o aproveitamento dos resultados em diferentes pretensões contratuais; a padronização dos objetos a serem adquiridos, dentre outros. São eles: a pré-qualificação permanente; o cadastramento; o sistema de registro de preços; e o catálogo eletrônico de padronização.

26.2. A APLICABILIDADE DOS DISPOSITIVOS DO ESTATUTO E SEU DECRETO REGULAMENTADOR

Conforme já tratado nesta obra, assim que o Estatuto Jurídico das Estatais foi publicado, surgiram discussões acerca do momento em que as regras licitatórias nele contidas deveriam (ou poderiam) ser aplicadas.

A dúvida se deu em razão de o art. 97 indicar que as normas entrariam em vigor na data de sua publicação (30.06.2016), e o art. 91 dispor que as estatais deveriam promover adaptações necessárias à adequação da lei no prazo de 24 (vinte e quatro) meses e que, até o final desse período, as contratações seguiriam regidas pela legislação anterior.

Apesar de algumas críticas da doutrina, o problema foi parcialmente resolvido com a edição do Decreto federal nº 8.945/2016 que indicou ser autoaplicável o regime de licitação e contratação da Lei nº 13.303/2016, à exceção das hipóteses elencadas em seu art. 71:

> Art. 71. O regime de licitação e contratação da Lei nº 13.303, de 2016, é autoaplicável, exceto quanto a:
>
> I – procedimentos auxiliares das licitações, de que tratam os art. 63 a art. 67 da Lei nº 13.303, de 2016;
>
> II – procedimento de manifestação de interesse privado para o recebimento de propostas e projetos de empreendimentos, de que trata o § 4º do art. 31 da Lei nº 13.303, de 2016;
>
> III – etapa de lances exclusivamente eletrônica, de que trata o § 4º da art. 32 da Lei nº 13.303, de 2016;
>
> IV – preparação das licitações com matriz de riscos, de que trata o inciso X do *caput* do art. 42 da Lei nº 13.303, de 2016;
>
> V – observância da política de transações com partes relacionadas, a ser elaborada, de que trata o inciso V do *caput* do art. 32 da Lei nº 13.303, de 2016; e
>
> VI – disponibilização na internet do conteúdo informacional requerido nos art. 32, § 3º, art. 39, art. 40 e art. 48 da Lei nº 13.303, de 2016.

Evidencia-se, em razão do disposto no inc. I do art. 71, que os procedimentos auxiliares tratados nos arts. 63 a 67 da Lei nº 13.303/2016 demandam a edição de regulamento para a sua efetiva e legítima utilização nas empresas públicas e sociedades de economia mista.

A propósito, compreendemos que o regramento definido pelo Decreto federal nº 8.945/2016 é, no mínimo, inapropriado. O que se constatou foi uma seleção aleatória de temas do novo regime, cuja aplicação tornou-se condicionada. Para todo o restante, o decreto teria autorizado a aplicação imediata. Em nossa percepção, a edição do Regulamento Interno de Licitações representaria uma etapa obrigatória da adaptação imposta pela Lei nº 13.303/2016, a ser realizada no prazo de 24 meses. Não deveria um decreto dispor acerca da eficácia de norma regularmente aprovada pelo Poder Legislativo.

Vale notar *a)* que o parágrafo único do art. 63 da Lei nº 13.303/2016 é claro ao indicar a necessidade de que os procedimentos auxiliares obedeçam a critérios claros e objetivos definidos em regulamento; e *b)* que §1º do art. 71 do decreto nº 8.945/2016[1] reforça o dever que as empresas estatais tinham de editar seus regulamentos internos de licitações e contratos até o dia 30 de junho de 2018 e com disposições sobre os assuntos do *caput*, acima transcritos, dentre eles: os procedimentos auxiliares das licitações. Na sequência, o §2º possibilitava a utilização da legislação anterior para os procedimentos licitatórios e contratos iniciados ou celebrados até a edição do referido regulamento interno, ou até 30 de junho de 2018, o que ocorresse primeiro.

Por essas razões, em nosso sentir, até 30.06.2018, era possível a realização de procedimentos auxiliares independentemente da edição de regulamento interno, caso encontrassem disciplina na legislação anterior, como ocorre com os registros cadastrais de fornecedores. Quanto ao sistema de registro de preços, sua aplicabilidade será tratada em seção específica deste capítulo, tendo em vista a existência de diferentes regimentos a ele destinado.

Após a referida data, os procedimentos auxiliares das empresas estatais, necessariamente, devem seguir os critérios e objetivos dispostos em seus regulamentos[2], pois, conforme acima indicado, a legislação anterior somente podia ser utilizada até 30 de junho de 2018, nos termos do §2º do art. 71 do decreto federal nº 8.945/2016.

26.3. A PRÉ-QUALIFICAÇÃO PERMANENTE

O antigo Decreto-Lei nº 2.300/1986[3] já previa a possibilidade de a Administração habilitar interessados em procedimento anterior à licitação, e a

1. Decreto nº 8.945/2016. Art. 71 (...) §1º **A empresa estatal deverá editar regulamento interno de licitações e contratos até o dia 30 de junho de 2018**, que deverá dispor sobre o estabelecido nos incisos do caput , os níveis de alçada decisória e a tomada de decisão, preferencialmente de forma colegiada, e ser aprovado pelo Conselho de Administração da empresa, se houver, ou pela assembleia geral.
§ 2º **É permitida a utilização da legislação anterior** para os procedimentos licitatórios e contratos iniciados ou celebrados **até a edição do regulamento interno referido no § 1º ou até o dia 30 de junho de 2018, o que ocorrer primeiro.**
2. Cf. art. 63, p. único, Lei nº 13.303/2016 c/c art. 71, I e §1º do decreto nº 8.945/2016.
3. Decreto-Lei nº 2.300, de 21 de novembro de 1986. Dispõe sobre licitações e contratos da Administração Federal e dá outras providências. Revogado. Art. 80. O sistema instituído neste decreto-lei não impede a pré-qualificação de licitantes nas concorrências de grande vulto e

Lei nº 8.666/1993, em seu art. 114[4], a permissão para pré-qualificar licitantes sempre que o objeto do certame recomendar a análise mais detida da qualificação técnica dos interessados.

No entanto, a correspondência entre o regramento da Lei nº 13.303/2016 e da Lei nº 12.462/2012 evidencia ser o Regime Diferenciado de Contratações Públicas - RDC - a inspiração da Lei das Estatais quando definiu parâmetros ao uso da pré-qualificação nas empresas públicas e sociedades de economia mista.

26.3.1. Conceito e classificação

No regime da Lei nº 13.303/2016, considera-se pré-qualificação permanente o procedimento auxiliar destinado a identificar, antes da licitação:

i) fornecedores que desejam ser contratados pela empresa estatal e comprovam possuir condições de habilitação para contratações futuras; e

ii) bens que atendam às exigências técnicas e de qualidade previamente definidas.

Portanto, existem duas hipóteses para a realização de pré-qualificação permanente pelas empresas estatais, classificadas de acordo com o seu objetivo: *i)* identificação de fornecedores aptos ao fornecimento de bem ou a execução de serviço ou obra (*pré-qualificação subjetiva*) e *ii)* identificação de bens que atendam às exigências técnicas e de qualidade da Administração Pública (*pré-qualificação objetiva*).

Sua principal utilidade reside na otimização do tempo e dos recursos dispendidos nas contratações. De um lado, a pré-qualificação possibilita que a empresa pública ou a sociedade de economia mista promova a análise das exigências com a cautela necessária, despida da urgência e da pressão costumeiramente impostas, ao longo da fase externa do certame, às comissões de licitação e aos pregoeiros. De outra banda, permite a realização de

---

alta complexidade técnica. Parágrafo único. Entende-se por pré-qualificação a habilitação dos interessados em procedimento anterior e distinto da licitação. Neste caso somente os pré-qualificados serão convidados a apresentar propostas.

4. Lei nº 8.666/1993. Art. 114. O sistema instituído nesta Lei não impede a pré-qualificação de licitantes nas concorrências, a ser procedida sempre que o objeto da licitação recomende análise mais detida da qualificação técnica dos interessados.

procedimentos licitatórios mais céleres e incrementa a segurança jurídica ao disponibilizar decisão única aproveitável em diferentes contratações.

Assim, a faculdade concedida às empresas estatais para utilização do procedimento de pré-qualificação privilegia a eficiência administrativa, em especial nas tormentosas fases de análise dos requisitos de habilitação, julgamento e verificação da efetividade das propostas. Benjamin Zymler e Laureano Dios, ao examinar o procedimento no âmbito do RDC, apontam que

> [...] de acordo com os resultados, pode-se decidir, por exemplo, pela realização de licitação, caso se verifique haver potencial para uma ampla competição, ou até mesmo, pela desistência da contratação, caso se verifique a ausência no mercado de um número adequado de fornecedores ou bens.
>
> Possibilita-se ainda uma calibragem das exigências técnicas, seja em relação a fornecedores seja em relação a bens. Caso as exigências sejam atendidas por uma parcela demasiadamente reduzida de interessados, pode-se chegar à conclusão de que elas seriam excessivamente restritivas, prejudicando indevidamente a competitividade de futuros certames[5].

Assim, como benefício indireto da pré-qualificação, destaca-se a oportunidade que as empresas estatais terão para avaliar o interesse dos fornecedores no atendimento das pretensões contratuais planejadas, bem como detectar eventual restrição ilegítima à competitividade, decorrentes de rigor excessivo nas exigências técnicas e qualitativas impostas.

Rogério Corrêa, por sua vez, identifica outras potencialidades na utilização da pré-qualificação permanente como procedimento auxiliar dos certames promovidos pelas empresas estatais:

- Participar da pré-qualificação é uma grande vantagem para o fornecedor/particular interessado em contratar posteriormente com a Administração. Isso porque os custos relacionados à comprovação de sua habilitação técnica ou despesas pertinentes à demonstração da qualidade mínima exigível para o produto/bem em questão são realizados em um único momento, gerando economia aos interessados diante das licitações futuras das quais venham participar.

5. ZYMLER, Benjamin; DIOS, Laureano Canabarro. Regime Diferenciado de Contratação – RDC. 3. ed. rev. atual. e ampl. Belo Horizonte: Fórum, 2014. p. 259.

- O instituto também potencializa a eliminação de fatores prejudiciais relacionados a eventuais decisões impertinentes e contraditórias durante o julgamento/habilitação na licitação. Isso poderia facilmente ocorrer se realizadas habilitações em cada uma das licitações posteriores, risco esse que acaba sendo eliminado com a realização desse procedimento de análise prévio e único.
- E esse conjunto permite, ainda, uma maior segurança na participação desses interessados, que de antemão já se encontrarão cientes de que cumprem com as exigências relacionadas à habilitação técnica e qualificações pertinentes ao objeto, situação esta que lhes permitirá focar em outras questões relacionadas à disputa – como melhorar a competitividade de seus preços, por exemplo[6].

26.3.2. Aspectos diferenciadores

É importante compreender que o procedimento destinado às empresas estatais contém pressupostos distintos da pré-qualificação tratada na Lei nº 8.666/1993, a despeito de ostentar o mesmo nome. Acreditamos que os institutos previstos no novo estatuto devem atender às diretrizes e às especificidades das empresas públicas e sociedades de economia mista, impondo-se, em algumas hipóteses, a dissociação das tradicionais práticas balizadas pela antiga norma.

A redação do art. 114 da Lei nº 8.666/1993, ao contrário do Decreto-Lei nº 2.300/1986, não define pré-qualificação, tampouco exige que o objeto do certame seja de grande vulto e alta complexidade técnica. Nele se encontra apenas a relação de seus requisitos: *i)* necessidade de o objeto da licitação recomendar análise mais detida da qualificação técnica dos interessados; *ii)* necessidade de proposta da autoridade competente, aprovada pela imediatamente superior e *iii)* observação das exigências da lei relativas à concorrência, à convocação dos interessados, ao procedimento e à análise da documentação.

Apesar disso, a jurisprudência do Tribunal de Contas da União firmou-se no sentido de que "a etapa de pré-qualificação somente deve ser adotada

6. CORRÊA, Rogério. Comentários ao instituto da Pré-Qualificação no âmbito da Lei 13.303/16 (Lei das Estatais). In: REIS, Luciano Elias; CHIESORIN JÚNIOR, Laercio (Coord.). Lei das Empresas Estatais: responsabilidade empresarial e o impacto para o desenvolvimento econômico nacional. Curitiba: OAB-PR, 2017. p. 273-290. P. 281.

para licitação de objetos que tenham maior complexidade ou que possuam peculiaridades que exijam competências não usuais do futuro contratado".[7]

Outrossim, a doutrina se aliou à tese de que as hipóteses autorizadoras do uso do sistema de pré-qualificação devem conter objeto peculiar, de alta complexidade e demandar que a execução contratual se realize por agentes ou empresas de alto grau de especialização:

> A inclusão (...) de uma etapa de pré-qualificação tem lugar, apenas, quando houver a necessidade de apurar-se, com especial acuidade, a qualificação técnica de interessados em contratar obra ou serviço de grande porte e cuja execução envolva peculiar grau de dificuldade, a demandar do executor nível correspondente de especialização e experiência. (...) Sugerirá direcionamento indevido do torneio competitivo a inserção dessa etapa excepcional previamente à concorrência cujo objeto não apresentar aquele grau de dificuldade[8].

Todavia, esse não é o espírito do procedimento contido na Lei nº 13.303/2016. No Estatuto Jurídico das Estatais, a pré-qualificação perde a sua natureza de etapa relacionada a um certame específico, cuja complexidade do objeto permitiria a antecipação da qualificação técnica dos interessados, e alcança o status de procedimento auxiliar das licitações.

No julgamento que originou o Acórdão nº 120/2018-Plenário, o Tribunal de Contas da União manifestou-se acerca da possibilidade de realização de pré-qualificação para a seleção de fornecedores:

> 38.2. Percebe-se que, de acordo com os ditames da Lei 13.303/2016, seria possível uma sistemática na qual os Correios realizariam um pregão com vistas à contratação de um sistema de software para gerenciamento de sua frota (ou mesmo desenvolver internamente esse software) enquanto poderia pré-classificar os potenciais fornecedores de serviços de manutenção e reparos automotivos. Dessa forma, algumas vulnerabilidades seriam mitigadas, como o risco de cobrança de 'taxa extra' e a ausência de requisitos habilitatórios por parte das oficinas.
>
> 38.2.1. Uma alternativa seria a realização de um credenciamento (espécie de inexigibilidade aceita por esta Corte de Contas - vide, por exemplo, os Acórdãos 3.567/2014-TCU-Plenário, 5.178/2013-TCU-1ª

7. TCU. Acórdão nº Acórdão 1.923/2016. Plenário. Relator: Ministro Bruno Dantas.
8. PEREIRA JUNIOR, Jessé Torres. Comentários à lei das licitações e contratações da Administração Pública. 6. ed. Rio de Janeiro: Renovar. 2003. p. 613.

Câmara e 2.707/2014-TCU-Plenário) , em que os Correios cadastrariam todas as oficinas que atendessem a pré-requisitos habilitatórios e técnicos e que aceitassem contratar com um valor de desconto mínimo, definido pela empresa pública, sobre uma tabela referencial. Após isso, em busca da maior economicidade, seria possível uma etapa de negociação, na qual as credenciadas ofertariam descontos ainda maiores a fim de prestarem o serviço. Caso houvesse empate nessa negociação (ou nenhuma se interessasse em contratar por valor inferior ao percentual definido a priori pela jurisdicionada) seria estabelecido um critério para a seleção do fornecedor, como, por exemplo, o sorteio[9].

Portanto, a pré-qualificação permanente representa valiosa ferramenta disponibilizada à gestão das compras nas empresas estatais, não se limitando apenas aos casos de altíssima complexidade, como ocorre no regime da Lei nº 8.666/1993[10]. Interpretação em sentido diverso, em nosso sentir, colidiria com a intenção prevista no art. 173, §1º, da Constituição Federal, voltada ao estabelecimento de modelo jurídico próprio de licitação e contratação compatível com a atividade das empresas públicas e sociedades de economia mista.

26.3.3. Pré-qualificação subjetiva

A primeira modalidade descrita no art. 64 da Lei é a denominada pré-qualificação subjetiva, destinada a identificar "fornecedores que reúnam condições de habilitação exigidas para o fornecimento de bem ou a execução de serviço ou obra nos prazos, locais e condições previamente estabelecidos".

Nota-se que, ao utilizar a expressão "condições de habilitação exigidas", em tese, o legislador admite que todos os parâmetros elencados no art. 58 da Lei[11] sejam estabelecidos como condições no instrumento convocatório do procedimento auxiliar.

---

9. TCU. Acórdão nº 120/2018. Rel Min Bruno Dantas. J. 24/01/2018.
10. O acórdão nº 1.891/2006 do Plenário do TCU indica que nas discussões ocorridas no Congresso Nacional antes da aprovação da Lei nº 8.666/1993, é possível encontrar explicações no sentido de que "o sistema de pré-qualificação só é para ser utilizado em casos de objetos de alta complexidade. E não é qualquer complexidade: ele utiliza como exemplos usinas nucleares e metrôs, obras indiscutivelmente complexas, as quais certamente não podem ser executadas por qualquer empreiteira".
11. Lei 13.303/2016. Art. 58. A habilitação será apreciada exclusivamente a partir dos seguintes parâmetros: I – exigência da apresentação de documentos aptos a comprovar a possibilidade da aquisição de direitos e da contração de obrigações por parte do licitante; II – qualificação técnica, restrita a parcelas do objeto técnica ou economicamente relevantes, de acordo com

No entanto, são as exigências relacionadas à qualificação técnica, descritas no art. 58, II, que se relacionam com os propósitos da pré-qualificação subjetiva de maneira direta.

A verificação acerca da regularidade perante o INSS e o FGTS decorrente do art. 195, §3°, da Constituição Federal; ou a prova, à época da pré-qualificação, de que o interessado possui condições econômico-financeiras que lhe assegurem executar contrato futuro (art. 58, III), por exemplo, não traria vantagens relevantes ao processo, tendo em vista a sua mutabilidade e o fato de que as empresas estatais não estariam desobrigadas a proceder nova análise no bojo dos certames licitatórios.

26.3.4. Pré-qualificação objetiva

A pré-qualificação objetiva, por sua vez, se destina a identificar "bens que atendam às exigências técnicas e de qualidade da Administração Pública[12]". O procedimento pauta-se em verificar se os bens submetidos pelos interessados cumprem as condições que as estatais pretendem incluir em futuras licitações.

Assegurar nível mínimo de qualidade dos produtos selecionados a partir de licitações do tipo menor preço representa um dos maiores desafios da Administração Pública, especialmente em um cenário em que a adoção de práticas voltadas à gestão de resultados afigura-se recomendada.

Acerca dos atributos identificáveis em uma compra governamental com resultados satisfatórios – preço econômico, qualidade e celeridade –, Renato Fenili apresenta a ideia de que a qualidade do produto se vincula ao atendimento das especificações exigidas e que estas devem ser "acuradas, refletindo não só traços inerentes ao material adquirido (durabilidade, robustez, etc.), mas também a adequação ao uso desejado[13]".

Nesse sentido, a pré-qualificação objetiva apresenta-se como alternativa para que, uma vez definidas as especificações técnicas e de qualidade mínimas dos produtos, as estatais possam verificar se os bens efetivamente

parâmetros estabelecidos de forma expressa no instrumento convocatório; III – capacidade econômica e financeira; IV – recolhimento de quantia a título de adiantamento, tratando-se de licitações em que se utilize como critério de julgamento a maior oferta de preço.

12. Lei n° 13.303/2016. Art. 61, II.

13. FENILI, Renato. *Boas práticas administrativas em compras públicas.* Niterói, RJ: Impetus, 2016. Prefácio.

atendem à necessidade pública e emitir decisão única a ser adotada em futuras contratações.

Com o devido tratamento no regulamento interno, acreditamos que o procedimento pode ser adotado como boa prática voltada à diminuição do índice de licitações fracassadas e extremamente morosas. No regime tradicional de licitações, é relativamente comum identificar certames que levam meses apenas na etapa de análise de amostras, sem que isso represente qualquer negligência dos agentes públicos. Em boa medida, essa situação advém da necessidade de realizar sucessivas convocações para apresentação e exame de amostras, pois, de acordo com firme entendimento da jurisprudência do TCU[14], a exigência deve ser direcionada apenas ao licitante provisoriamente classificado em primeiro lugar.

A indicação da utilidade do procedimento na análise de amostras não significa que ele esteja restrito a essa finalidade[15]. O §6º do art. 64 do Estatuto autoriza a exigência de comprovação de qualidade na pré-qualificação de produtos, o que possibilita concluir que as empresas estatais, motivadamente, poderão estabelecer a obrigação de que os interessados na pré-qualificação do objeto apresentem laudos e certificações de qualidade, nos moldes do inc. III e parágrafo único do art. 47 da Lei nº 13.303/2016.

Em síntese, duas relações podem ser traçadas de acordo com a modalidade de pré-qualificação: enquanto a pré-qualificação subjetiva permite a antecipação, total ou parcial, da análise das condições de habilitação em um procedimento prévio; a pré-qualificação objetiva possibilita a unificação das etapas de verificação de requisitos técnicos e de qualidade de vários certames em uma única solução.

26.3.5. Aspectos procedimentais

26.3.5.1. Permanência e validade da pré-qualificação

A Lei nº 13.303/2016 em seu art. 64, §1º, dispõe que o *procedimento de pré-qualificação* será público e permanentemente aberto à inscrição de qualquer

14. Como exemplos, os acórdãos nº 2.933/2016, 1.491/2016, 2.796/2013 e 2.368/2013, todos do Plenário-TCU.
15. A propósito, o art. 47, II, da Lei nº 13.303/2016 possibilita a exigência de amostras na pré-qualificação desde que justificada a necessidade de sua apresentação.

interessado. Isso significa que a partir da publicação do edital até o encerramento do procedimento, os interessados poderão submeter documentos e informações com vistas a obter sua própria *pré-qualificação* ou de seus bens.

Após a análise das condições de habilitação dos interessados ou das exigências técnicas e de qualidade do produto, aqueles que comprovarem o preenchimento dos requisitos previamente estabelecidos em edital receberão certificado reconhecendo-os como titulares da pré-qualificação.

O § 5º do art. 64 do Estatuto Jurídico das Estatais, por sua vez, indica que a "pré-qualificação terá validade de 1 (um) ano, no máximo, podendo ser atualizada a qualquer tempo".

Neste ponto é essencial a reflexão acerca da natureza e dos objetivos pretendidos pelo legislador com a criação do procedimento de pré-qualificação permanente no regime licitatório das empresas estatais. A eventual aplicação de método literal de interpretação, em desfavor dos critérios lógico ou finalístico, poderia esvaziar o instituto e encaminhá-lo ao desuso em função da mitigação de suas vantagens.

Da leitura dos §§ 1º e 6º do art. 64 da Lei nº 13.303/2016, não é devido concluir que o *procedimento de pré-qualificação* se extinguirá, no máximo, após 1 (um) ano da publicação de seu edital. Ao estabelecer limite de validade à *pré-qualificação*, a Lei nº 13.303/2016 preocupa-se em salvaguardar a atualidade da análise realizada e dos documentos apresentados. O limite de 1 (um) ano, portanto, se refere à *pré-qualificação* atribuída ao interessado que, durante esse período, gozará do direito à habilitação ou ao reconhecimento de que o produto atende às especificações exigidas pela estatal.

Por outro lado, o *procedimento de pré-qualificação*, nos termos do §1º do Estatuto, será mantido permanentemente aberto à inscrição de qualquer interessado, não se limitando a prazo determinado. Dessa maneira, a extinção do procedimento decorreria do desaparecimento das razões que motivaram a sua instauração, como a alteração do objeto ou desinteresse superveniente quanto à realização de contratações futuras. Ademais, ao apresentar o rol dos procedimentos auxiliares, a lei das estatais fez uso de denominação adjetivada como permanente. Seria um contrassenso interpretar que a permanência do instituto pudesse durar, no máximo, 1 (um) ano.

Um exemplo permite compreender a questão. Imagine-se determinada empresa pública que, em seus processos de aquisição de estações de trabalho, tenha elevado índice de licitações fracassadas e morosas em razão da necessidade de realizar sucessivas convocações para apresentação e análise de amostras. Diante desse cenário, decide promover, no mês de janeiro, pré-qualificação objetiva destinada a identificar, de maneira prévia, bens que efetivamente atendam às suas exigências e para que o resultado possa ser utilizado em futuras contratações. Ao longo do ano, dois certames foram realizados e diversos interessados tiveram seus produtos pré-qualificados após minuciosa análise da Administração.

Em janeiro do ano seguinte, não se mostraria razoável ou eficiente desperdiçar todo o trabalho, e a empresa estatal fosse obrigada a instaurar novo *procedimento de pré-qualificação* para, provavelmente, obter os mesmos resultados. Ou até mesmo emitir, no final do ano, certificado com validade de apenas poucos dias. A solução proposta, que em nada ofende o texto legal, seria a manutenção do procedimento permanentemente aberto à inscrição de qualquer interessado. Aqueles que obtiverem o certificado com a indicação de que sua pré-qualificação terá validade de 1 (um) ano, caso se mantenham interessados, poderão atualizá-la a qualquer tempo, nos termos do art. 64, §5º da Lei.

26.3.5.2. Licitação restrita aos pré-qualificados

A partir da realização do procedimento de pré-qualificação, segundo o art. 64, §2º, do Estatuto, "a empresa pública e a sociedade de economia mista poderão restringir a participação em suas licitações a fornecedores ou produtos pré-qualificados, nas condições estabelecidas em regulamento".

A Lei delega ao regulamento o papel de fixar as condições em que as empresas estatais poderão realizar licitações restritas a sujeitos ou a produtos pré-qualificados. Todavia, algumas questões merecem ser levantadas.

Compreendemos ser justificável a realização de certames restritos a partir de qualquer uma das modalidades de pré-qualificação: subjetiva ou objetiva.

Determinada sociedade de economia mista, por exemplo, prevendo a realização de diferentes certames com objetos semelhantes que demandam a análise detida das condições de habilitação dos licitantes, em busca de eficiência e celeridade nas contratações, poderia optar pela instauração de pré-qualificação e posterior realização de certames restritos.

Da mesma maneira, vislumbramos a possibilidade de licitações restritas a bens pré-qualificados, especialmente nas hipóteses em que o exame das amostras se apresente complexo e o número de produtos pré-qualificados assegure potencial competitividade na disputa licitatória.

Parte da doutrina, representada por Marçal Justen Filho, alerta para a possibilidade de incremento de riscos na realização de licitações restritas:

> Lembre-se de que a restrição de participação amplia o risco de desvios na competição. Assim se passa porque existe uma competição mais reduzida, sem a possibilidade de terceiros ingressarem no mercado para disputar o objeto licitado. Portanto, os inconvenientes gerados pela restrição devem ser compensados por razões econômicas e jurídicas satisfatórias[16].

A preocupação é legítima. No entanto, existem medidas que podem minimizar o risco de desvio originado pela restrição. As empresas públicas e as sociedades de economia mista poderão adotar como prática a publicação dos editais dos certames restritos com antecedência suficiente a permitir que os interessados tenham prazo hábil para requerer a pré-qualificação; ou, alternativamente, seja admitida a participação daquele que, na data da publicação do instrumento convocatório, já tenha apresentado a documentação exigida para a pré-qualificação.

Ademais, outro risco a ser avaliado é a possibilidade de a sistemática facilitar a prática de conluio entre os fornecedores dos objetos pré-qualificados. Sobre o assunto, adverte Marcos Juruena Villela Souto:

> [...] adotado esse método, os competidores passariam a ter ciência uns dos outros antes mesmo da apresentação de suas propostas. Assim, tomando-se, por exemplo, um mercado sofisticado, onde poucas empresas competem e se conhecem de longa data, sabendo umas da participação das outras, poderiam fixar valores de suas propostas considerando patamares costumeiros de suas competidoras, sem que possam ser forçadas ao aprimoramento pela presença de novos atores no mercado. Isso se reforça com a existência de prazos longos de validade da pré-qualificação e com o fato de já terem sido assinados alguns contratos[17].

---

16. JUSTEN FILHO, Marçal; PEREIRA, Cesar A. Guimarães (Coord.). O Regime Diferenciado de Contratações Públicas (RDC): comentários à Lei nº 12.462 e ao Decreto nº 7.581 (atualizados pela Lei nº 12.980 e pelo Decreto nº 8.251, de maio de 2014). 3. ed. rev., ampl. e atual. Belo Horizonte: Fórum, 2014. p. 343.
17. SOUTO, Marcos Juruena Villela. Pré-qualificação e universo de competidores. Interesse Público – IP Belo Horizonte, ano 10, n. 48, mar./abr. 2008.

No mesmo sentido, Lucas Rocha Furtado aponta a facilidade que se abre à realização de conluios como a grande desvantagem da adoção da pré-qualificação. Segundo o ilustre professor, "dado que somente os pré-qualificados podem apresentar propostas na licitação a ser realizada, caso se trate de mercado em que a realização de acertos é praxe, não se recomenda a adoção dessa etapa preliminar[18]".

Justamente por essa razão, nas hipóteses em que pretender utilizar a pré-qualificação em certames restritos, a empresa estatal deverá adotar especial cuidado quando o número de objetos ou de interessados pré-qualificados for reduzido. Ressaltamos que os parâmetros merecem ser delineados nos respectivos regulamentos internos de licitações e contratos.

> Como todos os licitantes saberão de antemão o universo de potenciais participantes, o risco está na possibilidade de haver combinação prévia entre eles em relação a preço, visto a baixa competição e a certeza de que não haverá novos participantes na fase de apresentação de proposta.[19]

Estudo promovido por Gustavo Pimentel Pereira[20], citado em diversas decisões do TCU, indica a existência de relação direta entre o número de participantes e o desconto obtido nos certames. No referido artigo, identificou-se que em ambientes propícios à disputa, com elevado número de licitantes, os descontos advindos da competitividade tendem a levar a reduções nos preços superiores a 15% (quinze por cento). Ademais, em análise de mais de mil licitações, constatou-se que os descontos são reais somente a partir da existência de seis competidores.

Por esse motivo, é recomendável que licitações restritas aos pré-qualificados sejam realizadas apenas diante da existência de número mínimo de concorrentes aptos que possibilite efetiva disputa, sob pena de afronta ao princípio da competitividade.

---

18. FURTADO, Lucas Rocha. Curso de licitações e contratos administrativos. 7. ed. rev. atual. e ampl. com comentários sobre a Lei nº 13.303/2016 – Lei das Empresas Estatais – Belo Horizonte: Fórum, 2017. p. 353.
19. ALTOUNIAN, Cláudio Sarian; CAVALCANTE, Rafael Jardim. RDC e contratação integrada na prática: 250 questões fundamentais. 2. ed. rev. ampl. Belo Horizonte: Fórum, 2014. p. 178.
20. PEREIRA, Gustavo Pimentel. *Ferramentas auxiliares nas auditorias de tabelas de preços.* In: SÁ, Adolfo Luiz Souza de; PEREIRA, Gustavo Pimentel. (Org.). Auditoria de engenharia: uma contribuição do tribunal de Contas do Estado de Pernambuco, p. 421.

Apesar de o Acórdão nº 711/2016-Plenário ter decidido caso concreto sob o regime da Lei nº 8.666/1993, o julgamento apresentou análise cuja essência se aplica ao regime das estatais:

> 27. O fato de haver um planejamento detalhado e a elaboração de um mapa de riscos (peça 15, p. 4) não afasta, de antemão, os riscos associados à adoção da pré-qualificação.
>
> 28. Em suma, o conhecimento prévio do universo de licitantes, em fase anterior à de elaboração das propostas, aumenta o risco de ocorrência de duas hipóteses prejudiciais à competitividade do certame e, consequentemente, à obtenção de proposta mais vantajosa. A primeira hipótese é a de conluio entre as empresas habilitadas, conforme já salientado no despacho da Ministra Relatora (peça 23, p. 2-3), a segunda é que, conhecendo os concorrentes, o empenho para a elaboração da proposta de valor mais baixo seja limitado, comparativamente com a hipótese em que a elaboração da proposta se dá em um contexto de incerteza em relação aos concorrentes.
>
> 29. Vale destacar que esta análise se dá sob a ótica do risco. Não se pode afirmar, a partir dos elementos existentes nos autos, que tenha ocorrido conluio ou que as empresas concorrentes estejam adotando posturas menos arrojadas na elaboração de suas propostas, no entanto, o aumento do risco relacionado à adoção da pré-qualificação, por si só, exige que a Administração, ao utilizar tal estratégia, apresente as devidas justificativas, aptas a demonstrar que os benefícios da escolha são suficientes para compensar o incremento dos riscos[21].

Outra questão que pode trazer dúvidas ao gestor é o aproveitamento da pré-qualificação nas hipóteses em que as exigências do certame forem alteradas após a instauração do procedimento auxiliar. Nesses casos, a licitação restrita apresenta-se inviável.

No entanto, situação diversa ocorre quando a modificação resultar, especificamente, em acréscimo de condições. Nessa hipótese, admite-se que a pré-qualificação anterior seja utilizada como comprovação parcial dos requisitos, sendo necessária a sua complementação a fim de atingir os novos parâmetros solicitados. Por outro lado, quando houver a atenuação das exigências, a pré-qualificação já realizada poderá ser aproveitada, desde que o certame não seja restrito, assegurando-se, pois, a possibilidade de ampla participação de terceiros não pré-qualificados na disputa.

21. TCU. Acórdão nº 711/2016-Plenário. Rel. Min. Ana Arraes. J. 30/03/2016.

26.3.5.3. Grupos ou segmentos de fornecedores

As empresas públicas e as sociedades de economia mista não estão obrigadas a realizar procedimentos de pré-qualificação específicos para cada pretensão contratual.

Caso compreenda haver identidade entre as condições de habilitação de diferentes objetos, mediante justificativa, poderá realizar pré-qualificação subjetiva por grupos ou segmentos, de acordo com a especialidade dos interessados.

Suponhamos, por exemplo, que determinada sociedade de economia mista conclua que as condições de habilitação exigidas para a prestação de serviços de limpeza sejam as mesmas dos serviços de jardinagem. Nessa hipótese, poderia realizar procedimento único em que os fornecedores pré-qualificados teriam a eles atribuído o direito de habilitação, total ou parcial, em licitações futuras de quaisquer objetos contratuais agrupados.

Assim, a possibilidade de o procedimento considerar a área de atuação dos fornecedores, efetuando-se a pré-qualificação por grupos ou segmentos, pode trazer ganhos significativos em termos de celeridade e economicidade nas contratações das estatais.

26.3.6. O princípio da publicidade no procedimento de pré-qualificação

O atendimento ao princípio da publicidade no procedimento de pré-qualificação permanente pode ser analisado sob duas perspectivas: a publicação do edital; e a divulgação dos produtos e dos interessados pré-qualificados.

A publicação dos editais de pré-qualificação, de acordo com o art. 39 da Lei nº 13.303/2016, deve ocorrer em portal específico, mantido pela empresa pública ou sociedade de economia mista na internet. Apesar de a redação do §2º do art. 51 não indicar expressamente a necessidade de publicação prévia do edital de pré-qualificação na imprensa oficial, compreendemos juridicamente possível que os regulamentos prevejam essa obrigação, em prestígio ao princípio da publicidade e considerando a natureza do procedimento que possibilita, inclusive, a realização de certames restritos aos pré-qualificados.

Quanto à segunda perspectiva, o §7º do art. 64 obriga a divulgação dos produtos e dos interessados pré-qualificados que, em consonância com o estabelecido no art. 39 e art. 51, §2º, deve ocorrer em sítio eletrônico na internet, de modo a possibilitar o controle exercido pela sociedade e, em especial, pelos terceiros interessados.

JURISPRUDÊNCIA RELACIONADA[22]

- "Com relação a restrição à competitividade da licitação decorrente de adoção indevida de pré-qualificação e de critérios inadequados de habilitação e julgamento, verificou-se o uso indevido e injustificado de pré-qualificação, no edital de pré-qualificação 2/2012 tendo em vista que a documentação de habilitação foi analisada em um exíguo tempo, incompatível com a análise mais detida, o que afronta o disposto na legislação (art. 114 da Lei 8.666/1993) e na jurisprudência do TCU (Acórdãos 1.232/2013, 3.425/2014, todos do Plenário) . Encontraram-se ainda cláusulas restritivas, de acordo com a legislação e a jurisprudência do TCU, à ampla competitividade. Foram apontadas como restritivas as seguintes cláusulas: (i) vedação a que uma mesma licitante seja vencedora de mais de um empreendimento; (ii) limitação indevida relacionada aos atestados de qualificação técnica; (iii) restrição de atestados por tipologia de obra; e (iv) critérios subjetivos de qualificação técnica". (TCU. Acórdão nº 2.449/2017 – Plenário)
- Ressalte-se que a jurisprudência desta Casa é firme no sentido de que a contratação de serviços advocatícios, como regra, deve ser licitada. Entretanto, caso a competição revele-se inviável, deve ser realizada a pré-qualificação dos profissionais aptos a prestarem os serviços, adotando sistemática objetiva e imparcial de distribuição de causas entre os pré-qualificados (Acórdão 2012/2007 – Plenário; Acórdão 3924/2012 – Segunda Câmara). (TCU. Acórdão nº 4.981/2017 – 1ª Câmara)

26.4. CADASTRAMENTO (OU REGISTROS CADASTRAIS)

O cadastramento previsto no art. 65 do Estatuto Jurídico das Estatais não destoa da disciplina tradicional contida na Lei nº 8.666/1993 e no Regime Diferenciado de Contratações da Lei nº 12.462/2011. Representa, assim, procedimento auxiliar conhecido e amplamente utilizado nos certames licitatórios,

Trata-se de banco de dados que contém informações relativas à habilitação de potenciais licitantes e a seu respectivo histórico de desempenho contratual. No regime tradicional da Lei de licitações e no RDC, em âmbito federal, o cadastramento se realiza por meio do Sistema de Cadastramento Unificado de Fornecedores – Sicaf.

22. Apesar de alguns trechos de decisões e enunciados apresentados nessa seção aludirem a dispositivos da Lei nº 8.666/1993, compreendemos que a semelhança dos regimes permite a reflexão e, eventualmente, o aproveitamento do raciocínio utilizado pelos tribunais.

Edgar Guimarães e Anacleto Abduch alertam que não há compatibilidade suficiente para a utilização de sistemas de registros cadastrais unificados nas licitações promovidas pelas empresas estatais.

> A habilitação sob o regime da nova lei é diferente daquela prevista na Lei nº 8.666/1993. Certas exigências que, como regra, devem ser feitas dos interessados em realizar o cadastro – como, por exemplo, a regularidade trabalhista –, não podem ser de interessados em realizar o cadastro perante uma estatal, por falta de previsão legal expressa[23].

Por outra via, Benjamin Zymler compreende que na ausência de disposição legal sobre a utilização por diferentes empresas públicas e sociedades de economia mista, não haveria razão para restringir a possibilidade compartilhamento do cadastro entre diversas estatais:

> As normas da Lei nº 13.303/2016 nada dispõem acerca do compartilhamento do cadastro entre as várias empresas estatais, tampouco sobre o aproveitamento dos cadastros já existentes no âmbito dos entes federados, a exemplo do Sistema de Cadastramento Unificado de Fornecedores (Sicaf), mantido pelo Governo Federal. Entende-se, contudo, em homenagem ao princípio da eficiência, não haver razão para restringir essas possibilidades.

Como ocorre com a pré-qualificação, os registros cadastrais podem ser aproveitados em vários procedimentos licitatórios; serão válidos por 1 (um) ano, atualizáveis a qualquer tempo (*caput*); e ficarão permanentemente abertos para inscrição de interessados (art. 65, §1º).

É notória a similitude existente entre o cadastramento e a pré-qualificação permanente subjetiva. Ambos possuem como vantagem o incremento de celeridade e de transparência nos processos, mas, enquanto ao fornecedor pré-qualificado é atribuído o direito de habilitação em licitações futuras, o fornecedor cadastrado terá a faculdade de utilizar os registros cadastrais na fase de habilitação regular dos certames.

No regime tradicional de licitações, a natureza facultativa do cadastramento é refletida na jurisprudência[24] do Tribunal de Contas da União e no

---

23. GUIMARÃES, Edgar; SANTOS, José Anacleto Abduch. Lei das estatais: comentários ao regime jurídico licitatório e contratual da Lei nº 13.303/2016. Belo Horizonte: Fórum, 2017. p. 228.
24. *V.g.* TCU. Acórdão 199/2016. Plenário. Relator Ministro Marcos Bemquerer: "O gestor público deve facultar aos licitantes a possibilidade de sua habilitação no certame ser aferida por meio do

enunciado de sua Súmula nº 274: "É vedada a exigência de prévia inscrição no Sistema de Cadastramento Unificado de Fornecedores – SICAF para efeito de habilitação em licitação".

Representa, portanto, alternativa que possibilita a habilitação de interessados em diferentes procedimentos, evitando que a documentação tenha que ser apresentada a cada certame.

De maneira a incentivar a utilização do procedimento auxiliar de cadastramento, consideramos possível que a empresa estatal defina em seu regulamento que os interessados cadastrados serão comunicados, de forma eletrônica, acerca da divulgação de procedimentos licitatórios ou de contratação direta relacionados à sua área de atuação.

O §2º do art. 65 indicou que os requisitos para admissão de inscritos serão previstos em regulamento. Da mesma forma, as empresas estatais deverão disciplinar as hipóteses de alteração, suspensão e cancelamento de registro cadastral (§4º), bem como regulamentar a maneira pela qual os particulares poderão exercer seu direito ao contraditório e à ampla defesa no bojo do procedimento auxiliar.

Por fim, a lei prevê, no §3º do art. 65, que a "atuação do licitante no cumprimento de obrigações assumidas será anotada no respectivo registro cadastral". Acredita-se que o regulamento interno de licitações e contratos a que se refere o art. 40 do Estatuto, deve tratar do tema a fim de fornecer os critérios e os prazos aplicáveis à hipótese.

26.5. SISTEMA DE REGISTRO DE PREÇOS

Previsto desde o texto original da Lei nº 8.666/1993[25], o Sistema de Registro de Preços – SRP – não encontrou ambiente favorável à sua utilização nos

---

Sistema de Cadastramento Unificado de Fornecedores (Sicaf). No entanto, o cadastro no referido sistema não é condição necessária à habilitação em processo licitatório (Súmula TCU 274)".

25. Cumpre observar que a previsão de um Sistema de Registro de Preços não surgiu com a Lei nº 8.666/1993. As disposições presentes em seu art. 15, majoritariamente, refletem a redação já existente no Decreto-Lei nº 2.300/1986. Constava, também, do Decreto-lei nº 200/1967 e, até mesmo, no Decreto Federal nº 4.536/1922 é possível identificar características comuns com o "regimen de concurrencias permanentes":
"Art. 52. Para os fornecimentos ordinarios ás repartições públicas, poderá o Governo estabelecer o regimen de concurrencias permanentes, inscrevendo-se, nas contabilidades dos Ministerios e nas repartições interessadas nos fornecimentos, os nomes dos negociantes que se propuzerem

primeiros anos de vigência da lei. A evolução tecnológica da rede de computadores, a estabilidade de preços e a definição clara do procedimento no Decreto nº 3.931/2001 propiciaram o avanço desse instrumento que permite simplificar e racionalizar os processos de compras públicas.

A partir do surgimento desses sistemas, tornou-se possível dividir as finalidades da licitação em mediatas e imediatas.

No regime clássico de contratação da Lei nº 8.666/1993, as finalidades mediatas da licitação encontram-se descritas em seu art. 3º, segundo o qual os certames licitatórios se destinam a garantir a isonomia entre os interessados, a selecionar a proposta mais vantajosa para a Administração e a promover o desenvolvimento nacional sustentável.

As finalidades mediatas do Regime Diferenciado de Contratações, por sua vez, guardam consonância com as elencadas na Lei de licitações e, ajustadas, apresentam-se nos incisos do §1º do art. 1º da Lei nº 12.462/2011: "a eficiência nas contratações públicas, a competitividade entre os licitantes (inc. I), a busca da melhor relação entre custos e benefícios para o setor público (inc. II) e a seleção da proposta mais vantajosa (inc. IV)[26]".

Por fim, as licitações realizadas pelas empresas públicas e sociedades de economia mista, segundo o art. 31 da Lei nº 13.303/2016, têm por finalidades mediatas "a seleção da proposta mais vantajosa, inclusive no que se refere ao ciclo de vida do objeto, e a evitar operações em que se caracterize sobrepreço ou superfaturamento".

---

a fornecer os artigos de consumo habitual, com a indicação dos preços offerecidos, qualidade e mais esclarecimentos reputados necessarios.

§ 1º A inscripção far-se-á mediante requerimento ao chefe da repartição ou ao Ministro, conforme determinação regulamentar, acompanhado das informações necessarias ao julgamento da idoneidade do proponente, indicação dos artigos e preços dos fornecimentos pretendidos.

§ 2º Julgada dentro de 10 dias a idoneidade do proponente, será ordenada a sua immediata inscripção si este se subordinar ás condições exigidas para o fornecimento.

§ 3º Os preços offerecidos não poderão ser alterados antes de decorridos quatro mezes da data da inscripção, sendo que as alterações communicadas em requerimento só se tornarão effectivas após 15 dias do despacho, que ordenar a sua annotação.

§ 4º O fornecimento de qualquer artigo caberá ao proponente que houver offerecido preço mais barato, não podendo, em caso algum, o negociante inscripto recusar-se a satisfazer a encommenda, sob pena de ser excluido o seu nome ou firma do registro ou inscripção e de correr por conta delle a differença".

26. BICALHO, Alécia Paolucci Nogueira; MOTTA, Carlos Pinto Coelho. *Comentários ao Regime Diferenciado de Contratações: Lei nº 12.462/2011*: Decreto nº 7.581/2011. 2. ed. rev. ampl. e atual. Belo Horizonte: Fórum, 2014. p. 81.

Ressalta Marçal Justen Filho que as finalidades veiculadas pela Lei nº 13.303/2016 são muito mais restritas do que as contempladas no art. 3º da Lei nº 8.666/1993 e, por essa razão, a análise dos objetivos tradicionais não se estenderia às empresas estatais que atuam em regime de competição econômica[27].

Sem olvidar a natureza instrumental da licitação, as finalidades mediatas representam propósitos essenciais que devem ser buscados em todos os processos de aquisição, demonstrando que estes não se limitam aos contratos em si, mas também significam instrumentos disponibilizados à Administração para a concretização de políticas públicas.

De outra banda, podemos identificar duas finalidades imediatas da licitação. Em nosso sistema normativo, o procedimento licitatório se destina a formalizar contratos ou a registrar preços.

Não há grandes diferenças procedimentais entre os certames realizados em cada uma das finalidades imediatas. Fundamentalmente, distinguem-se em razão do documento a ser formalizado após a licitação: instrumento contratual ou ata de registro de preços.

Decidindo-se pelo objetivo de firmar contrato com o licitante selecionado, com a homologação do certame, surge ao vencedor o direito à celebração do contrato ou instrumento equivalente.

Quando o certame possui a finalidade imediata de registrar preços, ao final do procedimento será gerada uma *ata de registro de preços*, documento que obriga o fornecedor registrado, em qualquer momento ao longo de sua validade, a atender ao chamado da administração para assinar o contrato – ou retirar o instrumento equivalente – e, a partir dele, iniciar o fornecimento do bem ou a execução o serviço.

A possibilidade de os certames não se voltarem a selecionar proposta apenas a uma pretensão específica, mas para diversas contratações e por diferentes entes, traz consigo uma série de benefícios aos processos de aquisição. Sidney Bittencourt salienta que o SRP "possibilita aquisições mais ágeis, sem burocracia e com menos custos operacionais, afastando a instauração de um

27. JUSTEN FILHO, Marçal. Comentários à lei de licitações e contratos administrativos. 17. Ed. ver., atual. e ampl. São Paulo: Editora Revista dos Tribunais, 2016. P. 90.

sem número de licitações que busquem o mesmo objeto, além de evitar o fracionamento da despesa[28]"

O sistema de registro de preços, como procedimento auxiliar, é deveras útil para superar dificuldades relacionadas aos contingenciamentos orçamentários e ao fracionamento ilegal de despesas. Ademais, permite a colaboração entre órgãos e entidades nas contratações públicas, ganhos de escala e de celeridade, além de aquisições *just in time*, evitando a formação de estoques ociosos, dentre outras coisas, servindo aos órgãos e entidades comprometidos com eficiência e eficácia.[29]

Diante da notória serventia à gestão das contratações públicas, Marçal Justen Filho observa que as vantagens propiciadas pelo SRP chegariam até a autorizar a interpretação de que sua instituição é obrigatória por todos os entes administrativos, não se tratando de mera escolha discricionária[30].

26.5.1. O Sistema de Registro de Preços das empresas públicas e sociedades de economia mista

O Sistema de Registro de Preços especificamente destinado às licitações das empresas públicas e sociedades de economia mista encontra previsão no art. 66 da Lei nº 13.303/2016.

Em relação aos demais sistemas, sua disciplina reproduz integralmente o art. 32 da Lei nº 12.462/2011 que instituiu o registro de preços no Regime Diferenciado de Contratações - SRP/RDC. Por outro lado, quanto ao SRP da Lei nº 8.666/1993, apesar de compartilharem suas características principais, o estabelecido na Lei das Estatais possui traços que o diferenciam, a exemplo da ausência do limite legal de um ano para validade do registro[31] e a possibilidade de serem registrados preços distintos ao do licitante vencedor.

---

28. BITTENCOURT, Sidney. Licitação através do Regime Diferenciado de Contratações Públicas: RDC: com ênfase no Decreto nº 7.581, de 11.10.2011, que regulamentou a Lei nº 12.462, de 05.08.2011: Lei do RDC. Belo Horizonte: Fórum, 2012. p. 228.
29. TORRES, Ronny Charles Lopes de. Leis de Licitações comentadas. 9ª. ed. Salvador: Ed. Juspodivm, 2018. p. 170.
30. JUSTEN FILHO, Marçal. Comentários à lei de licitações e contratos administrativos. 17. Ed. ver., atual. e ampl. São Paulo: Editora Revista dos Tribunais, 2016. p. 308.
31. No regime clássico de licitações, a Lei nº 8.666/1993, em seu art. 15, §3º, III, impõe o limite não superior a um ano para a validade do registro. Por sua vez, o art. 66, §2º, IV, da Lei nº 13.303/2016, sem determinar prazo máximo, indica a definição da validade do registro como

26.5.2. A necessária regulamentação do SRP/Estatais e regra de transição aplicável

Como visto, o Decreto nº 8.945/2016 indicou ser autoaplicável o regime de licitação e contratação da Lei nº 13.303/2016, ressalvando, dentre outros temas, os procedimentos auxiliares das licitações de que tratam os art. 63 a 67 do Estatuto.

Ademais, o referido decreto permitia que a empresa estatal utilizasse a legislação anterior aos procedimentos licitatórios e contratos iniciados ou celebrados até a edição de seu regulamento interno ou até o dia 30 de junho de 2018, o que ocorresse primeiro[32-33]. Em relação ao Sistema de Registro de Preços, a questão merece maiores esclarecimentos.

O destaque é necessário por conta da previsão contida no art. 66 da Lei nº 13.303/2016 de que o SRP destinado às empresas estatais será regido pelo disposto em decreto do Poder Executivo; e em razão da mencionada existência de outros sistemas de registro de preços, previstos no art. 15 da Lei nº 8.666/1993 e no art. 32 da lei que instituiu o RDC.

Considerando que o sistema de registro de preços especificamente destinado às estatais não é autoaplicável e que o decreto do Poder Executivo que o regerá ainda não foi editado (art. 66, *caput*, da Lei nº 13.303/2016), indaga-se: considerando não ser mais aplicável a autorização legal para o uso da legislação anterior[34]; e a inexistência do decreto regulamentador do SRP/Estatais, quais regras devem ser aplicadas?

---

condição a ser observada pelo SRP. Vale observar que esse panorama não impediria que o decreto regulamentador do registro de preços para estatais (art. 66, *caput*) impusesse limites, como ocorrido no parágrafo único do art. 99 do Decreto Federal nº 7.581/2014.

32. Decreto nº 8.945/2016. Art. 71 (...) O regime de licitação e contratação da Lei nº 13.303, de 2016, é autoaplicável, exceto quanto a: I – procedimentos auxiliares das licitações, de que tratam os art. 63 a art. 67 da Lei nº 13.303, de 2016; (...)
§ 1º A empresa estatal deverá editar regulamento interno de licitações e contratos até o dia 30 de junho de 2018, que deverá dispor sobre o estabelecido nos incisos do *caput*, os níveis de alçada decisória e a tomada de decisão, preferencialmente de forma colegiada, e ser aprovado pelo Conselho de Administração da empresa, se houver, ou pela assembleia geral.
§ 2º É permitida a utilização da legislação anterior para os procedimentos licitatórios e contratos iniciados ou celebrados até a edição do regulamento interno referido no § 1º ou até o dia 30 de junho de 2018, o que ocorrer primeiro.
33. O art. 91, §3º, da Lei nº 13.303/2016, prevê que "permanecem regidos pela legislação anterior procedimentos licitatórios e contratos iniciados ou celebrados até o final do prazo previsto no *caput*".
34. Lei nº 13.303/2016. Art. 91. § 3º: "Permanecem regidos pela legislação anterior procedimentos licitatórios e contratos iniciados ou celebrados até o final do prazo previsto no caput" e Decreto

A questão, de aparente simplicidade, enseja múltiplos caminhos interpretativos. No intento de conjugar os fatores e as normas que regem o tema, serão analisados diferentes cenários e indicadas as disciplinas normativas que entendemos aplicáveis.

Se a empresa estatal publicar seu regulamento interno antes de 30.06.2018, como previsto na Lei das Estatais e no Decreto federal nº 8.945/2016, deixará de existir condição expressa que permite o uso da legislação anterior às suas contratações. Nessa hipótese, restaria apenas a redação do art. 66 a indicar que o SRP destinado às estatais será regido por decreto do Poder Executivo, sem que este efetivamente exista.

Diante desse vazio, vislumbram-se três possibilidades interpretativas: *i)* impossibilidade de utilização do sistema de registro de preços nas estatais até a expedição de regime específico por meio de decreto do Poder Executivo; *ii)* adoção do SRP do regime tradicional, a partir da compreensão de que a Lei nº 8.666/1993 é a norma geral de licitações; e *iii)* opção pelo sistema de registro de preços mais compatível com o disposto na Lei nº 13.303/2016.

A despeito da previsão de que o SRP das empresas estatais será regido por decreto do Poder Executivo, não nos parece possível alcançar a interpretação de que sua ausência impediria a utilização de outro decreto regulamentador do registro de preços, em conjunto com o regulamento interno da estatal.

Desse modo, na busca por soluções que não se encontram evidentes no texto legal, a questão se direciona à análise de eventual regência supletiva da Lei nº 8.666/1993 ao regime de contratação das empresas estatais, ou ao exame de suposta primazia em relação ao SRP/RDC.

Nesse sentido, compreendemos legítimo o uso da analogia com o objetivo de estabelecer regulamentação provisória e possibilitar a aplicação da norma. Nota-se que a integração se daria por analogia, e não pela constatação de relação de subsidiariedade entre a Lei de Licitações e a Lei nº 13.303/2016. Ambas representam normas gerais de contratações e guardam assento em espaços constitucionais autônomos. Sobre o tema, alerta Bernardo Strobel que:

federal nº 8.945/2016. Art. 71. § 2º: "É permitida a utilização da legislação anterior para os procedimentos licitatórios e contratos iniciados ou celebrados até a edição do regulamento interno referido no § 1º ou até o dia 30 de junho de 2018, o que ocorrer primeiro".

> identificada a existência de uma norma que seja capaz de dar solução à determinada situação não regulamentada (e que deveria ser regulamentada), usualmente se apela à extensão analógica de normas para o caso que não foi disciplinado.[35]

Segue o autor, valendo-se das lições de Norberto Bobbio sobre o diálogo entre diferentes textos normativos, que a dubiedade de soluções possíveis "impõe ao intérprete a necessidade de buscar uma solução de modo a manter íntegras as expectativas de valor que se têm diante do ordenamento jurídico.[36]"

Assim, a partir da análise dos sistemas de registro de preços da Lei nº 8.666/1993 e da Lei nº 12.462/2011, afigura-se possível adotar o regulamento previsto ao SRP/RDC às licitações das empresas estatais até a edição do aguardado decreto, salvo regulamentação específica adotada no regulamento interno. A nosso juízo, esta opção apresenta-se suficientemente compatível com os fundamentos axiológicos do Estatuto, corroborado pelo fato de que o art. 66 da Lei nº 13.303/2016 reproduz a integralidade das condições previstas na lei que instituiu o Regime diferenciado de contratações públicas - RDC. Em razão dessa concomitância, é provável que o aguardado decreto regulamentador do SRP/Estatais se aproxime do estabelecido ao SRP/RDC.

Em interpretação *a contrario sensu* do disposto no art. 91, §3º, da Lei das Estatais e no art. 71, §2º, do Decreto federal nº 8.945/2016, até a edição da norma que regerá o SRP/Estatais, é altamente recomendável que o regulamento interno de licitações e contratos da estatal disponha sobre o procedimento que será adotado nos certames destinados ao registro de preços.

Reputamos válida, também, opção pelo uso do regulamento do SRP do regime geral de licitações, de acordo com o respectivo regulamento, desde que respeitados os requisitos presentes no art. 66 do Estatuto das estatais, bem como a adaptação de eventuais inconsistências entre os regimes.

A expedição do referido decreto pelo chefe do Poder Executivo, a qualquer tempo, definirá o regime do sistema de registro de preços destinado às licitações das empresas públicas e sociedades de economia mista, devendo-se observar também as condições legais a seguir esmiuçadas.

---

35. GUIMARÃES, Bernardo Strobel. Lei das Estatais e Lei de Licitações, é cabível a aplicação da lei antiga à nova? Revista Zênite - Informativo de Licitações e Contratos (ILC), Curitiba: Zênite, n. 274, p. 1183-1186, dez. 2016.
36. BOBBIO, Norberto. Teoria do ordenamento jurídico. 10. ed. Brasília: UNB, 1999. *apud* GUIMARÃES, Bernardo Strobel, 2016.

Por fim, vale acrescentar o registro da interessante posição defendida pelo Professor Murilo Jacoby, segundo o qual, o Decreto federal nº 8.945/2016 já tratou da regulamentação do tema, ao delegar ao regulamento de cada estatal a incumbência de dispor sobre os procedimentos auxiliares. Vejamos o teor do artigo 71 do referido Decreto:

> Art. 71. O regime de licitação e contratação da Lei nº 13.303, de 2016, é autoaplicável, exceto quanto a:
>
> I - procedimentos auxiliares das licitações, de que tratam os art. 63 a art. 67 da Lei nº 13.303, de 2016;
>
> II - procedimento de manifestação de interesse privado para o recebimento de propostas e projetos de empreendimentos, de que trata o § 4º do art. 31 da Lei nº 13.303, de 2016;
>
> III - etapa de lances exclusivamente eletrônica, de que trata o § 4º da art. 32 da Lei nº 13.303, de 2016;
>
> IV - preparação das licitações com matriz de riscos, de que trata o inciso X do caput do art. 42 da Lei nº 13.303, de 2016;
>
> V - observância da política de transações com partes relacionadas, a ser elaborada, de que trata o inciso V do caput do art. 32 da Lei nº 13.303, de 2016; e
>
> VI - disponibilização na internet do conteúdo informacional requerido nos art. 32, § 3º, art. 39, art. 40 e art. 48 da Lei nº 13.303, de 2016.
>
> § 1º A empresa estatal deverá editar regulamento interno de licitações e contratos até o dia 30 de junho de 2018, que deverá dispor sobre o estabelecido nos incisos do caput, os níveis de alçada decisória e a tomada de decisão, preferencialmente de forma colegiada, e ser aprovado pelo Conselho de Administração da empresa, se houver, ou pela assembleia geral.
>
> § 2º É permitida a utilização da legislação anterior para os procedimentos licitatórios e contratos iniciados ou celebrados até a edição do regulamento interno referido no § 1o ou até o dia 30 de junho de 2018, o que ocorrer primeiro.

Realmente, o §1º do artigo 71 indica que deve o regulamento interno da estatal dispor sobre os temas tratados nos incisos do caput, entre os quais se encontram os procedimentos auxiliares. Sendo o Sistema de Registro de Preços um procedimento auxiliar, parece forte o raciocínio de que seria possível a regulamentação do tema pelo regulamento interno, com certa limitação, independente dos decretos existentes para a Administração Direta.

26.5.3. A adesão ao sistema de registro de preços e a figura do "carona"

A possibilidade de adesão a atas de registro de preços representa um dos temas mais polêmicos em licitações e contratos administrativos. Apesar das inúmeras vantagens dela decorrentes, recebe duras críticas de parte da doutrina quanto à eventual ilegalidade de seu uso e de órgãos de controle que, ou não a admitem, ou criticam a sua utilização sem o devido planejamento[37].

O §1° do art. 66 da Lei das Estatais dispõe que as empresas públicas e sociedades de economia mista que explorem atividade econômica de produção ou comercialização de bens ou de prestação de serviços poderão aderir ao sistema de registro de preços. Em outros termos, utilizando-se da classificação anteriormente apresentada, a Lei n° 13.303/2016 indicou que qualquer "órgão ou entidade" elencada em seu art. 1°[38] poderá aderir ao SRP/Estatais.

De aparente singeleza, a redação do dispositivo mostra-se dúbia e revela diversos questionamentos sobre o já tormentoso tema das adesões a atas de registro de preços.

Ao utilizar a expressão *aderir ao sistema*, a Lei não informa seu significado, dando azo a diferentes interpretações sobre seu real conteúdo. Sucintamente, é possível argumentar que o §1° estaria a tratar 1) da adesão ao próprio SRP/Estatais, no sentido de que conceder às empresas públicas e sociedades de economia mista a possibilidade de realizar licitações com a finalidade imediata de registrar preços; 2) da possibilidade de a estatal participar dos procedimentos iniciais do Sistema de Registro de Preços e integrar a ata de registro de preços gerenciada por outra empresa pública ou sociedade de economia mista[39]; ou 3) da adesão posterior à ata de registro de preços já firmada.

---

37. Como exemplos, é possível elencar os seguintes acórdãos do Tribunal de Contas da União: 998/2016, 3.137/2014 e 1.793/2011, todos do Plenário.
38. Lei n° 13.303/2016. Art. 1° Esta Lei dispõe sobre o estatuto jurídico da empresa pública, da sociedade de economia mista e de suas subsidiárias, abrangendo toda e qualquer empresa pública e sociedade de economia mista da União, dos Estados, do Distrito Federal e dos Municípios que explore atividade econômica de produção ou comercialização de bens ou de prestação de serviços, ainda que a atividade econômica esteja sujeita ao regime de monopólio da União ou seja de prestação de serviços públicos.
39. Esta acepção refletiria o conceito análogo ao de "órgão participante" contido no Decreto n° 7.892/2013 e Decreto n° 7.581/2011.

Também denominada "carona", a adesão pode ser definida como o procedimento em que determinado órgão ou entidade, mesmo sem ter participado da elaboração do processo, se aproveita das condições registradas após licitação realizada por outrem.

Esperamos que, com a edição do decreto regulamentador do SRP/Estatais, referenciado no *caput* do art. 66, reste claro se a escolha do Poder Executivo se alinhará com os demais sistemas de registro de preços – regime tradicional e RDC – quanto ao significado do termo, e eventuais limites incidentes sobre a figura do "carona". Expectativa semelhante existe em relação à possibilidade de as estatais contratarem obras pelo sistema de registro de preços. A despeito de não haver previsão expressa na Lei das Estatais, é possível que seu decreto regulamentador, a exemplo do RDC, especifique requisitos para seu uso em pretensões contratuais relacionadas à execução de obras[40].

Vale lembrar que o art. 91, §3º, da Lei das Estatais e o art. 71, §2º, do Decreto federal nº 8.945/2016 permitiam a utilização da legislação anterior somente para os procedimentos licitatórios iniciados até a edição dos respectivos regulamentos internos ou até 30.06.2018, o que ocorresse primeiro.

Dentre os necessários ajustamentos para a implementação do SRP/Estatais, temos o exame acerca do eventual limite subjetivo imposto as empresas públicas e sociedades de economia mista aderentes (ou não participantes).

Em nosso juízo, ao contemplar a possibilidade de adesão ao sistema de registro de preços por "qualquer órgão ou entidade responsável pela execução de atividades contempladas no art. 1º" da Lei, o legislador desejou romper o limite subjetivo, admitindo a livre adesão entre empresas estatais de esferas federativas diferentes. Vale notar que a referida limitação dos regimes anteriores, sofria críticas de parcela da doutrina, a exemplo das lições do Professor Jacoby Fernandes:

> o Decreto dispõe acerca da impossibilidade de os respectivos órgãos federais lançarem mão da ata de registro de preços das demais esferas

40. No acórdão 2.600/2013, o Plenário do Tribunal de Contas da União entendeu ser possível a adoção do registro de preços nas licitações de obras, sob o regime do RDC, em que seja demonstrada a viabilidade de se estabelecer a padronização do objeto e das propostas, de modo que se permitam a obtenção da melhor proposta e contratações adequadas e vantajosas às necessidades dos interessados.

> – estadual, distrital e/ou municipal. Relação vertical de cima para baixo: impossibilidade.
>
> Por outro lado, o caminho inverso se faz possível, ou seja, aos órgãos estaduais, distritais e municipais fica facultada a possibilidade de servirem-se de ata de registro de preço federal. Relação vertical de baixo para cima: possibilidade. Note que aqui foram utilizadas as mesmas palavras "baixo" e "cima" que tornaram-se comum para justificar a restrição da norma e merecem de nossa parte censura pela incompreensão que revelam do sistema federativo.
>
> Para justificar tal conduta, argumentou-se que o âmbito da divulgação do edital é mais amplo em órgãos federais e que, por via oblíqua estar-se-ia permitindo a adesão do carona em atas que tiveram menor divulgação. Erigiu-se o princípio da publicidade em maior nível do que a busca da proposta mais vantajosa. A restrição impede, por exemplo, que uma licitação bem-sucedida em uma unidade federada seja fonte jurídica válida em órgão federal que não costuma licitar. Este é o caso dos hospitais federais do Rio de Janeiro que poderiam estar contratando dos mesmos fornecedores dos hospitais estaduais e municipais, sobrando tempo e pessoal para vocacionar sua esfera administrativa para atos de consulta e controle, sem a atividade executiva de licitar[41].

Ademais, compreendemos que o objeto de disciplinamento do §1º do art. 66 é a legitimidade para adesão a uma ata de registro de preços advinda de licitações realizadas sob o regime da Lei nº 13.303/2016. Em outros termos, a Lei estabelece que apenas empresas públicas, sociedades de economia mistas, e suas subsidiárias legitimam-se como possíveis aderentes de atas oriundas do SRP/Estatais. Proíbe-se, assim, que órgãos e entidades da administração pública direta, autárquica e fundacional possam valer-se dos preços registrados pelas empresas estatais.

Por outro lado, não há proibição expressa a que uma empresa pública ou sociedade de economia mista adira a atas de registro de preços formalizadas a partir do SRP tradicional ou SRP/RDC. Ressalta-se, todavia, que a ausência de vedação no texto legal não significa ampla liberdade para adesões entre os sistemas. A viabilidade da referida adesão depende do atendimento de dois requisitos: compatibilidade das condições registradas com o regime da Lei nº 13.303/2016; e previsão específica no regulamento interno.

41. FERNANDES, Jorge Ulisses Jacoby. Sistema de registro de preços e pregão presencial e eletrônico. 6. ed. rev. atual. e ampl. Belo Horizonte: Fórum, 2015. P. 174/175.

Considerando as significativas diferenças existentes entres os regimes licitatórios, que influenciam, inclusive, na precificação engendrada pelos interessados, a referida compatibilidade deverá ser cabalmente demonstrada, devendo ser rechaçada quando, por exemplo, o certame originário tiver se valido de exigências e de condições vedadas no regime da Lei nº 13.303/2016. O mesmo ocorrerá em relação aos objetos que não representem pronta entrega, em razão de a execução contratual postergar-se no tempo e atrair a incidência das cláusulas exorbitantes que não são admitidas no regime da Lei das Estatais.

Portanto, o exame da compatibilidade entre os regimes somente se mostrará afirmativo, caso a integralidade das condições licitadas e registradas pudessem ser utilizadas pela empresa pública ou sociedade de economia mista aderente, na hipótese de estes promoverem seus próprios certames.

O segundo requisito apontado à possibilidade de as empresas estatais aderirem a atas de registro de preços do SRP tradicional e do SRP/RDC decorre da imposição de que o regulamento interno de licitações e contratos disponha sobre os temas relacionados nos incisos do art. 40 da Lei nº 13.303/2016; e do fato de que o art. 71 do Decreto nº 8.945/2016 condicionava a aplicabilidade dos procedimentos auxiliares à edição do regulamento interno e que a utilização da legislação anterior somente era permitida, no máximo, até 30 de junho de 2018.

Além disso, traçando paralelo com a relação existente entre o regime das entidades do Sistema S e o definido na Lei nº 8.666/1993, a jurisprudência do TCU possuía entendimento pacífico de que as entidades do Sistema S estão obrigadas a cumprir os seus regulamentos próprios e não se submetem, de maneira específica, aos ditames da Lei nº 8.666/1993 e do Decreto nº 7.892/2013. Todavia, interessante acórdão da Primeira Câmara da Corte Federal de Contas sinalizou à possibilidade de adesão à ata de registro de preços de órgão ou entidade da Administração Pública desde que houvesse previsão em seu regulamento:

> O fato é que, no caso do Senai, o Regulamento de Licitações e Contratos não prevê a adesão à ata de registro de preços de órgão ou ente da administração pública. Seu art. 38-A apenas dispõe que "o registro de preço realizado por departamento do SENAI poderá ser objeto de adesão por outro departamento da entidade e por serviço social autônomo, desde que previsto no instrumento convocatório". Inexistindo previsão legal, não socorre o responsável a justificativa, sem

> comprovação, de que os valores eram inferiores aos da pesquisa de preços realizada, e não há como considerar regular a referida adesão[42].

Outro fator que torna obscuro o conteúdo do §1º da Lei nº 13.303/2016 é a utilização dos termos *órgãos* e *entidades*. Ainda que se argumente que, de acordo com o §2º da Lei nº 9.784/1999, órgão representa a "unidade de atuação integrante da estrutura da Administração direta e **da estrutura da Administração indireta**" e entidade a "unidade de atuação dotada de personalidade jurídica", o uso da expressão é deveras infeliz.

Considerando, por epítrope, que o legislador tenha desejado se referir ao fenômeno da desconcentração no interior das empresas públicas e das sociedades de economia mista, o dispositivo não atende à clareza e à precisão desejadas em qualquer texto normativo, tendo em vista que os responsáveis elencados no art. 1º da Lei nº 13.303/2016 classificam-se como entidades.

26.5.4. Das condições impostas ao registro de preços das empresas estatais

A Lei nº 13.303/2016 apresenta rol exemplificativo de condições que devem ser cumpridas pelas empresas estatais na realização de certames licitatórios destinados ao registro de preços:

> Art. 66. § 2º O registro de preços observará, entre outras, as seguintes condições:
>
> I – efetivação prévia de ampla pesquisa de mercado;
>
> II – seleção de acordo com os procedimentos previstos em regulamento;
>
> III – desenvolvimento obrigatório de rotina de controle e atualização periódicos dos preços registrados;
>
> IV – definição da validade do registro;
>
> V – inclusão, na respectiva ata, do registro dos licitantes que aceitarem cotar os bens ou serviços com preços iguais ao do licitante vencedor na sequência da classificação do certame, assim como dos licitantes que mantiverem suas propostas originais.

Ao tratar da importância da prévia ampla pesquisa de mercado como requisito de validade de qualquer certame licitatório, Jacoby Fernandes ressalta

42. TCU. Acórdão nº 4.222/2017 – Primeira Câmara. Rel. Min. Augusto Sherman.

que sua ausência "pode ensejar a nulidade do SRP ou a obrigatoriedade de demonstrar a regularidade dos preços contratados[43]".

A pesquisa de mercado mostra-se essencial sob diferentes perspectivas: seja como critério auxiliar na busca de parâmetros relacionados aos preços e, em especial, para verificar as soluções existentes no mercado capazes de atender à necessidade administrativa.

Ao reafirmar a vinculação da seleção para registro de preços com os procedimentos previstos em regulamento, compreende-se que a lei se refere não apenas ao decreto do Poder Executivo disposto no *caput* de seu art. 66, mas também ao obrigatório regulamento interno de licitações e contratos das empresas estatais, previsto no art. 40 da Lei nº 13.303/2016 e art. 71. §1º do Decreto federal nº 8.945/2016.

Quanto à necessidade do estabelecimento de controle e atualização de preços decorre de característica fundamental do sistema de registro de preços: a possibilidade de utilização das condições registradas ao longo da validade da ata.

Desse modo, o controle periódico dos preços registrados visa a evitar que as empresas estatais realizem contratações desvantajosas, com preços desalinhados com a realidade do mercado.

Espera-se que o decreto regulamentador do SRP/Estatais ou até mesmo os regulamentos internos, em certa medida, apresentem parâmetros ao referido controle e disciplinem as hipóteses e os procedimentos a serem adotados para a atualização dos preços registrados.

Por fim, a ausência de limite definido para a validade da ata de registro de preços representa uma das mais significativas diferenças entre o SRP tradicional e o sistema instituído às empresas estatais[44].

Caso o regulamento não imponha limites gerais ao prazo de validade das atas, ao contrário do ocorrido no SRP/RDC[45], as empresas estatais terão liber-

---

43. FERNANDES, Jorge Ulisses Jacoby. Sistema de registro de preços e pregão presencial e eletrônico / Jorge Ulisses Jacoby Fernandes. 6. ed. rev. atual. e ampl. Belo Horizonte: Fórum, 2015. p. 179.
44. Em sentido distinto, Joel e Pedro Niebuhr defendem que "o licitante, ao firmar a ata de registro de preços, obriga-se a fornecer o bem licitado pela estatal, em toda a quantidade prevista por ela e durante o prazo fixado no edital, que não pode ser superior a um ano.
45. O parágrafo único do art. 99 do Decreto federal nº 7.581/2011 dispõe que "o prazo de validade da ata de registro de preços será definido pelo instrumento convocatório, limitado ao mínimo

dade para definir prazos mais largos e, adotadas as devidas cautelas, usufruir dos preços registrados que ainda se mantenham vantajosos após doze meses. Vale dizer, por fim, que esse cenário possibilita, inclusive, a regulamentação de modelo de sistema de registro de preços permanente.

26.5.5. Cadastro de reserva

Ao discorrer sobre o instituto no âmbito do sistema tradicional de registro de preços, Jacoby Fernandes apresenta interessante definição que pode ser aproveitada no estudo do SRP/Estatais:

> O cadastro reserva consiste em após o julgamento da licitação convocar os demais licitantes para declararem se aceitam a fornecer ao mesmo preço no caso de o primeiro colocado não conseguir cumprir com a obrigação. Os que aceitarem terão seus preços registrados, formando um cadastro reserva.[46]

Além do licitante vencedor, outros fornecedores podem ser registrados e, eventualmente, convocados a executar o objeto da ata. O cadastro de reserva será acionado nas hipóteses em que for necessário substituir o fornecedor registrado, *v. g.*, quando descumprir os termos da ata, não retirar a nota de empenho ou contrato correspondente ou sofrer sanção que o impossibilite formalizar novas relações contratuais.

Vale observar que os licitantes que se propuserem a integrar o cadastro de reserva ficam obrigados, em qualquer momento ao longo da validade da ata, a fornecer o objeto licitado e a atender às condições registradas, sem que a sua convocação represente renovação de prazo ou de quantitativo a ser contratado.

Por fim, o SRP/Estatais inova ao possibilitar a inclusão, no cadastro de reserva, de preços diferentes do apresentado pelo vencedor. Em outras palavras, ao contrário do registro de preços tradicional, os demais licitantes poderão integrar o cadastro de reserva com os valores contidos em suas respectivas propostas, sem a necessidade de igualá-las às condições do licitante mais bem classificado.

---

de três meses e ao máximo de doze meses".

46. FERNANDES, Jorge Ulisses Jacoby. Sistema de registro de preços e pregão presencial e eletrônico / Jorge Ulisses Jacoby Fernandes. 6. ed. rev. atual. e ampl. Belo Horizonte: Fórum, 2015. p. 154.

26.5.6. A inexistência de obrigatoriedade de contratar

Característica comum a todos os sistemas de registro de preços existentes, nas licitações realizadas sob o regime do SRP, verifica-se a mitigação do princípio da adjudicação compulsória, isto é, permite-se ao órgão ou entidade a realização de certame licitatório específico, ainda que exista ata de registro de preços válida para o mesmo objeto. Nesse sentido, já se manifestou o Tribunal de Contas da União:

> A ata de registro de preços caracteriza-se como um negócio jurídico em que são acordados entre as partes, Administração e licitante, apenas o objeto licitado e os respectivos preços ofertados. A formalização da ata gera apenas uma expectativa de direito ao signatário, não lhe conferindo nenhum direito subjetivo à contratação.[47]

Não se assegura ao licitante vencedor o direito à contratação, mas tão somente o direito de preferência caso as condições registradas em ata sejam iguais ou melhores do que as obtidas em procedimento licitatório posterior.

A partir dessa prerrogativa, advém a principal vantagem prática da utilização do sistema de registro de preços: a desnecessidade de dotação orçamentária prévia para realização dos certames, que somente será exigida ao tempo da celebração do contrato ou de outro instrumento hábil.

JURISPRUDÊNCIA RELACIONADA[48]

- Nas licitações para registro de preços, a modelagem de aquisição por preço global de grupo de itens é medida excepcional que precisa ser devidamente justificada, a ser utilizada apenas nos casos em que a Administração pretende contratar a totalidade dos itens do grupo, respeitadas as proporções de quantitativos definidos no certame. Apesar de essa modelagem ser, em regra, incompatível com a aquisição futura de itens isoladamente, admite-se tal hipótese quando o preço unitário ofertado pelo vencedor do grupo for o menor lance válido na disputa relativa ao item. (TCU. Acórdão nº 1.650/2020 - Plenário).
- A possibilidade de adesão a ata de registro de preços por órgãos ou entidades não participantes ("caronas") deve estar devidamente justificada no processo licitatório. (TCU. Acórdão nº 224/2020 – Plenário)

47. TCU. Acórdão nº 1.285/2015. Plenário. Relator: Ministro Benjamin Zymler.
48. Vide nota de rodapé nº 38.

- "determinar à <omissis>, com fulcro no art. 43, inciso I, da Lei 8.443/1992, que: (...) 9.3.2. como órgão gerenciador, somente admita futuras adesões ao Grupo 1 da ata de registro de preços resultante do Pregão Eletrônico 4/2018, por outros órgãos e entidades não participantes, se estiverem devidamente justificadas, mediante a realização de estudo que demonstre o ganho de eficiência, a viabilidade e a economicidade na utilização da ata de registro de preços, conforme determinado no art. 22 do Decreto 7.892/2013;" (TCU. Acórdão nº 3.353/2019 - Primeira Câmara)

- "dar ciência ao *<omissis>*, com fundamento no art. 7º da Resolução - TCU 265/2014, sobre as seguintes impropriedades/falhas, identificadas no Pregão Eletrônico 1/2019, para que sejam adotadas medidas internas com vistas à prevenção de ocorrência de outras semelhantes: (...) 9.4.3. ausência de elementos que demonstrem que os quantitativos estimados refletem a real necessidade do órgão, conforme determina o inciso II do § 7º do art. 15 da Lei 8.666/1993, medida que deve ser adotada mesmo em licitações destinadas a registro de preços, uma vez que, no momento da elaboração das propostas, os licitantes consideram a demanda prevista no instrumento convocatório;" (TCU. Acórdão nº 2.161/2019-Plenário)

- "determinar à Secretaria Estadual de Saúde de Goiás e às Secretarias Municipais de Saúde de Goiânia, de Pirenópolis e de Petrolina de Goiás, com fundamento no art. 250, inciso II, do RI/TCU, que realizem, conforme previsão inserida entre as cláusulas dos editais licitatórios de aquisições de medicamentos processadas pelo Sistema de Registro de Preços, periódica pesquisa de mercado para comprovação da vantajosidade da aquisição, mesmo após a pactuação da respectiva ata - art. 9º, XI, do Decreto 7.892/2013;" (TCU. Acórdão nº 342/2019 - Plenário)

- Em pregões para registro de preços, eventual previsão em edital da possibilidade de adesão à ata por órgãos ou entidades não participantes (art. 9º, inciso III, in fine, do Decreto 7.892/2013) deve estar devidamente motivada no processo administrativo. (TCU. Acórdão nº 2.037/2019-Plenário)

- A adesão, por entidade do Sistema S, a registro de preços realizado por órgãos ou entidades da Administração Pública, ainda que sem previsão no seu regulamento de compras e no Decreto 7.892/2013, não é conduta grave o suficiente para macular as contas do gestor quando restar demonstrado que ele aqiu motivado pela busca do melhor preço. Nesse caso, os princípios da eficiência e da busca pela proposta mais vantajosa para a Administração devem preponderar sobre o princípio da legalidade estrita, porquanto atendidos o interesse público e a economicidade do ato. (TCU. Acórdão nº 2.678/2019-Primeira Câmara)

- A adesão a ata de registro de preços (carona) está condicionada à comprovação da adequação do objeto registrado às reais necessidades do órgão ou da entidade aderente e à vantagem do preço registrado em relação aos preços praticados no mercado onde serão adquiridos os bens ou serviços. (TCU. Acórdão nº 8340/2018 - 2ª Câmara)

- Em licitações pelo Sistema de Registro de Preços, deve ser computado o valor previsto das adesões de órgãos e entidades não participantes (caronas) para aferição do limite que torna obrigatória a realização da audiência pública disposta no art. 39, caput, da Lei 8.666/1993. (TCU. Acórdão nº 5.966/2018 - 2ª Câmara)

- No âmbito do Regime Diferenciado de Contratações Públicas (RDC), é obrigatória a divulgação da intenção de registro de preços previamente à realização da licitação, conforme disposto no art. 92 do Decreto 7.581/2011. De forma diversa, é possível a dispensa da divulgação da referida intenção no âmbito do Sistema de Registro de Preços (SRP) previsto na Lei 8.666/1993, consoante art. 4º, § 1°, do Decreto 7.892/2013. (TCU. Acórdão nº 2618/2018 – Plenário)
- É cabível o registro de preços para a contratação de serviços de engenharia em que a demanda pelo objeto é repetida e rotineira, a exemplo dos serviços de manutenção e conservação de instalações prediais, não podendo ser utilizado para a execução de obras. (TCU. Acórdão nº 1.381/2018 – Plenário)

26.6. CATÁLOGO ELETRÔNICO DE PADRONIZAÇÃO

O último dos procedimentos auxiliares elencados no art. 63 constitui valiosa ferramenta no contexto da administração voltada à gestão de resultados, além de atender ao princípio da padronização insculpido no art. 32, inc. I, do Estatuto.

A sua conjugação com os demais procedimentos (pré-qualificação, cadastramento e registro de preços) no planejamento das contratações reflete em melhorias sob vários aspectos: redução do número de licitações, atenuação do risco de fracionamento de despesas, estabelecimento de calendário de compras, definição de requisitos mínimos de qualidade, potencial redução dos preços contratados, dentre outros.

Trata-se, segundo o art. 67, de "sistema informatizado, de gerenciamento centralizado, destinado a permitir a padronização de itens a serem adquiridos pela empresa pública ou sociedade de economia mista que estarão disponíveis para a realização de licitação".

A manutenção de catálogo eletrônico de padronização possibilita às empresas estatais a uniformização dos procedimentos da fase interna do certame, bem como da documentação a ser exigida e das especificações dos objetos. Essa medida promove a racionalização dos processos de contratações, especialmente daqueles que se repetem ano a ano, tendo em vista que as tarefas relacionadas à elaboração do projeto básico, termo de referência e instrumento convocatório aproveitarão as informações previamente definidas no catálogo.

Ademais, permite que esses parâmetros sejam definidos com o cuidado necessário, sem a influência das "urgências" cotidianas que impedem a busca e a definição das condições que mais bem atenderão à necessidade pública. Acerca da relevância das especificações, adverte Renato Fenili:

> A especificação é uma das informações mais importantes de um processo licitatório: ela servirá de base para que os fornecedores encaminhem suas propostas, bem como norteará a aceitação (ou não) do material entregue ao órgão público.
>
> Uma especificação malfeita (ou incompleta) pode condicionar a Administração Pública a efetuar uma despesa na aquisição de um material de má qualidade, ou que simplesmente não prestará à aplicação desejada[49].

A utilização do catálogo eletrônico de padronização volta-se aos certames cujo critério de julgamento seja o de menor preço ou o maior desconto. A utilidade do procedimento seria significativamente reduzida caso aplicável aos demais tipos de licitação elencados nos incs. III a VIII do art. 58, considerando se tratar de objetos que, comumente, detém características específicas, intelectuais, complexas, inovadoras e/ou permitem a execução com diferentes tecnologias.

JURISPRUDÊNCIA RELACIONADA[50]

- "À Secretaria de Coordenação e Governança das Empresas Estatais, com base no caput do art. 37 da Constituição Federal (princípio da eficiência) e nos arts. 98 a 101 do Anexo I do Decreto 9.745/2019, que incentive as empresas estatais no âmbito do Poder Executivo federal a: (...) 9.2.2.2. incrementarem as contratações de forma conjunta e a centralizarem as compras de softwares de grandes fabricantes, especialmente entre entidades e suas subsidiárias, de modo a desonerar as organizações públicas de, individualmente, levantar, entender e utilizar os modelos de comercialização dos grandes fabricantes de software, em consonância com os arts. 32, inciso I; 63, inciso IV; e 67 da Lei 13.303/2016, com a definição de soluções padronizadas, incluindo os softwares em si e seus serviços agregados, bem como as descrições padronizadas dos respectivos objetos;"

49. FENILI, Renato. Boas práticas administrativas em compras públicas. Niterói, RJ: Impetus, 2016. p. 31.
50. Vide nota de rodapé nº 38.

e a definição das condições que mais bem atenderão à necessidade pública. Acerca da relevância das especificações, adverte Renato Fenili:[7]

> A especificação é uma das informações mais importantes de um processo licitatório: ela servirá de base para que os fornecedores encaminhem suas propostas, bem como norteará a aceitação (ou não) do material entregue ao órgão público.
>
> Uma especificação malfeita (ou incompleta) pode condicionar a Administração Pública a efetuar uma despesa na aquisição de um material de má qualidade, ou que simplesmente não prestará à aplicação desejada.

A utilização do catálogo eletrônico de padronização volta-se aos certames cujo critério de julgamento seja o de menor preço ou o maior desconto. A utilidade do procedimento seria significativamente reduzida caso aplicável aos demais tipos de licitação elencados nos incs. III a VIII do art. 6º, considerando se tratar de objetos que, normalmente, detêm características específicas, in- [illegible] a execução com diferentes [illegible].

4. Secretaria de [illegible] e Governo [illegible] das Empresas Estatais [illegible] [illegible]

FENILI, Renato. Gestão de materiais [illegible]

27

DOS CONTRATOS

Em relação aos contratos, há profunda alteração no regime jurídico proposto pela Lei nº 13.303/2016. Embora tenha faltado inventividade ao legislador, em relação ao texto que regula os contratos das estatais (já que foram "colados" diversos fragmentos da Lei nº 8.666/1993, às vezes de forma irrefletida ou pouco técnica), houve uma mudança substancial, relacionada ao regime jurídico contratual.

Nos contratos administrativos decorrentes da Lei nº 8.666/1993 (e também da Lei nº 14.133/2021), há forte incidência do direito público, o que gera características peculiares. Assim, o regime jurídico dos contratos administrativos confere à Administração prerrogativas que a colocam em um patamar de relativa superioridade na relação contratual formada.

A figura do contrato administrativo e sobretudo a concepção tradicionalmente dada a ele contrasta com a própria lógica contratual, pela problematização relativa ao choque entre o público e o privado, entre a prevalência do interesse administrativo e a natureza do contrato como instrumento de alocação de riscos e regulação de obrigações. Conforme bem indica Guilherme Carvalho e Sousa, esta característica do contrato, "como figura típica do direito privado, guarda, sob determinadas nuances, dificuldade de compatibilização com as potestades da Administração Pública"[1]. Explica o autor:

---

1. SOUSA, Guilherme Carvalho e. Contratos: formalização, alteração, responsabilidade, subcontratação. *In:* NORONHA, João Otavio De; FRAZÃO, Ana; MESQUITA, Daniel Augusto. Estatuto Jurídico Das Estatais. Belo Horizonte: Fórum, 2017. P. 301.

> Há, na Doutrina estrangeira, uma manifesta dificuldade consensual quanto à figura do contrato administrativo. O tema, decerto, é o espelho de toda problematização do público *versus* privado, porquanto o contrato, como figura típica do direito privado, guarda, sob determinadas nuances, dificuldade de compatibilização com as potestades da Administração Pública. Ao fim e ao cabo, indaga-se sobre ser o contrato administrativo um contrato propriamente dito ou mais se afeiçoa à figura do ato administrativo.
>
> De toda essa problemática na conceituação do contrato, surgem dificuldades que passam a se apresentar em vários países, tudo na tentativa de solucionar a possível obscuridade em torno do tema. Para tanto, basta ver a teoria do fisco da Alemanha; doutrina dos atos de autoridade e ato de gestão na França; atuação do estado como poder ou como pessoa jurídica na Espanha; e a distinção entre *proprietary capacity* e *governamental capacity* nos países do *common law*[2].

Pois bem, de forma diversa do preconizado pela Lei nº 8.666/93, que estabelecia uma relação contratual "verticalizada", na qual a Administração Pública detém diversas prerrogativas extraordinárias ou extravagantes, na Lei das estatais, a relação contratual sofre certa "horizontalização", uma vez que boa parte das prerrogativas extraordinárias são deixadas de lado.

Assim, se no contrato administrativo decorrente da Lei nº 8.666/1993, a estatal poderia gozar de prerrogativas como rescisão unilateral, alteração unilateral do contrato e ocupação provisória, no contrato submetido ao regime da Lei das estatais essas prerrogativas inexistem. Da mesma forma, a Lei nº 13.303/2016 não justifica regras draconianas como a prevista no inciso XV do artigo 78 da Lei nº 8.666/1993, que apenas admite a suspensão da prestação da atividade contratada, pelo contratado, em caso de atraso de pagamento por parte da Administração, quando este atraso superar o limite de 90 (noventa) dias!

Esta mudança, que parece singela, muda todo o pano de fundo das relações contratuais firmadas pelas estatais. Embora as redações dos dispositivos pareçam semelhantes, como ao tratar sobre alterações contratuais, eles pressupõem uma relação mais equilibrada, na qual, por exemplo, as alterações contratuais devem ser consensuais.

---

2. SOUSA, Guilherme Carvalho e. Contratos: formalização, alteração, responsabilidade, subcontratação. *In*: NORONHA, João Otavio De; FRAZÃO, Ana; MESQUITA, Daniel Augusto. Estatuto Jurídico Das Estatais. Belo Horizonte: Fórum, 2017. P. 302.

Esta maior horizontalização, com a retirada de boa parte das prerrogativas extraordinárias, possui efeitos positivos, mas também impõe desafios.

Como efeito positivo, podemos citar a redução de riscos para o fornecedor, já que a possibilidade de alteração, supressão ou mesmo acréscimo unilateral são fatores que podem repercutir na análise econômica que o licitante deve fazer para elaboração de sua proposta. Esta redução de risco pode, logicamente, induzir a uma redução de custos na contratação, porque evitam contingências que podem afetar a precificação das propostas por licitantes responsáveis.

Por outro lado, a ausência de certas prerrogativas extraordinárias exige maior planejamento e cuidado no estabelecimento de cláusulas contratuais, para que sejam devidamente definidas as obrigações, prevenidos os riscos e estabelecidos os efeitos do descumprimento obrigacional.

Vale registrar interessante entendimento defendido por Christianne Stroppa, segundo a qual, embora o regime contratual típico definido pela Lei nº 13.303/2016 seja diferente do previsto na Lei nº 8.666/93, notadamente pela quase inexistência de cláusulas exorbitantes (prerrogativas extraordinárias), seria admissível que as estatais prestadoras de serviço público, que não atuassem em regime concorrencial, adotassem uma maior incidência do regime público em suas contratações, formalizando contratos "atípicos", com cláusulas exorbitantes, tendo por base a própria Constituição e a tutela ao serviço público prestado, quando essas prerrogativas extraordinárias forem necessárias[3].

De qualquer forma, embora em menor grau do que identificado na Lei nº 8.666/1993, há incidência parcial do regime jurídico de direito público, nos contratos lastreados na Lei nº 13.303/2016. De acordo com seu artigo 68, seus contratos regulam-se pelas suas cláusulas, pelo disposto na referida Lei e pelos preceitos de direito privado.

3. STROPPA, Christianne de Carvalho. O regime jurídico dos contratos das empresas estatais prestadoras de serviços públicos na Lei de Responsabilidade das Estatais – Lei Nº 13.303/2016. Tese. Doutorado em Direito. Pontifícia Universidade Católica de São Paulo (PUC/SP). São Paulo. 2020. P. 175/176.

27.1. DAS CLÁUSULAS NECESSÁRIAS

De forma assemelhada ao estatuído pelo artigo 55 da Lei nº 8.666/1993, a Lei das estatais, em seu artigo 69, estabeleceu um rol de cláusulas necessárias, notadamente as seguintes:

- o objeto e seus elementos característicos;
- o regime de execução ou a forma de fornecimento;
- o preço e as condições de pagamento, os critérios, a data-base e a periodicidade do reajustamento de preços e os critérios de atualização monetária entre a data do adimplemento das obrigações e a do efetivo pagamento;
- os prazos de início de cada etapa de execução, de conclusão, de entrega, de observação, quando for o caso, e de recebimento;
- as garantias oferecidas para assegurar a plena execução do objeto contratual, quando exigidas, observado o disposto no art. 68;
- os direitos e as responsabilidades das partes, as tipificações das infrações e as respectivas penalidades e valores das multas;
- os casos de rescisão do contrato e os mecanismos para alteração de seus termos;
- a vinculação ao instrumento convocatório da respectiva licitação ou ao termo que a dispensou ou a inexigiu, bem como ao lance ou proposta do licitante vencedor;
- a obrigação do contratado de manter, durante a execução do contrato, em compatibilidade com as obrigações por ele assumidas, as condições de habilitação e qualificação exigidas no curso do procedimento licitatório;
- matriz de riscos.

Há pouca novidade em comparação ao texto definido pela Lei nº 8.666/1993, em seu artigo 55[4].

4. Art. 55. São cláusulas necessárias em todo contrato as que estabeleçam:
I – o objeto e seus elementos característicos;
II – o regime de execução ou a forma de fornecimento;

Podem ser destacadas a referência expressa à necessidade de regramento dos casos de rescisão do contrato e os mecanismos para alteração de seus termos e a matriz de riscos, tratados adiante.

O §1º do artigo 69, que exigia, nos contratos celebrados com pessoas físicas ou jurídicas, inclusive quando domiciliadas em território estrangeiro, cláusula que declarasse competente o foro da sede da estatal e de suas respectivas subsidiárias, para dirimir qualquer questão contratual, foi vetado.

A razão do veto fundamentou-se no argumento de que "a obrigatoriedade imposta pelo dispositivo poderia prejudicar a competitividade das empresas e sua atuação concorrencial com o setor privado". Argumentou-se ainda, para justificar o veto, que "a Constituição sujeita as estatais ao regime jurídico próprio das empresas privadas, o que torna o dispositivo inapto à sanção".

27.2. DAS CLÁUSULAS DE RESCISÃO E MECANISMOS DE ALTERAÇÃO

Uma vez que inexistirá a prerrogativa extraordinária de rescisão unilateral pela estatal, é fundamental que o contrato contenha boa regulação das obrigações contratuais, mapeando os riscos de inadimplemento e definindo os ilícitos contratuais justificadores da rescisão.

III – o preço e as condições de pagamento, os critérios, data-base e periodicidade do reajustamento de preços, os critérios de atualização monetária entre a data do adimplemento das obrigações e a do efetivo pagamento;
IV – os prazos de início de etapas de execução, de conclusão, de entrega, de observação e de recebimento definitivo, conforme o caso;
V – o crédito pelo qual correrá a despesa, com a indicação da classificação funcional programática e da categoria econômica;
VI – as garantias oferecidas para assegurar sua plena execução, quando exigidas;
VII – os direitos e as responsabilidades das partes, as penalidades cabíveis e os valores das multas;
VIII – os casos de rescisão;
IX – o reconhecimento dos direitos da Administração, em caso de rescisão administrativa prevista no art. 77 desta Lei;
X – as condições de importação, a data e a taxa de câmbio para conversão, quando for o caso;
XI – a vinculação ao edital de licitação ou ao termo que a dispensou ou a inexigiu, ao convite e à proposta do licitante vencedor;
XII – a legislação aplicável à execução do contrato e especialmente aos casos omissos;
XIII – a obrigação do contratado de manter, durante toda a execução do contrato, em compatibilidade com as obrigações por ele assumidas, todas as condições de habilitação e qualificação exigidas na licitação.

Definidas tais normas e lançadas na minuta contratual confeccionada como anexo do edital, essas regras poderão ser objeto de impugnação pelos licitantes, caso descambem para a arbitrariedade ou se apresentem draconianas.

Na hipótese em que os licitantes deixem de impugnar tais regras, participando da licitação e assinando o contrato, tal disciplinamento passa a ser consensual e regulará a ulterior relação contratual. Assim, ocorrendo o fato jurídico disciplinado pelo contrato, assinado pelas partes, dar-se-á o efeito resultante também da disposição contratual.

Neste prumo, definindo o contrato que determinado inadimplemento gera a rescisão contratual, sua ocorrência trará como efeito o direito subjetivo da parte de, mesmo unilateralmente, exigir esta rescisão, nos termos consensualmente estabelecidos entre as partes.

É equivocado imaginar que, diante de uma irregularidade praticada pela parte contratada, a estatal apenas poderia rescindir ou considerar rescindido o contrato se o fornecedor contratado concordasse com o término da relação. Obviamente, alguns dos efeitos da rescisão poderão exigir judicialização, mesmo que por parte da estatal, mas isso não impede a conclusão de que ela pode, unilateralmente, tomar a decisão de considerar rescindida a relação contratual, desde que o faça nos estritos limites definidos pelo contrato acordado pelas partes.

Por outro lado, o fornecedor também terá o mesmo direito, o que torna imperioso que o licitante faça uma séria análise da minuta do instrumento contratual, impugnando cláusulas draconianas, desvirtuadas ou que prejudiquem a competitividade ou tragam potencial prejuízo à execução contratual. Restando silente, em princípio, haverá a presunção de concordância com a regra contratual.

27.3. DA MATRIZ DE RISCOS

No antigo regime da Lei nº 8.666/1993, era comum o estabelecimento de regimes de execução contratual em que o projeto básico, confeccionado previamente à licitação, definia não apenas os elementos que caracterizavam a obra ou serviço de engenharia, como também já estabelecia as soluções escolhidas, metodologias, serviços a executar, informações e subsídios necessários.

Nessa lógica tradicional, costumou-se firmar relações contratuais em que o Poder Público contratante assume os riscos relacionados à execução, mesmo em relação a fatos imprevisíveis ou previsíveis, com consequências incalculáveis.

Esta absorção de responsabilidades pela administração contratante nem sempre se apresenta como uma opção eficiente, do ponto de vista econômico. Desde outrora, defendíamos que o contrato (mesmo o administrativo) "pode ser um instrumento de alocação de riscos, inclusive em relação à álea extraordinária, para ganho de eficiência econômica, na relação contratual"[5], como na situação em que determinado risco, relacionado a caso fortuito, pode ser previsto contratualmente como responsabilidade do contratado (que poderá utilizar instrumentos, como seguros, para cobrir tal risco).

Pois bem, a matriz de riscos é uma cláusula contratual (que pode ser materializada em um anexo ao contrato) em que há alocação de riscos entre as partes contratantes. Como bem asseverou Maurício Portugal Ribeiro e Lucas Navarro Prado, "a distribuição de riscos é uma questão de eficiência econômica, e não de valor"[6]. Assim, sendo possível, é vantajoso alocar riscos à parte contratual que puder lidar com eles a um custo mais baixo, evitando-os ou mitigando os prejuízos decorrentes.

Conforme lembram Rodrigo Pironti e Fernando Menegat, os riscos não devem ser alocados de forma aleatória pelo Poder Público, mas, ao contrário, "devem ser alocados de forma racional e eficiente, de acordo com a maior ou menor capacidade de cada um dos parceiros de mitigá-los"[7].

Marcelo Bruto, em excelente artigo publicado em obra produzida em homenagem ao jurista Jacoby Fernandes, identifica padrões de alocação de riscos, de acordo com a eficiência econômica da parte contratual, para lidar com eles. Vale a transcrição de trecho de seu escrito:

> Variação de custos de mão-de-obra e insumos – melhor controlados pelo contratado;

5. TORRES, Ronny Charles Lopes de. Leis de Licitações comentadas. 9ª. ed. Salvador: Ed. Juspodivm, 2018. P. 740.
6. RIBEIRO, Maurício Portugal; PRADO, Lucas Navarro. Comentários à Lei de PPP – Parceria Público-Privada; fundamentos econômico-jurídicos. 1. Ed. São Paulo: Sociedade Brasileira de Direito Público: Malheiros, 2010. p. 120.
7. CASTRO, Rodrigo Pironti Aguirre de; MENEGAT, Fernando. Matriz de risco nas contratações das estatais e o rompimento da "teoria das áleas" no direito administrativo. *In* REIS, Luciano Elias (Org.); JUNIOR, Laerzio Chiesorin (Org.). Lei das Empresas Estatais: responsabilidade empresarial e o impacto para o desenvolvimento econômico nacional. Curitiba: OAB, 2017.

> Inflação – contratado tem pouco controle sobre as taxas de inflação, motivo pelo qual tem se mantido as cláusulas de reajuste como mecanismos mitigadores. Porém, é possível que, num cenário em que as taxas de inflação no país sejam menores e mais previsíveis, atribua-se ao contratado o dever de prever para contratos com prazos menores a expectativa de inflação;
>
> Câmbio – em geral, admite-se que a melhor alocação é para o setor privado, que pode mitigar os riscos correspondentes, inclusive com contratos de hedge. Ressalvem-se casos em que, diante de imperfeições no mercado e do impacto da variação cambial, inclusive por ausência de hedge de longo prazo, seja necessária a assunção de risco para viabilizar a contratação;
>
> Caso Fortuito e Força Maior – Quando seguráveis, melhor atribuição é ao parceiro privado, uma vez que a Administração pode externalizar os custos mediante tributação. Quando não seguráveis, Administração absorve, pois privado não tem qualquer governabilidade.
>
> Fato do Príncipe e Fatos da Administração – Administração em geral assume. Porém, algumas atribuições tradicionalmente assumidas pela Administração têm sido repassadas ao contratado, como partes da desapropriação e licenciamento. Nesses casos, é possível a alocação de risco ao contratado, contudo, tem-se questionado o repasse desses riscos diante da baixa governabilidade dos contratados sobre o Poder Judiciário e sobre o Licenciamento. Um caminho que tem sido adotado em algumas concessões, em relação a desapropriações, é o compartilhamento de risco entre as partes.
>
> Projeto e Construção – atribuição ao particular, que tem mecanismos gerenciais e de seguros para mitigá-los (...) Entretanto, essa possibilidade, como regra geral, pode contrariar as diretrizes acima, já que o particular detém mecanismos gerenciais para minimizar seus impactos, pode segurar esses riscos e não pode externalizar para terceiros, como o Estado pode. Por fim, a manutenção desse risco sob a gestão privada, como se tem feito nas contratações integradas e nas PPPs, reduz custos de transação ao não alterar riscos que naturalmente já são do particular, como o de projeto. De toda forma, é uma ponderação que deve ser feita em cada caso, considerando inclusive o nível de risco em questão, que pode inviabilizar a contratação acaso alocado integralmente ao contratado[8].

8. BRUTO, Marcelo. Apontamentos sobre Contratação Integrada do RDC. In TORRES, Ronny Charles L. de. Licitações Públicas: homenagem ao jurista Jorge Ulisses Jacoby Fernandes. Curitiba: Negócios Públicos, 2016.

De qualquer forma, importa frisar que a alocação de risco não é algo estanque, podendo sofrer alteração de acordo com as nuances ou as necessidades que se apresentem a partir do objeto licitado, pois o contrato é, justamente, o instrumento hábil para distribuir os riscos dele decorrentes[9].

A "matriz de riscos" cumpre essa função, enquanto cláusula contratual, servindo à definição de riscos relacionados a determinadas atividades abrangidas pela contratação e os titulares responsáveis. Essas informações objetivam melhor definição dos riscos e a obtenção de maior eficiência econômica na contratação.

A adoção da matriz de riscos foi enfatizada pelo TCU, quando da aprovação do Regime Diferenciado de Contratações (RDC). No Acórdão n° 1.510/2013, o Plenário do Tribunal decidiu que a matriz de risco é elemento essencial e obrigatório, devendo constar nas licitações que adotem o anteprojeto de engenharia. O TCU apontou que a matriz de riscos é o instrumento que define a repartição objetiva de responsabilidades advindas de eventos supervenientes à contratação, na medida em que é informação indispensável para a caracterização do objeto e das respectivas responsabilidades contratuais, como também é essencial para o dimensionamento das propostas por parte das licitantes[10].

Em outro Acórdão, de n° 1.465/2013, o Tribunal de Contas da União, em trecho de voto proferido pelo Ministro-Relator José Múcio Monteiro, reiterou a necessidade da apresentação de matriz de riscos pela Administração, lembrando que, embora existam questões (riscos) imprevisíveis, deve o documento tentar definir, da forma mais clara possível, a responsabilidade pelos acontecimentos que a experiência permite antecipar[11].

Convém ainda frisar que a Lei federal nº 13.303/2016 pontuou outras funções para a matriz de riscos, além da alocação dos riscos contratuais de repercussão econômica, quais sejam: a definição das frações do objeto em que haverá liberdade e daquelas em que não haverá liberdade para que a contratada inove em soluções para a contratação, notadamente nos regimes contratação integrada e contratação semi-integrada.

Nessa linha, o legislador a definiu (art. 42, inc. X) como cláusula contratual definidora de riscos e responsabilidades entre as partes e caracterizadora

9. TORRES, Ronny Charles Lopes de. MARRY, Michelle. Regime Diferenciado de Contratações - RDC. Salvador: Juspodivm, 2014. P. 126.
10. TCU. Acórdão nº 1510/2013, Plenário.
11. TCU. Acórdão nº 1.465/2013, Plenário.

do equilíbrio econômico-financeiro inicial do contrato, em termos de ônus financeiro decorrente de eventos supervenientes à contratação, indicando que a matriz de riscos deve conter, no mínimo, as seguintes informações:

a. listagem de possíveis eventos supervenientes à assinatura do contrato, impactantes no equilíbrio econômico-financeiro da avença, e previsão de eventual necessidade de prolação de termo aditivo quando de sua ocorrência;
b. estabelecimento preciso das frações do objeto em que haverá liberdade das contratadas para inovar em soluções metodológicas ou tecnológicas, em obrigações de resultado, em termos de modificação das soluções previamente delineadas no anteprojeto ou no projeto básico da licitação;
c. estabelecimento preciso das frações do objeto em que não haverá liberdade das contratadas para inovar em soluções metodológicas ou tecnológicas, em obrigações de meio, devendo haver obrigação de identidade entre a execução e a solução pré-definida no anteprojeto ou no projeto básico da licitação.

Quando do planejamento da contratação, deve a estatal definir precisamente as frações que permitirão inovações (e as que não permitirão) por parte dos futuros contratados, para que os licitantes, municiados desses dados, possam avaliar esta possibilidade, quando da participação da licitação e apresentação de suas propostas.

Por fim, convém registrar que a Lei das estatais expressamente veda a celebração de aditivos decorrentes de eventos supervenientes alocados, na matriz de riscos, como de responsabilidade da contratada. Outrossim, o §3° do art. 42 exige que, nas contratações integradas ou semi-integradas, os riscos decorrentes de fatos supervenientes à contratação associados à escolha da solução de projeto básico pela contratante sejam necessariamente alocados como de sua responsabilidade, na matriz de riscos.

Nada obstante a indicação de obrigatoriedade nesses dois regimes de execução, convém frisar que a adoção de matriz de riscos é possível também nos demais regimes de execução, como instrumento de aperfeiçoamento do contrato e eficiente alocação dos riscos da contratação.

Nessa linha, inclusive, o Tribunal de Contas da União já entendeu ser "recomendável a utilização de matriz de riscos em contratações derivadas da Lei 13.303/2016 (Lei das *Estatais)* que envolvam incertezas significativas, ainda que sob regime de empreitada por preço global, por se tratar de elemento que agrega segurança jurídica aos contratos"[12]. Em sentido semelhante, o TCU entendeu que, para as estatais, seria "obrigatória cláusula dispondo sobre a matriz de riscos nos contratos de obras e serviços de engenharia, independentemente do regime de execução", tendo em vista a necessidade de "garantia da manutenção do equilíbrio econômico-financeiro contratual e de forma a definir as condições para eventual assinatura de termo aditivo"[13].

Na verdade, a matriz de riscos deve ser compreendida como um instrumento de aperfeiçoamento contratual, que já era admitido, inclusive, sob o regime da Lei nº 8.666/93, para fins de uma melhor alocação dos riscos contratuais e com isso definição mais clara dos fatos passíveis de revisão econômica do contrato (reequilíbrio econômico), tornando mais claras as condições de execução do objeto, para os licitantes, e mitigando disputas durante a execução contratual.

27.4. DAS GARANTIAS

A Lei nº 13.303/2016 possui um regramento sobre garantias contratuais muito assemelhado ao outrora estabelecido pela Lei nº 8.666/1993[14]. Trata-se

---

12. TCU. Acórdão 2616/2020, Plenário. Auditoria, Relator Ministro Vital do Rêgo.
13. TCU. Acórdão 4551/2020, Plenário. Auditoria, Relator Ministro-Substituto André de Carvalho.
14. Art. 56. A critério da autoridade competente, em cada caso, e desde que prevista no instrumento convocatório, poderá ser exigida prestação de garantia nas contratações de obras, serviços e compras.

§ 1º Caberá ao contratado optar por uma das seguintes modalidades de garantia: (Redação dada pela Lei nº 8.883, de 1994)

I – caução em dinheiro ou em títulos da dívida pública, devendo estes ter sido emitidos sob a forma escritural, mediante registro em sistema centralizado de liquidação e de custódia autorizado pelo Banco Central do Brasil e avaliados pelos seus valores econômicos, conforme definido pelo Ministério da Fazenda; (Redação dada pela Lei nº 11.079, de 2004)

II – seguro-garantia; (Redação dada pela Lei nº 8.883, de 1994)

III – fiança bancária. (Redação dada pela Lei nº 8.883, de 8.6.94)

§ 2º A garantia a que se refere o *caput* deste artigo não excederá a cinco por cento do valor do contrato e terá seu valor atualizado nas mesmas condições daquele, ressalvado o previsto no parágrafo 3º deste artigo. (Redação dada pela Lei nº 8.883, de 1994)

§ 3º Para obras, serviços e fornecimentos de grande vulto envolvendo alta complexidade técnica e riscos financeiros consideráveis, demonstrados através de parecer tecnicamente aprovado pela autoridade competente, o limite de garantia previsto no parágrafo anterior poderá ser elevado para até dez por cento do valor do contrato. (Redação dada pela Lei nº 8.883, de 1994)

§ 4º A garantia prestada pelo contratado será liberada ou restituída após a execução do contrato e, quando em dinheiro, atualizada monetariamente.

§ 5º Nos casos de contratos que importem na entrega de bens pela Administração, dos quais o contratado ficará depositário, ao valor da garantia deverá ser acrescido o valor desses bens.

de uma lamentável constatação, já que é ressabido que o regime de garantias contratuais definido pela Lei Geral de Licitações não atende à necessidade atual das contratações públicas.

Vale a transcrição do artigo 70 da Lei nº 13.303/2016:

> Art. 70. Poderá ser exigida prestação de garantia nas contratações de obras, serviços e compras.
>
> § 1º Caberá ao contratado optar por uma das seguintes modalidades de garantia:
>
> I – caução em dinheiro;
>
> II – seguro-garantia;
>
> III – fiança bancária.
>
> § 2º A garantia a que se refere o *caput* não excederá a 5% (cinco por cento) do valor do contrato e terá seu valor atualizado nas mesmas condições nele estabelecidas, ressalvado o previsto no § 3º deste artigo.
>
> § 3º Para obras, serviços e fornecimentos de grande vulto envolvendo complexidade técnica e riscos financeiros elevados, o limite de garantia previsto no § 2º poderá ser elevado para até 10% (dez por cento) do valor do contrato.
>
> § 4º A garantia prestada pelo contratado será liberada ou restituída após a execução do contrato, devendo ser atualizada monetariamente na hipótese do inciso I do § 1º deste artigo.

Talvez a maior diferença entre o regime de garantias contratuais previsto pela Lei das estatais, em comparação com o regime da Lei nº 8.666/1993 seja a bem-vinda ausência da possibilidade de caução em títulos da dívida pública.

Contudo, permanece a ideia de que o contratado detém o direito de opção sobre qual das modalidades prefere adotar, bem como manteve-se ainda o percentual máximo ordinário de 5% (cinco por cento) sobre o valor do contrato, e o percentual máximo extraordinário de 10% (dez por cento), para "obras, serviços e fornecimentos de grande vulto envolvendo complexidade técnica e riscos financeiros elevados".

Como a Lei não indica o que seria "grande vulto", parece possível aplicar-se, por integração analógica, a regra da Lei nº 8.666/1993, que classifica como de grande vulto as contratações cujo valor estimado seja superior a 25 (vinte e cinco) vezes o limite estabelecido para adotar-se a modalidade concorrência, nas licitações de obras e serviços de engenharia.

Não se deve confundir a garantia contratual, aqui tratada, com a garantia de proposta. A garantia contratual objetiva proteger a Administração de eventuais insucessos na contratação e é apresentada após a definição do licitante vencedor, enquanto a garantia de proposta funciona como requisito de habilitação, sendo exigida ainda na licitação.

A exigência de garantia não é radicalmente necessária, mas se trata de faculdade que pode ser utilizada, nos limites legais, de acordo com a peculiaridade de cada caso. Se, de um lado, a exigência de garantia significa cautela da Administração, tentando evitar que a contratação reste frustrada em sua execução, por outro lado, em determinadas situações, a exigência de garantia pode implicar tolhimento da competitividade, implicando na inviabilidade de participação de interessados que, embora possuam capacidade de oferecer o objeto pretendido pelo Poder Público, encontram óbice, empecilho ou desestímulo ao atendimento da exigência.

27.4.1. Das modalidades de garantias

O legislador indicou três modalidades de garantias, a saber: caução em dinheiro, seguro-garantia e fiança bancária.

A caução é uma modalidade, em princípio, mais onerosa, pois, optando pela caução em dinheiro, o contratado depositará um valor que servirá como resguardo para eventual inadimplemento contratual.

A fiança exigida pela Lei, assim como ocorreu na Lei nº 8.666/1993, possui uma peculiaridade, pois também na Lei das estatais esta espécie de garantia deve ser ofertada a partir de relação jurídica firmada entre o contratado e uma instituição bancária.

Na fiança bancária, a instituição bancária é fiadora das responsabilidades assumidas pelo Contratado. Na outorga de uma carta de fiança, o Banco leva em consideração a capacidade econômica financeira da empresa, ou seja, a sua capacidade de poder ressarci-lo em caso de inadimplência. Segundo o TCU, é irregular a prestação de garantia contratual na modalidade fiança bancária, emitida por empresa que não seja instituição financeira autorizada a operar pelo Banco Central do Brasil[15].

---

15. TCU. Acórdão nº 2784/19 – Plenário.

Já o seguro-garantia é uma modalidade que objetiva garantir o fiel cumprimento das obrigações assumidas pelo tomador perante o segurado em razão de participação em licitação, em contrato principal pertinente a obras, serviços, inclusive de publicidade, compras, concessões ou permissões no âmbito dos Poderes da União, Estados, do Distrito Federal e dos Municípios, ou ainda as obrigações assumidas em função de: processos administrativos; processos judiciais, inclusive execuções fiscais; parcelamentos administrativos de créditos fiscais, inscritos ou não em dívida ativa; e regulamentos administrativos[16].

Com o seguro-garantia, objetiva-se transferir para o particular, eventual risco de inadimplência por parte do contratado. Isso porque a seguradora irá garantir eventual sinistro, perante o segurado. Também por conta disso, no Seguro Garantia, a Seguradora analisa não apenas aspectos da saúde econômico-financeira da empresa, mas a sua capacidade operacional para o objeto do contrato, sendo relevante, inclusive, sua experiência em contratos semelhantes e o próprio edital licitatório.

Uma espécie de seguro-garantia existente no mercado é o seguro de performance (*performance bond*) ou "garantia do executante construtor". Nele, a seguradora pode assumir a responsabilidade pela conclusão do empreendimento, se a contratada falhar neste objetivo. Outro modelo interessante é o seguro de garantia de proposta (*bid bond*), em que a seguradora fica responsável por determinado montante, se a empreiteira renegar o contrato[17].

O "performance bond" permite que a seguradora, diante do inadimplemento do contratado, perante a Administração, possa optar por responsabilizar-se pela continuidade da obra, através de terceiros, ao invés do ordinário pagamento da indenização.

Embora já existente esse tipo de cobertura no mercado, há empecilhos à utilização do "performance bond" em contratos firmados pelas estatais. A possibilidade de escolha, pelo contratado, da forma de garantia a ser apresentada e o reduzido percentual máximo definido pelo legislador podem dificultar sua exigência, ao menos como garantia contratual, nos termos do artigo 70 da Lei nº 13.303/2016.

---

16. Circular SUSEP 477/2013.
17. TORRES, Ronny Charles Lopes de. Leis de licitações públicas comentadas. 9ª edição. Salvador: Juspodivm, 2018. P. 651

27.4.2. Dos percentuais definidos pelo legislador

Os percentuais indicados pela Lei são considerados reduzidos, como patamar máximo de cobertura, em relação a obras mais complexas ou grandes empreendimentos.

Como paralelo, convém registrar que, em países como Estados Unidos e Canadá, as licitações chegam a admitir o seguro-garantia com percentual de 50% (cinquenta por cento) do valor do contrato, enquanto alguns países da Europa, como França e Itália, já admitem seguros de performance de até 100% (cem por cento) do valor[18].

Outrossim, mesmo dentro dos reduzidos percentuais admitidos pela Lei nº 13.303/2016, impõe perceber que, quando necessária a exigência de garantia, cabe ao administrador estipular um percentual que atenda ao acautelamento do gestor, sem, contudo, gerar um pesado encargo que comprometa, desnecessariamente, o interesse na contratação.

JURISPRUDÊNCIA RELACIONADA[19]

- Para o cálculo do montante a ser apresentado como garantia adicional, a expressão "valor resultante do parágrafo anterior", constante do art. 48, § 2º, da Lei 8.666/1993, corresponde ao menor valor entre os referidos nas alíneas "a" (média aritmética dos valores das propostas superiores a 50% do valor orçado pela Administração) e "b" (valor orçado pela Administração) do § 1º, sem aplicação do percentual de 70% mencionado neste dispositivo. (TCU. Acórdão nº 2503/18 – Plenário).
- Os órgãos e entidades da Administração Pública Federal podem aceitar apólice de seguro – apresentada por empresa vencedora de certame licitatório para garantir o fiel cumprimento das obrigações assumidas no contrato – que contenha cláusula que exclua de cobertura prejuízos e demais penalidades causados ou relacionados a atos ou fatos violadores de normas de anticorrupção que tenham sido provocados pelo segurado ou seu representante, seja isoladamente, seja em concurso com o tomador ou seu representante. Por outro lado, devem recusar apólice de seguro que contenha cláusula que exclua de cobertura prejuízos e demais penalidades causados ou relacionados a atos ou fatos violadores de normas de anticorrupção que tenham sido provocados exclusivamente pelo tomador ou seu representante, sem o concurso do segurado ou seu representante. (TCU. Acórdão nº 1216/19 – Plenário).

18. FIÚZA, Eduardo P. S. Licitações E Governança De Contratos: A Visão Dos Economistas. 2009. Disponível em: http://www.en.ipea.gov.br/agencia/images/stories/q12_capt08_Fiuza.pdf
19. Vide nota de rodapé nº 38.

27.5. DA VIGÊNCIA DOS CONTRATOS

Em relação à vigência contratual, houve grande avanço por parte da Lei nº 13.303/2016, quando comparado seu regime com o da Lei nº 8.666/1993.

Vale a leitura do artigo 71 da referida Lei das estatais:

> Art. 71. A duração dos contratos regidos por esta Lei não excederá a 5 (cinco) anos, contados a partir de sua celebração, exceto:
>
> I - para projetos contemplados no plano de negócios e investimentos da empresa pública ou da sociedade de economia mista;
>
> II - nos casos em que a pactuação por prazo superior a 5 (cinco) anos seja prática rotineira de mercado e a imposição desse prazo inviabilize ou onere excessivamente a realização do negócio.
>
> Parágrafo único. É vedado o contrato por prazo indeterminado.

Embora curto, o texto proporciona grande mudança na lógica tradicional de estabelecimento de vigência das contratações das estatais.

Em primeiro, convém ressaltar que o prazo ordinário de vigência foi estabelecido em cinco anos, diferenciando-se, e muito, da vigência atrelada aos créditos orçamentários, nos moldes outrora firmados pelo artigo 57 da Lei nº 8.666/1993[20]!

Além do prazo ordinário de cinco anos, o legislador indicou ainda a possibilidade de que este patamar seja ultrapassado em duas hipóteses:

- projetos contemplados no plano de negócios e investimentos da empresa pública ou da sociedade de economia mista;

20. Art. 57. A duração dos contratos regidos por esta Lei ficará adstrita à vigência dos respectivos créditos orçamentários, exceto quanto aos relativos:
I - aos projetos cujos produtos estejam contemplados nas metas estabelecidas no Plano Plurianual, os quais poderão ser prorrogados se houver interesse da Administração e desde que isso tenha sido previsto no ato convocatório;
II - à prestação de serviços a serem executados de forma contínua, que poderão ter a sua duração prorrogada por iguais e sucessivos períodos com vistas à obtenção de preços e condições mais vantajosas para a administração, limitada a sessenta meses;
III - (Vetado).
IV - ao aluguel de equipamentos e à utilização de programas de informática, podendo a duração estender-se pelo prazo de até 48 (quarenta e oito) meses após o início da vigência do contrato.
V - às hipóteses previstas nos incisos IX, XIX, XXVIII e XXXI do art. 24, cujos contratos poderão ter vigência por até 120 (cento e vinte) meses, caso haja interesse da administração.

- contratos em que a pactuação por prazo superior a 5 (cinco) anos seja prática rotineira de mercado e a imposição desse prazo inviabilize ou onere excessivamente a realização do negócio.

Importante firmar: nas duas hipóteses, o limite máximo de 5 (cinco) anos não é aplicável, podendo ser pactuada contratação com prazo superior.

Assim, se uma contratação relevante estiver contemplada no plano de negócios e investimento da estatal, sua vigência poderá ultrapassar o já alargado prazo de cinco anos.

Da mesma forma, se a vigência superior a cinco anos for uma prática rotineira no mercado ou a limitação (em cinco anos) puder inviabilizar ou onerar excessivamente a realização do negócio, admite o legislador seja estabelecido um prazo maior.

Um exemplo ilustrativo dá-se com uma locação sob medida (*built to suit*), modelo de locação usualmente praticado pelo mercado. Nela, os contratos de locação são firmados antes mesmo da construção do imóvel, para que este seja construído de forma a atender os interesses do locatário. Para que esta modelagem de locação seja viável, pode ser fundamental a pactuação de um contrato mais longo, superior aos 5 (cinco) anos, para que o valor da locação não reste exorbitante.

27.5.1. Do prazo de até cinco anos para a vigência de contratos de fornecimento

O prazo máximo ordinário de cinco anos representa uma excelente novidade da Lei nº 13.303/2016.

Importante lembrar que este patamar pode ser utilizado em contratos de diversas naturezas, valendo não apenas para contratações de serviços e obras, como também para aquisições.

Com prazos mais dilatados, em princípio, a estatal pode alcançar uma maior redução de preço, pelo potencial ganho de escala oferecido ao fornecedor, decorrente da expectativa de contratação duradoura.

Esta vigência mais longa também ajuda a superar determinados gargalos burocráticos, riscos e incertezas que, certamente, afetam o custo das propostas, ao menos pelos licitantes responsáveis, que sabem estimar os custos de tais riscos.

Por outro lado, a estatal não deverá optar necessariamente por um prazo de cinco anos. Entendendo mais vantajoso, ela pode definir uma vigência menor, pois o prazo máximo ordinário deve ser compreendido como um limite, não como um patamar de vigência a ser aplicado sempre.

27.5.2. Da inexistência dos chamados serviços contínuos

A Lei das estatais não previu uma vigência específica para os chamados "serviços contínuos" ou "serviços de natureza continuada".

Cabe relembrar que a Lei nº 8.666/1993 admitia que os denominados "serviços contínuos" autorizassem alongamento, através de renovações sucessivas, até o prazo de 60 (sessenta) meses, e, em caráter excepcional, 12 (doze) meses adicionais.

O conceito de serviço contínuo não abarcava qualquer serviço de prestação continuada, mas apenas "aqueles serviços auxiliares, necessários à Administração para o desempenho de suas atribuições, cuja interrupção possa comprometer a continuidade de suas atividades e cuja contratação deva estender-se por mais de um exercício financeiro"[21]. Este conceito foi reproduzido pelo TCU[22], em seu manual de orientações básicas sobre licitações e contratos, e, como defendemos outrora, induz à compreensão de que a noção de serviços contínuos pode variar de acordo com a necessidade para o desempenho das atribuições do órgão e que apenas deveriam ser entendidos como contínuos os serviços essenciais à atividade administrativa[23].

No mesmo sentido, o acórdão nº 10.138/2017 da Segunda Câmara do TCU[24] que ressaltou a necessidade de que a caracterização da natureza contínua deveria ser verificada caso a caso, com base no exame das atividades a cargo de cada unidade. Indicou-se, também, que o caráter contínuo de um serviço é determinado por sua essencialidade para assegurar a integridade do patrimônio público de forma rotineira e permanente ou para manter o

21. Vide a Instrução Normativa nº 18 do extinto MARE (posterior Secretaria de Estado da Administração e do Patrimônio, vinculada ao Ministério do Planejamento, Orçamento e Gestão).
22. BRASIL. Tribunal de Contas da União. Licitações e contratos: orientações básicas. 3.ed. Brasília: TCU, Secretaria de controle Interno, 2010. P. 772.
23. TORRES, Ronny Charles Lopes de. Leis de licitações públicas comentadas. 9ª edição. Salvador: Juspodivm, 2018. P. 663.
24. TCU. Acórdão nº 10.138/2017 – Segunda Câmara. Rel Min. Ana Arraes.

funcionamento das atividades finalísticas do ente administrativo, de modo que sua interrupção possa comprometer a prestação de um serviço público ou o cumprimento da missão institucional.

Mas é preciso analisar a Lei nº 13.303/2016 sem contaminar indevidamente sua compreensão com premissas existentes na Lei nº 8.666/1993, que não foram repetidas pelo novel legislador.

Não há que se falar em serviços contínuos, portanto, nas licitações regidas pela Lei nº 13.303/2016, ao menos não para aplicação das regras de vigência estabelecidas na Lei geral de licitações.

Nas contratações lastreadas na Lei das estatais, os serviços de prestação continuada, sejam essenciais ou não, poderão ser contratados por prazo superior à vigência dos créditos orçamentários, inclusive tendo, desde já, prazo de até cinco anos, sem necessidade de subsequentes prorrogações de prazos de 12 (doze) meses, para chegar a esta vigência total.

Por outro lado, caso a estatal prefira adotar essa rotina de prorrogação a cada 12 meses, a liberdade admitida pelo legislador permite que esse modelo seja adaptado.

27.5.3. Da possibilidade de regras específicas de vigência

O regulamento, o edital ou mesmo o contrato podem firmar regras específicas de vigência, desde que respeitando os limites traçados pelo legislador.

Assim, por exemplo, em uma contratação de fornecimento, pode ser estabelecida uma vigência de 01 mês, 14 meses, 24 meses ou mesmo 60 meses.

Da mesma forma, os saudosistas da Lei nº 8.666/1993 poderão definir no contrato que a vigência será de 12 meses, com sucessivas e eventuais prorrogações, até o limite de 60 meses.

No mesmo sentido, pode ser firmada uma vigência ampla, de 60 meses, com o estabelecimento da regra contratual de que periodicamente (por exemplo, a cada 12 meses), sem necessidade de prorrogação formal, as partes se reunirão para negociar a manutenção ou a extinção do contrato, sem qualquer repercussão negativa para a parte desistente. Obviamente, esta negociação estaria adstrita aos limites admitidos pela Lei.

Também é possível imaginar o estabelecimento de uma regra que permita a denúncia contratual a qualquer tempo, desde que preservado um prazo mínimo, antes que se efetive a extinção do contrato. Outra opção seria regrar que a denúncia contratual fosse precedida de aviso prévio. Assim, por exemplo, embora se admitisse a denúncia contratual a qualquer tempo, a parte denunciante teria que avisar esta intenção com antecedência mínima de 06 meses (ou o tempo definido no contrato como suficiente para que uma nova opção contratual fosse aventada).

Bom sempre relembrar que, segundo a própria Lei nº 13.303/2016 (art. 68), os contratos por ela tratados "regulam-se pelas suas cláusulas, pelo disposto nesta Lei e pelos preceitos de direito privado". Esta natureza diferenciada dos contratos das estatais, com base no regime da nova lei, permite certa flexibilidade, com o estabelecimento de regras específicas, desde que estas respeitem os limites definidos pelo legislador e não resultem em violação à obrigação de licitar, conforme determina o artigo 72 da Lei nº 13.303/2016.

JURISPRUDÊNCIA RELACIONADA[25]

- Prorrogação e verificação da vantajosidade. "Ficou assentado que a manutenção de condições vantajosas para a Administração é requisito para prorrogação de contratos de prestação de serviços contínuos, seja no regime tradicional da Lei 8.666/1993 (art. 57, II), seja na lei das estatais (art. 31, caput, da nova Lei 13.303/2016). (TCU. Acórdão nº 120/2018 - Plenário)
- Cada ato de prorrogação equivale a uma renovação contratual, é necessário que a decisão de prorrogar a execução dos serviços seja devidamente planejada e motivada (TCU. Acórdão nº 213/2017-Plenário).
- Apesar da indicação de que o uso do histórico de preços como uma única fonte para estimativa de preços não ser adequado, em razão de eventuais mudanças ao longo do tempo, o Ministro-relator reconheceu que a utilização de históricos de despesa obtidos a partir de relatórios extraídos do sistema e de projeção dos custos alicerçados em Indicadores de Gestão configuram boas práticas para a definição do preço de referência, bem como a adoção das conclusões contidas no parecer 2/2013-CPLC/PGF/AGU". (TCU. Acórdão nº 120/2018 – Plenário)

27.5.4. Da vigência indeterminada

O parágrafo único do artigo 71 veda a contratação com prazo de vigência indeterminado, repetindo disposição outrora firmada pela Lei nº 8.666/1993.

25. Apesar de alguns trechos de decisões e enunciados apresentados nessa seção aludirem a dispositivos da Lei nº 8.666/1993, compreendemos que a semelhança dos regimes permite a reflexão e, eventualmente, o aproveitamento do raciocínio utilizado pelos tribunais.

Essa regra deve ser compreendida com certa parcimônia. Tem-se entendido, por exemplo, que a Administração Pública pode estabelecer a vigência por prazo indeterminado nos contratos em que seja parte como usuária de serviços públicos prestados por único fornecedor (por exemplo, água e esgoto).

Nessa linha, a AGU publicou Orientação Normativa, admitindo a vigência por prazo indeterminado em alguns contratos firmados pela Administração:

> A Administração pode estabelecer a vigência por prazo indeterminado nos contratos em que seja usuária de serviços públicos essenciais de energia elétrica, água e esgoto, serviços postais monopolizados pela ECT (empresa brasileira de correios e telégrafos) e ajustes firmados com a Imprensa Nacional, desde que no processo da contratação estejam explicitados os motivos que justificam a adoção do prazo indeterminado e comprovadas, a cada exercício financeiro, a estimativa de consumo e a existência de previsão de recursos orçamentários.[26]

Esse raciocínio, estabelecido em relação aos contratos firmados sob a égide da Lei nº 8.666/1993, também é aplicável às estatais submetidas ao regime da Lei nº 13.303/2016.

Não faz sentido, por exemplo, exigir que a estatal se submeta a limites rígidos de vigência em contrato firmado com a concessionária de energia elétrica. Como ressabido, contratos dessa espécie são feitos com prazo de vigência indeterminada, para os usuários do serviço público. Pode-se defender, nesta hipótese, inclusive, que a vigência indeterminada é uma prática rotineira deste mercado específico.

27.6. DA RESPONSABILIDADE DO CONTRATADO

A Lei nº 13.303/2016 trouxe regramento semelhante ao da Lei nº 8.666/1993, no que tange à responsabilidade do contratado.

27.6.1. Da responsabilidade pelos vícios e incorreções da execução

O artigo 76 da Lei das estatais trata da obrigação do contratado em relação a vícios e incorreções de sua execução contratual.

26. Orientação Normativa nº 36, de 13 de dezembro de 2011-AGU.

> Art. 76. O contratado é obrigado a reparar, corrigir, remover, reconstruir ou substituir, às suas expensas, no total ou em parte, o objeto do contrato em que se verificarem vícios, defeitos ou incorreções resultantes da execução ou de materiais empregados, e responderá por danos causados diretamente a terceiros ou à empresa pública ou sociedade de economia mista, independentemente da comprovação de sua culpa ou dolo na execução do contrato.

A Lei nº 8.666/1993 tratava de regra assemelhada em seus artigos 69 e 70[27]. Contudo, nada obstante a aparente semelhança, há relevante diferença entre eles.

Isso porque, enquanto na legislação anterior a responsabilidade pelos danos causados era subjetiva, exigindo a demonstração de culpa ou dolo na execução do contrato, na redação da Lei das estatais estabeleceu-se uma responsabilização objetiva, já que o contratado responderá por danos causados diretamente a terceiros ou à estatal, "independentemente da comprovação de sua culpa ou dolo na execução do contrato".

27.6.2. Da responsabilidade trabalhista, fiscal e comercial

O artigo 77 da Lei das estatais tem redação muito próxima ao previsto no artigo 71 da Lei Geral de Licitações. Vejamos a transcrição de seu texto:

> Art. 77. O contratado é responsável pelos encargos trabalhistas, fiscais e comerciais resultantes da execução do contrato.
>
> § 1º A inadimplência do contratado quanto aos encargos trabalhistas, fiscais e comerciais não transfere à empresa pública ou à sociedade de economia mista a responsabilidade por seu pagamento, nem poderá onerar o objeto do contrato ou restringir a regularização e o uso das obras e edificações, inclusive perante o Registro de Imóveis.

Pela redação semelhante, é fácil antever que a aplicação desta regra de preservação de responsabilidade da estatal, em relação à execução do objeto

27. Art. 69. O contratado é obrigado a reparar, corrigir, remover, reconstruir ou substituir, às suas expensas, no total ou em parte, o objeto do contrato em que se verificarem vícios, defeitos ou incorreções resultantes da execução ou de materiais empregados.
Art. 70. O contratado é responsável pelos danos causados diretamente à Administração ou a terceiros, decorrentes de sua culpa ou dolo na execução do contrato, não excluindo ou reduzindo essa responsabilidade a fiscalização ou o acompanhamento pelo órgão interessado.

contratado, enfrentará os mesmos desafios identificados em relação à aplicação da regra do artigo 71 da Lei nº 8.666/1993, notadamente em relação à responsabilização trabalhista, quando a estatal for tomadora de serviço, em função de eventual inadimplemento da empresa contratada para com os trabalhadores terceirizados.

Vale lembrar que, na Lei nº 8.666/1993, o *caput* do artigo 71 e seu §1º foram declarados constitucionais pelo Supremo Tribunal Federal. Em novembro de 2010, o STF, por maioria e nos termos do voto do Relator, Ministro Cezar Peluso, julgou procedente a Ação Declaratória de Constitucionalidade relacionada àqueles dispositivos:

> RESPONSABILIDADE CONTRATUAL. Subsidiária. Contrato com a Administração Pública. Inadimplência negocial do outro contraente. Transferência consequente e automática dos seus encargos trabalhistas, fiscais e comerciais, resultantes da execução do contrato, à administração. Impossibilidade jurídica. Consequência proibida pelo art. 71, § 1º, da Lei federal no 8.666/93. Constitucionalidade reconhecida dessa norma. Ação direta de constitucionalidade julgada, nesse sentido, procedente. Voto vencido. É constitucional a norma inscrita no art. 71, § 1º, da Lei federal no 8.666, de 26 de junho de 1993, com a redação dada pela Lei nº 9.032, de 1995.[28]"

Essa decisão, de maneira correta, opôs-se ao quadro de responsabilização sumária, em detrimento da Administração Pública tomadora de serviços terceirizados, feita ordinariamente em diversos julgados da Justiça do Trabalho[29].

Após o julgamento da ADC 16, pelo STF, o Tribunal Superior do Trabalho alterou a redação de seu enunciado nº 331, pontuando que, quando o tomador do serviço for órgão ou ente da Administração Pública direta ou indireta, a responsabilidade subsidiária não decorre de mero inadimplemento das obrigações trabalhistas assumidas pela empresa regularmente contratada[30].

28. STF. ADC 16/DF, rel. Min. Cezar Peluso.
29. Para aprofundamento, vide comentários ao artigo 71, na obra "Leis de licitações públicas comentadas". TORRES, Ronny Charles Lopes de. Leis de licitações públicas comentadas. 9ª edição. Salvador: Juspodivm, 2018. P. 748/756
30. "I – A contratação de trabalhadores por empresa interposta é ilegal, formando-se o vínculo diretamente com o tomador dos serviços, salvo no caso de trabalho temporário (Lei nº 6.019, de 03.01.1974)
II – A contratação irregular de trabalhador, mediante empresa interposta, não gera vínculo de emprego com os órgãos da Administração Pública direta, indireta ou fundacional (art. 37, II, da CF/1988)

Contudo, mesmo após a ADC 16/DF, muitos magistrados trabalhistas simplesmente imputavam responsabilidade subsidiária ao órgão/ente público tomador de serviço, com base em culpa presumida, decorrente da existência de débitos trabalhistas. Em diversos julgados, inclusive do TST, a Justiça Obreira assim se posicionou[31]. Tal comportamento afrontava a decisão proferida pela Corte Constitucional e motivou o ajuizamento de inúmeras Reclamações constitucionais.

Provocado, o Supremo Tribunal Federal reiterou o entendimento de que não seria possível responsabilizar subsidiariamente por débitos trabalhistas o órgão/ente público, tomador de serviços, exceto quando ficasse demonstrada *culpa in vigilando* do órgão/ente público, na fiscalização contratual, que repercutisse na inadimplência da empresa contratada, frente a seus empregados. Este foi o entendimento diversas vezes apontado por Ministros do STF, ao julgar Reclamações constitucionais contra condenações trabalhistas, ulteriores ao julgamento da ADC 16/DF, que persistiam em responsabilizar a Administração Pública tomadora do serviço[32].

III – Não forma vínculo de emprego com o tomador a contratação de serviços de vigilância (Lei nº 7.102, de 20.06.1983) e de conservação e limpeza, bem como a de serviços especializados ligados à atividade-meio do tomador, desde que inexistente a pessoalidade e a subordinação direta.

"IV- O inadimplemento das obrigações trabalhistas, por parte do empregador, implica a responsabilidade subsidiária do tomador de serviços quanto àquelas obrigações, desde que haja participado da relação processual e conste também do título executivo judicial.

V- Os entes integrantes da Administração Pública direta e indireta respondem subsidiariamente, nas mesmas condições do item IV, caso evidenciada a sua conduta culposa no cumprimento das obrigações da Lei nº 8.666/93, especialmente na fiscalização do cumprimento das obrigações contratuais e legais da prestadora de serviço como empregadora. A aludida responsabilidade não decorre de mero inadimplemento das obrigações trabalhistas assumidas pela empresa regularmente contratada.

VI – A responsabilidade subsidiária do tomador de serviços abrange todas as verbas decorrentes da condenação referentes ao período da prestação laboral

31. Neste sentido: "... Na hipótese dos autos, presume-se a culpa in vigilando do ente público, por descumprimento das normas de fiscalização do contrato de prestação de serviços celebrado previstas na Lei nº 8.666/93, ante a ausência de comprovação de sua efetiva realização, aplicando-se, ao caso, a inversão do ônus da prova, em face da hipossuficiência do empregado no tocante à capacidade de produzir tal prova". (TST. Processo: RR – 163-10.2011.5.04.0017 Data de Julgamento: 10/04/2013, Relator Ministro: Guilherme Augusto Caputo Bastos, 5ª Turma, Data de Publicação: DEJT 19/04/2013).

32. Nesse sentido: Rcl 8.475/PE, Rel. Min. Ayres Britto – Rcl 11.917/SP, Rel. Min. Luiz Fux – Rcl 12.089/RJ, Rel. Min. Luiz Fux – Rcl 12.310/SP, Rel. Min. Luiz Fux – Rcl 12.388/SC, Rel. Min. Joaquim Barbosa – Rcl 12.434/SP, Rel. Min. Luiz Fux – Rcl 12.595/SP, Rel. Min. Joaquim Barbosa – Rcl 13.933/AM, Rel. Min. Joaquim Barbosa – Rcl 14.623/ES, Rel. Min. Joaquim Barbosa.

No mesmo sentido, o STF já havia ressaltado que a responsabilidade subsidiária da Administração Pública por encargos trabalhistas somente tem lugar quando há prova taxativa do nexo de causalidade entre a conduta de agentes públicos e o dano sofrido pelo trabalhador, não sendo admissível atribuir-se responsabilidade, por mera presunção de culpa da Administração[33], afrontando a autoridade da decisão proferida no julgamento da ADC 16, a transferência à Administração Pública da responsabilidade pelo pagamento de encargos trabalhistas sem a indicação de específica conduta que fundamente o reconhecimento de sua culpa[34].

Para concluir a questão e firmar sua posição e sua autoridade constitucional, mais recentemente, no ano de 2017, o STF sedimentou o raciocínio de que "o inadimplemento dos encargos trabalhistas dos empregados do contratado não transfere automaticamente ao Poder Público contratante a responsabilidade pelo seu pagamento, seja em caráter solidário ou subsidiário, nos termos do art. 71, § 1º, da Lei nº 8.666/1993"[35]. Com isso, veda-se a transferência automática, à Administração Pública, da responsabilização sobre os encargos trabalhistas resultantes da execução de contrato de prestação de serviços.

JURISPRUDÊNCIA RELACIONADA[36]

- A contratação de empresa para auxiliar a Administração na fiscalização de contratos (art. 67 da Lei 8.666/1993) não retira desta a obrigação do acompanhamento, porquanto a função do terceiro contratado é de assistência, não de substituição (TCU. Acórdão nº 875/20 - Plenário).
- É irregular a nomeação de terceiro estranho à Administração para exercer a fiscalização de contratos, porquanto o art. 67 da Lei 8.666/1993 permite a contratação de terceiros para auxiliar o fiscal, mas não para atuar como tal (TCU. Acórdão nº 124/20 - Plenário)

27.7. DA SUBCONTRATAÇÃO

Em relação à subcontratação, a Lei das estatais trouxe disciplinamento um pouco diferente outrora do estatuído pela Lei nº 8.666/1993, que limitava-se

33. STF. Rcl 16671, julgado em 23/06/2015.
34. STF. Rcl 22244, julgado em 17/11/2015.
35. STF. RE 760931/DF, Julg.: 26/04/2017.
36. Apesar de alguns trechos de decisões e enunciados apresentados nessa seção aludirem a dispositivos da Lei nº 8.666/1993, compreendemos que a semelhança dos regimes permite a reflexão e, eventualmente, o aproveitamento do raciocínio utilizado pelos tribunais.

a definir que o contratado poderia subcontratar partes da obra, serviço ou fornecimento, até o limite admitido pela Administração[37].

O texto da Lei nº 13.303/2016 foi além, disciplinando alguns limites gerais para a subcontratação:

> Art. 78. O contratado, na execução do contrato, sem prejuízo das responsabilidades contratuais e legais, poderá subcontratar partes da obra, serviço ou fornecimento, até o limite admitido, em cada caso, pela empresa pública ou pela sociedade de economia mista, conforme previsto no edital do certame.
>
> § 1º A empresa subcontratada deverá atender, em relação ao objeto da subcontratação, as exigências de qualificação técnica impostas ao licitante vencedor.
>
> § 2º É vedada a subcontratação de empresa ou consórcio que tenha participado:
>
> I - do procedimento licitatório do qual se originou a contratação;
>
> II - direta ou indiretamente, da elaboração de projeto básico ou executivo.
>
> § 3º As empresas de prestação de serviços técnicos especializados deverão garantir que os integrantes de seu corpo técnico executem pessoal e diretamente as obrigações a eles imputadas, quando a respectiva relação for apresentada em procedimento licitatório ou em contratação direta.

Além de manter-se a lógica de que é possível a subcontratação, continua reservado à Administração restringir esta possibilidade, através das regras editalícias.

27.7.1. Possibilidade de subcontratação como regra

É importante registrar que a regra deve ser admitir a subcontratação, mesmo que não haja disciplinamento expresso da matéria no edital ou no contrato, bastando que não exista vedação nestes instrumentos[38]. A vedação, inclusive, deve ser justificada tecnicamente, já que, potencialmente, restringiria a competitividade.

---

37. Art. 72. O contratado, na execução do contrato, sem prejuízo das responsabilidades contratuais e legais, poderá subcontratar partes da obra, serviço ou fornecimento, até o limite admitido, em cada caso, pela Administração.
38. Neste sentido, vide Acórdão 2198/2015, do Plenário do TCU.

A objeção que tem se levantado, via de regra, é para a subcontratação total, pela presunção de que esta pode prejudicar isonomia ou mesmo a competitividade, criando um ambiente propício a acordos escusos, em prejuízo da busca pela melhor proposta.

O Tribunal de Contas da União, inclusive, em Acórdão relatado pelo Ministro-Substituto André Luís de Carvalho, sedimentou o raciocínio de que a subcontratação total do objeto evidencia mera interposição entre a Administração Pública contratante e a empresa efetivamente executora (subcontratada), podendo caracterizar-se como irregularidade ensejadora de débito. No referido Acórdão, o TCU indicou que tal débito deve corresponder à diferença entre "os pagamentos recebidos pela empresa contratada e os valores por ela pagos na subcontratação integral"[39].

Nada obstante, a subcontratação (que na prática apresenta-se como uma terceirização feita pela contratada) é muitas vezes motivada por nuances técnicas, gerenciais ou econômicas. Assim, por exemplo, deter internamente na empresa a expertise para todas as fases da execução de um serviço ou obra pode ser uma medida economicamente ineficiente, por diversos fatores, o que reflete na ampliação do custo da proposta.

Em outras situações, a vedação à subcontratação pode restringir a competitividade, o que também atentará contra o objetivo de alcançar melhores propostas. Esta aferição não pode ser feita sem análise específica da contratação pretendida; em algumas hipóteses, a permissibilidade de subcontratação não gera benefícios à competitividade e ainda pode fomentar conluio entre potenciais interessados.

Em suma, via de regra, é admissível a subcontratação parcial, podendo esta ser justificadamente restringida pelo edital ou contrato.

27.7.2. Subcontratada e exigências de qualificação

Em acréscimo ao que fora disposto pela Lei nº 8.666/1993, a Lei nº 13.303/2016 fez questão de definir que a empresa subcontratada deverá atender as exigências de qualificação técnica impostas ao licitante vencedor, em relação ao objeto da subcontratação.

39. TCU. Acórdão nº 1464/2014-Plenário.

Entendemos que é uma regra de utilidade questionável. Se a subcontratação ocorrer após a assinatura do contrato, não deve haver controle prévio desta qualificação, exceto em situações nas quais tal aferição seja efetivamente necessária, justificando a presunção de que a empresa (que já demonstrou qualificação técnica durante a licitação) escolherá uma subcontratada apta à execução da atividade.

O próprio TCU, em Acórdão relatado pelo Ministro-Substituto Weder de Oliveira, já admoestou que a exigência de prévia aprovação, pelo órgão contratante, das empresas a serem subcontratadas pela vencedora da licitação é ilegal e indevida, visto que não encontra amparo na legislação e transfere ao contratante, em parte, a responsabilidade pela escolha de empresas subcontratadas[40].

Obviamente, se o edital definir que as frações da execução a serem subcontratadas já devem ser definidas previamente, com indicação da respectiva empresa ainda durante a licitação, serão oportunamente aferidas as exigências de qualificação técnica pertinentes, em relação à subcontratada.

27.7.3. Vedações à subcontratação

Além da vedação à subcontratação total, segundo a Lei, é vedada a subcontratação de empresa ou consórcio que tenha participado:

- do procedimento licitatório do qual se originou a contratação;
- direta ou indiretamente, da elaboração de projeto básico ou executivo.

Na primeira hipótese, há uma tentativa de evitar conluio entre licitantes. Admitir que a contratada subcontrate empresa que com ela disputou a licitação poderia dar ensejo a acordos escusos, em detrimento à competitividade.

Na segunda hipótese de vedação, busca-se evitar que informações privilegiadas, como falhas no projeto, sejam utilizadas em desfavor da Administração.

Curioso que esta segunda hipótese, como ocorria nas licitações regidas pela Lei nº 8.666/1993, estende a vedação ao responsável pela elaboração do projeto executivo. Esta restrição deve ser compreendida com certa cautela,

40. TCU. Acórdão nº 697/2013-Plenário.

pois a Lei nº 13.303/2016 definiu que a elaboração do projeto executivo será encargo do contratado, de acordo com estimativa de preço fixada previamente pela estatal realizadora da licitação.[41]

Ora, se a elaboração do projeto constituirá encargo do contratado, será natural que ele (o contratado) possa subcontratar alguém para a execução desta atividade. Outrossim, não haveria justificativa para que este também fosse subcontratado, mesmo que posteriormente, para prestar assistência técnica ao contratado, durante a execução da obra ou serviço de engenharia.

Parece-nos ter ocorrido, como é infelizmente comum, uma repetição irrefletida de texto da legislação anterior.

27.7.4. Serviços técnicos especializados e substituição de corpo técnico

Por fim, o artigo 78 exige que as empresas de prestação de serviços técnicos especializados garantam que os integrantes de seu corpo técnico executem pessoal e diretamente as obrigações a eles imputadas, quando a respectiva relação for apresentada em procedimento licitatório ou em contratação direta.

Trata-se de regra semelhante à outrora descrita no §3º do artigo 13 da Lei nº 8.666/1993[42].

---

41. Art. 44. É vedada a participação direta ou indireta nas licitações para obras e serviços de engenharia de que trata esta Lei:
I - de pessoa física ou jurídica que tenha elaborado o anteprojeto ou o projeto básico da licitação;
II - de pessoa jurídica que participar de consórcio responsável pela elaboração do anteprojeto ou do projeto básico da licitação;
III - de pessoa jurídica da qual o autor do anteprojeto ou do projeto básico da licitação seja administrador, controlador, gerente, responsável técnico, subcontratado ou sócio, neste último caso quando a participação superar 5% (cinco por cento) do capital votante.
§ 1º A elaboração do projeto executivo constituirá encargo do contratado, consoante preço previamente fixado pela empresa pública ou pela sociedade de economia mista.
(...).
42. Art. 13. Para os fins desta Lei, consideram-se serviços técnicos profissionais especializados os trabalhos relativos a:
(...)
§ 3º A empresa de prestação de serviços técnicos especializados que apresente relação de integrantes de seu corpo técnico em procedimento licitatório ou como elemento de justificação de dispensa ou inexigibilidade de licitação, ficará obrigada a garantir que os referidos integrantes realizem pessoal e diretamente os serviços objeto do contrato.

Falta, contudo, disposição semelhante à indicada no §10 do artigo 30 da Lei nº 8.666/1993, ao tratar sobre requisitos habilitatórios de qualificação técnica, para deixar explícita a possibilidade, em algumas situações, de substituição dos profissionais indicados por profissionais de experiência equivalente ou superior, desde que aprovada pela estatal.

Mesmo inexistindo previsão expressa, é evidente que em uma situação na qual ocorra superveniente e justificado impedimento de participação, na execução contratual, do profissional especializado indicado, quando da licitação ou contratação direta, pode ser legítima sua substituição.

De qualquer forma, entendemos que devem ser exigidas, por aplicação analógica, as condicionantes descritas no §10 do artigo 30 da Lei nº 8.666/1993; ou seja, o profissional substituto deve possuir expertise equivalente ou superior ao substituído e a referida substituição, justificada por motivos legítimos e supervenientes, deve ser previamente aprovada pela administração.

27.8. DA ALTERAÇÃO DOS CONTRATOS

O tema "alteração dos contratos" é regulado pelo artigo 81 da Lei nº 13.303/2016. Vale a transcrição desse importante dispositivo da nova Lei:

> Art. 81. Os contratos celebrados nos regimes previstos nos incisos I a V do art. 43 contarão com cláusula que estabeleça a possibilidade de alteração, por acordo entre as partes, nos seguintes casos:
>
> I – quando houver modificação do projeto ou das especificações, para melhor adequação técnica aos seus objetivos;
>
> II – quando necessária a modificação do valor contratual em decorrência de acréscimo ou diminuição quantitativa de seu objeto, nos limites permitidos por esta Lei;
>
> III – quando conveniente a substituição da garantia de execução;
>
> IV – quando necessária a modificação do regime de execução da obra ou serviço, bem como do modo de fornecimento, em face de verificação técnica da inaplicabilidade dos termos contratuais originários;
>
> V – quando necessária a modificação da forma de pagamento, por imposição de circunstâncias supervenientes, mantido o valor inicial atualizado, vedada a antecipação do pagamento, com relação ao cronograma financeiro fixado, sem a correspondente contraprestação de fornecimento de bens ou execução de obra ou serviço;

VI – para restabelecer a relação que as partes pactuaram inicialmente entre os encargos do contratado e a retribuição da administração para a justa remuneração da obra, serviço ou fornecimento, objetivando a manutenção do equilíbrio econômico-financeiro inicial do contrato, na hipótese de sobrevirem fatos imprevisíveis, ou previsíveis porém de consequências incalculáveis, retardadores ou impeditivos da execução do ajustado, ou, ainda, em caso de força maior, caso fortuito ou fato do príncipe, configurando álea econômica extraordinária e extracontratual.

§ 1º O contratado poderá aceitar, nas mesmas condições contratuais, os acréscimos ou supressões que se fizerem nas obras, serviços ou compras, até 25% (vinte e cinco por cento) do valor inicial atualizado do contrato, e, no caso particular de reforma de edifício ou de equipamento, até o limite de 50% (cinquenta por cento) para os seus acréscimos.

§ 2º Nenhum acréscimo ou supressão poderá exceder os limites estabelecidos no § 1º, salvo as supressões resultantes de acordo celebrado entre os contratantes.

§ 3º Se no contrato não houverem sido contemplados preços unitários para obras ou serviços, esses serão fixados mediante acordo entre as partes, respeitados os limites estabelecidos no § 1º.

§ 4º No caso de supressão de obras, bens ou serviços, se o contratado já houver adquirido os materiais e posto no local dos trabalhos, esses materiais deverão ser pagos pela empresa pública ou sociedade de economia mista pelos custos de aquisição regularmente comprovados e monetariamente corrigidos, podendo caber indenização por outros danos eventualmente decorrentes da supressão, desde que regularmente comprovados.

§ 5º A criação, a alteração ou a extinção de quaisquer tributos ou encargos legais, bem como a superveniência de disposições legais, quando ocorridas após a data da apresentação da proposta, com comprovada repercussão nos preços contratados, implicarão a revisão destes para mais ou para menos, conforme o caso.

§ 6º Em havendo alteração do contrato que aumente os encargos do contratado, a empresa pública ou a sociedade de economia mista deverá restabelecer, por aditamento, o equilíbrio econômico-financeiro inicial.

§ 7º A variação do valor contratual para fazer face ao reajuste de preços previsto no próprio contrato e as atualizações, compensações ou penalizações financeiras decorrentes das condições de pagamento nele previstas, bem como o empenho de dotações orçamentárias suplementares até o limite do seu valor corrigido, não caracterizam

> alteração do contrato e podem ser registrados por simples apostila, dispensada a celebração de aditamento.
>
> § 8º É vedada a celebração de aditivos decorrentes de eventos supervenientes alocados, na matriz de riscos, como de responsabilidade da contratada.

O regime jurídico para as alterações contratuais sofreu alteração estrutural, em relação ao outrora previsto na Lei nº 8.666/1993. Naquela Lei, a Administração detinha a prerrogativa de alterar unilateralmente as regras contratuais.

Por um lado, a prerrogativa de alteração unilateral do contrato, fundamentada na premissa clássica de supremacia do interesse público, mostra-se importante para adequar a execução contratual a demandas administrativas supervenientes. Por outro lado, ela envolve riscos para o licitante, gerando custos que impactam no preço ofertado pelos interessados na pretensão contratual.

Bom sempre lembrar que as prerrogativas administrativas tornavam obrigatória a aceitação das alterações contratuais exigidas pela Administração Pública, ao menos até os limites definidos pelo legislador. Assim, por exemplo, em um contrato de fornecimento, mesmo que o fornecedor não esteja satisfeito com o preço contratado, não conseguindo o ganho desejado ou mesmo tendo prejuízo, pode ser obrigado a acrescer o quantitativo em até 25%, sob pena de sancionamento.

Na Lei nº 13.303/2016, a lógica de alteração unilateral é superada. Troca-se um desenho de relação contratual verticalizada por uma relação contratual mais horizontal, em que as hipóteses de alteração estarão submetidas ao consenso, identificado na regra contratual ou por acordo entre as partes.

Isso não significa que não será possível alterar o contrato. O contrato poderá ser modificado, com limites semelhantes aos indicados pela legislação anterior, inclusive, mas com grande diferença, pois esta alteração, na Lei das Estatais, submete-se ao diálogo, ao acordo entre as partes.

De qualquer forma, repetindo o modelo da Lei nº 8.666/1993, a nova Lei indicou as situações justificadoras da alteração contratual.

27.8.1. Da impossibilidade de alteração contratual no regime de contratação integrada

Convém destacar que o *caput* do artigo 81, ao indicar a possibilidade de alteração contratual, excluiu esta hipótese em relação aos contratos que adotem o regime de contratação integrada.

Já no RDC (Lei nº 12.462/2011) havia também previsão da impossibilidade de celebração de termos aditivos aos contratos firmados em razão do regime de contratação integrada. Lá, contudo, o legislador ressalvou hipóteses em que tais alterações são admitidas[43], notadamente para recomposição do equilíbrio econômico-financeiro decorrente de caso fortuito ou força maior; ou por necessidade de alteração do projeto ou das especificações para melhor adequação técnica aos objetivos da contratação, a pedido da Administração Pública, desde que não decorrentes de erros ou omissões por parte do contratado.

Realmente, mesmo na contratação integrada, não faz sentido obstar-se à alteração contratual, quando ocorre fato gerador de reequilíbrio econômico ou quando há necessidade de alteração do projeto ou das especificações, por culpa da Administração.

Na hipótese de reequilíbrio, pode-se justificar o reconhecimento do direito de uma das partes contratante, mesmo quando utilizado o regime de contratação integrada, porque, sob certo aspecto, não há alteração do contrato, mas justamente manutenção de sua equação econômica originalmente pactuada.

---

43. Art. 9º Nas licitações de obras e serviços de engenharia, no âmbito do RDC, poderá ser utilizada a contratação integrada, desde que técnica e economicamente justificada e cujo objeto envolva, pelo menos, uma das seguintes condições:
I – inovação tecnológica ou técnica;
II – possibilidade de execução com diferentes metodologias; ou
III – possibilidade de execução com tecnologias de domínio restrito no mercado.
(...)
§ 4º Nas hipóteses em que for adotada a contratação integrada, é vedada a celebração de termos aditivos aos contratos firmados, exceto nos seguintes casos:
I – para recomposição do equilíbrio econômico-financeiro decorrente de caso fortuito ou força maior; e
II – por necessidade de alteração do projeto ou das especificações para melhor adequação técnica aos objetivos da contratação, a pedido da Administração Pública, desde que não decorrentes de erros ou omissões por parte do contratado, observados os limites previstos no § 1º do art. 65 da Lei nº 8.666, de 21 de junho de 1993.

Quando, em um contrato incide fato gerador de reequilíbrio econômico, é legítima a readequação do valor contratual. No contrato firmado em certame que adotou o regime de contratação integrada, contudo, há uma peculiaridade. A adoção da matriz de riscos induz à constatação de que o fato extraordinário, mesmo que decorrente de caso fortuito e força maior, provavelmente não se caracterizará como álea extracontratual, já que a matriz provavelmente terá indicado aquele risco e a parte contratante por ele responsável.

Sob este prisma, a readequação do valor contratado, em razão de álea econômica extraordinária que tenha ficado sob responsabilidade da estatal (por exemplo, aumento de tributos incidentes sobre o objeto do contrato) não deveriam significar alteração contratual propriamente dita, uma vez que provavelmente a matriz de riscos indicará a Estatal como responsável por suportar esse ônus econômico e a forma como ela o resolverá. Assim, eventual reconhecimento do direito a uma adequação do valor do contrato não significará propriamente uma alteração contratual, mas sim a execução escorreita do próprio contrato.

Caso esse risco (por exemplo, aumento da carga tributária) tenha sido alocado para o contratado, menos motivo ainda para se falar em alteração contratual.

O grande problema, ao nosso ver, envolve situação em que se vislumbra necessidade de alteração do projeto ou das especificações, para melhor adequação técnica aos objetivos da contratação, a pedido da estatal. Neste caso, haveria evidente alteração contratual, o que parece ter sido vedado pela Lei, para os contratos firmados sob o regime de contratação integrada.

27.8.2. Situações justificadoras de alteração contratual

A indicação, pela Lei, das situações que autorizam a alteração contratual representa certa incidência do regime de direito público, o qual limitou a discricionariedade administrativa para avaliar a conveniência de eventual alteração. Para que esta alteração seja lícita, em princípio, precisará estar escorada em alguma das hipóteses indicadas pelo legislador, quais sejam:

> I – quando houver modificação do projeto ou das especificações, para melhor adequação técnica aos seus objetivos;
>
> II – quando necessária a modificação do valor contratual em decorrência de acréscimo ou diminuição quantitativa de seu objeto, nos limites permitidos por esta Lei;

> III – quando conveniente a substituição da garantia de execução;
>
> IV – quando necessária a modificação do regime de execução da obra ou serviço, bem como do modo de fornecimento, em face de verificação técnica da inaplicabilidade dos termos contratuais originários;
>
> V – quando necessária a modificação da forma de pagamento, por imposição de circunstâncias supervenientes, mantido o valor inicial atualizado, vedada a antecipação do pagamento, com relação ao cronograma financeiro fixado, sem a correspondente contraprestação de fornecimento de bens ou execução de obra ou serviço;
>
> VI – para restabelecer a relação que as partes pactuaram inicialmente entre os encargos do contratado e a retribuição da administração para a justa remuneração da obra, serviço ou fornecimento, objetivando a manutenção do equilíbrio econômico-financeiro inicial do contrato, na hipótese de sobrevirem fatos imprevisíveis, ou previsíveis porém de consequências incalculáveis, retardadores ou impeditivos da execução do ajustado, ou, ainda, em caso de força maior, caso fortuito ou fato do príncipe, configurando álea econômica extraordinária e extracontratual.

As situações justificadoras de alteração contratual previstas pela Lei nº 13.303/2016 são deveras semelhantes às hipóteses indicadas pela Lei nº 8.666/1993, em seu artigo 65[44]. A maior diferença reside no fato de que, en-

---

44. Art. 65. Os contratos regidos por esta Lei poderão ser alterados, com as devidas justificativas, nos seguintes casos:
I – unilateralmente pela Administração:
a) quando houver modificação do projeto ou das especificações, para melhor adequação técnica aos seus objetivos;
b) quando necessária a modificação do valor contratual em decorrência de acréscimo ou diminuição quantitativa de seu objeto, nos limites permitidos por esta Lei;
II – por acordo das partes:
a) quando conveniente a substituição da garantia de execução;
b) quando necessária a modificação do regime de execução da obra ou serviço, bem como do modo de fornecimento, em face de verificação técnica da inaplicabilidade dos termos contratuais originários;
c) quando necessária a modificação da forma de pagamento, por imposição de circunstâncias supervenientes, mantido o valor inicial atualizado, vedada a antecipação do pagamento, com relação ao cronograma financeiro fixado, sem a correspondente contraprestação de fornecimento de bens ou execução de obra ou serviço;
d) para restabelecer a relação que as partes pactuaram inicialmente entre os encargos do contratado e a retribuição da administração para a justa remuneração da obra, serviço ou fornecimento, objetivando a manutenção do equilíbrio econômico-financeiro inicial do contrato, na hipótese de sobrevirem fatos imprevisíveis, ou previsíveis porém de conseqüências incalculáveis, retardadores ou impeditivos da execução do ajustado, ou, ainda, em caso de força maior, caso fortuito ou fato do príncipe, configurando álea econômica extraordinária e extracontratual.

quanto na legislação anterior as hipóteses eram divididas entre aquelas que permitiam alterações unilaterais e aquelas que disciplinavam alterações consensuais (por acordo entre as partes), na Lei das estatais todas as hipóteses só podem justificar alterações consensuais (por acordo entre as partes).

De qualquer forma, o Tribunal de Contas da União tem entendido que alterações do objeto contratado por estatal "devem estar embasadas em pareceres e estudos técnicos pertinentes, contemplando estudos de quantitativos e valores dos itens aditados, inclusive com pesquisas de mercado para justificar a economicidade do termo de aditamento contratual", advertindo que "alterações fundadas em referenciais de preços escassos e sem critérios objetivos de aceitação dos preços propostos pela contratada contrariam o art. 31, § 3º, da Lei 13.303/2016"[45].

27.8.2.1. *Das alterações qualitativas*

O inciso I do artigo 81 envolve a hipótese em que exista modificação do projeto ou das especificações para melhor adequação técnica aos seus objetivos. Tratam-se das chamadas alterações qualitativas.

As alterações qualitativas resultam da necessidade de superveniente modificação do projeto ou das especificações para melhor alcance do objetivo contratual. Embora o planejamento da contratação deva ser o melhor possível, podem ocorrer situações que geram a necessidade de alteração do projeto ou das especificações, para resguardar a melhor execução contratual.

Quando esta alteração gera a inclusão de novos bens ou serviços, não previstos originariamente na planilha usada como base de custos para a licitação, é preciso ter certos cuidados. Nessas situações, muitas vezes, o órgão contratante adota o preço "cheio" da tabela de referência, para a remuneração do contratado, em relação aos novos itens ou custos. Esta prática é errada e pode gerar desvantagem para a estatal, pela perda da vantagem econômica do certame, em relação a esses novos itens ou serviços[46].

Em regra, quando houver a celebração de aditivos contratuais para a inclusão de novos serviços, o preço destes deve ser calculado considerando as

45. TCU. Acórdão 668/2024 Plenário. Relator Ministro Jhonatan de Jesus.
46. TORRES, Ronny Charles Lopes de. Leis de licitações públicas comentadas. 9ª edição. Salvador: Juspodivm, 2018. P. 722.

referências de custo e taxa de BDI especificadas no orçamento-base da licitação, subtraindo desse preço de referência a diferença percentual entre o valor do orçamento-base e o valor global obtido na licitação, com vistas a garantir o equilíbrio econômico-financeiro do contrato e a manutenção do percentual de desconto oferecido pelo contratado[47].

27.8.2.2. Das alterações quantitativas

O inciso II do artigo 81 trata sobre as chamadas alterações quantitativas, quando há modificação do valor contratual em decorrência de acréscimo ou diminuição quantitativa do objeto.

As alterações quantitativas não geram modificação das especificações do projeto, mas apenas acrescem ou diminuem o montante contratual. Não há alteração nas especificações, mas sim o aumento ou a diminuição do quantitativo fornecido ou executado.

Como ilustração, imagine-se um contrato para fornecimento de 1000 computadores, quantitativo que, posteriormente, durante a execução contratual, mostrou-se insuficiente. Sendo acordado entre as partes, pode ser alterado o contrato para ampliação do quantitativo a ser entregue, até o limite de 1.250 computadores.

27.8.2.3. Substituição da garantia de execução

Por algum motivo superveniente, pode justificar-se a substituição da garantia de execução. Ocorrendo esta necessidade, o contrato poderá ser alterado.

Bom lembrar que, de acordo com o artigo 70, cabe ao contratado optar por uma das modalidades de garantia indicadas pelo legislador (caução em dinheiro, seguro-garantia ou fiança bancária).

É possível que algum fato superveniente comprometa a garantia outrora prestada, tornando necessária sua substituição. Assim, por exemplo, diante de um aumento da contratação ou mesmo comprometimento da garantia

47. TCU. Acórdão nº 2440/2014-Plenário, relator Ministro-Substituto Marcos Bemquerer Costa, revisor Ministro Benjamin Zymler, 17.9.2014.

outrora prestada (o que pode ocorrer pelo desconto de multas aplicadas), poderia ser negociada entre as partes uma substituição da modalidade de garantia apresentada.

Obviamente, a estatal apenas deverá aceitar esta troca se ela for justificadamente vantajosa a resguardar a execução contratual.

27.8.2.4. Modificação do regime de execução

O inciso IV do artigo 81 trata sobre a possibilidade de alteração contratual decorrente da necessidade de modificação do regime de execução ou do modo de fornecimento, em face de verificação técnica da inaplicabilidade dos termos contratuais originários.

Na prática, é possível identificar-se, por exemplo, durante a execução contratual, que o regime de execução por preço global é menos apropriado que o regime de execução por preço unitário.

Em situações nas quais se identifica vantagem para a Estatal, na alteração do regime de execução, e não há deturpação do objeto outrora posto à competição, é admissível a modificação do regime de execução, alterando-se, por exemplo, para o regime de execução por preço unitário, contrato inicialmente firmado sob o regime de execução por preço global.

27.8.2.5. Modificação da forma de pagamento

O inciso V do artigo 81 prevê a possibilidade de alteração contratual quando houver necessidade de modificação da forma de pagamento, por imposição de circunstâncias supervenientes.

Embora seja possível a alteração, deve ser "mantido o valor inicial atualizado e vedada a antecipação do pagamento, com relação ao cronograma financeiro fixado, sem a correspondente contraprestação de fornecimento de bens ou execução de obra ou serviço.

Importante observar que mesmo quando admitida a antecipação de pagamento, inclusão de cláusula de correspondente antecipação deve ser precedida de estudos que comprovem sua real necessidade e economicidade para a Administração Pública[48].

---

48. TCU. Acórdão nº 1826/2017 Plenário, Representação, Relator Ministro Vital do Rêgo.

27.8.2.6. Manutenção do equilíbrio econômico financeiro

O inciso VI do artigo 81 previu a possibilidade de alteração contratual para formalizar o reestabelecimento da "relação que as partes pactuaram inicialmente entre os encargos do contratado e a retribuição da administração para a justa remuneração da obra, serviço ou fornecimento, objetivando a manutenção do equilíbrio econômico-financeiro inicial do contrato, na hipótese de sobrevirem fatos imprevisíveis, ou previsíveis porém de consequências incalculáveis, retardadores ou impeditivos da execução do ajustado, ou, ainda, em caso de força maior, caso fortuito ou fato do príncipe, configurando álea econômica extraordinária e extracontratual".

Há uma certa impropriedade, tanto da Lei nº 13.303/2016 como da Lei nº 8.666/1993, ao tratar da manutenção do equilíbrio econômico do contrato (reequilíbrio econômico) como uma hipótese de alteração contratual consensual.

Em primeiro, porque o reequilíbrio econômico não é propriamente uma alteração contratual, mas uma readequação do valor do contrato, face a fatos jurídicos e econômicos que repercutiram na equação econômica do pacto original. Muitas vezes, a previsão de obrigatoriedade de readequação do valor está expressamente prevista no contrato, o que, em tese, prejudicaria a percepção desta readequação do valor original do contrato como, propriamente, reequilíbrio econômico[49].

Trata-se, no mais das vezes, da formalização de uma atualização do valor, cumprindo o mandamento constitucional, pois, como ressabido, a própria Constituição, no inciso XXI de seu artigo 37, garante a manutenção das condições efetivas da proposta, ou seja, o equilíbrio econômico do contrato.

Em segundo, importa também salientar que o reequilíbrio econômico financeiro do contrato deve ser percebido como um direito (não como um ato meramente negocial), tanto do contratado quanto da Administração. Assim, mesmo que a outra parte não concorde com o pleito, ela pode ter este direito reconhecido judicialmente.

De acordo com a Lei nº 13.303/2016, o reequilíbrio econômico teria como objeto o reestabelecimento da equação econômica (manutenção do equilíbrio econômico-financeiro), quando ela for abalada por: fatos imprevisíveis

49. Faltaria, nesta situação, o elemento extracontratualidade.

ou previsíveis, porém de consequências incalculáveis, retardadores ou impeditivos da execução do ajustado; caso de força maior, caso fortuito ou fato do príncipe, que configurem álea econômica extraordinária e extracontratual.

São citadas como situações que podem, em tese, gerar reequilíbrio econômico-financeiro do contrato:

- elevação ou redução da carga tributária incidente especificamente sobre o objeto contratual[50];
- situação de fato preexistente ou não, de impossível conhecimento ou previsão, que onera a contratação;
- fato imprevisível da natureza que atrasa ou torna mais custosa a prestação contratual;
- hipótese de força maior, caso fortuito ou fato do príncipe, que não tenham sido previstas no contrato como de responsabilidade de um dos contratantes.

Em princípio, a variação cambial não se apresenta como fato econômico extraordinário, passível de caracterizar-se como fato gerador do reequilíbrio econômico.

Em regra, a oscilação do valor da moeda nacional é algo identificável no dia a dia do mercado, ocorrendo ordinariamente, com valorização ou desvalorização da moeda nacional frente a outras moedas (como o dólar, por exemplo), fazendo parte do risco do negócio estar sujeito a essa instabilidade, o que pode também beneficiar o fornecedor, quando no período pertinente tenha ocorrido valorização da moeda nacional, beneficiando, por exemplo, sua importação de insumos.

Apenas em situações extraordinárias seria justificável compreender a variação cambial como fato gerador de reequilíbrio econômico. Para tanto, ela

50. Vale registrar que relevante doutrina, bem representada pelo ilustre Professor Jacoby Fernandes, defende que, na hipótese de alteração de carga tributária, ter-se-ia uma espécie específica de instrumento de manutenção de equilíbrio econômico, denominada revisão. Esse entendimento é respaldado no próprio texto legal, que já na Lei nº 8.666/93, e também aqui na Lei das estatais, define expressamente que "a criação, a alteração ou a extinção de quaisquer tributos ou encargos legais, bem como a superveniência de disposições legais, quando ocorridas após a data da apresentação da proposta, com comprovada repercussão nos preços contratados, implicarão a revisão destes para mais ou para menos, conforme o caso".

teria que ser excepcional a ponto de se caracterizar como fato imprevisível ou, mesmo que previsível, de consequências incalculáveis.

O TCU tem se posicionado neste sentido, firmando o raciocínio de que "a variação da taxa cambial (para mais ou para menos) não pode ser considerada suficiente para, isoladamente, fundamentar a necessidade de reequilíbrio econômico-financeiro do contrato". Segundo aquele Tribunal, para que a variação do câmbio seja apta a ocasionar a recomposição no contrato, "deve culminar consequências incalculáveis (consequências cuja previsão não seja possível pelo gestor médio quando da vinculação contratual), fugir à normalidade, ou seja, à flutuação cambial típica do regime de câmbio flutuante e, sobretudo, acarretar onerosidade excessiva no contrato a ponto de ocasionar um rompimento na equação econômico-financeira"[51].

Por fim, para que um fato seja gerador de reequilíbrio econômico, ele deve se configurar como "álea econômica extraordinária e extracontratual". A condição adicional de ser "extracontratual" indica que um fato econômico extraordinário pode não dar ensejo ao reequilíbrio econômico, se o contrato o define como responsabilidade a ser absorvida por uma das partes contratantes[52].

27.8.3. Dos limites

Segundo o § 1º do artigo 81, o contratado poderá aceitar, nas mesmas condições contratuais, os acréscimos ou supressões que se fizerem nas obras, serviços ou compras, até 25% (vinte e cinco por cento) do valor inicial atualizado do contrato, e, no caso particular de reforma de edifício ou de equipamento, até o limite de 50% (cinquenta por cento) para os seus acréscimos.

Trata-se de regra de limitação semelhante à prescrita pelo artigo 65 da Lei nº 8.666/1993. A grande diferença reside no fato de que no regime da Lei das estatais, não há mais que se falar em alterações unilaterais.

Os limites para alteração são válidos para acréscimos, mas não precisam ser respeitados pelas supressões, que podem consensualmente ultrapassar tais limitações percentuais.

51. TCU. Acórdão nº 1431/2017 Plenário, Consulta, Relator Ministro Vital do Rêgo.
52. TORRES, Ronny Charles Lopes de. Leis de licitações públicas comentadas. 9ª edição. Salvador: Juspodivm, 2018. P. 739/740.

De acordo com a Lei, os limites percentuais estão relacionados ao valor do contrato. Entendemos que eles devem ser respeitados, em regra, independentemente da situação justificadora alegada para a alteração contratual. Impõe-se a obediência aos limites percentuais, em relação aos aumentos, sejam decorrentes, por exemplo, de alterações quantitativas ou qualitativas. Deve-se perceber que, mesmo alterações qualitativas, podem importar aumento ou decréscimo do valor contratual, embora tal efeito não seja sempre verificado. Quando alterar o valor (quantitativo), a alteração qualitativa deve se submeter, em regra, aos limites estabelecidos pelo legislador.

Nada obstante, embora o TCU entenda que as alterações qualitativas também se submetam aos limites percentuais, aquele Tribunal, admite que nelas sejam ultrapassados tais limites, mas apenas excepcionalmente, quando cumpridos diversos requisitos:

> Nas hipóteses excepcionalíssimas de alterações consensuais qualitativas de contratos de obras e serviços, é facultado à Administração ultrapassar os limites preestabelecidos no art. 65, §§ 1º e 2º, da Lei 8.666/1993, observados os princípios da finalidade, da razoabilidade e da proporcionalidade, além dos direitos patrimoniais do contratante privado, desde que satisfeitos cumulativamente os seguintes pressupostos: a) não acarretar para a Administração encargos contratuais superiores aos oriundos de uma eventual rescisão contratual por razões de interesse público, acrescidos aos custos da elaboração de um novo procedimento licitatório; b) não possibilitar a inexecução contratual, à vista do nível de capacidade técnica e econômico-financeira do contratado; c) decorrer de fatos supervenientes que impliquem dificuldades não previstas ou imprevisíveis por ocasião da contratação inicial; d) não ocasionar a transfiguração do objeto originalmente contratado em outro de natureza e propósito diversos; e) ser necessárias à completa execução do objeto original do contrato, à otimização do cronograma de execução e à antecipação dos benefícios sociais e econômicos decorrentes; f) demonstrar-se – na motivação do ato que autorizar o aditamento contratual – que as consequências da outra alternativa (a rescisão contratual, seguida de nova licitação e contratação) importam sacrifício insuportável ao interesse público primário (interesse coletivo) a ser atendido pela obra ou serviço, ou sejam gravíssimas a esse interesse, inclusive quanto à sua urgência e emergência[53].

53. TCU. Acórdão nº 1826/2016 Plenário, Auditoria, Relator Ministro-Substituto Augusto Sherman.

Outrossim, existindo fatos supervenientes que gerem a necessidade de alteração qualitativa, entendemos possível a alteração qualitativa maior que os percentuais de 25% ou 50% (de acordo com o objeto contratado), desde que elas não ocasionem a transfiguração do objeto originalmente licitado nem gerem um aumento do valor do contrato acima dos percentuais de 25% e 50%[54].

Convém registrar, de acordo com o Tribunal de Contas da União, é irregular alteração contratual para incluir, no instrumento pactuado, serviços já previstos no edital como obrigação da futura contratada, mas que foram omitidos na planilha orçamentária da obra. Só se admite alteração, quantitativa ou qualitativa, decorrente de fato superveniente à celebração do contrato, e desde que haja interesse público no aditamento.[55] Outrossim, para aquele Tribunal, "é vedada a compensação de eventual subpreço na planilha contratual original com sobrepreço verificado em termo aditivo resultante da inclusão de serviço não previsto inicialmente", por implicar alteração do equilíbrio econômico-financeiro em desfavor da Administração TCU.[56]

27.8.4. Do apostilamento

Segundo o § 7º do art. 81, a variação do valor contratual para fazer face ao reajuste de preços previsto no próprio contrato e as atualizações, compensações ou penalizações financeiras decorrentes das condições de pagamento nele previstas, bem como o empenho de dotações orçamentárias suplementares até o limite do seu valor corrigido, não caracterizam alteração do contrato e podem ser registrados por simples apostila, dispensada a celebração de aditamento.

Conforme orienta o Tribunal de Contas da União,[57] a apostila é a anotação ou registro administrativo, realizado no contrato ou nos demais instrumentos hábeis que o substituem, podendo ser feita no verso da última página do contrato ou através da juntada, por meio de outro documento, ao termo de contrato ou aos demais instrumentos hábeis.

---

54. TORRES, Ronny Charles Lopes de. Leis de licitações públicas comentadas. 9ª edição. Salvador: Juspodivm, 2018. P. 725.
55. TCU. Acórdão nº 3576/19 – 1ª Câmara. BENJAMIN ZYMLER.
56. Acórdão nº 1624/18 – Plenário. BENJAMIN ZYMLER.
57. BRASIL. Tribunal de Contas da União. Licitações e contratos: orientações básicas. 3.ed. Brasília: TCU, Secretaria de controle Interno, 2006. P. 660.

A apostila deve ser utilizada para registro de atos que não importem em alteração da relação contratual.

27.8.5. Aditivo e matriz de riscos

Segundo o § 8º, é vedada a celebração de aditivos decorrentes de eventos supervenientes alocados, na matriz de riscos, como de responsabilidade da contratada.

Faz sentido a disposição. Em relação ao reequilíbrio econômico, sendo alocado aquele risco (na matriz de riscos) como de responsabilidade da contratada, eventual repercussão econômica, mesmo que extraordinária, não será extracontratual.

Outrossim, sendo alocada para ela o risco, terá a contratada também a obrigação contratual de solucionar o problema, o que deverá ser feito independente de termo aditivo. Isso não significa ausência de registro, no processo, acerca das medidas adotadas, mas simplesmente que não há necessidade de alteração contratual (termo aditivo).

Em tese, embora não seja a praxe, pode-se defender que o correto seria que a ocorrência de evento superveniente, indicado como de responsabilidade de qualquer de uma das partes na matriz de risco, não ensejasse, propriamente, termos aditivos.

Isso porque, se aquele risco, ordinário ou extraordinário, está previsto no contrato (lembrando que a matriz de risco integra o contrato), a ação da parte contratante para resolver o problema ocorrido nada mais é do que a execução do contrato, o que justificaria, em tese, a desnecessidade de termo aditivo, pois não há alteração do contrato, mas, sim, a efetivação de suas disposições, sendo registradas nos autos as medidas adotadas para tanto.

JURISPRUDÊNCIA RELACIONADA[58]

- Em caso de necessidade de celebração de termos aditivos em contratos de obras públicas, deve ser observado o disposto nos arts. 14 e 15 do Decreto 7.983/2013, sendo necessário, para tanto, que se realize análise da planilha confrontando a situação antes e depois do aditivo pretendido para averiguar quanto à eventual redução no

58. Apesar de alguns trechos de decisões e enunciados apresentados nessa seção aludirem a dispositivos da Lei nº 8.666/1993, compreendemos que a semelhança dos regimes permite a reflexão e, eventualmente, o aproveitamento do raciocínio utilizado pelos tribunais.

percentual do desconto originalmente concedido. Nas situações em que, em virtude do aditivo, houver diminuição do desconto originalmente concedido, pode-se incluir parcela compensatória negativa como forma de se dar cumprimento ao art. 14 do Decreto 7.983/2013, ressalvada a exceção prevista em seu parágrafo único. (TCU. Acórdão nº 2699/19 - Plenário)

- Em caso de necessidade de celebração de termos aditivos em contratos de obras públicas, deve ser observado o disposto nos arts. 14 e 15 do Decreto 7.983/2013, sendo necessário, para tanto, que se realize análise da planilha confrontando a situação antes e depois do aditivo pretendido para averiguar quanto à eventual redução no percentual do desconto originalmente concedido. Nas situações em que, em virtude do aditivo, houver diminuição do desconto originalmente concedido, pode-se incluir parcela compensatória negativa como forma de se dar cumprimento ao art. 14 do Decreto 7.983/2013, ressalvada a exceção prevista em seu parágrafo único. (TCU. Acórdão nº AC-2699/19 - Plenário)

- As modificações do projeto licitado devem ser precedidas de procedimento administrativo no qual fique adequadamente consignada a justificativa das alterações tidas por necessárias, que devem estar embasadas em pareceres e estudos técnicos pertinentes, bem como deve restar caracterizada a natureza superveniente, em relação ao momento da licitação, dos fatos ensejadores das alterações. (TCU. Acórdão nº 2619/19 - Plenário)

- O reajuste de preços contratuais é devido após transcorrido um ano, contado a partir de dois possíveis termos iniciais mutuamente excludentes: a data-limite para apresentação da proposta ou a data do orçamento estimativo a que a proposta se referir (art. 40, inciso XI, da Lei 8.666/1993; art. 3º, § 1º, da Lei 10.192/2001; e art. 37, inciso XXI, da Constituição Federal). (TCU. Acórdão nº 0083/20 - Plenário)

- O limite legal de aditamento deve ser observado nos contratos de supervisão de obras, inclusive em virtude de prorrogações de prazo ocasionadas pelo atraso no andamento dos contratos de execução. Acréscimo superior a 25% do valor original infringe o art. 65, § 1º, da Lei 8.666/1993, limite igualmente previsto no art. 81, § 1º, da Lei 13.303/2016, aplicável às contratações realizadas pelas empresas públicas e sociedades de economia mista. (TCU. Acórdão nº 958/18 - Plenário Benjamin Zymler)

- As reduções ou supressões de quantitativos decorrentes de alteração contratual devem ser consideradas de forma isolada, ou seja, o conjunto de reduções e o conjunto de acréscimos devem ser sempre calculados sobre o valor original do contrato, aplicando-se a cada um desses conjuntos, individualmente e sem nenhum tipo de compensação entre eles, os limites de alteração estabelecidos no art. 65, § 1º, da Lei 8.666/1993. (TCU. Acórdão nº 50/19 - Plenário. Marcos Bemquerer)

- Convém registrar, de acordo com o TCU, é irregular alteração contratual para incluir, no instrumento pactuado, serviços já previstos no edital como obrigação da futura contratada, mas que foram omitidos na planilha orçamentária da obra. Só se admite alteração, quantitativa ou qualitativa, decorrente de fato superveniente à celebração do contrato, e desde que haja interesse público no aditamento (TCU. Acórdão nº 3576/19 - 1ª Câmara. Benjamin Zymler)

28

DAS SANÇÕES ADMINISTRATIVAS

A Lei nº 13.303/2016 trata sobre as sanções administrativas em seus artigos 82 a 84.

Vejamos o texto desses dispositivos:

> Art. 82. Os contratos devem conter cláusulas com sanções administrativas a serem aplicadas em decorrência de atraso injustificado na execução do contrato, sujeitando o contratado a multa de mora, na forma prevista no instrumento convocatório ou no contrato.
>
> § 1º A multa a que alude este artigo não impede que a empresa pública ou a sociedade de economia mista rescinda o contrato e aplique as outras sanções previstas nesta Lei.
>
> § 2º A multa, aplicada após regular processo administrativo, será descontada da garantia do respectivo contratado.
>
> § 3º Se a multa for de valor superior ao valor da garantia prestada, além da perda desta, responderá o contratado pela sua diferença, a qual será descontada dos pagamentos eventualmente devidos pela empresa pública ou pela sociedade de economia mista ou, ainda, quando for o caso, cobrada judicialmente.
>
> Art. 83. Pela inexecução total ou parcial do contrato a empresa pública ou a sociedade de economia mista poderá, garantida a prévia defesa, aplicar ao contratado as seguintes sanções:
>
> I – advertência;
>
> II – multa, na forma prevista no instrumento convocatório ou no contrato;
>
> III – suspensão temporária de participação em licitação e impedimento de contratar com a entidade sancionadora, por prazo não superior a 2 (dois) anos.

> § 1º Se a multa aplicada for superior ao valor da garantia prestada, além da perda desta, responderá o contratado pela sua diferença, que será descontada dos pagamentos eventualmente devidos pela empresa pública ou pela sociedade de economia mista ou cobrada judicialmente.
>
> § 2º As sanções previstas nos incisos I e III do *caput* poderão ser aplicadas juntamente com a do inciso II, devendo a defesa prévia do interessado, no respectivo processo, ser apresentada no prazo de 10 (dez) dias úteis.
>
> Art. 84. As sanções previstas no inciso III do art. 83 poderão também ser aplicadas às empresas ou aos profissionais que, em razão dos contratos regidos por esta Lei:
>
> I - tenham sofrido condenação definitiva por praticarem, por meios dolosos, fraude fiscal no recolhimento de quaisquer tributos;
>
> II - tenham praticado atos ilícitos visando a frustrar os objetivos da licitação;
>
> III - demonstrem não possuir idoneidade para contratar com a empresa pública ou a sociedade de economia mista em virtude de atos ilícitos praticados.

É, sem dúvida, um dos piores trechos da Lei. Um fragmento descompassado do restante do diploma normativo, que possivelmente redundará em dificuldades para os agentes públicos que, na prática, atuam com licitações nas estatais.

28.1. DA INADEQUADA INSPIRAÇÃO NA LEI Nº 8.666/1993

O legislador, nos artigos 82 a 84 da Lei das estatais, ao tratar sobre as sanções administrativas, inspirou-se nos artigos 86 a 88 da Lei nº 8.666/1993[1].

1. Art. 86. O atraso injustificado na execução do contrato sujeitará o contratado à multa de mora, na forma prevista no instrumento convocatório ou no contrato.
§ 1º A multa a que alude este artigo não impede que a Administração rescinda unilateralmente o contrato e aplique as outras sanções previstas nesta Lei.
§ 2º A multa, aplicada após regular processo administrativo, será descontada da garantia do respectivo contratado.
§ 3º Se a multa for de valor superior ao valor da garantia prestada, além da perda desta, responderá o contratado pela sua diferença, a qual será descontada dos pagamentos eventualmente devidos pela Administração ou ainda, quando for o caso, cobrada judicialmente.
Art. 87. Pela inexecução total ou parcial do contrato a Administração poderá, garantida a prévia defesa, aplicar ao contratado as seguintes sanções:
I - advertência;

Trata-se de um erro grotesco, incompreensível para uma Lei que busca abraçar contornos de modernidade.

Como ressabido, bom lembrar que o regime sancionatório da Lei nº 8.666/1993 já foi inspirado no Decreto-Lei nº 2.300, de 1986, sendo seus dispositivos semelhantes. A diferença mais relevante é que, como não podia deixar de ser, pelo regime constitucional de 1988, a Lei nº 8.666/1993 registra a necessidade de garantia de prévia defesa como condição para a aplicação de sanções administrativas.

Ora, impressiona como o legislador, em 2016, omitiu-se em regular de forma mais adequada o regime sancionatório, acomodando-se à repetição de um texto inspirado em uma legislação defasada, pertencente a regime constitucional anterior e totalmente desconectada das atuais necessidades do ambiente licitatório.

Isso se torna ainda mais impressionante quando se registra que temos, há quase duas décadas, experiência exitosa de regime sancionatório sendo exercida nas licitações realizadas sob a modalidade pregão!

II – multa, na forma prevista no instrumento convocatório ou no contrato;
III – suspensão temporária de participação em licitação e impedimento de contratar com a Administração, por prazo não superior a 2 (dois) anos;
IV – declaração de inidoneidade para licitar ou contratar com a Administração Pública enquanto perdurarem os motivos determinantes da punição ou até que seja promovida a reabilitação perante a própria autoridade que aplicou a penalidade, que será concedida sempre que o contratado ressarcir a Administração pelos prejuízos resultantes e após decorrido o prazo da sanção aplicada com base no inciso anterior.
§ 1º Se a multa aplicada for superior ao valor da garantia prestada, além da perda desta, responderá o contratado pela sua diferença, que será descontada dos pagamentos eventualmente devidos pela Administração ou cobrada judicialmente.
§ 2º As sanções previstas nos incisos I, III e IV deste artigo poderão ser aplicadas juntamente com a do inciso II, facultada a defesa prévia do interessado, no respectivo processo, no prazo de 5 (cinco) dias úteis.
§ 3º A sanção estabelecida no inciso IV deste artigo é de competência exclusiva do Ministro de Estado, do Secretário Estadual ou Municipal, conforme o caso, facultada a defesa do interessado no respectivo processo, no prazo de 10 (dez) dias da abertura de vista, podendo a reabilitação ser requerida após 2 (dois) anos de sua aplicação. (Vide art. 109, inciso III)
Art. 88. As sanções previstas nos incisos III e IV do artigo anterior poderão também ser aplicadas às empresas ou aos profissionais que, em razão dos contratos regidos por esta Lei:
I – tenham sofrido condenação definitiva por praticarem, por meios dolosos, fraude fiscal no recolhimento de quaisquer tributos;
II – tenham praticado atos ilícitos visando a frustrar os objetivos da licitação;
III – demonstrem não possuir idoneidade para contratar com a Administração em virtude de atos ilícitos praticados.

Necessário perceber que o procedimento licitatório flexível da Lei das estatais permite a adoção de licitações eletrônicas, fase recursal única e modelagem do certame de forma semelhante ao pregão, em que a disputa de preços (fase de propostas) é aberta a todos os interessados, sem a aferição prévia dos requisitos de habilitação.

Nesses formatos de licitação, a agilidade e a efetividade no exercício do poder sancionatório disciplinar são fundamentais, ampliando a importância desta prerrogativa administrativa como um instrumento de regulação do ambiente licitatório e contratual da Administração.

Aparentemente alheio a isso, a Lei das estatais repetiu o texto da Lei nº 8.666/1993 (já inspirado no Decreto-Lei nº 2.300/86), diferenciando-se, sobretudo, pela retirada da sanção declaração de inidoneidade do rol de sanções aplicáveis.

28.2. DAS SANÇÕES APLICÁVEIS

Os artigos 82 a 84 indicam três espécies sancionatórias: a advertência, a multa e a suspensão temporária.

O rol de sanções é idêntico ao da Lei nº 8.666/1993, com a retirada da sanção declaração de inidoneidade, justamente aquela com maior grau punitivo, pelo maior tempo de aplicação e maior amplitude dos efeitos restritivos dela decorrentes.

28.2.1. Da advertência

A advertência, enquanto sanção, é pouco útil. Em nossa opinião, sua previsão na Lei nº 8.666/1993, como espécie sancionatória, foi um erro crasso[2]. A análise histórica permite identificar uma diferença significativa, entre o regramento da Lei nº 8.666/1993 e o regramento do Decreto-Lei nº 2.300/86, que foi a expressa previsão da garantia de defesa prévia (algo ignorado no Decreto-Lei, anterior à Constituição Federal de 1988). Esta diferença fazia com que a advertência se justificasse, já que, sem necessidade de processo administrativo e ampla defesa para sua aplicação, sua aplicação era imediata

2. TORRES, Ronny Charles Lopes de. Leis de licitações públicas comentadas. 9ª edição. Salvador: Juspodivm, 2018. P. 805.

e funcionava como um aviso de que a continuidade da situação de irregularidade poderia dar ensejo à aplicação de sanção mais gravosa.

Na prática, ela nunca foi uma sanção. O legislador não indica para ela qualquer efeito. Ela funcionava como um processo de diálogo, já que, no máximo, possuía um efeito de reprimenda moral. O legislador nem mesmo estabeleceu a aplicação da sanção advertência como condição para aplicação das demais sanções ou mesmo firmou (como em outros estatutos) que a reincidência de ilícitos sancionáveis com advertência geraria a aplicação de uma das demais sanções, evidentemente mais gravosas.

Na prática, a advertência, enquanto sanção, é inútil e não possui qualquer efeito que justifique sua aplicação, pois mesmo o alerta ou a admoestação (reprimenda moral) já se consuma com eventual notificação inicial (precedente ao processo administrativo).

A necessidade de submissão ao processo administrativo, com garantia de ampla defesa e contraditório, prejudica a utilidade da advertência como sanção. Não à toa, o regime sancionatório da Lei do Pregão sequer trata dela.

A advertência deveria ser compreendida como uma ferramenta de diálogo, com a qual o agente público responsável (fiscal do contrato, pregoeiro ou membro da comissão) alertaria o licitante ou contratado, solicitando que eventual irregularidade fosse corrigida.

28.2.2. Da multa

Primeiramente, cabe registrar que a multa indicada pelo artigo 82 difere daquela indicada pelo artigo 83. Uma possui natureza moratória e a outra compensatória.

A multa do artigo 82 é de natureza moratória, decorrente de "atraso injustificado na execução do contrato".

Ela também era prevista pelo Decreto-Lei 2.300/86 e foi repetida pela Lei nº 8.666/1993, com a inclusão da necessidade de precedência de regular processo administrativo para sua aplicação. Quando do Decreto-Lei 2300/86, não havia esta necessidade, mas o legislador de 1993 fez tal inclusão, o que parece descompassado da lógica de exigência de uma multa moratória, cujos termos estão integralmente definidos no pacto contratual.

Entendemos que o "regular processo administrativo" exigido pelo §2º do artigo 82 deve ser interpretado de forma a exigir comunicação prévia para que a parte tenha oportunidade para apresentar justificativa para o atraso, já que apenas o "atraso injustificado" permite sua aplicação.

Obviamente, uma justificativa vazia, uma mera desculpa, não afastará a aplicação da sanção.

Outrossim, não será necessário todo o esgotamento de um processo administrativo amplo, com apresentação de recursos, para a aplicação da multa. Basta a oitiva do contratado. Não sendo apresentada justificativa idônea, pode ser aplicada a sanção pelo atraso injustificado.

Já a multa indicada no artigo 83 possui natureza compensatória e busca ressarcir de prejuízos causados pela irregularidade praticada pelo contratado.

De qualquer forma, para aplicação da multa, é necessária a sua explícita previsão no edital ou no contrato, com o regramento de sua incidência. Assim, o edital (em sentido amplo) ou contrato devem estabelecer os percentuais incidentes na aplicação da multa e, de preferência, os fatos jurídicos ensejadores da aplicação da sanção.

O efeito material das multas é pecuniário ou financeiro, gerando um crédito em favor do sancionador. O valor da aplicação da multa, após o devido processo, pode ser exigido pelo órgão contratante, com o desconto da garantia do respectivo contrato, dos pagamentos eventualmente devidos pela contratada ou mesmo cobrada judicialmente. Embora a lei não seja explícita, em relação a isso, parece-nos admissível que eventuais multas sejam também descontadas de contratos outros, firmados entre a empresa sancionada e a pessoa jurídica sancionadora.

Por fim, vale registrar que a multa compensatória pode ser cumulada com a demais sanções (advertência e multa).

28.2.3. Da suspensão temporária

A suspensão temporária é uma sanção que possui o efeito de restringir o direito do particular de participar de licitação ou mesmo de firmar contrato com a Administração, pelo prazo de até 02 (dois) anos.

O efeito é de restrição a novas contratações, não possuindo a sanção efeito rescisórios em relação aos contratos firmados anteriormente. Em outras palavras, a suspensão temporária, enquanto perdurar seu prazo de aplicação e respeitada a amplitude de seus efeitos, inibe a participação da empresa em novos certames e na pactuação de novas contratações, sem acarretar automática rescisão de contratos firmados anteriormente.

O prazo máximo para a aplicação é de 2 (dois) anos, sendo necessário o uso de proporcionalidade na sua aplicação, a fim de evitar que pequenas irregularidades gerem a aplicação desta sanção restritiva em seu prazo máximo.

Uma questão polêmica, relacionada à sanção suspensão temporária, envolve a amplitude de seus efeitos. De um lado, parte da doutrina, o TCU[3] e a AGU defendem que a restrição gerada pela sanção suspensão temporária afeta apenas as futuras licitações e futuros contratos do órgão ou entidade sancionadora. Em sentido diametralmente oposto, o STJ tem se posicionado pela incidência geral da penalidade de suspensão, o que impediria a participação da empresa suspensa em qualquer outro certame[4].

Mesmo sob a égide da Lei nº 8.666/1993, por diversos argumentos, temos certeza que razão assiste àqueles que defendem a mesma posição do TCU e da AGU[5].

Agora, na Lei nº 13.303/2016, acreditamos que sequer há espaço para dúvida (embora ela também não fosse realmente justificável, em relação ao texto da Lei nº 8.666/1993). Conforme explícita e claramente indica o inciso III do artigo 83, a suspensão temporária gera restrição em relação à "entidade sancionadora".

Esta percepção já vem sendo externada em nossos Tribunais. Neste sentido, o Tribunal de Justiça de São Paulo, ao tratar sobre a amplitude dos efeitos da sanção "suspensão de licitar", imposta por estatal, , asseverou que o "Estatuto das Estatais delimita o âmbito da sanção à entidade sancionadora", uma vez que a "nova legislação reduziu expressamente o alcance da suspensão temporária ao ente sancionador"[6].

No mesmo prumo, o Tribunal de Justiça do Distrito Federal (TJDFT), ao tratar sobre o regime sancionatório da Lei nº 13.303/2016, destacou que ela

3. TCU. Acórdão nº 3439/2012-Plenário, Rel. Min. Valmir Campelo, 10.12.2012.
4. STJ. RMS 32628/SP, Segunda Turma, DJe 14/09/2011. No mesmo sentido: STJ – RMS 9707 / PR – Relatora: Ministra Laurita Vaz – Segunda Turma – DJ 20.05.2002 p. 115. STJ – REsp 151567 / RJ – Relator: Ministro Francisco Peçanha Martins – Segunda Turma – DJ 14.04.2003 p. 208.
5. TORRES, Ronny Charles Lopes de. Leis de licitações públicas comentadas. 9ª edição. Salvador: Juspodivm, 2018. P. 807/811.
6. TJ-SP – AC: 10368115020188260053 SP 1036811-50.2018.8.26.0053, Relator: José Maria Câmara Junior, 8ª Câmara de Direito Público, Data de Publicação: 28/03/2019.

estabeleceu novo marco na regulação dos procedimentos licitatórios e contratações das estatais, "excepcionando, em diversos aspectos, o regime genérico estabelecido na Lei Geral de Licitações (Lei n. 8.666/1993)", excluindo a previsão da aplicação da penalidade de declaração de inidoneidade e expressamente consignando que a sanção de suspensão do direito de licitar e impedimento de contratar aplicada tem alcance restrito ao âmbito da própria entidade sancionadora. Por conta disso, aplicada a penalidade de suspensão de licitar, com lastro no disposto no art. 83, III, da Lei nº 13.303/2016, "não subsiste impedimento para que a contratada-sancionada participe de processos licitatórios ou contrate com outros órgãos e entidades da Administração Pública"[7].

Assim, a aplicação da sanção gera efeitos apenas em relação à estatal sancionadora, por expressa limitação estabelecida pelo legislador, o que reduz sua função punitiva. De qualquer forma, como já dito outrora, cabe ao intérprete respeitar a vontade do legislador, notadamente em questões como a aqui posta, que envolve o exercício do Poder Estatal na restrição a direitos.

Entendemos que, em respeito ao limite dado pelo legislador, a maior amplitude possível seria admitir que a sanção aplicada por uma unidade da estatal, gere restrição à participação em licitações ou contratação com as demais unidades da mesma empresa.

28.2.4. Da competência sancionatória

A Lei não definiu competência ou determinou competência exclusiva para a aplicação das sanções (como fez a Lei nº 8.666/1993, em relação à declaração e inidoneidade), o que permite maior liberdade para definição da autoridade competente, de acordo com a realidade ou estrutura organizacional da estatal.

A omissão legal, em relação à competência para aplicação das sanções não foi despropositada. Ela permite a opção regulamentar para que cada estatal possa dispor sobre quem deve deter competência para uso dessa prerrogativa administrativa.

Assim, o regulamento interno de licitações e contratos deverá definir as competências sancionatórias e, também, as recursais, facilitando seu exercício pelos agentes competentes.

7. TJDFT. Mandado de Segurança. Processo: 07053411320188070018. Relator(a): Teófilo Caetano.

28.2.5. Sancionamento e omissão

Embora o artigo 83 fale em "poderá", não se trata necessariamente de uma livre faculdade do administrador da estatal. Ele tem o poder-dever de apurar eventuais práticas sancionáveis e aplicar as punições exigíveis, resguardando a prévia defesa do contratado, que deverá ser ampla, com possibilidade de produção de prova.

No caso de indícios de fraude à licitação, deve a Administração autuar processo administrativo sancionador contra as empresas participantes do esquema fraudulento, sendo que a não autuação sem justificativa dos referidos processos poderá ensejar a aplicação de sanções aos servidores omissos[8].

No mesmo sentido, o TCU entendeu como justa a aplicação de multa a gestor que se omitiu em aplicar sanção a empresa que paralisou a execução de obra.[9]

A aplicação das sanções apresenta-se como instrumento de regulação do ambiente licitatório, para punir empresas inidôneas, fraudulentas ou irresponsáveis, que comprometem a eficácia das contratações.

JURISPRUDÊNCIA RELACIONADA[10]

- A apuração das condutas faltosas praticadas por licitantes não consiste em faculdade do gestor público com tal atribuição, mas em dever legal. A aplicação de penalidades não se restringe ao Poder Judiciário, mas, nos termos das Leis 8.666/1993 e 10.520/2002, cabe também aos entes públicos que exercem a função administrativa. (TCU. Acórdão nº 2077/2017-Plenário)

28.2.6. Sujeito passivo das sanções

Os artigos 82 e 83, repetindo os artigos 86 e 87 da Lei nº 8.666/1993, indicam um sujeito passivo restrito. Conforme registra o texto desses artigos, a aplicação das sanções advertência, suspensão e multa ficam limitadas ao "contratado".

É um retrocesso em relação ao regime sancionatório do artigo 7º da Lei do Pregão, que permitiu a aplicação a quem (licitante, contratado ou outra "pessoa") cometesse um dos ilícitos administrativos ali previstos.

8. TCU. Acórdão nº 1793/2011-Plenário.
9. TCU. Acórdão nº 836/2012-Plenário.
10. Vide nota de rodapé nº 38.

Assim, ao menos em relação aos artigos 82 e 83, há uma restrição do sujeito passivo ao contratado, motivo pelo qual essas sanções, ao menos com base nesses dispositivos, não poderiam ser aplicadas a quaisquer licitantes.

28.2.7. Artigo 84 e a ampliação do sujeito passivo

O artigo 84, com texto semelhante ao do artigo 88 da Lei nº 8.666/1993, permite a aplicação da sanção suspensão às empresas e profissionais que, em razão dos contratos regidos pela Lei nº 13.303/2016:

- tenham sofrido condenação definitiva por praticarem, por meios dolosos, fraude fiscal no recolhimento de quaisquer tributos;
- tenham praticado atos ilícitos visando a frustrar os objetivos da licitação;
- demonstrem não possuir idoneidade para contratar com a empresa pública ou a sociedade de economia mista em virtude de atos ilícitos praticados.

Vale o registro. Um erro grosseiro do dispositivo mostra a pouca atenção ou cuidado com que o legislador tratou o regime sancionatório da Lei das estatais. O dispositivo, como já dito, copiou o artigo 88 da Lei nº 8.666/1993. Ocorre que no regime da Lei das estatais foi expurgada a sanção declaração de inidoneidade, que também era citada no artigo 88 da Lei n° 8.666/1993[11]. O resultado foi que, ao copiar o dispositivo, retiraram a remissão à declaração de inidoneidade, mas não corrigiram a concordância do verbo da oração inicial ("poderão").

Entendemos que o artigo 88 pode ser utilizado para justificar a aplicação da sanção suspensão a licitantes que pratiquem alguns dos ilícitos por ele previstos.

A maior atenção se dá, particularmente, em relação aos ilícitos previstos nos incisos II e III (prática de atos ilícitos visando a frustrar os objetivos da licitação e demonstrar não possuir idoneidade para contratar com a estatal).

---

11. Art. 88. As sanções previstas nos incisos III e IV do artigo anterior poderão também ser aplicadas às empresas ou aos profissionais que, em razão dos contratos regidos por esta Lei:
I – tenham sofrido condenação definitiva por praticarem, por meios dolosos, fraude fiscal no recolhimento de quaisquer tributos;
II – tenham praticado atos ilícitos visando a frustrar os objetivos da licitação;
III – demonstrem não possuir idoneidade para contratar com a Administração em virtude de atos ilícitos praticados.

Notadamente em licitações realizadas com modelagem semelhante ao pregão ou com certames eletrônicos, este dispositivo pode ser muito útil para sancionar empresas e profissionais que cometam alguns desses ilícitos durante o certame, como se dá em relação à empresa que deixa de apresentar a documentação solicitada, declara falsamente ser ME/EPP, pratica conluio com outro licitante para frustrar o caráter competitivo ou apresente documento de habilitação falso, entre outros.

JURISPRUDÊNCIA RELACIONADA[12]

- Não compete ao TCU rever penalidades aplicadas pelos seus jurisdicionados a empresas por eles contratadas. Eventual incorreção de medida punitiva deve ser apreciada pelo Poder Judiciário, a quem cabe a tutela de interesses privados (TCU. Acórdão nº 2883/19 - Plenário).
- A penalidade de suspensão temporária de participação em licitação e impedimento de contratar com a Administração produz efeitos *ex nunc*, não alcançando automaticamente os contratos celebrados antes da aplicação da sanção. (TCU. Acórdão nº 2183/19 - Plenário).
- A aplicação da sanção de suspensão temporária de participação em licitação e impedimento de contratar com a Administração (art. 87, inciso III, da Lei 8.666/1993) por um dos Comandos das Forças Armadas (Marinha, Exército ou Aeronáutica) produz efeitos nos certames licitatórios conduzidos pelos demais, em observância ao princípio da unidade administrativa no âmbito do Ministério da Defesa (art. 20 da LC 97/1999 c/c art. 142 da Constituição Federal) (TCU. Acórdão nº 1956/19 - 2ª Câmara).
- O impedimento de participar de licitações em razão do art. 38, inciso II, da Lei 13.303/2016 (Lei das Estatais) se refere tão somente a sanções aplicadas pela própria entidade, e não a sanções aplicadas por outra empresa pública ou sociedade de economia mista. (TCU. Acórdão nº 269/19 - Plenário)
- A suspensão temporária de participação em licitação e impedimento de contratar com a Administração (art. 87, inciso III, da Lei 8.666/1993) possui efeitos restritos ao âmbito do órgão ou entidade que aplicou a penalidade. (TCU. Acórdão nº 266/19 - Plenário).

12. Vide nota de rodapé nº 38.

ANEXO

LEI Nº 13.303, DE 30 DE JUNHO DE 2016

TÍTULO I
DISPOSIÇÕES APLICÁVEIS ÀS EMPRESAS PÚBLICAS E ÀS SOCIEDADES DE ECONOMIA MISTA

CAPÍTULO I
DISPOSIÇÕES PRELIMINARES

Art. 1º Esta Lei dispõe sobre o estatuto jurídico da empresa pública, da sociedade de economia mista e de suas subsidiárias, abrangendo toda e qualquer empresa pública e sociedade de economia mista da União, dos Estados, do Distrito Federal e dos Municípios que explore atividade econômica de produção ou comercialização de bens ou de prestação de serviços, ainda que a atividade econômica esteja sujeita ao regime de monopólio da União ou seja de prestação de serviços públicos.

§ 1º O Título I desta Lei, exceto o disposto nos arts. 2º, 3º, 4º, 5º, 6º, 7º, 8º, 11, 12 e 27, não se aplica à empresa pública e à sociedade de economia mista que tiver, em conjunto com suas respectivas subsidiárias, no exercício social anterior, receita operacional bruta inferior a R$ 90.000.000,00 (noventa milhões de reais).

§ 2º O disposto nos Capítulos I e II do Título II desta Lei aplica-se inclusive à empresa pública dependente, definida nos termos do inciso III do art. 2º da Lei Complementar nº 101, de 4 de maio de 2000, que explore atividade econômica, ainda que a atividade econômica esteja sujeita ao regime de monopólio da União ou seja de prestação de serviços públicos.

§ 3º Os Poderes Executivos poderão editar atos que estabeleçam regras de governança destinadas às suas respectivas empresas públicas e sociedades de economia mista que se enquadrem na hipótese do § 1º, observadas as diretrizes gerais desta Lei.

§ 4º A não edição dos atos de que trata o § 3º no prazo de 180 (cento e oitenta) dias a partir da publicação desta Lei submete as respectivas empresas públicas e sociedades de economia mista às regras de governança previstas no Título I desta Lei.

§ 5º Submetem-se ao regime previsto nesta Lei a empresa pública e a sociedade de economia mista que participem de consórcio, conforme disposto no art. 279 da Lei nº 6.404, de 15 de dezembro de 1976, na condição de operadora.

§ 6º Submete-se ao regime previsto nesta Lei a sociedade, inclusive a de propósito específico, que seja controlada por empresa pública ou sociedade de economia mista abrangidas no *caput*.

§ 7º Na participação em sociedade empresarial em que a empresa pública, a sociedade de economia mista e suas subsidiárias não detenham o controle acionário, essas deverão adotar, no dever de fiscalizar, práticas de governança e controle proporcionais à relevância, à materialidade e aos riscos do negócio do qual são partícipes, considerando, para esse fim:

I - documentos e informações estratégicos do negócio e demais relatórios e informações produzidos por força de acordo de acionistas e de Lei considerados essenciais para a defesa de seus interesses na sociedade empresarial investida;

II - relatório de execução do orçamento e de realização de investimentos programados pela sociedade, inclusive quanto ao alinhamento dos custos orçados e dos realizados com os custos de mercado;

III - informe sobre execução da política de transações com partes relacionadas;

IV - análise das condições de alavancagem financeira da sociedade;

V - avaliação de inversões financeiras e de processos relevantes de alienação de bens móveis e imóveis da sociedade;

VI - relatório de risco das contratações para execução de obras, fornecimento de bens e prestação de serviços relevantes para os interesses da investidora;

VII - informe sobre execução de projetos relevantes para os interesses da investidora;

VIII - relatório de cumprimento, nos negócios da sociedade, de condicionantes socioambientais estabelecidas pelos órgãos ambientais;

IX - avaliação das necessidades de novos aportes na sociedade e dos possíveis riscos de redução da rentabilidade esperada do negócio;

X - qualquer outro relatório, documento ou informação produzido pela sociedade empresarial investida considerado relevante para o cumprimento do comando constante do *caput*.

Art. 2º A exploração de atividade econômica pelo Estado será exercida por meio de empresa pública, de sociedade de economia mista e de suas subsidiárias.

§ 1º A constituição de empresa pública ou de sociedade de economia mista dependerá de prévia autorização legal que indique, de forma clara, relevante interesse coletivo ou imperativo de segurança nacional, nos termos do *caput* do art. 173 da Constituição Federal.

§ 2º Depende de autorização legislativa a criação de subsidiárias de empresa pública e de sociedade de economia mista, assim como a participação de qualquer delas em empresa privada, cujo objeto social deve estar relacionado ao da investidora, nos termos do inciso XX do art. 37 da Constituição Federal.

§ 3º A autorização para participação em empresa privada prevista no § 2º não se aplica a operações de tesouraria, adjudicação de ações em garantia e participações autorizadas pelo Conselho de Administração em linha com o plano de negócios da empresa pública, da sociedade de economia mista e de suas respectivas subsidiárias.

Art. 3º Empresa pública é a entidade dotada de personalidade jurídica de direito privado, com criação autorizada por lei e com patrimônio próprio, cujo capital social é integralmente detido pela União, pelos Estados, pelo Distrito Federal ou pelos Municípios.

Parágrafo único. Desde que a maioria do capital votante permaneça em propriedade da União, do Estado, do Distrito Federal ou do Município, será admitida, no capital da empresa pública, a participação de outras pessoas jurídicas de direito público interno, bem como de entidades da administração indireta da União, dos Estados, do Distrito Federal e dos Municípios.

Art. 4º Sociedade de economia mista é a entidade dotada de personalidade jurídica de direito privado, com criação autorizada por lei, sob a forma de sociedade anônima, cujas ações com direito a voto pertençam em sua maioria à União, aos Estados, ao Distrito Federal, aos Municípios ou a entidade da administração indireta.

§ 1º A pessoa jurídica que controla a sociedade de economia mista tem os deveres e as responsabilidades do acionista controlador, estabelecidos na Lei nº 6.404, de 15 de dezembro de 1976, e deverá exercer o poder de controle no interesse da companhia, respeitado o interesse público que justificou sua criação.

§ 2º Além das normas previstas nesta Lei, a sociedade de economia mista com registro na Comissão de Valores Mobiliários sujeita-se às disposições da Lei nº6.385, de 7 de dezembro de 1976.

CAPÍTULO II
DO REGIME SOCIETÁRIO DA EMPRESA PÚBLICA E DA SOCIEDADE DE ECONOMIA MISTA

Seção I
Das Normas Gerais

Art. 5º A sociedade de economia mista será constituída sob a forma de sociedade anônima e, ressalvado o disposto nesta Lei, estará sujeita ao regime previsto na Lei nº 6.404, de 15 de dezembro de 1976.

Art. 6º O estatuto da empresa pública, da sociedade de economia mista e de suas subsidiárias deverá observar regras de governança corporativa, de transparência e de estruturas, práticas de gestão de riscos e de controle interno, composição da administração e, havendo acionistas, mecanismos para sua proteção, todos constantes desta Lei.

Art. 7º Aplicam-se a todas as empresas públicas, as sociedades de economia mista de capital fechado e as suas subsidiárias as disposições da Lei nº 6.404, de 15 de dezembro de 1976, e as normas da Comissão de Valores Mobiliários sobre escrituração e elaboração de demonstrações financeiras, inclusive a obrigatoriedade de auditoria independente por auditor registrado nesse órgão.

Art. 8º As empresas públicas e as sociedades de economia mista deverão observar, no mínimo, os seguintes requisitos de transparência:

I - elaboração de carta anual, subscrita pelos membros do Conselho de Administração, com a explicitação dos compromissos de consecução de objetivos de políticas públicas pela empresa pública, pela sociedade de economia mista e por suas subsidiárias, em atendimento ao interesse coletivo ou ao imperativo de segurança nacional que justificou a autorização para suas respectivas criações, com definição clara dos recursos a serem empregados para esse fim, bem como dos impactos econômico-financeiros da consecução desses objetivos, mensuráveis por meio de indicadores objetivos;

II - adequação de seu estatuto social à autorização legislativa de sua criação;

III - divulgação tempestiva e atualizada de informações relevantes, em especial as relativas a atividades desenvolvidas, estrutura de controle, fatores de risco, dados econômico-financeiros, comentários dos administradores sobre o desempenho, políticas e práticas de governança corporativa e descrição da composição e da remuneração da administração;

IV - elaboração e divulgação de política de divulgação de informações, em conformidade com a legislação em vigor e com as melhores práticas;

V - elaboração de política de distribuição de dividendos, à luz do interesse público que justificou a criação da empresa pública ou da sociedade de economia mista;

VI - divulgação, em nota explicativa às demonstrações financeiras, dos dados operacionais e financeiros das atividades relacionadas à consecução dos fins de interesse coletivo ou de segurança nacional;

VII – elaboração e divulgação da política de transações com partes relacionadas, em conformidade com os requisitos de competitividade, conformidade, transparência, equidade e comutatividade, que deverá ser revista, no mínimo, anualmente e aprovada pelo Conselho de Administração;

VIII – ampla divulgação, ao público em geral, de carta anual de governança corporativa, que consolide em um único documento escrito, em linguagem clara e direta, as informações de que trata o inciso III;

IX – divulgação anual de relatório integrado ou de sustentabilidade.

§ 1º O interesse público da empresa pública e da sociedade de economia mista, respeitadas as razões que motivaram a autorização legislativa, manifesta-se por meio do alinhamento entre seus objetivos e aqueles de políticas públicas, na forma explicitada na carta anual a que se refere o inciso I do *caput*.

§ 2º Quaisquer obrigações e responsabilidades que a empresa pública e a sociedade de economia mista que explorem atividade econômica assumam em condições distintas às de qualquer outra empresa do setor privado em que atuam deverão:

I – estar claramente definidas em lei ou regulamento, bem como previstas em contrato, convênio ou ajuste celebrado com o ente público competente para estabelecê-las, observada a ampla publicidade desses instrumentos;

II – ter seu custo e suas receitas discriminados e divulgados de forma transparente, inclusive no plano contábil.

§ 3º Além das obrigações contidas neste artigo, as sociedades de economia mista com registro na Comissão de Valores Mobiliários sujeitam-se ao regime informacional estabelecido por essa autarquia e devem divulgar as informações previstas neste artigo na forma fixada em suas normas.

§ 4º Os documentos resultantes do cumprimento dos requisitos de transparência constantes dos incisos I a IX do *caput* deverão ser publicamente divulgados na internet de forma permanente e cumulativa.

Art. 9º A empresa pública e a sociedade de economia mista adotarão regras de estruturas e práticas de gestão de riscos e controle interno que abranjam:

I – ação dos administradores e empregados, por meio da implementação cotidiana de práticas de controle interno;

II – área responsável pela verificação de cumprimento de obrigações e de gestão de riscos;

III – auditoria interna e Comitê de Auditoria Estatutário.

§ 1º Deverá ser elaborado e divulgado Código de Conduta e Integridade, que disponha sobre:

I – princípios, valores e missão da empresa pública e da sociedade de economia mista, bem como orientações sobre a prevenção de conflito de interesses e vedação de atos de corrupção e fraude;

II – instâncias internas responsáveis pela atualização e aplicação do Código de Conduta e Integridade;

III – canal de denúncias que possibilite o recebimento de denúncias internas e externas relativas ao descumprimento do Código de Conduta e Integridade e das demais normas internas de ética e obrigacionais;

IV – mecanismos de proteção que impeçam qualquer espécie de retaliação a pessoa que utilize o canal de denúncias;

V – sanções aplicáveis em caso de violação às regras do Código de Conduta e Integridade;

VI – previsão de treinamento periódico, no mínimo anual, sobre Código de Conduta e Integridade, a empregados e administradores, e sobre a política de gestão de riscos, a administradores.

§ 2º A área responsável pela verificação de cumprimento de obrigações e de gestão de riscos deverá ser vinculada ao diretor-presidente e liderada por diretor estatutário, devendo o estatuto social prever as atribuições da área, bem como estabelecer mecanismos que assegurem atuação independente.

§ 3º A auditoria interna deverá:

I - ser vinculada ao Conselho de Administração, diretamente ou por meio do Comitê de Auditoria Estatutário;

II - ser responsável por aferir a adequação do controle interno, a efetividade do gerenciamento dos riscos e dos processos de governança e a confiabilidade do processo de coleta, mensuração, classificação, acumulação, registro e divulgação de eventos e transações, visando ao preparo de demonstrações financeiras.

§ 4º O estatuto social deverá prever, ainda, a possibilidade de que a área de compliance se reporte diretamente ao Conselho de Administração em situações em que se suspeite do envolvimento do diretor-presidente em irregularidades ou quando este se furtar à obrigação de adotar medidas necessárias em relação à situação a ele relatada.

Art. 10. A empresa pública e a sociedade de economia mista deverão criar comitê estatutário para verificar a conformidade do processo de indicação e de avaliação de membros para o Conselho de Administração e para o Conselho Fiscal, com competência para auxiliar o acionista controlador na indicação desses membros.

Parágrafo único. Devem ser divulgadas as atas das reuniões do comitê estatutário referido no *caput* realizadas com o fim de verificar o cumprimento, pelos membros indicados, dos requisitos definidos na política de indicação, devendo ser registradas as eventuais manifestações divergentes de conselheiros.

Art. 11. A empresa pública não poderá:

I - lançar debêntures ou outros títulos ou valores mobiliários, conversíveis em ações;

II - emitir partes beneficiárias.

Art. 12. A empresa pública e a sociedade de economia mista deverão:

I - divulgar toda e qualquer forma de remuneração dos administradores;

II - adequar constantemente suas práticas ao Código de Conduta e Integridade e a outras regras de boa prática de governança corporativa, na forma estabelecida na regulamentação desta Lei.

Parágrafo único. A sociedade de economia mista poderá solucionar, mediante arbitragem, as divergências entre acionistas e a sociedade, ou entre acionistas controladores e acionistas minoritários, nos termos previstos em seu estatuto social.

Art. 13. A lei que autorizar a criação da empresa pública e da sociedade de economia mista deverá dispor sobre as diretrizes e restrições a serem consideradas na elaboração do estatuto da companhia, em especial sobre:

I - constituição e funcionamento do Conselho de Administração, observados o número mínimo de 7 (sete) e o número máximo de 11 (onze) membros;

II - requisitos específicos para o exercício do cargo de diretor, observado o número mínimo de 3 (três) diretores;

III - avaliação de desempenho, individual e coletiva, de periodicidade anual, dos administradores e dos membros de comitês, observados os seguintes quesitos mínimos:

a) exposição dos atos de gestão praticados, quanto à licitude e à eficácia da ação administrativa;

b) contribuição para o resultado do exercício;

c) consecução dos objetivos estabelecidos no plano de negócios e atendimento à estratégia de longo prazo;

IV - constituição e funcionamento do Conselho Fiscal, que exercerá suas atribuições de modo permanente;

V - constituição e funcionamento do Comitê de Auditoria Estatutário;

VI - prazo de gestão dos membros do Conselho de Administração e dos indicados para o cargo de diretor, que será unificado e não superior a 2 (dois) anos, sendo permitidas, no máximo, 3 (três) reconduções consecutivas;

VII - (VETADO);

VIII - prazo de gestão dos membros do Conselho Fiscal não superior a 2 (dois) anos, permitidas 2 (duas) reconduções consecutivas.

Seção II
Do Acionista Controlador

Art. 14. O acionista controlador da empresa pública e da sociedade de economia mista deverá:

I - fazer constar do Código de Conduta e Integridade, aplicável à alta administração, a vedação à divulgação, sem autorização do órgão competente da empresa pública ou da sociedade de economia mista, de informação que possa causar impacto na cotação dos títulos da empresa pública ou da sociedade de economia mista e em suas relações com o mercado ou com consumidores e fornecedores;

II - preservar a independência do Conselho de Administração no exercício de suas funções;

III - observar a política de indicação na escolha dos administradores e membros do Conselho Fiscal.

Art. 15. O acionista controlador da empresa pública e da sociedade de economia mista responderá pelos atos praticados com abuso de poder, nos termos da Lei nº 6.404, de 15 de dezembro de 1976.

§ 1º A ação de reparação poderá ser proposta pela sociedade, nos termos do art. 246 da Lei nº 6.404, de 15 de dezembro de 1976, pelo terceiro prejudicado ou pelos demais sócios, independentemente de autorização da assembleia-geral de acionistas.

§ 2º Prescreve em 6 (seis) anos, contados da data da prática do ato abusivo, a ação a que se refere o § 1º.

Seção III
Do Administrador

Art. 16. Sem prejuízo do disposto nesta Lei, o administrador de empresa pública e de sociedade de economia mista é submetido às normas previstas na Lei nº 6.404, de 15 de dezembro de 1976.

Parágrafo único. Consideram-se administradores da empresa pública e da sociedade de economia mista os membros do Conselho de Administração e da diretoria.

Art. 17. Os membros do Conselho de Administração e os indicados para os cargos de diretor, inclusive presidente, diretor-geral e diretor-presidente, serão escolhidos entre cidadãos de reputação ilibada e de notório conhecimento, devendo ser atendidos, alternativamente, um dos requisitos das alíneas "a", "b" e "c" do inciso I e, cumulativamente, os requisitos dos incisos II e III:

I - ter experiência profissional de, no mínimo:

a) 10 (dez) anos, no setor público ou privado, na área de atuação da empresa pública ou da sociedade de economia mista ou em área conexa àquela para a qual forem indicados em função de direção superior; ou

b) 4 (quatro) anos ocupando pelo menos um dos seguintes cargos:

1. cargo de direção ou de chefia superior em empresa de porte ou objeto social semelhante ao da empresa pública ou da sociedade de economia mista, entendendo-se como cargo de chefia superior aquele situado nos 2 (dois) níveis hierárquicos não estatutários mais altos da empresa;

2. cargo em comissão ou função de confiança equivalente a DAS-4 ou superior, no setor público;

3. cargo de docente ou de pesquisador em áreas de atuação da empresa pública ou da sociedade de economia mista;

c) 4 (quatro) anos de experiência como profissional liberal em atividade direta ou indiretamente vinculada à área de atuação da empresa pública ou sociedade de economia mista;

II - ter formação acadêmica compatível com o cargo para o qual foi indicado; e

III - não se enquadrar nas hipóteses de inelegibilidade previstas nas alíneas do inciso I do *caput* do art. 1º da Lei Complementar nº 64, de 18 de maio de 1990, com as alterações introduzidas pela Lei Complementar nº 135, de 4 de junho de 2010.

§ 1º O estatuto da empresa pública, da sociedade de economia mista e de suas subsidiárias poderá dispor sobre a contratação de seguro de responsabilidade civil pelos administradores.

§ 2º É vedada a indicação, para o Conselho de Administração e para a diretoria:

I - de representante do órgão regulador ao qual a empresa pública ou a sociedade de economia mista está sujeita, de Ministro de Estado, de Secretário de Estado, de Secretário Municipal, de titular de cargo, sem vínculo permanente com o serviço público, de natureza especial ou de direção e assessoramento superior na Administração Pública, de dirigente estatutário de partido político e de titular de mandato no Poder Legislativo de qualquer ente da federação, ainda que licenciados do cargo;

II - de pessoa que atuou, nos últimos 36 (trinta e seis) meses, como participante de estrutura decisória de partido político ou em trabalho vinculado a organização, estruturação e realização de campanha eleitoral;

III - de pessoa que exerça cargo em organização sindical;

IV - de pessoa que tenha firmado contrato ou parceria, como fornecedor ou comprador, demandante ou ofertante, de bens ou serviços de qualquer natureza, com a pessoa político-administrativa controladora da empresa pública ou da sociedade de economia mista ou com a própria empresa ou sociedade em período inferior a 3 (três) anos antes da data de nomeação;

V - de pessoa que tenha ou possa ter qualquer forma de conflito de interesse com a pessoa político-administrativa controladora da empresa pública ou da sociedade de economia mista ou com a própria empresa ou sociedade.

§ 3º A vedação prevista no inciso I do § 2º estende-se também aos parentes consanguíneos ou afins até o terceiro grau das pessoas nele mencionadas.

§ 4º Os administradores eleitos devem participar, na posse e anualmente, de treinamentos específicos sobre legislação societária e de mercado de capitais, divulgação de informações, controle interno, código de conduta, a Lei nº 12.846, de 1º de agosto de 2013 (Lei Anticorrupção), e demais temas relacionados às atividades da empresa pública ou da sociedade de economia mista.

§ 5º Os requisitos previstos no inciso I do *caput* poderão ser dispensados no caso de indicação de empregado da empresa pública ou da sociedade de economia mista para cargo de administrador ou como membro de comitê, desde que atendidos os seguintes quesitos mínimos:

I - o empregado tenha ingressado na empresa pública ou na sociedade de economia mista por meio de concurso público de provas ou de provas e títulos;

II - o empregado tenha mais de 10 (dez) anos de trabalho efetivo na empresa pública ou na sociedade de economia mista;

III - o empregado tenha ocupado cargo na gestão superior da empresa pública ou da sociedade de economia mista, comprovando sua capacidade para assumir as responsabilidades dos cargos de que trata o *caput*.

Seção IV
Do Conselho de Administração

Art. 18. Sem prejuízo das competências previstas no art. 142 da Lei nº 6.404, de 15 de dezembro de 1976, e das demais atribuições previstas nesta Lei, compete ao Conselho de Administração:

I - discutir, aprovar e monitorar decisões envolvendo práticas de governança corporativa, relacionamento com partes interessadas, política de gestão de pessoas e código de conduta dos agentes;

II - implementar e supervisionar os sistemas de gestão de riscos e de controle interno estabelecidos para a prevenção e mitigação dos principais riscos a que está exposta a empresa pública ou a sociedade de economia mista, inclusive os riscos relacionados à integridade das informações contábeis e financeiras e os relacionados à ocorrência de corrupção e fraude;

III - estabelecer política de porta-vozes visando a eliminar risco de contradição entre informações de diversas áreas e as dos executivos da empresa pública ou da sociedade de economia mista;

IV - avaliar os diretores da empresa pública ou da sociedade de economia mista, nos termos do inciso III do art. 13, podendo contar com apoio metodológico e procedimental do comitê estatutário referido no art. 10.

Art. 19. É garantida a participação, no Conselho de Administração, de representante dos empregados e dos acionistas minoritários.

§ 1º As normas previstas na Lei nº 12.353, de 28 de dezembro de 2010, aplicam-se à participação de empregados no Conselho de Administração da empresa pública, da sociedade de economia mista e de suas subsidiárias e controladas e das demais empresas em que a União, direta ou indiretamente, detenha a maioria do capital social com direito a voto.

§ 2º É assegurado aos acionistas minoritários o direito de eleger 1 (um) conselheiro, se maior número não lhes couber pelo processo de voto múltiplo previsto na Lei nº 6.404, de 15 de dezembro de 1976.

Art. 20. É vedada a participação remunerada de membros da Administração Pública, direta ou indireta, em mais de 2 (dois) conselhos, de administração ou fiscal, de empresa pública, de sociedade de economia mista ou de suas subsidiárias.

Art. 21. (VETADO).

Parágrafo único. (VETADO).

Seção V
Do Membro Independente do Conselho de Administração

Art. 22. O Conselho de Administração deve ser composto, no mínimo, por 25% (vinte e cinco por cento) de membros independentes ou por pelo menos 1 (um), caso haja decisão pelo exercício da faculdade do voto múltiplo pelos acionistas minoritários, nos termos do art. 141 da Lei nº 6.404, de 15 de dezembro de 1976.

§ 1º O conselheiro independente caracteriza-se por:

I - não ter qualquer vínculo com a empresa pública ou a sociedade de economia mista, exceto participação de capital;

II - não ser cônjuge ou parente consanguíneo ou afim, até o terceiro grau ou por adoção, de chefe do Poder Executivo, de Ministro de Estado, de Secretário de Estado ou Município ou de administrador da empresa pública ou da sociedade de economia mista;

III - não ter mantido, nos últimos 3 (três) anos, vínculo de qualquer natureza com a empresa pública, a sociedade de economia mista ou seus controladores, que possa vir a comprometer sua independência;

IV - não ser ou não ter sido, nos últimos 3 (três) anos, empregado ou diretor da empresa pública, da sociedade de economia mista ou de sociedade controlada, coligada ou subsidiária da empresa pública ou da sociedade de economia mista, exceto se o vínculo for exclusivamente com instituições públicas de ensino ou pesquisa;

V - não ser fornecedor ou comprador, direto ou indireto, de serviços ou produtos da empresa pública ou da sociedade de economia mista, de modo a implicar perda de independência;

VI - não ser funcionário ou administrador de sociedade ou entidade que esteja oferecendo ou demandando serviços ou produtos à empresa pública ou à sociedade de economia mista, de modo a implicar perda de independência;

VII - não receber outra remuneração da empresa pública ou da sociedade de economia mista além daquela relativa ao cargo de conselheiro, à exceção de proventos em dinheiro oriundos de participação no capital.

§ 2º Quando, em decorrência da observância do percentual mencionado no *caput*, resultar número fracionário de conselheiros, proceder-se-á ao arredondamento para o número inteiro:

I - imediatamente superior, quando a fração for igual ou superior a 0,5 (cinco décimos);

II - imediatamente inferior, quando a fração for inferior a 0,5 (cinco décimos).

§ 3º Não serão consideradas, para o cômputo das vagas destinadas a membros independentes, aquelas ocupadas pelos conselheiros eleitos por empregados, nos termos do § 1º do art. 19.

§ 4º Serão consideradas, para o cômputo das vagas destinadas a membros independentes, aquelas ocupadas pelos conselheiros eleitos por acionistas minoritários, nos termos do § 2º do art. 19.

§ 5º (VETADO).

Seção VI
Da Diretoria

Art. 23. É condição para investidura em cargo de diretoria da empresa pública e da sociedade de economia mista a assunção de compromisso com metas e resultados específicos a serem alcançados, que deverá ser aprovado pelo Conselho de Administração, a quem incumbe fiscalizar seu cumprimento.

§ 1º Sem prejuízo do disposto no *caput*, a diretoria deverá apresentar, até a última reunião ordinária do Conselho de Administração do ano anterior, a quem compete sua aprovação:

I - plano de negócios para o exercício anual seguinte;

II - estratégia de longo prazo atualizada com análise de riscos e oportunidades para, no mínimo, os próximos 5 (cinco) anos.

§ 2º Compete ao Conselho de Administração, sob pena de seus integrantes responderem por omissão, promover anualmente análise de atendimento das metas e resultados na execução do plano de negócios e da estratégia de longo prazo, devendo publicar suas conclusões e informá-las ao Congresso Nacional, às Assembleias Legislativas, à Câmara Legislativa do Distrito Federal ou às Câmaras Municipais e aos respectivos tribunais de contas, quando houver.

§ 3º Excluem-se da obrigação de publicação a que se refere o § 2º as informações de natureza estratégica cuja divulgação possa ser comprovadamente prejudicial ao interesse da empresa pública ou da sociedade de economia mista.

Seção VII
Do Comitê de Auditoria Estatutário

Art. 24. A empresa pública e a sociedade de economia mista deverão possuir em sua estrutura societária Comitê de Auditoria Estatutário como órgão auxiliar do Conselho de Administração, ao qual se reportará diretamente.

§ 1º Competirá ao Comitê de Auditoria Estatutário, sem prejuízo de outras competências previstas no estatuto da empresa pública ou da sociedade de economia mista:

I - opinar sobre a contratação e destituição de auditor independente;

II - supervisionar as atividades dos auditores independentes, avaliando sua independência, a qualidade dos serviços prestados e a adequação de tais serviços às necessidades da empresa pública ou da sociedade de economia mista;

III - supervisionar as atividades desenvolvidas nas áreas de controle interno, de auditoria interna e de elaboração das demonstrações financeiras da empresa pública ou da sociedade de economia mista;

IV – monitorar a qualidade e a integridade dos mecanismos de controle interno, das demonstrações financeiras e das informações e medições divulgadas pela empresa pública ou pela sociedade de economia mista;

V – avaliar e monitorar exposições de risco da empresa pública ou da sociedade de economia mista, podendo requerer, entre outras, informações detalhadas sobre políticas e procedimentos referentes a:

a) remuneração da administração;

b) utilização de ativos da empresa pública ou da sociedade de economia mista;

c) gastos incorridos em nome da empresa pública ou da sociedade de economia mista;

VI – avaliar e monitorar, em conjunto com a administração e a área de auditoria interna, a adequação das transações com partes relacionadas;

VII – elaborar relatório anual com informações sobre as atividades, os resultados, as conclusões e as recomendações do Comitê de Auditoria Estatutário, registrando, se houver, as divergências significativas entre administração, auditoria independente e Comitê de Auditoria Estatutário em relação às demonstrações financeiras;

VIII – avaliar a razoabilidade dos parâmetros em que se fundamentam os cálculos atuariais, bem como o resultado atuarial dos planos de benefícios mantidos pelo fundo de pensão, quando a empresa pública ou a sociedade de economia mista for patrocinadora de entidade fechada de previdência complementar.

§ 2º O Comitê de Auditoria Estatutário deverá possuir meios para receber denúncias, inclusive sigilosas, internas e externas à empresa pública ou à sociedade de economia mista, em matérias relacionadas ao escopo de suas atividades.

§ 3º O Comitê de Auditoria Estatutário deverá se reunir quando necessário, no mínimo bimestralmente, de modo que as informações contábeis sejam sempre apreciadas antes de sua divulgação.

§ 4º A empresa pública e a sociedade de economia mista deverão divulgar as atas das reuniões do Comitê de Auditoria Estatutário.

§ 5º Caso o Conselho de Administração considere que a divulgação da ata possa pôr em risco interesse legítimo da empresa pública ou da sociedade de economia mista, a empresa pública ou a sociedade de economia mista divulgará apenas o extrato das atas.

§ 6º A restrição prevista no § 5º não será oponível aos órgãos de controle, que terão total e irrestrito acesso ao conteúdo das atas do Comitê de Auditoria Estatutário, observada a transferência de sigilo.

§ 7º O Comitê de Auditoria Estatutário deverá possuir autonomia operacional e dotação orçamentária, anual ou por projeto, dentro de limites aprovados pelo Conselho de Administração, para conduzir ou determinar a realização de consultas, avaliações e investigações dentro do escopo de suas atividades, inclusive com a contratação e utilização de especialistas externos independentes.

Art. 25. O Comitê de Auditoria Estatutário será integrado por, no mínimo, 3 (três) e, no máximo, 5 (cinco) membros, em sua maioria independentes.

§ 1º São condições mínimas para integrar o Comitê de Auditoria Estatutário:

I – não ser ou ter sido, nos 12 (doze) meses anteriores à nomeação para o Comitê:

a) diretor, empregado ou membro do conselho fiscal da empresa pública ou sociedade de economia mista ou de sua controladora, controlada, coligada ou sociedade em controle comum, direta ou indireta;

b) responsável técnico, diretor, gerente, supervisor ou qualquer outro integrante com função de gerência de equipe envolvida nos trabalhos de auditoria na empresa pública ou sociedade de economia mista;

II – não ser cônjuge ou parente consanguíneo ou afim, até o segundo grau ou por adoção, das pessoas referidas no inciso I;

III – não receber qualquer outro tipo de remuneração da empresa pública ou sociedade de economia mista ou de sua controladora, controlada, coligada ou sociedade em controle comum, direta ou indireta, que não seja aquela relativa à função de integrante do Comitê de Auditoria Estatutário;

IV – não ser ou ter sido ocupante de cargo público efetivo, ainda que licenciado, ou de cargo em comissão da pessoa jurídica de direito público que exerça o controle acionário da empresa pública ou sociedade de economia mista, nos 12 (doze) meses anteriores à nomeação para o Comitê de Auditoria Estatutário.

§ 2º Ao menos 1 (um) dos membros do Comitê de Auditoria Estatutário deve ter reconhecida experiência em assuntos de contabilidade societária.

§ 3º O atendimento às previsões deste artigo deve ser comprovado por meio de documentação mantida na sede da empresa pública ou sociedade de economia mista pelo prazo mínimo de 5 (cinco) anos, contado a partir do último dia de mandato do membro do Comitê de Auditoria Estatutário.

Seção VIII
Do Conselho Fiscal

Art. 26. Além das normas previstas nesta Lei, aplicam-se aos membros do Conselho Fiscal da empresa pública e da sociedade de economia mista as disposições previstas na Lei nº 6.404, de 15 de dezembro de 1976, relativas a seus poderes, deveres e responsabilidades, a requisitos e impedimentos para investidura e a remuneração, além de outras disposições estabelecidas na referida Lei.

§ 1º Podem ser membros do Conselho Fiscal pessoas naturais, residentes no País, com formação acadêmica compatível com o exercício da função e que tenham exercido, por prazo mínimo de 3 (três) anos, cargo de direção ou assessoramento na Administração Pública ou cargo de conselheiro fiscal ou administrador em empresa.

§ 2º O Conselho Fiscal contará com pelo menos 1 (um) membro indicado pelo ente controlador, que deverá ser servidor público com vínculo permanente com a Administração Pública.

CAPÍTULO III
DA FUNÇÃO SOCIAL DA EMPRESA PÚBLICA E DA SOCIEDADE DE ECONOMIA MISTA

Art. 27. A empresa pública e a sociedade de economia mista terão a função social de realização do interesse coletivo ou de atendimento a imperativo da segurança nacional expressa no instrumento de autorização legal para a sua criação.

§ 1º A realização do interesse coletivo de que trata este artigo deverá ser orientada para o alcance do bem-estar econômico e para a alocação socialmente eficiente dos recursos geridos pela empresa pública e pela sociedade de economia mista, bem como para o seguinte:

I – ampliação economicamente sustentada do acesso de consumidores aos produtos e serviços da empresa pública ou da sociedade de economia mista;

II – desenvolvimento ou emprego de tecnologia brasileira para produção e oferta de produtos e serviços da empresa pública ou da sociedade de economia mista, sempre de maneira economicamente justificada.

§ 2º A empresa pública e a sociedade de economia mista deverão, nos termos da lei, adotar práticas de sustentabilidade ambiental e de responsabilidade social corporativa compatíveis com o mercado em que atuam.

§ 3º A empresa pública e a sociedade de economia mista poderão celebrar convênio ou contrato de patrocínio com pessoa física ou com pessoa jurídica para promoção de atividades culturais, sociais, esportivas, educacionais e de inovação tecnológica, desde que comprovadamente vinculadas ao fortalecimento de sua marca, observando-se, no que couber, as normas de licitação e contratos desta Lei.

TÍTULO II
DISPOSIÇÕES APLICÁVEIS ÀS EMPRESAS PÚBLICAS, ÀS SOCIEDADES DE ECONOMIA MISTA E ÀS SUAS SUBSIDIÁRIAS QUE EXPLOREM ATIVIDADE ECONÔMICA DE PRODUÇÃO OU COMERCIALIZAÇÃO DE BENS OU DE PRESTAÇÃO DE SERVIÇOS, AINDA QUE A ATIVIDADE ECONÔMICA ESTEJA SUJEITA AO REGIME DE MONOPÓLIO DA UNIÃO OU SEJA DE PRESTAÇÃO DE SERVIÇOS PÚBLICOS.

CAPÍTULO I
DAS LICITAÇÕES

Seção I
Da Exigência de Licitação e dos Casos de Dispensa e de Inexigibilidade

Art. 28. Os contratos com terceiros destinados à prestação de serviços às empresas públicas e às sociedades de economia mista, inclusive de engenharia e de publicidade, à aquisição e à locação de bens, à alienação de bens e ativos integrantes do respectivo patrimônio ou à execução de obras a serem integradas a esse patrimônio, bem como à implementação de ônus real sobre tais bens, serão precedidos de licitação nos termos desta Lei, ressalvadas as hipóteses previstas nos arts. 29 e 30.

§ 1º Aplicam-se às licitações das empresas públicas e das sociedades de economia mista as disposições constantes dos arts. 42 a 49 da Lei Complementar nº 123, de 14 de dezembro de 2006.

§ 2º O convênio ou contrato de patrocínio celebrado com pessoas físicas ou jurídicas de que trata o § 3º do art. 27 observará, no que couber, as normas de licitação e contratos desta Lei.

§ 3º São as empresas públicas e as sociedades de economia mista dispensadas da observância dos dispositivos deste Capítulo nas seguintes situações:

I - comercialização, prestação ou execução, de forma direta, pelas empresas mencionadas no *caput*, de produtos, serviços ou obras especificamente relacionados com seus respectivos objetos sociais;

II - nos casos em que a escolha do parceiro esteja associada a suas características particulares, vinculada a oportunidades de negócio definidas e específicas, justificada a inviabilidade de procedimento competitivo.

§ 4º Consideram-se oportunidades de negócio a que se refere o inciso II do § 3º a formação e a extinção de parcerias e outras formas associativas, societárias ou contratuais, a aquisição e a alienação de participação em sociedades e outras formas associativas, societárias ou contratuais e as operações realizadas no âmbito do mercado de capitais, respeitada a regulação pelo respectivo órgão competente.

Art. 29. É dispensável a realização de licitação por empresas públicas e sociedades de economia mista:

I - para obras e serviços de engenharia de valor até R$ 100.000,00 (cem mil reais), desde que não se refiram a parcelas de uma mesma obra ou serviço ou ainda a obras e serviços de mesma natureza e no mesmo local que possam ser realizadas conjunta e concomitantemente;

II - para outros serviços e compras de valor até R$ 50.000,00 (cinquenta mil reais) e para alienações, nos casos previstos nesta Lei, desde que não se refiram a parcelas de um mesmo serviço, compra ou alienação de maior vulto que possa ser realizado de uma só vez;

III - quando não acudirem interessados à licitação anterior e essa, justificadamente, não puder ser repetida sem prejuízo para a empresa pública ou a sociedade de economia mista, bem como para suas respectivas subsidiárias, desde que mantidas as condições preestabelecidas;

IV - quando as propostas apresentadas consignarem preços manifestamente superiores aos praticados no mercado nacional ou incompatíveis com os fixados pelos órgãos oficiais competentes;

V – para a compra ou locação de imóvel destinado ao atendimento de suas finalidades precípuas, quando as necessidades de instalação e localização condicionarem a escolha do imóvel, desde que o preço seja compatível com o valor de mercado, segundo avaliação prévia;

VI – na contratação de remanescente de obra, de serviço ou de fornecimento, em consequência de rescisão contratual, desde que atendida a ordem de classificação da licitação anterior e aceitas as mesmas condições do contrato encerrado por rescisão ou distrato, inclusive quanto ao preço, devidamente corrigido;

VII – na contratação de instituição brasileira incumbida regimental ou estatutariamente da pesquisa, do ensino ou do desenvolvimento institucional ou de instituição dedicada à recuperação social do preso, desde que a contratada detenha inquestionável reputação ético-profissional e não tenha fins lucrativos;

VIII – para a aquisição de componentes ou peças de origem nacional ou estrangeira necessários à manutenção de equipamentos durante o período de garantia técnica, junto ao fornecedor original desses equipamentos, quando tal condição de exclusividade for indispensável para a vigência da garantia;

IX – na contratação de associação de pessoas com deficiência física, sem fins lucrativos e de comprovada idoneidade, para a prestação de serviços ou fornecimento de mão de obra, desde que o preço contratado seja compatível com o praticado no mercado;

X – na contratação de concessionário, permissionário ou autorizado para fornecimento ou suprimento de energia elétrica ou gás natural e de outras prestadoras de serviço público, segundo as normas da legislação específica, desde que o objeto do contrato tenha pertinência com o serviço público.

XI – nas contratações entre empresas públicas ou sociedades de economia mista e suas respectivas subsidiárias, para aquisição ou alienação de bens e prestação ou obtenção de serviços, desde que os preços sejam compatíveis com os praticados no mercado e que o objeto do contrato tenha relação com a atividade da contratada prevista em seu estatuto social;

XII – na contratação de coleta, processamento e comercialização de resíduos sólidos urbanos recicláveis ou reutilizáveis, em áreas com sistema de coleta seletiva de lixo, efetuados por associações ou cooperativas formadas exclusivamente por pessoas físicas de baixa renda que tenham como ocupação econômica a coleta de materiais recicláveis, com o uso de equipamentos compatíveis com as normas técnicas, ambientais e de saúde pública;

XIII – para o fornecimento de bens e serviços, produzidos ou prestados no País, que envolvam, cumulativamente, alta complexidade tecnológica e defesa nacional, mediante parecer de comissão especialmente designada pelo dirigente máximo da empresa pública ou da sociedade de economia mista;

XIV – nas contratações visando ao cumprimento do disposto nos arts. 3º, 4º, 5º e 20 da Lei nº 10.973, de 2 de dezembro de 2004, observados os princípios gerais de contratação dela constantes;

XV – em situações de emergência, quando caracterizada urgência de atendimento de situação que possa ocasionar prejuízo ou comprometer a segurança de pessoas, obras, serviços, equipamentos e outros bens, públicos ou particulares, e somente para os bens necessários ao atendimento da situação emergencial e para as parcelas de obras e serviços que possam ser concluídas no prazo máximo de 180 (cento e oitenta) dias consecutivos e ininterruptos, contado da ocorrência da emergência, vedada a prorrogação dos respectivos contratos, observado o disposto no § 2º;

XVI – na transferência de bens a órgãos e entidades da Administração Pública, inclusive quando efetivada mediante permuta;

XVII – na doação de bens móveis para fins e usos de interesse social, após avaliação de sua oportunidade e conveniência socioeconômica relativamente à escolha de outra forma de alienação;

XVIII - na compra e venda de ações, de títulos de crédito e de dívida e de bens que produzam ou comercializem.

§ 1º Na hipótese de nenhum dos licitantes aceitar a contratação nos termos do inciso VI do *caput*, a empresa pública e a sociedade de economia mista poderão convocar os licitantes remanescentes, na ordem de classificação, para a celebração do contrato nas condições ofertadas por estes, desde que o respectivo valor seja igual ou inferior ao orçamento estimado para a contratação, inclusive quanto aos preços atualizados nos termos do instrumento convocatório.

§ 2º A contratação direta com base no inciso XV do *caput* não dispensará a responsabilização de quem, por ação ou omissão, tenha dado causa ao motivo ali descrito, inclusive no tocante ao disposto na Lei nº 8.429, de 2 de junho de 1992.

§ 3º Os valores estabelecidos nos incisos I e II do *caput* podem ser alterados, para refletir a variação de custos, por deliberação do Conselho de Administração da empresa pública ou sociedade de economia mista, admitindo-se valores diferenciados para cada sociedade.

Art. 30. A contratação direta será feita quando houver inviabilidade de competição, em especial na hipótese de:

I - aquisição de materiais, equipamentos ou gêneros que só possam ser fornecidos por produtor, empresa ou representante comercial exclusivo;

II - contratação dos seguintes serviços técnicos especializados, com profissionais ou empresas de notória especialização, vedada a inexigibilidade para serviços de publicidade e divulgação:

a) estudos técnicos, planejamentos e projetos básicos ou executivos;

b) pareceres, perícias e avaliações em geral;

c) assessorias ou consultorias técnicas e auditorias financeiras ou tributárias;

d) fiscalização, supervisão ou gerenciamento de obras ou serviços;

e) patrocínio ou defesa de causas judiciais ou administrativas;

f) treinamento e aperfeiçoamento de pessoal;

g) restauração de obras de arte e bens de valor histórico.

§ 1º Considera-se de notória especialização o profissional ou a empresa cujo conceito no campo de sua especialidade, decorrente de desempenho anterior, estudos, experiência, publicações, organização, aparelhamento, equipe técnica ou outros requisitos relacionados com suas atividades, permita inferir que o seu trabalho é essencial e indiscutivelmente o mais adequado à plena satisfação do objeto do contrato.

§ 2º Na hipótese do *caput* e em qualquer dos casos de dispensa, se comprovado, pelo órgão de controle externo, sobrepreço ou superfaturamento, respondem solidariamente pelo dano causado quem houver decidido pela contratação direta e o fornecedor ou o prestador de serviços.

§ 3º O processo de contratação direta será instruído, no que couber, com os seguintes elementos:

I - caracterização da situação emergencial ou calamitosa que justifique a dispensa, quando for o caso;

II - razão da escolha do fornecedor ou do executante;

III - justificativa do preço.

Seção II
Disposições de Caráter Geral sobre Licitações e Contratos

Art. 31. As licitações realizadas e os contratos celebrados por empresas públicas e sociedades de economia mista destinam-se a assegurar a seleção da proposta mais vantajosa, inclusive no que se refere ao ciclo de vida do objeto, e a evitar operações em que se caracterize sobrepreço ou superfaturamento, devendo observar os princípios da impessoalidade, da moralidade, da igualdade, da publicidade, da eficiência, da probidade administrativa, da economicidade, do desenvolvimento nacional sustentável, da vinculação ao instrumento convocatório, da obtenção de competitividade e do julgamento objetivo.

§ 1º Para os fins do disposto no *caput*, considera-se que há:

I - sobrepreço quando os preços orçados para a licitação ou os preços contratados são expressivamente superiores aos preços referenciais de mercado, podendo referir-se ao valor unitário de um item, se a licitação ou a contratação for por preços unitários de serviço, ou ao valor global do objeto, se a licitação ou a contratação for por preço global ou por empreitada;

II - superfaturamento quando houver dano ao patrimônio da empresa pública ou da sociedade de economia mista caracterizado, por exemplo:

a) pela medição de quantidades superiores às efetivamente executadas ou fornecidas;

b) pela deficiência na execução de obras e serviços de engenharia que resulte em diminuição da qualidade, da vida útil ou da segurança;

c) por alterações no orçamento de obras e de serviços de engenharia que causem o desequilíbrio econômico-financeiro do contrato em favor do contratado;

d) por outras alterações de cláusulas financeiras que gerem recebimentos contratuais antecipados, distorção do cronograma físico-financeiro, prorrogação injustificada do prazo contratual com custos adicionais para a empresa pública ou a sociedade de economia mista ou reajuste irregular de preços.

§ 2º O orçamento de referência do custo global de obras e serviços de engenharia deverá ser obtido a partir de custos unitários de insumos ou serviços menores ou iguais à mediana de seus correspondentes no Sistema Nacional de Pesquisa de Custos e Índices da Construção Civil (Sinapi), no caso de construção civil em geral, ou no Sistema de Custos Referenciais de Obras (Sicro), no caso de obras e serviços rodoviários, devendo ser observadas as peculiaridades geográficas.

§ 3º No caso de inviabilidade da definição dos custos consoante o disposto no § 2º, a estimativa de custo global poderá ser apurada por meio da utilização de dados contidos em tabela de referência formalmente aprovada por órgãos ou entidades da Administração Pública federal, em publicações técnicas especializadas, em banco de dados e sistema específico instituído para o setor ou em pesquisa de mercado.

§ 4º A empresa pública e a sociedade de economia mista poderão adotar procedimento de manifestação de interesse privado para o recebimento de propostas e projetos de empreendimentos com vistas a atender necessidades previamente identificadas, cabendo a regulamento a definição de suas regras específicas.

§ 5º Na hipótese a que se refere o § 4º, o autor ou financiador do projeto poderá participar da licitação para a execução do empreendimento, podendo ser ressarcido pelos custos aprovados pela empresa pública ou sociedade de economia mista caso não vença o certame, desde que seja promovida a cessão de direitos de que trata o art. 80.

Art. 32. Nas licitações e contratos de que trata esta Lei serão observadas as seguintes diretrizes:

I - padronização do objeto da contratação, dos instrumentos convocatórios e das minutas de contratos, de acordo com normas internas específicas;

II - busca da maior vantagem competitiva para a empresa pública ou sociedade de economia mista, considerando custos e benefícios, diretos e indiretos, de natureza econômica, social ou ambiental, inclusive os relativos à manutenção, ao desfazimento de bens e resíduos, ao índice de depreciação econômica e a outros fatores de igual relevância;

III - parcelamento do objeto, visando a ampliar a participação de licitantes, sem perda de economia de escala, e desde que não atinja valores inferiores aos limites estabelecidos no art. 29, incisos I e II;

IV - adoção preferencial da modalidade de licitação denominada pregão, instituída pela Lei nº 10.520, de 17 de julho de 2002, para a aquisição de bens e serviços comuns, assim considerados aqueles cujos padrões de desempenho e qualidade possam ser objetivamente definidos pelo edital, por meio de especificações usuais no mercado;

V - observação da política de integridade nas transações com partes interessadas.

§ 1º As licitações e os contratos disciplinados por esta Lei devem respeitar, especialmente, as normas relativas à:

I - disposição final ambientalmente adequada dos resíduos sólidos gerados pelas obras contratadas;

II - mitigação dos danos ambientais por meio de medidas condicionantes e de compensação ambiental, que serão definidas no procedimento de licenciamento ambiental;

III - utilização de produtos, equipamentos e serviços que, comprovadamente, reduzam o consumo de energia e de recursos naturais;

IV - avaliação de impactos de vizinhança, na forma da legislação urbanística;

V - proteção do patrimônio cultural, histórico, arqueológico e imaterial, inclusive por meio da avaliação do impacto direto ou indireto causado por investimentos realizados por empresas públicas e sociedades de economia mista;

VI - acessibilidade para pessoas com deficiência ou com mobilidade reduzida.

§ 2º A contratação a ser celebrada por empresa pública ou sociedade de economia mista da qual decorra impacto negativo sobre bens do patrimônio cultural, histórico, arqueológico e imaterial tombados dependerá de autorização da esfera de governo encarregada da proteção do respectivo patrimônio, devendo o impacto ser compensado por meio de medidas determinadas pelo dirigente máximo da empresa pública ou sociedade de economia mista, na forma da legislação aplicável.

§ 3º As licitações na modalidade de pregão, na forma eletrônica, deverão ser realizadas exclusivamente em portais de compras de acesso público na internet.

§ 4º Nas licitações com etapa de lances, a empresa pública ou sociedade de economia mista disponibilizará ferramentas eletrônicas para envio de lances pelos licitantes.

Art. 33. O objeto da licitação e do contrato dela decorrente será definido de forma sucinta e clara no instrumento convocatório.

Art. 34. O valor estimado do contrato a ser celebrado pela empresa pública ou pela sociedade de economia mista será sigiloso, facultando-se à contratante, mediante justificação na fase de preparação prevista no inciso I do art. 51 desta Lei, conferir publicidade ao valor estimado do objeto da licitação, sem prejuízo da divulgação do detalhamento dos quantitativos e das demais informações necessárias para a elaboração das propostas.

§ 1º Na hipótese em que for adotado o critério de julgamento por maior desconto, a informação de que trata o *caput* deste artigo constará do instrumento convocatório.

§ 2º No caso de julgamento por melhor técnica, o valor do prêmio ou da remuneração será incluído no instrumento convocatório.

§ 3º A informação relativa ao valor estimado do objeto da licitação, ainda que tenha caráter sigiloso, será disponibilizada a órgãos de controle externo e interno, devendo a empresa pública ou a sociedade de economia mista registrar em documento formal sua disponibilização aos órgãos de controle, sempre que solicitado.

§ 4º (VETADO).

Art. 35. Observado o disposto no art. 34, o conteúdo da proposta, quando adotado o modo de disputa fechado e até sua abertura, os atos e os procedimentos praticados em decorrência desta Lei submetem-se à legislação que regula o acesso dos cidadãos às informações detidas pela administração pública, particularmente aos termos da Lei nº 12.527, de 18 de novembro de 2011.

Art. 36. A empresa pública e a sociedade de economia mista poderão promover a pré-qualificação de seus fornecedores ou produtos, nos termos do art. 64.

Art. 37. A empresa pública e a sociedade de economia mista deverão informar os dados relativos às sanções por elas aplicadas aos contratados, nos termos definidos no art. 83, de forma a manter atualizado o cadastro de empresas inidôneas de que trata o art. 23 da Lei nº 12.846, de 1º de agosto de 2013.

§ 1º O fornecedor incluído no cadastro referido no *caput* não poderá disputar licitação ou participar, direta ou indiretamente, da execução de contrato.

§ 2º Serão excluídos do cadastro referido no *caput*, a qualquer tempo, fornecedores que demonstrarem a superação dos motivos que deram causa à restrição contra eles promovida.

Art. 38. Estará impedida de participar de licitações e de ser contratada pela empresa pública ou sociedade de economia mista a empresa:

I - cujo administrador ou sócio detentor de mais de 5% (cinco por cento) do capital social seja diretor ou empregado da empresa pública ou sociedade de economia mista contratante;

II - suspensa pela empresa pública ou sociedade de economia mista;

III - declarada inidônea pela União, por Estado, pelo Distrito Federal ou pela unidade federativa a que está vinculada a empresa pública ou sociedade de economia mista, enquanto perdurarem os efeitos da sanção;

IV - constituída por sócio de empresa que estiver suspensa, impedida ou declarada inidônea;

V - cujo administrador seja sócio de empresa suspensa, impedida ou declarada inidônea;

VI - constituída por sócio que tenha sido sócio ou administrador de empresa suspensa, impedida ou declarada inidônea, no período dos fatos que deram ensejo à sanção;

VII - cujo administrador tenha sido sócio ou administrador de empresa suspensa, impedida ou declarada inidônea, no período dos fatos que deram ensejo à sanção;

VIII - que tiver, nos seus quadros de diretoria, pessoa que participou, em razão de vínculo de mesma natureza, de empresa declarada inidônea.

Parágrafo único. Aplica-se a vedação prevista no *caput*:

I - à contratação do próprio empregado ou dirigente, como pessoa física, bem como à participação dele em procedimentos licitatórios, na condição de licitante;

II - a quem tenha relação de parentesco, até o terceiro grau civil, com:

a) dirigente de empresa pública ou sociedade de economia mista;

b) empregado de empresa pública ou sociedade de economia mista cujas atribuições envolvam a atuação na área responsável pela licitação ou contratação;

c) autoridade do ente público a que a empresa pública ou sociedade de economia mista esteja vinculada.

III - cujo proprietário, mesmo na condição de sócio, tenha terminado seu prazo de gestão ou rompido seu vínculo com a respectiva empresa pública ou sociedade de economia mista promotora da licitação ou contratante há menos de 6 (seis) meses.

Art. 39. Os procedimentos licitatórios, a pré-qualificação e os contratos disciplinados por esta Lei serão divulgados em portal específico mantido pela empresa pública ou sociedade de economia mista na internet, devendo ser adotados os seguintes prazos mínimos para apresentação de propostas ou lances, contados a partir da divulgação do instrumento convocatório:

I - para aquisição de bens:

a) 5 (cinco) dias úteis, quando adotado como critério de julgamento o menor preço ou o maior desconto;

b) 10 (dez) dias úteis, nas demais hipóteses;

II - para contratação de obras e serviços:

a) 15 (quinze) dias úteis, quando adotado como critério de julgamento o menor preço ou o maior desconto;

b) 30 (trinta) dias úteis, nas demais hipóteses;

III - no mínimo 45 (quarenta e cinco) dias úteis para licitação em que se adote como critério de julgamento a melhor técnica ou a melhor combinação de técnica e preço, bem como para licitação em que haja contratação semi-integrada ou integrada.

Parágrafo único. As modificações promovidas no instrumento convocatório serão objeto de divulgação nos mesmos termos e prazos dos atos e procedimentos originais, exceto quando a alteração não afetar a preparação das propostas.

Art. 40. As empresas públicas e as sociedades de economia mista deverão publicar e manter atualizado regulamento interno de licitações e contratos, compatível com o disposto nesta Lei, especialmente quanto a:

I - glossário de expressões técnicas;

II - cadastro de fornecedores;

III - minutas-padrão de editais e contratos;

IV - procedimentos de licitação e contratação direta;

V - tramitação de recursos;

VI - formalização de contratos;

VII - gestão e fiscalização de contratos;

VIII - aplicação de penalidades;

IX - recebimento do objeto do contrato.

Art. 41. Aplicam-se às licitações e contratos regidos por esta Lei as normas de direito penal contidas nos arts. 89 a 99 da Lei nº 8.666, de 21 de junho de 1993.

Seção III
Das Normas Específicas para Obras e Serviços

Art. 42. Na licitação e na contratação de obras e serviços por empresas públicas e sociedades de economia mista, serão observadas as seguintes definições:

I - empreitada por preço unitário: contratação por preço certo de unidades determinadas;

II - empreitada por preço global: contratação por preço certo e total;

III - tarefa: contratação de mão de obra para pequenos trabalhos por preço certo, com ou sem fornecimento de material;

IV - empreitada integral: contratação de empreendimento em sua integralidade, com todas as etapas de obras, serviços e instalações necessárias, sob inteira responsabilidade da contratada até a sua entrega ao contratante em condições de entrada em operação, atendidos os requisitos técnicos e legais para sua utilização em condições de segurança estrutural e operacional e com as características adequadas às finalidades para as quais foi contratada;

V - contratação semi-integrada: contratação que envolve a elaboração e o desenvolvimento do projeto executivo, a execução de obras e serviços de engenharia, a montagem, a realização de testes, a pré-operação e as demais operações necessárias e suficientes para a entrega final do objeto, de acordo com o estabelecido nos §§ 1º e 3º deste artigo;

VI - contratação integrada: contratação que envolve a elaboração e o desenvolvimento dos projetos básico e executivo, a execução de obras e serviços de engenharia, a montagem, a realização de testes, a pré-operação e as demais operações necessárias e suficientes para a entrega final do objeto, de acordo com o estabelecido nos §§ 1º, 2º e 3º deste artigo;

VII - anteprojeto de engenharia: peça técnica com todos os elementos de contornos necessários e fundamentais à elaboração do projeto básico, devendo conter minimamente os seguintes elementos:

a) demonstração e justificativa do programa de necessidades, visão global dos investimentos e definições relacionadas ao nível de serviço desejado;

b) condições de solidez, segurança e durabilidade e prazo de entrega;

c) estética do projeto arquitetônico;

d) parâmetros de adequação ao interesse público, à economia na utilização, à facilidade na execução, aos impactos ambientais e à acessibilidade;

e) concepção da obra ou do serviço de engenharia;

f) projetos anteriores ou estudos preliminares que embasaram a concepção adotada;

g) levantamento topográfico e cadastral;

h) pareceres de sondagem;

i) memorial descritivo dos elementos da edificação, dos componentes construtivos e dos materiais de construção, de forma a estabelecer padrões mínimos para a contratação;

VIII - projeto básico: conjunto de elementos necessários e suficientes, com nível de precisão adequado, para, observado o disposto no § 3º, caracterizar a obra ou o serviço, ou o complexo de obras ou de serviços objeto da licitação, elaborado com base nas indicações dos estudos técnicos preliminares, que assegure a viabilidade técnica e o adequado tratamento do impacto ambiental do empreendimento e que possibilite a avaliação do custo da obra e a definição dos métodos e do prazo de execução, devendo conter os seguintes elementos:

a) desenvolvimento da solução escolhida, de forma a fornecer visão global da obra e a identificar todos os seus elementos constitutivos com clareza;

b) soluções técnicas globais e localizadas, suficientemente detalhadas, de forma a minimizar a necessidade de reformulação ou de variantes durante as fases de elaboração do projeto executivo e de realização das obras e montagem;

c) identificação dos tipos de serviços a executar e de materiais e equipamentos a incorporar à obra, bem como suas especificações, de modo a assegurar os melhores resultados para o empreendimento, sem frustrar o caráter competitivo para a sua execução;

d) informações que possibilitem o estudo e a dedução de métodos construtivos, instalações provisórias e condições organizacionais para a obra, sem frustrar o caráter competitivo para a sua execução;

e) subsídios para montagem do plano de licitação e gestão da obra, compreendendo a sua programação, a estratégia de suprimentos, as normas de fiscalização e outros dados necessários em cada caso;

f) (VETADO);

IX - projeto executivo: conjunto dos elementos necessários e suficientes à execução completa da obra, de acordo com as normas técnicas pertinentes;

X - matriz de riscos: cláusula contratual definidora de riscos e responsabilidades entre as partes e caracterizadora do equilíbrio econômico-financeiro inicial do contrato, em termos de ônus financeiro decorrente de eventos supervenientes à contratação, contendo, no mínimo, as seguintes informações:

a) listagem de possíveis eventos supervenientes à assinatura do contrato, impactantes no equilíbrio econômico-financeiro da avença, e previsão de eventual necessidade de prolação de termo aditivo quando de sua ocorrência;

b) estabelecimento preciso das frações do objeto em que haverá liberdade das contratadas para inovar em soluções metodológicas ou tecnológicas, em obrigações de resultado, em termos de modificação das soluções previamente delineadas no anteprojeto ou no projeto básico da licitação;

c) estabelecimento preciso das frações do objeto em que não haverá liberdade das contratadas para inovar em soluções metodológicas ou tecnológicas, em obrigações de meio, devendo haver obrigação de identidade entre a execução e a solução pré-definida no anteprojeto ou no projeto básico da licitação.

§ 1º As contratações semi-integradas e integradas referidas, respectivamente, nos incisos V e VI do *caput* deste artigo restringir-se-ão a obras e serviços de engenharia e observarão os seguintes requisitos:

I – o instrumento convocatório deverá conter:

a) anteprojeto de engenharia, no caso de contratação integrada, com elementos técnicos que permitam a caracterização da obra ou do serviço e a elaboração e comparação, de forma isonômica, das propostas a serem ofertadas pelos particulares;

b) projeto básico, nos casos de empreitada por preço unitário, de empreitada por preço global, de empreitada integral e de contratação semi-integrada, nos termos definidos neste artigo;

c) documento técnico, com definição precisa das frações do empreendimento em que haverá liberdade de as contratadas inovarem em soluções metodológicas ou tecnológicas, seja em termos de modificação das soluções previamente delineadas no anteprojeto ou no projeto básico da licitação, seja em termos de detalhamento dos sistemas e procedimentos construtivos previstos nessas peças técnicas;

d) matriz de riscos;

II – o valor estimado do objeto a ser licitado será calculado com base em valores de mercado, em valores pagos pela Administração Pública em serviços e obras similares ou em avaliação do custo global da obra, aferido mediante orçamento sintético ou metodologia expedita ou paramétrica;

III – o critério de julgamento a ser adotado será o de menor preço ou de melhor combinação de técnica e preço, pontuando-se na avaliação técnica as vantagens e os benefícios que eventualmente forem oferecidos para cada produto ou solução;

IV – na contratação semi-integrada, o projeto básico poderá ser alterado, desde que demonstrada a superioridade das inovações em termos de redução de custos, de aumento da qualidade, de redução do prazo de execução e de facilidade de manutenção ou operação.

§ 2º No caso dos orçamentos das contratações integradas:

I – sempre que o anteprojeto da licitação, por seus elementos mínimos, assim o permitir, as estimativas de preço devem se basear em orçamento tão detalhado quanto possível, devendo a utilização de estimativas paramétricas e a avaliação aproximada baseada em outras obras similares ser realizadas somente nas frações do empreendimento não suficientemente detalhadas no anteprojeto da licitação, exigindo-se das contratadas, no mínimo, o mesmo nível de detalhamento em seus demonstrativos de formação de preços;

II – quando utilizada metodologia expedita ou paramétrica para abalizar o valor do empreendimento ou de fração dele, consideradas as disposições do inciso I, entre 2 (duas) ou mais técnicas estimativas possíveis, deve ser utilizada nas estimativas de preço-base a que viabilize a maior precisão orçamentária, exigindo-se das licitantes, no mínimo, o mesmo nível de detalhamento na motivação dos respectivos preços ofertados.

§ 3º Nas contratações integradas ou semi-integradas, os riscos decorrentes de fatos supervenientes à contratação associados à escolha da solução de projeto básico pela contratante deverão ser alocados como de sua responsabilidade na matriz de riscos.

§ 4º No caso de licitação de obras e serviços de engenharia, as empresas públicas e as sociedades de economia mista abrangidas por esta Lei deverão utilizar a contratação semi-integrada, prevista no inciso V do *caput*, cabendo a elas a elaboração ou a contratação do projeto básico antes da licitação de que trata este parágrafo, podendo ser utilizadas outras modalidades previstas nos incisos do *caput* deste artigo, desde que essa opção seja devidamente justificada.

§ 5º Para fins do previsto na parte final do § 4º, não será admitida, por parte da empresa pública ou da sociedade de economia mista, como justificativa para a adoção da modalidade de contratação integrada, a ausência de projeto básico.

Art. 43. Os contratos destinados à execução de obras e serviços de engenharia admitirão os seguintes regimes:

I - empreitada por preço unitário, nos casos em que os objetos, por sua natureza, possuam imprecisão inerente de quantitativos em seus itens orçamentários;

II - empreitada por preço global, quando for possível definir previamente no projeto básico, com boa margem de precisão, as quantidades dos serviços a serem posteriormente executados na fase contratual;

III - contratação por tarefa, em contratações de profissionais autônomos ou de pequenas empresas para realização de serviços técnicos comuns e de curta duração;

IV - empreitada integral, nos casos em que o contratante necessite receber o empreendimento, normalmente de alta complexidade, em condição de operação imediata;

V - contratação semi-integrada, quando for possível definir previamente no projeto básico as quantidades dos serviços a serem posteriormente executados na fase contratual, em obra ou serviço de engenharia que possa ser executado com diferentes metodologias ou tecnologias;

VI - contratação integrada, quando a obra ou o serviço de engenharia for de natureza predominantemente intelectual e de inovação tecnológica do objeto licitado ou puder ser executado com diferentes metodologias ou tecnologias de domínio restrito no mercado.

§ 1º Serão obrigatoriamente precedidas pela elaboração de projeto básico, disponível para exame de qualquer interessado, as licitações para a contratação de obras e serviços, com exceção daquelas em que for adotado o regime previsto no inciso VI do *caput* deste artigo.

§ 2º É vedada a execução, sem projeto executivo, de obras e serviços de engenharia.

Art. 44. É vedada a participação direta ou indireta nas licitações para obras e serviços de engenharia de que trata esta Lei:

I - de pessoa física ou jurídica que tenha elaborado o anteprojeto ou o projeto básico da licitação;

II - de pessoa jurídica que participar de consórcio responsável pela elaboração do anteprojeto ou do projeto básico da licitação;

III - de pessoa jurídica da qual o autor do anteprojeto ou do projeto básico da licitação seja administrador, controlador, gerente, responsável técnico, subcontratado ou sócio, neste último caso quando a participação superar 5% (cinco por cento) do capital votante.

§ 1º A elaboração do projeto executivo constituirá encargo do contratado, consoante preço previamente fixado pela empresa pública ou pela sociedade de economia mista.

§ 2º É permitida a participação das pessoas jurídicas e da pessoa física de que tratam os incisos II e III do *caput* deste artigo em licitação ou em execução de contrato, como consultor ou técnico, nas funções de fiscalização, supervisão ou gerenciamento, exclusivamente a serviço da empresa pública e da sociedade de economia mista interessadas.

§ 3º Para fins do disposto no *caput*, considera-se participação indireta a existência de vínculos de natureza técnica, comercial, econômica, financeira ou trabalhista entre o autor do projeto básico, pessoa física ou jurídica, e o licitante ou responsável pelos serviços, fornecimentos e obras, incluindo-se os fornecimentos de bens e serviços a estes necessários.

§ 4º O disposto no § 3º deste artigo aplica-se a empregados incumbidos de levar a efeito atos e procedimentos realizados pela empresa pública e pela sociedade de economia mista no curso da licitação.

Art. 45. Na contratação de obras e serviços, inclusive de engenharia, poderá ser estabelecida remuneração variável vinculada ao desempenho do contratado, com base em metas, padrões de qualidade, critérios de sustentabilidade ambiental e prazos de entrega definidos no instrumento convocatório e no contrato.

Parágrafo único. A utilização da remuneração variável respeitará o limite orçamentário fixado pela empresa pública ou pela sociedade de economia mista para a respectiva contratação.

Art. 46. Mediante justificativa expressa e desde que não implique perda de economia de escala, poderá ser celebrado mais de um contrato para executar serviço de mesma natureza quando o objeto da contratação puder ser executado de forma concorrente e simultânea por mais de um contratado.

§ 1º Na hipótese prevista no *caput* deste artigo, será mantido controle individualizado da execução do objeto contratual relativamente a cada um dos contratados.

§ 2º (VETADO).

Seção IV
Das Normas Específicas para Aquisição de Bens

Art. 47. A empresa pública e a sociedade de economia mista, na licitação para aquisição de bens, poderão:

I - indicar marca ou modelo, nas seguintes hipóteses:

a) em decorrência da necessidade de padronização do objeto;

b) quando determinada marca ou modelo comercializado por mais de um fornecedor constituir o único capaz de atender o objeto do contrato;

c) quando for necessária, para compreensão do objeto, a identificação de determinada marca ou modelo apto a servir como referência, situação em que será obrigatório o acréscimo da expressão "ou similar ou de melhor qualidade";

II - exigir amostra do bem no procedimento de pré-qualificação e na fase de julgamento das propostas ou de lances, desde que justificada a necessidade de sua apresentação;

III - solicitar a certificação da qualidade do produto ou do processo de fabricação, inclusive sob o aspecto ambiental, por instituição previamente credenciada.

Parágrafo único. O edital poderá exigir, como condição de aceitabilidade da proposta, a adequação às normas da Associação Brasileira de Normas Técnicas (ABNT) ou a certificação da qualidade do produto por instituição credenciada pelo Sistema Nacional de Metrologia, Normalização e Qualidade Industrial (Sinmetro).

Art. 48. Será dada publicidade, com periodicidade mínima semestral, em sítio eletrônico oficial na internet de acesso irrestrito, à relação das aquisições de bens efetivadas pelas empresas públicas e pelas sociedades de economia mista, compreendidas as seguintes informações:

I - identificação do bem comprado, de seu preço unitário e da quantidade adquirida;

II - nome do fornecedor;

III - valor total de cada aquisição.

Seção V
Das Normas Específicas para Alienação de Bens

Art. 49. A alienação de bens por empresas públicas e por sociedades de economia mista será precedida de:

I - avaliação formal do bem contemplado, ressalvadas as hipóteses previstas nos incisos XVI a XVIII do art. 29;

II - licitação, ressalvado o previsto no § 3º do art. 28.

Art. 50. Estendem-se à atribuição de ônus real a bens integrantes do acervo patrimonial de empresas públicas e de sociedades de economia mista as normas desta Lei aplicáveis à sua alienação, inclusive em relação às hipóteses de dispensa e de inexigibilidade de licitação.

Seção VI
Do Procedimento de Licitação

Art. 51. As licitações de que trata esta Lei observarão a seguinte sequência de fases:

I - preparação;

II - divulgação;

III - apresentação de lances ou propostas, conforme o modo de disputa adotado;

IV - julgamento;

V - verificação de efetividade dos lances ou propostas;

VI - negociação;

VII - habilitação;

VIII - interposição de recursos;

IX - adjudicação do objeto;

X - homologação do resultado ou revogação do procedimento.

§ 1º A fase de que trata o inciso VII do *caput* poderá, excepcionalmente, anteceder as referidas nos incisos III a VI do *caput*, desde que expressamente previsto no instrumento convocatório.

§ 2º Os atos e procedimentos decorrentes das fases enumeradas no *caput* praticados por empresas públicas, por sociedades de economia mista e por licitantes serão efetivados preferencialmente por meio eletrônico, nos termos definidos pelo instrumento convocatório, devendo os avisos contendo os resumos dos editais das licitações e contratos abrangidos por esta Lei ser previamente publicados no Diário Oficial da União, do Estado ou do Município e na internet.

Art. 52. Poderão ser adotados os modos de disputa aberto ou fechado, ou, quando o objeto da licitação puder ser parcelado, a combinação de ambos, observado o disposto no inciso III do art. 32 desta Lei.

§ 1º No modo de disputa aberto, os licitantes apresentarão lances públicos e sucessivos, crescentes ou decrescentes, conforme o critério de julgamento adotado.

§ 2º No modo de disputa fechado, as propostas apresentadas pelos licitantes serão sigilosas até a data e a hora designadas para que sejam divulgadas.

Art. 53. Quando for adotado o modo de disputa aberto, poderão ser admitidos:

I - a apresentação de lances intermediários;

II - o reinício da disputa aberta, após a definição do melhor lance, para definição das demais colocações, quando existir diferença de pelo menos 10% (dez por cento) entre o melhor lance e o subsequente.

Parágrafo único. Consideram-se intermediários os lances:

I - iguais ou inferiores ao maior já ofertado, quando adotado o julgamento pelo critério da maior oferta;

II - iguais ou superiores ao menor já ofertado, quando adotados os demais critérios de julgamento.

Art. 54. Poderão ser utilizados os seguintes critérios de julgamento:

I - menor preço;

II - maior desconto;

III - melhor combinação de técnica e preço;

IV - melhor técnica;

V - melhor conteúdo artístico;

VI - maior oferta de preço;

VII - maior retorno econômico;

VIII - melhor destinação de bens alienados.

§ 1º Os critérios de julgamento serão expressamente identificados no instrumento convocatório e poderão ser combinados na hipótese de parcelamento do objeto, observado o disposto no inciso III do art. 32.

§ 2º Na hipótese de adoção dos critérios referidos nos incisos III, IV, V e VII do *caput* deste artigo, o julgamento das propostas será efetivado mediante o emprego de parâmetros específicos, definidos no instrumento convocatório, destinados a limitar a subjetividade do julgamento.

§ 3º Para efeito de julgamento, não serão consideradas vantagens não previstas no instrumento convocatório.

§ 4º O critério previsto no inciso II do *caput*:

I - terá como referência o preço global fixado no instrumento convocatório, estendendo-se o desconto oferecido nas propostas ou lances vencedores a eventuais termos aditivos;

II - no caso de obras e serviços de engenharia, o desconto incidirá de forma linear sobre a totalidade dos itens constantes do orçamento estimado, que deverá obrigatoriamente integrar o instrumento convocatório.

§ 5º Quando for utilizado o critério referido no inciso III do *caput*, a avaliação das propostas técnicas e de preço considerará o percentual de ponderação mais relevante, limitado a 70% (setenta por cento).

§ 6º Quando for utilizado o critério referido no inciso VII do *caput*, os lances ou propostas terão o objetivo de proporcionar economia à empresa pública ou à sociedade de economia mista, por meio da redução de suas despesas correntes, remunerando-se o licitante vencedor com base em percentual da economia de recursos gerada.

§ 7º Na implementação do critério previsto no inciso VIII do *caput* deste artigo, será obrigatoriamente considerada, nos termos do respectivo instrumento convocatório, a repercussão, no meio social, da finalidade para cujo atendimento o bem será utilizado pelo adquirente.

§ 8º O descumprimento da finalidade a que se refere o § 7º deste artigo resultará na imediata restituição do bem alcançado ao acervo patrimonial da empresa pública ou da sociedade de economia mista, vedado, nessa hipótese, o pagamento de indenização em favor do adquirente.

Art. 55. Em caso de empate entre 2 (duas) propostas, serão utilizados, na ordem em que se encontram enumerados, os seguintes critérios de desempate:

I - disputa final, em que os licitantes empatados poderão apresentar nova proposta fechada, em ato contínuo ao encerramento da etapa de julgamento;

II - avaliação do desempenho contratual prévio dos licitantes, desde que exista sistema objetivo de avaliação instituído;

III - os critérios estabelecidos no art. 3º da Lei nº 8.248, de 23 de outubro de 1991, e no § 2º do art. 3º da Lei nº 8.666, de 21 de junho de 1993;

IV - sorteio.

Art. 56. Efetuado o julgamento dos lances ou propostas, será promovida a verificação de sua efetividade, promovendo-se a desclassificação daqueles que:

I - contenham vícios insanáveis;

II - descumpram especificações técnicas constantes do instrumento convocatório;

III - apresentem preços manifestamente inexequíveis;

IV - se encontrem acima do orçamento estimado para a contratação de que trata o § 1º do art. 57, ressalvada a hipótese prevista no *caput* do art. 34 desta Lei;

V - não tenham sua exequibilidade demonstrada, quando exigido pela empresa pública ou pela sociedade de economia mista;

VI - apresentem desconformidade com outras exigências do instrumento convocatório, salvo se for possível a acomodação a seus termos antes da adjudicação do objeto e sem que se prejudique a atribuição de tratamento isonômico entre os licitantes.

§ 1º A verificação da efetividade dos lances ou propostas poderá ser feita exclusivamente em relação aos lances e propostas mais bem classificados.

§ 2º A empresa pública e a sociedade de economia mista poderão realizar diligências para aferir a exequibilidade das propostas ou exigir dos licitantes que ela seja demonstrada, na forma do inciso V do *caput*.

§ 3º Nas licitações de obras e serviços de engenharia, consideram-se inexequíveis as propostas com valores globais inferiores a 70% (setenta por cento) do menor dos seguintes valores:

I – média aritmética dos valores das propostas superiores a 50% (cinquenta por cento) do valor do orçamento estimado pela empresa pública ou sociedade de economia mista; ou

II – valor do orçamento estimado pela empresa pública ou sociedade de economia mista.

§ 4º Para os demais objetos, para efeito de avaliação da exequibilidade ou de sobrepreço, deverão ser estabelecidos critérios de aceitabilidade de preços que considerem o preço global, os quantitativos e os preços unitários, assim definidos no instrumento convocatório.

Art. 57. Confirmada a efetividade do lance ou proposta que obteve a primeira colocação na etapa de julgamento, ou que passe a ocupar essa posição em decorrência da desclassificação de outra que tenha obtido colocação superior, a empresa pública e a sociedade de economia mista deverão negociar condições mais vantajosas com quem o apresentou.

§ 1º A negociação deverá ser feita com os demais licitantes, segundo a ordem inicialmente estabelecida, quando o preço do primeiro colocado, mesmo após a negociação, permanecer acima do orçamento estimado.

§ 2º (VETADO).

§ 3º Se depois de adotada a providência referida no § 1º deste artigo não for obtido valor igual ou inferior ao orçamento estimado para a contratação, será revogada a licitação.

Art. 58. A habilitação será apreciada exclusivamente a partir dos seguintes parâmetros:

I – exigência da apresentação de documentos aptos a comprovar a possibilidade da aquisição de direitos e da contração de obrigações por parte do licitante;

II – qualificação técnica, restrita a parcelas do objeto técnica ou economicamente relevantes, de acordo com parâmetros estabelecidos de forma expressa no instrumento convocatório;

III – capacidade econômica e financeira;

IV – recolhimento de quantia a título de adiantamento, tratando-se de licitações em que se utilize como critério de julgamento a maior oferta de preço.

§ 1º Quando o critério de julgamento utilizado for a maior oferta de preço, os requisitos de qualificação técnica e de capacidade econômica e financeira poderão ser dispensados.

§ 2º Na hipótese do § 1º, reverterá a favor da empresa pública ou da sociedade de economia mista o valor de quantia eventualmente exigida no instrumento convocatório a título de adiantamento, caso o licitante não efetue o restante do pagamento devido no prazo para tanto estipulado.

Art. 59. Salvo no caso de inversão de fases, o procedimento licitatório terá fase recursal única.

§ 1º Os recursos serão apresentados no prazo de 5 (cinco) dias úteis após a habilitação e contemplarão, além dos atos praticados nessa fase, aqueles praticados em decorrência do disposto nos incisos IV e V do *caput* do art. 51 desta Lei.

§ 2º Na hipótese de inversão de fases, o prazo referido no § 1º será aberto após a habilitação e após o encerramento da fase prevista no inciso V do *caput* do art. 51, abrangendo o segundo prazo também atos decorrentes da fase referida no inciso IV do *caput* do art. 51 desta Lei.

Art. 60. A homologação do resultado implica a constituição de direito relativo à celebração do contrato em favor do licitante vencedor.

Art. 61. A empresa pública e a sociedade de economia mista não poderão celebrar contrato com preterição da ordem de classificação das propostas ou com terceiros estranhos à licitação.

Art. 62. Além das hipóteses previstas no § 3º do art. 57 desta Lei e no inciso II do § 2º do art. 75 desta Lei, quem dispuser de competência para homologação do resultado poderá revogar a licitação por razões de interesse público decorrentes de fato superveniente que constitua óbice manifesto e incontornável, ou anulá-la por ilegalidade, de ofício ou por provocação de terceiros, salvo quando for viável a convalidação do ato ou do procedimento viciado.

§ 1º A anulação da licitação por motivo de ilegalidade não gera obrigação de indenizar, observado o disposto no § 2º deste artigo.

§ 2º A nulidade da licitação induz à do contrato.

§ 3º Depois de iniciada a fase de apresentação de lances ou propostas, referida no inciso III do *caput* do art. 51 desta Lei, a revogação ou a anulação da licitação somente será efetivada depois de se conceder aos licitantes que manifestem interesse em contestar o respectivo ato prazo apto a lhes assegurar o exercício do direito ao contraditório e à ampla defesa.

§ 4º O disposto no *caput* e nos §§ 1º e 2º deste artigo aplica-se, no que couber, aos atos por meio dos quais se determine a contratação direta.

Seção VII
Dos Procedimentos Auxiliares das Licitações

Art. 63. São procedimentos auxiliares das licitações regidas por esta Lei:

I - pré-qualificação permanente;

II - cadastramento;

III - sistema de registro de preços;

IV - catálogo eletrônico de padronização.

Parágrafo único. Os procedimentos de que trata o *caput* deste artigo obedecerão a critérios claros e objetivos definidos em regulamento.

Art. 64. Considera-se pré-qualificação permanente o procedimento anterior à licitação destinado a identificar:

I - fornecedores que reúnam condições de habilitação exigidas para o fornecimento de bem ou a execução de serviço ou obra nos prazos, locais e condições previamente estabelecidos;

II - bens que atendam às exigências técnicas e de qualidade da Administração Pública.

§ 1º O procedimento de pré-qualificação será público e permanentemente aberto à inscrição de qualquer interessado.

§ 2º A empresa pública e a sociedade de economia mista poderão restringir a participação em suas licitações a fornecedores ou produtos pré-qualificados, nas condições estabelecidas em regulamento.

§ 3º A pré-qualificação poderá ser efetuada nos grupos ou segmentos, segundo as especialidades dos fornecedores.

§ 4º A pré-qualificação poderá ser parcial ou total, contendo alguns ou todos os requisitos de habilitação ou técnicos necessários à contratação, assegurada, em qualquer hipótese, a igualdade de condições entre os concorrentes.

§ 5º A pré-qualificação terá validade de 1 (um) ano, no máximo, podendo ser atualizada a qualquer tempo.

§ 6º Na pré-qualificação aberta de produtos, poderá ser exigida a comprovação de qualidade.

§ 7º É obrigatória a divulgação dos produtos e dos interessados que forem pré-qualificados.

Art. 65. Os registros cadastrais poderão ser mantidos para efeito de habilitação dos inscritos em procedimentos licitatórios e serão válidos por 1 (um) ano, no máximo, podendo ser atualizados a qualquer tempo.

§ 1º Os registros cadastrais serão amplamente divulgados e ficarão permanentemente abertos para a inscrição de interessados.

§ 2º Os inscritos serão admitidos segundo requisitos previstos em regulamento.

§ 3º A atuação do licitante no cumprimento de obrigações assumidas será anotada no respectivo registro cadastral.

§ 4º A qualquer tempo poderá ser alterado, suspenso ou cancelado o registro do inscrito que deixar de satisfazer as exigências estabelecidas para habilitação ou para admissão cadastral.

Art. 66. O Sistema de Registro de Preços especificamente destinado às licitações de que trata esta Lei reger-se-á pelo disposto em decreto do Poder Executivo e pelas seguintes disposições:

§ 1º Poderá aderir ao sistema referido no *caput* qualquer órgão ou entidade responsável pela execução das atividades contempladas no art. 1º desta Lei.

§ 2º O registro de preços observará, entre outras, as seguintes condições:

I - efetivação prévia de ampla pesquisa de mercado;

II - seleção de acordo com os procedimentos previstos em regulamento;

III - desenvolvimento obrigatório de rotina de controle e atualização periódicos dos preços registrados;

IV - definição da validade do registro;

V - inclusão, na respectiva ata, do registro dos licitantes que aceitarem cotar os bens ou serviços com preços iguais ao do licitante vencedor na sequência da classificação do certame, assim como dos licitantes que mantiverem suas propostas originais.

§ 3º A existência de preços registrados não obriga a Administração Pública a firmar os contratos que deles poderão advir, sendo facultada a realização de licitação específica, assegurada ao licitante registrado preferência em igualdade de condições.

Art. 67. O catálogo eletrônico de padronização de compras, serviços e obras consiste em sistema informatizado, de gerenciamento centralizado, destinado a permitir a padronização dos itens a serem adquiridos pela empresa pública ou sociedade de economia mista que estarão disponíveis para a realização de licitação.

Parágrafo único. O catálogo referido no *caput* poderá ser utilizado em licitações cujo critério de julgamento seja o menor preço ou o maior desconto e conterá toda a documentação e todos os procedimentos da fase interna da licitação, assim como as especificações dos respectivos objetos, conforme disposto em regulamento.

CAPÍTULO II
DOS CONTRATOS

Seção I
Da Formalização dos Contratos

Art. 68. Os contratos de que trata esta Lei regulam-se pelas suas cláusulas, pelo disposto nesta Lei e pelos preceitos de direito privado.

Art. 69. São cláusulas necessárias nos contratos disciplinados por esta Lei:

I - o objeto e seus elementos característicos;

II - o regime de execução ou a forma de fornecimento;

III - o preço e as condições de pagamento, os critérios, a data-base e a periodicidade do reajustamento de preços e os critérios de atualização monetária entre a data do adimplemento das obrigações e a do efetivo pagamento;

IV - os prazos de início de cada etapa de execução, de conclusão, de entrega, de observação, quando for o caso, e de recebimento;

V - as garantias oferecidas para assegurar a plena execução do objeto contratual, quando exigidas, observado o disposto no art. 68;

VI - os direitos e as responsabilidades das partes, as tipificações das infrações e as respectivas penalidades e valores das multas;

VII - os casos de rescisão do contrato e os mecanismos para alteração de seus termos;

VIII - a vinculação ao instrumento convocatório da respectiva licitação ou ao termo que a dispensou ou a inexigiu, bem como ao lance ou proposta do licitante vencedor;

IX - a obrigação do contratado de manter, durante a execução do contrato, em compatibilidade com as obrigações por ele assumidas, as condições de habilitação e qualificação exigidas no curso do procedimento licitatório;

X - matriz de riscos.

§ 1º (VETADO).

§ 2º Nos contratos decorrentes de licitações de obras ou serviços de engenharia em que tenha sido adotado o modo de disputa aberto, o contratado deverá reelaborar e apresentar à empresa pública ou à sociedade de economia mista e às suas respectivas subsidiárias, por meio eletrônico, as planilhas com indicação dos quantitativos e dos custos unitários, bem como do detalhamento das Bonificações e Despesas Indiretas (BDI) e dos Encargos Sociais (ES), com os respectivos valores adequados ao lance vencedor, para fins do disposto no inciso III do *caput* deste artigo.

Art. 70. Poderá ser exigida prestação de garantia nas contratações de obras, serviços e compras.

§ 1º Caberá ao contratado optar por uma das seguintes modalidades de garantia:

I - caução em dinheiro;

II - seguro-garantia;

III - fiança bancária.

§ 2º A garantia a que se refere o *caput* não excederá a 5% (cinco por cento) do valor do contrato e terá seu valor atualizado nas mesmas condições nele estabelecidas, ressalvado o previsto no § 3º deste artigo.

§ 3º Para obras, serviços e fornecimentos de grande vulto envolvendo complexidade técnica e riscos financeiros elevados, o limite de garantia previsto no § 2º poderá ser elevado para até 10% (dez por cento) do valor do contrato.

§ 4º A garantia prestada pelo contratado será liberada ou restituída após a execução do contrato, devendo ser atualizada monetariamente na hipótese do inciso I do § 1º deste artigo.

Art. 71. A duração dos contratos regidos por esta Lei não excederá a 5 (cinco) anos, contados a partir de sua celebração, exceto:

I - para projetos contemplados no plano de negócios e investimentos da empresa pública ou da sociedade de economia mista;

II - nos casos em que a pactuação por prazo superior a 5 (cinco) anos seja prática rotineira de mercado e a imposição desse prazo inviabilize ou onere excessivamente a realização do negócio.

Parágrafo único. É vedado o contrato por prazo indeterminado.

Art. 72. Os contratos regidos por esta Lei somente poderão ser alterados por acordo entre as partes, vedando-se ajuste que resulte em violação da obrigação de licitar.

Art. 73. A redução a termo do contrato poderá ser dispensada no caso de pequenas despesas de pronta entrega e pagamento das quais não resultem obrigações futuras por parte da empresa pública ou da sociedade de economia mista.

Parágrafo único. O disposto no *caput* não prejudicará o registro contábil exaustivo dos valores despendidos e a exigência de recibo por parte dos respectivos destinatários.

Art. 74. É permitido a qualquer interessado o conhecimento dos termos do contrato e a obtenção de cópia autenticada de seu inteiro teor ou de qualquer de suas partes, admitida a exigência de ressarcimento dos custos, nos termos previstos na Lei nº 12.527, de 18 de novembro de 2011.

Art. 75. A empresa pública e a sociedade de economia mista convocarão o licitante vencedor ou o destinatário de contratação com dispensa ou inexigibilidade de licitação para assinar o termo de contrato, observados o prazo e as condições estabelecidos, sob pena de decadência do direito à contratação.

§ 1º O prazo de convocação poderá ser prorrogado 1 (uma) vez, por igual período.

§ 2º É facultado à empresa pública ou à sociedade de economia mista, quando o convocado não assinar o termo de contrato no prazo e nas condições estabelecidos:

I - convocar os licitantes remanescentes, na ordem de classificação, para fazê-lo em igual prazo e nas mesmas condições propostas pelo primeiro classificado, inclusive quanto aos preços atualizados em conformidade com o instrumento convocatório;

II - revogar a licitação.

Art. 76. O contratado é obrigado a reparar, corrigir, remover, reconstruir ou substituir, às suas expensas, no total ou em parte, o objeto do contrato em que se verificarem vícios, defeitos ou incorreções resultantes da execução ou de materiais empregados, e responderá por danos causados diretamente a terceiros ou à empresa pública ou sociedade de economia mista, independentemente da comprovação de sua culpa ou dolo na execução do contrato.

Art. 77. O contratado é responsável pelos encargos trabalhistas, fiscais e comerciais resultantes da execução do contrato.

§ 1º A inadimplência do contratado quanto aos encargos trabalhistas, fiscais e comerciais não transfere à empresa pública ou à sociedade de economia mista a responsabilidade por seu pagamento, nem poderá onerar o objeto do contrato ou restringir a regularização e o uso das obras e edificações, inclusive perante o Registro de Imóveis.

§ 2º (VETADO).

Art. 78. O contratado, na execução do contrato, sem prejuízo das responsabilidades contratuais e legais, poderá subcontratar partes da obra, serviço ou fornecimento, até o limite admitido, em cada caso, pela empresa pública ou pela sociedade de economia mista, conforme previsto no edital do certame.

§ 1º A empresa subcontratada deverá atender, em relação ao objeto da subcontratação, as exigências de qualificação técnica impostas ao licitante vencedor.

§ 2º É vedada a subcontratação de empresa ou consórcio que tenha participado:

I - do procedimento licitatório do qual se originou a contratação;

II - direta ou indiretamente, da elaboração de projeto básico ou executivo.

§ 3º As empresas de prestação de serviços técnicos especializados deverão garantir que os integrantes de seu corpo técnico executem pessoal e diretamente as obrigações a eles imputadas, quando a respectiva relação for apresentada em procedimento licitatório ou em contratação direta.

Art. 79. Na hipótese do § 6º do art. 54, quando não for gerada a economia prevista no lance ou proposta, a diferença entre a economia contratada e a efetivamente obtida será descontada da remuneração do contratado.

Parágrafo único. Se a diferença entre a economia contratada e a efetivamente obtida for superior à remuneração do contratado, será aplicada a sanção prevista no contrato, nos termos do inciso VI do *caput* do art. 69 desta Lei.

Art. 80. Os direitos patrimoniais e autorais de projetos ou serviços técnicos especializados desenvolvidos por profissionais autônomos ou por empresas contratadas passam a ser propriedade da empresa pública ou sociedade de economia mista que os tenha contratado, sem prejuízo da preservação da identificação dos respectivos autores e da responsabilidade técnica a eles atribuída.

Seção II
Da Alteração dos Contratos

Art. 81. Os contratos celebrados nos regimes previstos nos incisos I a V do art. 43 contarão com cláusula que estabeleça a possibilidade de alteração, por acordo entre as partes, nos seguintes casos:

I - quando houver modificação do projeto ou das especificações, para melhor adequação técnica aos seus objetivos;

II - quando necessária a modificação do valor contratual em decorrência de acréscimo ou diminuição quantitativa de seu objeto, nos limites permitidos por esta Lei;

III - quando conveniente a substituição da garantia de execução;

IV - quando necessária a modificação do regime de execução da obra ou serviço, bem como do modo de fornecimento, em face de verificação técnica da inaplicabilidade dos termos contratuais originários;

V - quando necessária a modificação da forma de pagamento, por imposição de circunstâncias supervenientes, mantido o valor inicial atualizado, vedada a antecipação do pagamento, com relação ao cronograma financeiro fixado, sem a correspondente contraprestação de fornecimento de bens ou execução de obra ou serviço;

VI - para restabelecer a relação que as partes pactuaram inicialmente entre os encargos do contratado e a retribuição da administração para a justa remuneração da obra, serviço ou fornecimento, objetivando a manutenção do equilíbrio econômico-financeiro inicial do contrato, na hipótese de sobrevirem fatos imprevisíveis, ou previsíveis porém de consequências incalculáveis, retardadores ou impeditivos da execução do ajustado, ou, ainda, em caso de força maior, caso fortuito ou fato do príncipe, configurando álea econômica extraordinária e extracontratual.

§ 1º O contratado poderá aceitar, nas mesmas condições contratuais, os acréscimos ou supressões que se fizerem nas obras, serviços ou compras, até 25% (vinte e cinco por cento) do valor inicial atualizado do contrato, e, no caso particular de reforma de edifício ou de equipamento, até o limite de 50% (cinquenta por cento) para os seus acréscimos.

§ 2º Nenhum acréscimo ou supressão poderá exceder os limites estabelecidos no § 1º, salvo as supressões resultantes de acordo celebrado entre os contratantes.

§ 3º Se no contrato não houverem sido contemplados preços unitários para obras ou serviços, esses serão fixados mediante acordo entre as partes, respeitados os limites estabelecidos no § 1º.

§ 4º No caso de supressão de obras, bens ou serviços, se o contratado já houver adquirido os materiais e posto no local dos trabalhos, esses materiais deverão ser pagos pela empresa pública ou sociedade de economia mista pelos custos de aquisição regularmente comprovados e monetariamente corrigidos, podendo caber indenização por outros danos eventualmente decorrentes da supressão, desde que regularmente comprovados.

§ 5º A criação, a alteração ou a extinção de quaisquer tributos ou encargos legais, bem como a superveniência de disposições legais, quando ocorridas após a data da apresentação da proposta, com comprovada repercussão nos preços contratados, implicarão a revisão destes para mais ou para menos, conforme o caso.

§ 6º Em havendo alteração do contrato que aumente os encargos do contratado, a empresa pública ou a sociedade de economia mista deverá restabelecer, por aditamento, o equilíbrio econômico-financeiro inicial.

§ 7º A variação do valor contratual para fazer face ao reajuste de preços previsto no próprio contrato e as atualizações, compensações ou penalizações financeiras decorrentes das condições de pagamento nele previstas, bem como o empenho de dotações orçamentárias suplementares até o limite do seu valor corrigido, não caracterizam alteração do contrato e podem ser registrados por simples apostila, dispensada a celebração de aditamento.

§ 8º É vedada a celebração de aditivos decorrentes de eventos supervenientes alocados, na matriz de riscos, como de responsabilidade da contratada.

Seção III
Das Sanções Administrativas

Art. 82. Os contratos devem conter cláusulas com sanções administrativas a serem aplicadas em decorrência de atraso injustificado na execução do contrato, sujeitando o contratado a multa de mora, na forma prevista no instrumento convocatório ou no contrato.

§ 1º A multa a que alude este artigo não impede que a empresa pública ou a sociedade de economia mista rescinda o contrato e aplique as outras sanções previstas nesta Lei.

§ 2º A multa, aplicada após regular processo administrativo, será descontada da garantia do respectivo contratado.

§ 3º Se a multa for de valor superior ao valor da garantia prestada, além da perda desta, responderá o contratado pela sua diferença, a qual será descontada dos pagamentos eventualmente devidos pela empresa pública ou pela sociedade de economia mista ou, ainda, quando for o caso, cobrada judicialmente.

Art. 83. Pela inexecução total ou parcial do contrato a empresa pública ou a sociedade de economia mista poderá, garantida a prévia defesa, aplicar ao contratado as seguintes sanções:

I - advertência;

II - multa, na forma prevista no instrumento convocatório ou no contrato;

III - suspensão temporária de participação em licitação e impedimento de contratar com a entidade sancionadora, por prazo não superior a 2 (dois) anos.

§ 1º Se a multa aplicada for superior ao valor da garantia prestada, além da perda desta, responderá o contratado pela sua diferença, que será descontada dos pagamentos eventualmente devidos pela empresa pública ou pela sociedade de economia mista ou cobrada judicialmente.

§ 2º As sanções previstas nos incisos I e III do *caput* poderão ser aplicadas juntamente com a do inciso II, devendo a defesa prévia do interessado, no respectivo processo, ser apresentada no prazo de 10 (dez) dias úteis.

Art. 84. As sanções previstas no inciso III do art. 83 poderão também ser aplicadas às empresas ou aos profissionais que, em razão dos contratos regidos por esta Lei:

I - tenham sofrido condenação definitiva por praticarem, por meios dolosos, fraude fiscal no recolhimento de quaisquer tributos;

II - tenham praticado atos ilícitos visando a frustrar os objetivos da licitação;

III - demonstrem não possuir idoneidade para contratar com a empresa pública ou a sociedade de economia mista em virtude de atos ilícitos praticados.

CAPÍTULO III
DA FISCALIZAÇÃO PELO ESTADO E PELA SOCIEDADE

Art. 85. Os órgãos de controle externo e interno das 3 (três) esferas de governo fiscalizarão as empresas públicas e as sociedades de economia mista a elas relacionadas, inclusive aquelas domiciliadas no exterior, quanto à legitimidade, à economicidade e à eficácia da aplicação de seus recursos, sob o ponto de vista contábil, financeiro, operacional e patrimonial.

§ 1º Para a realização da atividade fiscalizatória de que trata o *caput*, os órgãos de controle deverão ter acesso irrestrito aos documentos e às informações necessários à realização dos trabalhos, inclusive aqueles classificados como sigilosos pela empresa pública ou pela sociedade de economia mista, nos termos da Lei nº12.527, de 18 de novembro de 2011.

§ 2º O grau de confidencialidade será atribuído pelas empresas públicas e sociedades de economia mista no ato de entrega dos documentos e informações solicitados, tornando-se o órgão de controle com o qual foi compartilhada a informação sigilosa corresponsável pela manutenção do seu sigilo.

§ 3º Os atos de fiscalização e controle dispostos neste Capítulo aplicar-se-ão, também, às empresas públicas e às sociedades de economia mista de caráter e constituição transnacional no que se refere aos atos de gestão e aplicação do capital nacional, independentemente de estarem incluídos ou não em seus respectivos atos e acordos constitutivos.

Art. 86. As informações das empresas públicas e das sociedades de economia mista relativas a licitações e contratos, inclusive aqueles referentes a bases de preços, constarão de bancos de dados eletrônicos atualizados e com acesso em tempo real aos órgãos de controle competentes.

§ 1º As demonstrações contábeis auditadas da empresa pública e da sociedade de economia mista serão disponibilizadas no sítio eletrônico da empresa ou da sociedade na internet, inclusive em formato eletrônico editável.

§ 2º As atas e demais expedientes oriundos de reuniões, ordinárias ou extraordinárias, dos conselhos de administração ou fiscal das empresas públicas e das sociedades de economia mista, inclusive gravações e filmagens, quando houver, deverão ser disponibilizados para os órgãos de controle sempre que solicitados, no âmbito dos trabalhos de auditoria.

§ 3º O acesso dos órgãos de controle às informações referidas no *caput* e no § 2º será restrito e individualizado.

§ 4º As informações que sejam revestidas de sigilo bancário, estratégico, comercial ou industrial serão assim identificadas, respondendo o servidor administrativa, civil e penalmente pelos danos causados à empresa pública ou à sociedade de economia mista e a seus acionistas em razão de eventual divulgação indevida.

§ 5º Os critérios para a definição do que deve ser considerado sigilo estratégico, comercial ou industrial serão estabelecidos em regulamento.

Art. 87. O controle das despesas decorrentes dos contratos e demais instrumentos regidos por esta Lei será feito pelos órgãos do sistema de controle interno e pelo tribunal de contas competente, na forma da legislação pertinente, ficando as empresas públicas e as sociedades de economia mista responsáveis pela demonstração da legalidade e da regularidade da despesa e da execução, nos termos da Constituição.

§ 1º Qualquer cidadão é parte legítima para impugnar edital de licitação por irregularidade na aplicação desta Lei, devendo protocolar o pedido até 5 (cinco) dias úteis antes da data fixada para a ocorrência do certame, devendo a entidade julgar e responder à impugnação em até 3 (três) dias úteis, sem prejuízo da faculdade prevista no § 2º.

§ 2º Qualquer licitante, contratado ou pessoa física ou jurídica poderá representar ao tribunal de contas ou aos órgãos integrantes do sistema de controle interno contra irregularidades na aplicação desta Lei, para os fins do disposto neste artigo.

§ 3º Os tribunais de contas e os órgãos integrantes do sistema de controle interno poderão solicitar para exame, a qualquer tempo, documentos de natureza contábil, financeira, orçamentária, patrimonial e operacional das empresas públicas, das sociedades de economia mista e de suas subsidiárias no Brasil e no exterior, obrigando-se, os jurisdicionados, à adoção das medidas corretivas pertinentes que, em função desse exame, lhes forem determinadas.

Art. 88. As empresas públicas e as sociedades de economia mista deverão disponibilizar para conhecimento público, por meio eletrônico, informação completa mensalmente atualizada sobre a execução de seus contratos e de seu orçamento, admitindo-se retardo de até 2 (dois) meses na divulgação das informações.

§ 1º A disponibilização de informações contratuais referentes a operações de perfil estratégico ou que tenham por objeto segredo industrial receberá proteção mínima necessária para lhes garantir confidencialidade.

§ 2º O disposto no § 1º não será oponível à fiscalização dos órgãos de controle interno e do tribunal de contas, sem prejuízo da responsabilização administrativa, civil e penal do servidor que der causa à eventual divulgação dessas informações.

Art. 89. O exercício da supervisão por vinculação da empresa pública ou da sociedade de economia mista, pelo órgão a que se vincula, não pode ensejar a redução ou a supressão da autonomia conferida pela lei específica que autorizou a criação da entidade supervisionada ou da autonomia inerente a sua natureza, nem autoriza a ingerência do supervisor em sua administração e funcionamento, devendo a supervisão ser exercida nos limites da legislação aplicável.

Art. 90. As ações e deliberações do órgão ou ente de controle não podem implicar interferência na gestão das empresas públicas e das sociedades de economia mista a ele submetidas nem ingerência no exercício de suas competências ou na definição de políticas públicas.

TÍTULO III DISPOSIÇÕES FINAIS E TRANSITÓRIAS

Art. 91. A empresa pública e a sociedade de economia mista constituídas anteriormente à vigência desta Lei deverão, no prazo de 24 (vinte e quatro) meses, promover as adaptações necessárias à adequação ao disposto nesta Lei.

§ 1º A sociedade de economia mista que tiver capital fechado na data de entrada em vigor desta Lei poderá, observado o prazo estabelecido no *caput*, ser transformada em empresa pública, mediante resgate, pela empresa, da totalidade das ações de titularidade de acionistas privados, com base no valor de patrimônio líquido constante do último balanço aprovado pela assembleia-geral.

§ 2º (VETADO).

§ 3º Permanecem regidos pela legislação anterior procedimentos licitatórios e contratos iniciados ou celebrados até o final do prazo previsto no *caput*.

Art. 92. O Registro Público de Empresas Mercantis e Atividades Afins manterá banco de dados público e gratuito, disponível na internet, contendo a relação de todas as empresas públicas e as sociedades de economia mista.

Parágrafo único. É a União proibida de realizar transferência voluntária de recursos a Estados, ao Distrito Federal e a Municípios que não fornecerem ao Registro Público de Empresas Mercantis e Atividades Afins as informações relativas às empresas públicas e às sociedades de economia mista a eles vinculadas.

Art. 93. As despesas com publicidade e patrocínio da empresa pública e da sociedade de economia mista não ultrapassarão, em cada exercício, o limite de 0,5% (cinco décimos por cento) da receita operacional bruta do exercício anterior.

§ 1º O limite disposto no *caput* poderá ser ampliado, até o limite de 2% (dois por cento) da receita bruta do exercício anterior, por proposta da diretoria da empresa pública ou da sociedade de economia mista justificada com base em parâmetros de mercado do setor específico de atuação da empresa ou da sociedade e aprovada pelo respectivo Conselho de Administração.

§ 2º É vedado à empresa pública e à sociedade de economia mista realizar, em ano de eleição para cargos do ente federativo a que sejam vinculadas, despesas com publicidade e patrocínio que excedam a média dos gastos nos 3 (três) últimos anos que antecedem o pleito ou no último ano imediatamente anterior à eleição.

Art. 94. Aplicam-se à empresa pública, à sociedade de economia mista e às suas subsidiárias as sanções previstas na Lei nº 12.846, de 1º de agosto de 2013, salvo as previstas nos incisos II, III e IV do *caput* do art. 19 da referida Lei.

Art. 95. A estratégia de longo prazo prevista no art. 23 deverá ser aprovada em até 180 (cento e oitenta) dias da data de publicação da presente Lei.

Art. 96. Revogam-se:

I – o § 2º do art. 15 da Lei nº 3.890-A, de 25 de abril de 1961, com a redação dada pelo art. 19 da Lei nº 11.943, de 28 de maio de 2009;

II – os arts. 67 e 68 da Lei nº 9.478, de 6 de agosto de 1997.

Art. 97. Esta Lei entra em vigor na data de sua publicação.

Brasília, 30 de junho de 2016; 195º da Independência e 128º da República.

MICHEL TEMER

Alexandre de Moraes

Henrique Meirelles

Dyogo Henrique de Oliveira

REFERÊNCIAS BIBLIOGRÁFICAS

ALEXY, Robert. Direito, razão e discurso: estudos para a filosofia do direito. Trad. Luis Afonso Heck. Porto Alegre: Livraria do Advogado, 2010.

ALTONIAN, Cláudio Sarian; CAVALCANTE, Rafael Jardim. RDC e Contratação Integrada na Prática-250 questões fundamentais. Belo Horizonte: Fórum, 2014.

ALTOUNIAN, Cláudio Sarian; CAVALCANTE, Rafael Jardim; COELHO, Sylvio Kelsen. Empresas estatais: governança, compliance, integridade e contratações: os impactos da Lei nº 13.303/2006: 230 questões relevantes. Belo Horizonte: Fórum, 2019.

ARAGÃO, Alexandre. Empresas estatais: o regime jurídico das empresas públicas e sociedades de economia mista. 2ª Edição. Rio de Janeiro: Forense, 2018.

AVELAR, Mariana Magalhães. Licitações das empresas estatais: delineamento do regime jurídico aplicável aos procedimentos de contratação do Estado empresário. Fórum de Contratação e Gestão Pública - FCGP, Belo Horizonte, ano 15, n. 177, p. 49-64, set. 2016.

BALTAR NETO, Fernando; TORRES, Ronny Charles L. de. Direito Administrativo. 8ª ed. Salvador: Editora Juspodivm, 2018.

BARBOSA, Túlio Bastos. Preços nas licitações públicas. In TORRES, Ronny Charles L. de. Licitações Públicas: homenagem ao jurista Jorge Ulisses Jacoby Fernandes. Curitiba: Negócios Públicos, 2016.

BARCELOS, Dawison. O portador de visão monocular tem direito de concorrer, em concurso público, às vagas reservadas aos deficientes. (Súmula 377 do STJ). *In*: Coleção Teses Jurídicas dos Tribunais Superiores - Direito Administrativo. DI PIETRO, Maria Sylvia Zanella e NOHARA, Irene (Coord.). São Paulo: Ed. Revista dos Tribunais, 2017.

BARCELOS, Dawison. Novo regulamento do pregão comparado. O Licitante. Disponível em http://olicitante.link/decretopregao , 2019.

BEDONE, Igor Volpato. Empresas Estatais e seu Regime Jurídico, Salvador: Editora JusPodium, 2018.

BICALHO, Alécia Paolucci Nogueira; MOTTA, Carlos Pinto Coelho. Comentários ao Regime Diferenciado de Contratações: Lei nº 12.462/2011: Decreto nº 7.581/2011. 2. ed. rev. ampl. e atual. Belo Horizonte: Fórum, 2014.

BITTENCOURT. Sidney. A nova lei das estatais: novo regime de licitações e contratos nas empresas estatais - Leme (SP): JH Mizuno, 2017.

________. Contratando sem licitação: contratação direta por dispensa ou inexigibilidade. São Paulo: Almedina, 2016.

________. Licitação através do Regime Diferenciado de Contratações Públicas. Belo Horizonte, Fórum, 2012.

BOBBIO, Norberto. O positivismo jurídico: lições de filosofia do direito. São Paulo: Ícone, 2006.

________. Teoria do ordenamento jurídico. 10ª edição. Brasília: UNB, 1999.

BONATTO, Hamilton. Governança e gestão de obras públicas: do planejamento a pós-ocupação. Belo Horizonte: Fórum, 2018.

BRAGAGNOLI, Renila. O novo decreto nº 10.024/2019: pregão eletrônico e sua aplicação às empresas estatais. Disponível em https://www.blogjml.com.br/?area=artigo&c=-9039270279f17988a6a95c42f199c7b7 . Acesso em 25.04.20.

BRAGAGNOLI, Renila Lacerda. Lei n.º 13.303/2016: reflexões pontuais sobre a lei das estatais [livro eletrônico]. Curitiba: Editora JML, 2019.

________. Ponderações sobre a utilização da Lei nº 13.979/2020 pelas empresas estatais. Disponível em: https://ronnycharles.com.br/ponderacoes-sobre-a-utilizacao-da-lei-no-13-979-2020-pelas-empresas-estatais/. Acesso em: 30/03/2020.

BRASIL. Tribunal de Contas da União. Licitações e contratos: orientações básicas. 3.ed. Brasília: TCU, Secretaria de controle Interno, 2010.

BRUTO, Marcelo. Apontamentos sobre Contratação Integrada do RDC. BARBOSA, In TORRES, Ronny Charles L. de. Licitações Públicas: homenagem ao jurista Jorge Ulisses Jacoby Fernandes. Curitiba: Negócios Públicos, 2016.

CARDOSO, Renato Augusto Hilel. A contratação direta entre empresas subsidiárias/controladas - Como preencher a lacuna? Fórum de Contratação e Gestão Pública - FCGP. Belo Horizonte, ano 12, n. 140, ago. 2013.

CARDOZO, José Eduardo Martins. Empresas estatais que exploram atividade econômica e seu dever de licitar. In; FIGUEIREDO, Marcelo e PONTES FILHO, Marcelo (Organizadores). Estudos de direito público em homenagem a Celso Antonio Bandeira de Mello. Malheiros, 2006.

CARVALHO FILHO, José dos Santos. Manual de direito administrativo, 14ª ed. Rio de Janeiro: Lúmen Júris, 2005.

CASTRO, Rodrigo Pironti Aguirre de; MENEGAT, Fernando. Matriz de risco nas contratações das estatais e o rompimento da "teoria das áleas" no direito administrativo. IN REIS, Luciano

Elias (Org.); JUNIOR, Laerzio Chiesorin (Org.). Lei das Empresas Estatais: responsabilidade empresarial e o impacto para o desenvolvimento econômico nacional. Curitiba: OAB, 2017.

CORRÊA, Rogério. Comentários ao instituto da Pré-Qualificação no âmbito da Lei 13.303/16 (Lei das Estatais). In: REIS, Luciano Elias; CHIESORIN JÚNIOR, Laercio (Coord.). Lei das Empresas Estatais: responsabilidade empresarial e o impacto para o desenvolvimento econômico nacional. Curitiba: OAB-PR, 2017. p. 273-290.

COUTINHO, Alessandro Dantas e RODOR, Ronald Krüger. Manual de Direito Administrativo. Rio de Janeiro: Forense; São Paulo: Método, 2015.

DALLARI, Adilson Abreu. Aspectos jurídicos da licitação. 6ª ed. São Paulo: Saraiva, 2003.

DI PIETRO, Maria Sylvia Zanella. Direito Administrativo. 12. ed. São Paulo: Atlas, 2000.

________. Maria Sylvia Zanella. Direito Administrativo. 22. ed. São Paulo: Atlas, 2009

DINIZ, Maria Helena. Curso de direito civil brasileiro, 2- volume: teoria geral obrigações – 22. ed. rev. e atual, de acordo com a Reforma do CPC – São Paulo: Saraiva, 2007.

ESTORNINHO, Maria João. Réquiem pelo contrato administrativo. Coimbra: Almedina, 1990.

FEIJÓ, Ricardo de Paula. O Procedimento da Licitação da Lei 13.303/2016/2016. IN. JUSTEN FILHO, Marçal (Org.). Estatuto jurídico das empresas estatais: Lei 13.303/2016. São Paulo: Editora Revista dos Tribunais, 2016.

FENILI, Renato. Boas práticas administrativas em compras públicas. Niterói, RJ: Impetus, 2016.

FERNANDES, Jorge Ulisses Jacoby. Sistema de registro de preços e pregão presencial e eletrônico. 6. ed. rev. atual. e ampl. Belo Horizonte: Fórum, 2015.

________. Contratação direta sem licitação. 9ª ed. Brasília: Brasília Jurídica, 2014.

________. Contratação direta sem licitação. 10. ed. rev. atual. e ampl. Belo Horizonte: Fórum, 2016.

FERNANDES, Jorge Ulisses Jacoby. FERNANDES, Murilo Jacoby. TEIXEIRA, Paulo Roberto. TORRES, Ronny Charles Lopes de. Direito provisório e a emergência do coronavírus. Belo Horizonte. Fórum, 2020.

FERRAZ, Sergio (Coord.). Comentários Sobre a Lei das Estatais. São Paulo: Malheiros, 2019.

FERRAZ, Luciano; MOTTA, Fabrício. Empresas estatais e suas subsidiárias - requisitos constitucionais para a transferência do controle acionário. Interesse Público - IP, Belo Horizonte, ano 20, n. 112, p. 15-35, nov./dez. 2018.

FERRAZ JÚNIOR, Tércio Sampaio. Introdução ao estudo do direito: Técnica, decisão, dominação. 5ª edição. São Paulo: Atlas, 2007.

FERREIRA, Cláudio Fernandes; MORAES, Anderson Júnio Leal. Considerações acerca do novo regime de licitações e contratos das estatais instituído pela Lei n. 13.303/16. Fórum de Contratação e Gestão Pública - FCGP, Belo Horizonte, ano 15, n. 179, p. 9-23, nov. 2016. Acesso em: 25 jan. 2017.

FREITAS, Rafael Véras de. O regime jurídico dos Contratos de Patrocínio celebrados pelo Poder Público. Revista de Direito Público da Economia - RDPE, Belo Horizonte, ano 11, n. 43, jul./set. 2013.

________. A alienação de bens das empresas estatais e sua afetação. Revista de Contratos Públicos - RCP, Belo Horizonte, ano 6, n. 10, p. 221, set./fev. 2017.

FURTADO, Lucas Rocha. Curso de licitações e contratos administrativos. 7. ed. rev. atual. e ampl. com comentários sobre a Lei nº 13.303/2016 - Lei das Empresas Estatais - Belo Horizonte: Fórum, 2017.

GARCIA, Flávio Amaral. Licitações e contratos administrativos: casos e polêmicas. 5ª edição - São Paulo: Malheiros. 2018.

GONÇALVES, Pedro Costa. Direito dos contratos públicos. Coimbra: Almedina, 2016.

GUIMARÃES, Bernardo Strobel. Lei das Estatais e Lei de Licitações, é cabível a aplicação da lei antiga à nova? Revista Zênite - Informativo de Licitações e Contratos (ILC), Curitiba: Zênite, n. 274, p. 1183-1186, dez. 2016.

GUIMARÃES, Bernardo Strobel; RIBEIRO, Leonardo Coelho; RIBEIRO, Carlos Vinícius Alves; GIUBLIN, Isabella Bittencourt Mäder Gonçalves; PALMA, Juliana Bonacorsi de. Comentários à Lei das Estatais (Lei nº 13.303/2016). Belo Horizonte: Fórum, 2019. 477p.

GUIMARÃES, Edgar; SANTOS, José Anacleto Abduch. Lei das estatais: comentários ao regime jurídico licitatório e contratual da Lei nº 13.303/2016. Belo Horizonte: Fórum, 2017.

HOLANDA Jr. André Jackson de. TORRES, Ronny Charles Lopes de. Improbidade Administrativa. 3ª edição. Salvador: Editora Juspodivm, 2017.

JUNIOR, Jessé torres Pereira; HEINEN, Juliano; DOTTI, Marinês Restelatto; MAFFINI, Rafael. Comentários à Lei das EMPRESAS ESTATAIS Lei 13.303/2016, Belo Horizonte: Fórum, 2018.

JUSTEN FILHO, Marçal. A contratação sem licitação nas empresas privadas. In Estatuto jurídico das empresas estatais: Lei 13.303/2016/Marçal Justen Filho, organizador. –São Paulo: Editora Revista dos Tribunais, 2016.

________. A contratação sem licitação nas empresas estatais. In Estatuto jurídico das empresas estatais: Lei 13.303/2016/Marçal Justen Filho, organizador. –São Paulo: Editora Revista dos Tribunais, 2016.

________. Comentários à lei de licitações e contratos administrativos. 17ª edição. São Paulo: Editora Revista dos Tribunais, 2016.

________. Comentários ao RDC: Lei 12.462/11 e Decreto 7.581/11. São Paulo: Dialética, 2013.

JUSTEN FILHO, Marçal; PEREIRA, Cesar A. Guimarães (Coord.). O Regime Diferenciado de Contratações Públicas (RDC): comentários à Lei nº 12.462 e ao Decreto nº 7.581 (atualizados pela Lei nº 12.980 e pelo Decreto nº 8.251, de maio de 2014). 3. ed. rev., ampl. e atual. Belo Horizonte: Fórum, 2014.

KLEIN, Aline Lícia. A desclassificação das propostas e o encerramento do procedimento licitatório no RDC: a possibilidade de correção de vícios sanáveis. In: JUSTEN FILHO, Marçal; PEREIRA, Cesar A. Guimarães (Coord.). O Regime Diferenciado de Contratações Públicas (RDC): comentários à Lei nº 12.462 e ao Decreto nº 7.581: (atualizados pela Lei nº 12.980 e pelo Decreto nº 8.251, de maio de 2014). 3. ed. rev., ampl. e atual. Belo Horizonte: Fórum, 2014. p. 265-281.

LOUREIRO FILHO, Lair da Silva. Introdução do Direito. Belo Horizonte: Del Rey, 2009.

MACHADO, Hugo de Brito. Introdução ao estudo do direito. 2. ed. São Paulo: Atlas, 2004.

MARQUES, Claudia Lima. Superação das antinomias pelo diálogo das fontes: O modelo brasileiro de coexistência entre o código de defesa do consumidor e o código civil de 2002. In: Revista da escola Superior da Magistratura de Sergipe, nº 07, 2004.

MARQUES NETO, Floriano de Azevedo. As contratações estratégicas das estatais que competem no mercado In: OSÓRIO, Fabio Medina; SOUTO, Marcos Juruena Villela (Coord.). Direito administrativo: estudos em homenagem a Diogo de Figueiredo Moreira Neto. Rio de Janeiro: Lumen Juris, 2006.

MARQUES NETO, Floriano de Azevedo; PALMA, Juliana Bonacorsi de. Licitação nas empresas estatais - Os desafios do novo regime das licitações na Lei das Empresas Estatais (Lei nº 13.303/2016). In: NORONHA, João Otávio de; FRAZÃO, Ana; MESQUITA, Daniel Augusto (Coord.). Estatuto jurídico das estatais: análise da Lei nº 13.303/2016. Belo Horizonte: Fórum, 2017.

MAXIMILIANO, Carlos. Hermenêutica e aplicação do direito. Rio de Janeiro: Forense, 2007.

MELLO, Celso Antônio Bandeira de. Curso de Direito Administrativo. ed. 30. São Paulo: Malheiros, 2013.

MEIRELLES, Hely Lopes. Licitação e sociedade de economia mista. Revista de Direito Público. Ano VII, n. 30, São Paulo: Revista dos Tribunais, 1974, p. 52, apud ALMEIDA, Aline Paola C. B. Camara de. O regime licitatório das empresas estatais. In: SOUTO, Marcos Juruena Villela. Direito Administrativo Empresarial. Rio de Janeiro: Lumen Juris, 2006.

MENDES. Renato Geraldo. MOREIRA, Egon Bockmann. Inexigibilidade de licitação. Repensando a contratação pública e o dever de licitar. Curitiba: Zênite, 2016.

MOREIRA, Egon Bockmann. Licitação Pública e a negociação pré-contratual: a necessidade do diálogo público-privado. Revista de Contratos Públicos - RCP, Belo Horizonte, ano 2, n. 2, p. 61-74, set. 2012/fev. 2013.

MOREIRA NETO, Diogo de Figueiredo. Curso de direito administrativo. 14ª ed. Rio de Janeiro: Forense, 2006.

MOTTA, Carlos Pinto Coelho. Eficácia nas licitações e contratos: estruturas da contratação, concessões e permissões, responsabilidade fiscal, pregão - parcerias público/privadas. 10ª ed. Belo Horizonte: Del Rey, 2005.

NÁDER, Paulo. Introdução ao estudo do direito. 25º edição. Rio de Janeiro: Editora Forense, 2005.

NASCIMENTO, André Jansen do. Contratações no setor de defesa nacional - Comentários à luz das Leis nºs 8.666/93, 11.079/04 (PPP) e 12.462/11 (RDC). Revista Zênite - Informativo de Licitações e Contratos (ILC), Curitiba: Zênite, n. 265, p. 247-256, mar. 2016.

________. O plano normativo de contratação pública de produtos e sistemas de defesa nacional. Fórum de Contratação e Gestão Pública - FCGP, Belo Horizonte, ano 14, n. 166, out. 2015.

NÓBREGA, Marcos. Direito e economia da infraestrutura. Belo Horizonte: Fórum, 2020.

NÓBREGA, Marcos. ASSUNÇÃO, Ihuru. TORRES, Ronny Charles Lopes de. Nova lei de licitações e remuneração variável: uma abordagem à luz do nexo econômico-jurídico. Disponível em:

https://ronnycharles.com.br/nova-lei-de-licitacoes-e-remuneracao-variavel-uma-abordagem-a-luz-do-nexo-economico-juridico/. Acesso em 25/12/2021.

NÓBREGA, Marcos e LIRA, Bruno. O Estatuto do RDC é contrário aos cartéis em licitação? Uma breve análise baseada na teoria dos leilões. Revista Brasileira de Direito Público – RBDP. Belo Horizonte, ano 9, n. 35, out./dez. 2011

NIEBUHR, Joel de Menezes. Regime emergencial de contratação pública para o enfrentamento à pandemia de COVID-19. Belo Horizonte: Fórum, 2020.

________. Aspectos destacados do novo regime de licitações e contratações das estatais. Revista Colunistas de Direito do Estado. Ano 2016. Núm. 209.

________. Dispensa e inexigibilidade de licitação pública. 4. ed. rev. e ampl. Belo Horizonte: Fórum, 2015.

________. Licitação Pública e contrato administrativo. 4ª ed. rev. e ampl. Belo Horizonte: Fórum, 2015.

NIEBUHR, Joel de Menezes e NIEBUHR, Pedro de Menezes. Licitações e Contratos das Estatais. Belo Horizonte: Fórum, 2018.

OLIVEIRA, Rafael Carvalho Rezende. Licitações e contratos administrativos. Rio de Janeiro: Forense; São Paulo: Método, 2012.

OLIVEIRA. Rafael Sérgio de; PÉRCIO. Gabriela; TORRES. Ronny Charles Lopes de. A Dispensa de Licitação para Contratações no Enfrentamento ao Coronavírus. 2020. Disponível em: http://www.licitacaoecontrato.com.br/artigo_detalhe.html. Acesso em: 09/04/2020.

OLIVEIRA, Rafael Sérgio Lima de; AMORIM, Victor Aguiar Jardim de. Pregão Eletrônico: comentários ao Decreto Federal nº 10.024/2019. Belo Horizonte: Fórum, 2020. 263p.

PEDRA, Anderson Sant'Ana. Sanções administrativas nas contratações públicas. In TORRES, Ronny Charles L. de. Licitações Públicas: homenagem ao jurista Jorge Ulisses Jacoby Fernandes. Curitiba: Negócios Públicos, 2016.

PEREIRA, Cesar A. Guimarães. Processo Licitatório das Empresas Estatais: Finalidades, Princípios e Disposições Gerais. In Estatuto jurídico das empresas estatais: Lei 13.303/2016/ Marçal Justen Filho, organizador. –São Paulo: Editora Revista dos Tribunais, 2016.

________. Sanções administrativas na Lei das Empresas Estatais. In Estatuto jurídico das empresas estatais: Lei 13.303/2016/Marçal Justen Filho, organizador. São Paulo: Editora Revista dos Tribunais, 2016.

PEREIRA, Gustavo Pimentel. Ferramentas auxiliares nas auditorias de tabelas de preços. In: SÁ, Adolfo Luiz Souza de; PEREIRA, Gustavo Pimentel. (Org.). Auditoria de engenharia: uma contribuição do tribunal de Contas do Estado de Pernambuco.

PEREIRA JUNIOR, Jessé Torres. Comentários à lei das licitações e contratações da Administração Pública. 6. ed. Rio de Janeiro: Renovar. 2003.

PEREIRA JUNIOR, Jessé Torres; HEINEN, Juliano; DOTTI, Marinês Restelatto; MAFFINI, Rafael. Comentários à Lei das Empresas Estatais Lei 13.303/2016, Belo Horizonte: Fórum, 2018.

RAMOS, André Luiz S. C. Curso de Direito Empresarial: o novo regime jurídico-empresarial brasileiro. 2ª. ed. Salvador: Juspodivm, 2008.

REIS, Luciano Elias; ALCÂNTARA, Marcus Vinícius Reis de. Contratação Pública Extraordinária no Período do Coronavírus. 2020. Disponível em: https://ronnycharles.com.br/contratacao--publica-extraordinaria-no-periodo-do-coronavirus/. Acesso em: 09/04/2020.

REIS, Paulo Sérgio de Monteiro Reis. Obras Públicas. Belo Horizonte: Fórum, 2018.

RIBEIRO, Maurício Portugal; PRADO, Lucas Navarro. Comentários à Lei de PPP – Parceria Público-Privada; fundamentos econômico-jurídicos. 1. Ed. São Paulo: Sociedade Brasileira de Direito Público: Malheiros, 2010.

ROSSETTI, Suzana M. Processos de contratação pública e desenvolvimento sustentável: premissas teóricas, políticas públicas e medidas concretas, considerando os regimes da Lei nº 8.666/93, Lei nº 10.520/02, Lei nº 12.462/2011 e Lei nº 13.303/2016. Belo Horizonte: Fórum, 2017.

SCHIEFLER, Gustavo Henrique Carvalho. As inovações do procedimento licitatório na Lei Federal 13.303/2016. *In*: FERRAZ, Sergio (Coord.). Comentários Sobre a Lei das Estatais. São Paulo: Malheiros, 2019.

SCHWIND, Rafael Wallbach. Remuneração variável e contratos de eficiência no Regime Diferenciado de Contratações Públicas (RDC). Interesse Público – IP, Belo Horizonte, ano 13, n. 70, p. 221-251, nov./dez. 2011.

SILVA Caroline Rodrigues da. OLIVEIRA, Thiago Bueno de. Manual das estatais: questões jurídicas, práticas e essenciais de acordo com a lei 13.303/2016 [livro eletrônico]. Curitiba: Editora JML, 2019.

SILVA, Vasco Pereira da. O contencioso administrativo no divã da psicanálise. Ensaio sobre as ações no novo processo administrativo. Coimbra: Edições Almedina, 2ª edição, 2009.

SOUSA, Guilherme Carvalho e. Contratos: formalização, alteração, responsabilidade, subcontratação. In: NORONHA, João Otavio De; FRAZÃO, Ana; MESQUITA, Daniel Augusto. Estatuto Jurídico Das Estatais. Belo Horizonte: Fórum, 2017.

SOUTO, Marcos Juruena. Direito Administrativo da Economia. Rio de Janeiro: Lumen Juris, 2003.

SOUTO, Marcos Juruena Villela. Pré-qualificação e universo de competidores. Interesse Público – IP Belo Horizonte, ano 10, n. 48, mar./abr. 2008

SOUZA NETO, Cláudio Pereira de Direito constitucional: teoria, história e métodos de trabalho / Cláudio Pereira de Souza Net; Daniel Sarmento – 2. ed. Belo Horizonte: Fórum, 2014.

STROPPA, Christiane de Carvalho. O regime jurídico dos contratos das empresas estatais prestadoras de serviços públicos na Lei de Responsabilidade das Estatais – Lei Nº 13.303/2016. Tese. Doutorado em Direito. Pontifícia Universidade Católica de São Paulo (PUC/SP). São Paulo. 2020.

STROPPA, Christianne de Carvalho; MELISSOPOULOS, Artur Giolito. A aplicação da Lei nº 13.979/2020 pelas empresas estatais. In DAL POZZO, Augusto; CAMMAROSANO, Márcio (Coord.). As implicações da COVID-19 no Direito Administrativo. São Paulo: Revista dos Tribunais, 2020.

TORRES, Ronny Charles Lopes de. Leis de licitações públicas comentadas. 8ª edição. Salvador: Juspodivm, 2017.

________. Leis de licitações públicas comentadas. 13ª edição. São Paulo: Juspodivm, 2022.

________. Leis de licitações comentadas. 8ª edição. Salvador: Juspodivm, 2018.

________. O princípio da obrigatoriedade de licitar em suas perspectivas burocrática e democrática. Revista Jus Navigandi, ISSN 1518-4862, Teresina, ano 22, n. 4976, 14 fev. 2017.

________. Terceiro Setor: entre a liberdade e o controle. Salvador: Juspodivm, 2013.

________. Vigência das regras de licitação da nova Lei das estatais. Revista Jus Navigandi, Teresina, ano 22, n. 4933, 2 jan. 2017.

TORRES, Ronny Charles Lopes de. MARRY, Michelle. Regime Diferenciado de Contratações - RDC. Salvador: Juspodivm, 2014.

VIANA, Cláudia. Contratación pública electrónica: la experiencia portuguesa. Observatorio de los Contratos Públicos, Thomson Reuters - Aranzadi, 2015,

ZYMLER, Benjamin; DIOS, Laureano Canabarro. Regime Diferenciado de Contratação - RDC - 3ª edição revista, atualizada e ampliada. - Belo Horizonte: Fórum, 2014.

ÍNDICE REMISSIVO[1]

A

B

C

1. **Nota dos autores:** este índice remissivo é parcial e não envolve todas as citações dos termos inseridos nesta obra. Trata-se, apenas, de referência para que o leitor encontre, com maior facilidade, alguns dos comentários sobre os principais temas.

N

O

P

V

EDITORA JusPODIVM
www.editorajuspodivm.com.br

JUS3675

COLOR system